Introduction to Computation and Programming Using Python
With Application to Understanding Data

파이썬 프로그래밍

edX
MITx
MOOC
강의노트
문제노트
2판

데이터과학 및 응용프로그램

John V.Guttag 저 | 김영섭 역

홍릉과학출판사

Introduction to Computation and Programming Using Python with Application to Understanding Data

Second Edition

– by John V. Guttag –

This Korean edition was published by HONGREUNG Science Publishing Co. in 2019 by arrangement with The MIT Press, Cambridge, MA through KCC(Korea Copyright Center Inc.), Seoul.

서문

이 책은 2006년부터 개설된 MIT 강의 뿐만 아니라 2012부터는 MITx와 edX MOOC Massive Online Open Courses 통해 제공하고 있는 강의를 바탕으로 하고 있습니다. 이 책은 기존의 프로그래밍 경험이 거의 없는 학생들 중에 컴퓨터를 사용하여 문제를 해결하는 접근법을 이해하고자 하는 학생들을 위한 책입니다. 해가 거듭할수록 한 학기에 가르칠 수 있는 분량보다 더 많은 추가할 수밖에 없었습니다. 이제는 컴퓨터 과학 입문 과정에서 두 학기동안 가르쳐야 할 분량이 되어 버렸습니다.

이번 개정판을 준비할 때는 몇 장만 더하려 했는데, 훨씬 더 많이 추가했으며, 책의 모든 코드는 파이썬 2에서 파이썬 3으로 변환하였으며, 책 후반부는 거의 다 새로 정리하게 되었습니다.

이 책은 프로그래밍 경험이 전혀 없거나 조금 있는 학생들에게 어떤 문제를 계산적으로 해결해야 할 때 무엇이 가능한지 알도록 하는 것을 목표로 하고 있습니다. 어떤 학생들은 수준 높은 컴퓨터 공학 과목들을 듣기 전에 그 디딤돌 과목으로 수강하기도 하겠지만 대부분의 학생들은 아마 이 과목이 그들이 공부하는 유일한 컴퓨터 공학 과목이 될 수 있습니다.

그러한 이유로 말미암아 우리는 깊이보다는 좀 더 다양한 분야의 폭 넓은 주제들을 다룰 것입니다. 목표는 다양한 주제를 다루어서 우리 학생들이 나중에 어떤 문제를 계산적으로 해결하려고 할 때 어떻게 접근할 수 있는지 생각할 수 있도록 돕는 것입니다. "컴퓨터의 계산 능력"을 알아보는 책이 아닙니다. 이 책을 공부하는 학생들에게 아주 많은 시간과 노력을 쏟아 학생들의 뜻대로 컴퓨터가 움직이도록 하는 아주 치밀하고 도전적인 시간이 될 것입니다.

이 책의 주된 목표는 학생들이 계산적 기법들을 효율적으로 사용하는 데에 숙련될 수 있도록 하는 것입니다. 계산적 사고방식을 적용하여 문제를 표현하고 주어진 데이터에서 정보를 추출하는 것을 배울 것입니다. 이 책에서 독자들이 취할 가장 주된 지식은 계산적 문제 해결법을 터득하는 것입니다.

이 책은 기존의 전산과학 교과과정과 잘 맞지 않을 수 있습니다. 1장에서 11장은 프로그래밍의 경험이 없거나 조금 있는 학생들을 위한 내용입니다. 12장부터 14장은 약간 수준이 있는 내용이므로 전산과목을 처음 대하는 학생들에게는 좀 어려울 수 있지만, 그 학생들이 뛰어나다면 다룰 수도 있겠습니다. 15장부터 24장은 데이터를 다루는 분야입니다. 전산과학 입문 과정의 두 번째 과목으로 적절하다고 생각하며, 전통적인 자료 구조 과목을 대체할 수 있습니다.

1장부터 11장에는, 다음의 네 가지를 엮어서 자유롭게 소개하고 있습니다.

- 프로그래밍의 기초
- 파이썬 3 프로그래밍 언어
- 계산적 방법을 통한 문제 해결 기법
- 계산 복잡도
- 정보 시각화 방법

파이썬의 기능 대부분을 다룰 것이지만 언어 자체에 대한 것보다는 프로그래밍 언어로 무엇을 할 수 있는지에 더 초점을 맞출 것입니다. 예를 들어 3장 끝에 이르면 파이썬에 대해서 조금 배웠음에도 불구하고 전수 나열exhaustive enumeration, 추측과 확인guess-and-check 알고리즘, 이분 검색bisection search, 효율적인 근사해법approximation 알고리즘 등을 대해 접할 수 있습니다. 이 뿐만 아니라 이 책을 통해 파이썬의 기능들을 소개하는 것과 프로그래밍하는 방법에 대해서도 소개할 것입니다. 그래서 여러분 모두 파이썬을 배우고 흥미로운 문제들을 계산적으로 해결하는 훌륭한 프로그래머가 되도록 하는 것이 목표입니다.

이 책의 모든 예제들은 파이썬3.5에서 테스트를 하였습니다. 대부분 코드를 2.x에서도 실행할 수 있지만, 문제가 있을 수 있습니다. 그래서, 온라인으로 2.x를 제공하고 있으니 참고하길 바랍니다.

12장과 13장은 대부분의 입문 과정에서는 다루지 않지만 중요한 최적화 문제를 소개합니다. 14장부터 16장까지도 입문 과정에서는 다루지 않는 확률적 프로그램을 소개합니다. 우리가 MIT에서 경험하는 바로는 한 학기 입문 과정에서는 12장과 13장, 혹은 15장과 16장, 둘 중 하나를 다룰 수 있을 것이라 생각합니다.

15장부터 24장은 데이터를 사용하여 문제를 이해하고 계산적으로 문제를 해결하는 것을 다루고 있습니다. 고등학교에서 배운 대수학algebra 이상의 지식을 필요로 하지 않지만, 여러분이 치밀하게 사고하는데 익숙하며, 또한 수학적인 개념에 겁을 먹지 않는다는 것을 가정하고 있습니다. 또한 입문 서적에서 흔히 볼 수 있는 계산 복잡도computational complexity나 간단한 알고리즘과 같은 주제를 다루고 있습니다. 여기서 다루고 있는 대부분은 다른 입문 서적들에서 쉽게 볼 수 없는 데이터 시각화data visualization, 확률적 사고와 통계적 사고probabilistic and statistical thinking, 시뮬레이션 모델, 기계학습 등의 주제들입니다. 그러나, 이런 주제들은 전통적인 컴퓨터 입문 과정에서는 잘 다루지 않았지만 이제는 훨씬 더 일찍 다루어야 할 주제들이라고 믿는 바입니다.

우리는 각 장의 끝에 연습문제를 포함하지 않기로 했습니다. 대신에, "손가락 풀기"라는 간단한 연습 문제 중간 중간에 포함하였습니다. 어떤 문제는 아주 간단한데, 금방 읽은 내용을 이해했는지 점검하는 정도이지만, 어떤 문제는 숙제로 할 만큼 유용하고 도전적인 문제도 있습니다.

이 책에 전반적으로 스며들어 있는 세 개의 주제가 있습니다: 첫째는 체계적인 문제 해결이요, 둘째는 추상화abstraction의 힘이요, 또한 세상(문제 해결)을 계산적으로 생각하는 방법입니다. 여러분이 이 책을 마쳤을 때, 여러분은 다음과 같은 것을 이루었을 것입니다.

계산적으로 표현하는 방법과 파이썬 언어를 배웠을 것입니다

- 중간 사이즈의 프로그램을 구성하고 작성하며 디버깅하는 체계적인 접근법을 배웠을 것입니다.
- 계산 복잡도에 대해 기본적으로 이해하였을 것입니다.
- 문제를 해결하기 위해 모호한 문제를 체계적인 계산 공식으로 바꾸는 통찰력을 갖추었을 것입니다.
- 유용한 알고리즘과 문제를 작게 분할하는 기법들을 배웠을 것입니다.
- 닫힌 형태의 해closed-form solution를 쉽게 구할 수 없는 문제들을 해결하는데 도움을 줄 수 있는 무작위성randomness과 시뮬레이션을 사용하는 방법을 배웠을 것입니다.
- 데이터를 이해하고, 모델링을 할 때 필요한 간단한 통계적 도구들과 시각화 도구들을 포함한 여러 계산적 도구들을 어떻게 사용하는지 배웠을 것입니다.

프로그래밍은 본질적으로 어려운 작업입니다. "기하학을 배우는 데에는 왕도가 없다"는 말처럼 프로그래밍을 배우는 데에도 왕도가 없습니다.[1] 만약 정말 이 교재를 이해하고 싶다면 책을 읽는 것으론 부족할 것입니다. 적어도 책에 있는 코드를 실행해보아야 할 것입니다. 2008년부터 MIT의 OpenCourseWare(OCW) 웹사이트에서 다양한 버전의 강의들을 확인할 수 있습니다. OCW웹 사이트에서 비디오 강좌를 포함하여 이 수업의 모든 문 제들과 시험들을 찾아볼 수 있습니다. 2012년 가을부터는 edX와 MITx를 통해 이 강의를 온라인으로 제공해오고 있습니다. OCW 혹은 edX에서 제공하는 문제들을 풀어 볼 것을 적극 추천합니다.

감사의 말

이 책은 MIT에서 학부생을 대상으로 한 강의를 준비하면서 시작한 강의노트가 자라난 결과입니다. 그러므로 당연히 나의 동료 교수들(그 중에서도 특히 Ana Bell, Eric Grimson, Srinivas Devadas, Fredo Durand, Ron Rivest, Chris Terman), 조교들, 그리고 이 수업을 수강한 학생들의 도움이 있었

1. "There is no royal road to geometry." BC 300년경에 프톨레마이(Ptolemy) 왕이 수학을 더 쉽게 배울 수 없느냐는 물음에 대한 유클리드의 대답으로 전해져 내려오는 말입니다.

습니다. 데이비드 굿택 교수는 이 책을 통해서 전산과학에 대한 혐오감을 극복하며, 책의 여러 장들을 교정해주기까지 하였습니다.

성공했다고 하는 모든 교수가 그렇겠지만, 나도 나의 대학원생들에게 많이 빚진 자입니다. 책의 뒷면에 나와 있는 사진에는 현재 나와 함께 하는 대학원생들입니다. 실험실에서 나를 돕는 사람들은 바로 이들입니다. 그들은 연구도 열심히 하지만, 그 연구로 내가 부분적으로 덕을 보기까지 합니다. Guha Balakrishnan, David Blalock, Joel Brooks, Ganeshapillai Gartheeban, Jen Gong, Yun Liu, Anima, Singh, Jenna Wiens, 그리고 Amy Zhao 같은 학생들이 바로 그들이며, 모두 이 원고의 많은 부분에 도움이 되었습니다.

그리고 각별히 쥴리 수스맨Julie Sussman에게 감사의 말을 전합니다. 쥴리와 일을 하기 전까지 편집자가 얼마나 책에 많은 영향을 미치는지 몰랐습니다. 이전의 책을 쓸 때에도 여러 유능한 교열 담당자들과 일을 했기 때문에 이번 책에서도 같은 것들이 필요하다고 생각했었는데 제가 틀렸습니다. 나는 학생의 눈으로 책을 읽고 무엇을 더 해야 하며 무엇을 더 할 수 있는지 말해줄 협력 자가 필요했던 것입니다. 쥴리는 너무 훌륭해서 결코 무시할 수 없었던 "제안"들을 쏟아 냈습니다. 영어와 프로그래밍이라는 두 마리 토끼를 모두 잡은 쥴리는 정말 뛰어났습니다.

마지막으로 이 모든 걸 마무리하도록 나를 밀어주고 필요할 때 나의 협력자가 되어준 나의 아내 올가Olga에게 감사의 말을 전합니다.

역자 서문

> "언어는 하나하나가 모두 눈동자를 가지고 있다. 시인이 하나의 말을 선택한다는 것은 하나의 시선을 선택한다는 의미이다. 그것은 보이지 않는 것, 숨겨져 있는 것까지도 들춰내는 눈이다. 현미 경인 동시에 확대경이다."_이어령

새로운 언어를 배우는 것은 쉽지 않은 일입니다. 새로운 언어를 배울 동기를 갖는 것도 어렵습니다. 그런데, 새로운 언어를 배워서 후회하는 사람은 없는 것 같습니다. 새로운 언어를 배워서 얻는 기쁨은 정말 특별합니다. 이어령 박사님의 글처럼 또 다른 새로운 세상을 볼 수 있는 또다른 눈이 생기기 때문입니다. 예전에 보이지 않던 것과 숨겨져 있는 것까지도 들춰내는 눈을 갖게 되기 때문입니다. 그 언어를 이미 사용하는 사람들이 만들어 놓은 문화와 역사, 철학과 인생을 볼 수 있는 나의 눈이 생기기 때문입니다. 자세히도 볼 수 있고, 큰 그림으로 볼 수도 있습니다. 프로그래밍 언어를 배우는 것도 마찬가지입니다. 프로그래밍과 파이썬을 배우면, 새롭게 해 볼 수 있는 일들이 참 많아집니다. 공학이나 사회과학, 자연과학 등에서 다루는 문제들을 비교적 쉽게 모델링modeling하고 모의실험simulation을 해볼 수 있습니다.

프로그래밍을 배우는 것Learn to program과 프로그래밍 언어를 배우는 것Learn a programming language은 다릅니다. 이 둘을 구별하여 별도로 기술된 책들이 많습니다. 그러나, 이 책에서는 둘을 함께 배우는 방법을 택하였습니다. 어린아이가 언어를 배우듯이, 우리가 표현하고자 하는 생각idea, 해결해야 할 문제problem를 어떻게 프로그래밍할지 배우면서, 동시에 그에 필요한 파이썬을 배우는 방법으로 기술되어 있습니다. 그래서 이 책은 파이썬 언어의 문법을 차례차례 지루하게 설명하지 않습니다. 오히려, 유머와 위트가 넘치는 강의록처럼 작성되어 있어서 재미있게 읽을 정도입니다. 어떤 문제에 대해 근본적으로 어떻게 생각하고, 어떻게 파이썬 코드로 표현할지, 또한 그 문제를 해결하는 방법까지 논리적으로 설명하고 그에 필요한 파이썬 언어 요소들을 잘 다루고 있습니다.

이 책은 원 저자의 서문에서 밝혔듯이 미국의 MIT 1학년 학생들을 대상으로 하는 강의로부터 만들어진 교재입니다. 이 책의 내용은 지난 수년 동안 MOOCMassive Open Online Course 플랫폼 중의 하나인

edX(www.edx.org)의 두 강좌(Introduction to Computer Science and Programming Using Python, Introduction to Computational Thinking and Data Science) 에서 다루고 있으며, 해마다 수 십만 명이 수강하고 있습니다. 파이썬은 다양한 전문분야의 전 문가들이 문제 해결을 위해 가장 빠르게 시도proto-typing해 볼 수 있는 프로그래밍 언어로 명성을 이미 얻었습니다. 본 번역서가 그러한 전문가들에게 새로운 프로그래밍 언어를 배워서, 그 눈을 뜨게 하여 새로운 일을 볼 수 있게 하며, 새롭게 일을 처리할 수 있는 능력ability을 갖추는 데 도움이 되면 좋겠습니다. 끝으로 번역에 참여하여 도움을 주고 미국으로 유학간 한동대 이수련(University of Iowa)과 조용현(University of Southern California)에게도 감사의 마음을 전합니다.

남송리 3번지, 한동대에서
빚진자 김영섭 교수
idebtor@gmail.com

차례

CHAPTER 01

시작하기 전에

컴퓨터는 단지 두 가지 작업만을 합니다. 하나는 계산을 하는 것이고, 그 다음은 계산된 결과를 기억하는 것입니다. 주목할 점은 컴퓨터가 그 두 가지 일을 매우 잘한다는 것입니다. 보통 데스크톱이나 노트북 컴퓨터는 1초에 10억 개 정도의 계산을 하는데, 그 속도는 우리가 상상 하기 힘들 정도로 빠릅니다. 얼마나 빠른지 비교해보기 위해서 바닥으로부터 1미터되는 높이에서 공을 떨어뜨린다고 생각해봅시다. 공이 바닥에 닿을 즈음에, 컴퓨터는 10억 개 이상의 명령들을 처리할 수 있습니다. 또한 컴퓨터에는 수백 기가바이트를 저장할 수 있는 메모리가 있어서 기억의 역할을 담당합니다. 만일 1바이트(8비트)가 1그램이라고 한다면, 100기가바이트는 10만 톤이나 됩니다. 지하철 객차 한량의 무게가 대략 33톤이므로, 100기가바이트는 지하철 객차 3천대의 무게와 같고, 15,000마리의 아프리카 코끼리 무게를 합한 것과 비교할 만 합니다.

인류의 역사 속에서 계산은 언제나 인간 두뇌로 가능한 계산 속도와 그 계산 결과를 손으로 기록하는 능력에 의해 제한된 상태였습니다. 이는 매우 간단한 문제들만 계산으로 처리할 수 있었다는 것을 의미합니다. 심지어 오늘날의 컴퓨터 속도로도 감당할 수 없는 문제들, 예를 들어 기후변화를 이해하는 문제와 같은 것들이 여전히 존재합니다. 하지만 컴퓨터를 이용하여 점점 더 많은 문제들을 해결할 수 있음이 증명되고 있습니다. 여러분이 이 책을 끝낼 즈음에, 여러분의 학업, 직장, 그리고 일상에서 마주치는 많은 문제들을 계산적 사고computational thinking를 통해 쉽게 해결할 수 있게 되기를 바랍니다.

계산적 사고란 무엇일까요?

모든 지식은 서술적declarative 지식과 절차적imperative or procedural 지식으로 나눌 수 있습니다. **서술적 지식**은 사실적 진술로 구성되어 있습니다. 예를 들어 “x의 제곱근은 y이며, y*y = x이다.”라는 것이 사실적 진술입니다. 그런데 이러한 사실적 진술이 제곱근을 구하는 방법을 가르쳐 주는 것은 아닙니다.

절차적 지식은 정보를 추론하기 위한 방법적how to 지식입니다. 헤론Heron of Alexandria은 어떤 수의 제곱근을 계산하는 방법을 기록한 첫 번째 수학자였습니다.[1] 그의 방법은 다음과 같이 요약됩니다.

- g라는 값을 추측하는[guess] 것으로 시작합니다.
- g*g가 x에 충분히 근접하면, 계산을 멈추고 g가 답이라고 말합니다.
- 그렇지 않으면, g와 x/g의 평균한 값, 즉 (g + x/g)/2를 새롭게 추측합니다.
- 새롭게 추측한 값을 다시 g라고 부르고, g*g가 x에 충분히 근접할 때까지 이 과정을 반복합니다.

예를 들어 다음과 같이 25의 제곱근을 구한다고 생각해봅시다.

1. g를 3과 같이 임의의 값으로 정합니다.
2. 3*3 = 9는 25에 충분히 근접하지 않다고 결정합니다.
3. g를 (3 + 25/3)/2 = 5.67로 정합니다.[2]
4. 5.67*5.67=32.15는 여전히 25에 충분히 근접하지 않다고 결정합니다.
5. g를 (5.67 + 25/5.67)/2 = 5.04로 정합니다.
6. 5.04*5.04 = 25.4는 25에 충분히 근접하다고 결정하고 계산을 멈추고, 5.04가 25의 제곱근에 적절한 근사값이라고 선언합니다.

위의 방법은 일련의 간단한 단계들과 그러한 단계들을 실행하는 흐름을 통제하는 것으로 이루어져 있습니다. 이런 것을 우리는 **알고리즘**[algorithm]이라고 합니다.[3] 위의 알고리즘은 추측과 확인[guess-and-check] 알고리즘의 예로써 추측한 값이 적절한지 아닌지에 대해서 쉽게 확인할 수 있다는 것을 전제로 합니다.

다시 말하면, 알고리즘은 **연산**[computation]을 처리하는 명령어들의 목록[list]입니다. 여기에 특정 입력 값이 주어지고 그것을 실행시키면 미리 정의된 명령어들의 목록을 따라 연산을 실행하여 결과적으로 출력 값을 산출해냅니다.

알고리즘은 마치 요리책에 나오는 요리법과도 같습니다.

---

1. 많은 사람들은 헤론이 이 방법을 처음으로 고안해내지 않았을 것이라고 생각합니다. 그리고 실제로 고대 바빌로니아 사람들이 이를 먼저 알고 있었다는 증거들도 있습니다.
   [역자 주] 헤론은 1세기 경의 사람이고, 고대 바빌로니아 시대는 BC 18세기 경을 말합니다.
2. 문제를 간단하게 하기 위해서 결과를 반올림하였습니다.
3. 알고리즘이라는 단어는 페르시아의 수학자 알크와리즈미[Muhammad ibn Musa al-Khwarizmi]의 이름에서 유래된 것입니다.

1. 커스터드custard 재료에 열을 가합니다.
2. 젓습니다.
3. 숟가락을 담급니다.
4. 숟가락을 빼서 숟가락 뒷면을 손가락으로 길게 그어 봅니다.
5. 만약 숟가락 뒷면에 깨끗한 선이 생기면, 커스터드를 불에서 꺼내 식힙니다.
6. 아닌 경우에는 반복합니다.

이 요리법에는 어떤 과정process이 완료되었는지 판단하는 테스트와 어느 명령어를 실행execute할지에 대한 순서가 포함되어 있습니다. 때로는 이 순서를 테스트 결과에 따라 몇 단계 건너뛸 때도 있습니다.

그렇다면, 위의 요리법 같은 것을 어떻게 기계적인 과정으로 바꿀 수 있을 것인가 생각해봅시다. 하나의 방법은 제곱근 만을 계산하는 기계를 디자인하는 것입니다. 이상하게 들릴지 몰라도 초기의 계산기계computing machines는 **고정된 프로그램**fixed program이었습니다. 즉, 그것들은 매우 특정한 프로그램만 실행하도록 제작되었습니다. 초기의 컴퓨터들은 주로 수학 문제(예를 들어 포탄이 날아가는 궤적)를 풀기 위한 도구였습니다. 최초의 컴퓨터 가운데 하나로 1941년 아타나소프Atanasoff와 베리Berry가 제작한 컴퓨터는 1차 방정식을 푸는 것 외에는 다른 기능이 없었습니다. 또한 2차 세계 대전 때 개발된 앨런 튜링Alan Turing의 봄브 기계bombe machine는 독일의 에니그마Enigma 암호를 해독하기 위한 목적으로만 제작되었습니다. 현재까지도 매우 단순한 컴퓨터들은 이런 방법으로 만듭니다. 예를 들어 사칙계산기[4]는 고정된 프로그램 컴퓨터입니다. 이 계산기는 기본적인 수학 연산은 가능하지만 문서 편집이나 비디오게임을 하는 것은 불가능합니다. 이런 기계의 프로그램을 바꾸려면, 회로를 교체해야만 합니다.

최초의 현대적인 컴퓨터는 맨체스터 마크 IManchester Mark I입니다.[5] 이 컴퓨터는 **프로그램 내장식**stored-program 컴퓨터라는 점에서 이전의 컴퓨터들과 확연히 구별됩니다. 이 컴퓨터는 일련의 명령어들을 저장하고 조작하며 명령어를 정해진 순서대로 수행하기 위한 요소들로 구성되어 있습니다. 명령어모음instruction-set 구조를 만들고 또한 계산을 일련의 명령어(즉, 프로그램)로 구체화할 수 있게 해서 매우 유연한 기계를 만들게 된 것입니다. 데이터를 다루는 것과 동일하게 명령어를

---

4. 믿기 힘들지만, 옛날에는 전화기에 계산 기능이 없었습니다. 그래서, 사람들은 단지 계산 기능만 있는 작은 기계(전자계산기)를 실제 사용했습니다.
5. 이 컴퓨터는 영국 맨체스터 대학교에서 처음 만들어졌으며 1949에 첫 프로그램을 실행하였습니다. 또한 이것은 폰 노이만John Von Neumann의 생각들을 구현한 것이고, 이것은 앨런 튜링이 1936년에 범용 튜링 기계의 이론 개념으로 발표하였고, 예측한 바 있습니다.

다룸으로써 프로그램 내장식 컴퓨터에서는 내장된 프로그램을 쉽게 변경할 수 있게 된 것입니다. 그리하여 일정한 규칙에 맞는 명령어들의 집합이라면 전부 다 실행할 수 있는 프로그램이 컴퓨터의 핵심이 되었습니다. 우리는 이것을 **인터프리터**interpreter라고 부르며, 인터프리터는 정해진 명령어들을 모두 실행할 수 있으므로, 이러한 명령어들을 사용해서 만들어 낼 수 있는 어떠한 것도 다 계산해낼 수 있습니다.

프로그램과 프로그램이 조작하는 데이터는 메모리에 저장되어 있습니다. 일반적으로 컴퓨터에는 프로그램 카운터program counter가 있는데 그것이 메모리의 특정부분을 가리키면 그 지점의 명령어가 수행됨으로써 연산computation이 시작됩니다. 대부분의 경우 인터프리터는 명령어를 하나씩 차례대로 실행하지만, 어떤 경우에는 테스트를 한 후에 그 결과에 따라 다른 지점으로 건너뛰기도 합니다. 이것을 **흐름제어**flow of control라고 하며 복잡한 작업을 하는 프로그램을 작성할 때 꼭 필요한 것입니다.

다시 요리법 비유로 돌아갑시다. 특정한 요리 재료들이 주어지면 유능한 요리사는 그 재료들을 여러 가지 방법으로 결합하여 끝없이 다양한 맛의 요리를 만들 수 있습니다. 이와 같이 몇 가지 제한된 수의 원시적인 명령어들만 몇 개 주어질지라도 유능한 프로그래머들은 유용한 프로그램을 수없이 만들어낼 수 있습니다. 이것이 바로 프로그래머들을 매료시키는 부분입니다.

요리법을 만들기 위해, 다시 말해 일련의 명령어들을 만들기 위해, 우리는 컴퓨터에게 명령을 할 수 있는 **프로그램 언어**programming language가 필요합니다.

1936년에 영국 수학자 앨런 튜링Alan Turing은 가상의 연산기계를 묘사했는데 이것을 **범용 튜링 기계**Universal Turing Machine라고 부릅니다. 이 기계는 0과 1을 기록할 수 있는 테이프 형식의 무제한 메모리가 있었으며 정보를 "테이프tape" 형태로부터 읽거나 쓰거나 옮길 수 있는 간단한 명령어가 있었습니다. **처치-튜링**Church-Turing **논문**에 따르면, 만약 어떤 함수가 연산 가능하다면 튜링 기계Turing Machine에 프로그램을 입력함으로 연산이 가능하다는 것입니다.

처치-튜링 논문의 주장 중에서 주의할 것은 "만약if"이라는 단어입니다. 모든 문제들이 연산 가능한 해결법이 있는 것은 아니기 때문입니다. 예를 들어 튜링은 영원히 수행되었을 경우에만 참true를 출력하는 임의의 프로그램을 구현하는 것은 불가능하다는 것을 증명하였고, 이것을 **정지문제**halting problem라고 정의하였습니다.

처치-튜링 논문은 **튜링 완전**Turing completeness이라는 개념이 나오는 데에 직접적인 영향을 주었습니다. 어떤 프로그램 언어로 범용 튜링기계를 시뮬레이션(모의실험)할 수 있다면, 그 언어는 튜링 완전Turing complete하다라고 말합니다. 모든 현대 프로그램 언어들은 튜링 완전합니다. 그 결과 한 프로그래밍 언어(예를 들어 파이썬)로 작성된 프로그램은 다른 언어(예를 들어 Java)로도 작성될 수 있습니다. 당연히 특정 언어를 사용하면 더 작성하기 쉬운 부분이 존재하겠지만 모든 언어들은 연산 능력에 있어서는 근본적으로 대등합니다.

다행히 우리 중에 누구도 튜링의 원시명령어primitives들로 프로그램을 작성할 필요가 없습니다. 현대의 프로그램 언어들이 더 편리하고 많은 원시명령어들을 제공하기 때문입니다. 그러나 프로그램이 일련의 연산들을 모아서 처리하는 것이라는 사실은 변치 않는 핵심입니다.

우리가 어떤 원시 명령어들을 가졌는가 또는 어떤 방법으로 그것을 사용하는가와 상관없이 프로그래밍에 있어서 가장 큰 장점과 단점은 동일합니다. 그것은 바로 컴퓨터가 주어진 명령을 있는 그대로 실행한다는 사실입니다. 이것은 프로그래밍을 통해 온갖 재미있고 유용한 것들을 만들어 낼 수 있다는 것을 의미하기 때문에 장점이 되기도 하지만, 만약 제대로 실행되지 않을 때에는 프로그램을 작성한 당신 밖에 탓할 곳이 없다는 점에서 단점이 되기도 합니다.

세상에는 수 백 개의 프로그래밍 언어가 존재합니다. 그 중에서 최악의 프로그래밍 언어라고 할 만한 것들을 나열할 수는 있겠지만 최고의 프로그램 언어를 뽑을 수는 없습니다. 그 이유는 서로 다른 언어들이 다양한 응용 분야에 따라 좋은 언어가 되기도 하고 나쁜 언어가 되기도 하기 때문입니다. 예를 들어 MATLAB은 벡터와 행렬에 대한 정보를 다룰 때 훌륭한 언어이며, C 는 데이터 통신을 제어하는 프로그램을 작성하기에 좋은 언어입니다. PHP는 웹사이트를 제작 하는 데에 좋은 언어이며, 파이썬은 다용도로 사용할 수 있는 좋은 언어입니다.

각 프로그래밍 언어는 기본 구성체primitive constructs의 집합, 문법syntax, 정적 의미static semantics, 의미론semantics으로 이루어집니다. 자연 언어(예를 들어 영어)와 비교해볼 때 기본 구성체들은 단어들로 볼 수 있고, 문법은 어느 단어 조합이 바르게 쓰여진 문장인지에 대한 것이며, 정적 의미는 어느 문장이 의미가 있는지를 규정하는 것이며, 의미론은 그런 문장의 의미를 정의하는 것으로 볼 수 있습니다. 파이썬의 기본 구성체는 **리터럴**literals(예를 들어 숫자 `3.2`와 문자열 `'abc'`)과 **중위 연산자**infix operators(예를 들어 + 와 /)를 포함하고 있습니다.

언어의 **문법**syntax은 기호와 문자열의 구조가 잘 형성되어 있는지를 정의합니다. 예를 들어 영어 문자열 "Cat dog boy."는 문법에 맞지 않는 문장입니다. 그 이유는 영어에서 〈명사〉〈명사〉〈명사〉 형태는 존재하지 않기 때문입니다. 파이썬에는 `3.2 + 3.2` 같은 기본 명령어의 배열은 문법적으로 맞지만, `3.2 3.2`는 맞지 않습니다.

정적 의미static semantics는 문법적으로 맞는 문자열 중에서 어떠한 문자열이 의미가 있는지를 정의합니다.예를 들어, "He run quickly"와 "I runs quickly"와 같은 문자열을 생각해보죠.이 문자열은 각각 〈대명사〉〈일반 동사〉〈부사〉로 구성되어 문법적으로 용납할 수 있는 순서입니다.그럼에도 불구하고 두 문자열 모두 올바른 영어가 아닙니다.왜냐하면,영어의 특별한 규칙으로 인하여 주어가 1인칭 혹은 2인칭일 때 일반 동사의 끝에 "s"가 붙이지 않고, 주어가 3인칭 단수일 때는 "s"를 붙입니다.이런 예들이 정적 의미의 오류에 해당합니다.

언어의 **의미론**semantics은 문법적으로 맞고, 정적 의미의 오류가 없는 문자들의 배열에 의미를 더하는 역할을 합니다. 자연어에서 문장의 의미는 불명확할 수도 있습니다. 예를 들어 "나는 이 학생을 너무 높이 평가할 수 없다(I cannot praise this student too highly.)"라는 말은 칭찬이 될 수도 있지만 그 반대가 될 수도 있습니다. 그러나 프로그램 언어는 자연어와 달리 각 프로그램이 단 하나의 의미를 갖도록 디자인되었다는 것을 기억해야 합니다.

문법 오류syntax error는 (특히 언어를 새로 배우는 사람들에게는) 가장 흔한 오류이면서 동시에 가장 위험성이 적은 오류이기도 합니다. 모든 중요한 프로그래밍 언어들은 문법 오류를 발견하기 위하여 빈틈없는 작업을 수행하며 한 개의 문법 오류가 있더라도 사용자가 프로그램 수행을 하지 못하도록 막기 때문입니다. 더 나아가서 많은 경우에 프로그래밍 언어 시스템은 사용자가 오류를 쉽게 고칠 수 있도록 오류가 어느 지점에서 발생했는지 명확하게 알려줍니다. 이와 같은 상황을 고려했을 때 정적 의미의 오류static semantic error같은 경우는 조금 더 복잡합니다. 어떤 프로그램 언어들은 (예를 들어 자바) 프로그램을 실행하기 전에 여러 번의 정적 의미를 점검하는 과정을 거치지만 C나 파이썬같은 언어들은 정적 의미 점검을 비교적 적게 합니다. 파이썬은 프로그램을 실행할 때에 상당히 많은 정적 의미를 점검합니다. 그러나 정적 의미를 점검한다고 해서 모든 정적 의미의 오류를 잡는 것은 아닙니다. 오류가 발견 되지 않았을 경우, 프로그램이 어떻게 작동할지는 예측이 거의 불가능합니다. 이런 사례들은 나중에 다루겠습니다.

사람들은 프로그램의 의미적 오류semantic error에 대해서 별로 언급하지 않습니다. 만약 프로그램이 문법적 오류나 정적 의미의 오류가 없다고 하면, 일단 프로그램은 의미가 있다고 볼 수 있기 때문입니다. 하지만 의미가 있다고 해서 그것이 프로그램 작성자가 의도했던 의미라는 뜻은 아닙니다. 프로그램 작성자가 생각하는 것과 다르게 프로그램이 작성이 되었을 때는 나쁜 일들이 일어날 수 있습니다.

만약 프로그램에 오류가 있어서, 프로그램이 작성자의 의도와 다르게 돌아간다면 다음과 같은 일들이 일어날 수 있습니다.

- 프로그램이 충돌crash(예를 들어 실행이 중단되며 중단되었다는 것을 사용자에게 알리는 것)할 수도 있습니다. 잘 설계된 전산 시스템이라면 프로그램이 충돌하더라도 전체 시스템에 손상을 입히지 않지만 어떤 컴퓨터 시스템들은 이러한 속성을 지니고 있지 않습니다. 개인 컴퓨터를 사용하는 거의 모든 사람들은 프로그램을 수행하다가 프로그램이 충돌했을 때, 컴퓨터를 다시 시작해야만 했던 경험이 있을 것입니다.
- 아니면 프로그램이 계속 돌고, 또 돌아서 멈추지 않을 수도 있습니다. 만약 프로그램이 작업을 완료하는 데에 시간이 얼마나 걸리는지 전혀 모른다면 이런 문제는 알아채기가 힘들 수도 있습니다.

- 아니면 프로그램 실행이 끝났을지라도 그 결과가 맞을 수도, 맞지 않을 수도 있습니다.

위에 사항들이 모두 나쁘지만, 그 중에서도 최악인 것은 단연 마지막 사항입니다. 만약 프로그램이 잘 실행된 것처럼 보이는데, 사실 그렇지 않다면 나쁜 일들이 벌어질 수 있습니다. 재산을 잃거나 환자들이 치명적인 방사선 치료를 받거나 비행기가 추락하는 등의 많은 사고를 초래할 수도 있습니다.

그러므로 가능하면 만약 프로그램이 제대로 작동하지 않을 때 어떤 일이 일어나는지 분명히 알 수 있도록 프로그램을 작성해야 합니다. 이것에 대해서는 추후에 다루도록 하겠습니다.

손가락 풀기

가끔씩 짜증날 정도로 컴퓨터는 정확합니다. 만약 명령을 정확히 하지 않으면 컴퓨터는 일을 잘못 할 확률이 높습니다. 한 목적지에서 다른 목적지로 운전해서 가는 알고리즘을 작성해봅시다. 사람에게 말하듯이 작성해보고 그 사람이 정확하게 알고리즘을 실행했을 때에 어떤 결과가 일어날지 상상해 봅시다. 예를 들어 '운전한 사람이 교통 위반 딱지를 몇 장이나 떼게 될 것인가?'와 같은 것들이 있을 수 있습니다.

CHAPTER 02

파이썬 시작하기

모든 프로그램 언어들이 각각 다르고, 또 그 언어를 만든 사람은 자기가 만든 언어가 독창적이라고 인정해주기를 바라겠지만, 모든 언어들은 여러 차원에서 서로 연관이 있습니다.

- **저급**low-level **대 고급**high-level은 우리가 프로그램을 작성할 때 기계적 수준(즉, 물리적으로 64bit 데이터를 다른 곳으로 옮기는 것)에서 명령어와 데이터 객체를 사용하는지, 아니면 언어에서 제공하는 추상적인 기능(즉, 화면에 팝업으로 메뉴를 띄우는 것)을 사용하는지에 따라 구별됩니다.
- **범용**general**대 특정**targeted**영역**은 프로그램 언어의 기본 기능들이 폭넓게 적용 가능한지 아니면 특정 응용 분야에 맞추어져 있는지에 따라 구별됩니다. 예를 들자면, SQL은 관계형 데이터 베이스에서 정보를 용이하게 추출하기 위해 고안되었습니다. 그러므로 이를 컴퓨터 운영체제Operating System을 구축하는데 사용하려 하지 않을 것입니다.
- **인터프리트**interpreted**대 컴파일**compiled은 프로그래머가 작성한 일련의 명령어들 소위 **소스코드**source code가 인터프리터에 의해서 직접 실행되는지, 아니면 컴파일러를 통해서 기계단위의 기본연산으로 변환된 후에 실행되는지에 따라 구별합니다. 컴퓨터 초창기에는 컴퓨터 하드웨어가 직접 해석하고 실행할 수 있도록 **기계코드**machine code에 가까운 언어로 소스코드를 작성해야 했습니다. 이 두 가지 방법들은 모두 각각의 장점이 있습니다. 소스코드를 인터프리트interpret하면서 직접 실행하는 인터프리터는 소스코드와 연관된 오류 메시지를 쉽게 알려줄 수 있기 때문에 디버그debug하는 것이 비교적 쉽습니다. 또한, 컴파일 언어를 사용한 프로그램은 실행 속도가 빠르고 메모리도 적게 차지하는 장점이 있습니다.

이 책에서 우리는 파이썬을 사용하지만 파이썬만 다루지는 않을 것입니다. 물론 파이썬에 대해서 더 잘 이해하게 되겠지만 그것보다 더 중요한 것은 어떻게 프로그램을 작성하여 문제를 해결하는지에 대해 배우는 것입니다. 이렇게 배운 문제해결 능력은 다른 어떤 언어에도 적용이 가능할 것입니다.

파이썬은 다용도 프로그래밍 언어이기 때문에 컴퓨터 하드웨어에 직접적인 접근이 필요 없으며, 거의 모든 종류의 프로그램을 만드는데 사용할 수 있습니다. 그러나 파이썬은 정적 의미 점검static semantic checking이 약하기 때문에, 높은 신뢰성이 요구되거나 오랜 기간에 걸쳐서 많은 사람이 유지 보수해야 하는 프로그램에는 적합하지 않습니다.

그렇다면 파이썬이 다른 언어보다 뛰어난 점들은 무엇이 있을까요? 우선 비교적 단순한 언어이기 때문에 배우기가 쉽습니다. 파이썬은 인터프리트하도록 만들어져 있어서, 런타임 때 피드백이 가능하기 때문에 초보자들에게는 더 없이 좋은 프로그래밍 언어입니다. 그리고 확장된 기능을 제공하는 매우 다양한 라이브러리들이 있습니다. 우리도 그 중 몇 가지를 사용할 것입니다.

이제 우리는 파이썬의 기본 요소들에 대해서 배울 준비가 끝났습니다. 이 요소들은 비록 세부적으로 보면 반드시 그렇지 않을지도 모르지만, 전체적으로 보았을 때는 모든 프로그래밍 언어에 해당하는 공통적인 개념입니다.

독자들은 이 책이 파이썬에 대한 책이 아니라는 사실을 알아야 합니다. 이 책은 파이썬이라는 언어 자체를 가르치는 것이 아니라 연산 문제를 해결하기 위한 관련 개념들을 설명하기 위한 도구로 파이썬을 사용하고 있습니다. 그러므로 이러한 궁극적인 목적에 필요하지 않은 파이썬의 기능이나 특징들은 다루지 않겠습니다. 우리가 파이썬 전체에 대해서 다루지 않아도 괜찮은 것은 파이썬의 모든 부분에 대해서 다루는 좋은 온라인 자료들이 이미 충분하기 때문입니다. 그러므로 필요하다면, 그러한 온라인 자료들을 참고하길 바랍니다.

파이썬은 살아있는 언어입니다. 귀도 반 로섬Guido von Rossum이 1990년에 파이썬을 소개한 이래로 파이썬은 많은 변화를 겪어왔습니다. 첫 10년 동안은 잘 알려지지 않았고, 별로 사용하는 사람도 적었지만 2000년에 파이썬 2.0이 나오면서 판도가 바뀌었습니다. 파이썬 2.0에서 언어 자체에 대한 몇 가지 매우 중요한 것을 개선하면서 파이썬 언어는 역사적으로 큰 전환점을 맞게 되었습니다. 많은 사람이 파이썬과 문제없이 호환할 수 있는 라이브러리를 개발하기 시작했으며, 파이썬 생태계의 지속적인 발전과 지원이 커뮤니티를 기반으로 이루어 지게 되었습니다. 2008년 말에 배포된 파이썬 3.0은 다양한 버전의 파이썬 2(주로 파이썬 2.x라고 부릅니다)들 사이에 일관성이 없었던 문제들을 해결하였습니다. 그러나 파이썬 3.0은 그 이전 버전들과 호환이 되지 않습니다. 그래서 파이썬 3.0 이전 버전으로 쓰여진 대부분의 프로그램들은 파이썬 3.0에서 돌아가지 않는다는 것을 알고 있어야 합니다.

최근 수 년 동안 중요한 공개public domain 파이썬 라이브러리들이 파이썬 3에서 사용할 수 있게 되었고, 이 책에서 사용하는 파이썬 3.5에서도 테스트를 완전히 거쳤습니다.

2.1 파이썬의 기본 요소

파이썬 **프로그램(스크립트**script라고도 합니다)은 일련의 정의와 명령어로 구성되어 있습니다. **쉘**shell이라고 부르는 파이썬 인터프리터는 이런 정의들을 평가evaluate하고 명령어를 실행execute합니다. 일반적으로 프로그램 실행을 시작할 때마다 새로운 쉘이 생성됩니다. 대부분의 경우, 그렇게 생성된 쉘은 윈도우와 연계되어 실행됩니다.

지금부터 파이썬 쉘을 시작해보고 이 단원의 뒤쪽에 있는 예제뿐만 아니라 앞으로 소개되는 문제들도 여러분 자신이 모두 직접 실행해보기를 바랍니다.

명령어command 혹은 **서술문**statement은 인터프리터에게 무언가를 하도록 지시합니다. 예를 들어 `print('Yankees rule!')`이라는 서술문은 인터프리터에게 `print` 함수function[6]를 불러, 쉘과 연계되어 있는 윈도우로 `Yankees rule!`이라는 문자열을 출력하도록 지시합니다.

다음과 같은 일련의 명령어들은

```
print('Yankees rule!')
print('But not in Boston!')
print('Yankees rule', 'but not in Boston!')
```

인터프리터로 하여금 그 다음 같이 출력하게 합니다

```
Yankees rule!
But not in Boston!
Yankees rule but not in Boston!
```

세 번째 서술문에서는 `print`에 두 개의 값이 전달되었다는 것을 주시해 보십시오. `print` 함수는 쉼표(,)로 분리된 임의의 개수 변수들을 받아서, 입력 받은 순서대로 출력합니다.[7]

2.1.1 객체, 수식, 숫자형

객체object는 파이썬 프로그램이 다루고 조작해야 하는 가장 중요한 것입니다. 모든 객체는 하나의 자료형type을 가지고 있는데, 프로그램이 객체들을 가지고 할 수 있는 일들이 자료형으로 결정됩니다.

6. 함수function은 4.1장에서 다룰 것입니다.
7. 파이썬 2에서, `print`는 함수라기보다 명령어입니다. `print` 다음에 괄호가 없어도 되기 때문에 `print 'Yankees rule!', 'but not in Boston.'`라고 작성할 수 있습니다.

자료형에는 스칼라scalar와 넌스칼라non-scalar라는 두 가지 종류가 있습니다. **스칼라** 객체들은 더 이상 나눌 수 없는 최소 단위로 된 자료형입니다. 언어의 원자라고 생각하면 쉽습니다.[8] 문자열 같은 **넌스칼라** 객체들은 내부 구조가 있는 자료형입니다. 파이썬에는 네 가지 종류의 스칼라 객체 자료형이 있습니다.

- `int`는 정수를 표현하기 위해 사용됩니다. `int`형의 상수들은 우리가 평소에 정수를 나타날 때 사용합니다(예를 들어 -3, 5, 혹은 10002).
- `float`는 실수real numbers를 표현하기 위해 사용합니다. 이런 자료형을 부동floating(浮動)소수점 이라고 부릅니다. `float`형의 상수들은 항상 소수점을 포함합니다(예를 들어 `3.0`, `3.17`, 혹은 `-28.72`). `float`형의 상수들은 과학적 기수법scientific notation을 사용해서도 표현 가능합니다. 예를 들어, `1.6E3`이라는 상수는 $1.6*10^3$을 나타내며 1600.0과 같은 값이기도 합니다. 그렇다면 왜 이 자료형을 `real`로 부르지 않는 것일까요? 그 이유는 컴퓨터 내부적으로 `float`형은 **부동소수점 수**floating point numbers로 저장되기 때문입니다. 현대 모든 프로그래밍 언어에 사용하는 이 표현법은 많은 장점을 가지고 있습니다. 그러나 어떤 상황에서는 부동소수점 수의 연산은 실수와 조금 다른 결과를 가지고 올 수도 있는데 이것에 대해서는 3.4장에서 다루겠습니다.
- `bool`은 불리언Boolean 값인 `True`와 `False`를 표현하는데 사용합니다.
- `None`은 한 가지 값을 가진 자료형입니다. 변수에 대해서 배울 때 더 다루도록 하겠습니다.

객체와 **연산자**operator는 결합하여 **수식**expression을 만들어 냅니다. 각 수식은 어떤 자료형의 한 객체로 **평가**evaluate됩니다. 우리는 이 한 객체를 수식의 **값**value이라고 합니다. 예를 들어 `3+2`라는 수식이 평가되어 `int`형의 객체 `5`로 표시되고, `3.0+2.0`이라는 수식이 평가되어 `float` 형의 객체 `5.0`로 표시된 것입니다.

`==` 연산자는 두 수식이 같은 값을 가졌는지를 테스트하기 위하여 사용하며 `!=` 연산자는 두 연산자가 다른 값을 가졌는지를 테스트하기 위해 사용합니다. 여러분이 2.1.2장에서 살펴볼 것이지만, 하나의 `=`는 상당히 다른 의미를 가지고 있습니다. 미리 경고하지만, 여러분이 `"=="`를 입력하려고 했지만, `"="`를 입력하는 실수를 할 것입니다. 이런 오류에 유의하십시오.

기호 `>>>`는 **쉘 프롬프트**shell prompt이며, 인터프리터가 사용자로부터 파이썬 코드를 쉘에 입력할 때까지 대기하고 있음을 의미합니다. 프롬프트 아래에 있는 다음 줄은 인터프리터가 프롬프트에 입력된 파이썬 코드를 평가하였을 때 생성되고, 평가된 수식의 값(객체)을 나타냅니다.

---

8. 원자는 사실 불가분하지 않지만 나누는 것이 쉽지 않고 나눌 수 있다 하더라도 나누는 것은 원치 않는 결과를 불러올 수도 있습니다.

```
>>> 3 + 2
5
>>> 3.0 + 2.0
5.0
>>> 3 != 2
True
```

파이썬 내장 함수 **type**은 객체의 자료형을 알아내기 위해 사용합니다.

```
>>> type(3)
<type 'int'>
>>> type(3.0)
<type 'float'>
```

`int`형과 `float`형에 대한 연산자들은 **그림 2.1**에 나와 있습니다.

i+j는 i와 j의 합입니다. i와 j가 모두 int형일 때 결과는 int(정수)로 나타납니다. 만약 둘 중 하나라도 float형이라면 결과는 float(부동소수점)으로 표시됩니다.

i-j는 i와 j의 차입니다. i와 j가 모두 int형일 때 결과는 int가 되고, 만약 둘 중 하나라도 float형이라면 결과는 float가 됩니다.

i*j는 i와 j의 곱셈입니다. i와 j가 모두 int형이면, 결과는 int입니다. 둘 중 하나라도 float형이면 결과는 float입니다.

i//j는 내림[floor]의 나눗셈입니다. 예를 들어서 6//2의 값은 int 3이며 6//4는 int 1이 됩니다. 결과값이 1인 이유는 내림의 나눗셈에서는 몫을 반환하고 나머지는 무시되기 때문입니다.

i/j는 i를 j로 나눈 것입니다. 파이썬 3에서 / 연산자는 항상 float로 계산하고, 그 결과를 float로 반환합니다. 예를 들면, 6/4는 1.5입니다. 만약, j == 0이면, 에러가 발생합니다. (파이썬 2에서는, i와 j가 모두 int형일 때, 연산자 /는 연산자 //와 같이 정수형 값을 반환합니다. 만약, i 혹은 j가 float이면, 파이썬 3의 / 연산자와 같이 계산합니다).

i%j는 i를 j로 나눈 것의 나머지입니다. 통상적으로 이것을 "i 모듈로[modulo] j"를 줄인 "i 모드[mod] j"라고 부릅니다.

ij**는 i를 j 제곱함을 의미합니다. 만약 i와 j가 모두 int형일 때의 결과는 int이지만 둘 중 하나라도 float형일 경우 결과는 float가 됩니다.

비교 연산자들은 == (같다), != (같지 않다), > (크다), >= (크거나 같다), < (작다) , <= (작거나 같다) 입니다.

그림 2.1 int형과 float형에 대한 연산자

산술 연산자들은 우리가 수학 계산을 할 때와 같은 우선순위^{precedence}로 연산합니다. 예를 들어 *는 +보다 더 우선순위가 높으므로 x+y*2라는 수식은 y를 2로 먼저 곱한 후에 그 결과 값에 x를 더하여 최종 결과 값을 구하게 됩니다. 우선순위는 괄호를 사용하여 부분식^{subexpressions}을 묶음으로써 연산하는 순서를 바꿀 수 있습니다. 예를 들어 (x+y)*2는 괄호로 묶여있는 x와 y를 먼저 더한 후에 그 결과 값에 2를 곱합니다. bool 자료형의 연산자는 다음과 같습니다.

- **a and b**는 a와 b 모두가 True일 때에만 True며, 그렇지 않은 경우는 False입니다.
- **a or b**는 a와 b 둘 중에 하나라도 True일 때 True며, 그렇지 않은 경우는 False입니다.
- **not a**는 a가 True일 때 False이며, a가 False일 때 True입니다.

2.1.2 변수(variables)와 대입(assignment)

변수^{variables}는 객체에 이름을 붙이는 것이 가능하게 합니다. 다음 코드를 통해 알아봅시다.

```
pi = 3
radius = 11
area = pi * (radius**2)
radius = 14
```

제일 먼저 pi[9]와 radius라는 이름을 int형의 객체 두 개에 각각 **바인딩**^{binding}합니다. 그리고 area라는 이름을 int형의 세 번째 객체에 바인딩합니다. 이것은 **그림 2.2**의 왼쪽 그림에 잘 나타나 있습니다.

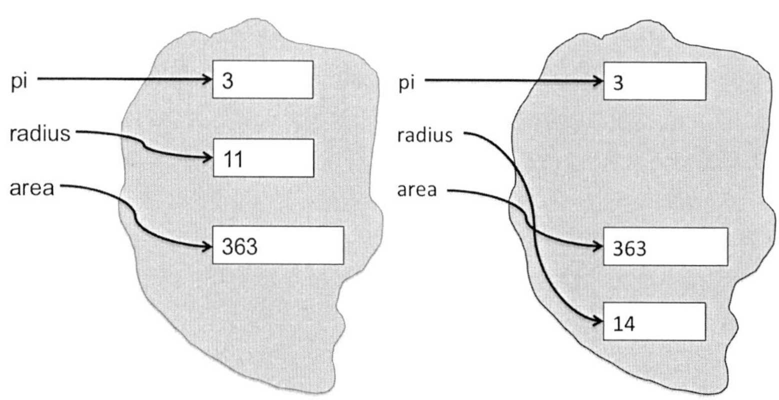

그림 2.2 변수를 객체에 바인딩하기

9. π의 실제 값은 3이 아니지만, 이것에 대해서 15장에서 다룰 것입니다.

만약 프로그램이 위의 명령을 수행한 후에 radius=14를 수행하면, **그림 2.2**의 오른쪽 그림과 같이 radius라는 이름이 int형의 새로운 객체에 바인딩됩니다. 하지만 이것이 area 값에는 아무 영향을 미치지 않는다는 것을 주의해야 합니다. area는 radius가 바뀔지라도 3*(11**2)라는 수식을 가지고 있는 객체에 여전히 바인딩되어 있습니다.

파이썬에서 **변수는 단지 하나의 이름**일 뿐이며 그 이상도 그 이하도 아닙니다. 이것을 기억하십시오. 이것은 매우 중요한 포인트입니다. **대입**assignment 서술문은 = 기호의 왼쪽에 있는 이름을 = 기호 오른쪽에 있는 수식에 연결시켜줍니다. 또 기억해야 할 사실은 객체는 하나, 혹은 하나 이상의 이름을 가지고 있을 수 있으며, 아예 이름이 없는 것도 가능하다는 점입니다.

어쩌면 "변수는 단지 하나의 이름일 뿐이다"라는 문장이 어색한 표현일 수도 있습니다. 줄리엣은 로미오에게 이름은 중요하지 않다고 간절히 외쳤지만[10] 그럼에도 불구하고 이름이라는 것은 중요합니다. 프로그램 언어는 연산computation을 기계가 수행할 수 있는 방법으로 표현하도록 도와줍니다. 그러나, 그렇다고 해서 컴퓨터만 프로그램을 읽을 것이라고 기대하지 마십시오.

여러분이 곧 알게 되겠지만 제대로 작동하는 프로그램을 작성하는 것이 쉬운 것만은 않습니다. 숙달된 프로그래머라면 어떤 프로그램이 왜 그렇게 작동하는지 이해하기 위해 프로그램을 읽는 데에 많은 시간을 할애해야 한다는 것에 동의할 것입니다. 그러므로 프로그램을 읽고 이해하기 쉽게 작성하는 것은 매우 중요한 일입니다. 변수 이름을 적절히 잘 정하는 것은 가독성(可讀性)readability을 높이는데 중요한 역할을 한다는 점을 기억하시기 바랍니다.

다음 두 개의 코드를 살펴 봅시다.

```
a = 3.14159             pi = 3.14159
b = 11.2                diameter = 11.2
c = a*(b**2)            area = pi*(diameter**2)
```

파이썬에 관한 한, 이 두 코드는 다르지 않습니다. 두 코드를 실행한다면, 둘 다 같은 결과가 나올 것입니다. 하지만 사람에게 이 두 코드는 매우 다릅니다. 사람이 왼쪽 코드를 읽으면 코드에 무슨 문제가 있는지 알 방도가 없습니다. 그러나 오른쪽에 있는 코드는 훑어만 봐도 무언가 잘못되었다는 것을 감지할 수 있습니다. diameter라는 변수명을 radius로 바꾸든지, 아니면 area를 계산할 때 diameter을 2.0으로 나누어야 하기 때문입니다.

10. "이름이 무슨 의미가 있단 말인가? 장미라고 불리는 저 꽃도 이름이 어떻게 달라지든, 향기는 결코 달라지지 않을 텐데."
"What's in a name? That which we call a rose by any other name would smell as sweet."

파이썬은 변수명으로 대소문자와 숫자, 그리고 특수기호 _(밑줄)를 사용할 수 있습니다. 그러나 숫자로 변수명을 시작할 수는 없습니다. 그리고 파이썬의 변수명은 대소문자를 구분합니다. 예를 들어 Julie와 julie는 두 개의 다른 이름이 됩니다. 마지막으로 파이썬에는 내부적으로 사용하는 **예약어**reserved words 혹은 keywords가 있으며, 이런 단어들은 변수명으로 사용할 수 없습니다. 파이썬3의 예약어는 and, as, assert, break, class, continue, def, del, elif, else, except, exec, False, finally, for, from, global, if, import, in, is, lambda, not, or, pass, print, raise, return, True, try, with, while, yield가 있습니다.

가독성readability을 높이는 또 다른 방법은 **주석**comment을 다는 것입니다. 파이썬에서 기호 # 뒤에 나오는 모든 문자열은 인터프리트 되지 않습니다. 다음과 같이 주석을 사용할 수 있습니다.

```
side = 1 #length of sides of a unit square
radius = 1 #radius of a unit circle
#subtract area of unit circle from area of unit square
areaC = pi*radius**2
areaS = side*side
difference = areaS - areaC
```

파이썬은 다중 대입multiple assignment을 지원합니다.

```
x, y = 2, 3
```

위의 구문은 2를 x, 3을 y에 바인딩합니다. 대입의 오른쪽에 있는 수식들의 값이 계산된 이후 에 x와 y 변수에 바인딩됩니다. 이것은 두 변수를 간편하게 교체 연산swap할 수 있도록 해주는 파이썬의 매우 편리한 기능입니다.

다음의 예를 살펴봅시다.

```
x, y = 2, 3
x, y = y, x
print('x =', x)
print('y =', y)
```

이 코드는 다음과 같은 결과를 출력합니다.

```
x = 3
y = 2
```

2.1.3 파이썬의 통합개발환경(IDE)

프로그램을 쉘에 직접 입력하는 것은 굉장히 불편합니다. 그래서 거의 모든 프로그래머들은 Integrated Development Environment(IDE, 통합 개발 환경)에 포함되어 있는 편집기text editor를 사용하여 프로그래밍하는 것을 선호합니다.

이 책에서는 표준 파이썬 설치 패키지에 포함되어 있는 IDE인 IDLE[11]을 사용할 것입니다. 파이썬의 인기가 점점 높아져 감에 따라, 다른 IDE들도 많이 개발되고 있습니다. 이러한 새로운 IDE들에는 IDLE이 제공하지 않는 더 유명한 파이썬 라이브러리와 기능을 제공하고 있습니다. 새로운 IDE들 중에 잘 알려진 것으로는 **아나콘다**Anaconda와 **카누피**Canopy가 있습니다. 이 책에 있는 코드들은 아나콘다에서 만들었고, 테스트했습니다.

IDLE은 응용 프로그램이며 다른 컴퓨터 응용 프로그램과 별로 다를 것이 없습니다. 아이콘을 더블 클릭하며 다른 프로그램을 실행할 때 하듯이 프로그램을 실행하면 됩니다.

파이썬의 IDE들은 다음과 같은 특징을 모두 제공합니다.

- 문법 강조 색상syntax highlighting, 자동 완성autocompletion, 들여쓰기indentation 기능이 탑재된 편집기
- 문법 강조 색상 기능이 있는 쉘
- 통합 디버거(현재는 무시해도 상관 없습니다.)

IDE를 시작하면 파이썬 명령어를 입력할 수 있는 쉘 윈도우가 열립니다. 이와 함께 파일 메뉴와 편집 메뉴가 나타납니다(그 외에 다른 메뉴들도 있지만 지금은 넘어가겠습니다).

파일 메뉴file menu는 다음과 같은 일을 하는 명령어들이 있습니다.

- 파이썬 프로그램을 입력할 수 있는 새로운 편집 윈도우를 생성합니다.
- 기존의 파이썬 프로그램을 담고 있는 파일을 엽니다.
- 현재 편집하고 있는 윈도우의 내용을 파일로 저장합니다(`.py` 확장자로 저장합니다).

편집 메뉴edit menu는 표준문서 편집 관련 명령어(예를 들어 복사하기, 붙여넣기, 찾기)와 파이썬 코드를 쉽게 편집하기 위해 특별히 만들어진 명령어(예를 들어 영역 들여쓰기와 영역 주석 처리하기)들로 이루어져 있습니다.

---

11. 전해진 바에 의하면 파이썬의 이름은 영국 코미디 극단 몬티 파이썬Monty Python에서 따왔다고 합니다. 그래서 IDLE은 극단의 멤버인 에릭 아이들Eric Idle을 생각하게 합니다.

다음 사이트에서 IDE에 관해서 더 자세한 내용을 찾아볼 수 있습니다.

```
http://docs.python.org/library/idle.html/
https://store.continuum.io/cshop/anaconda/
https://www.enthought.com/products/canopy/
```

2.2 분기(Branching) 프로그램

지금까지 이 책에서 우리가 경험한 연산의 종류를 **직선적 프로그램**straight line program이라고 부릅니다. 이런 종류의 프로그램은 순서대로 한 줄씩 명령을 수행하며 더 이상 실행할 서술문statement이 없을 때 프로그램을 종료하게 됩니다. 프로그래머들은 이런 프로그래밍을 별로 재미없어 하고, 지루하게 여깁니다.

반면에 **분기**branching **프로그램**은 정말 흥미롭습니다. 가장 간단한 분기 서술문은 **조건문**conditional인데 **그림 2.3**에 나타나 있듯이 조건문에는 세 부분이 있습니다:

- 테스트, 즉 결과가 `True`인지 `False`인지 계산하는 수식
- 결과가 `True`일 때 수행되는 코드 블록
- 결과가 `False`일 때 수행되는 선택적인 코드 블록

조건문을 실행하고 나면 그 다음 줄의 코드부터 프로그램이 재개됩니다.

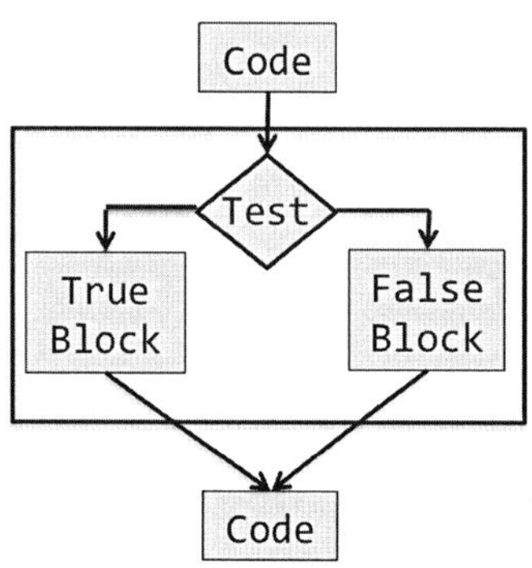

그림 2.3 조건문의 Flow chart

파이썬의 조건문은 다음과 같은 구조를 가지고 있습니다.

```
if Boolean expression:
    block of code
else:
    block of code
```

또는

```
if Boolean expression:
    block of code
```

이 책에서 파이썬 서술문들의 형태를 설명하기 위해 어떤 지점에서 수행될 코드들을 나타낼 때는 기울임꼴[italics]을 사용하겠습니다. 예를 들어, 예약어 `if` 뒤에, `Boolean expression`은 평가한 결과값이 `True` 혹은 `False`인 수식이 나온다는 것을 의미합니다. 또한 `else:` 뒤에, `block of code`는 모든 파이썬 서술문들이 나올 수 있다는 것을 의미합니다.

다음은 변수 `x`의 값이 짝수일 때 "`Even`"을 출력하고 홀수일 때 "`Odd`"를 출력하는 코드입니다.

```
if x%2 == 0:
    print('Even')
else:
    print('Odd')
print('Done with conditional')
```

`x%2 == 0`은 `x`가 `2`로 나눌 때 그 나머지가 `0`인 경우 `True`를 반환하고 `0`이 아닌 경우 `False`를 반환합니다. 비교할 때는 `=`가 아닌 `==`를 사용함을 주의해야 합니다. 그 이유는 `=`는 대입할 때 쓰이는 예약어이기 때문입니다.

들여쓰기[indentation]는 파이썬에서 중요한 의미가 있습니다. 예를 들어 위의 코드에서 마지막 문장이 들여쓰기 되어있다면 그 문장은 조건문이 끝난 다음 수행되지 않고 `else`에 붙어있는 코드블록의 일부가 되어버립니다.

대부분의 프로그램 언어들은 괄호기호를 사용해서 코드블록을 나눕니다. C언어 또한 중괄호 `{ }`를 사용합니다. 하지만 파이썬은 들여쓰기를 이용함으로써 프로그램의 시각적인 구조가 프로그램의 논리적인 구조를 정확하게 나타내는 장점이 있습니다. 또한 의미론적으로 들여쓰기가 중요하고, 한 줄의 개념도 중요하기 때문입니다. 코드 한 줄이 너무 길어서 컴퓨터 화면에서 쉽게 읽을 수 없다면 역슬래시(\)를 사용하기 보다는 코드를 여러 줄로 나눌 수 있습니다.

조건문의 `true` 블록이나 `false` 블록에 또 다른 조건문이 있는 경우를 **중첩**[nested] 조건문이라 고 부릅니다. 다음에 나와있는 코드에서 가장 상위수준의 `if`문에는 중첩된 또 다른 조건문이 있는 것을 확인할 수 있습니다.

```
if x%2 == 0:
    if x%3 == 0:
        print('Divisible by 2 and 3')
    else:
        print('Divisible by 2 and not by 3')
elif x%3 == 0:
    print('Divisible by 3 and not by 2')
```

위의 `elif`는 "else if"를 의미합니다.

복합된 불리언 수식compound Boolean expression을 사용하는 것이 때때로 상당히 편리합니다.

```
if x < y and x < z:
    print('x is least')
elif y < z:
    print('y is least')
else:
    print('z is least')
```

우리는 조건문을 통해서 직선적 프로그램보다 더 흥미로운 프로그램을 만들 수 있지만 분기프로그램 역시 한계가 있습니다. 프로그램의 실행시간이 얼마나 걸리는지에 따라서 프로그램을 종류별로 평가할 수 있는데 분기프로그램의 한계는 그 실행시간에서 나타날 수 있습니다. 코드 한 줄이 한 단위의 시간이 걸린다고 가정했을 때 직선코드의 프로그램의 경우 n줄의 코드가 있으면 n 단위의 시간만큼 실행되지만 분기프로그램의 경우 실행시간이 n 단위의 시간보다 적게 걸릴 수는 있어도 그보다 더 많게 걸릴 수는 없습니다. 그 이유는 코드 한 줄은 최대 한 번 밖에 실행되지 않기 때문입니다.

프로그램의 실행시간이 프로그램의 길이에 제한된 경우를 프로그램이 **상수시간**constant time에 실행된다고 말합니다. 매번 실행할 때마다 같은 횟수를 실행한다는 의미가 아니라 상수 k가 존재할 때 프로그램이 k번 이상은 절대로 수행되지 않았다는 것을 의미합니다. 즉, 프로그램의 입력 값이 많아져도 프로그램 실행시간이 길어지지 않는다는 뜻입니다.

상수 시간에 실행되는 프로그램으로 할 수 있는 일은 제한되어 있습니다. 예를 들어 선거 후 개표하는 프로그램을 작성한다고 해봅시다. 투표자의 수가 늘어나도 프로그램의 실행시간이 길어지지 않는 프로그램을 과연 작성할 수 있을까요? 이것이 불가능하다는 것은 이미 증명되었습니다. 문제의 본질적 어려움intrinsic difficulty에 관한 연구는 **계산 복잡도**computational complexity라는 주제와 함께 다룰 것입니다. 이 주제에 관해서는 앞으로 몇 번 더 다루도록 하겠습니다.

다행히 우리는 프로그래밍 언어의 구성construct 중에 하나인, 즉 반복문iteration 하나만 더 알게 되면, 임의의 복잡성arbitrary complexity을 가진 프로그램을 작성할 수 있습니다. 반복문에 대해서는 2.4절에서 배울 것입니다.

손가락 풀기

변수 x, y, z를 테스트하여, 셋 중 가장 큰 홀수 숫자를 저장하고 있는 변수를 출력하고, 세 변수 모두 짝수라면 이를 알리는 메시지를 출력하는 프로그램을 작성해봅시다.

2.3 문자열과 입력

str형의 객체들은 문자열을 나타냅니다.[12] str형의 리터럴literal은 단일 인용부호('abc')나 이중 인용부호("abc")를 사용하여 표현합니다. 리터럴 '123'은 숫자 123이 아닌 문자열을 가리킵니다.

파이썬 인터프리터에 다음과 같은 수식들을 입력해봅시다(>>>는 프롬프트이기 때문에, 여러분이 따로 입력할 필요가 없습니다).

```
>>> 'a'
>>> 3*4
>>> 3*'a'
>>> 3+4
>>> 'a'+'a'
```

여기서 연산자 +는 **오버로드**overloaded되었다고 말합니다. 연산자가 적용되는 객체들의 자료형 들에 따라서 연산자의 의미가 바뀌기 때문입니다. 예를 들어 두 숫자에 사용될 때에는 덧셈 이라는 의미로 쓰이며 두 문자열에 사용될 때에는 문자열을 합친다는concatenation 의미로 사용됩니다. 연산자 * 또한 오버로드 된 것입니다. 두 숫자에 *를 사용하면 곱셈이 되지만 int형 과 str형에 * 연산자를 사용했을 때, * 는 **반복 연산자**repetition operator가 됩니다. n*s라는 식에서 n은 int형이고, s는 str형이라고 한다면, s를 n번 복제하게 됩니다. 예를 들어 2*'John'이라는 수식은 'JohnJohn'이라는 값이 됩니다. 여기에는 수식 3*2는 2+2+2와 동일한 것처럼, 3*'a'는 'a'+'a'+'a'와 동일한 것이라는 논리가 들어 있습니다. 다음을 입력해봅시다.

12. 다른 많은 프로그래밍 언어들과는 달리 파이썬은 한 문자character에 해당하는 자료형이 없습니다. 그 대신 길이가 하나인 문자열을 사용합니다.

```
>>> a
>>> 'a'*'a'
```

각 줄은 오류 메시지를 출력합니다. 첫 줄에서 발생하는 오류 메시지는 다음과 같습니다.

```
NameError: name 'a' is not defined
```

a가 어느 자료형의 상수도 아니기 때문에 인터프리터는 a를 변수명으로 인식하게 되는데, 여기에 객체를 바인딩하지 않았으므로 a를 사용하려 할 때 오류가 발생하는 것입니다. 두 번째 줄 'a'*'a'에서는 다음과 같은 오류 메시지가 출력됩니다.

```
TypeError: can't multiply sequence by non-int of type 'str'
```

자료형 검사type checking가 된다는 것은 좋은 일입니다. 부주의한 실수나 생각하지 못한 미묘한 실수를 찾아 오류들을 미리 고칠 수 있기 때문에, 나중에 프로그램이 이해하기 힘들 정도로 이상하게 실행되는 것을 방지할 수 있습니다. 파이썬의 자료형 검사는 다른 프로그래밍 언어들 (예를 들어 Java)에 비해서 강력하지 않지만, 파이썬2보다 파이썬3에서는 훨씬 나아졌습니다. 예를 들어 두 문자열이나 두 숫자를 서로 비교 할 때는 <가 어떤 의미인지 명확합니다. 그런데, '4' < 3과 같은 경우라면 어떻게 될까요? 파이썬2에서는 이런 경우 False를 반환하는데, 그 이유는 모든 숫자 값numeric values들은 str형의 값보다 작기 때문입니다. 그러나, 파이썬3이나 다른 프로그램 언어들을 설계한 사람들은 이와 같은 비교는 명확한 의미가 없다고 결정하고 에러 메시지를 발생하도록 하였습니다.

문자열은 파이썬에 있는 여러 순차(시퀀스sequence) 자료형들 중 하나입니다. 다른 순차 자료형들과 같이 다음과 같은 연산들을 할 수 있습니다.

- 문자열의 **길이**length는 len 함수를 사용하여 알 수 있습니다. 예를 들어 len('abc')의 값은 3입니다.
- **인덱싱**indexing은 문자열에서 문자들을 한 글자씩 가리키기 위해서 사용하는데 파이썬에서 모든 인덱싱은 0부터 시작합니다(zero-based). 예를 들어 인터프리터에 'abc'[0]를 입력하면 문자열 'a'를 표시하게 됩니다. 'abc'[3]을 입력하면 IndexError: string index out of range 오류가 발생합니다. 파이썬에서는 인덱싱이 0에서 시작하기 때문에 길이가 3인 문자열의 마지막 요소를 가리키기 위해선 인덱스로 2를 사용해야 하기 때문입니다. 음수를 사용하면 문자열의 뒷부분부터 가리킬 수 있습니다. 예를 들어 'abc'[-1]의 값은 'c'이며, 'abc'[-2]의 값은 'b'입니다.
- **슬라이싱**slicing은 특정 길이의 문자열을 추출하기 위해 사용합니다. s라는 문자열이 있을 때 s[start:end]와 같은 수식은 인덱스 start부터 인덱스 end-1까지의 문자들을 추출한

다는 뜻입니다. 예를 들어 'abc'[1:3]의 값은 'bc'가 됩니다. 왜 end는 문자열의 인덱스 end가 아닌 end-1을 의미할까요? 그 이유는 abc'[0:len('abc')]라는 수식이 보통 사람들이 예측하듯이 문자열 전체를 의미하도록 하는 것입니다. 콜론(:) 전에 있는 값이 생략된 경우, 디폴트default 값은 0입니다. 콜론(:) 뒤에 있는 값이 생략된 경우, 디폴트 값은 문자열의 길이가 됩니다. 그와 더불어 콜론 앞 뒤의 값 모두가 생략된 'abc'[:]의 경우는 'abc'[0:len('abc')]와 같습니다.

2.3.1 입력(Input)

파이썬3에는 사용자에게 직접 입력을 받을 수 있는 input 함수가 있습니다.[13] 이 함수는 문자열을 하나의 인자로 받아, 쉘 프롬프트로 표시합니다. 그리고, 그 때 사용자가 값을 입력하고 엔터키를 칠 때까지 기다립니다. 사용자가 입력한 것을 모두 받은 후에, 문자열을 보내줍니다.

다음 코드를 살펴봅시다.

```
>>> name = input('Enter your name: ')
Enter your name: George Washington
>>> print('Are you really', name, '?')
Are you really George Washington ?
>>> print('Are you really ' + name + '?')
Are you really George Washington?
```

첫 번째 print문을 실행한 결과를 자세히 살펴보면, 물음표(?) 전에 빈 칸이 있습니다. 그 이유는 print 함수는 여러 인자가 전달되었을 때 값 사이에 빈 칸을 삽입하기 때문입니다. 두 번째 print문은 있는 문자열들을 하나로 합친 후에concatenation 전체를 하나의 인자를 전달하므로 빈 칸이 저절로 삽입되지는 않습니다. 자, 이제 다음 코드를 봅시다.

```
>>> n = input('Enter an int: ')
Enter an int: 3
>>> print(type(n))
<type 'str'>
```

위의 코드를 보면 변수 n이 int형 3이 아닌 str형의 '3'과 바인딩된 것을 알 수 있습니다. 그러므로 위 코드에서 n*4의 수식을 입력하게 되면 결과는 12가 아닌 '3333'이 됩니다. 다행히 문자

13. 파이썬 2에는 사용자로부터 입력을 받을 수 있는 input과 raw_input 함수가 있습니다. 좀 혼돈스럽게도 파이썬 2 raw_input은 파이썬 3의 input과 똑같이 작동합니다. 파이썬2 input 함수는 사용자가 입력한 것을 수식으로 간주합니다. 파이썬2 프로그램에서는 raw_input만 사용하는 것이 좋습니다.

열이 어떤 형의 유효한 상수일 경우 형변환type conversion이 가능합니다.

형변환type cast 파이썬 코드에서 흔하게 볼 수 있습니다. 형변환을 할 때는 변환하려는 형식의 이름을 사용합니다. 예를 들어서 `int('3')*4`는 `12`가 됩니다. `float`형을 `int`형으로 변환할 때는 반올림되지 않고 소수점 뒤의 숫자가 모두 잘리게 됩니다. `int(3.9)`는 `int`형 `3`이 됩니다.

2.3.2 문자 코딩에 관한 여담

오랜 동안 대부분의 프로그래밍 언어들은 문자를 나타내기 위해 ASCII[14]를 하나의 표준으로 사용했습니다. 128개의 문자를 포함하는 이 표준은 영어에 나타난 모든 문자들을 표현하는데 부족하지 않았지만, 세계 언어들에 나타나는 모든 문자를 표현하기에는 충분하지 않았습니다.

최근 여러 해 동안, ASCII에서 **유니코드**Unicode로 전환이 일어나고 있습니다. 유니코드는 모든 언어들의 기록된 문서들을 모두 코딩할 수 있도록 설계된 문자 코딩 시스템입니다. 이 표준은 120,000 이상되는 문자를 포함하고, 129개의 현대적이나 역사적인 문서들에 있는 문자와 심볼 세트까지 포함합니다. 파이썬에서 어떤 형식의 인코딩을 사용할 것인지를 여러분이 직접 프로그램의 첫째 혹은 둘째 줄에 아래와 같은 코멘트 형식으로 정의할 수 있습니다.

```
# -*- coding: encoding name -*-
```

예를 들면, 여러분이 다음과 같이 기술하여 파이썬이 UTF-8로 사용하여 문자를 인코딩하도록 할 수 있습니다.[15]

```
# -*- coding: utf-8 -*-
```

만약, 여러분이 프로그램에 아무것도 기술하지 않는다면, 대부분의 파이썬들은 UTF-8로 인코딩할 것입니다.

여러분이 UTF-8를 사용할 때, 그리고 문서 편집기로 입력 가능하여 다음과 같이 직접 입력하면,

```
print('Mluviš anglicky?')
print('क्या आप अंग्रेज़ी बोलते हैं?')
```

아래와 같이 출력을 할 것입니다.

```
Mluviš anglicky?
क्या आप अंग्रेज़ी बोलते हैं?
```

---

14. [역자 주] ASCII는American Standard Code for Information Interchange(미국정보교환표준부호)의 약어이며, '아스키'라고 읽는다.

15. 2016년 현재, 전 세계 웹의 85% 이상이 UTF-8을 사용하여 인코딩되었습니다.

여러분은 아마도 내가 어떻게 **'क्या आप अंग्रेज़ी बोलते हैं?'**과 같은 문자열을 입력했는지 궁금할 것 같습니다. 사실 내가 입력하지 않았습니다. 왜냐하면, 대부분 웹은 UTF-8을 사용하기 때문에, 웹 페이지에서 '잘라내기'와 '붙여놓기' 기능을 이용했기 때문입니다.

2.4 반복문(Iteration)

분기 프로그램만 가지고 대부분의 계산적인 작업들을 다 실행할 수는 없다는 결론을 내리면서, 2.2절을 마쳤습니다. 예를 들면, 사용자에게 문자 X를 몇 번이나 출력하기 원하는지 묻고, 사용자의 답으로 받아 그 만큼 X를 출력하는 프로그램을 작성한다고 생각해봅시다. 다음과 같이 프로그램을 작성해야 한다고 생각할 수도 있습니다.

```
numXs = int(input('How many times should I print the letter X? '))
toPrint = ''
if numXs == 1:
    toPrint = 'X'
elif numXs == 2:
    toPrint = 'XX'
elif numXs == 3:
    toPrint = 'XXX'
#...
print(toPrint)
```

그러나, 우리는 양수positive integers가 존재하는 수만큼 많은, 즉 무한대로 많은, 조건문이 필요하다는 것을 곧 알게 됩니다. 우리가 필요한 것은 다음과 같은 프로그램일 것입니다.

```
numXs = int(input('How many times should I print the letter X? '))
toPrint = ''
concatenate X to toPrint numXs times
print(toPrint)
```

같은 작업을 반복해야 하는 프로그램을 작성하고자 할 때, **반복문**iteration을 사용할 수 있습니다. **루핑**looping이라고도 부르는 일반적인 반복문은 **그림 2.4**에 그려진 것과 같이 작동합니다. 조건문처럼 주어진 조건을 검사하는 것으로 시작합니다. 만약 검사의 결과가 `True`라면 **루프**loop 문 안의 서술문들을 한 번 실행하고 다시 조건을 검사합니다. 이 과정은 검사 결과가 `False`일 때까지 반복됩니다. 그 이후에는 반복문 다음에 있는 서술문들이 실행됩니다.

그림 2.4에 표현된 것과 같은 루프는 while 문을 사용하여 프로그램을 작성할 수 있습니다. 다음과

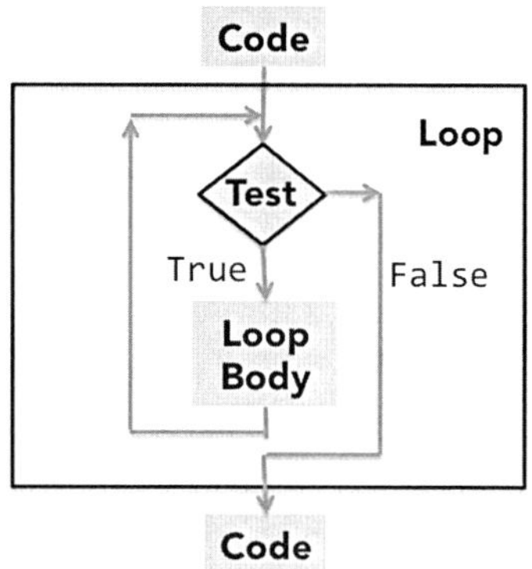

그림 2.4 반복문의 흐름도(Flow chart)

같은 예를 살펴봅시다.

```
# Square an integer, the hard way
x = 3
ans = 0
itersLeft = x
while (itersLeft != 0):
    ans = ans + x
    itersLeft = itersLeft - 1
print(str(x) + '*' + str(x) + ' = ' + str(ans))
```

제일 먼저 `int`형 3을 변수 x에 바인딩합니다. 그리고 나서 x를 반복적으로 더하여서 x를 제곱합니다. **그림 2.5**에 있는 테이블은 루프의 조건을 검사할 때의 각 변수의 값을 보여주고 있습니다. 우리는 우리 자신이 파이썬 인터프리터라고 생각하고 직접 연필과 종이로 쓰면서 머릿속에서 프로그램을 돌려보기로 합시다. 연필과 종이를 쓰는 것이 이상해 보일 수 있으나 프로그램이 어떻게 작동하는지 이해할 수 있는 매우 좋은 방법입니다.[16]

Test #	x	ans	itersLeft
1	3	0	3
2	3	3	2
3	3	6	1
4	3	9	0

그림 2.5 간단한 프로그램을 직접 시뮬레이션하기

16. 펜과 종이를 사용하든지 아니면 텍스트 에디터를 사용하여도 됩니다.

네 번째로 조건을 검사할 때, 조건은 False가 되고, 실행 중인 프로그램은 루프 밖에 있는 print 문으로 넘어갑니다. x가 어떤 값일 때 프로그램이 종료할까요? 세 가지의 경우(x == 0, x > 0, x < 0)가 있습니다.

x == 0일 경우, itersLeft의 초기 값도 역시 0이므로, 루프 안의 서술문들은 실행되지 않을 것입니다.

x > 0일 경우, itersLeft의 초기 값은 0보다 클 것이므로, 루프 안의 서술문들은 최소한 한 번은 실행될 것입니다. 루프 안의 서술문들loop body이 한 번 실행될 때마다 itersLeft의 값은 하나씩 감소합니다. 다시 말해 itersLeft의 초기 값이 0보다 크다면 루프를 몇 번 반복한 후 itersLeft == 0이 된다는 뜻입니다. 바로 이때, 루프 조건 검사는 False가 되고 while문 다음의 서술문들을 실행하게 됩니다.

x < 0일 경우, 뭔가 잘못된 일이 일어납니다. 루프 안의 구문들을 실행하기 시작하고, 반복할 때마다 itersLeft는 0에 가까워지지 않고, 오히려 점점 커지게 되어 프로그램은 루프를 영원히(혹은 오버플로우 오류처럼 무언가 안 좋은 일이 생길 때까지) 돌게 될 것입니다. 프로그램에서 이와 같은 허점을 없애려면 어떻게 해야 할까요? itersLeft 값을 x의 절대값으로 초기화하면 간단히 해결할 수 있습니다. 그러나 루프가 종료되고 나서는 음수 값을 출력할 것입니다. 따라서 루프 안에 서술문도 ans = ans+abs(x)로 바뀐다면 프로그램은 제대로 작동할 것입니다.

손가락 풀기

다음 코드에 있는 코멘트(주석)를 while 루프로 대체하십시오.

```
numXs = int(input('How many times should I print the letter X? '))
toPrint = ''
#concatenate X to toPrint numXs times
print(toPrint)
```

우리는 루프 조건을 테스트하지 않고 루프를 끝내는 것이 필요할 때가 종종 있습니다. break 문을 실행하면, 프로그램은 루프 안에서 구문 실행을 중단하고, 루프 밖에 있는 다음 코드를 실행합니다. 예를 들어, 다음 코드를 생각해봅시다.

```
#Find a positive integer that is divisible by both 11 and 12
x = 1
while True:
    if x%11 == 0 and x%12 == 0:
```

```
            break
        x = x + 1
    print(x, 'is divisible by 11 and 12')
```

다음과 같이 출력합니다.

```
132 is divisible by 11 and 12
```

만약, break 문이 중첩된 루프nested loop (루프 안에 또 다른 루프)안에서 실행되면, break는 중첩된 안에 있는 루프를 중단합니다.

우리는 파이썬에 대해서 꽤 많은 것을 배웠습니다. 이제는 숫자와 문자열을 사용해서 재미있는 프로그램을 만들 수 있습니다. 이제 다음 장에서는 파이썬 배우는 것을 잠시 멈추고, 지금까지 배운 파이썬을 사용하여 간단한 문제들을 해결해보겠습니다.

손가락 풀기

사용자로부터 10개의 int형을 입력 받은 후, 그 중 가장 큰 홀수를 출력하는 프로그램을 작성해봅시다. 만약 입력 값들 중에서 홀수가 없다면 그에 관련한 메시지를 출력하도록 합니다.

CHAPTER 03

간단한 계산 프로그램

지금까지 파이썬 기초 구성constructs에 대해서 배웠으므로 이런 구성들을 조합하고, 활용하여 간단한 프로그램을 작성해볼 시간입니다. 또한 중간 중간에 새로운 프로그래밍 언어 구성들도 몇 개 살펴보고, 알고리즘들도 함께 배울 것입니다.

3.1 전수 나열(全數羅列, Exhaustive Enumeration)

그림 3.1의 코드는 입력 값에 대한 세제곱근cube root이 int형으로 존재할 경우에 그 값을 출력하고, 입력 값이 완전 세제곱이 아닐 경우엔 그와 관련한 메시지를 출력합니다.

```
#Find the cube root of a perfect cube
x = int(input('Enter an integer: '))
ans = 0
while ans**3 < abs(x):
    ans = ans + 1
if ans**3 != abs(x):
    print(x, 'is not a perfect cube')
else:
    if x < 0:
        ans = -ans
    print('Cube root of', x,'is', ans)
```

그림 3.1 전수 나열을 사용한 세제곱근 구하기

x가 어떤 값일 때 프로그램이 종료할까요? 이에 대한 답은 "모든 정수"입니다. 다음과 같이 간단하게 설명할 수 있습니다.

- 수식 ans**3의 값은 0에서 시작하며 루프를 돌 때마다 커집니다.
- 이 값이 abs(x)와 같거나 커지면 루프는 종료합니다.
- abs(x)는 항상 양수이므로 루프의 횟수는 한정됩니다.

루프를 사용할 때는 적절한 **감소함수**decrementing function에 대해서 생각해야 합니다. 이 함수는 다음과 같은 특징을 가지고 있습니다.

- 변수(들)을 int형 값으로 매핑mapping합니다.
- 루프를 시작할 때 이 값은 음수가 아닙니다.
- 만약 이 값이 0보다 작거나 같을 경우 루프는 종료됩니다.
- 루프가 반복될 때마다 이 값은 감소합니다.

그림 3.1에서 감소함수는 무엇일까요? 그것은 abs(x) - ans**3입니다. 자, 이제 오류들을 넣어보고 어떻게 되는지 관찰해봅시다. 우선 ans = 0를 주석으로 처리해 보세요. 파이썬 인터프리터는 다음과 같은 오류 메시지를 출력할 것입니다.

```
NameError: name 'ans' is not defined
```

그 이유는 ans가 객체에 어떤 값에 바인딩되기 전에 바인딩된 값을 찾아 사용하려고 하기 때문입니다. 이제 ans를 다시 처음 상태(ans = 0)로 되돌려놓은 다음, ans = ans + 1 구문을 ans = ans로 바꾸고, 프로그램을 실행시켜서 8의 세제곱근을 구해보세요. 너무 오래 걸린다면 "Ctrl+c"(Ctrl키를 누른 상태에서, c키를 누릅니다)를 눌러 쉘의 사용자 프롬프트로 돌아갈 수 있습니다.

자, 이제 그러면, 루프의 시작에 다음과 같은 문장을 추가해 봅시다.

```
print('Value of the decrementing function abs(x) - ans**3 is',
        abs(x) - ans**3)
```

이제 다시 프로그램을 실행해보면 이번에는 다음 문장을 반복하여 출력할 것입니다.

```
Value of the decrementing function ans(x) - ans**3 is 8
```

루프에서 ans**3과 abs(x)의 차이가 작아지지 않으므로 프로그램은 영원히 실행될 것입니다.

프로그램이 영원히 종료될 것 같지 않은 경우, 숙달된 프로그래머라면 `print`문을 여기 저기에 삽입하여 감소 함수가 적절한지 점검해야 할 것입니다.

이 프로그램에서 사용하고 있는 알고리즘 기술은 **guess and check** 알고리즘을 조금 변형한 **전수 나열**(全數羅列)exhaustive enumeration 방식입니다. 정답을 찾거나 더 이상 가능한 값이 없을 때까지 모든 가능성을 나열하는 알고리즘입니다. 언뜻 보기에 이런 방식은 문제를 풀기에 비효율적으로 보일 수 있습니다. 그렇지만 놀랍게도 전수 나열 알고리즘은 문제를 푸는 가장 실용적인 방법일 때가 많습니다. 대개의 경우, 이 알고리즘은 구현하기도 쉽고 이해하기도 쉽습니다. 조금 전에 삽입한 `print`문을 지우거나 주석처리하고, `ans = ans + 1`을 다시 추가 한 후에 1957816251의 세제곱근을 찾아봅시다. 프로그램의 시작 즉시 답이 나올 것입니다. 이제 7406961012236344616로 시도해보세요.

여러분이 시도해보아서 알겠지만 100만개의 추측을 해야 합니다. 최근의 컴퓨터들은 놀랄 만큼 빠르기 때문에 이것은 큰 문제가 되지 않을 것입니다. 한 명령을 실행할 때 1나노초(10억분의 1초)가 걸립니다. 그것이 얼마나 빠른지 가늠하기 힘들 정도입니다. 이해하기 쉽도록 설명하자면 빛이 1미터를 이동할 때 3나노초 정도가 걸립니다. 또한 우리 목소리가 30미터를 이동할 때 현대 컴퓨터는 백 만개의 명령어를 실행할 수 있다는 뜻입니다.

재미 삼아 다음 코드를 실행해봅시다.

```
maxVal = int(input('Enter a positive integer: '))
i = 0
while i < maxVal:
    i = i + 1
print(i)
```

입력하는 정수가 얼마나 커야 그 결과를 출력하기까지 우리가 인식할 만한(maxVal에 도달하는데 걸리는 시간 때문에) 시간이 지난 다음 출력이 되는지 확인해보세요.

손가락 풀기

사용자에게 한 개의 `int`형을 입력 받은 후, 그 값에 따른 `root`와 `pwr`를 출력하는 프로그램을 작성해 봅시다. 단, `pwr`는 `0`과 `6` 사이 (`0 < pwr < 6`)이며 `root**pwr`은 사용자에게 입력 받은 값과 같아야 합니다. 만약 그 값을 구할 수 없다면, 이에 대해 메시지를 출력하도록 합니다.

3.2 For 루프

앞서 우리가 사용한 각 while문은 일련의 정수들을 따라 작업을 반복합니다. 파이썬에서 for문을 사용하면 이런 종류의 반복 작업을 더 간단하게 작성할 수 있습니다.

기본적인 for문의 형식은 다음과 같습니다(기울임꼴italics로 된 단어들은 실제 코드가 아니라 그 위치에 들어가는 코드에 대한 설명이라는 것을 상기하세요).

```
for variable in sequence:
    code block
```

제일 먼저, sequence시퀀스, 수열의 첫 번째 값이 for 다음에 나오는 variable변수에 바인딩되고, 그 다음에 코드 블록code block이 수행됩니다. 이어서 sequence의 두 번째 값이 variable에 바인딩되고, 코드 블록이 수행됩니다. 이렇게 작업을 반복하다가 sequence에 값이 더 이상 남아있지 않거나 코드 블록 안의 break문이 실행될 때 루프를 빠져 나오게 됩니다.

반복문에 사용하는 *variable* 변수에 바인딩되는 sequence 수열은 일련의 정수를 반환해주는 내장 함수 range를 사용해서 생성합니다. range 함수는 start, stop과 step을 인자로 받아서 수열을 만듭니다. range 함수가 생성하는 수열은 다음과 같습니다: start, start + step, start + 2*step... 만약 step의 값이 양수라면 마지막 요소 start + i*step는 stop 값 이하이며 수열 중에서 가장 큰 값이 됩니다. 반대로 step의 값이 음수라면 마지막 요소 start + i*step는 stop 값보다 크며 수열 중에서 가장 작은 값이 됩니다. 예를 들어 range(5, 40, 10)는 [5, 15, 25, 35]를 생성하고 range(40, 5, -10)은 [40, 30, 20, 10]를 생성하게 됩니다. 세 인자 중 start 인자가 생략된 경우 디폴트로 0이 start의 인자로 전달되고, step 인자가 생략된 경우 디폴트로 1이 step의 인자로 전달됩니다. 예를 들어 다음 두 함수 range(0, 3)과 range(3) 모두 [0, 1, 2]를 생성합니다. 이 때에 수열은 "필요에 따라" 만들어지기 때문에, range(1000000) 같은 경우에도 메모리를 거의 사용하지 않습니다.[17] range에 관해서는 5.2장에서 더 깊이 다룰 것입니다.

위의 방법과 달리, 흔치는 않지만 for문에 사용할 수열을 직접 지정하기도 합니다. 예를 들어 [0, 1, 2]와 같이 리스트로 지정할 수 있습니다.

다음과 같은 코드를 생각해봅시다.

```
x = 4
```

17. 파이썬2에서 range()는 호출될 때 전체 수열을 생성합니다. 파이썬 2에서, range(1000000)처럼 큰 값으로 range()를 호출하게 되면 상당히 많은 메모리를 차지하게 됩니다. 파이썬2에서 xrange는 파이썬3의 range처럼 작동합니다.

```
for i in range(0, x):
    print(i)
```

이 코드는 다음과 같은 결과를 출력합니다.

```
0
1
2
3
```

그럼 이제 다음 코드에 대해서 생각해봅시다.

```
x = 4
for i in range(0, x):
    print(i)
    x = 5
```

반복문 안에서 x의 값을 바꿀 때, 루프를 반복하는 횟수에 영향을 미칠지 의문이 생길 것입니다. 답을 먼저 말하면 바뀐 x의 값은 반복 횟수에 영향이 없습니다. for와 같은 줄에 있는 range 함수는 코드 블록을 처음 반복문을 수행하기 전에 수열을 생성하며, 루프를 돌 때는 다시 생성되지 않기 때문입니다.

이것이 어떤 원리인지 알기 위해서 다음 코드를 살펴봅시다.

```
x = 4
for j in range(x):
    for i in range(x):
        print(i)
        x = 2
```

이 코드는 다음을 출력합니다.

```
0
1
2
3
0
1
0
1
0
1
```

```
#Find the cube root of a perfect cube
x = int(input('Enter an integer: '))
for ans in range(0, abs(x)+1):
    if ans**3 >= abs(x):
        break
if ans**3 != abs(x):
    print(x, 'is not a perfect cube')
else:
    if x < 0:
        ans = -ans
    print('Cube root of', x,'is', ans)
```

그림 3.2 삼 제곱근을 찾는 전수 나열 알고리즘

이렇게 출력되는 이유는 바깥 루프의 `range` 함수는 한 번만 호출되지만, 안쪽 루프의 `range` 함수는 안쪽 `for`문에 이를 때마다 호출되기 때문입니다.

그림 3.2에 있는 코드는 세제곱근cube roots을 찾는 전수 나열 알고리즘을 다시 구현한 것입니다. `for` 루프 안의 `break`문은 수열의 모든 값을 다 돌기 전에 루프를 빠져 나오게 합니다. `break`문이 실행될 때 가장 안쪽에 있는 루프를 빠져 나옵니다.

`for`문은 편의에 따라서 문자열의 문자를 사용해서 반복할 수도 있습니다. 다음 예를 살펴봅시다.

```
total = 0
for c in '123456789':
    total = total + int(c)
print(total)
```

앞 코드는 문자열 `'123456789'`에서 각 문자가 나타내는 숫자의 합을 구하고, 그것을 출력합니다.

손가락 풀기

10진법으로 표현된 숫자들로 이루어진 문자열 s가 있으며, 그 숫자들은 쉼표commas로 구별되어 있습니다. 예를 들어, `s = '1.23, 2.4, 3.123'` 같은 문자열입니다. 문자열 s에 있는 숫자들의 합을 출력하는 프로그램을 작성해보세요.

3.3 근사 해법(近似解法)과 이분 검색(二分檢索, Bisection Search)

친구가 0보다 큰 수의 제곱근을 구하는 프로그램을 작성해달라고 부탁했다고 가정해봅시다. 어떤 것부터 해야 할까요?

아마도 친구에게 문제 정의를 더 명확하게 해달라고 말해야 할 것입니다. 예를 들어 2의 제곱근을 구하라고 했을 때 프로그램은 무엇을 해야 할까요? 2의 제곱근은 유리수가 아니므로, 소수점을 포함한 유한한 숫자float로 표현하는 것이 불가능합니다. 그러므로 애초에 이 문제는 해결될 수 없는 것입니다.

정확한 문제의 정의는 제곱근의 **근사값**approximation, 즉 실제 제곱근에 충분히 근접한 근사값approximation을 구하는 프로그램을 작성하는 것입니다. 이것에 대해서는 잠시 후에 매우 자세히 다룰 것입니다. 지금은 실제 값에서 어떤 상수 값, 즉 엡실론epsilon이라고 부르는 값, 이내에 "충분히 근접한" 값이 있다고 합시다.

그림 3.3에 있는 코드는 제곱근의 근사값을 구하는 알고리즘을 구현하고 있습니다. 이전에 소개하지 않은 연산자 `+=`를 사용하고 있습니다. `ans += step`은 `ans = ans + step`과 같은 의미입니다. 연산자 `-=`와 `*=`도 같은 방식으로 작용합니다.

여기서도 전수 나열 방법을 사용하고 있습니다. 위의 제곱근을 구하는 방법은 중학교에서 배운 방법과 매우 다르다는 것을 느꼈을 것입니다. 종종 컴퓨터로 문제를 해결하는 방법 중 최선의 방법

```
x = 25
epsilon = 0.01
step = epsilon**2
numGuesses = 0
ans = 0.0
while abs(ans**2 - x) >= epsilon and ans <= x:
    ans += step
    numGuesses += 1
print('numGuesses =', numGuesses)
if abs(ans**2 - x) >= epsilon:
    print('Failed on square root of', x)
else:
    print(ans, 'is close to square root of', x)
```

그림 3.3 전수 나열을 사용한 제곱근의 근사값 구하기

이 손으로 문제를 푸는 방법과 전혀 다를 때가 있습니다.

코드를 실행하면, 다음과 같이 출력됩니다.

```
numGuesses = 49990
4.999000000001688 is close to square root of 25
```

프로그램이 25가 완전 제곱수인 것을 알아내지 못하고, 5를 출력하지 못한 것에 대해 실망해야 할까요? 그렇지 않습니다. 프로그램은 제대로 실행되었습니다. 5를 출력하는 것도 괜찮지만 5에 근접한 숫자를 출력하는 것도 또한 괜찮습니다.

만약 x를 0.25로 정한다면 어떻게 될까요? 0.5에 가까운 제곱근을 구할 수 있을까요? 결론을 말하자면 구할 수 없습니다. 그럴 경우 다음과 같이 출력할 것입니다.

```
numGuesses = 2501
Failed on square root of 0.25
```

전수 나열 방법은 일련의 모든 값들을 나열하여 그 중에 답이 존재할 때에만 사용할 수 있는 방법입니다. **그림 3.3**의 경우에, 0과 x사이의 값들을 나열하게 되어 있습니다. 그런데 x가 0과 1 사이에 있을 때, x의 제곱근은 0와 x 사이에 나열하는 값들 중에 존재하지 않습니다. 이것을 고치는 한 방법은 while 루프의 첫 번째 줄에 있는 and의 두번째 피연산자operand를 다음과 같이 바꾸는 것입니다.

```
while abs(ans**2 - x) >= epsilon and ans*ans <= x:
```

이제 프로그램을 실행하는데 얼마나 걸릴지 생각해봅시다. 답이 0에 얼마나 가까이 있는지 그리고 각 스텝의 개수에 따라 루프의 반복 횟수가 정해집니다. 대략적으로 프로그램은 while 루프를 최대 x/step번 실행할 것입니다.

조금 더 큰 숫자(예를 들어 x = 123456)를 시도해봅시다. 잠시 실행한 후에, 다음과 같이 출력할 것입니다.

```
numGuesses = 3513631
Failed on square root of 123456
```

무슨 일이 일어났다고 생각하나요? 123456의 제곱근의 근사값이 엡실론 0.01 범위 내에 분명히 존재합니다. 그런데, 왜 프로그램은 그 근사값을 찾지 못했을까요? 그 이유는 step의 크기가 너무 커서, 프로그램이 근사값을 건너 뛰었기 때문입니다. step을 epsilon**3으로 지정하고 프로그램을 실행해봅시다. 답을 찾을지는 몰라도 상당한 인내심을 가지고 답을 찾을 때까지 기다려야 할 것입니다.

대략적으로 프로그램은 몇 번의 추측을 했을까요? 스텝 값은 0.000001이고 123456의 제곱근은 약 351.36입니다. 그렇다면 프로그램은 만족할 만한 답을 찾기 위해서 대략 351,000,000번 정도의 추측을 한 셈이 됩니다. 답과 가까운 값에서 추측을 시작해서 계산 속도를 더 빠르게 할 순 있지만 그것은 답을 미리 알 때 할 수 있는 이야기입니다.

그러므로 이 문제를 해결하기 위하여 다른 방법을 찾아야만 할 때가 되었습니다. 지금 사용한 방법을 자세한 부분까지 튜닝(조정)해서 해결하는 것보다는 더 나은 알고리즘을 선택할 필요가 있습니다. 그러나 이에 앞서, 언뜻 보아도 제곱근을 찾는 방법과는 전혀 달라 보이는 문제를 먼저 살펴봅시다.

인쇄된 영어 사전에서 어떤 단어를 찾아내는 프로그램을 작성한다고 해봅시다. 전수 나열 방법을 사용한다면 원칙적으로는 잘 작동할 것입니다. 첫 번째 단어에서부터 시작해서 주어진 단어를 찾을 때까지, 혹은 단어들이 바닥날 때까지 모든 단어들을 검사하면 됩니다. 사전에 n개의 단어들이 있다면 원하는 단어를 찾기까지 평균적으로 n/2개의 단어들을 검사해야 합니다. 찾는 단어가 사전에 없다면 n개의 단어들을 검사해야 합니다. 하지만 다행히 사전을 제작하는 사람들이 단어들을 알파벳 순서lexicographical order로 나열하였기 때문에 첫 페이지부터 보지 않고, 우리가 찾는 단어가 있을만한 페이지를 펼쳐서 볼 수 있습니다. 예를 들어 m으로 시작하는 단어를 찾을 땐 책의 중간쯤 펼칠 것입니다. 그리고, 찾는 단어가 펼친 페이지에 나오는 첫 단어보다 더 앞에 있다면 앞장을 넘길 것이고 마지막 단어보다 뒤에 있다면 뒷장을 넘길 것입니다. 이 두 경우가 아니라면 펼쳐져 있는 페이지에서 단어를 찾으려고 할 것입니다.

자, 바로 이 생각을 x의 제곱근을 찾는 문제에 적용시켜봅시다. 먼저 x의 제곱근의 근사값이 0에서 max 사이에 있다는 것을 안다고 가정합니다. 그리고 모든 숫자들은 **완전히 정렬**totally ordered되어 있다는 점을 이용합니다. 다시 말해서 서로 다른 두 값을 가진 숫자 n1과 n2가 있을 때, 그 수가 어떤 수이든 n1 < n2이거나 n1 > n2이라는 것입니다. 그렇다면 x의 제곱근은 이 줄 어딘가에 있을 것이기 때문에 이 사이를 검색하게 될 것입니다.

```
0_______________________________________________________max
```

어디서부터 검색해야 할지 모르니 가운데부터 검색을 시작해봅시다.

```
0________________________guess___________________________max
```

만약 중간 지점을 선택한 값guess이 제곱근이 아니라면(첫 시도에는 대부분 제곱근이 아니겠죠?), 이 값이 찾으려는 값보다 큰지 아니면 작은지 묻습니다. 이 값이 더 크다면, 답이 왼쪽 어딘가에 있을 것이고, 작다면 답이 오른쪽에 있을 것입니다. 이런 방식으로 검색하는 간격을 좁혀가면서 위의 절차를 반복합니다. **그림 3.4**에 이 알고리즘을 구현한 것과 테스트한 것이 나와있습니다. 위

프로그램을 실행시키면 다음을 출력합니다.

```
low = 0.0 high = 25 ans = 12.5
low = 0.0 high = 12.5 ans = 6.25
low = 0.0 high = 6.25 ans = 3.125
low = 3.125 high = 6.25 ans = 4.6875
low = 4.6875 high = 6.25 ans = 5.46875
low = 4.6875 high = 5.46875 ans = 5.078125
low = 4.6875 high = 5.078125 ans = 4.8828125
low = 4.8828125 high = 5.078125 ans = 4.98046875
low = 4.98046875 high = 5.078125 ans = 5.029296875
low = 4.98046875 high = 5.029296875 ans = 5.0048828125
low = 4.98046875 high = 5.0048828125 ans = 4.99267578125
low = 4.99267578125 high = 5.0048828125 ans = 4.99877929688 13 low = 4.99877929688 high = 5.0048828125 ans = 5.00183105469
numGuesses = 13
5.00030517578 is close to square root of 25
```

보면 알다시피 위의 프로그램이 찾은 답은 앞서 우리가 실행했던 프로그램의 답과는 다릅니다. 하지만 이 답은 문제 정의를 만족하므로 전혀 문제가 없습니다.

```
x = 25
epsilon = 0.01
numGuesses = 0
low = 0.0
high = max(1.0, x)
ans = (high + low)/2.0
while abs(ans**2 - x) >= epsilon:
    print('low =', low, 'high =', high, 'ans =', ans)
    numGuesses += 1
    if ans**2 < x:
        low = ans
    else:
        high = ans
    ans = (high + low)/2.0
print('numGuesses =', numGuesses)
print(ans, 'is close to square root of', x)
```

그림 3.4 이분 검색을 사용한 제곱근의 근사값 찾기

하지만 정답을 찾은 것보다 먼저 주목할 점은 루프를 돌 때마다 검색을 하는 공간이 반으로 줄어든 것입니다. 매 단계마다 검색하는 공간을 반으로 나누기 때문에 이런 검색 접근법을 **이분 검색** bisection search이라고 부릅니다. 검색하는 공간을 줄였다는 점에서 이분 검색은 이전의 전수 나열 알고리즘에 비하면 엄청난 발전입니다.

이제 다시 `x = 123456`을 시도해봅시다. 실행해보면 30번의 추측만으로 답을 찾을 수가 있습니다. `x = 123456789`라면 어떨까요? 45번의 추측만으로 찾을 수 있습니다.

제곱근을 구하는데 이 알고리즘을 적용해도 특별한 것이 별로 없습니다. 예를 들어 세제곱근을 구하려면, 단지 두 곳에 있는 2를 3으로만 바꾸면 됩니다. 다음 장에서는 위의 코드를 일반화generalize하여 어떠한 근root이라도 찾을 수 있게 해주는 기법을 소개할 것입니다.

손가락 풀기

그림 3.4의 코드에서 `x = 25` 대신에 `x = -25`로 바꾼다면, 프로그램은 어떻게 될까요?

손가락 풀기

그림 3.4의 코드에서 세제곱근의 근사값을 구할 때 음수와 양수 모두를 계산 가능하게 하려면, 어느 부분을 어떻게 수정해야 할까요?
[힌트] 검색하는 구간에 근사값이 존재하도록 `low` 값의 변화를 생각해보세요.

3.4 부동소수점(Floats) 사용에 관하여

대부분의 경우, `float` 형으로 표시된 숫자는 실수real number에 상당히 가까운 근사값을 나타냅니다. 하지만 "항상"이 아니라 "대부분의 경우"라고 한 것은 실수와 충분히 가깝지 않은 경우 예기치 않은 결과를 가져올 수 있기 때문입니다. 아래의 경우를 살펴봅시다.

```
x = 0.0
for i in range(10):
    x = x + 0.1
if x == 1.0:
    print(x, '= 1.0')
else:
    print(x, 'is not 1.0')
```

위 코드를 실행해보면, 다른 사람들과 같이 여러분도 위 코드의 출력을 보고 놀랬을 것입니다.

```
0.9999999999999999 is not 1.0
```

무엇보다 먼저 왜 else절이 실행되었을까요?

왜 이런 일이 일어났는지 이해하려면, 컴퓨터가 계산을 할 때 어떻게 부동소수점floating point을 나타내는지 알아야 하며, 그러기 위해서는 **2진수**binary numbers를 알아야 합니다.

여러분이 10진수를 처음 배울 때 10진수는 0123456789라는 숫자들로 나타낸다는 것을 배웠을 것입니다. 가장 오른쪽에 있는 번호는 10^0자리이며 왼쪽으로 갈수록 지수가 1씩 증가합니다. 예를 들어 숫자 302는 $3*10^2 + 0*10^1 + 2*10^0$을 나타냅니다. 그렇다면 n개의 자리 수를 가지고 몇 개의 숫자를 표현할 수 있을까요? 한 자리 수는 10가지 수(0-9)를 표현할 수 있습니다. 자리 수가 두 개인 수는 100가지 수(0-99)를 표현할 수 있습니다. 결론적으로 n개의 자리 수로는 10^n가지 수를 표현할 수 있습니다.

2진수도 이와 같습니다. 이진수는 일련의 0와 1로 나타내는 수입니다. 이러한 일련의 숫자들의 각각을 **비트**bit라고 부르기도 합니다. 가장 오른쪽에 있는 수는 2^0자리이며 왼쪽으로 갈수록 지수가 1씩 증가합니다. 그러므로 2진수 101은 $1*2^2 + 0*2^1 + 1*2^0 = 5$입니다. 그렇다면 n개의 자리 수로 몇 개의 숫자를 표현할 수 있을까요? 답은 2^n입니다.

손가락 풀기

2진수 10011을 10진수로 바꾸어 보세요.

사람들이 수를 셀 때 대개 10진수를 사용하는 것은 아마 사람의 손가락이 10개이기 때문일지도 모릅니다. 반면에 모든 현대 컴퓨터는 2진수를 사용하는데 이것은 컴퓨터에게 두 개의 손가락이 있어서가 아니라 컴퓨터의 모든 장치가 두 개의 상태, 즉 켜짐on과 꺼짐off로만 있을 수 있기 때문입니다. 하지만 컴퓨터가 사용하는 2진법과 사람들이 사용하는 10진법은 때로 우리에게 혼란을 주기도 합니다.

대부분의 프로그래밍 언어들은 정수가 아닌 수를 표현할 때 **부동소수점**floating point을 사용합니다. 하지만 잠깐 동안만 내부적으로 10진수를 사용한다고 해봅시다. 그렇다면 한 쌍의 **정수유효숫자**significant digits와 **지수**exponent로 소수를 표현할 것입니다. 예를 들어 1.949는 $1949*10^{-3}$이므로 유효숫자와 지수 (1949, -3)으로 표현할 것입니다.

유효숫자의 길이는 표현하려는 수의 **정밀도**(精密度)precision를 결정합니다. 만약 유효숫자가 2개라면 1.949를 정확하게 표현하지 못하고 근사값(이 경우에는 1.9)으로 표현할 수밖에 없습니다. 이 근사값을 **반올림 값**rounded value라고 합니다

현재 컴퓨터들은 10진수가 아니라 2진수를 사용합니다. 유효숫자와 지수를 표현할 때에도 10진수가 아니라 2진수로 표현합니다. 사용합니다. 그러므로 0.625(5/8)은 (101, -11)로 표현됩니다. 그 이유는 5/8은 2진수로 0.101이고 -3은 2진수로 -11이기 때문에 (101, 11)은 5×2^{-3} = 5/8 = 0.625가 되는 것입니다.

파이썬에서 우리가 0.1로 표시하는 숫자 1/10은 어떨까요? 4개의 유효숫자를 가지고 1/10을 나타낼 수 있는 최선의 표현은 3/32(혹은 0.09375), 즉 (0011, -101)와 같습니다. 5개의 유효숫자라면 25/256(혹은 0.09765625), 즉 (11001, -1000)으로 표현하는 것이 최선입니다. 부동소수점으로 0.1을 정확하게 표현하기 위해서는 무한한 유효숫자가 필요합니다. 유효숫자를 sig이라 하고 지수를 exp라고 했을 때 sig * 2^{-exp}를 해서 0.1을 표현하는 것은 불가능합니다. 그러므로 부동소수점을 위해서 몇 비트를 할당하던지 파이썬은 (아니면 다른 어떤 프로그래밍 언어라도) 0.1은 그의 근사값만을 표현할 수 밖에 없습니다. 파이썬을 구현할 때 대부분 부동 소수점의 유효숫자로 53비트를 할당하므로 0.1의 유효숫자는

```
11001100110011001100110011001100110011001100110011001
```

가 됩니다. 그리고 이 수는

```
0.1000000000000000055511151231257827021181583404541015625
```

와 같습니다. 1/10과 매우 가까운 수이지만 정확하게 1/10은 아닌 것입니다.

자, 이제 다시 우리를 혼란에 빠뜨린 코드로 돌아가봅시다. 다음 코드는 그 아래와 같이 출력을 했을까요?

```
x = 0.0
for i in range(10):
    x = x + 0.1
if x == 1.0:
    print(x, '= 1.0')
else:
    print(x, 'is not 1.0')
```

```
0.9999999999999999 is not 1.0
```

여러분은 이제 `x`에 저장된 값이 정확하게 `1.0`이 될 수 없으므로 `x == 1.0`은 `False`가 된다는 것을 알았을 것입니다. 만약 `else`절 뒤에 `print(x == 10.0*0.1)`라는 코드를 추가한다면 어떻게

될까요? 역시 `False`가 출력될 것입니다. 그 이유는 루프가 한 번이라도 돌아가게 되면 유효숫자가 바닥난 파이썬이 반올림을 하기 때문입니다. 초등학교에서 배운 것과는 달리 컴퓨터에서는 0.1을 열 번 더한 것과 `0.1*10`의 결과는 다릅니다.[18]

그런데, 여러분이 만약 명시적으로 부동소수점을 반올림하고 싶다면 `round` 함수를 사용하면 됩니다. 다음 수식 `round(x, numDigits)`는 `x`값의 소수점 뒤에 `numDigits`까지 표현합니다. 예를 들어 `print(round(2**0.5, 3))`을 하면 소수점 뒤에 3자리까지 표현하여 2의 제곱근의 근사값 `1.414`를 출력합니다.

실수^real^와 부동소수점^floating point^으로 표현한 수의 차이가 정말 중요할까요? 다행히도 많은 경우 별로 중요하지 않습니다. 1.0은 정답으로 받아드리고, `0.9999999999999999` 정답으로 받아드리지 않는 경우는 거의 없을 것입니다. 그러나 두 값이 같은지 비교할 경우는 주의해야 합니다. 두 소수를 비교할 때 `==`을 사용하는 것은 앞에서 봤던 것처럼 예기치 않은 결과를 가져올 수 있습니다. 그러므로 두 소수의 값이 같은지를 묻지 않고 충분히 가까운지 묻는 것이 바람직합니다. 즉, 두 소수를 비교할 때 `x == y`보다 `abs(x-y) < 0.0001`로 비교하는 것이 좋습니다.

또 한가지 주의해야 할 것은 반올림한 오차가 누적되는 것입니다. 반올림을 하게 되면 실제 값 보다 커지기도 하고 때론 작아지기도 하기 때문에 대부분의 경우 크게 신경 쓰지 않아도 되지만 만약 오차가 실제 값보다 커지는 방향으로 계속 누적되거나 그 반대 경우라면 문제가 될 수 있습니다.

3.5 뉴턴-랩슨(Newton-Raphson)

근사값을 구할 때 가장 보편적으로 사용하는 알고리즘은 아이작 뉴턴^Isaac Newton^이 고안한 것입니다. 흔히 뉴턴의 방법^Newton's method^이라고 부르지만 간혹 뉴턴-랩슨^Newton-Raphson^ 방법이라고 부르기도 합니다.[19] 많은 종류의 함수의 실근(實根)^real roots^을 찾는데 사용되지만 여기에서는 한 개의 변수를 가진(일변수) 다항식의 실근에 대해서만 다루도록 하겠습니다. 하지만 여러 변수들을 가진(다변수) 다항식으로 일반화하는 것도 수학적으로나 알고리즘으로나 간단합니다.

한 개의 변수를 가진 **다항식**^polynomial^(편의를 위해서 변수를 x라 부르기로 합니다)은 0이거나 0이 아닌 항들의 합입니다. 각 항은 상수(항의 **계수**^coefficient^를 뜻합니다)와 음수가 아닌 값만큼 거듭제곱된 변수의 곱으로 이루어져 있습니다. 예를 들어 $3x^2 + 2x + 3$이라는 다항식에서 첫 번째 항 $3x^2$

18. 파이썬2에서는 더 이상한 현상이 일어납니다. 왜냐하면, `print`문이 자동적으로 반올림이 일어나기 때문에, `else`절은 "`1.0 is not 1.0.`"이라고 출력합니다.

19. 뉴턴과 비슷한 시기에 조셉 랩슨^Joseph Raphson^이 뉴턴의 방법과 비슷한 방법을 발표하였습니다.

는 상수 3과 제곱된 변수 x의 곱입니다. 변수의 지수는 그 항의 **차수**[degree]라고 부릅니다. 항들의 차수 중 높은 값이 그 다항식의 차수가 됩니다. 예를 들어 3은 차수가 0이고, $2.5x + 12$는 차수가 1이며 $3x^2$는 차수가 2가 됩니다. 반면에 $2/x$와 $x^{0.5}$는 다항식이 아닙니다.

만약 다항식 p와 실수 r이 있다면 $x = r$일 때 다항식의 값을 $p(r)$이라고 할 것입니다. 방정식 $p = 0$의 해(解)[solution]는 p의 근(根)[root]입니다. 즉 $p(r) = 0$이 될 때의 r인 것입니다. 그러므로 예를 들어 24의 제곱근의 근사값을 찾는 문제가 주어졌을 때는 $x^2 - 24 \approx 0$에서 x의 값을 찾으면 됩니다.

뉴턴은 만약 어떤 값 guess가 다항식의 근의 근사값일 때, p'이 p의 1차 도함수[first derivative]라고 한다면 guess - p(guess)/p'(guess)가 더 나은 근사값이 된다는 원리를 증명하였습니다.[20] 어떤 상수 k와 계수 c가 있을 때, $cx^2 + k$의 1차 도함수는 $2cx$입니다. 예를 들어 $x^2 - k$의 1차 도함수는 $2x$입니다. 그러므로 현재의 추측 값(y라 부릅니다)에서 다시 한번 $y - (y^2 - k)/2y$를 구하여 더 나은 근사값을 구할 수 있음을 알 수 있습니다. 이것을 **연속 근사법**[successive approximation]이라고 합니다. **그림 3.5**의 코드는 이런 방법으로 제곱근의 근사값을 좀 더 빠르게 구하는 것을 구현한 코드입니다.

```
#Newton-Raphson for square root
#Find x such that x**2 - 24 is within epsilon of 0
epsilon = 0.01
k = 24.0
guess = k/2.0
while abs(guess*guess - k) >= epsilon:
    guess = guess - (((guess**2) - k)/(2*guess))
print('Square root of', k, 'is about', guess)
```

그림 3.5 뉴턴-랩슨 방법

손가락 풀기

뉴턴-랩슨을 구현한 코드에 몇 줄을 추가하여 근을 구할 때 루프의 반복 횟수를 출력하도록 해보세요. 그리고 출력된 값을 참고하여 뉴턴-랩슨과 이분 검색의 효율성을 비교해보세요(뉴턴-랩슨 방법이 더 효율적이라는 것을 알게 될 것입니다).

20. 함수 `f(x)`의 1차 도함수는 `f(x)`의 값이 `x`의 변화에 따라 얼마나 변화하는지를 나타낸다고 생각하면 됩니다. 도함수에 대하여 알지 못한다고 해서 걱정할 필요는 없습니다. 뉴턴의 방법을 구현한 것을 이해하는데 도함수를 반드시 알아야 하는 것은 아닙니다. 이런 점에서, 다항식도 마찬가지입니다.

CHAPTER 04

함수, 영역, 그리고 추상화(Abstraction)

지금까지 우리는 수numbers와 대입assignment, 입출력, 비교, 반복문과 같은 구성constructs에 대해 소개하였습니다. 이렇게 일부분만 다루었는데도 파이썬이 얼마나 편리한지 알 수 있습니다. 이론적으로 파이썬 외의 다른 언어가 전혀 필요 없을 정도로 강력합니다. 이런 언어들을 튜링 완전Turing complete하다고 합니다. 이것은 만약 어떤 문제가 계산으로 해결할 수 있는 문제라면, 그 문제는 지금까지 소개한 것만으로도 해결할 수 있다는 뜻입니다.

그렇다고 지금까지 배운 서술문만을 사용해야 한다는 뜻은 절대로 아닙니다. 이 시점에서 파이썬의 많은 메커니즘mechanisms을 다뤘지만 지금까지의 모든 프로그램은 일련의 명령어들을 순서적으로 배열하여 모두 한 코드 안에 합쳐져 있었습니다. 예를 들어 3장에서 **그림 4.1**의 코드를 보았을

```
x = 25
epsilon = 0.01
numGuesses = 0
low = 0.0
high = max(1.0, x)
ans = (high + low)/2.0
while abs(ans**2 - x) >= epsilon:
    numGuesses += 1
    if ans**2 < x:
        low = ans
    else:
        high = ans
    ans = (high + low)/2.0
print('numGuesses =', numGuesses)
print(ans, 'is close to square root of', x)
```

그림 4.1 이분 검색(Bisection Search)를 사용한 제곱근의 근사치 찾기

것입니다.

앞의 코드는 별 이상이 없지만, 변수 x와 epsilon이 특정한 값에만 사용 가능하기 때문에 범용으로 사용하는 것은 어렵습니다. 만약 이 코드를 재사용하고 싶다면 코드를 복사하여 '붙여 넣기'를 하고, 변수의 이름도 바꾸어야 할 것입니다. 이런 이유 때문에 이 코드를 더 복잡한 계산할 때나 혹은 다른 곳에 가져와 쉽게 활용할 수가 없습니다.

더욱이 제곱근 대신에 세제곱근을 구하려고 할 때는 코드를 수정해야 합니다. 만약 제곱과 세 제곱 모두를 구하는 프로그램을 짜려고 할 때에는 (혹은 두 다른 곳에서 제곱근을 구할 때에는) 거의 동일한 코드 조각들이 여러 곳에 필요할 것입니다. 이런 식으로 코딩하는 것은 좋지 않습니다. 그 이유는 코드가 길어질수록 문제가 있을 확률이 높아지며, 유지 및 보수하는 것도 더 힘들어지기 때문입니다. 예를 들어 프로그램을 테스트하던 중에 제곱근을 구하는 코드에서 오류를 찾았다고 생각해봅시다. 그렇다면 오류가 발견된 코드는 쉽게 수정하더라도 프로그램 내에 다른 곳에 있는 제곱근을 구하는 비슷한 코드들까지 모두 수정해야 한다는 것을 너무나 쉽게 잊어 버릴 수 있는 것입니다.

파이썬은 코드를 일반화하고 재사용하기 쉽게 해주는 몇 가지 기능을 언어 자체에서 제공하고 있습니다. 그 중 제일 중요한 것은 바로 **함수**function입니다.

4.1 함수와 영역

우리는 **그림 4.1**의 max와 abs 함수와 같은 몇 가지 파이썬 내장 함수built-in들을 사용해 보았습니다. 프로그래머가 내장 함수를 사용하는 것처럼 자신만의 함수를 정의하고 사용할 수 있는 것은 편리성에 있어서 질적으로 엄청난 도약이라고 할 수 있습니다.

4.1.1 함수 정의 (Function Definition)

파이썬의 함수는 다음과 같은 형태를 가지고 있습니다.[21]

```
def name of function (list of formal parameters):
    body function
```

예를 들어 코드로 maxVal[22] 함수를 정의한다면 다음과 같을 것입니다.

21. 기울임꼴로 된 단어들은 실제 코드가 아니라 그 위치에 들어가는 코드에 대한 설명임을 기억하세요.
22. 실제적으로 대부분, 여러분이 함수를 직접 정의하기보다는 내장 함수 max를 사용하게 될 것입니다.

```
def maxVal(x, y):
    if x > y:
        return x
    else:
        return y
```

def는 파이썬에게 함수의 시작을 알리는 예약어reserved word입니다. 함수의 이름(위의 코드에서 maxVal)은 함수를 호출할 사용하는 단순히 하나의 이름입니다.

함수 이름 뒤 괄호 안에 변수 이름들(위의 예에서 x, y)을 나열하는데, 이를 함수의 **형식 매개변수**formal parameters라고 합니다. 함수를 호출할 때, 형식 매개변수들은 **실 매개변수**actual parameters에 바인딩되며, 이러한 실 매개변수를 **인자**arguments라고 부릅니다. 예를 들어 다음과 같이 maxVal(x, y) 함수를 호출하면,

```
maxVal(3, 4)
```

형식 매개변수 x는 실 매개변수(인자) 3에 바인딩되고, y는 실 매개변수(인자) 4에 바인딩됩니다.

함수의 본체body는 다른 파이썬 코드와 다를 것 없이 코드가 실행이 됩니다. 다만, 함수의 본체에서만 사용할 수 있는 특별한 서술문인 return이 있습니다.

함수 호출은 하나의 수식(또는 표현식expression)이며, 모든 다른 수식처럼 값을 가지고 있습니다. 그 값은 호출된 함수가 반환하는 값입니다. 예를 들어 다음 수식 maxVal(3, 4)*maxVal(3, 2)의 값은 12가 됩니다. 그 이유는 maxVal 함수를 처음 호출하였을 때 int형 4를 반환하고 두 번째엔 int형 3을 반환하기 때문입니다. 반환문return statement이 실행되면, 함수의 실행도 종료된다는 점을 주목하세요.

다시 요약하자면, 함수가 호출될 때

1. 실 매개변수를 정하는 수식이 실행되고, 그 결과 값들이 형식 매개변수에 바인딩됩니다. 예를 들어 max(3+4, z)가 호출되었다고 하면 형식 매개변수 x에 7이 바인딩되고, y에는 함수 호출 시 변수 z에 들어있는 값이 바인딩됩니다.
2. **실행지점**point of execution(다음에 실행할 명령문)은 함수가 호출된 지점에서 함수의 본체로 이동합니다.
3. 함수의 본체에 있는 코드는 반환문을 만날 때까지 실행됩니다. 이 경우 return 뒤에 쓰여진 수식이 함수 호출 값이 되거나 더 이상 실행할 서술문이 없으면 None을 반환하게 됩니다(만약 return 다음에 아무 수식도 없다면 함수 반환 값은 None 이 됩니다).
4. 함수 호출 값은 반환된 값입니다.

5. 실행지점point of execution은 함수를 호출했던 곳으로 되돌아가서 그 다음 지점으로 이동합니다.

인자들은 **람다 추상화**lambda abstraction[23]를 통해 미리 정해진 특정한 객체가 아니라 함수의 호출자가 실 매개변수로 선택하는 객체를 다룰 수 있도록 코딩하는 것도 가능하게 해줍니다.[24]

손가락 풀기

두 문자열을 인자로 받아서 만약 두 문자열 중 하나라도 서로 부분문자열(substring)을 포함하고 있다면 `True`를 반환하고, 그렇지 않은 경우 `False`를 반환하는 `isIn` 함수를 작성해보세요.
[힌트] 파이썬의 내장 연산자인 `str`의 `in`을 사용하세요.

4.1.2 키워드 인자(Keyword Arguments)와 디폴트 값(Default Values)

파이썬에는 형식 매개변수들을 실 매개변수에 바인딩하는 두 가지 방법이 있습니다. 첫 번째 방법은 지금까지 우리가 사용했으며 가장 흔히 쓰는 방법이기도 한 **위치** 매개변수positional arguments입니다. 첫째 형식 매개변수는 첫째 실 매개변수에 바인딩되고 둘째 형식 매개변수는 둘째 실 매개변수에 바인딩되고 그 이후에도 순서대로 바인딩되는 방법입니다. 이 방법 외에도 파이썬은 두 번째 방법인 **키워드 인자**keyword arguments 방법도 지원합니다. 이는 형식 매개변수들이 실 매개변수에 바인딩될 때 형식 매개변수들의 이름을 사용하는 방법입니다. 다음과 같이 함수의 정의를 봅시다.

```
def printName(firstName, lastName, reverse):
    if reverse:
        print(lastName + ', ' + firstName)
    else:
        print(firstName, lastName)
```

`printName` 함수는 `firstName`과 `lastName`이 문자열이고, `reverse`가 불리언Boolean 자료형이라고 가정합니다. 만약 `reverse == True`라면 `lastName, firstName`을 출력하고, `reverse == False`인 경우 `firstName, lastName`을 출력합니다.

다음에 나와 있는 `printName`의 호출은 모두 동일합니다.

23. 람다 추상화라는 이름은 알론조 처치Alonzo Church가 1930년대에서 1940년대에 정리한 수학에서 파생되었습니다.
24. [역자 주] 람다 함수는 익명 함수라고도 부릅니다. 예를 들면, `f`를 `f = lambda x, y : x + y` 정의하고 `f(1, 2)`를 부르면, 결과로 3을 반환합니다. 람다 함수는 함수처럼 사용할 수 있지만, 함수 이름이 없고, return문도 없으며, 한 줄의 표현식입니다.

```
printName('Olga', 'Puchmajerova', False)
printName('Olga', 'Puchmajerova', reverse = False)
printName('Olga', lastName = 'Puchmajerova', reverse = False)
printName(lastName = 'Puchmajerova', firstName = ' Olga', reverse = False)
```

실 매개변수의 순서와 상관없이 키워드 인자를 사용하는 것은 괜찮지만 키워드 인자 뒤에 키워드 인자가 아닌 것을 사용하면 안 됩니다. 그러므로 다음과 같은 명령어를 실행하면 오류 메시지를 출력할 것입니다.

```
printName('Olga', lastName = 'Puchmajerova', False)
```

키워드 인자는 많은 경우 **디폴트 인자 값**default parameter values과 함께 사용됩니다. 예를 들어 다음과 같이 쓸 수 있습니다.

```
def printName(firstName, lastName, reverse = False):
    if reverse:
        print(lastName + ', ' + firstName)
    else:
        print(firstName, lastName)
```

디폴트 값은 정해진 인자들보다 적은 수의 인자로도 함수를 호출할 수 있게 해줍니다. 예를 들어 아래의 코드와 같습니다.

```
printName('Olga', 'Puchmajerova')
printName('Olga', 'Puchmajerova', True)
printName('Olga', 'Puchmajerova', reverse = True)
```

위 코드는 다음과 같이 출력됩니다.

```
Olga Puchmajerova
Puchmajerova, Olga
Puchmajerova, Olga
```

마지막 두 `printName`의 호출은 의미상 동일합니다. 하지만 마지막 호출은 감추어져 있는 인자 `True`를 보여주므로 일종의 코드 문서화 역할을 하고 있다는 장점이 있습니다.

4.1.3 영역 (Scoping)

간단한 예제를 살펴보겠습니다.

```
def f(x): #name x used as formal parameter
```

```
    y = 1
    x = x + y
    print('x =', x)
    return x

x = 3
y = 2
z = f(x) #value of x used as actual parameter
print('z =', z)
print('x =', x)
print('y =', y)
```

위의 코드를 실행해보면 다음과 같이 출력됩니다.

```
x = 4
z = 4
x = 3
y = 2
```

어떻게 된 일일까요? f를 호출하면 형식 매개변수 x는 실 매개변수 x의 값에 지역적으로 바인딩됩니다. 여기서 중요한 것은 형식 매개변수와 실 매개변수 이름이 같을지라도 두 변수는 별개의 변수라는 것입니다. 각 함수는 새로운 **이름 공간**name space을 정의하며 이를 **영역**scope이라고 부릅니다. 형식 매개변수 x와 f 안에 있는 **지역변수**local variable y는 f가 정의된 영역 안에서만 존재합니다. 함수 본체 안에 있는 대입문 x = x + y는 객체 4를 지역변수 이름 x에 바인딩합니다. f안에 있는 대입문은 f의 영역 밖에 있는 변수 이름 x와 y를 바인딩하지 못합니다.

이렇게 생각해보는 한 방법을 소개합니다.

- 가장 상위 수준(예를 들어 쉘의 수준)에서 **기호표**symbol table는 그 수준에서 정의된 모든 이름들과 현재 바인딩된 값들에 대한 기록을 유지하고 있습니다.
- 만약 함수가 호출되면 새로운 **기호표**(소위 **스택 프레임**stack frame이라고 함)가 생성됩니다. 스택 프레임은 형식 매개변수들을 포함한 함수 내에 정의된 모든 이름들과 바인딩된 값들에 대한 기록을 표table 형식으로 유지하고 있습니다. 만약 함수 본체에서 또 다른 함수가 호출되면 또 다른 스택 프레임이 생성됩니다.
- 함수 실행이 하나 끝나면 그 해당 스택 프레임 하나가 사라집니다.

파이썬에서는 프로그램 텍스트를 보고, 그 이름들의 영역을 결정하는 것이 항상 가능합니다. 이것을 **정적 범위**static scoping 혹은 **어휘 범위**lexical scoping라고 부릅니다. **그림 4.2**을 보면 더 자세하게 알

```
def f(x):
    def g():
        x = 'abc'
        print('x =', x)
    def h():
        z = x
        print('z =', z)
    x = x + 1
    print('x =', x)
    h()
    g()
    print('x =', x)
    return g

x = 3
z = f(x)
print('x =', x)
print('z =', z)
z()
```

그림 4.2 중첩 영역(Nested scopes)

수 있습니다.

그림 4.3에는 **그림 4.2**의 코드의 진행에 따른 스택 프레임Stack Frame의 내력을 보여주고 있습니다.

첫 번째 열 1은 함수 f의 본체 밖에 정의된 변수들의 이름, 즉 변수 x와 z와 함수 이름 f를 포함합니다. 첫 번째 대입문은 x를 3에 바인딩합니다.

다음의 대입문 `z = f(x)`는 먼저 `f(x)`의 값을 계산evaluate하기 위해 함수 f를 호출하면서 x에 바인딩된 값을 전달합니다. f가 실행을 시작함과 동시에 열 2에 보이는 것처럼 새로운 스택 프레임이 생성됩니다. 스택 프레임에는 변수 이름 x(호출할 때 전달한 변수 x와는 별도의 형식 매개변수), g 그리고 h가 들어갑니다. 변수 이름 g와 h는 함수 자료형의 객체에 바인딩됩니다. 이런 함수들의 각각의 속성들properties은 f 안에서 정의된 함수 정의들에 의해 주어진 것입니다.

함수 f 안에서 h가 호출되면 또 다른 스택 프레임이 열 3에 보이는 것처럼 생성됩니다. 이 프레임은 지역변수 z만 가지고 있습니다. 왜 x는 가지고 있지 않을까요? 그 이유는 이름이 함수의 형식 매개변수이거나 함수 본체에 바인딩된 객체의 변수일 때만 함수의 영역에 추가되기 때문입니다. h의 본체에서 x는 대입문의 오른쪽에만 존재합니다. 함수 본체(h의 본체)에 연관 없는 이름이 나

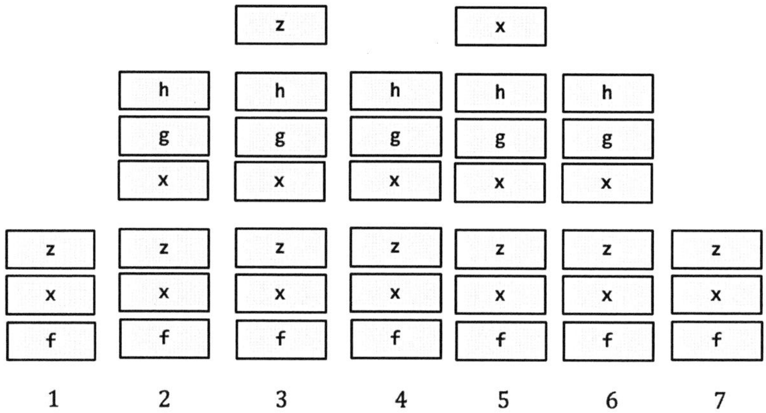

그림 4.3 스택 프레임

타나면(이 경우에는 x) 인터프리터는 함수가 정의된 영역의 바로 전 단계 스택 프레임(f와 연결된 스택 프레임)을 검색합니다. 만약 이름을 찾는데 성공한다면(주어진 상 황은 성공한 경우입니다) 그 이름에 바인딩 된 값(4)이 사용됩니다. 만약 찾을 수 없다면 오류 메시지가 발생합니다.

h가 반환될 때, h를 호출할 때 만들어졌던 스택 프레임은 열 4에서 표시되었듯이 없어집니다(스택의 제일 위에서부터 제거됩니다 혹은 **팝**pop한다고 합니다). 중간에 있는 스택 프레임을 결코 제거할 수 없으며, 가장 최근에 추가된 스택 프레임만 팝(pop-제거)할 수 있다는 점을 유의하길 바랍니다. 그 이유는 **스택**stack은 "last in first out(LIFO)"이라 하여 가장 마지막에 들어 온 것이 가장 먼저 나간다는 것을 뜻하기 때문입니다(식당에 쌓여진 접시들을 생각하면 쉽게 이해할 수 있습니다).

다음은 g가 호출되고 g의 지역변수 x를 담고 있는 스택 프레임이 추가됩니다(열 5). g가 반환 되면 그 프레임은 제거(pop)됩니다(열 6). f가 반환되면 f와 관련된 이름을 담고 있는 스택 프레임이 제거되고 처음의 스택 프레임으로 돌아갑니다(열 7).

f에서 반환될 때 g는 더 이상 존재하지 않지만 g에 바인딩된 함수 자료형의 객체는 계속 존재한다는 것을 유의해야 합니다. 그 이유는 함수도 역시 객체이고 다른 모든 종류의 객체처럼 반환될 수 있기 때문입니다. 그렇기 때문에 f의 영역 밖에서는 g 함수를 사용할 수 없음에도 불구하고 z를 호출하여 z에 바인딩되어 있는 g를 호출할 수 있는 것입니다. 그러므로 **그림 4.3**에 있는 코드를 실행하면 다음을 출력합니다.

```
x = 4
z = 4
x = abc
```

```
x = 4
x = 3
z = <function f.<locals>.g at 0x1092a7510>
x = abc
```

이름이 참조되는 순서는 크게 상관이 없습니다. 만약 객체가 함수 본체에 있는 아무 이름에 바인딩된다면 대입문의 왼쪽에 나타나기 전에 수식으로 존재하였다 하더라도 그 함수의 지역변수가 됩니다.[25] 예를 들어, 다음의 코드를 살펴봅시다.

```
def f():
    print(x)

def g():
    print(x)
    x = 1

x = 3
f()
x = 3
g()
```

f를 호출하면 3을 출력하지만 g 안에 print문을 만나게 되면 다음과 같은 오류 메시지를 출력합니다.[26]

```
UnboundLocalError: local variable 'x' referenced before assignment
```

그 이유는 g 함수 안에 print문 다음의 대입문(즉, x = 1)이 x를 g의 지역변수로 만들기 때문입니다. 따라서 그 상태로 print문을 실행하게 되면 값이 출력되지 않고 오류가 발생한 것입니다.

아직도 헷갈리시나요? 영역에 대해서 완벽하게 이해하기 위해선 시간이 조금 걸립니다. 그러나 이것 때문에 걱정하지 않아도 됩니다. 대부분의 경우, 여러분은 함수의 지역변수만을 사용해도 될 것입니다. 그러면 여러분은 영역에 관한 복잡함이나 미묘함을 자연스럽게 피할 수 있게 됩니다.

25. 이것에 대해서는 논란의 여지가 있습니다.
26. [역자 주] 지역변수 x를 초기화하지 않고 참조하려한다는 오류 메시지입니다.

4.2 사양(Specification)

그림 4.4는 **그림 4.1**에서 제곱근을 찾는데 사용했던 이분 검색을 일반화하는 함수 `findRoot`를 정의하고 있습니다. 또한 `findRoot`가 제대로 작동하는지 검사할 때 사용하는 함수 `testFindRoot`도 있습니다.

함수 `testFindRoot`은 `findRoot`만큼이나 긴 함수입니다. 초보적인 프로그래머는 **테스트 함수**[test]

```
def findRoot(x, power, epsilon):
    """Assumes x and epsilon int or float, power an int,
           epsilon > 0 & power >= 1
       Returns float y such that y**power is within epsilon of x.
           If such a float does not exist, it returns None"""
    if x < 0 and power%2 == 0: #Negative number has no even-powered
                               #roots
       return None
    low = min(-1.0, x)
    high = max(1.0, x)
    ans = (high + low)/2.0
    while abs(ans**power - x) >= epsilon:
       if ans**power < x:
           low = ans
       else:
           high = ans
       ans = (high + low)/2.0
    return ans

def testFindRoot():
    epsilon = 0.0001
    for x in [0.25, -0.25, 2, -2, 8, -8]:
       for power in range(1, 4):
           print('Testing x =', str(x), 'and power = ', power)
           result = findRoot(x, power, epsilon)
           if result == None:
               print('    No root')
           else:
               print('    ', result**power, '~=', x)
```

그림 4.4 근의 근사값 찾기

functions를 사용하는 것이 헛된 수고라고 생각할지도 모릅니다. 하지만 전문적인 프로그래머라면 테스트 코드testing code를 짜는데 투자하는 것이 나중에 얼마나 큰 도움이 되는지 알 것입니다. 프로그램이 제대로 작동하지 않을 때 문제가 어디서 발생하였는지 찾고 그것을 고치는 작업을 **디버깅**debugging이라고 하는데 디버깅을 할 때 만약 미리 테스트 코드를 작성해 둔다면 매번 쉘에 시험 사례test cases를 입력하여 검사를 하는 것보다 훨씬 수월하게 오류를 찾이낼 수 있습니다. 또한 우리로 하여금 코드가 어떻게 작동해야 제대로 작동하는 것인지 잘 알 수 있게 도와줍니다.

파이썬에서 큰따옴표 세 개를 연속해서 사용하는 것(`"""`)을 **주석문자열(독스트링**docstring)이라고 합니다. 관례상 파이썬 프로그래머는 함수의 사양을 쓸 때 주석문자열을 사용합니다. 주석문자열의 내용은 파이썬 내장 함수 `help`를 사용하여 화면에 나타낼 수 있습니다. 만약 쉘에 `help(abs)`를 입력하면 시스템은 다음과 같은 메시지를 보여줄 것입니다.

```
Help on built-in function abs in module built-ins:

abs(x)
    Return the absolute value of the argument.
```

다음의 **그림 4.4**에 있는 코드를 IDE에 로드시키고 `help(findRoot)`를 쉘에 입력하면 다음과 같은 메시지가 화면에 나타날 것입니다.

```
findRoot(x, power, epsilon)
    Assumes x and epsilon int or float, power an int,
        epsilon > 0 & power >= 1
    Returns float y such that y**power is within epsilon of x.
        If such a float does not exist, it returns None
```

IDE 프로그램 문서 편집기에서 `findRoot(` 를 입력하면, 형식 매개변수 리스트와 주석문자열의 첫 번째 줄이 화면에 나타날 것입니다.

함수의 사양specification은 함수를 구현한 사람이 함수를 사용할 사람들과 하는 일종의 약속 혹은 계약contract을 정의한 것입니다. 여기서 함수의 사용자들을 **고객**Client이라고 부를 것입니다. 이 약속은 다음과 같이 두 부분으로 나눌 수 있습니다.

1. **추정**Assumptions : 고객이 함수를 사용하기 위해 충족시켜야 할 조건들에 대해 설명합니다. 일반적으로 실 매개변수의 제약조건들을 제시합니다. 그리고 거의 항상 사용 가능한 인자의 자료형을 명시합니다. 종종 한 두 개 이상의 매개변수(인자) 값들에 대한 제약조건을 제시하기도 합니다. 예를 들어 `findRoot` 함수의 주석문자열의 처음 두 줄은 `findRoot`의 고객들이 만족시켜야 할 것으로 추정되는 것을 명시합니다.

2. **보장**Guarantees : 추정을 만족시킨 고객이 함수를 호출하였을 때 함수가 만족시켜야 할 조건들을 제시합니다. `findRoot` 함수에 있는 주석문자열의 마지막 두 줄은 함수를 구현할 때 함수가 확실히 반환해야 하는 항목들을 기재하고 있습니다.

함수는 우리가 `primitives`처럼 취급하고, 또 생각할 수 있는 계산적 요소를 만드는 방법입니다. 예를 들면, 파이썬에 내장 함수 `max`와 `abs`가 있는 것처럼 함수를 이용하여 제곱근을 찾거나 다른 복잡한 작업을 하는 내장 함수를 만드는 것이라고 생각할 수 있습니다. 함수가 그것을 분해화decomposition와 추상화abstraction를 통해서 가능하게 도와줍니다.

분해화decomposition는 구조를 만드는 것입니다. 우리는 분해화를 통해 한 문제를 여러 개의 독립된 모듈들로 세분화하고, 다른 환경에서도 그것들을 재사용이 가능하게 할 수 있습니다.

추상화abstraction는 세부 내용을 숨기는 것입니다. 블랙박스처럼 코드의 조각들을 사용할 수 있게 합니다. 블랙박스란 내부적으로 구현된 것을 볼 수 없으며 볼 필요도 없고 보고 싶지도 않은 것들을 말합니다.[27] 추상화의 본질은 주어진 문맥에서 필요한 정보만 보존하고 그렇지 않은 정보는 감추는 것입니다. 추상화를 효율적으로 사용하는 것의 핵심은 추상화를 구현할 개발자와 잠재적 추상화를 사용할 고객에게 적합한 관련성을 찾아내는 것입니다. **이것이 바로 최고의 프로그래밍의 기술입니다.**

추상화는 단지 '잊어버리는 것'이라고 생각하십시오. 예를 들어, 20대 아들과 엄마의 대화를 생각해봅시다.

> 아들이 말합니다: 오늘 밤에 차를 좀 사용해도 되죠?
>
> 엄마가 말합니다: 그래, 하지만 12시 전에 들어오고 기름은 꼭 채워 놓아라.
>
> 아들이 듣습니다: 그래

둘은 이렇게 대화하지만 아들은 "그래"까지만 듣고, 자기와 관계 없다고 생각이 드는 "그래" 이후의 귀찮은 말들은 모두 무시했을 것입니다. 추상화는 다대일many to one 과정입니다. 만일, 엄마가 "그래"라고 한 마디로 대답했다면," 하지만 새벽 2시 이전에 들어오고 또 차를 더럽히지 않아야 한다"는 것도 역시 "그래" 한 마디로 추상화되었을 것입니다.

다른 비유를 들어 설명해보겠습니다. 25번의 강의를 하는 컴퓨터 공학 입문 과목을 만들어 달라는 요청을 받았다고 해봅시다. 25명의 교수를 모집하여 각 교수마다 자신이 좋아하는 분야로 55분짜리 강의를 하도록 맡기는 것도 여러 방법들 중의 하나입니다. 그렇게 한다면 25개의 매우 멋진 강의 시간을 가질 수 있겠지만, 각 교수들이 각자 고립되어 준비한다면, 각 25개의 강의와 강의 자료

27. '무지가 행복한 곳에서 현명해지려는 것은 어리석은 짓이다' – 토마스 그레이

를 어떻게 연결시켜야 할지 난감할 것입니다.

아무튼, 아무도 참여하지 않지 않을 정도의 많은 일이 일어나지 않도록 하면서도 다른 동료들이 무슨 내용을 다루고 있는지 서로 알도록 해야 합니다. 이 때, 여기에 바로 추상화 개념이 들어오는 것입니다. 각 교수는 각자 강좌에서 무엇을 가르칠지를 자세히 기술하지 않을지라도, 학생들이 무엇을 배워야 할지 기술한 25개의 사양을 만들 수 있습니다. 그것이 교육적으로 훌륭하지 않을지라도 의미는 최소한 통할 것입니다.

이것이 바로 조직에서 프로그래머들이 팀으로 일을 할 때에 사용하는 방법입니다. 어떤 모듈의 사양이 주어지면 프로그래머는 팀의 다른 프로그래머들이 하는 작업에 대해서 생각할 필요 없이, 자기가 맡은 모듈을 구현하면 되는 것입니다. 더 나아가서 프로그래머는 어떤 모듈의 내부 구현 내용을 알 필요 없이, 그 모듈의 사양만을 보고 코드에 바로 사용할 수 있어야 합니다.

`findRoot`의 사양은 그 사양을 만족시키는 모든 구현 가능한 것들을 추상화한 것입니다. `findRoot`의 고객은 구현된 것이 사양대로 작동한다고 가정할 수 있지만, 고객은 그 이상 어떤 것도 추정해서는 안됩니다. 예를 들어 고객이 `findRoot(4.0, 2, 0.1)`을 호출하면 제곱으로 3.99에서 4.01 사이의 값을 가진 어떤 값을 반환한다는 것을 추정할 수 있습니다. 그 값은 양수일 수도 있고 음수일 수도 있으며 4.0이 완전 제곱이라 할지라도 반환된 완전 제곱 값은 2.0이나 -2.0이 아닐 수도 있습니다.

4.3 재귀(再歸, Recursion)

재귀에 대해서 한 번쯤은 들어보았을 것입니다. 아마도 쉽지 않은 매우 기묘한 프로그래밍 기술 중 하나라고 생각하고 있을 것입니다. 또한 재귀는 컴퓨터 공학자나 과학자들이 자기들의 실제 역량을 보다 더 낫게 보이려고 꾸며낸 것이라는 장난스런 소문도 있습니다. 그러나 재귀는 기묘한 프로그래밍 기술도 아니고, 프로그래밍 기술의 하나로 보기보다는 훨씬 더 많은 것을 의미하고 있는 매우 중요한 개념입니다.

프로그래밍한다는 것을 꿈에도 생각해보지 않은 사람들조차도 어떤 일을 묘사하는 방법으로 재귀를 널리 사용하고 있습니다. 예를 들어 "출생으로" 미국 시민이 되는 법 규정을 요약해보면 다음과 같습니다.

1. 미국 내에서 태어났거나,
2. 미국 밖에서 태어났지만 부모 두 명이 모두 미국 시민이며 그 중 한 명은 아이의 출생 전 미국 내에서 거주하여 왔고,

3. 미국 밖에서 태어났지만 부모 중 한 명이 아이의 출생 전 미국에서 5년 이상 거주하였고 5년 중 최소 2년은 만 14세 이상일 때 미국에 거주한 미국 시민입니다.

1번의 경우는 간단합니다. 미국 내에서 태어나기만 하면 오바마 대통령처럼 출생으로 미국 시민입니다. 하지만 2번과 3번처럼 미국에서 태어나지 않은 경우에는 부모가 미국 시민인지 확인해야 하며, 그러기 위해 조부모님, 혹은 증조부모님까지 미국 시민인지 아닌지 알아보아야 할 수도 있습니다.

보편적으로 재귀 함수는 두 부분으로 나누어 정의합니다. 첫 번째 부분은 **기저 조건**base case입니다. 재귀에서 기저 조건은 최소 한 개 이상 존재하며, 법 규정의 예제의 1번 경우처럼 특별 케이스special case의 결과를 직접적으로 명시합니다. 두 번째 부분은 법 규정의 예제의 2번과 3번 경우처럼 **재귀 케이스**recursive or inductive case입니다. 재귀 케이스 또한 최소 한 개 이상 존재하며, 대부분 기저 조건에 대한 입력 값과 답으로 그 다음 단계의 문제의 답을 정의합니다.

세상에서 가장 간단한 재귀 정의는 아마도 자연수의 **계승**Factorial 함수일 것입니다. 계승은 수학적으로는 주로 !를 사용해서 표현합니다.[28] 전통적인 귀납적 정의는 다음과 같습니다.

$$1! = 1$$
$$(n + 1)! = (n + 1) * n!$$

첫 번째 식은 기저 조건을 정의합니다. 두 번째 식은 이전에 계승된 수에 관해서 기저 조건을 제외한 모든 자연수의 계승을 정의합니다.

그림 4.5은 계승을 반복 함수로 구현한 `factI`와 재귀 함수로 구현한 `factR` 코드입니다.

이 두 함수 모두 매우 간단하기 때문에 구현된 내용을 어렵지 않게 이해할 수 있습니다. 하지만 두 번째 함수 `factR`을 보면, 재귀의 정의대로 구현된 것을 더 명확하게 볼 수 있습니다.

`factR` 함수를 구현하면서, 자기 자신을 호출함으로 함수를 구현하는 것이 어떻게 보면 속임수라고 생각할 수도 있을 정도입니다. 그런데, 사실상 그 내용을 살펴보면 `factR`과 `factI`를 구현하는 원리는 같습니다. `factI`에서 1보다 큰 `n`은 반환문을 돌 때마다 1씩 감소합니다. 따라서 `n`이 1보다 영원히 큰 것은 아닙니다. 마찬가지로 `factR`도 재귀 함수를 호출할 때에 호출된 값에서 1씩 감소한 값으로 호출하며, 마침내 마지막에 1로 호출이 되면 더 이상 또 다른 재귀 호출을 하지 않고 값을 반환하기 때문에 재귀를 종료합니다.

28. "자연수"의 정확한 정의는 아직까지도 논란이 되고 있습니다. 양수로 정의하는 사람이 있는가 하면 음수가 아닌 수로 정의하는 사람도 있습니다. 그렇기 때문에 그림 4.6의 코드에서 n에 들어가는 값을 주석문자열docstring으로 명시해준 것입니다.

```
def factI(n):
    """Assumes n an int > 0
       Returns n!"""
    result = 1
    while n > 1:
        result = result * n
        n -= 1
    return result

def factR(n):
    """Assumes n an int > 0
       Returns n!"""
    if n == 1:
        return n
    else:
        return n*factR(n - 1)
```

그림 4.5 계승을 반복함수로 구현한 factI와 재귀함수로 구현한 factR 코드

4.3.1 피보나치 수열

피보나치 수열은 흔히 재귀적으로 정의하는 또 다른 수학적인 함수입니다. 미국에서는 인구 수가 너무 빠르게 증가한다고 생각될 때 "토끼처럼 번식한다"[29]라는 표현을 씁니다. 1202년에 이탈리아의 수학자 레오나르도 피보나치Leonardo Fibonacci는 "토끼처럼 번식한다"라는 표현을 양적으로 표시할 수 있는 수학 공식을 처음으로 만들어 냈습니다. 그런데, 그가 추정한 것이 그렇게 비현실적인 것도 아닙니다.[30]

새로 태어난 두 마리 토끼가 우리 안에 있다고 가정해봅시다. 한 마리는 수컷이고 한 마리는 암컷입니다. 이 토끼들은 출생한지 한 달이 지나면 짝짓기가 가능하며 (놀랍죠?) 임신 기간은 한 달이라고 해봅시다. (이것 또한 놀랍죠?) 만약 이런 특성을 가진 토끼들이 절대로 죽지 않으며 암토끼가 출산할 때마다 수컷과 암컷 토끼를 한 마리씩 낳는다고 합시다. 만약 이렇게 말도 안되며 신화에서나 나올 만한 토끼가 존재한다면 6개월 후에 임신한 토끼는 몇 마리나 될까요?

---

29. [역자 주] They breed like rabbits.
30. 이것을 우리가 피보나치 수열이라고 부르는 것은 유럽 중심으로 해석한 역사 인식에서 나오는 예라고 볼 수 있습니다. 피보나치는 그의 책 Liber Abaci(산반서, 계산 책) 통해 인도나 아랍 학자들이 이미 알고 있던 힌두-아라비아 숫자와 10진법 등의 많은 개념들을 소개하면서 유럽 수학에 큰 기여를 하였습니다. 우리가 지금 피보나치 수열이라고 부르는 것 또한 산스크트Sanskrit의 수학자 핑갈라Pingala의 연구로부터 가져온 것입니다.

첫 번째 달의 마지막 날에는(0개월이라고 하겠습니다.) 짝짓기가 가능한 한 마리의 암토끼가 있겠죠. 두 번째 달의 마지막 날에도 암토끼 한 마리가 있을 것입니다. 그 이유는 그 다음달의 첫째 날이 되어야 출산을 할 수 있으니까요. 세 번째 달의 마지막 날에는 두 마리 암토끼가 있을 것입니다. 그리고 그 중 한 마리는 임신 중일 것입니다. 네 번째 달의 마지막 날에는 세 마리 암토끼가 있을 것이고 그 중 두 마리는 임신 중일 것입니다. 이런 식으로 6개월이 지났다고 하면 **그림 4.6**에서 보듯이 테이블 형태로 진행상황을 정리할 수 있습니다.

개월	암토끼
0	1
1	1
2	2
3	3
4	5
5	8
6	13

그림 4.6 암토끼 개체수의 증가

테이블에서 개월 수가 1보다 큰 경우($n > 1$)의 식은 다음과 같습니다.

$$\text{females}(n) = \text{females}(n\text{-}1) + \text{females}(n\text{-}2)$$

이것은 우연이 아닙니다. 각 암토끼는 n-1개월 동안 살아있으며 n개월에도 살아있을 것입니다. 거기에다 각 n-2개월에 살아있던 각 암토끼는 n개월에 새로운 암토끼를 낳을 것입니다. 그러므로 새로 출생한 암토끼의 수를 n-1개월에 살아있는 암토끼의 수에 더하여 n개월에 살아있는 암토끼의 수를 구하게 됩니다.

개체수의 증가는 자연스럽게 아래와 같이 **반복**recurrence을 사용해서 기술할 수 있습니다.[31]

```
females(0) = 1
females(1) = 1
females(n + 2) = females(n+1) + females(n)
```

31. 여기서 정의한 피보나치 수열의 형식은 그의 책 Liber Abaci에 사용된 정의와 일치합니다. 또 다른 형식은 1이 아니라 0으로 시작하는 것입니다.

이 정의는 계승의 재귀 정의와는 조금의 차이가 있습니다.

- 우선 기저 조건base case이 하나가 아니라 둘입니다. 일반적으로, 기저 조건은 필요한 만큼 여러 개가 있을 수 있습니다.
- 재귀 케이스recursive case는 재귀를 한 번이 아닌 두 번 호출합니다. 이것 또한 필요한 만큼 호출하는 것이 가능합니다.

그림 4.7은 피보나치 반복Fibonacci recurrence[32]과 그것을 테스트할 수 있는 함수를 함께 구현한 것입니다.

이 문제를 해결하는데 있어서 코드를 작성하는 부분은 쉬운 부분입니다. 토끼 문제와 같이 애매하게 정의된 문제로부터 재귀식recursive equations까지 생각해내기만 하면, 그에 대한 코드는 쉽게 작성할 수 있습니다. 어떤 문제를 해결하고자 할 때 그 문제의 답을 추상적으로 표현하는 것은 유용한 프로그램을 작성할 때 종종 가장 어려운 단계입니다. 이것에 대해서는 책의 뒷부분에서 더 깊이 있게 다루도록 하겠습니다.

여러분도 이미 짐작하고 있겠지만, 앞의 모델은 야생 토끼의 개체 수를 알아내는데 적합하지 않습니다. 1859년에 호주의 한 농부, 토마스 오스틴Thomas Austin은 영국에서 24마리 토끼를 수입했습니다. 그로부터 10년 후부터, 약 2백만 마리의 토끼들이 매년 포획되거나 총에 맞아 죽었지만 개체

```
def fib(n):
    """Assumes n int >= 0
       Returns Fibonacci of n"""
    if n == 0 or n == 1:
        return 1
    else:
        return fib(n-1) + fib(n-2)

def testFib(n):
    for i in range(n+1):
        print('fib of', i, '=', fib(i))
```

그림 4.7 피보나치 수열의 재귀적 구현

32. 재귀적 방법으로 피보나치 함수를 구현하긴 했지만 아주 비효율적입니다. 재귀적인 방법이 아닌 반복적인 방법을 사용하여 이보다 훨씬 더 간단하고 효율적으로 함수를 구현할 수 있습니다.

수는 눈에 띌만한 변화가 없었습니다. 정말 많은 토끼가 있었지만 피보나치 수열의 120번째 수와는 매우 거리가 먼 숫자였습니다.[33]

피보나치 수열이 실제 토끼의 개체 수 증가에 대해서 정확한 모델을 제시하고 있지는 않지만 꽤 흥미로운 수학적 요소를 가지고 있는 것만은 확실합니다. 또한 피보나치 수열은 자연에서 흔히 찾을 수 있기도 합니다.

손가락 풀기

그림 4.7에 있는 `fib`를 사용하여 `fib(5)`를 계산한다면, `fib(5)`을 계산하는 과정에서 `fib(2)`의 계산을 몇 번이나 수행해야 하나요?

4.3.2 회문(回文, Palindrome)

재귀는 숫자와 관련 없는 문제들을 다룰 때에도 유용합니다. **그림 4.8**에 `isPalidrome`이라는 함수가 나와있습니다. 이 함수는 주어진 문자열이 앞에서부터 읽으나 뒤에서부터 읽으나 똑같은지 검사합니다.

`isPalindrome`은 두 개의 내부적인 **보조 함수**helper function을 가지고 있습니다. 만약 여러분이 단순히 프로그램 사용자라면 이 함수가 사양을 충족하기만 하면 내부 구현 내용에 대해 신경쓰지 않아도 됩니다. 하지만 이 책을 읽는 여러분들은 위 함수를 통해서 배울 것이 많기 때문에 꼭 검토해보아야 합니다.

보조 함수 `toChars`는 알파벳인 모든 문자들을 소문자로 변환하고 알파벳이 아닌 것은 모두 제거합니다. 첫 작업에서 문자열의 내장 함수를 사용하여 `s`와 동일하지만 `s`에 있는 모든 대문자는 소문자로 변환한 새로운 문자열을 생성합니다. **메소드**Method **호출**에 관해서는 클래스Class를 배우게 되면 더 다루도록 하겠습니다. 지금은 약간 특별한 함수 호출 형식이라고 생각하면 되겠습니다. 메소드 호출을 할 때에는 함수 이름 뒤에 나오는 괄호 안에 인자를 넣지 않고, **점 표기법**dot notation을 사용하여 함수 이름 앞에 첫 인자를 넣습니다.

보조 함수 `isPal`은 재귀 함수를 사용합니다. 두 가지 기저 조건은 문자열 길이가 0인 때와 1인 때입니다. 이 뜻은 문자열의 길이가 2 이상일 때에만 재귀를 사용한다는 의미이기도 합니다. `else`

33. 귀여운 24마리 토끼의 자손들이 끼친 손해가 무려 일년에 약 6억 달러(한화로 6600억 원)였으며 지금도 많은 야생 식물을 멸종시키고 있다고 합니다.

```
def isPalindrome(s):
   """Assumes s is a str
      Returns True if letters in s form a palindrome; False
        otherwise. Non-letters and capitalization are ignored."""

   def toChars(s):
      s = s.lower()
      letters = ''
      for c in s:
         if c in 'abcdefghijklmnopqrstuvwxyz':
            letters = letters + c
      return letters

   def isPal(s):
      if len(s) <= 1:
         return True
      else:
         return s[0] == s[-1] and isPal(s[1:-1])

   return isPal(toChars(s))
```

그림 4.8 회문 테스트

절에 있는 불리언 연산자[34]는 왼쪽이 오른쪽보다 더 높은 우선순위를 갖습니다. 프로그램은 첫 번째와 마지막 문자가 같은지(`s[0] == s[-1]`) 검사하고, 그럴 경우에는 그 두 문자열을 뺀 나머지 문자열(`s[1:-1]`)이 회문palindrome인지 검사합니다. 두 개의 불리언 표현식이 `and` 연산자로 결합되어(논리곱conjunct) 있을 때, 두 번째 비교식은 첫 번째 비교식이 `True`일 때만 계산됩니다. 이러한 불리언 **단락회로평가**short-circuit evaluation가 의미적으로 중요한 예제들은 나중에 살펴볼 것입니다.

다음의 `isPalindrome` 프로그램은 **분할정복**divide-and-conquer이라는 원리를 사용하여 문제를 해결한 예제입니다. 이 원리는 해결하기 어려운 문제를 여러 개의 **부분문제**subproblem들로 나누는 것입니다(여기서 나오는 분할정복 원리는 우리가 나중에 10장에서 배우게 될 분할정복 알고리즘과 연관되어 있지만 같지는 않습니다). 이 부분문제는 다음과 같은 속성을 갖습니다.

34. 두 개의 불리언 수식이 "and"로 이어져 있다면 양쪽의 각 수식을 conjunct(논리곱)라고 합니다. 만약 "or"로 이어져 있다면 disconjunct(논리합)라고 합니다.

- 부분문제는 원래의 문제보다 해결하기가 쉽습니다.
- 부분문제의 해결법을 합치면 원래의 어려운 문제를 해결할 수 있습니다.

분할정복은 매우 오래 전부터 사용해왔던 개념입니다. 줄리어스 시저는 로마인들이 *divide et impera*(divide and rule)이라고 부르는 정책을 시행하였으며, 영국도 인도를 여러 지역으로 나누어

```
def isPalindrome(s):
    """Assumes s is a str
        Returns True if s is a palindrome; False otherwise.
          Punctuation marks, blanks, and capitalization are ignored."""

    def toChars(s):
        s = s.lower()
        letters = ''
        for c in s:
            if c in 'abcdefghijklmnopqrstuvwxyz':
                letters = letters + c
        return letters

    def isPal(s):
        print(' isPal called with', s)
        if len(s) <= 1:
            print('  About to return True from base case')
            return True
        else:
            answer = s[0] == s[-1] and isPal(s[1:-1])
            print('  About to return', answer, 'for', s)
            return answer

    return isPal(toChars(s))

def testIsPalindrome():
    print('Try dogGod')
    print(isPalindrome('dogGod'))
    print('Try doGood')
    print(isPalindrome('doGood'))
```

그림 4.9 회문 테스트를 나타내는 코드

지배하면서 이런 개념을 적용했습니다. 벤자민 프랭클린은 이러한 정책적 기술 전문가들이 영국에 있다는 것을 잘 알고 있었기 때문에, 그는 미국 독립선언서를 서명을 할 당시에 다음과 같은 말을 하였습니다.[35]

> "우리가 일치단결hang together해야만 합니다. 그렇지 않으면 우리는 분명히 한 명씩 교살hang separately 당할 것입니다."

이 경우에는 원래 주어진 문제를 더 간략한 버전으로 나누어서 문제를 해결합니다. 즉 이전보다 짧아진 문자열이 회문인지 아닌지를 검사하게 됩니다. 또한 우리가 이미 알고 있는 지식(문자가 같은지 비교하는 것)도 문제를 해결하는데 필요합니다. **그림 4.9**를 보면 프로그램이 어떻게 작동하는지를 조금 더 자세히 볼 수 있습니다.

그림 4.9를 실행하면 다음과 같이 출력합니다.

```
Try dogGod
  isPal called with doggod
  isPal called with oggo
  isPal called with gg
  isPal called with
  About to return True from base case
  About to return True for gg
  About to return True for oggo
  About to return True for doggod
True
Try doGood
  isPal called with dogood
  isPal called with ogoo
  isPal called with go
  About to return False for go
  About to return False for ogoo
  About to return False for dogood
False
```

35. [역자 주] "We must all hang together, or assuredly we shall all hang separately."
벤저민 프랭클린Benjamin Franklin(1706년~1790년)은 미국의 "건국의 아버지Founding Fathers" 중 한 명입니다. 그는 특별한 공식적 지위에 오르지는 않았지만, 미국 독립에 중추적인 역할을 했습니다. 달러화 인물 중 대통령이 아닌 인물은 알렉산더 해밀턴(10달러)과 벤저민 프랭클린(100달러) 두 명뿐입니다.

4.4 전역변수(Global variables)

만약 큰 수로 `fib`을 호출해보았다면 실행 시간이 상당히 오래 걸린다는 것을 알았을 것입니다. 그런데, 만약 재귀 호출이 몇 번이나 일어났는지 알아보고자 한다면 어떻게 해야 할까요? 물론 프로그램 코드를 자세히 살펴보고 분석하여 알아낼 수 있지만, 그런 방법에 대해서는 9장에서 다루게 될 것입니다. 또 다른 해법은 재귀 호출이 몇 번이나 일어나는지 실제로 세어보는 코드를 더하는 것입니다. 이런 것은 **전역변수**를 사용하여 쉽게 할 수 있습니다.

지금까지 우리가 사용했던 모든 함수는 각 함수에 있는 환경을 함수 외부에 전달하기 위해서 오직 매개변수와 반환값 만을 활용했습니다. 대부분의 경우, 이렇게 하는 것이 옳습니다. 프로그램 가독성readability이 좋아지고 검사하거나 디버깅할 때에도 편리하기 때문입니다. 하지만 때로는 전역변수를 사용하는 것이 더 편리할 수도 있습니다. **그림 4.10**의 코드를 살펴봅시다.

각 함수 안에 있는 `global numFibCalls`는 파이썬에게 `numFibCalls`가 모듈의 가장 바깥 영역에 정의되어야 함을 알려줍니다(4.5절을 참고하세요). 만약 `global numFibCalls`라는 코드가 없다면, 두 함수 모두에서 `numFibCalls`는 지역변수Local variable가 되었을 것입니다. `fib`와 `testFib` 함수에서 `numFibCalls`가 참조하는 어떤 객체든지 아무런 제한없이 접근할 수 있습니다.

```
def fib(x):
    """Assumes x an int >= 0
       Returns Fibonacci of x"""
    global numFibCalls
    numFibCalls += 1
    if x == 0 or x == 1:
        return 1
    else:
        return fib(x-1) + fib(x-2)

def testFib(n):
    for i in range(n+1):
        global numFibCalls
        numFibCalls = 0
        print('fib of', i, '=', fib(i))
        print('fib called', numFibCalls, 'times.')
```

그림 4.10 전역 변수의 사용

testFib는 호출될 때마다 numFibCalls를 0에 바인딩하며, fib은 실행될 때마다 numFibCalls의 값을 1씩 증가시킵니다.

testFib(6)를 호출하면 다음과 같이 출력합니다.

```
fib of 0 = 1
fib called 1 times.
fib of 1 = 1
fib called 1 times.
fib of 2 = 2
fib called 3 times.
fib of 3 = 3
fib called 5 times.
fib of 4 = 5
fib called 9 times.
fib of 5 = 8
fib called 15 times.
fib of 6 = 13
fib called 25 times.
```

전역변수를 여러분에게 소개하는 것에 대해서 염려되는 부분이 있습니다. 1970년대 이후부터 컴퓨터 공학자들은 전역변수를 사용하는 것에 반대하였습니다. 무분별하게 전역변수를 사용하는 것은 많은 문제를 일으킬 수 있기 때문입니다. 코드의 가독성을 높이는 것의 핵심은 코드를 지역화Locality하는 것입니다. 가독성이 좋은 프로그램은 코드를 부분적으로 보더라도 이해하는 것이 가능합니다. 전역변수는 여러 곳에서 접근하거나 읽을 수 있고, 수정할 수 있기 때문에 코드를 지역화할 수 없게 만들어 버립니다. 그럼에도 불구하고, 우리가 꼭 전역변수를 사용해야만 할 때가 종종 있기도 합니다.

4.5 모듈(Modules)

지금까지 우리는 모든 프로그램들을 한 파일 안에 저장하는 것을 암묵적으로 전제하고 있었습니다. 프로그램들이 작다면 그러한 일은 매우 타당한 것입니다. 하지만 프로그램들이 커진다면 프로그램을 여러 파일에 나누어 저장하는 것이 더 편리합니다. 예를 들어 여러 명이 한 프로그램을 만들려고 할 때, 모두가 한 파일을 가지고 작업한다면 모두에게 악몽일 것입니다. 다행히도 파이썬은 모듈을 이용하여 여러 파일에 나누어 있는 코드들을 가지고 한 프로그램을 쉽게 만들어 낼 수 있습니다.

모듈module이란 파이썬의 정의들과 서술문들을 담고 있는 `.py` 파일입니다. 예를 들어 여러분은 **그림 4.11**과 같은 코드를 담고 있는 `circle.py` 파일을 생성할 수 있습니다.

다른 프로그램에서 `import`문을 통해서 모듈에 접근할 수 있습니다. 예를 들어, 다음의 코드를 살펴봅시다.

```
import circle
pi = 3
print(pi)
print(circle.pi)
print(circle.area(3))
print(circle.circumference(3))
print(circle.sphereSurface(3))
```

`import`문을 사용한 위의 코드는 다음을 출력할 것입니다.

```
3
3.14159
28.27431
18.849539999999998
113.09724
```

모듈들은 대개의 경우 각 개별 파일들에 저장되어 있습니다. 각 모듈마다 자기만의 기호표symbol

```
pi = 3.14159

def area(radius):
    return pi*(radius**2)

def circumference(radius):
    return 2*pi*radius

def sphereSurface(radius):
    return 4.0*area(radius)

def sphereVolume(radius):
    return (4.0/3.0)*pi*(radius**3)
```

그림 4.11 원과 구(球)와 관련한 코드들

table를 가지고 있습니다. 따라서 circle.py 내에서는 객체들을(예를 들어 pi와 area) 늘 하던 방법으로 접근할 수 있습니다. import M을 수행하면 모듈 M을 자기 영역에 바인딩하여 그 내용을 모두 가져옵니다. 그러므로 import를 할 때에는 점 표기법을 사용하여 어떤 모듈에 정의된 이름을 사용할 것인지 명시해주어야 합니다.[36] 예를 들어 circle.py 파일 밖에서 pi와 circle.pi는 두 개의 다른 객체일 수 있는 것입니다.

처음에는 점 표기법이 번거롭거나 어려워 보일 수 있습니다. 모듈을 import하게 되면 많은 경우 그 모듈 속에서 사용된 지역 이름들을 일일이 다 알지 못합니다. 점 표기법을 사용하면, 이름이 수시로 충돌하는 것을 막을 수 있습니다. 예를 들어 pi = 3.0은 점 표기법을 사용해서 circle 모듈의 변수라고 명시하지 않았기 때문에 circle 모듈의 pi값은 변하지 않습니다.

프로그램을 import할 때 모듈 이름을 생략하고 모듈 안에 정의된 이름을 접근할 수 있는 방법이 있습니다. 만약 다음의 서술문 from M import *을 사용하면 사용 중인 영역에서 M에 정의된 모든 객체들을 바인딩하게 됩니다. 하지만 M 자체와 바인딩하는 것은 아닙니다. 이것이 무슨 뜻인지 알기 위해 다음의 코드를 살펴봅시다.

```
from circle import *
print(pi)
print(circle.pi)
```

이것을 실행하면 3.14159를 출력한 후에 다음의 에러 메시지가 나타납니다.

```
NameError: name 'circle' is not defined
```

어떤 파이썬 프로그래머들은 대개 이와 같은 형식으로 import문을 사용하는 것을 싫어합니다. 그 이유는 코드를 읽는 것이 더 힘들어지기 때문입니다.

앞에서 보았듯이 모듈은 실행문과 더불어 함수 정의를 담고 있습니다. 보통 이런 서술문은 모듈을 초기화하기 위해서 사용됩니다. 이런 이유 때문에 모듈에 있는 서술문들은 모듈이 프로그램에 import될 때에 한 번 실행됩니다. 각 모듈은 한 인터프리터 세션 당 한 번만 import됩니다. 만약 IDE를 시작한 후 모듈을 import한 후, 그 모듈을 수정하여도 인터프리터는 수정 전 모듈을 계속해서 사용할 것입니다. 이것 때문에 디버깅을 할 때 매우 헷갈릴 수 있습니다. 이럴 땐 reload 명령어를 사용하여 인터프리터에게 강제로 import된 모듈들을 다시 로드reload 해야 합니다.

표준 파이썬 라이브러리에는 유용한 모듈들이 참 많습니다. 예를 들어 기본 수학 함수나 문자열

36. 메소드 호출을 할 때 점 표기법을 사용하는 것이 별로 상관없어 보일 수도 있습니다. 그러나 8장을 배우게 되면 이 둘이 아주 깊이 연관되어 있음을 배우게 될 것입니다.

함수 같은 것들을 여러분이 직접 구현해야 할 일이 거의 없을 것입니다. http://docs.python.org/3/library/에 가면 이 라이브러리에 대한 설명을 볼 수 있습니다.[37]

4.6 파일(File)

모든 컴퓨터 시스템은 계산된 것을 저장하기 위해서 **파일**들을 사용합니다. 파이썬은 파일을 생성하고 접근할 때 사용하는 기능들을 많이 제공합니다. 여기서는 가장 기초적인 기능들만 다루도록 하겠습니다.

모든 운영체제(예를 들어 윈도우나 맥)는 파일을 생성하고 접근하는 자기만의 파일 시스템을 갖고 있습니다. 파이썬은 **파일핸들**file handle을 이용해서 파일을 접근합니다. 그렇기 때문에 파이썬은 운영체제에 종속되지 않고 독립적입니다.

```
nameHandle = open('kids', 'w')
```

위의 코드는 운영체제에게 kids라는 이름을 가진 파일을 생성하고 그 파일의 파일핸들을 반환하라고 지시합니다. open 함수의 인자 'w'는 파일이 '쓰기용'임을 명시하는 것입니다. 아래의 코드는 파일을 먼저 열고 **쓰기**write 방법을 사용하여 두 줄을 쓴 후에 파일을 닫습니다. 파일을 사용한 후에는 꼭 닫아야 합니다. 그렇지 않으면 쓴 내용의 부분 혹은 전체가 저장되지 않을 수도 있습니다.

```
nameHandle = open('kids', 'w')
for i in range(2):
    name = input('Enter name: ')
    nameHandle.write(name + '\n')
nameHandle.close()
```

파이썬 문자열에서 문자 "\"는 다음에 오는 문자를 특수하게 취급해야 함을 나타내는 확장문자escape character입니다. 이 예제에서 문자열 '\n'은 줄 바꿈을 나타냅니다.

자, 이제는 **읽기용**reading으로 인자 'r'을 사용해서 파일을 열고 그 내용을 출력해봅시다. 파이썬은 파일을 일련의 줄로 취급하기 때문에 for문을 사용하여 파일의 내용을 한 줄씩 읽을 수 있습니다.

```
nameHandle = open('kids', 'r')
for line in nameHandle:
    print(line)
nameHandle.close()
```

37. [역자 주] 파이썬 2.x의 경우에는 http://docs.python.org/2/library/를 참조하십시오.

만약 파일에 David과 Andrea라는 이름이 입력되어 있다면 위의 프로그램은 다음을 출력할 것입니다.

```
David

Andrea
```

David과 Andrea 사이에 빈 줄이 추가된 이유는 `print`문은 각 줄의 끝에 `'\n'`가 있을 때마다 줄 바꿈을 하기 때문입니다. `print(line)` 대신 `print(line[:-1])`을 사용했다면, 중간에 빈 줄이 들어가는 것을 피했을 수도 있었습니다. 자, 이제 다음 코드를 봅시다.

```
nameHandle = open('kids', 'w')
nameHandle.write('Michael\n')
nameHandle.write('Mark\n')
nameHandle.close()
nameHandle = open('kids', 'r')
for line in nameHandle:
    print(line[:-1])
nameHandle.close()
```

위의 코드를 실행하면 다음과 같이 출력될 것입니다.

```
Michael
Mark
```

여기서 알 수 있는 것은 기존에 `kids`에 있었던 내용이 덮어씌워졌다는 것입니다. 만약 덮어 쓰는 것이 싫다면 '쓰기용' 대신에 인자 `'a'`를 사용하여 '**이어쓰기**appending'로 파일을 열면 됩니다. 예를 들어 아래의 코드를 실행한다고 하면

```
nameHandle = open('kids', 'a')
nameHandle.write('David\n')
nameHandle.write('Andrea\n')
nameHandle.close()
nameHandle = open('kids', 'r')
for line in nameHandle:
    print(line[:-1])
nameHandle.close()
```

이렇게 출력할 것입니다.

```
Michael
```

```
Mark
David
Andrea
```

파일을 다루는 기본적인 함수들은 **그림 4.12**에 정리했습니다.

open(fn, 'w') fn은 파일 이름의 문자열입니다. 쓰기용으로 파일을 생성하고 파일핸들을 반환합니다.
open(fn, 'r') fn은 파일 이름의 문자열입니다. 읽기용으로 기존의 파일을 열고 파일 핸들을 반환합니다.
open(fn, 'a') fn은 파일 이름의 문자열입니다. '이어쓰기'로 기존의 파일을 열고 파일 핸들을 반환합니다.
fh.read() 파일핸들 fh와 연결된 파일 내용에서 하나의 문자열을 반환합니다.
fh.readline() 파일핸들 fh와 연결된 파일에서 그 다음 한 줄을 반환합니다.
fh.readlines() 파일핸들 fh와 연결된 파일에서 한 줄에 있는 요소들을 리스트(목록)으로 반환합니다.
fh.write(s) 파일핸들 fh와 연결된 파일의 끝 부분에 문자열 s를 씁니다.
fh.writeLines(S) S는 일련의 문자열들입니다. 파일핸들 fh와 연결된 파일의 끝에 S에 있는 각 문자열을 각각 한 줄에 씁니다.
fh.close() 파일핸들 fh와 연결된 파일을 닫습니다.

그림 4.12 파일을 다루는 기본 함수들

CHAPTER 05

구조형(Structured Types), 가변성(Mutability), 그리고 고차함수(Higher-Order Functions)

지금까지 우리가 다룬 프로그램에서는 세가지 자료형 즉 `int`, `float`, `str` 자료형을 사용했습니다. 숫자 자료형인 `int` 자료형과 `float` 자료형은 스칼라scalar입니다. 스칼라란 것은, 다시 말하면, 내부 구조가 없는 객체들입니다. 반면에 `str`은 내부 구조가 있는 넌스칼라non-scalar입니다. 즉 인덱스를 사용하여 하위 문자열에서 각 문자들을 추출할 수 있으며 슬라이싱을 통해 문자열을 추출할 수도 있습니다.

이 장에서는 구조가 있는 자료형 네 가지를 소개합니다. `tuple` 자료형은 `str` 자료형을 간단하게 일반화한 것이라고 보면 됩니다. 다른 자료형들인 `list`, `range`, `dict`은 좀 더 흥미롭습니다. 그 다음에는 함수에 대한 주제로 돌아가서 함수를 다른 객체들과 같은 방식으로 다루는 방법들을 예제와 함께 살펴보도록 하겠습니다.

5.1 튜플(Tuples)[38]

튜플은 문자열과 같이 일련의 요소들이 순서대로 나열된 것입니다. 튜플과 문자열의 차이점은 튜플의 요소들은 문자가 아니어도 된다는 것입니다. 어떤 자료형도 튜플의 요소가 될 수 있으며, 심지어는 모든 요소들이 같은 자료형이 아니어도 됩니다.

튜플의 요소들은 괄호 안에 쉼표로 나누어진 리스트 형식으로 표현합니다. 예를 들면, 다음과 같이 쓸 수 있습니다.

38. [역자 주] '터플'로 표기하기도 합니다.

```
t1 = ()
t2 = (1, 'two', 3)
print(t1)
print(t2)
```

당연히 print문은 다음과 같이 출력을 할 것입니다.

```
()
(1, 'two', 3)
```

이러한 예제들을 보면서 자연스럽게 1이란 하나의 값을 가진 튜플은 (1)이라 쓸 것이라고 생각했을 것입니다. 하지만 실제로는 그렇지 않습니다. 여러 요소의 묶음을 수식으로 표현할 때는 괄호를 사용하지만 (1)은 정수 1을 단지 매우 길게 표현한 또 하나의 방법일 뿐입니다. 한 개의 값을 가진 싱글톤singleton 튜플을 나타낼 때는 쉼표를 사용하여 (1,)로 표현합니다. 파이썬으로 프로그램을 작성해 사람이라면 적어도 한 번쯤은 쉼표를 실수로 잊어버린 경험이 있을 것입니다.

튜플을 반복하는 방법도 있습니다. 예를 들면, 3 * ('a', 2)는 ('a', 2, 'a', 2, 'a', 2) 출력합니다.

튜플은 문자열과 같이 합치기concatenate, 인덱스index, 슬라이스slice를 적용할 수 있습니다. 다음의 예제를 봅시다.

```
t1 = (1, 'two', 3)
t2 = (t1, 3.25)
print(t2)
print((t1 + t2))
print((t1 + t2)[3])
print((t1 + t2)[2:5])
```

두 번째 대입문은 t1에 바인딩 된 튜플과 부동 소수 3.25를 묶어서 하나의 튜플 t2에 바인딩 합니다. 이것이 가능한 이유는 튜플도 다른 모든 구조형처럼 하나의 객체이기 때문입니다. 그러므로 튜플은 튜플을 담을 수 있습니다. 첫 번째 print문은 다음과 같이 출력할 것입니다.

```
((1, 'two', 3), 3.25)
```

두 번째 print문은 t1과 t2의 값을 합치기하여 생성한 값, 즉 다섯 개의 요소를 가지고 있는 튜플을 출력할 것입니다. 출력되는 것은 다음과 같습니다.

```
(1, 'two', 3, (1, 'two', 3), 3.25)
```

다음 서술문은 합쳐진 튜플의 네 번째 요소를 선택한 후에 출력합니다(파이썬에선 항상 인덱스가

0에서 시작함을 잊지 맙시다!). 그 다음 서술문은 튜플의 일부를 슬라이스하여 다음과 같이 출력합니다.

```
(1, 'two', 3)
(3, (1, 'two', 3), 3.25)
```

for문을 사용하면 튜플의 요소들을 돌아가면서 한 개씩 접근할 수 있습니다.

```
def intersect(t1, t2):
    """Assumes t1 and t2 are tuples
       Returns a tuple containing elements that are in
          both t1 and t2"""
    result = ()
    for e in t1:
        if e in t2:
            result += (e,)
    return result
```

5.1.1 시퀀스(Sequence)와 다중 대입문(Multiple Assignment)

시퀀스(예를 들어 튜플이나 문자열)의 길이를 먼저 안다면 파이썬의 다중 대입문을 사용하여 각 요소를 추출하는 것이 편할 것입니다. 예를 들어 다음 서술문 `x, y = (3, 4)`를 실행하면 x는 3에 바인딩되고 y는 4에 바인딩 됩니다. 마찬가지로 `a, b, c = 'xyz'`를 실행하면 a는 `'x'`에, b는 `'y'`에, c는 `'z'`에 바인딩 됩니다.

이러한 기능은 고정된 길이의 시퀀스를 반환하는 함수들과 함께 사용하면 특히 더 편리할 때가 있습니다. 다음 함수를 살펴봅시다.

```
def findExtremeDivisors(n1, n2):
    """Assumes that n1 and n2 are positive ints
       Returns a tuple containing the smallest common divisor > 1 and
         the largest common divisor of n1 and n2. If no common divisor,
         other than 1, returns (None, None)"""
    minVal, maxVal = None, None
    for i in range(2, min(n1, n2) + 1):
        if n1%i == 0 and n2%i == 0:
            if minVal == None:
                minVal = i
            maxVal = i
    return (minVal, maxVal)
```

다음의 다중 대입문에서

```
minDivisor, maxDivisor = findExtremeDivisors(100, 200)
```

minDivisor는 2, maxDivisor는 100이 바인딩될 것입니다.

5.2 래인지(Ranges)

문자열이나 튜플처럼, 레인지[range]도 불변성 자료형입니다. range 함수는 range 자료형의 객체를 반환합니다. 3.2절에서 언급한 대로, range 함수는 3개의 인자(start, stop, step)를 받아서 일련의 정수들을 start, start + step, start + 2*step, 등의 형식으로 반환합니다. 만약, step이 양수라면, 마지막 요소는 stop보다 작은 수들 중에 가장 큰 start + i*step인 정수이고, 만약 step이 음수라면 stop보다 큰 수 중에 가장 작은 start - i*step인 정수입니다. 만약, 단 두 개의 인자만 주어지면 step값은 1을 사용합니다. 만약, 단 한 개의 인자만 주어지면, 인자는 stop을 의미하게 되고 start는 0, step은 1을 사용합니다.

튜플에 대한 연산들 중에서 문자열 합치기[concatenation]와 반복[repetition]을 제외하고 모든 연산을 range에도 사용할 수 있습니다. 예를 들면, range(10)[2:6][2]를 연산한 결과는 4입니다. range형의 객체를 == 연산자로 비교할 때, 같은 범위의 정수들을 나타내는 두 ranges는 True를 반환합니다. 예를 들면, range(0, 7, 2) == range(0, 8, 2)의 연산 결과는 True입니다. 그러나, range(0, 7, 2) == range(6, -1, -2)의 연산 결과는 False인 이유는 같은 정수의 범위이지만 순서가 다르기 때문입니다.

튜플형의 객체와는 다르게, range형의 객체가 차지하는 메모리는 그 길이에 비례하지 않습니다. 왜냐하면, range는 완전히 start, stop, step의 값들로 정의되어 있기 때문에, 이것을 저장하는데 조그마한 공간이면 충분합니다.

여러분은 for문에서 range를 가장 많이 사용하겠지만, 정수 수열이 필요한 어느 곳에서든지 range형의 객체를 사용할 수 있습니다.

5.3 리스트(List)와 가변성(可變性, Mutability)

튜플과 마찬가지로, **리스트**[list] 또한 순서가 있는 일련의 값들인데, 인덱스를 사용하여 각 값을 구분합니다. `list` 자료형을 표현하는 문법은 튜플과 매우 비슷합니다. 차이점은 소괄호( ) 대신 대괄호[ ]를 사용한다는 것입니다. 빈 리스트는 [ ]로 표현하며, 튜플과는 달리 한 개의 값을 가진 싱글턴[singleton] 리스트에는 대괄호를 닫기 전에 쉼표가 없습니다.

```
L = ['I did it all', 4, 'love']
for i in range(len(L)):
    print(L[i])
```

위의 코드는 다음과 같이 출력합니다.

```
I did it all
4
love
```

`List` 자료형에 대괄호를 사용하기 때문에, 때때로 리스트를 인덱싱[indexing]하는 것과 슬라이싱[slicing]하는 것이 가시적으로 혼란을 가져올 수 있습니다. 예를 들어 다음 수식 `[1,2,3,4][1:3][1]`의 결과 값은 3이 될 것이고, 여기서 사용된 대괄호는 각각 다른 세 가지의 의미가 있습니다. 하지만 실제로는 거의 문제가 되지 않습니다. 그 이유는 대부분의 경우 리스트는 이렇게 상수로 쓰지 않고 이름을 붙여서 하나씩 만들어 가며 사용하기 때문입니다.

리스트와 튜플에는 매우 중요한 차이점이 하나 있습니다. 리스트는 **변경이 가능합니다**[mutable]. 반면에, 튜플과 문자열은 **변경이 불가능합니다**[immutable]. 변경이 불가능한 객체들을 생성하는데 사용할 수 있는 많은 연산자들이 있으며, 또한 이러한 자료형을 가진 객체도 변수들과 바인딩합니다. 반면에, `list` 자료형의 객체들은 생성된 이후에 수정이 가능합니다.

객체를 변형시키는 것과 변수에 객체를 변수에 대입하는 것의 차이가 처음에는 미묘하게 보일 수 있습니다. 하지만 "파이썬에서 변수는 객체에 붙이는 라벨처럼 이름에 불과하다"는 것을 되새긴다면 좀 더 명확하게 이해하는데 도움이 될 것입니다.

다음 두 줄의 서술문이 실행된다고 가정합시다.

```
Techs = ['MIT', 'Caltech']
Ivys = ['Harvard', 'Yale', 'Brown']
```

그러면, 인터프리터는 두 개의 새로운 리스트를 생성하고 아래 그림처럼 이에 적합한 변수와 바인딩합니다.

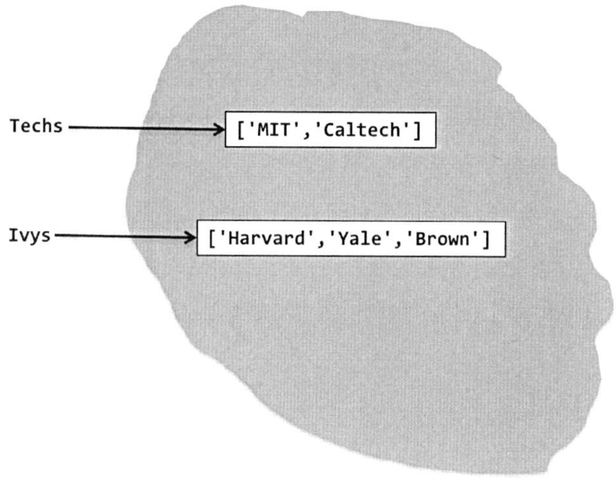

그림 5.1 리스트 두 개

다음의 대입문을 봅시다.

```
Univs = [Techs, Ivys]
Univs1 = [['MIT', 'Caltech'], ['Harvard', 'Yale', 'Brown']]
```

이 대입문 또한 새로운 리스트를 생성하고 변수와 바인딩합니다. 이 리스트들의 요소들이 또 한 리스트들입니다.

```
print('Univs =', Univs)
print('Univs1 =', Univs1)
print(Univs == Univs1)
```

이 세 print문은 다음과 같은 결과를 출력합니다.

```
Univs = [['MIT', 'Caltech'], ['Harvard', 'Yale', 'Brown']]
Univs1 = [['MIT', 'Caltech'], ['Harvard', 'Yale', 'Brown']]
True
```

보기에는 Univs와 Univs1이 마치 같은 값에 바인딩된 것처럼 보입니다. 하지만 다음 그림에서 볼 수 있듯이 Univs와 Univs1는 매우 다른 값에 바인딩되어 있습니다.

Univs와 Univs1가 다른 값에 바인딩되어 있는 것은 파이썬 내장 함수 id를 사용하여 증명할 수 있습니다. id는 각 객체 고유의 정수 식별자를 반환하며 두 객체가 동일한 것인지[Object equality] 검사할 때 사용할 수 있습니다. 다음의 코드를 실행해봅시다.

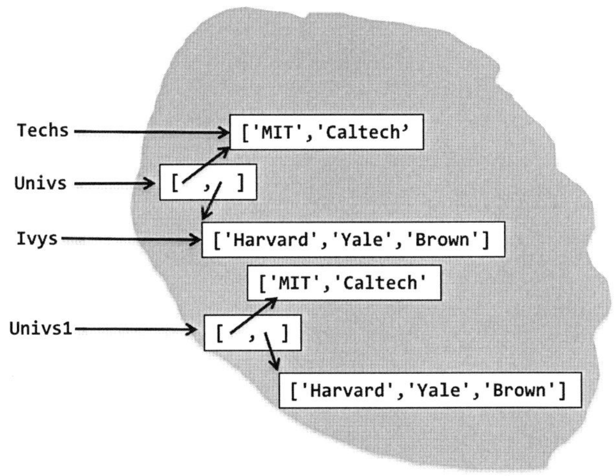

그림 5.2 같은 값을 가진 것 같지만, 같지 않은 두 개의 리스트

```
print(Univs == Univs1) #test value equality
print(id(Univs) == id(Univs1)) #test object equality
print('Id of Univs =', id(Univs))
print('Id of Univs1 =', id(Univs1))
```

그러면 다음과 같이 출력합니다.

```
True
False
Id of Univs = 24499264
Id of Univs1 = 24500504
```

(독자가 직접 이 코드를 실행했을 때 위와 동일한 값의 고유 식별자가 나오지 않습니다. 파이썬에서는 모든 객체들이 각각 고유한 식별자들에 대해, 각 식별자 값이 중복되지 않는다는 것 외에는 아무것도 명시하고 있지 않습니다.)

그림 5.2를 보면 Univs의 요소들은 Techs와 Ivys가 바인딩된 리스트가 복제된 것이 아니며 또 하나의 리스트입니다. Univs1의 요소들은 Univs와 같은 요소들을 담고 있는 리스트이지만 Univs와는 다른 개별적인 리스트입니다. 이것은 다음의 코드를 실행해보면 더 잘 알 수 있습니다.

```
print('Ids of Univs[0] and Univs[1]', id(Univs[0]), id(Univs[1]))
print('Ids of Univs1[0] and Univs1[1]', id(Univs1[0]), id(Univs1[1]))
```

이것은 다음과 같이 출력합니다.

```
Ids of Univs[0]  and Univs[1]  22287944 22286464
Ids of Univs1[0] and Univs1[1] 22184184 22287984
```

이것이 뭐가 그렇게 중요할까요? 이것은 리스트가 변형 가능하기 때문에 중요합니다. 다음의 코드를 봅시다.

```
Techs.append('RPI')
```

append 메소드는 다음과 같은 **부작용**side effect이 있습니다. 새로운 리스트를 생성하지 않고, 이미 존재하고 있는 리스트 Techs에 문자열 'RPI'로 된 새로운 요소를 맨 끝에 집어 넣어서 리스트를 변형시킵니다. append가 실행되면 상태는 다음 **그림 5.3**과 같이 됩니다.

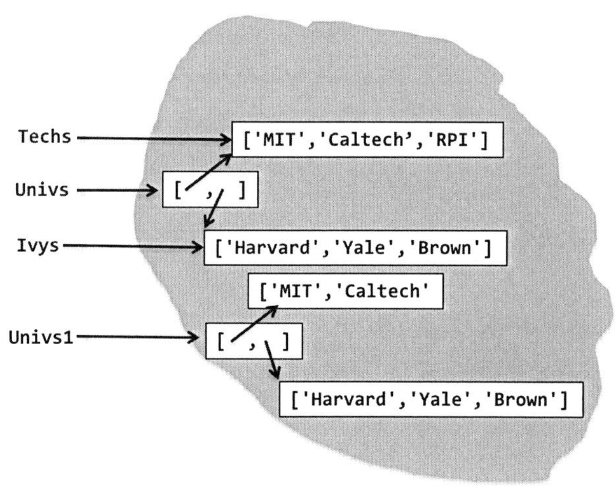

그림 5.3 가변성에 대한 설명

Univs는 아직도 같은 두 개의 리스트를 가지고 있지만 그 중 하나의 리스트는 값이 바뀌었습니다. 따라서 다음의 print문을 수행하면

```
print('Univs =', Univs)
print('Univs1 =', Univs1)
```

다음과 같이 출력합니다.

```
Univs  = [['MIT', 'Caltech',  'RPI'], ['Harvard', 'Yale', 'Brown']]
Univs1 = [['MIT', 'Caltech'], ['Harvard', 'Yale', 'Brown']]
```

위에 보이는 것을 **엘리어싱**aliasing이라고 부릅니다. 한 개의 같은 리스트 객체에 두 개의 개별적인 경로가 있는 것입니다. 첫 번째 경로는 변수 Techs를 통하며 또 다른 경로는 Univs에 바인딩된 list 객체의 첫 번째 요소를 통합니다. 두 경로 중 어느 것이든 사용하여 객체를 변형시킬 수가 있으며, 두 경로 모두를 통해서 변형된 효과를 볼 수 있습니다. 이것을 잘 사용하면 매우 편리하지만, 의도하지 않은 엘리어싱은 매우 찾기 힘든 프로그래밍 오류로 이어지기도 합니다.

튜플과 마찬가지로 for문을 사용하여 리스트의 모든 요소를 돌아가며 접근할 수 있습니다. 다음의 코드를 봅시다.

```
for e in Univs:
    print('Univs contains', e)
    print(' which contains')
    for u in e:
        print('   ', u)
```

이 코드의 출력 결과는 다음과 같습니다.

```
Univs contains ['MIT', 'Caltech', 'RPI']
  which contains
     MIT
     Caltech
     RPI
Univs contains ['Harvard', 'Yale', 'Brown']
  which contains
     Harvard
     Yale
     Brown
```

Techs.append(Ivys) 명령어처럼 리스트에 또 다른 리스트를 끝에 추가할 때 추가하는 리스트의 구조는 유지됩니다. 즉 리스트 형태로 리스트 끝에 삽입되는 것입니다. 만약 원래의 리스트 구조를 유지하지 않고 리스트에 있는 요소를 다른 리스트에 삽입하려고 한다면 concatenation이나 extend 메소드를 사용하면 됩니다. 다음의 예제를 보면 더 자세히 알 수 있습니다.

```
L1 = [1,2,3]
L2 = [4,5,6]
L3 = L1 + L2
print('L3 =', L3)
L1.extend(L2)
print('L1 =', L1)
L1.append(L2)
```

L.append(e) L의 끝에 객체 e를 추가합니다.
L.count(e) L 안에 있는 e의 개수를 반환합니다.
L.insert(i, e) L의 i번째 인덱스에 객체 e를 삽입합니다.
L.extend(L1) L1에 있는 요소들을 L의 끝에 추가합니다.
L.remove(e) L에서 나타나는 첫 번째 e를 삭제합니다.
L.index(e) L에서 나타나는 첫 번째 e의 인덱스를 반환합니다. 만약 e가 L에 없는 경우 예외가 발생합니다(7장을 참고하세요).
L.pop(i) L의 i번째 인덱스에 있는 값을 반환과 동시에 리스트에서 제거합니다. i 값이 생략된 경우 i는 디폴트 값인 -1가 되며 L의 마지막 요소를 반환하고 리스트에서 제거합니다.
L.sort() L에 있는 요소들을 오름차순으로 정렬합니다.
L.reverse() L에 있는 요소들의 순서를 반대로 배열합니다.

그림 5.4 리스트와 관련된 메소드

```
print('L1 =', L1)
```

이 코드는 다음과 같은 결과를 출력할 것입니다.

```
L3 = [1, 2, 3, 4, 5, 6]
L1 = [1, 2, 3, 4, 5, 6]
L1 = [1, 2, 3, 4, 5, 6, [4, 5, 6]]
```

여기서, 출력된 결과를 보면 연산자 +는 부작용side effect이 없다는 것을 알 수 있으며, 새로운 리스트를 생성하고 반환한다는 것입니다. 반면에 extend와 append는 L1을 변형했습니다.

그림 5.4는 리스트에 관한 몇 개의 주요 메소드들에 대한 설명입니다. count와 index 메소드를 제외하고, 모두 리스트를 변형시킨다는 점에 주목합시다.

5.3.1 복제하기(Cloning)

반복문에 쓰이는 리스트를 사용 중에 변형하는 것이 허락되긴 하지만, 신중해야 합니다. 다음의 코드에 대해서 생각해봅시다.

```
def removeDups(L1, L2):
    """Assumes that L1 and L2 are lists.
       Removes any element from L1 that also occurs in L2"""
    for e1 in L1:
        if e1 in L2:
```

```
            L1.remove(e1)
L1 = [1,2,3,4]
L2 = [1,2,5,6]
removeDups(L1, L2)
print('L1 =', L1)
```

이 프로그램에서 출력된 결과를 보고 여러분이 놀랐을 것입니다.

```
L1 = [2, 3, 4]
```

파이썬은 for문에서 반복문이 한 번 돌고 날 때마다 증가되는 내부 카운터를 사용하여 리스트에서 실행되는 지점을 따라가도록 설계되었습니다. 만약 카운터의 값이 증가하다가 리스트 길이와 같은 값에 도달하면 반복문이 종료됩니다. 이런 방법은 리스트가 변형되지 않았을 때는 문제없이 잘 돌아갑니다. 하지만 리스트를 변형한 경우라면 예기치 않은 결과를 가져올 수 있습니다. 앞의 예제의 경우에는 숨겨진 카운터가 0에서 시작하여 L1[0]이 L2에 있다는 것을 발견하고는 리스트에서 제거합니다. 그래서 L1의 길이가 3이 됩니다. 그 이후, 카운터는 1 증가하고 L1[1]이 L2에 있는지 확인하게 됩니다. 하지만 이것은 L1[1]이 원래 가지고 있었던 값(즉 2)가 아니라 2가 제거된 후의 L1[1]의 값, 즉 3입니다. 그러므로 보다시피 리스트가 반복문 안에서 수정된다면 원하는 결과를 얻지 못하게 되는 것입니다. 하지만 이것을 피하는 것이 쉽지 않습니다. 이런 일이 일어나는 것은, 이 예제에서처럼 의도하지 않은 일일 것입니다.

이러한 문제를 해결하는 한 방법은 슬라이싱을 사용하여 리스트를 clone(복제하기)[39]하는 것입니다. for e1 in L1[:]이라고 하면 됩니다. 그러나, 아래와 같이 하면 문제해결에 도움이 되지 않습니다.

```
newL1 = L1
for e1 in newL1:
```

이것은 L1을 복제하는 것이 아니라, 이미 존재하는 L1에 새로운 이름을 붙이는 것이 되기 때문입니다.

슬라이싱이 리스트를 복제하는 유일한 방법은 아닙니다. list(L)을 실행하면 리스트 L을 복제한 것을 반환합니다. 만약 복제하려는 리스트가 변형 가능한 객체를 가지고 있으며 그 객체들도 함께 복제하고 싶을 때는 표준 라이브러리 모듈 copy를 import한 후에 copy.deepcopy 함수를 사용하면 됩니다.

39. 인간을 포함하여 동물을 복제하는 것은 기술적, 윤리적 그리고 영적인 난제를 일으키고 있습니다. 다행히도 파이썬 객체를 복제하는 것은 문제가 없습니다.

5.3.2 리스트 조건 제시법(List Comprehension)

리스트 조건 제시법list comprehension은 시퀀스로 된 값들을 다룰 수 있는 간편한 방법을 제공합니다. 새로운 리스트가 생성되고 어떤 시퀀스(예를 들어 또 다른 리스트에 있는 요소들)에 있는 값에 대해 주어진 작업을 수행하고, 그 결과값으로 새로운 리스트를 생성합니다. 예를 들어

```
L = [x**2 for x in range(1,7)]
print(L)
```

는 다음과 같은 리스트를 출력합니다.

```
[1, 4, 9, 16, 25, 36]
```

리스트 조건 제시법의 for문 뒤에는 하나 이상의 if나 for문로 생성된 값에 적용할 for문이 따라올 수 있습니다. 이렇게 추가되는 구문clause들은 첫 번째 for문에서 생성한 일련의 값들을 수정하고 조건 제시법과 연관된 작업을 적용시킨 새로운 일련의 값들을 생성합니다. 예를 들어 다음 코드를 살펴봅시다.

```
mixed = [1, 2, 'a', 3, 4.0]
print([x**2 for x in mixed if type(x) == int])
```

이 코드는 mixed에 있는 리스트를 제곱한 후에 [1, 4, 9]를 출력합니다.

어떤 파이썬 프로그래머들은 리스트 조건 제시법을 매우 놀라울 정도로 또한 미묘한subtle 방법으로 사용하기도 합니다. 하지만 이렇게 리스트 조건 제시법을 쓰는 것이 항상 좋은 생각은 아닙니다. 이렇게 작성한 코드를 누군가가 읽어야 한다면 "미묘한subtle"이란 것이 대부분의 경우 바람직하지 않기 때문입니다.

5.4 함수를 객체로 사용하기

파이썬에 함수는 **일급 객체**first-class object입니다. 즉 함수는 int나 list와 같은 모든 자료형들과 같이 객체로 취급할 수 있다는 뜻입니다. 함수도 자료형을 갖고 있기 때문에 예를 들어 type(fact)라는 수식을 입력하면 <type 'function'>이라는 결과가 나옵니다. 또한 수식 안에서 함수를 사용할 수 있습니다. 예를 들어 대입 문의 오른쪽에 함수를 사용할 수도 있고 함수의 인자로도 전달할 수 있으며 리스트의 요소로 사용할 수도 있습니다.

함수를 인자로 전달할 수 있다는 것은 리스트와 함께 사용할 때에 특히 더 편리합니다. 이것은 **고**

```
def applyToEach(L, f):
    """Assumes L is a list, f a function
      Mutates L by replacing each element, e, of L by f(e)"""
    for i in range(len(L)):
        L[i] = f(L[i])

L = [1, -2, 3.33]
print('L =', L)
print('Apply abs to each element of L.')
applyToEach(L, abs)
print('L =', L)
print('Apply int to each element of', L)
applyToEach(L, int)
print('L =', L)
print('Apply factorial to each element of', L)
applyToEach(L, factR)
print('L =', L)
print('Apply Fibonnaci to each element of', L)
applyToEach(L, fib)
print('L =', L)
```

그림 5.5 함수를 리스트의 요소로 사용하기

차 프로그래밍higher-order programming을 가능하게 합니다. 이는 **그림 5.5**에서 볼 수 있듯이 리스트와 같이 사용되어 매우 편리하게 이용할 수 있습니다.

함수 applyToEach는 함수로 된 인자를 가지고 있기 때문에 **고차(혹은 고계)**higher-order **함수**라고 부릅니다. 처음 호출되었을 때 applyToEach는 단항unary 내장 함수인 abs를 각 요소에 적용하여 리스트 L을 변형시킵니다. 두 번째 호출되었을 때는 각 요소를 형식 변환합니다. 세 번째 호출되었을 때는 각 요소들에 그림 4.6에 정의된 factR 함수를 적용합니다. 네 번째 호출되었을 때는 각 요소들에 **그림 4.7**에 정의된 fib 함수를 적용합니다. 그렇게 하여 다음과 같이 출력하게 됩니다.

```
L = [1, -2, 3.33]
Apply abs to each element of L.
L = [1, 2, 3.33]
Apply int to each element of [1, 2, 3.33]
L = [1, 2, 3]
Apply factorial to each element of [1, 2, 3]
```

```
L = [1, 2, 6]
Apply Fibonnaci to each element of [1, 2, 6]
L = [1, 2, 13]
```

파이썬에는 **그림 5.5**의 applyToEach 함수와 비슷하지만 더 일반화 된 내장함수로 제공하는 map 역시 고차함수이며, for 루프와 함께 사용하도록 설계되어 있습니다. 가장 간소화된 형태로, map의 첫 번째 인자는 단항 함수unary function(즉, 하나의 매개변수를 갖는 함수)이며, 두 번째 인자는 첫 번째 인자였던 함수에 적용하기에 적합한 일련의 값입니다.

map을 for 루프에서 사용할 때, map은 루프를 반복할 때마다 값을 반환한다는 점에서 range 함수같이 작용합니다. 이러한 값들은 두 번째 인자들의 각 요소들을 첫 번째 인자에 적용함으로 발생한 것입니다. 예를 들어 다음 코드를 살펴보십시오.

```
for i in map(fib, [2, 6, 4]):
    print(i)
```

이 코드는 다음과 같이 출력합니다.

```
2
13
5
```

더 일반적으로, map의 첫 번째 인자에 n개의 인자를 가진 함수가 들어갈 수 있습니다. 그런 경우에는 그 뒤에 n개의 집합들collections이 순차적으로 따라올 것입니다. 다음의 예제를 보겠습니다.

```
L1 = [1, 28, 36]
L2 = [2, 57, 9]
for i in map(min, L1, L2):
    print(i)
```

이 코드는 다음과 같이 출력합니다.

```
1
28
9
```

파이썬에서는 lambda라는 예약어를 사용하여 익명 함수, 즉 이름이 부여되지 않은 함수도 정의할 수 있습니다. 이러한 **람다수식**lambda expression의 일반적인 형태는 다음과 같습니다.

```
lambda <sequence of variable names>: <expression>
```

예를 들면, 람다수식 `lambda x, y: x * y`는 두 인자의 곱을 반환하는 함수를 반환합니다. 람다수식은 고차함수의 인자로 자주 사용됩니다. 예를 들어 다음 코드를 보세요.

```
L = []
for i in map(lambda x, y: x**y, [1 ,2 ,3, 4], [3, 2, 1, 0]):
    L.append(i)
print(L)
```

이 코드는 `[1, 4, 3, 1]`을 출력합니다.

5.5 문자열, 튜플, 레인지, 리스트

우리는 지금까지 `str`, `tuple`, `range`, `list`라는 네 가지 종류의 시퀀스 자료형에 대해서 살펴보았습니다. 이 네 가지 자료형을 가진 객체들은 **그림 5.6**에 설명되어 있는 작업을 할 수 있다는 점에서 비슷하다고 볼 수 있습니다. 시퀀스 자료형의 공통점과 차이점 몇 가지가 **그림 5.7**에 정리되어 있습니다.

파이썬 프로그래머는 튜플보다 리스트를 선호하는 경향이 있습니다. 리스트는 변형 가능하기 때문에 계산하면서 점차적으로 리스트를 구성할 수 있기 때문입니다. 예를 들어 다음의 코드는 어떤 리스트에 있는 짝수 값들을 가진 리스트를 점차적으로 만들어 냅니다.

```
evenElems = []
for e in L:
```

`seq[i]` 시퀀스의 i번째 요소를 반환합니다.
`len(seq)` 시퀀스의 길이를 반환합니다.
`seq1 + seq2` 두 시퀀스를 앞뒤로 합친(concatenation) 것을 반환합니다. (range에는 적용할 수 없습니다)
`n * seq` 시퀀스seq를 n번 반복한 시퀀스를 반환합니다. (range에는 적용할 수 없습니다.)
`seq[start:end]` 시퀀스의 슬라이스(slice)를 반환합니다.
`e in seq` e가 시퀀스에 포함되어 있으면 `True`, 아니면 `False`를 반환합니다.
`e not in seq` e가 시퀀스에 포함되어 있지 않으면 `True`, 있으면 `False`를 반환합니다.
`for e in seq` 시퀀스의 각 요소들을 차례대로 하나씩 접근합니다.

그림 5.6 시퀀스 자료형에 공통적으로 사용할 수 있는 연산자

자료형	구성 요소의 자료형	예시	가변성
str	문자	'', 'a', 'abc'	없음
tuple	모든 자료형	(),(3,),('abc',4)	없음
range	정수	range(10), range(1, 10, 2)	없음
list	모든 자료형	[], [3],['abc', 4]	있음

그림 5.7 시퀀스 자료형의 비교

```
        if e%2 == 0:
            evenElems.append(e)
```

튜플은 불변성[immutability]을 가지고 있기 때문에 엘리어싱 또한 걱정할 필요가 없다는 장점이 있습니다. 또한 리스트와 다르게 딕셔너리[dictionary]에서 키[key]로 사용할 수 있습니다. 이것에 대해서는 후에 다루도록 하겠습니다.

문자열은 문자만 담을 수 있기 때문에, 문자열은 튜플이나 리스트같이 다양하게 사용하는 것이 제한되어 있습니다. 반면에 문자열을 사용하다 보면 수많은 내장 메소드들 때문에 편하게 프로그래밍을 할 수 있습니다. **그림 5.8**은 그 중 몇 가지에 대해서 설명하고 있습니다. 문자열 역시 불변성 때문에 메소드에서 반환하는 값이 원래의 문자열에 아무 영향을 미치지 않는 점을 항상 기억하기 바랍니다.

내장 메소드들 중에 상당히 유용한 메소드 하나는 `split`입니다. `split`은 두 문자열들을 인자로 받습니다. 두 번째 인자는 첫 번째 인자를 여러 부분문자열들로 나누는데 사용되는 구분기호[separator]로 사용됩니다. 예를 들어,

```
print('My favorite professor--John G.--rocks'.split(' '))
print('My favorite professor--John G.--rocks'.split('-'))
print('My favorite professor--John G.--rocks'.split('--'))
```

이 코드는 다음과 같이 출력합니다.

```
['My', 'favorite', 'professor--John', 'G.--rocks']
['My favorite professor', '', 'John G.', '', 'rocks']
['My favorite professor', 'John G.', 'rocks']
```

두 번째 인자는 옵션(선택적)입니다. 두 번째 인자를 생략하면, 첫 번째 인자를 임의의 **공백문자**

s.count(s1) 문자열 s1이 s에 몇 번 나오는지 계산한다.
s.find(s1) 부분문자열 s1이 s에서 첫번째 나오는 곳의 인덱스를 반환한다. 만약 없으면, -1을 반환한다.
s.rfind(s1) find와 같으나 s의 끝에서부터 시작한다(rfind의 "r"은 reverse(역)을 뜻한다)
s.index(s1) find와 같으나, s1이 s에 없으면 예외(7장 참조)가 발생한다.
s.rindex(s1) index와 같으나, s의 끝에서부터 시작한다.
s.lower() s에 있는 모든 대문자를 소문자로 대체한다.
s.replace(old, new) s에 있는 모든 문자열 old를 문자열 new로 모두 대체한다.
s.rstrip() s의 뒤에 있는 모든 빈칸문자들을 제거한다.
s.split(d) d를 분리문자로 사용하여 문자열을 나눈다. 예를 들어, 'David Guttag play basketball'.split(' ')의 결과는 ['David', 'Guttag', 'plays', 'basketball']. 만약 d를 생략하면, 임의의 공백문자로 구분하여 여러 문자열들로 나눈다.

그림 5.8 문자열에 관한 메소드

whitespace(혹은 space, tab, newline, return, formfeed)들을 구분기호로 사용하여 여러 문자열들을 나누게 됩니다.

5.6 딕셔너리(Dictionary)

dict 자료형의 객체들은 리스트와 달리 인덱스가 정수여야 할 필요가 없으며, 변형 불가능한 immutable 어떤 값이라도 가능하다는 점을 제외하면 리스트와 같습니다. 순서대로 정렬되어 있지 않기 때문에 인덱스가 아닌 **키**keys를 사용해야 합니다. 딕셔너리는 key/value키와 값으로 된 쌍이라고 생각하면 됩니다. dict 자료형의 상수들은 중괄호를 사용해서 표현하고 각 요소들은 키와 그 뒤에 콜론 그리고 값으로 표현합니다. 예를 봅시다.

```
monthNumbers = {'Jan':1, 'Feb':2, 'Mar':3, 'Apr':4, 'May':5,
                1:'Jan', 2:'Feb', 3:'Mar', 4:'Apr', 5:'May'}
print('The third month is ' + monthNumbers[3])
dist = monthNumbers['Apr'] - monthNumbers['Jan']
print('Apr and Jan are', dist, 'months apart')
```

이 코드는 다음을 출력할 것입니다.

```
The third month is Mar
```

```
Apr and Jan are 3 months apart
```

dict에 들어가는 값들entries은 순서대로 되어 있지 않기 때문에 인덱스로 접근할 수 없습니다. 그렇기 때문에 monthNumbers[1]은 딕셔너리에 두 번째에 있는 값이 아니라 키key 값이 1인 것을 의미합니다.

list와 마찬가지로 딕션너리도 가변성mutable입니다. 다음과 같이 요소를 추가할 수 있습니다.

```
monthNumbers['June'] = 6
```

혹은 다음과 같이 바꿀 수도 있습니다.

```
monthNumbers['May'] = 'V'
```

파이썬의 큰 장점들 중에 하나가 딕셔너리입니다. 딕셔너리는 우리가 다양한 종류의 프로그램을 작성하면서 겪는 어려움을 엄청나게 줄여줍니다. 예를 들면, **그림 5.9**는 서로 다른 언어들로 번역하는 (정말 골치 아픈) 프로그램을 작성하는데 딕셔너리를 사용한 것을 보여주고 있습니다. 코드 중에 어떤 줄은 너무 길어서 \(backslash - 역슬래시)를 사용하여 그 앞 줄과 계속되는 텍스트인 것을 표시하였다. **그림 5.9** 코드는 다음을 출력합니다.

```
Je bois "good" rouge vin, et mange pain.
I drink of wine red
```

딕셔너리는 가변성mutable이라는 것을 기억해야 합니다. 그에 따른 부작용도 고려해야 합니다. 예를 들면, 다음 코드는

```
FtoE['bois'] = 'wood'
Print(translate('Je bois du vin rouge.', dicts, 'French to English'))
```

아래와 같이 출력합니다.

```
I wood of wine red
```

대부분의 다른 프로그래밍 언어에는 키keys와 값values의 쌍을 매핑해주는 내장된 자료형built-in type이 없습니다. 대신에 프로그래머들은 유사한 가능을 제공하는 다른 자료형들을 사용합니다. 예를 들면, 키와 값으로 구성된 각 요소들을 가지고 있는 리스트를 사용하여 딕셔너리를 구현하는 것은 상대적으로 쉬운 편입니다. 그리고 관련된 항목들을 찾아내는 간단한 함수를 다음과 같이 구현할 수 있습니다.

```
EtoF = {'bread':'pain', 'wine':'vin', 'with':'avec', 'I':'Je',
        'eat':'mange', 'drink':'bois', 'John':'Jean',
        'friends':'amis', 'and': 'et', 'of':'du','red':'rouge'}
FtoE = {'pain':'bread', 'vin':'wine', 'avec':'with', 'Je':'I',
        'mange':'eat', 'bois':'drink', 'Jean':'John',
        'amis':'friends', 'et':'and', 'du':'of', 'rouge':'red'}
dicts = {'English to French':EtoF, 'French to English':FtoE}

def translateWord(word, dictionary):
    if word in dictionary.keys():
        return dictionary[word]
    elif word != '':
        return '"' + word + '"'
    return word

def translate(phrase, dicts, direction):
    UCLetters = 'ABCDEFGHIJKLMNOPQRSTUVWXYZ'
    LCLetters = 'abcdefghijklmnopqrstuvwxyz'
    letters = UCLetters + LCLetters
    dictionary = dicts[direction]
    translation = ''
    word = ''
    for c in phrase:
        if c in letters:
            word = word + c
        else:
            translation = translation\
                          + translateWord(word, dictionary) + c
            word = ''
    return translation + ' ' + translateWord(word, dictionary)

print(translate('I drink good red wine, and eat bread.',
                dicts,'English to French'))
print(translate('Je bois du vin rouge.',
                dicts, 'French to English'))
```

그림 5.9 문서 번역하기(단순 예제)

```
def keySearch(L, k):
    for elem in L:
        if elem[0] == k:
            return elem[1]
    return None
```

그러나, 이렇게 구현한 것의 문제는 계산 효율이 떨어진다는 것입니다. 최악의 경우에는 프로그램은 단 하나의 요소를 가져오려면 리스트의 모든 요소들을 검사해야 합니다. 반면에, 파이썬에 내장되어 있는 구현은 상당히 빠릅니다. 우리가 10장에서 다루게 될 해싱hashing이란 기술을 사용하고 있기 때문입니다. 이것은 딕셔너리의 크기와 상관없이 거의 일정 시간에 찾아낼 수 있기 때문입니다.

for 구문에서 딕셔너리에 있는 모든 요소entry들을 반복하는데 사용할 수 있습니다. 그러나 반복 변수iteration variable를 대입하는 값은 key/value키와 값의 쌍으로 이루어지지 않습니다. 반복할 때 나타나는 키의 순서도 정의되어 있지 않습니다. 예를 들면, 다음의 코드는

```
monthNumbers = {'Jan':1, 'Feb':2, 'Mar':3, 'Apr':4, 'May':5,
                1:'Jan', 2:'Feb', 3:'Mar', 4:'Apr', 5:'May'}
keys = []
for e in monthNumbers:
    keys.append(str(e))
print(keys)
keys.sort()
print(keys)
```

다음과 같이 출력할 수도 있습니다.

```
['Jan', 'Mar', '2', '3', '4', '5', '1', 'Feb', 'May', 'Apr']
['1', '2', '3', '4', '5', 'Apr', 'Feb', 'Jan', 'Mar', 'May']
```

keys 메소드는 dict_keys 자료형의 객체를 반환합니다.[40] 이것은 **view** object(뷰 객체)의 한 예입니다. 뷰에 있는 키들의 순서는 정의되어 있지 않습니다. 뷰 객체와 연계된 객체의 변화가 있을 경우, 그 변화된 결과를 뷰 객체를 통해 볼 수 있습니다. 예를 들면, 다음과 같은 코드는

```
birthStones = {'Jan':'Garnet', 'Feb':'Amethyst', 'Mar':'Acquamarine',
               'Apr':'Diamond', 'May':'Emerald'}
months = birthStones.keys()
```

40. 파이썬2에서, keys 메소드는 딕셔너리의 keys들을 list로 반환합니다.

```
print(months)
birthStones['June'] = 'Pearl'
print(months)
```

다음과 같이 출력합니다.

```
dict_keys(['Jan', 'Feb', 'May', 'Apr', 'Mar'])
dict_keys(['Jan', 'Mar', 'June', 'Feb', 'May', 'Apr'])
```

`dict_keys` 자료형 객체들도 `for` 루프에서 반복하는데 사용할 수 있으며, `in`을 사용해서 특정 항목을 가지고 있는지를 테스트할 수 있습니다. `dict_keys` 자료형 객체는 `list` 자료형으로 쉽게 변환할 수 있습니다. 예를 들면, `list(months)`는 `dict_keys` 자료형을 받아서 `list` 자료형으로 반환합니다.

모든 자료형의 객체들을 key로 사용할 수 있는 것은 아닙니다. key로 사용할 수 있으려면, **hashable 형**의 객체이어야만 합니다. 다음과 같은 조건을 만족하면 `hashable` 형입니다.

- 어떤 객체의 자료형을 `int` 자료형으로 매핑mapping하는 `__hash__` 메소드를 가지고 있다. 어떠한 객체든지 `__hash__` 메소드가 반환하는 값은 그 객체가 존재하는 한 바뀌지 않는다.
- 객체들의 동등성equality을 비교하기 위해 `__eq__` 메소드가 있다.

파이썬의 모든 내장된 불변성immutable 자료형들은 모두 `hashable`이며, 파이썬의 모든 가변성mutable 자료형들은 `hashable`이 아닙니다. 튜플을 key로 사용하면 편리할 때가 많습니다. 예를 들면, 항공편을 나타내는데 `(flightNumber, day)`와 같은 형태로 튜플을 사용한다고 상상해보십시오. 그러면, 이런 튜플을 key로 하여, 항공편을 도착시간으로 매핑mapping하는 딕셔너리를 구현하는 것은 쉽습니다.

리스트와 마찬가지로 딕셔너리에도 많은 유용한 메소드들이 있습니다. 여기서 모두 나열하지는 않겠지만, 이번 장의 뒤 부분에 나오는 예제에서 사용할 것입니다. **그림 5.10**는 딕셔너리에 사용할 수 있는 유용한 연산들에 대해서 설명하고 있습니다.[41]

41. 파이썬3에서 view(뷰)를 반환하는 모든 메소드들이 파이썬2에서는 list를 반환합니다.

`len(d)` d에 항목(item)들의 개수를 반환한다.
`d.keys()` d에 있는 key들의 뷰(view)를 반환한다.
`d.values()` d에 있는 value들의 뷰(view)를 반환한다.
`k in d` k가 d에 있으면 `True`를 반환한다.
`d[k]` d에 있는 key k를 가지고 항목을 반환한다
`d.get(k, v)` key k를 d에 있으면, `d[k]`를 반환하고, 아니면 v를 반환한다
`d[k] = v` d에 있는 key k가 v값을 갖도록 한다. 이미 k가 값을 가지고 있다면, v로 대체한다.
`del d[k]` d에 있는 key k를 제거한다.
`for k in d` d에 있는 key들을 하나씩 돌아가면서 접근한다.

그림 5.10 딕셔너리에 자주 사용하는 연산자

CHAPTER 06

검사(Testing)와 디버깅(Debugging)

이런 말을 하는 것은 싫지만, 팡글로스 박사는 틀렸습니다.[42] 우리는 "가능한 모든 세상 중에서 최고의 세상"에 살고 있지 않습니다. 비가 너무 적게 와서 가뭄인 곳이 있는가 하면 비가 너무 많이 내려 홍수인 곳도 있습니다. 어떤 곳은 너무 춥고, 어떤 곳은 너무 더우며, 어떤 곳은 여름엔 너무 덥고 겨울엔 너무 춥기도 합니다. 또 주식 시장이 계속해서 하락할 때도 있습니다. (매우 많이 말이죠.) 그리고 아마도 그 중에서 가장 괴로운 것은, 우리가 작성한 프로그램을 처음 실행할 때, 언제든지 잘 작동하는 것은 아니라는 것입니다.

마지막에 언급한 문제를 다루는 방법에 대한 책들도 많으며 아마 그런 책들을 읽으면 배울 것도 많을 것입니다. 하지만 이 장에서는 여러분이 앞으로 경험할 문제들을 해결하는데 도움을 줄만한 힌트들을 주기 위해서 매우 간략하게 이 주제를 다룰 것입니다. 프로그래밍 예제들은 파이썬으로 되어있지만 기본적인 원칙과 논리는 어느 복잡한 시스템의 문제를 해결하는 데에도 적용 가능합니다.

프로그램이 의도대로 실행되는지 알아내기 위해서 프로그램을 실행하는 과정을 **검사**testing라고 합니다. 프로그램이 의도한대로 실행되지 않는다는 것을 알고 프로그램의 문제를 고치려고 하는 과정을 **디버깅**debugging이라고 합니다.

검사와 디버깅은 프로그램을 모두 만들고 난 다음에 생각해야 할 과정이 아닙니다. 훌륭한 프로그래머는 프로그램을 쉽게 검사하고 디버깅할 수 있도록 디자인합니다. 이것을 하는 것의 핵심은 프로그램을 여러 컴포넌트들로 나누어서 다른 컴포넌트와 독립적으로 구현하고 검사하며 디버깅할 수 있도록 하는 것입니다. 지금까지 이 책에서는 프로그램을 모듈화하는 많은 기법들 중 하나로 함수밖에 다루지 않았습니다. 그러므로, 현 시점에서는 모든 예제에서 함수를 중심적으로 하는 방

42. [역자 주] 프랑스의 작가 볼테르가 1759에 쓴 철학적 풍자 소설 '캉디드'의 주인공 이름은 캉디드이며, 그의 선생은 팡글로스 박사입니다. 팡글로스 박사는 세상은 최선으로 되어 있다'(Tout est pour le mieux)고 가르쳤습니다.

법으로 접근할 것입니다. 다른 기법으로는 특정 클래스를 모듈화하는 것이 있는데, 그 때가 되면, 이 장에서 다룬 주제로 다시 돌아올 것입니다.

프로그램을 작동시키려고 할 때, 첫 번째 단계는 언어 시스템 상으로 실행에 문제가 없도록 하는 것입니다. 즉, 프로그램을 실행하지 않고도 발견할 수 있는 문법 오류들과 정적 의미static semantic 오류들을 먼저 제거하는 것입니다. 만약 여러분이 프로그래밍을 하면서, 이 부분을 해결하지 못했다면, 아직 이 장을 배울 준비가 되지 않았습니다. 작은 프로그램들을 여러 번 작성해보고 난 후에 다시 이 장을 보기를 권장합니다.

6.1 검사

검사에서 가장 중요한 것은 검사의 목적이 프로그램에 버그가 존재한다는 것을 보여주기 위함이지, 버그가 없다는 것을 증명하기 위함이 아니라는 것입니다. 다익스트라Edsger Dijkstra의 말을 인용하자면 "프로그램 검사는 버그의 존재를 나타낼 수는 있지만 절대로 버그의 부재를 나타낼 수는 없다!"고 했습니다. 또 세평에 의하면 아인슈타인Albert Einstein이 한 번은 이런 말을 했다고 합니다. "아무리 많은 실험을 해도 내가 옳았다는 것을 증명할 수는 없습니다. 하지만 한 번의 실험이 내가 틀렸다는 것을 증명합니다." 왜 이런 것일까요? 심지어 가장 간단한 프로그램들도 수억 개의 입력 가능한 값이 있습니다. 만약 다음과 같은 사양을 만족시킨다고 주장하는 프로그램이 있다고 합시다.

```
def isBigger(x, y):
     """Assumes x and y are ints
        Returns True if x is less than y and False otherwise."""
```

모든 정수 값을 가지고 프로그램을 검사하는 것은 정말 지루한 작업일 것입니다. 우리가 할 수 있는 최선의 방법은 프로그램에 버그가 있다면 오답을 만들만한 합리적인 정수의 짝을 찾아내는 것입니다.

검사의 핵심은 버그를 나타낼 확률이 매우 높으면서도 실행하는데 너무 오래 걸리지 않을 입력 값들의 집합을 찾아내는 것입니다. 이것을 **시험조**test suite라고 부릅니다. 여기서 가장 중요한 것은 모든 입력 가능한 값들을 부분 집합으로 분할하는 것입니다. 각 부분 집합들은 프로그램이 적절하게 동작한다는 일정한 정보를 제공하고 있습니다. 그리고 각 부분 집합에 있는 하나 이상의 입력 값을 포함하는 시험조를 만들게 됩니다(보통 그러한 시험조를 만드는 것은 실질적으로 가능하지 않습니다. 이룰 수 없는 이상(理想)ideal이라고 생각하세요).

집합의 분할partition은 그 집합을 여러 개의 부분 집합으로 나누는 것인데, 분할 후에는 그 집합의 각 요소들이 각 부분 집합들에 하나씩 반드시 존재하도록 나누어야 합니다. 예를 들어 `isBigger(x, y)`를 생각해봅시다. 입력 가능한 값들의 집합은 모든 정수 조합의 정수 쌍입니다. 분할하는 방법 중 하나는 다음과 같은 일곱 개의 부분 집합으로 분할하는 것입니다.

- x 양수, y 양수
- x 음수, y 음수
- x 양수, y 음수
- x 음수, y 양수
- x = 0, y = 0
- x = 0, y ≠ 0
- x ≠ 0, y = 0

만약 7개의 각 부분 집합에서 하나의 값을 골라서 구현된 프로그램을 검사한다면, 버그가 존재할 때 버그를 찾아낼 수 있는 가능성이 타당한 수준일 것입니다 (하지만 보장은 할 수 없습니다).

많은 프로그램에서 입력 값들을 부분 집합들로 잘 분할하는 것이 말은 쉽지만 실제로는 매우 어렵습니다. 일반적으로 사람들은 코드와 사양을 조합해서 (프로그램의 실행하는) 다양한 경로들을 시험해보면서, 경험적heuristic으로 분할할 수 있는 경로들을 찾아냅니다. 코드에 기초해서 경험적으로 경로를 찾는 것을 **유리상자**glass-box **시험**이라고 하며, 사양에 기초해서 경험적으로 경로를 찾는 것을 **블랙박스**black-box **시험**이라고 합니다.

6.1.1 블랙박스 시험

이론상 블랙박스 시험을 만들 경우에 코드를 보지 않습니다. 블랙박스 시험은 프로그램의 구현자와 검사자가 같지 않아도 됩니다. 그러므로 프로그래밍 과목을 가르치는 사람들이 만든 시험 케이스의 경우는 블랙박스 시험조Black-box test suites를 만드는 것이라고 할 수 있습니다. 상업적인 소프트웨어를 개발할 때, 많은 경우 소프트웨어를 개발하는 팀과는 독립적으로 품질 보증을 해주는 팀이 따로 있습니다.

이러한 독립성을 통해 코드를 작성할 때 저지른 실수와 상관된 실수들이 다시 나타나는 시험조를 생성할 확률을 줄일 수 있습니다. 예를 들어서 프로그램 작성자가 자신이 만든 함수는 절대로 음수 값으로 호출되지 않는다는 잘못된 가정을 했다고 해봅시다. 만약 같은 사람이 그 프로그램의 시험조를 만들게 된다면 음수 값의 인자로 함수를 검사하지 않는 똑같은 실수를 반복할 가능성이 많습니다.

블랙박스 시험의 또 다른 장점은 구현의 변화에 크게 좌우되지 않는다는 점입니다. 시험 데이터가 구현된 내용에 대한 지식이 없이 생성되기 때문에 구현이 바뀌어도 시험 데이터를 바꿀 필요가 없습니다.

이미 앞에서 언급했듯이 블랙박스 시험 데이터를 생성하는 좋은 방법은 사양을 보고 프로그램 이 실행되는 다양한 경로를 탐색하는 것입니다. 다음과 같은 사양을 살펴봅시다.

```
def sqrt(x, epsilon):
    """Assumes x, epsilon floats
            x >= 0
            epsilon > 0
       Returns result such that
            x-epsilon <= result*result <= x+epsilon"""
```

이 사양에서는 뚜렷하게 구분된 두 개의 경로를 찾을 수 있습니다. 하나는 `x = 0`에 해당하고 또 하나는 `x > 0`에 해당합니다. 이 두 경우를 가지고 검사하는 것이 필요하지만 상식적으로 이 두 경우만으로는 충분하지 않다는 것을 알 것입니다.

경계 조건들 또한 검사 과정을 거쳐야 합니다. 리스트라 한다면, 보통은 비어있는 리스트, 단 하나의 요소만 있는 리스트, 리스트를 포함하는 리스트들을 살펴보아야 합니다. 또 만약 숫자라 한다면, 일반적으로는 매우 작은 숫자와 매우 큰 값과 더불어 일반적인 값들을 살펴보는 것입니다. 예를 들어 `sqrt()` 함수의 경우 `x`와 `epsilon`의 값으로 **그림 6.1**에 있는 값들을 검사할 것입니다.

처음 네 열은 일반적인 경우를 나타냅니다. `x`의 값들은 완전 제곱 숫자, 1보다 작은 숫자, 그리고 무리수 제곱근을 포함하고 있음을 알 수 있습니다. 만약 이 값 중 하나라도 검사를 통과하지 못한다면 프로그램에는 고쳐야 할 버그가 존재하는 것입니다.

x	epsilon
0.0	0.0001
25.0	0.0001
0.5	0.0001
2.0	0.0001
2.0	1.0/2.0**64.0
1.0/2.0**64	1.0/2.0**64.0
2.0**64.0	1.0/2.0**64.0
1.0/2.0**64.0	2.0**64.0
2.0**64.0	2.0**64.0

그림 6.1 경계 조건들의 검사

나머지 열은 x와 epsilon의 값으로 매우 크거나 작은 값들입니다. 만약 검사를 통과하지 못한다면 무언가를 고쳐야 한다는 것입니다. 코드에 버그가 있어서 고쳐야 할 수도 있고 사양을 수정해서 더 기준을 쉽게 만들어야 할 수도 있습니다. 예를 들어 제곱근의 근사치를 찾을 때 epsilon을 너무 터무니없이 작은 값으로 설정하는 것은 합리적이지 않습니다.

또 고려해야 할 중요한 경계 조건은 **엘리어싱**aliasing입니다. 다음의 코드를 봅시다.

```
def copy(L1, L2):
    """Assumes L1, L2 are lists
       Mutates L2 to be a copy of L1"""
    while len(L2) > 0: #remove all elements from L2
        L2.pop() #remove last element of L2
    for e in L1: #append L1's elements to initially empty L2
        L2.append(e)
```

이 코드는 대부분의 경우 잘 실행되겠지만 L1과 L2가 같은 리스트를 지칭하고 있을 때는 문제가 생길 것입니다. copy(L, L)의 형식으로 호출하는 시험조를 포함하고 있지 않다면 버그를 찾지 못할 것입니다.

6.1.2 유리상자 시험

블랙박스 시험은 필수로 해야 하지만 블랙박스 시험만으로 충분한 경우는 거의 없습니다. 프로그램의 내부 구조를 보지 않고서는 새로운 정보를 생성할 확률이 높은 시험 케이스를 발견하는 것이 불가능합니다. 다음의 코드를 봅시다.

```
def isPrime(x):
    """Assumes x is a nonnegative int
       Returns True if x is prime; False otherwise"""
    if x <= 2:
        return False
    for i in range(2, x):
        if x%i == 0:
            return False
    return True
```

코드를 보면 x <= 2일 때 0, 1, 2가 특수 케이스로 취급되기 때문에 꼭 검사를 거쳐야 함을 볼 수 있습니다. 코드를 보지 않았다면 isPrime(2)를 검사하지 않았을 수도 있으며 그 때문에 2가 소수임에도 불구하고 isPrime(2)가 False를 반환한다는 것을 발견하지 못했을 수도 있습니다.

유리상자 시험조는 블랙박스 시험조보다 훨씬 구성하기가 쉽습니다. 많은 경우, 사양이 불완전하거나 허술하기 때문에, 블랙박스 시험조가 다양한 입력을 얼마나 잘 시험하는지 판단하는 데는 어려움이 있습니다. 그와 반대로 코드를 통해서 (프로그램 시험) 경로를 찾는 것은 명확하고, 얼마나 잘 시험하는지 판단하는 것이 비교적 쉽습니다. 실제로 유리상자 시험의 완성도를 객관적으로 측정할 수 있는 상업용 툴도 있습니다.

프로그램의 모든 잠재적인 경로를 찾아내어 시험한다면, 그 유리 시험조는 **경로완성**path-complete라고 말합니다. 하지만 반복문이 실행되는 횟수와 재귀문의 깊이에 달려있기 때문에 경로완성을 이루기는 보통 불가능합니다. 예를 들면, 계승factorial을 재귀적으로 구현하면, 모든 가능한 입력 값에 따라서 모두 각 다른 경로가 존재합니다(왜냐하면, 재귀문의 경로가 달라지기 때문입니다).

더 나아가서 경로완성을 했다고 하는 시험조도 모든 버그를 다 잡아낸다는 보장이 없습니다. 다음의 코드를 봅시다.

```
def abs(x):
    """Assumes x is an int
       Returns x if x>=0 and -x otherwise"""
    if x < -1:
        return -x
    else:
        return x
```

사양을 보면 두 가지 가능한 경우가 있다는 것을 알 수 있습니다. 첫 번째 경우는 x가 음수일 때이며, 두 번째 경우는 x가 음수가 아닐 때입니다. 이것은 입력값의 집합 `{2, -2}`만으로 사양의 모든 경로를 탐색하기에 충분하다는 것을 나타냅니다. 이런 시험조의 또 다른 좋은 점은 강제적으로 프로그램의 모든 경로를 탐색하게 하기 때문에 완전한 유리상자 시험조로 보이기도 합니다. 이 시험조의 유일한 문제는 `abs(-1)`을 호출하면 `-1`을 반환한다는 것입니다. 이러한 유리상자 시험의 한계에도 불구하고 따라 원칙적으로 해볼만한 다음과 같은 기본적인 규칙들이 있습니다.

- 모든 `if`문에서 두 분기문branches을 탐색합니다.
- 각 `except`절(7장 참조)이 반드시 실행되는 것을 확인합니다.
- 모든 `for`문에서 다음과 같은 조건을 가진 시험 케이스를 실행합니다.
  - `for`문에 들어가지 않습니다(예를 들어 리스트의 요소들을 돌아가면서 접근할 때 `for`문을 사용한다면 반드시 비어있는 리스트를 가지고 `for`문을 돌려 보아야 합니다).
  - `for`문의 본체가 단 한 번 실행됩니다.
  - `for`문의 본체가 한 번 이상 실행됩니다.

- 모든 `while`문에서
  - `for`문과 같은 종류의 경우들을 살펴봅니다.
  - `while`문을 빠져나가는 모든 가능한 방법들에 해당하는 시험조를 포함합니다. 예를 들어, 다음과 같이 루프를 시작하면

    ```
    while len(L) > 0 and not L[i] == e
    ```

    루프를 빠져나오는 경우들, 즉 `len(L)`이 `0`보다 큰 경우와 `L[i] == e`인 경우들을 찾아냅니다.
- 재귀 함수에는 재귀 호출을 하지 않고 반환하게 하는 시험조, 단 한번의 재귀 호출을 하는 시험조, 한번 이상의 재귀 호출을 하게 하는 시험조를 포함합니다.

6.1.3 시험 수행하기

시험은 종종 두 단계로 진행된다고 생각하게 됩니다. 시험은 언제나 **단위 시험**unit testing으로 시작합니다. 이 단계에서 검사자들은 각 코드 단위들(예를 들어 함수)이 제대로 작동하는지 알아내기 위해 만들어진 시험들을 구성하고 실행합니다. 그 다음에 프로그램 전체가 의도대로 작동하는지 알아내기 위해 만들어진 **통합 시험**integration testing을 수행합니다. 실제로 검사자들은 이 두 단계들을 반복합니다. 왜냐하면 통합 시험에서 실패하면, 프로그램 단위들을 수정할 수밖에 없기 때문입니다.

통합 시험은 대부분 단위 시험보다 더 어렵습니다. 이 이유 중 하나는 프로그램 전체가 제대로 작동하는지를 규정하는 것이 각 부분이 제대로 작동하는지 규정하는 것보다 훨씬 어렵기 때문입니다. 예를 들어 워드 프로세서의 전체 기능을 규정하는 것이 문서의 문자를 세는 기능을 규정하는 것보다 훨씬 어렵듯이 말입니다. 문제들의 크기가 또한 통합 시험을 어렵게 할 수 있습니다. 통합 시험을 실행할 때 몇 시간, 혹은 며칠이 걸리는 것은 드문 일이 아닙니다.

많은 산업용 소프트웨어 개발 조직들은 소프트웨어 개발팀과는 독립된 **소프트웨어 품질 보증**software quality assurance : SQA팀이 있습니다. 이 팀의 사명은 소프트웨어를 출시하기 전에, 그 소프트웨어가 원래 의도한 목적에 적합한지를 보장하는 것입니다. 어떤 조직에서는 개발팀이 단위 시험을 책임지고 QA팀이 통합 시험을 실행하기도 합니다.

산업계에서, 시험 절차는 대부분 자동화되어 있습니다. 검사자들[43]이 터미널에 앉아서 값을 입력하고 일일이 그 출력 결과를 확인하지 않습니다. 그 대신 다음과 같은 것들을 자동으로 하는 **시험**

43. 혹은 규모가 매우 큰 프로그래밍 수업 분반에서 프로그래밍 과제를 채점하는 사람들

드라이버test driver를 사용합니다.

- 검사하는 프로그램을 실행하기 위한 환경을 만듭니다.
- 미리 정의되거나 자동적으로 생성된 일련의 입력들을 가지고 프로그램을 실행합니다.
- 이러한 호출의 결과들을 저장합니다.
- 시험 결과에 대하여 어느 정도 받아들일 수 있는지acceptability 확인합니다.
- 적절한 보고서를 준비합니다.

단위 시험을 할 때에는, 많은 경우 드라이버와 함께 **스터브**stubs를 만들 필요가 종종 있습니다. 드라이버는 검사하려는 단위를 사용하는 프로그램 부분을 시뮬레이션 하는 반면 스터브는 검사하려는 단위가 사용하는 프로그램의 부분을 시뮬레이션합니다. 스터브는 사람들로 하여금 소프트웨어, 혹은 아직 존재하지 않는 하드웨어에 좌우되는 단위들을 시험하는 것이 가능하도록 하기 때문에 유용합니다. 이것을 통해서 개발자 팀이 동시에 시스템의 여러 부분을 개발하고 검사할 수 있습니다.

이상적으로 스터브는 다음과 같은 일을 해야 합니다.

- 호출자가 제공한 매개변수와 실행 환경의 합리성을 검사합니다(부적절한 전달인자를 이용해 함수를 호출하는 것은 일반적인 오류입니다).
- 사양과 일관되도록 매개변수와 전역 변수들을 수정합니다.
- 사양과 일관된 값들을 반환합니다.

적절한 스터브를 만드는 것은 항상 어렵습니다. 만약 스터브가 대체하려 하는 단위가 매우 복잡한 작업을 수행하는 것이라면 그 사양과 일관된 작업을 수행하는 스터브를 만드는 것은 스터브가 대체하려고 하는 프로그램을 쓰는 것 만큼이나 어려울 것입니다. 이러한 문제를 극복하는 방법 중 하나는 스터브가 받아들일 수 있는 매개변수 집합을 제한하고 시험조의 각 매개변수 조합에서 반환하는 값을 테이블로 만드는 것입니다.

시험을 자동화하는 것의 장점 중 하나는 **회귀 테스트**regression testing을 할 수 있도록 해주는 것이 있습니다. 프로그램의 문제가 발생하여 디버깅했을 때 문제를 고치기 위해 수정한 코드 때문에 잘 작동하던 것까지 망가지는 것은 흔히 있는 일입니다. 그러므로 매우 작은 부분을 수정 했더라도 이전에 통과했던 시험들을 여전히 모두 통과하는지 확인하여야 합니다.

6.2 디버깅

소프트웨어의 잘못들을 고치는 과정이 어떻게 "디버깅"이라는 명칭을 얻게 되었는지에 관한 전설이 있습니다. **그림 6.2**에 있는 사진은 1947년 9월 9일에 하버드 대학에서 마크2 아이켄 릴레이 컴퓨터Mark II Aiken Relay Calculator를 개발하던 팀의 실험실 보고서 중 한 페이지입니다.

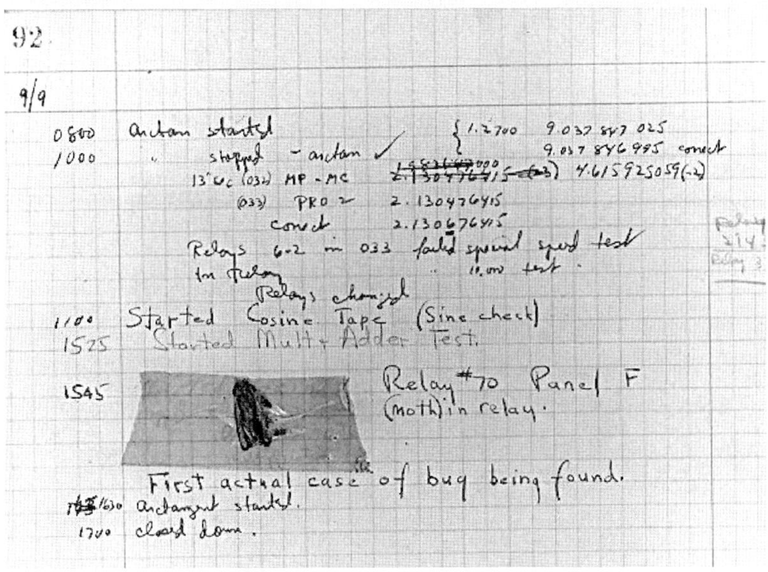

그림 6.2 첫 번째 버그는 아님

그래서 어떤 사람들은 마크2 컴퓨터에 갇힌 불쌍한 나방이 "디버깅"이라는 표현으로 이어졌다고 주장합니다.[44] 하지만 "벌레가 실제로 발견된 최초의 사례"라고 하는 표현을 조금 더 깊이 생각해 보면, 문자적으로 일어나지 아닌 사례들, 즉 컴퓨터의 디버깅 사례들은 이미 흔히 있었다는 것을 암시하기도 합니다. 마크2 프로젝트 팀의 리더 그레이스 머레이 호퍼Grace Murray Hopper는 세계 2차 대전 때 사용하던 전기 시스템의 문제를 표현할 때 이미 "버그"라는 용어를 흔히 사용하고 있었음을 분명하게 밝혔습니다. 그리고 그 이전에도 1896년의 호킨스의 전기 핸드북Hawkins' New Catechism of Electricity을 보면 다음과 같이 쓰여져 있습니다. "버그라는 명칭은 전기 장치가 오작동하거나 연결에 문제가 있을 때를 나타낸다" 또한 "bugbear"라는 단어는 근심거리를 뜻합니다. 셰익스피어는 이 단어를 "bug"라고 줄여서 햄릿에서 "내 인생의 벌레들bugs 과 고블린들goblins"[45]이라고 사용하기도 했습니다.

---

44. [역자 주] 버그bug는 영어로 '벌레', 디버그debug는 '벌레를 제거하다'라는 뜻입니다.
45. 5막 2장

만약에 여러분이 프로그램을 작성했고, 거기에 버그가 있다면, 여러분이 잘못한 것이 사실인데, "버그"라는 표현을 사용함으로 사람들로 하여금 이런 근본적인 사실을 무시하게 할 때가 종종 있습니다. 문제가 없는 완벽한 프로그램에 벌레가 기어 다니지는 않습니다. 만약 여러분의 프로그램에 벌레가 있다면, 여러분이 그것을 거기에 놓았기 때문입니다. 또 벌레는 프로그램 안에서 번식하지 않습니다. 만약 프로그램에 벌레가 여러 마리 있다면, 그것은 여러분이 그 만큼 여러 번 실수를 하였기 때문입니다. 런타임runtime 버그는 다음과 같이 두 가지로 분류할 수 있습니다.

- **명시적인**overt → **은밀한**covert : **명시적인 버그**는 그 징후가 명확하게 드러납니다. 예를 들면, 프로그램이 충돌해서crash 갑자기 끝나거나 너무 오래 걸리는 것입니다(어떤 때는 영원히). **은밀한 버그**는 그 징후가 드러나지 않습니다. 프로그램이 아무 문제 없는 것처럼 보일 수도 있습니다. 하지만 프로그램이 잘못된 결과를 내놓습니다. 많은 버그들이 이 두 양극단 사이에 존재 하지만 프로그램을 얼마나 조심스럽게 검사하느냐에 따라 버그가 명시적일 수도 있고 은밀할 수도 있습니다.
- **지속적인**persistent → **간헐적인**intermittent : **지속적인 버그**는 같은 입력 값으로 프로그램을 실행할 때마다 나타납니다. **간헐적인 버그**는 같은 입력 값과 외견상 같은 조건으로 프로그램을 실행하더라도 어떨 때 나타나고 어떨 때는 나타나지 않습니다. 12장에서 간헐적인 버그가 흔하게 나타나는 프로그램을 작성하게 될 것입니다.

이 중 가장 괜찮은 종류의 버그는 명시적이면서도overt 지속적인persistent 버그입니다. 이런 버그가 있다면 개발자들이 프로그램을 배포할 지에 대해서 고민하거나 착각에 빠질 수가 없습니다. 그럼에도 만약 누군가가 어리석게도 그런 프로그램을 사용한다면, 그 자신의 어리석음을 곧 알아차릴 것입니다. 최악의 경우, 프로그램이 충돌crash로 갑자기 멈추기 전에 매우 끔찍한 일을 할지도 모릅니다(파일을 삭제한다든가). 하지만 적어도 사용자는 걱정을 해야 할 이유를 알고 있는 것입니다. 좋은 프로그래머들은 프로그램에 있는 실수들이 명시적이면서도 지속적인 버그로 나타날 수 있도록 프로그램을 작성하려고 노력합니다. 이런 방식을 흔히 **방어적 프로그래밍**defensive programming이라고 부릅니다.

원하지 않는 함정으로의 다음 단계는 명시적이면서overt 간헐적인intermittent 버그입니다. 비행기의 정확한 위치를 계산하는 항공 교통관제 시스템에서 가끔 일어나는 버그가 언제든지 일어나는 명확한 버그보다 훨씬 더 위험합니다. 누군가 바보들의 낙원에서 잠깐 살다가 너무 심취해서 오류가 있는 프로그램을 포함한 시스템을 배포할지도 모릅니다. 하지만 버그는 이내 드러날 것입니다. 만약 버그가 다시 나타나도록 하는 조건을 쉽게 만들 수 있다면, 문제를 추적하고 고치는 것은 비교적 쉽습니다. 하지만 버그를 유발하는 원인이 명확하지 않으면, 인생은 훨씬 더 힘들어집니다.

은밀한covert 방법으로 실패하는 프로그램은 대부분의 경우 상당히 위험합니다. 문제들이 잘 나타나지 않기 때문에 사람들은 그런 프로그램이 잘 작동하리라고 신뢰하고 사용합니다. 점점 더 사회는 소프트웨어에 의존하여 인간의 능력으로 할 수 있는 이상의 작업들, 심지어는 정확성을 점검하기조차 힘든 매우 중요한 작업들을 처리하려고 합니다.

그러므로 프로그램이 매우 오랜 기간에 걸쳐서 발견되지 않은 잘못된 답을 이제는 언제든지 내놓을 수도 있는 것입니다. 이러한 프로그램은 상상할 수 없는 피해를 입힐 수 있으며, 입히고 있으며, 또한 입혀왔습니다.[46] 저당 채권 포트폴리오의 위험성을 계산하고 잘못된 답을 확신에 차서 내뱉은 프로그램은 은행을(혹은 그 사회 전체를) 매우 큰 어려움에 빠지게 할 수 있습니다. 방사선 치료 기계가 방사선을 의도한 양보다 매우 조금이라도 더 내보내거나 혹은 덜 내 보낸다면 그것은 암환자의 생사를 가를 수도 있습니다. 은밀한 오류를 가끔씩 발생시키는 프로그램은 항상 은밀한 오류를 발생시키는 프로그램보다 피해를 더 초래할 수도, 덜 초래할 수도 있습니다. 하지만 은밀하며covert 간헐적인intermittent 버그는 거의 항상 가장 찾기도 힘들고 고치기도 힘듭니다.

6.2.1 디버깅 배우기

디버깅은 배워서 습득하는 기술입니다. 본능적으로 디버깅을 잘 하는 사람은 아무도 없습니다. 좋은 소식은 디버깅이 배우기 어렵지 않다는 것이며, 전수(傳授) 가능한 기술이라는 것입니다. 소프트웨어를 디버깅할 때 쓰는 똑같은 기술을 연구소 실험이나 몸이 아픈 사람들처럼 복잡한 시스템의 문제를 찾는 데도 사용할 수 있습니다.

적어도 지난 40년 동안 사람들은 디버거Debugger라는 툴을 만들어왔으며, 디버깅 툴들을 파이썬 IDE에도 포함했습니다. 이러한 것들은 사람들이 자기 프로그램에서 버그를 찾도록 도와주는 것이 목적인데, 도움이 될 수도 있지만 큰 도움은 되지 못합니다. 버그를 찾는 것보다 더 중요한 것은 문제에 어떻게 접근하느냐입니다. 어떤 숙달된 프로그래머들은 디버깅 툴들을 신경조차 쓰지 않습니다. 대부분의 프로그래머들은 `print`문이야말로 가장 중요한 디버깅 툴이라고 합니다.

시험을 통해 프로그램이 원치 않는 방향으로 작동되고 있다는 것이 나타나면 디버깅을 시작합니다. 디버깅은 잘못된 작동이 왜 일어나는지를 찾아내는 과정입니다. 지속적으로 디버깅을 잘하는 방법은 이러한 것을 찾을 때 체계적으로 접근하는 것입니다.

지금 있는 자료들을 공부하는 것으로 시작하십시오. 이런 자료는 시험 결과와 프로그램 텍스트가 포함됩니다. 모든 시험 결과를 살펴보십시오. 문제를 일으킨 시험 뿐만 아니라 완벽하게 작동하는 것처럼 보이는 시험들까지도 진단해보십시오examine. 왜 이 시험은 통과했으며, 왜 다른 것은 통과

46. 2012년8월 1일, 나이트 캐피털 그룹 주식회사는 새로운 증권거래 소프트웨어를 배포했습니다. 45분만에 소프트웨어의 버그는 440,000,000불의 손해를 입혔습니다. 다음날 사장은 소프트웨어의 버그가 엄청난 양의 주식을 주문했고 모두 잘못된 주문이었다고 발표했습니다.

하지 못했는지를 이해하게 되면, 많은 경우 해답을 찾게 됩니다. 여러분이 프로그램 텍스트를 살펴볼 때는, 그 프로그램 텍스트를 완벽하게 이해하지 못하고 있다는 것을 명심해야 합니다. 만약에 여러분이 그 프로그램을 완벽하게 이해하고 있었다면 버그는 존재하지도 않았을 것입니다.

그 다음으로, 모든 데이터에 일관되게 적용해야 한다고 여러분이 믿는 가설(假說)hypothesis을 세우십시오. 이러한 가정은 "만약 403번 줄에서 `x < y`를 `x <= y`로 바꾼다면 문제가 없어질 것이다." 처럼 매우 자세할 수도 있으며 "`while`문에서 종료 조건이 잘못되었기 때문에 프로그램이 종료하지 않는다."처럼 광범위할 수도 있습니다.

이제는 가설이 틀렸다는 것을 나타낼 만한 실험을 설계하고 반복적으로 실행해야 합니다. 예를 들면, 모든 `while`문 앞 뒤로 `print`문을 배치할 수도 있습니다. 만약 `print`문이 항상 쌍으로 출력된다면 `while`문에서 무한 루프가 발생하였다는 가설이 틀렸다는 것을 나타낼 것입니다. 실험을 수행하기 전에 나올 수 있는 다양한 결과들을 어떻게 분석할지 결정하십시오. 여러분이 실험을 수행한 후에야 이런 것들을 생각한다면, 낙관적인 생각의 덫에 빠질 확률이 높습니다.

마지막으로 어떠한 실험들을 시도했는지 기록을 남기는 것이 중요합니다. 만약 찾기 힘든 버그를 추적하기 위해서 코드를 수정하는데 많은 시간을 쏟았다면 이미 시도했던 것들을 잊어버리기 쉽습니다. 만약 조심하지 않으면 같은 실험(혹은 달라 보이지만 결국엔 똑 같은 정보를 주는 실험)을 몇 번이고 다시 해서 매우 많은 시간을 낭비할 수도 있습니다. 많은 사람들이 말했듯이," 똑같은 것을 반복하고 또 반복하면서 다른 결과를 기대하는 것을 미친 짓insanity이라고 합니다."[47]라는 사실을 꼭 명심하길 바랍니다.

6.2.2 실험 설계하기

디버깅은 탐색 과정이라고 생각하고, 각 실험은 탐색할 공간을 점점 줄여 나가는 노력이라고 생각하십시오. 탐색 공간을 줄이는 방법 중 하나는 특정한 영역의 코드가 통합 시험 중에 드러난 문제를 일으킨 것인지 아닌지 판단할 수 있도록 실험을 설계하는 것입니다. 탐색 공간을 줄이는 또 다른 방법은 버그가 나타나도록 유발하는 실험 데이터 양을 줄이는 것입니다.

여기에 디버깅을 어떻게 하는지 보여주는 코드가 있습니다. **그림 6.3**에서 회문(回文)palindrome을 검사하는 코드를 작성했다고 상상해봅시다.

47. "Insanity is doing the same thing, over and over again, but expecting different result." – 리타 메이 브라운Rita Mae Brown의 소설 'Sudden Death'에 나오는 말입니다. 하지만 알버트 아인슈타인을 포함해서 다른 사람들이 말했다고 전해지기도 합니다.

```
def isPal(x):
    """Assumes x is a list
       Returns True if the list is a palindrome; False otherwise"""
    temp = x
    temp.reverse
    if temp == x:
        return True
    else:
        return False

def silly(n):
    """Assumes n is an int > 0
       Gets n inputs from user
       Prints 'Yes' if the sequence of inputs forms a palindrome;
           'No' otherwise"""
    for i in range(n):
        result = []
        elem = input('Enter element: ')
        result.append(elem)
    if isPal(result):
        print('Yes')
    else:
        print('No')
```

그림 6.3 버그가 있는 프로그램

그리고 프로그래밍 능력에 대해서 넘치는 자신감으로 검사를 해보지도 않고 웹에 올렸다고 합시다. 그런데 누군가가 당신에게 "당신의 코드를 문자열 1000자의 입력 값으로 실행해보았는데 Yes를 출력하였습니다. 어떤 바보라도 이건 회문palindrome이 아니란 것이 분명한데 말이죠. 고쳐 주세요!"라고 이메일을 보냈다면 어떻게 할 것인가요?

여러분은 문자열 1000자로 검사를 시도해볼 수도 있지만 더 짧은 것부터 시작하는 것이 더 현명할 것입니다. 회문이 아닌, 가장 간단한 단어를 제일 먼저 검사하는 것이 좋겠습니다.

```
>>> silly(2)
Enter element: a
Enter element: b
```

좋은 소식은 프로그램이 이 간단한 입력값으로도 시험을 통과하지 못했으니 문자열 1000자를 입력하지 않아도 된다는 점입니다. 나쁜 소식은 왜 시험을 통과하지 못했는지 전혀 알 수가 없다는 것입니다.

이 경우, 코드가 많지 않기 때문에 아마도 뚫어져라 쳐다보면 버그를 찾을 수 있을지도 모릅니다. 하지만 코드가 엄청나게 길어서 이렇게 버그를 찾을 수 없기 때문에 탐색 공간을 체계적으로 줄여나가야 한다고 가정해봅시다.

많은 경우 가장 좋은 방법은 이분 검색을 하는 것입니다. 코드의 중간의 어느 지점을 정하고 그 지점 전에 있는 코드에서 문제가 되는 증상이 나타나는지 알 수 있는 실험을 해 보세요. (당연히 그 지점 이후에도 많은 문제들이 있겠지만 한 문제씩 차근차근 해결해나가는 것이 좋습니다) 그러한 지점을 정하는 데에는 탐색에 유용한 정보를 제공하면서도 쉽게 검토할 수 있는 중간 값이 있는 곳을 찾아보세요. 만약 중간 값이 당신이 예상한 곳이 아니라면 아마도 그 지점 전에 있는 코드에서 문제가 발생하였을 것입니다. 만약 중간 값들에 문제가 없어 보인다면 그 지점 이후 어딘가에 버그가 있을 것입니다. 이 과정을 문제가 있는 영역을 코드 몇 줄로 좁힐 때까지 반복하세요.

`silly()`를 본다면, 중간 지점은 `if isPal(result)`이 있는 근처겠죠? 당연히 짚고 넘어 가야 할 부분은 `result`가 예상한 값 `['a', 'b']`인지를 확인하는 것입니다. 이것을 확인하기 위해서 `silly()`의 `if`문 전에 `print(result)`를 삽입합니다. 실험을 실행해보면 프로그램은 이미 무언가가 잘못되었음을 알리는 `['b']`를 출력합니다. 다음 단계는 반복문의 대략적인 중간 지점에서 `result`값을 출력해보는 것입니다. 이것은 `result`가 절대로 한 개 이상의 요소로 늘어나지 않는다는 것을 빠르게 나타냅니다. 이를 통해 `result`의 초기화가 `for`문 밖에 있어야 함을 알 수 있습니다. `silly()`를 설명한 것처럼 수정한 코드는 다음과 같습니다.

```
def silly(n):
    """Assumes n is an int > 0
       Gets n inputs from user
       Prints 'Yes' if the sequence of inputs forms a palindrome;
           'No' otherwise"""
    result = []
    for i in range(n):
        elem = input('Enter element: ')
        result.append(elem)
    print(result)
    if isPal(result):
        print('Yes')
    else:
        print('No')
```

앞의 코드를 실행해보고 result가 for문 다음에 옳은 값을 가지고 있는지 확인해봅시다. result의 값은 맞지만 아직도 프로그램은 Yes라고 출력합니다. 그렇다면 두 번째 버그는 print 문 이후에 있을 것이라고 생각하는 것이 합당합니다. 그러면, 이제 isPal() 함수를 살펴봅시다. if temp == x:가 있는 줄이 그 함수의 중간 지점입니다. 그러므로 다음 한 줄을

```
print(temp, x)
```

그 줄 바로 전에 삽입합니다. 코드를 실행해보면 temp는 예상한 값을 가지고 있지만 x는 그렇지 않습니다. 코드의 위로 올라가서 print문을 temp = x 바로 다음에 삽입해보면 temp와 x 모두가 ['a', 'b']라는 값을 가지고 있는 것을 발견할 것입니다. 코드를 조금만 살펴보면 isPal()에 temp.reverse()가 아닌 temp.reverse를 사용한 것을 알 수 있습니다. temp.reverse 구문은 내장된 reverse 메소드 자체를 반환합니다. 그러나, reverse 함수를 호출하지는 않습니다.[48] 버그를 찾아냈으니 temp.reverse를 temp.reverse()로 수정합시다.

다시 한 번 검사를 실행해보면 temp와 x 모두가 ['b', 'a']라는 바른 값을 가지고 있습니다. 그럼 이제 버그를 한 줄로 좁혔습니다. temp.reverse()가 예상치 못하게 x의 값을 바꾼 것 같습니다. 엘리어싱aliasing 벌레(버그)가 물은 것 같네요. 리스트가 뒤바뀌기reverse 전과 후 모두, temp와 x가 같은 리스트를 지칭하고 있습니다. 이것을 고치는 방법 중 하나는 isPal()의 첫 번째 대입문을 temp = x[:]로 바꾸는 것입니다. 이렇게 수정함을 통해 x가 복제됩니다. 옳게 수정한 isPal() 코드는 다음과 같습니다.

```
def isPal(x):
    """Assumes x is a list
      Returns True if the list is a palindrome; False otherwise"""
    temp = x[:]
    temp.reverse()
    if temp == x:
        return True
    else:
        return False
```

48. temp.reverse 구문은 어떤 의미 있는 유용한 계산을 수행하지 않는 코드이므로, 이것이 오류일 수도 있다는 것을 정적 검사기static checker가 왜 잡아내지 못하는지 의아해할 수도 있습니다.

6.2.3 When the Going Gets Tough(상황이 어려울 때)

전해 내려오는 말에 의하면 케네디 대통령의 아버지인 조셉 P. 케네디는 자녀들에게 "상황이 어려울 때tough, 강한 자the tough는 계속 전진한다"고 가르쳤다고 합니다.[49] 하지만 그는 소프트웨어를 한 번도 디버깅해보지 않았을 것입니다. 다음에는 디버깅이 막혔을 때gets tough, 도움이 될만한 실용적인 팁들이 있습니다.

- 의심스러운 점을 찾아보세요. 예를 들어 당신은 다음과 같은 것을 하였습니까?
  - 함수의 매개변수를 잘못된 순서로 넘겼든지
  - 철자를 틀리게 썼든지 (예를 들어 대문자를 실수로 소문자로 썼든지)
  - 변수 초기화를 실패했든지
  - 두 부동(浮動)floating소수 값을 비교할 때 `==`를 사용하였든지 (부동소수점은 컴퓨터에서 정확하게 표현할 수 없기 때문에 두 수가 정확하게 일치하는지 검사하기 보다 거의 일치하는지를 검사해야 함을 명심합시다. 부동 소수로 하는 계산은 학교에서 배운 수학 계산과는 다릅니다!)
  - 원래는 두 객체들의 동 일성(`id(L1) == id(L2)`)를 검사하려 했는데, 두 객체 값들의 동일성(`equality, L1 == L2`)을 검사한 것은 아닌지
  - 몇 내장 함수가 부작용side effect(원본을 수정하든지)이 있다는 것을 잊었던 것인지
  - 함수 자료형 객체의 참조reference를 함수 호출로 바꿔주는 ( )를 실수로 빼먹었든지
  - 의도하지 않은 엘리어싱을 만들었든지
  - 당신이 자주 하는 다른 실수들을 했습니까?
- 프로그램이 왜 의도한대로 돌아가지 않는지 자신에게 물어보지 마십시오. 그 대신 왜 프로그램이 지금처럼 돌아가가고 있는지를 자신에게 물어보세요. 이것은 대답하기 쉬운 문제이며 프로그램의 문제를 어떻게 고칠지 알아내고자 할 때 취할 수 있는 좋은 첫걸음입니다.
- 버그는 아마 당신이 생각하는 곳에 있지 않을 것이라는 것을 명심하세요. 만약에 버그가 당신이 생각한 곳이 있다면, 이미 그 버그를 이미 찾았을 것입니다. 어디를 살펴보아야 할지 결정하는 좋은 방법 중 하나는 버그가 있을 수 없는 곳들을 찾아보는 것입니다. 셜록 홈즈가 말했듯이 "다른 모든 요소들을 지우고 나면 남는 그것이 진실입니다".[50]

---

49. "상황이 어려울 때, 강한 자는 계속 전진한다-When the going gets tough, the tough get going." -JFK 아버지는 이런 말도 하였습니다. "필요 이상으로 단 한 표도 사지 말라. 큰 표차로 이길 정도로 돈을 쓰느니 차라리 지옥을 가겠다"
50. 아서 코난 도일Arthur Ignatius Conan Doyle의 "네 개의 서명 The Sign of the Four" 중에서

- 문제를 다른 사람에게 설명해보세요. 모든 사람에겐 사각 지대blind spots가 있습니다. 다른 사람에게 문제를 설명하는 과정에서 당신이 놓치고 있던 것을 보게 되는 경우가 많습니다. 어떤 영역의 코드에는 왜 버그가 있을 수 없는지를 설명해보는 것도 좋습니다.
- 당신이 읽고 있는 모든 것을 믿지 마세요. 특히 프로그램 사양이라든지 문서화된 것들을 믿지 마세요. 주석이 말하고 있는 것들을 코드가 하고 있지 않을 수도 있습니다.
- 디버깅을 멈추고 문서화 해보세요. 문제를 다른 관점으로 접근하는 데에 도움이 될 것입니다.
- 일단 모든 것을 접고 내일 다시 시도해보세요. 이렇게 하면 막혔을 때보다 시간이 지나서 버그를 고치게 되겠지만 아마도 버그를 훨씬 더 빨리 찾을 수 있을 것입니다. 즉, 효율성을 위해서 시간을 희생하는 것도 가능하다는 것입니다(그러므로 프로그래밍 과제는 늦게 하는 것보다는 미리 해두는 것이 좋습니다!).

6.2.4 "바로 그" 버그를 찾았다면

코드에서 버그를 찾았다고 생각되면 곧바로 수정하고 다시 시험해보고 싶은 생각이 굴뚝같을 것입니다. 하지만 서두르지 않는 것이 좋을 때가 많습니다. 버그 하나를 고치는 것이 아니라 버그 없는bug-free 프로그램을 빠르게 효율적으로 만들어 가는 것이 목적임을 명심합시다.

이 버그가 모든 문제의 증상을 설명하는지, 아니면 빙산의 일각일 뿐인지 스스로에게 질문해 보세요. 만약에 후자인 경우라면 찾은 버그를 다른 부분들과 함께 고려하면서 수정하는 것이 좋습니다. 예를 들어 리스트를 변형하여 버그가 생긴 것을 발견했다고 합시다. 이것을 고치기 위해서 문제가 발생한 영역에서 문제를 피해갈 수도 있고(아마도 리스트를 복제하여서 해결하겠죠) 리스트 대신 튜플을 사용하는 것을 고려해볼 수도 있습니다(튜플은 변형 불가능하기 때문이죠). 혹은 코드의 다른 부분에서 이와 비슷한 버그를 수정해서 없앨 수도 있습니다.

하지만 그 어떤 수정도 하기 전에," 고치려고"하는 부분이 다른 부분에 미칠 영향에 대해서 생각해봅시다. 고친 부분이 다른 부분을 망가뜨리지는 않는지요? 고치기 위해서 코드가 너무 복잡해지지는 않는지요? 코드의 다른 부분들을 정리할 수 있도록 해주는지요?

꼭 잊지 말아야 할 것은 무엇을 수정하던지 다시 이전의 상태로 돌아갈 수 있도록 해야 합니다. 수정한 그 많은 것들이 결국은 목표로부터 더 멀어지게 했는데, 수정하기 전으로 돌아갈 수 없다는 것을 알게 될 때, 그것보다 더 좌절감을 주는 것은 없습니다. 디스크 공간은 언제나 넘칩니다. 이전 프로그램 버전들을 꼭 저장해 두세요.

마지막으로, 만약 설명할 수 없는 버그들이 많이 있다면, 버그들을 일일이 다 찾아 고치는 것이 옳은 접근인지 아닌지 고려해보아야 합니다. 프로그램의 구조를 바꾸어 보거나 아예 알고리즘을 더 간단하고 구현하기 쉽게 바꾸는 방법이 더 나을지도 모릅니다.

CHAPTER 07

예외(Exception)와 어써션(Assertion)

"예외"는 보통 "정상적인 기준norm에 부합하지 않는 어떤 것"이라고 정의할 수 있습니다. 그러므로 어떤 의미에서 흔하지 않은 것이라 할 수 있습니다. 그러나 파이썬에는 예외라는 말의 의미와는 달리, 널려있는 것이 **예외**exceptions입니다. 모든 곳에 예외가 있습니다. 거의 모든 파이썬 라이브러리 표준 모듈은 예외를 사용하고 있으며, 파이썬 자체에서도 많은 상황에서 예외를 발생합니다raise. 여러분은 이런 예외들 중에 몇 개를 이미 본 적이 있습니다. 파이썬 셸에 다음을 입력해봅시다.

```
test = [1,2,3]
test[3]
```

그러면 인터프리터는 다음과 같이 응답할 것입니다.

```
IndexError: list index out of range
```

IndexError은 인덱스 자료형에서 범위를 넘어가는 요소를 접근하려고 할 때 파이썬이 발생raise하는 예외입니다. IndexError 뒤에 따라오는 문자열은 예외를 발생한 원인에 대한 정보를 추가적으로 알려줍니다.

파이썬에 내장되어 있는built-in 대부분의 예외들은 프로그램이 의미론적으로semantics 적절하지 않은 명령을 실행하려고 하는 상황에서 발생됩니다(곧 오류를 다루지 않는 예외들, 즉 예외적인 예외에 대해서도 나중에 다룰 것입니다). 파이썬 프로그램들을 작성하고 실행해 본 여러분은 이미 이와 같은 예외들을 많이 경험해보았을 것입니다. 흔히 일어나는 예외들의 종류에는 TypeError, IndexError NameError, 그리고 ValueError 등이 있습니다.

7.1 예외 처리하기

지금까지 예외들을 치명적인 일로 여겨왔습니다. 그래서 예외가 발생하면, 프로그램이 종료되었습니다(이 경우에는 충돌crash되었다라고 하는 것이 더 적절한 표현이겠습니다). 그리고 우리는 다시 코드로 돌아가서 무엇이 잘못되었는지 찾아내려고 하였습니다. 하지만 이처럼 예외가 발생하여 프로그램이 종료된 것으로 가리켜, **처리되지 않은 예외**unhandled exception가 발생 하였다라고 말합니다.

예외가 발생하였다고 해서 프로그램이 종료되어야 하는 것은 아닙니다. 예외가 발생하면 프로그램이 이것을 처리할 수 있으며, 또한 처리해야만 합니다. 가끔씩 프로그램에 버그가 있기 때문에 예외가 발생하기도 하지만(예를 들어 존재하지 않는 변수를 접근한다거나 해서) 많은 경우 예외는 프로그래머가 미리 인지하고 그 대응책을 생각해야 하는 것입니다. 예를 들면, 프로그램이 존재하지 않는 파일을 열려고 할 수도 있습니다. 프로그램에서 사용자에게 입력을 받는다고 하면, 사용자가 적절하지 않은 것을 입력할 수도 있습니다.

여러분이 만약 예외를 일으킬 것 같은 코드가 있다는 것을 알고 있다면, 예외가 일어났을 때에 대한 대비를 하여 예외를 처리하도록 해야 합니다. 좋은 프로그램에서 처리되지 않은 예외는 예외적인 상황이어야 합니다. 다음 코드를 봅시다.

```
successFailureRatio = numSuccesses/float(numFailures)
print('The success/failure ratio is', successFailureRatio)
print('Now here')
```

이 코드는 거의 잘 돌아가지만 `numFailures`의 값이 0일 때에는 문제가 생깁니다. 0으로 나누려고 하는 순간 파이썬 런타임 시스템은 `ZeroDivisionError` 예외를 발생시켜서 `print`문까지 절대로 도달하지 못하게 됩니다. 그러므로 다음과 같이 프로그램을 작성했다면 더 좋았을 것입니다.

```
try:
    successFailureRatio = numSuccesses/numFailures
    print('The success/failure ratio is', successFailureRatio)
except ZeroDivisionError:
    print('No failures, so the success/failure ratio is undefined.')
print('Now here')
```

try 블록에 들어가자 마자, 인터프리터는 `numSuccess/float(numFailures)`를 계산하려고 시도합니다. 만약 계산을 성공적으로 실행하면 프로그램은 그 값을 변수 `successFailureRation` 변수에 대입하고 그 다음 구문(`try` 블록 안에 있는 `print`)을 실행하고, 그 다음 `tryexcept` 블록들 다음에 있는 마지막 `print`문으로 갑니다. 하지만 만약에 계산 중에 `ZeroDivisonError` 예외가 발생된다면, 대입문과 try 블록 안에 있는 print문을 건너 뛰고, except 블록으로 가게 되는 것입니다. except 블록의 print문이 실행되고 tryexcept 블록 다음에 있는 마지막 print 문이 실행됩니다.

손가락 풀기

다음과 같은 사양을 충족하는 함수를 구현하세요. 그리고 try-except 블록을 사용하세요.

```
def sumDigits(s):
    """Assumes s is a string
       Returns the sum of the decimal digits in s
          For example, if s is 'a2b3c' it returns 5"""
```

또 다른 예제를 살펴봅시다.

```
val = int(input('Enter an integer: '))
print('The square of the number you entered is', val**2)
```

만약에 사용자가 정수로 변환될 수 있는 문자열을 입력하였다면 문제가 없겠지만 만약에 사용자가 'abc'라고 입력하였다면 어떻게 될까요?[51] 그 줄을 실행할 때에 파이썬 런타임 시스템은 ValueError 예외를 일으키고, print문까지 절대로 도달하지 않을 것입니다. 프로그래머는 이렇게 작성했어야 합니다.

```
while True:
    val = input('Enter an integer: ')
    try:
        val = int(val)
        print('The square of the number you entered is', val**2)
        break #to exit the while loop
    except ValueError:
        print(val, 'is not an integer')
```

while문에 들어가면 프로그램은 사용자에게 정수를 입력하도록 요청할 것입니다. 사용자가 무언가를 입력하였으면 프로그램은 tryexcept 블록을 실행합니다. 만약 try문에 있는 두 구문들이

51. [역자 주] 만약, abc(따옴표도 없고, int형으로 앞에서 미리 정의되어 있지 않다면)라고 입력한다면 어떻게 될까요? NameError 예외를 일으킬 것입니다.

ValueError 예외를 발생시키지 않는다면 break문이 실행되고 while문을 빠져나옵니다. 하지만 만약 try 블록에서 ValueError 예외가 발생하면 코드를 건너뛰어서 except 블록으로 갑니다. 그러므로 만약 사용자가 정수로 나타낼 수 없는 문자열을 입력한 다면 프로그램은 사용자에게 또 다른 값을 입력하도록 요청할 것입니다. 사용자가 어떤 문자를 입력하든지 절대로 처리되지 않는 예외는 발생하지 않을 것입니다.[52]

이렇게 프로그램을 수정한 것의 단점은 코드가 두 줄에서 여덟 줄로 늘어났다는 것입니다. 만약 사용자에게 정수를 입력하도록 요청하는 곳이 많다면 이것은 문제가 될 수 있습니다. 물론 이것을 함수로 하면 쉽게 해결할 수 있습니다.

```
def readInt():
    while True:
        val = input('Enter an integer: ')
        try:
            return(int(val)) #convert str to int before returning
        except ValueError:
            print(val, 'is not an integer')except ValueError:
```

이것보다 더 좋은 것은 이 함수를 일반화하여 어느 종류의 입력 값을 입력 받을 수 있도록 하는 것입니다.

```
def readVal(valType, requestMsg, errorMsg):
    while True:
        val = input(requestMsg + ' ')
        try:
            return(valType(val)) #convert str to valType before returning
        except ValueError:
            print(val, errorMsg)

readVal(int, 'Enter an integer:', 'is not an integer')
```

readVal 함수는 **다형성**polymorphic, 즉 다양한 자료형의 매개변수를 사용할 수 있습니다. 파이썬에서 자료형은 일급first class 객체이기 때문에, 파이썬에서 함수들을 이런 식으로 작성하는 것이 쉽습니다. 이제부터 다음과 같은 코드를 사용해서 사용자에게 정수를 입력 받을 수 있습니다.

52. [역자주] NameError도 함께 처리하려면 어떻게 할까요? 다음과 같이 추가하면 됩니다.
except(ValueError, NameError): 또한 구문도 try 블록 안에서 처리해야 합니다.
val = input('Enter an integer: ')
왜 그럴까요?

```
val = readVal(int, 'Enter an integer:', 'is not an integer')
```

예외는 불친절하게 보일 수도 있습니다. 예외를 처리하지 않을 경우, 예외 때문에 프로그램은 갑자기 중단crash됩니다. 하지만 반대의 경우를 생각해보십시오. 만약에 문자열 'abc'를 정수로 변환하려고 할 때 어떻게 해야 할까요? 문자열에 인코딩할 때 사용된 비트에 해당하는 정수 값을 반환할 수도 있겠지만, 이것을 프로그래머가 의도하지는 않았을 것입니다. 대안으로 None이라는 특별한 값을 반환할 수도 있습니다. 하지만 이렇게 했다면 프로그래머는 형식 변환을 할 때 None이 반환되었는지 확인하는 코드를 추가로 입력해야 합니다. 이런 것을 추가로 입력하지 않는다면 프로그램이 실행될 때 기이한 오류들이 발생할 위험이 있습니다.

예외에 관해서는 프로그래머가 예외를 처리하는 코드를 따로 입력해야 하긴 하지만, 만약 프로그래머가 예외를 처리하지 않는다고 해도 예외가 발생하면 프로그램은 즉시 실행을 멈출 것입니다. 이것은 사용자에게 프로그램에 문제가 있다는 것을 알려줍니다(앞에서 언급하였듯이 은밀한 버그는 명시적인 버그보다 훨씬 더 위험합니다). 더 나아가서 프로그램을 디버깅하는 사람에게 문제가 어디서 발생하였는지 정확하게 알려줍니다.

만약 프로그램 코드 블록에서 한 종류 이상의 예외가 발생한다면 except 뒤에는 예외 튜플이 따라올 수 있습니다. 예를 들면 다음과 같습니다.

```
except (ValueError, TypeError):
```

이렇게 한다면 try 블록에서 위에 적힌 두 가지 예외 중 하나가 발생하면 except 블록이 수행되는 것입니다.

대안으로, 각 예외 종류마다 따로 except 블록을 작성할 수도 있습니다. 이렇게 한다면 예외의 종류에 따라 다른 작업을 할 수 있습니다. 만약 프로그래머가 이렇게 쓴다면

```
except:
```

try 블록에서 어떠한 종류의 예외라도 발생을 하면 except 블록이 실행됩니다. **그림 7.1**을 보면 예외의 특징에 대해서 더 자세하게 알 수 있습니다.

7.2 제어 흐름 방법으로 예외 사용하기

예외를 그저 오류라고 생각하면 안됩니다. 예외는 프로그램을 더 간단하게 해주는 편리한 **흐름제어기법**flow-of-control입니다.

많은 프로그래밍 언어에서 오류를 다루는 표준적인 접근 방식은 함수를 사용하여 무언가 잘못되었다는 것을 알리는 값(파이썬의 None과 같이)을 반환하는 것입니다. 그러므로 각 함수를 호출할 때는 어떤 값이 반환 되었는지를 검사하여야 합니다. 파이썬에서는 함수의 사양과 맞지 않는 결과값이 나왔을 때에 함수로 하여금 예외를 발생하도록 합니다.

파이썬의 `raise`문은 지정된 예외를 강제적으로 발생하도록 합니다. `raise`문의 형태는 다음과 같습니다.

```
raise exceptionName(arguments)
```

일반적으로 *exceptionName*은, 예를 들어 `ValueError`처럼, 내장된 많은 예외들 중 하나입니다. 그러나 프로그래머가 내장 클래스 `Exception`의 하위 클래스(8장 참조)를 생성하여 새로운 예외를 정의할 수도 있습니다. 다양한 종류의 예외들은 다양한 종류의 매개변수를 가질 수 있습니다. 하지만 대부분의 경우에는 예외가 발생한 이유를 설명하는 한 개의 문자열로 되어 있습니다.

손가락 풀기

다음 사양을 충족시키는 함수를 구현해보세요

```
def findAnEven(L):
    """Assumes L is a list of integers
       Returns the first even number in L
       Raises ValueError if L does not contain an even number"""
```

다음 **그림 7.1**의 함수 정의를 살펴봅시다.

그림 7.1의 코드에는 `try` 블록과 그와 연관된 두 개의 `except` 블록이 있습니다. 만약 `try` 블록에서 예외가 발생하면 파이썬은 이것이 `ZeroDivisionError`인지 확인합니다. 만약에 그러하다면 `ratios`에 nan이라는 `float` 자료형의 특별한 값을 추가합니다(nan은 “not a number”, 즉 수가 아니라는 것을 나타냅니다. 이에 해당하는 상수는 없으나 문자열 ‘nan’이나 ‘NaN’을 `float` 자료형으로 변환하여 나타낼 수 있습니다). 만약 발생한 예외가 `ZeroDivisionError`가 아니라면, 코

```
def getRatios(vect1, vect2):
    """Assumes: vect1 and vect2 are equal length lists of numbers
       Returns: a list containing the meaningful values of
             vect1[i]/vect2[i]"""
    ratios = []
    for index in range(len(vect1)):
        try:
            ratios.append(vect1[index]/vect2[index])
        except ZeroDivisionError:
            ratios.append(float('nan')) #nan = Not a Number
        except:
            raise ValueError('getRatios called with bad arguments')
    return ratios
```

그림 7.1 예외를 사용하여 흐름 제어하기

드는 두 번째 except 블록을 실행하면서, 관련된 문자열를 매개변수로 하여 ValueError 예외를 발생합니다.

원칙적으로, 두 번째 except 블록은 절대로 실행되어서는 안됩니다. 그 이유는 getRatios를 호출하는 곳에서는 getRatios의 사양을 고려하여 그 사양이 요구하는 바를 따라야 하기 때문입니다. 하지만 어차피 사양들을 점검하는 것이 그렇게 계산상으로 부담이 되지 않는다면, 방어적 프로그래밍이나 점검을 구현하는 것도 해볼 만한 것입니다.

다음에 나와있는 코드는 getRatios를 어떻게 사용하는지를 잘 보여줍니다. 다음 코드에서 msg는 ValueErr 예외가 발생할 때 연관된 (이 경우에는 문자열입니다) 매개변수에 바인딩되어 있습니다.

```
try:
    print(getRatios([1.0,2.0,7.0,6.0], [1.0,2.0,0.0,3.0]))
    print(getRatios([], []))
    print(getRatios([1.0, 2.0], [3.0]))
except ValueError as msg:
    print(msg)
```

이것을 실행하면 다음과 같이 출력합니다.

```
[1.0, 1.0, nan, 2.0]
```

```
[]
getRatios called with bad arguments
```

그림 7.2는 서로 비교해볼 수 있도록, `try-except`를 사용하지 않고 같은 사양을 구현한 코드입니다.

그림 7.2에 있는 코드는 **그림 7.1**의 코드보다 더 길 뿐만 아니라 가독성readability도 떨어집니다. 또한 덜 효율적이기도 합니다(**그림 7.2**의 코드에서 `vect1Elem`과 `vect2Elem`을 제거하여 좀 더 코드 길이를 줄일 수 있지만 각 요소를 반복해서 접근하기 때문에 더 비효율적입니다).

```
def getRatios(vect1, vect2):
    """Assumes: vect1 and vect2 are lists of equal length of numbers
       Returns: a list containing the meaningful values of
             vect1[i]/vect2[i]"""
    ratios = []
    if len(vect1) != len(vect2):
        raise ValueError('getRatios called with bad arguments')
    for index in range(len(vect1)):
        vect1Elem = vect1[index]
        vect2Elem = vect2[index]
        if (type(vect1Elem) not in (int, float))\
            or (type(vect2Elem) not in (int, float)):
            raise ValueError('getRatios called with bad arguments')
        if vect2Elem == 0.0:
            ratios.append(float('NaN')) #NaN = Not a Number
        else:
            ratios.append(vect1Elem/vect2Elem)
    return ratios
```

그림 7.2 try–except를 사용하지 않은 제어 흐름

하나의 예제를 더 살펴봅시다. `getGrades` 함수는 값을 반환하거나 어떤 특정한 값과 연관된 예외를 발생시킵니다. `open`을 호출하였을 때 `IOError`이 발생하면 `ValueError` 예외를 발생시킵니다. `IOError`을 무시하고 `getGrades`를 호출하는 프로그램에서 이것을 처리할 수도 있지만, 이렇게 한다면 함수를 호출하는 코드에서 무엇이 잘못되었는지 정확한 정보를 제공할 수 없습니다. `getGrades`를 호출한 코드는 반환된 값을 사용하거나 예외를 처리하여 유용한 오류 메시지를 출력합니다.

```
def getGrades(fname):
    try:
        gradesFile = open(fname, 'r') #open file for reading
    except IOError:
        raise ValueError('getGrades could not open ' + fname)
    grades = []
    for line in gradesFile:
        try:
            grades.append(float(line))
        except:
            raise ValueError('Unable to convert line to float')
    return grades
try:
    grades = getGrades('quiz1grades.txt')
    grades.sort()
    median = grades[len(grades)//2]
    print('Median grade is', median)
except ValueError as errorMsg:
    print('Whoops.', errorMsg)
```

그림 7.3 점수 가져오기

7.3 Assertions(어써션)

파이썬의 assert문은 프로그래머에게 계산한 상태가 예측한대로인지 확인할 수 있는 간편한 방법을 제공해줍니다. assert문은 다음 두 가지 형태를 가질 수 있습니다.

assert *Boolean expression*

또는

assert *Boolean expression, argument*

파이썬 인터프리터가 assert문을 만나게 되면 불리언 수식을 계산합니다. 만약 계산 결과가 True라면 계속해서 수행하지만 False라면 AssertionError 예외가 발생합니다.

assert문은 매우 좋은 방어적 프로그래밍 도구입니다. 이것을 사용하여 함수의 매개변수들이 적절한 자료형인지 확인할 수 있습니다. 또 assert문은 매우 좋은 디버깅 도구이기도 합니다. 이것을 사용하여 프로그램 중간에 값들이 예측한 값인지 확인하거나 함수가 적절한 값을 반환하고 있는지 확인할 수 있습니다.

CHAPTER 08

클래스(Class)와 객체지향 프로그래밍(Object-Oriented Programming)

파이썬 프로그래밍을 할 때 우리가 다루어야 할 주요 주제들 중에서 가장 마지막으로 중요한 주제에 주의를 기울일 때가 되었습니다. **클래스**class를 사용하여 코드를 모듈화하고 데이터를 추상화하여 프로그램을 구성하는 것입니다.

클래스는 다양한 방법으로 사용할 수 있습니다. 이 책에서는 객체 지향 프로그래밍을 강조하는 것에 초점을 두고 클래스를 사용하게 될 것입니다. **객체지향 프로그래밍**object-oriented programming의 핵심은 **객체**object를 데이터와 그 데이터를 연산하는 메소드들의 모음이라고 생각하는 것입니다.

객체지향 프로그래밍에 대한 개념은 40여 년 전부터 시작되었으며 지난 20년 전부터 널리 알려져 사용되고 있습니다. 1970년대 중반부터 사람들은 이러한 접근법의 장점들에 대해서 설명하는 기사나 논문을 발표하기 시작했습니다. 그리고 그와 비슷한 시기에 프로그래밍 언어인 SmallTalk(Xerox PARC에서 만든 언어)와 CLU(MIT에서 만든 언어)는 객체지향을 언어적으로 지원하기 시작했습니다. 하지만 C++와 Java가 나타나고 나서야 실제적으로 객체지향 프로그래밍을 사람들이 사용하기 시작했습니다.

이 책 대부분에 객체지향 프로그래밍 사고가 전반적으로 깔려있습니다. 2.1.1절에서 "객체object는 파이썬 프로그램이 다루고 조작해야 하는 것이 핵심입니다. 모든 객체는 각 하나의 **자료형**type을 가지고 있는데, 프로그램이 객체들을 가지고 할 수 있는 일들이 자료형으로 결정됩니다."라고 하였습니다. 2장 이후부터, 우리는 `list`와 `dict` 등의 내장 함수들과 그런 타입에 관련된 메소드에 의존해서 프로그래밍을 하기도 하였습니다. 프로그래밍 언어를 설계한 사람이 많고 많은 유용한 함수 중 작은 부분만 파이썬 내장함수로 구현할 수 있는 것처럼 `list`와 `dict` 등의 다양한 타입들 또한 파이썬에서 지원할 수 있는 한계가 있습니다. 하지만 파이썬 내장 함수 이외의 함수들을 새롭게 정의하여 쓰는 것처럼 파이썬에서 지원하지 않는 새로운 타입을 프로그래머가 직접 정의할 수 있습니다. 이제 그 방법을 살펴봅시다.

8.1 추상 데이터 타입(Abstract Data Type)과 클래스

추상 데이터 타입이 의미하는 바는 매우 간단합니다. **추상 데이터 타입**abstract data type(ADT)은 일련의 객체들과 그 객체들에게 적용할 연산을 뜻합니다. 이 두 가지가 묶여 있는 이유는 프로그램의 한 지점에서 다른 지점으로 객체를 넘길 때 그 객체의 데이터 속성attributes을 접근할 뿐만 아니라 그 데이터를 쉽게 조작할 수 있는 연산operations까지도 넘길 수 있기 때문입니다.

이러한 연산들의 사양은 추상 데이터 타입과 나머지 부분의 프로그램 사이의 **인터페이스**interface를 정의해줍니다. 인터페이스는 연산이 무엇을 하는지에 대해선 정의하지만 어떻게 연산하는지에 대해서는 정의하고 있지 않습니다. 인터페이스는 추상화 타입을 실현하는 것과 관련된 데이터 구조, 알고리즘, 코드를 프로그램 나머지 부분으로부터 분리해주는 **추상화 장벽**abstraction barrier을 제공해줍니다.

프로그래밍은 변화를 용이하게 함으로써 복잡성을 관리하는 것입니다. 이것을 이루기 위해서 두 가지 매우 강력한 기법이 있습니다. 바로 분해화decomposition와 추상화abstraction입니다. 분해화를 통해 프로그램 구조를 세우고 추상화를 통해 세부사항을 숨깁니다. 추상화에서 중요한 것은 세부사항을 적절히 숨기는 것입니다. 이것이 자료 추상화의 가장 중요한 핵심입니다. 더 편리하게 추상화를 할 수 있도록 돕는 영역 특수적인domain-specific 타입을 생성할 수도 있습니다. 이상적으로 이러한 타입들은 프로그램의 수명기간 동안 의미가 있습니다. 만약 몇 달, 혹 은 몇 십 년 동안 의미 있는 타입들을 만들 수 있다면 그 프로그램을 유지하는 데에 매우 큰 도 움이 될 것입니다.

지금까지 책에서는 추상 데이터 타입(비록 이 명칭을 사용하진 않았지만)을 사용해왔습니다. 정수, 리스트, 부동소수점floating point, 문자열, 딕셔너리를 사용하여 프로그램을 작성하면서도 이러한 타입이 어떻게 구현되어 있는지 생각해보지 않고서 말입니다. 몰리에르Moliere의 "서민귀족Bourgeois Gentilhomme"에 나오는 대사를 본떠서 다른 말로 바꾸어서 말한다면 다음과 같습니다.

> "Good heavens, for more than one hundred pages we have been using ADT's without knowing it."[53]

파이썬에서는 **클래스**classes를 사용하여 데이터 추상화를 구현합니다. **그림 8.1**에는 `int`자료형을 추상화하여 구현한 `IntSet`라고 부르는 **클래스 정의**class definition를 보여주고 있습니다.

---

53. 오 주여, 우리가 100페이지를 넘도록 ADTAbstract Data Type를 모른 채로 ADT를 사용했습니다."
[역자 주] 몰리에르는 17세기 프랑스의 대표적 극작가이자 배우였으며, "서민귀족"은 그가 대본을 작성한 코메디 발레입니다.

```
class IntSet(object):
    """An intSet is a set of integers"""
    #Information about the implementation (not the abstraction)
    #Value of the set is represented by a list of ints, self.vals.
    #Each int in the set occurs in self.vals exactly once.

    def __init__(self):
        """Create an empty set of integers"""
        self.vals = []

    def insert(self, e):
        """Assumes e is an integer and inserts e into self"""
        if e not in self.vals:
            self.vals.append(e)

    def member(self, e):
        """Assumes e is an integer
           Returns True if e is in self, and False otherwise"""
        return e in self.vals

    def remove(self, e):
    """Assumes e is an integer and removes e from self
       Raises ValueError if e is not in self"""
    try:
        self.vals.remove(e)
    except:
        raise ValueError(str(e) + ' not found')

    def getMembers(self):
        """Returns a list containing the elements of self.
           Nothing can be assumed about the order of the elements"""
        return self.vals[:]

    def __str__(self):
        """Returns a string representation of self"""
        self.vals.sort()
        result = ''
        for e in self.vals:
            result = result + str(e) + ','
        return '{' + result[:-1] + '}' #-1 omits trailing comma
```

그림 8.1 IntSet 클래스

클래스 정의하면, type이라는 타입을 가진 객체를 생성하고, 그 객체를 instancemethod라는 타입을 가진 일련의 객체들과 연결시켜 줍니다. 예를 들어 IntSet.insert는 IntSet이라는 클래스에 정의된 insert라는 메소드를 뜻하는 것입니다. 그리고 다음 코드를 실행하면

```
print(type(IntSet), type(IntSet.insert))
```

다음을 출력합니다.

```
<class 'type'> <class 'instancemethod'>
```

클래스 정의 맨 첫 부분의 docstring("""로 시작하고 끝나는 주석)을 보면 클래스가 제공하는 추상화를 설명하고 있지만 어떻게 클래스가 구현되어 있는지는 설명하지 않습니다. 반면에, docstring 다음에 나온 코멘트에는 구현에 대한 정보가 나옵니다. 이것은 구현된 것을 수정하거나 그 클래스의 하위 클래스(8.2절을 참고하세요)를 구축하려고 하는 프로그래머들을 위한 정보이지, 추상화를 사용하려고 하는 프로그래머들을 위한 정보는 아닙니다.

클래스 안에 정의되어 있는 함수를 그 클래스의 **메소드**Method라고 부릅니다. 혹은 클래스의 **메소드 속성**method attributes이라고 부르기도 합니다. 지금은 헷갈릴 수 있지만 걱정할 필요는 없습니다. 이 주제에 대해서는 8장의 후반부에서 계속해서 다룰 것입니다.

클래스는 다음 두 가지 작업을 지원합니다.

- **인스턴스 생성**instantiation은 새로운 클래스의 인스턴스를 만들 때 사용됩니다. 예를 들어 s = IntSet()은 IntSet 타입의 새로운 객체 s를 생성합니다. 이 객체를 IntSet의 인스턴스라고 부릅니다.
- **속성 레퍼런스**attribute references는 점 표기법dot notation을 사용하여 클래스의 속성에 접근합니다. 예를 들어 s.member는 IntSet 타입의 인스턴스인 s에 연관된 메소드 member를 의미합니다.

각 클래스 정의는 예약어reserved word인 class 뒤에 클래스 이름과 다른 클래스들과 어떻게 연관되어 있는지에 대한 정보로 시작합니다. 여기 기술된 IntSet 클래스 정의의 첫 줄은 IntSet이 object의 하위 클래스subclass라는 것을 명시하고 있습니다. 하위 클래스가 무엇을 의미하는 지에 대해서는 일단은 넘어갑시다.

파이썬은 두 개의 밑줄 표시로 시작하고 끝나는 특별한 메소드들이 몇 개 있습니다. 이 중에서 제일 먼저 __init__에 대해서 다루겠습니다. 클래스의 인스턴스를 생성할 때마다 클래스에 정의된 __init__ 메소드를 호출하게 됩니다. 다음 코드가 실행되었다고 합시다.

```
s = IntSet()
```

그러면 인터프리터는 IntSet 타입의 새로운 인스턴스를 생성하고 IntSet.__init__ 메소드를 호출합니다. 이때 새롭게 생성된 객체를 실 매개변수actual parameter로 넘기게 되는데, 이것은 매개변수formal parameter인 self에 바인딩되어 있습니다. 이렇게 호출되면 IntSet.__init__은 IntSet 타입의 새로운 인스턴스에 속하게 되는 list 타입의 객체인 vals를 생성합니다(list()와 간단히 줄여 쓴 []를 사용하여 리스트를 생성합니다). 이 리스트를 IntSet의 인스턴스의 **데이터 속성**data attribute이라고 부릅니다. 그리고 우리가 기대하는 대로, IntSet 타입의 각 인스턴스는 각기 다른 vals 리스트를 갖게 되는 것에 유의하십시오.

우리가 지금까지 경험했듯이, 클래스의 인스턴스와 연결된 메소드는 점 표기법을 사용해 호출합니다. 예를 들어,

```
s = IntSet()
s.insert(3)
print(s.member(3))
```

위의 코드는 IntSet의 새로운 인스턴스를 생성한 후 int형 3을 IntSet에 삽입합니다. 그리고 True를 출력합니다.

언뜻 보기에는 어딘가 잘못된 것처럼 보일 수 있습니다. 그 이유는 각 메소드를 단 하나의 인자로 호출하기 때문입니다. member만 보아도 두 개의 매개변수formal parameter를 가지고 있는데 하나의 인자actual parameter로 호출하고 있습니다. 이것은 모두 점 표기법 때문입니다. 그 이유는 점 앞에 있는 객체가 묵시적으로implicitly 첫 번째 인자로 전달되기 때문입니다. 이 책에서는 관례에 따라 self를 실 매개변수가 바인딩되어 있는 매개변수의 이름으로 사용하겠습니다. 세계적으로도 거의 모든 파이썬 프로그래머들이 이렇게 사용하고 있으므로, 독자들도 이렇게 사용하는 것을 적극 추천합니다.

list 타입과 list 타입의 객체를 혼돈해서는 안 되는 것처럼 클래스와 그 클래스의 인스턴스와 혼돈해서는 안됩니다. 속성은 클래스 그 자체 혹은 클래스의 인스턴스에 연결될 수 있습니다:

- 메소드 속성은 클래스 안에서 정의됩니다. 예를 들어, IntSet.member는 IntSet 클래스의 속성입니다. 클래스의 인스턴스가 생성될 때 인스턴스 속성 또한 생성됩니다. 예를 들어 s = IntSet()을 하여 IntSet 클래스의 인스턴스를 생성하면 s.member같은 인스턴스 속성이 생성됩니다. 여기서 주의할 것은 IntSet.member과 s.member는 두 개의 서로 다른 객체들이라는 것입니다. s.member는 원래 IntSet 클래스에 정의되어 있는 member 메소드로 바인딩 되어 있지만, 이 바인딩은 계산을 하는 과정에서 바뀌게 될 수도 있습니다.

예를 들어 (이렇게 하면 안되지만) 다음과 같이 사용할 수 있습니다.

```
s.member = IntSet.insert
```

- 만약 데이터 속성들이 클래스와 연결되어 있는 경우라면 이 속성들을 **클래스 변수**class variables라고 부릅니다. 클래스 변수는 그 클래스의 모든 인스턴스들과 값을 공유하게 됩니다. 그리고 데이터 속성들이 각 인스턴스와 연결되어 있다면 **인스턴스 변수**instance variables라고 부릅니다. 예를 들어, `vals`는 `IntSet`의 각 인스턴스에서 각 다른 리스트에 바인딩되어 있기 때문에 `vals`는 인스턴스 변수입니다. 우리가 아직까지 클래스 변수를 사용하지 않았지만 **그림 8.3**에서 클래스 변수를 사용할 것입니다.

데이터 추상화는 표현의 독립성representation-independence을 달성하도록 도와줍니다. 추상 타입의 구현을 다음과 같은 몇 가지의 컴포넌트로 생각해보세요.

- 타입의 메소드 구현,
- 타입의 값을 암호화하는 데이터 구조, 그리고
- 메소드의 구현이 어떻게 데이터 구조를 사용하는지에 대한 규약들입니다. 핵심 규약은 표현의 불변성representation invariant으로 볼 수 있습니다.

표현의 불변성representation invariant은 어떤 데이터 속성의 값이 클래스 인스턴스를 올바르게 나타내고 있는지를 정의합니다. `Intset`의 표현의 불변성은 `vals`에 중복된 요소들이 없어야 한다는 규약입니다. `__init__`의 구현은 불변성을 설정(빈 리스트를 갖고 있는 것)해야 하며 다른 메소드들은 그 불변성을 유지해야 합니다. 그렇기 때문에 `insert`는 e가 `self.vals`에 없는 경우에만 `e`를 추가하는 것입니다.

표현의 불변성이 `remove`의 실행을 시작할 때에 만족된다는 가정이 있기 때문에 `remove`는 이 점을 사용해서 메소드를 구현하고 있습니다. 표현의 불변성을 통해 `self.vals`에 `e`가 한 개 이상 존재하지 않다는 것을 알기 때문에 `list.remove`를 한 번만 호출합니다.

클래스에서 가장 마지막으로 정의된 메소드 `__str__`은 또 다른 특별한 메소드입니다. `print`문을 사용하면 `print`를 하려는 객체와 연관된 `__str__` 함수가 자동으로 호출됩니다. 예를 들어 다음의 코드는

```
s = IntSet()
s.insert(3)
s.insert(4)
print(s)
```

{3,4}를 출력합니다.

(만약에 __str__ 메소드가 정의되어 있지 않다면 print(s)를 호출할 때 <__main__.IntSet object at 0x1663510>과 같은 메시지가 출력될 것입니다.) print(s.__str__()) 혹은 print(Intset.__str__(s))를 사용하여 s의 값을 출력할 수도 있지만 매우 불편합니다. 클래스의 __str__ 메소드는 프로그램에서 str으로 그 클래스의 인스턴스를 문자열로 바꿀 때에도 호출됩니다.

사용자가 정의하는 클래스들의 모든 인스턴스들은 해시가 가능하므로[hashable], 딕셔너리의 키로 사용할 수 있습니다. 만약 __hash__ 메소드를 정의하지 않으면, 객체의 해시[hash] 값은 id 함수로부터 구할 수 있습니다(5.3절 참조). 만약 __eq__ 메소드를 정의하지 않으면, 자신을 제외한 다른 모든 객체들과는 동일하지 않은 것으로 간주합니다. 만약, 사용자가 정의한 __hash__ 메소드가 존재하면, 한 객체의 해시[hash] 값은 그 객체가 존재하는 한 동일한 값을 유지해야 합니다.

8.1.1 추상 데이터 타입(ADT)을 사용하여 프로그램 설계하기

추상 데이터 타입은 매우 중요합니다. 추상 데이터 타입들로 인하여 규모가 큰 프로그램을 어떻게 조직적으로 만들어야 할지 여러 가지 방법으로 생각하게 합니다. 가만히 생각해보면, 세상에 참 다양한 분야에서 추상화에 의존하고 있습니다. 금융 세계에서 사람들은 주식과 채권 등을 얘기합니다. 생물 세계에서 사람들은 단백질과 그 잔여물에 대해서 얘기합니다. 만약 이러한 개념을 이해하려고 하면 필요한 데이터와 그 데이터로 할 수 있는 연산들을 하나의 패키지로 모을 것입니다. 예를 들어, 채권의 데이터 속성으로 금리와 만기일을 생각할 수 있습니다. 또한 채권의 이런 속성들로 "가격 정하기"와 "만기 이율 계산하기" 등의 연산을 할 수 있습니다. 추상 데이터 타입은 이러한 구성을 프로그램 설계에 포함시킬 수 있도록 도와줍니다.

데이터 추상화는 프로그램 설계자들로 하여금 함수보다도 데이터에 중점을 두고 집중할 수 있도록 도와줍니다. 프로그램을 함수의 집합이 아닌 타입의 집합으로 생각하도록 하여 또 다른 차원으로 프로그램을 조직할 수 있는 원리를 생각하게 합니다. 다른 어떤 것보다 데이터 추상화는 각각의 함수들이 담고 있는 것보다 더 많은 기능들을 담고 있기 때문에 프로그래밍이 마치 여러 큰 조각들을 합치는 과정인 것처럼 보이도록 도와줍니다. 그러므로 프로그래밍의 본질이 각 코드 줄을 작성하는 것이 아니라 추상화를 구성하는 것으로 생각하도록 만듭니다.

재사용 가능한 추상화를 사용하는 것은 개발 시간을 단축시킬 뿐 아니라 프로그램의 신뢰성을 더욱 향상시킵니다. 그 이유는, 많은 경우 숙성된 소프트웨어가 새로 나온 소프트웨어보다 더 신뢰성이 높기 때문입니다. 오랫동안 상용화된 프로그램 라이브러리는 통계학 혹은 과학에 관련된 것뿐이었습니다. 하지만 최근에는 매우 다양한 프로그램 라이브러리를 사용할 수가 있고 (특히 파이썬에서는) 나중에 더 살펴볼 것이지만 이러한 라이브러리는 매우 풍요로운 데이터 추상화에 기반하고 있습니다.

8.1.2 클래스를 사용하여 학생들과 교직원들 관리하기

클래스를 사용하는 예제로 어느 대학의 모든 학생들과 교직원들을 관리하는 프로그램을 설계한다고 상상해봅시다. 사실 데이터 추상화 없이도 충분히 이런 프로그램을 만들 수 있습니다. 각 학생들은 이름, 집 주소, 학년 등의 정보를 가지고 있습니다. 이런 정보들은 아마도 리스트나 딕셔너리를 사용해서 관리할 것입니다. 교직원을 관리할 때에도 몇 개의 비슷한 데이터 구조와 몇 개의 다른 데이터 구조(예를 들어 월급 내역 관리를 위한 데이터 구조)가 필요할 것입니다.

더 많은 데이터 구조에 들어가기에 앞서 유용하다고 생각될 만한 추상화에 대해서 생각해봅시다. 학생, 교수, 직원 모두의 속성에 적합한 추상화가 있을까요? 이 세 부류는 모두 인간이라고 말할 수도 있을 것입니다. **그림 8.2**에서 인간이 공통적으로 가진 속성들(이름과 생일)을 가진 클래스를 볼 수 있습니다. 또 여기서 날짜를 편리하게 다룰 수 있는 표준 파이썬 라이브러리 모듈 `datetime`을 사용하고 있습니다.

아래의 코드는 `Person` 클래스를 사용하여 만든 것입니다.

```
me = Person('Michael Guttag')
him = Person('Barack Hussein Obama')
her = Person('Madonna')
print(him.getLastName())
him.setBirthday(datetime.date(1961, 8, 4))
her.setBirthday(datetime.date(1958, 8, 16))
print(him.getName(), 'is', him.getAge(), 'days old')
```

앞의 코드에서 `Person`의 인스턴스가 생길 때마다 `__init__` 함수에 인자가 전달됩니다. 일반적으로 클래스의 인스턴스를 만들 때 어떤 인자들을 넘길지 알기 위해서 `__init__` 함수의 사양에 대해서 살펴보아야 합니다.

```
import datetime

class Person(object):

    def __init__(self, name):
        """Create a person"""
```

그림 8.2 Person 클래스(계속)

```
        self.name = name
        try:
            lastBlank = name.rindex(' ')
            self.lastName = name[lastBlank+1:]
        except:
            self.lastName = name
        self.birthday = None

    def getName(self):
        """Returns self's full name"""
        return self.name

    def getLastName(self):
        """Returns self's last name"""
        return self.lastName

    def setBirthday(self, birthdate):
        """Assumes birthdate is of type datetime.date
           Sets self's birthday to birthdate"""
        self.birthday = birthdate

    def getAge(self):
        """Returns self's current age in days"""
        if self.birthday == None:
            raise ValueError
        return (datetime.date.today() - self.birthday).days

    def __lt__(self, other):
        """Returns True if self precedes other in alphabetical
           order, and False otherwise. Comparison is based on last
           names, but if these are the same full names are
           compared."""
        if self.lastName == other.lastName:
            return self.name < other.name
        return self.lastName < other.lastName

    def __str__(self):
        """Returns self's name"""
        return self.name
```

그림 8.2 Person 클래스

이 코드를 실행하고 나면 세 개의 Person 인스턴스가 생성될 것입니다. 그리고 Person의 메소드들을 사용하여 이 세 인스턴스의 정보에 접근할 수 있습니다. 예를 들어, him.getLastName()은 'Obama'를 반환할 것입니다. 또한 him.lastName도 똑같이 'Obama'를 반환하지만, 인스턴스 변수를 직접 이렇게 접근하는 것은 바람직한 것이 아니므로 되도록이면 피해야 합니다. 이렇게 해야 하는 이유에 대해서는 이 장의 후반부에서 다루겠습니다. 이와 비슷한 이유로 이 프로그램에 어떤 사람의 생일 정보를 담고 있는 속성이 있을지라도 Person 추상화의 사용자가 이 정보를 읽어낼 수 있는 합당한 방법이 없습니다.[54] 하지만 위의 print문에 보이는 것처럼 어떤 사람의 생일을 활용하여 계산하는 '나이'같은 정보는 찾아낼 수 있습니다.

Person 클래스는 또 다른 특별한 이름의 메소드 __lt__를 정의하고 있습니다. 이 메소드는 < 연산자를 오버로드overload하고 있습니다. Person 클래스의 __lt__ 메소드는 < 연산자의 첫 인자가 Person 타입일 때에 호출됩니다. Person 클래스의 __lt__ 메소드는 str 타입의 < 연산자를 사용하여 구현하고 있습니다. 다음의 수식 self.name < other.name은 self. name.__lt__(self.other)을 줄여 쓴 것입니다. self.name이 str 타입이므로 __ lt__ 메소드는 str 타입과 연관이 있겠죠?

연산자 <를 사용하는 것은 중위infix 수식들을 작성할 때에 언어적으로 편리하게 해주는 기능과 더불어 이러한 오버로딩은 __lt__를 사용하여 정의한 모든 다형성 메소드를 자동적으로 접근할 수 있도록 합니다. 내장된 메소드 sort 또한 이러한 메소드입니다. 그러므로 예를 들어 pList가 Person을 요소로 가진 리스트라고 하면 pList.sort()를 호출하면 Person 클래스에 정의되어 있는 __lt__ 메소드를 사용해서 정렬하게 될 것입니다.

다음의 코드는

```
pList = [me, him, her]
for p in pList:
    print(p)
pList.sort()
for p in pList:
   print(p)
```

먼저, 다음을 출력하고,

```
Michael Guttag
Barack Hussein Obama
Madonna
```

54. [역자 주] 왜 그렇죠? 그러한 메소드가 없기 때문입니다. 물론, 인스턴스 변수를 직접 접근하는 방법으로, 예를 들면 him.birthday, 정보를 알아낼 수 있지만, 이는 합당한 방법이 아닙니다.

그리고, 다음을 출력합니다.

```
Michael Guttag
Madonna
Barack Hussein Obama
```

8.2 상속(Inheritance)

많은 타입은 다른 타입들과 공통되는 속성을 가지고 있습니다. 예를 들어 list와 str 타입 모두 똑같은 것을 의미하는 len 함수를 각각 가지고 있습니다. **상속**(相續)inheritance은 연관된 추상화를 가진 그룹들을 편리하게 만들 수 있도록 도와줍니다. 상속을 통하여 각 타입들이 상대적으로 더 상위 계층인 타입의 속성을 상속받게 하는 타입 계층을 생성하는 것을 가능하게 도와줍니다.

object 클래스는 이 계층의 최상층에 있습니다. 파이썬에서는 런타임에 존재하는 모든 것이 객체이기 때문에 이것은 당연한 말입니다. Person이 object의 모든 속성들을 상속받기 때문에, 프로그램은 Person에 변수를 바인딩할 수 있고, 또한 Person을 리스트에 추가하는 것 등등을 할 수 있습니다.

그림 8.3의 MITPerson 클래스는 부모 클래스인 Person의 속성들을 상속받고 있습니다. 또한 상속받는 속성 중에는 Person의 부모 클래스인 object에게 상속받은 속성들까지 모두 포함하게 됩니다. 객체지향 프로그래밍에서 MITPerson은 Person의 하위(자식)클래스subclass이므로, 그의 상위(부모)클래스superclass인 속성을 상속inherit받습니다. 하위클래스는 상속받는 것 외에도, 다음과 같은 것을 할 수 있습니다.

- 새로운 속성을 추가할 수 있습니다. 예를 들어 MITPerson은 클래스 변수 nextIdNum, 인스턴스 변수 idNum, 그리고 메소드 getIdNum을 추가하였습니다.
- 부모 클래스의 속성을 **오버라이드**override할 수 있습니다. 예를 들어 MITPerson은 __init__ 함수와 __lt__ 함수를 오버라이드하였습니다. 한 메소드가 오버라이드 되면, 그 때 실행되는 메소드는 그 메소드를 호출할 때 사용된 객체에 달려있습니다. 만약 그 객체의 자료형이 하위클래스이면, 그 하위클래스에서 정의된 메소드가 실행됩니다. 만약 그 객체의 자료형이 상위클래스이면, 상위클래스에 있는 메소드가 실행됩니다.

메소드 MITPerson.__init__은 먼저 Person.__init__을 호출하여 상속받은 인스턴스 변수인 self.name을 초기화합니다. 그 후에 Person 객체들에는 없지만, MITPerson에 새롭게 추가

```
class MITPerson(Person):

    nextIdNum = 0 #identification number

    def __init__(self, name):
        Person.__init__(self, name)
        self.idNum = MITPerson.nextIdNum
        MITPerson.nextIdNum += 1

    def getIdNum(self):
        return self.idNum

    def __lt__(self, other):
        return self.idNum < other.idNum
```

그림 8.3 MITPerson 클래스

한 인스턴스 변수 self.idNum을 초기화합니다.

인스턴스 변수 self.idNum은 인스턴스의 변수가 아닌 MITPerson의 클래스 변수 nextIdNum를 사용하여 초기화합니다. MITPerson의 인스턴스가 생성되면 nextIdNum는 클래스 변수이기 때문에 새로 생성되지 않습니다. 이 때문에 __init__에서 MITPerson이 더 확실하게 중복되지 않는 idNum을 가질 수 있도록 할 수 있습니다.

다음의 코드를 살펴봅시다.

```
p1 = MITPerson('Barbara Beaver')
print(str(p1) + '\'s id number is ' + str(p1.getIdNum()))
```

첫 번째 줄은 새로운 MITPerson의 인스턴스를 생성합니다. 두 번째 줄은 조금 더 복잡합니다. str(p1)을 실행하려고 하면 런타임 시스템은 먼저 MITPerson 클래스에 __str__ 메소드가 정의되어 있는지 확인합니다. 위의 경우 __str__ 메소드가 없기 때문에 MITPerson 의 부모 클래스 Person에 __str__ 메소드가 있는지 확인합니다. Person에 __str__ 메소드가 정의되어 있으므로 그것을 사용합니다. 만약 런타임 시스템이 p1.getidNum()을 실행하려고 할 때, 우선 MITperson에 이 메소드가 있는지 확인합니다. 이 메소드가 정의되어 있으므로 그것을 호출하여 다음과 같이 출력합니다.

```
Barbara Beaver's id number is 0
```

(문자열에서 문자 "\"는 그 다음에 나타나는 문자들을 특별한 방식으로 다루어야 한다고 알리는 확장문자[escape character]인 것을 앞에서 배웠습니다. 다음의 문자열 `'\'s id number is '`에서 "\"는 따옴표가 문자열의 종료를 나타내는 것이 아니라 따옴표도 문자열의 일부라는 것을 나타내는 표시입니다.) 자, 이제 다음 코드를 살펴봅시다.

```
p1 = MITPerson('Mark Guttag')
p2 = MITPerson('Billy Bob Beaver')
p3 = MITPerson('Billy Bob Beaver')
p4 = Person('Billy Bob Beaver')
```

네 명의 가상적인 사람들을 생성하였으며 그 중 세 명의 이름은 `Billy Bob Beaver`입니다. 그 중 두 명의 Billy Bob은 `MITPerson` 타입이며 한 명은 `Person` 타입입니다. 만약 다음의 명령어를 실행하였다고 합시다.

```
print('p1 < p2 =', p1 < p2)
print('p3 < p2 =', p3 < p2)
print('p4 < p1 =', p4 < p1)
```

그러면 인터프리터는 다음과 같이 출력할 것입니다.

```
p1 < p2 = True
p3 < p2 = False
p4 < p1 = True
```

`p1, p2, p3` 모두가 `MITPerson` 타입이므로 처음 두 비교문에서 인터프리터는 `MITPerson`에 정의되어 있는 `__lt__` 메소드를 사용합니다. 그래서 순서는 일련번호[idNum]에 따라 결정됩니다. 하지만 세 번째 비교문에서는 두 개의 다른 타입에 `<` 연산자를 사용하고 있습니다. `p4 < p1`은 `p4.__lt__(p1)`을 줄인 것이기 때문에 어떤 `__lt__` 메소드를 호출할지는 첫 번째 인자가 결정합니다. 그러므로 인터프리터는 `p4`의 타입 `Person`에 정의되어 있는 `__lt__`를 사용하여 비교를 실행합니다. 그래서 순서가 이름에 따라 결정됩니다.

만약 다음의 명령어를 실행한다면 어떻게 될까요?

```
print('p1 < p4 =', p1 < p4)
```

인터프리터는 `p1`이 `MITPerson`이므로 `MITPerson`의 `__lt__`를 호출할 것입니다. 그런데 `p4`에 바인딩된 객체 `Person`은 `idNum`의 이름을 가진 속성이 없기 때문에 다음과 같은 예외가 발생할 것입니다.

```
AttributeError: 'Person' object has no attribute 'idNum'
```

8.2.1 상속의 다중 계층

그림 8.4는 클래스 계층에 두 개의 상속 단계들을 추가한 것입니다.

```
class Student(MITPerson):
    pass

class UG(Student):
    def __init__(self, name, classYear):
        MITPerson.__init__(self, name)
        self.year = classYear
    def getClass(self):
        return self.year

class Grad(Student):
    pass
```

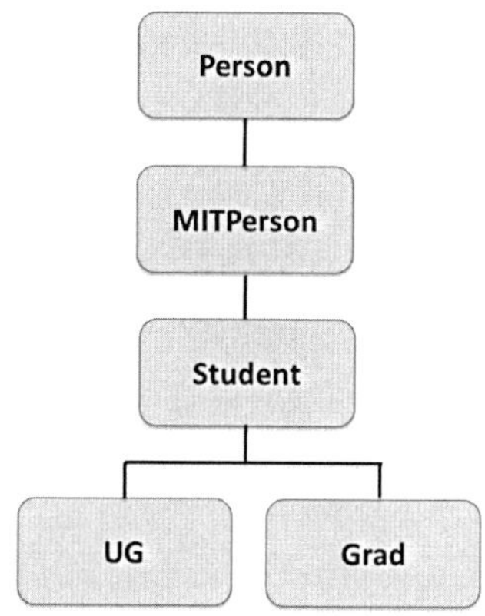

그림 8.4 두 종류의 학생들

모든 대학생들의 졸업년도(혹은 기대하는 졸업년도)에 대한 정보를 넣으려면 UG를 추가하는 것이 논리적으로 말이 됩니다. 하지만 Student와 Grad 클래스는 어떻게 될까요? 파이썬의 예약어 pass는 부모 클래스에게 상속받은 것 이외의 속성들이 없다는 것을 의미합니다. 그렇다면 애초에 왜 새로운 속성이 없는 클래스들을 만들려고 하는 것인가요?

Grad 클래스를 도입함으로 인해 우리는 두 종류의 학생들을 생성할 수 있게 되었고, 그 자료형을 사용해 객체들을 구분할 수 있게 됩니다. 예를 들어,

```
p5 = Grad('Buzz Aldrin')
p6 = UG('Billy Beaver', 1984)
print(p5, 'is a graduate student is', type(p5) == Grad)
print(p5, 'is an undergraduate student is', type(p5) == UG)
```

위의 코드는 이렇게 출력할 것입니다.

```
Buzz Aldrin is a graduate student is True
Buzz Aldrin is an undergraduate student is False
```

중간에 있는 Student 타입의 역할이 크게 눈에 띄지 않습니다. MITPerson 클래스로 돌아 가서 다음과 같은 메소드를 추가한다고 합시다.

```
def isStudent(self):
    return isinstance(self, Student)
```

isinstance 함수는 파이썬의 내장 함수입니다. isinstance의 첫 번째 인자에는 어떤 타입의 객체가 들어가도 괜찮지만 두 번째 인자는 type 타입의 객체여야만 합니다. 이 함수는 첫 번째 인자가 두 번째 인자의 인스턴스일 때에만 True를 반환합니다. 예를 들어 isinstance([1,2], list)는 True를 반환합니다.

다시 하고 있던 문제로 돌아가서, 다음의 코드를 실행하였다고 합시다.

```
print(p5, 'is a student is', p5.isStudent())
print(p6, 'is a student is', p6.isStudent())
print(p3, 'is a student is', p3.isStudent())
```

그러면 이렇게 출력할 것입니다.

```
Buzz Aldrin is a student is True
Billy Beaver is a student is True
Billy Bob Beaver is a student is False
```

위에 출력 결과를 보면 isinstance(p6, Student)이 type(p6) == Student와 다르다는 것을 알 수 있습니다. p6가 바인딩된 객체는 UG 타입이며 Student 타입이 아닙니다. 하지만 UG가 Student의 하위 클래스이기 때문에 p6가 바인딩된 객체는 Student의 인스턴스로 간주합니다(물론, 동시에 MITperson의 인스턴스이며, 또한 Person의 인스턴스이기도 합니다).

학생에는 두 종류밖에 없기 때문에 isStudent를 다음과 같이 구현했을 수도 있습니다.

```
def isStudent(self):
    return type(self) == Grad or type(self) == UG
```

하지만 만약에 새로운 학생 종류를 추가로 도입해야 한다면, 위의 코드로 돌아와서 새로운 타입을 추가하기 위해 isStudent의 코드를 수정해야 할 것입니다. 하지만 중간intermediate 클래스 Student와 isinstance 메소드를 사용하면, 이 문제를 해결할 수 있습니다. 예를 들어 만약에 다음과 같은 클래스를 추가한다고 합시다.

```
class TransferStudent(Student):

    def __init__(self, name, fromSchool):
        MITPerson.__init__(self, name)
        self.fromSchool = fromSchool
```

```
    def getOldSchool(self):
        return self.fromSchool
```

이 클래스를 추가하여도 `isStudent`를 수정할 필요가 없습니다.

프로그램을 만들고 유지보수를 하다 보면, 기존의 클래스에 새로운 속성들을 추가하거나 새로운 클래스를 추가하는 경우가 빈번합니다. 하지만 숙달된 프로그래머들은 그러한 변화가 있을 때 처음부터 코드를 최소한으로 수정할 수 있도록 프로그램을 설계합니다.

8.2.2 대체(Substitution) 원리

타입 계층에서 하위 클래스는 부모 클래스의 동작을 확장한 것이라고 할 수 있습니다. 새로운 속성을 추가하거나 부모 클래스에게 상속받은 속성들을 오버라이드해서 확장시키는 것이죠. 예를 들어 `TransferStudent`는 이전 학교에 대한 정보를 추가하면서 `Student`를 확장한 것입니다.

가끔씩 하위 클래스는 상위(부모) 클래스의 메소드를 오버라이드하기도 합니다. 하지만 이렇게 할 때에는 조심해서 해야 합니다. 특히 상위(부모)타입supertype의 중요한 동작들은 모든 하위타입subtype에서 똑같이 지원해주어야 합니다. 만약 상위 타입의 인스턴스를 사용해서 클라이언트 코드가 잘 작동한다면 하위 타입의 인스턴스가 상위 타입의 인스턴스를 대체하였을 때에도 똑같이 제대로 작동해야 합니다. 예를 들어 `Student`의 사양을 가지고 클라이언트 코드를 작성한다면, 이 코드가 `TransferStudent` 클래스를 사용하였을 때에도 똑같이 작동하여야 합니다.[55]

하지만 이와 반대로 `TransferStudent`를 사용해서 작성한 코드가 그 상위(부모) 클래스인 `Student` 타입에서 제대로 작동해야 할 필요는 전혀 없습니다.

8.3 캡슐화(Encapsulation)과 정보 은닉(Information Hiding)

강의를 수강하는 학생들이 고생도 하지 않고 학점을 받을 수 있게 한다는 것은 학생들을 상대하는 우리에게는 부끄러운 일입니다.

그림 8.5는 학생들의 성적을 관리할 수 있는 클래스를 보여주고 있습니다. 리스트와 딕셔너리를 사용하여 `Grades` 클래스의 인스턴스들을 구현하였습니다. 리스트는 수업의 학생들을 관리하고 딕셔너리는 각 학생들의 일련번호idNum를 성적에 연결mapping하고 있습니다.

55. 대체 원리는 1994년 바바라 리스코프Barbara Liskov와 지넷 윙Jeannette Wing의 논문에서 처음으로 소개되었습니다. 당시 논문에선 "A behavioral notion of subtyping"이라고 표현되어 있습니다.

```
class Grades(object):

    def __init__(self):
        """Create empty grade book"""
        self.students = []
        self.grades = {}
        self.isSorted = True

    def addStudent(self, student):
        """Assumes: student is of type Student
           Add student to the grade book"""
        if student in self.students:
            raise ValueError('Duplicate student')
        self.students.append(student)
        self.grades[student.getIdNum()] = []
        self.isSorted = False

    def addGrade(self, student, grade):
        """Assumes: grade is a float
           Add grade to the list of grades for student"""
        try:
            self.grades[student.getIdNum()].append(grade)
        except:
            raise ValueError('Student not in mapping')

    def getGrades(self, student):
        """Return a list of grades for student"""
        try: #return copy of list of student's grades
            return self.grades[student.getIdNum()][:]
        except:
            raise ValueError('Student not in mapping')

    def getStudents(self):
        """Return a sorted list of the students in the grade book"""
        if not self.isSorted:
            self.students.sort()
            self.isSorted = True
        return self.students[:] #return copy of list of students
```

그림 8.5 Grades 클래스

getGrades는 한 학생의 성적 리스트를 복사해서 반환하고 getStudents는 학생 리스트를 복사해서 반환하고 있습니다. 단순히 인스턴스 변수 자체를 반환함으로 리스트를 복사하는 추가 연산을 하지 않게 할 수도 있었겠지만 그렇게 하면 문제가 생길 수 있습니다. 다음 코드를 보시죠

```
allStudents = course1.getStudents()
allStudents.extend(course2.getStudents())
```

만약 getStudents가 self.students를 반환하였다면 위 코드의 두 번째 줄은 course1에 있는 학생들을 바꾸는 부작용이 발생합니다(그리고 아마도 이것을 의도하지 않았겠죠).

isSorted의 인스턴스 변수는 학생 리스트에서 새로운 학생들이 추가되고 난 이후에 정렬되었는지 아닌지를 알기 위해서 사용됩니다. 이것을 통해 getStudents가 이미 정렬된 리스트를 또 다시 정렬하지 않도록 도와줍니다.

그림 8.6은 Grades 클래스를 사용해서 sixHundred라는 강의를 수강하는 학생들의 성적표를 만드는데 사용하는 함수입니다. (참고로, MIT 강의 6.00을 통해 이 책이 개발되었습니다)

이것을 실행하면 다음과 같이 출력됩니다.

```
Jane Doe's mean grade is 75.0
John Doe's mean grade is 75.0
David Henry has no grades
Billy Buckner's mean grade is 50.0
Bucky F. Dent's mean grade is 87.5
```

객체 지향 프로그래밍의 중심에는 두 가지 핵심 개념이 있습니다. 첫 번째는 **캡슐화**encapsulation입니다. 이것은 쉽게 말하면 데이터 속성과 그 데이터를 다룰 메소드를 함께 묶는 것입니다. 예를 들어 만약 이렇게 코드를 작성하였다고 합시다.

```
Rafael = MITPerson('Rafael Reif')
```

여기서 점 표기법을 사용해서 Rafael의 나이와 일련번호idNum같은 속성들을 접근할 수 있습니다.

두 번째 중요한 개념은 **정보 은닉**information hiding입니다. 이것은 모듈화를 하는데 핵심 요소 중 하나입니다. 예를 들어, 클래스를 사용자client가 클래스의 코드를 보지 않고 오직 공개된 메소드의 사양에만 전적으로 의존하여 클래스를 사용한다면, 그 클래스를 구현하는 프로그래머(개발자)는 클래스 코드를 마음대로 수정할 수 있으며, 또 그 클래스를 사용하는 쪽에서도 문제가 생길 일이 없다는 것입니다.

```
def gradeReport(course):
    """Assumes course is of type Grades"""
    report = ''
    for s in course.getStudents():
        tot = 0.0
        numGrades = 0
        for g in course.getGrades(s):
            tot += g
            numGrades += 1
        try:
            average = tot/numGrades
            report = report + '\n'\
                     + str(s) + '\'s mean grade is ' + str(average)
        except ZeroDivisionError:
            report = report + '\n'\
                     + str(s) + ' has no grades'
    return report

ug1 = UG('Jane Doe', 2014)
ug2 = UG('John Doe', 2015)
ug3 = UG('David Henry', 2003)
g1 = Grad('Billy Buckner')
g2 = Grad('Bucky F. Dent')
sixHundred = Grades()
sixHundred.addStudent(ug1)
sixHundred.addStudent(ug2)
sixHundred.addStudent(g1)
sixHundred.addStudent(g2)
for s in sixHundred.getStudents():
    sixHundred.addGrade(s, 75)
sixHundred.addGrade(g1, 25)
sixHundred.addGrade(g2, 100)
sixHundred.addStudent(ug3)
print(gradeReport(sixHundred))
```

그림 8.6 성적표 만들기

몇몇의 프로그래밍 언어들(예를 들어 자바와 C++)은 정보 은닉을 위한 기법들을 언어적으로 제공하고 있습니다. 프로그래머가 클래스의 데이터 속성들을 private으로 만들어서, 클래스 사용자client에게 숨길 수 있으며 이런 경우 객체의 메소드만을 통해서 데이터를 접근하게 됩니다. 파이썬 3은 전통적인 명명규칙naming convention을 통해 클래스의 속성을 외부로부터 숨길 수 있습니다. 속성의 이름이 __로 시작하지만 __로 끝나지 않을 때, 그 속성은 클래스 밖으로는 볼 수 없습니다.

그러니까 만약 `Rafael`의 `idNum`을 접근하려고 한다면 `Rafael.idNum`이 숨겨져 있어서 접근이 불가능하기 때문에 이것이 아닌 `Rafael.getIdNum()`을 통해서만 접근할 수 있는 것입니다.

안타깝게도 파이썬은 이러한 정보 은닉 기법들을 제공하고 있지 않습니다. 클래스를 구현할 때에 클래스 인스턴스의 속성에 접근을 제한할 수 있는 방법이 없습니다. 예를 들어 `Person` 클래스를 사용할 때에 `Rafael.getLastName()`이 아니더라도 `Rafael.lastName`으로 정보를 접근할 수 있습니다.

왜 이것이 안타까운 일 일까요? 그 이유는 클래스 사용자 코드가 `Person`의 사양이 이외의 것에 의존하게 하기 때문에, 클래스 개발자는 클래스 코드를 수정할 때 제한을 받기 때문입니다. 만약 `Person`에 있는 코드를 수정하여 `lastName`을 인스턴스 변수에 저장하는 것이 아니라 요청할 때

```
class infoHiding(object):
    def __init__(self):
        self.visible = 'Look at me'
        self.__alsoVisible__ = 'Look at me too'
        self.__invisible = 'Don\'t look at me directly'

    def printVisible(self):
        print(self.visible)

    def printInvisible(self):
        print(self.__invisible)

    def __printInvisible(self):
        print(self.__invisible)

    def __printInvisible__(self):
        print(self.__invisible)
```

그림 8.7 클래스의 정보은닉

마다 빼내도록 한다면 lastName을 직접적으로 사용한 사용자 코드는 더 이상 제대로 작동하지 않을 것입니다. **그림 8.7**에 나와있는 코드를 살펴봅시다.

이 코드를 실행하면,

```
test = infoHiding()
print(test.visible)
print(test.__alsoVisible__)
print(test.__invisible)
```

다음과 같이 출력합니다.

```
Look at me
Look at me too
Error: 'infoHiding' object has no attribute '__invisible'
```

다음 코드를 실행하면,

```
test = infoHiding()
test.printInvisible()
test.__printInvisible__()
test.__printInvisible()
```

다음과 같이 출력합니다.

```
Don't look at me directly
Don't look at me directly
Error: 'infoHiding' object has no attribute '__printInvisible'
```

또한, 다음 코드를 실행하면,

```
class subClass(infoHiding):
    def __init__(self):
        print('from subclass', self.__invisible)
testSub = subClass()
```

다음과 같이 출력합니다.

```
Error: 'subClass' object has no attribute '_subClass__invisible'
```

하위클래스가 상위클래스에 숨겨진 속성을 사용하려고 시도하면 속성 오류AttributeError가 발생한다는 것을 유의하십시오. 이러한 현상이 파이썬의 정보은닉을 사용하는 것이 번거롭게 여겨집니다.

많은 파이썬 프로그래머들이 속성을 은닉하는 __ 기능의 이점을 이용하지 않는 것은 번거롭기 때문이며, 우리도 이 책에서 사용하지 않습니다. 그래서, 예를 들면, `Person` 클래스를 사용하는 클라이언트[client]는 `Rafael.getLastName()` 대신에 `Rafael.lastName`을 사용하여 코드를 작성할 수 있습니다.

이러한 것은 클라이언트 코드가 `Person` 사양이 아닌 것에 종속되도록 허용하고, 언제든지 바뀔 수 있다는 점 때문에 바람직한 것이 아닙니다. 예를 들면, 만약 `lastName`을 인스턴스 변수에 저장해두는 대신에 항상 사용자로부터 입력을 받도록 `Person` 클래스 구현을 바꾼다면, (`Person` 클래스를 사용하는) 클라이언트 코드는 더 이상 작동하지 않을 것입니다.

파이썬에서는 클래스 정의 밖에서 인스턴스와 클래스 변수의 값을 읽을 수 있게 할뿐 아니라 이 변수에 값을 변경할 수도 있게 합니다. 그러므로 만약 프로그래머가 `Rafael.birthday = '8/21/50'`라고 프로그램을 작성해도 문법적으로 문제가 되지 않습니다. 그리고 만약 `Rafael.getAge`가 이 코드 이후에 호출되면 런타임 타입 오류가 발생할 것입니다. 더 나아 가서 클래스 정의의 밖에서도 인스턴스 변수를 만드는 것이 가능합니다. 예를 들어 파이썬은 클래스 정의 밖에서 다음과 같이 실행해도 문제가 되지 않습니다.

```
me.age = Rafael.getAge()
```

이런 정적 의미론적[static semantic] 검사가 취약한 것이 파이썬의 결점이긴 하지만 그렇게 결정적인 결함은 아닙니다. 숙달된 프로그래머라면 데이터 속성을 클래스 정의 밖에서 직접적으로 접근하지 않아야 한다는 규칙을 잘 지키기만 하면 됩니다. 우리가 이 책에서 연습하는 것처럼 말입니다.

8.3.1 생성자(Generators)

정보 은닉으로 말미암아 생기는 한 가지 위험은 사용자 프로그램이 매우 중요한 데이터 구조를 직접적으로 접근하지 못함으로 인하여 받아들일 수 없을 정도로 효율성을 떨어뜨리는 것입니다. 데이터 추상화 개념을 적용하던 초창기에는 많은 사람들은 관계없는 함수 혹은 메소드를 호출해야 하는 비용에 대한 우려가 많았습니다. 현대적 컴파일 기술로 말미암아 이러한 것을 더 이상 걱정할 필요가 없게 되었습니다. 하지만 더 심각한 문제는 사용자 프로그램들이 비효율적인 알고리즘을 사용할 수 밖에 없다는 것입니다.

그림 8.6의 `gradeReport`를 구현한 것을 살펴봅시다. `course.getStudents`를 호출하면 학생의 수 n 크기의 리스트를 반환합니다. 이것은 아마 한 반의 성적표로는 문제가 되지 않겠지만 만약 170만 명의 고등학생들의 SAT 시험 점수를 관리한다고 상상해봅시다. 그 많은 학생 수만큼의

```
def getStudents(self):
    """Return the students in the grade book one at a time
       in alphabetical order"""
    if not self.isSorted:
        self.students.sort()
        self.isSorted = True
    for s in self.students:
        yield s
```

그림 8.8 getStudents의 새로운 버전

사이즈의 리스트가 이미 존재하는데 또 다시 생성하는 것은 매우 심각하게 비효율적입니다. 이에 대해서 한 가지 해결 방법은 추상화를 포기하고 `gradeReport`가 직접적으로 `course.students` 변수를 접근하게 하는 것이지만 이것은 정보 은닉을 위배하게 됩니다. 다행히 더 나은 해결 방법이 있습니다.

그림 8.8은 Grades 클래스의 `getStudents` 함수를 우리가 처음 보는 `yield`문을 사용하여 수정한 것입니다.

`yield` 문을 사용하는 모든 함수 정의는 특별한 방법으로 다루어야 합니다. `yield`는 파이썬 시스템에게 이 함수가 **생성자**[generator]라는 사실을 알려줍니다. 생성자는 보통 `for`문과 함께 사용됩니다. `for` 루프가 제일 처음 실행될 때 인터프리터는 생성자의 본체 코드를 실행합니다. 그리고 처음 `yield` 문을 만날 때까지 실행하게 됩니다. 이 지점에서 `yield`문에 있는 값을 반환하게 됩니다. 그 다음 루프를 돌 때 생성자는 `yield` 바로 다음 문장부터 모든 지역변수들이 `yield` 문이 실행되었을 때 바인딩되어 있던 객체에 바인딩된 채로 실행을 재개하여 또 다시 `yield` 문이 실행될 때까지 실행합니다. 더 이상 실행할 코드가 남아있지 않거나 `return`문을 만날 때까지 이 작업을 계속합니다. 그리고 루프를 나갑니다.[56]

그림 8.8의 `getStudents`는 `for` 루프가 파이썬 내장 타입 `list`의 요소에 접근하는 것처럼 `Grades` 타입의 객체에 있는 학생들을 돌아가며 접근할 수 있게 합니다. 예를 들어 다음의 코드를 보면

```
book = Grades()
```

56. 생성자에 대한 설명을 다소 간단하게 다루었습니다. 생성자를 완벽하게 이해하기 위해서는 파이썬에서 내장된 루프가 어떻게 구현되어 있는지 알아야 하는데 이 책에서는 그것을 다루지 않습니다.

```
book.addStudent(Grad('Julie'))
book.addStudent(Grad('Charlie'))
for s in book.getStudents():
    print(s)
```

이렇게 출력합니다.

```
Julie
Charlie
```

그림 8.6에서 다음과 같이 시작하는 루프를 봅시다.

```
for s in course.getStudents():
```

이 부분의 코드를 변경하지 않아도 `getStudents`를 구현한 새 버전의 `Grades` 클래스를 사용할 수 있습니다. (물론, 리스트를 반환하는 `getStudents`에 종속된 대부분의 코드는 더 이상 실행되지 않을 겁니다.) 똑같은 루프를 사용하여 `getStudnets`가 값을 리스트로 반환하던지 값을 한 개씩 생성하던지 상관 없이 `getStudents`에서 계산한 값들을 돌며 접근할 수 있습니다. 값을 한 개씩 생성하는 것이 더 효율적인데 그 이유는 학생들을 담고 있는 새로운 리스트를 생성할 필요가 없기 때문입니다.

8.4 추가 예제: 대출(Mortgage)

미국의 주택 가격이 폭락은 2008년 가을, 심각한 경제 폭락의 시발점이 되었습니다. 이것의 요인 중 하나는 많은 주택 보유자들이 일으킨 대출이 원치 않은 결과들을 가져왔기 때문입니다.[57]

처음에 대출은 크게 문제될 것이 없어 보였습니다. 은행에서 돈을 빌려서 매달 돈을 모두 갚을 때까지 보통 15년에서 30년의 기간 동안 일정한 금액을 은행에 상환하면 되었습니다. 이 기간이 끝나면 은행은 대출해준 금액(원금)과 그 이자를 받게 되며 주택 보유자들은 집을 보유하게 되는 것입니다.

하지만 20세기의 끝에 와서 대출이 점점 더 복잡해지기 시작했습니다. 사람들이 대출을 받을 때 "포인트points"를 납부하여 금리를 낮출 수 있게 되었습니다. 한 포인트는 대출 금액의 1%를 현금

57. 대출의 영어 표현인 Mortgage라는 단어의 어원에 대해서 살펴보는 것이 좋겠군요. The American Heritage Dictionary of the English Language는 이 단어의 어원이 옛날 프랑스어로 죽음mort과 맹세gage로 거슬러 올라간다고 합니다. 이렇기 때문에 왜 mortgage의 t가 묵음인지 설명해주기도 합니다.

으로 납부하는 것입니다. 그래서 어느 일정 기간 동안 이자만 상환할 수 있는 대출을 받을 수 있었습니다. 즉 대출을 받고 처음 일정한 기간 동안 대여자는 원금은 전혀 갚지 않고 이자만 상환하는 것입니다. 대출 금리가 여럿인 대출도 있었습니다. 이런 대출은 보통 초기 금리(티져 금리teaser rate)가 낮았지만 시간이 지날수록 금리가 증가되었습니다. 이중 많은 대출들이 변동 금리variable rate, 즉 신용대출 시장에서 비용을 반영하여 몇 개의 지수에 따라서 이자를 새로 계산하여 상환하도록 하는 대출이었습니다. 원칙적으로는 소비자에게 더 많은 선택권을 주는 것이 좋은 것이지만 부도덕한 대출업자들은 이러한 선택들에 따르는 장기적인 결과들을 잘 설명해주지 않았고, 이 때문에 대출자들은 잘못된 선택을 하여 끔찍한 결과를 겪게 되었습니다.[58]

그렇다면 다음과 같은 세 가지 종류의 비용을 계산해주는 프로그램을 작성해봅시다.

- 포인트가 없는 고정 금리 대출
- 포인트가 있는 고정 금리 대출
- 초기 티져금리teaser rate로 시작하고, 대출 기간 동안 금리가 올라가는 대출

이 예제 문제의 요점은 몇 개의 연관된 클래스를 점진적으로 개발하는 것을 연습하는 것이지 여러분을 대출 전문가로 만들려는 것은 아닙니다.

프로그램은 `Mortgage` 클래스와 앞에서 나열한 세 가지 종류에 해당하는 하위 클래스로 구성할 것입니다.

그림 8.9를 보면 추상 클래스 `Mortgage`가 있습니다. 이 클래스는 각 하위 클래스에서 함께 사용하는 메소드를 가지고 있지만, 직접적으로 인스턴스를 생성하기 위한 클래스들은 아닙니다. 말하자면, `Mortgage` 자료형의 객체는 생성하지 않을 것입니다.

첫 번째 함수 `findPayment`는 주어진 기간에 대출을 모두 갚기 위해 은행에 상환해야 할 원금과 이자를 포함한 고정된 월 상환액을 계산해줍니다. 이것을 계산할 때 잘 알려진 닫힌 형closed-form 계산 공식을 사용합니다. 우리가 이 공식을 어렵지 않게 이 자리에서 직접 유도해낼 수도 있지만, 참고문헌을 찾아서 사용하는 것이 훨씬 쉽고 더 정확히 계산할 확률이 높습니다.

여러분이 웹에서(심지어는 교과서들마저도) 발견한 것이 모두 정확한 것은 아니라는 것을 명심하십시오. 여러분이 찾아낸 공식을 코드에 포함할 경우에 다음 사항들을 만족하는지 확인해야 합니다.

58. 리보금리London Interbank Offered Rate가 아마 가장 흔히 사용하는 지수일 것입니다.

```
def findPayment(loan, r, m):
    """Assumes: loan and r are floats, m an int
       Returns the monthly payment for a mortgage of size
       loan at a monthly rate of r for m months"""
    return loan*((r*(1+r)**m)/((1+r)**m - 1))

class Mortgage(object):
    """Abstract class for building different kinds of mortgages"""
    def __init__(self, loan, annRate, months):
        """Assumes: loan and annRate are floats, months an int
        Creates a new mortgage of size loan, duration months, and
        annual rate annRate"""
        self.loan = loan
        self.rate = annRate/12
        self.months = months
        self.paid = [0.0]
        self.outstanding = [loan]
        self.payment = findPayment(loan, self.rate, months)
        self.legend = None #description of mortgage

    def makePayment(self):
        """Make a payment"""
        self.paid.append(self.payment)
        reduction = self.payment - self.outstanding[-1]*self.rate
        self.outstanding.append(self.outstanding[-1] - reduction)

    def getTotalPaid(self):
        """Return the total amount paid so far"""
        return sum(self.paid)

    def __str__(self):
        return self.legend
```

그림 8.9 Mortgage 기본 클래스

- 여러분이 믿을만한 출처에서 공식을 가져왔습니다. 믿을만한 몇 개의 출처들을 보았는데 모두 똑 같은 공식을 가지고 있었습니다.
- 여러분이 공식의 모든 변수들이 의미하는 것을 완전하게 이해합니다.
- 여러분이 믿을만한 출처에서 가져온 예제들을 가지고 구현한 것을 시험해봅니다. 우리는 이 함수를 구현한 뒤 이 함수로 계산한 결과가 웹에 있는 계산기가 계산한 값과 같은지 비교하며 시험하였습니다.

`__init__`을 살펴보면 모든 `Mortgage`의 인스턴스들이 가지고 있는 인스턴스 변수들은 다음과 같습니다: 초기 대출 금액, 한달 금리, 대출 기간 개월 수, 매월 초에 상환된 금액 리스트 (첫 번째 달에는 아무 금액도 상환하지 않기 때문에 리스트는 0.0으로 시작합니다), 매월 초에 미결제된 잔액의 리스트, 매월 내는 상환액(`findPayment` 함수가 반환하는 값으로 초기화됩니다), 그리고 대출에 대해 설명하는 것(초기 값은 None입니다)입니다. 모든 `Mortgage`의 하위 클래스들은 `__init__`은 제일 먼저 `Mortgage.__init__`을 호출하고 그 다음에 `self.legend`를 각각 하위 클래스에 쓰여져 있는 설명대로 알맞게 초기화해야 합니다.

`makePayment` 메소드는 대출 상환액을 기록하기 위한 용도입니다. 매 상환액은 대출 잔액으로 인한 이자를 포함한 것이며, 그 나머지는 대출 잔금을 줄여 나갑니다. 이것 때문에 `makePayment`는 `self.paid`와 `self.outstanding`이 두 값 모두를 갱신합니다.

`getTotalPaid` 메소드는 일련의 숫자들의 합을 반환해주는 파이썬 내장 함수 `sum`을 사용합니다. 만약 숫자가 아닌 값이 있다면 예외가 발생합니다.

그림 8.10는 세 종류의 대출의 클래스들을 구현하고 있습니다. `Fixed`와 `FixedWithPts` 클래스들은 `__init__` 함수를 오버라이드하고 있으며 `Mortgage`에서 또 다른 세 가지 메소드들을 상속받습니다. TwoRate 클래스는 각각 다른 두 개의 이자율을 가진 두 개의 대출을 병합하여 하나의 대출로 취급합니다. (`self.paid`가 하나의 요소를 가지고 있는 list로 초기화되기 때문에, 지불한 횟수보다 하나 더 많은 수의 요소를 가지고 있습니다. 이렇게 때문에 `makePayment`는 `len(self.paid)`를 `self.teaserMonths + 1`과 비교하고 있는 것입니다).

그림 8.11은 세 종류의 대출 모두의 비용을 한 세트의 샘플 매개변수들을 사용하여 계산 후 출력해주는 함수입니다. 각 종류마다 클래스들을 생성하는 것으로 시작합니다. 그리고나서, 주어진 햇수로 매달 상환해야 할 금액을 계산합니다. 끝으로 각 대출마다 총 상환액을 출력합니다.

`compareMortgages`를 호출할 때 위치 매개변수가 아니라 키워드를 사용한 것에 유의하십시오. 이렇게 한 이유는 `compareMortgages`에 매개변수가 매우 많기 때문에 키워드 인수를 사용하면 의도한 값들이 매개변수들에 제대로 공급되고 있는지 확실하게 확인할 수 있기 때문입니다.

```
class Fixed(Mortgage):
    def __init__(self, loan, r, months):
        Mortgage.__init__(self, loan, r, months)
        self.legend = 'Fixed, ' + str(round(r*100, 2)) + '%'

class FixedWithPts(Mortgage):
    def __init__(self, loan, r, months, pts):
        Mortgage.__init__(self, loan, r, months)
        self.pts = pts
        self.paid = [loan*(pts/100)]
        self.legend = 'Fixed, ' + str(round(r*100, 2)) + '%, '\
                      + str(pts) + ' points'

class TwoRate(Mortgage):
    def __init__(self, loan, r, months, teaserRate, teaserMonths):
        Mortgage.__init__(self, loan, teaserRate, months)
        self.teaserMonths = teaserMonths
        self.teaserRate = teaserRate
        self.nextRate = r/12
        self.legend = str(teaserRate*100)\
                      + '% for ' + str(self.teaserMonths)\
                      + ' months, then ' + str(round(r*100, 2)) + '%'
    def makePayment(self):
        if len(self.paid) == self.teaserMonths + 1:
            self.rate = self.nextRate
            self.payment = findPayment(self.outstanding[-1],
                                       self.rate,
                                       self.months - self.teaserMonths)
        Mortgage.makePayment(self)
```

그림 8.10 대출 하위클래스

그림 8.11을 실행하면 이렇게 출력하게 됩니다.

```
Fixed, 7.0%
 Total payments = $479017
Fixed, 5.0%, 3.25 points
 Total payments = $393011
4.5% for 48 months, then 9.5%
 Total payments = $551444
```

```
def compareMortgages(amt, years, fixedRate, pts, ptsRate,
                     varRate1, varRate2, varMonths):
    totMonths = years*12
    fixed1 = Fixed(amt, fixedRate, totMonths)
    fixed2 = FixedWithPts(amt, ptsRate, totMonths, pts)
    twoRate = TwoRate(amt, varRate2, totMonths, varRate1, varMonths)
    morts = [fixed1, fixed2, twoRate]
    for m in range(totMonths):
        for mort in morts:
            mort.makePayment()
    for m in morts:
        print(m)
        print(' Total payments = $' + str(int(m.getTotalPaid())))

compareMortgages(amt=200000, years=30, fixedRate=0.07,
                 pts = 3.25, ptsRate=0.05, varRate1=0.045,
                 varRate2=0.095, varMonths=48)
```

그림 8.11 대출 금액 계산하기

처음에 언뜻 보면 결과가 꽤나 확실해 보입니다. 변동 금리의 대출은 좋은 생각이 아니고(은행이 아니라 대출자에게는), 포인트를 내는 고정금리가 제일 좋은 것 같습니다. 변동 금리 대출에 상환액이 제일 높고 고정 금리의 경우가 가장 적습니다. 하지만 대출을 결정할 때 고려해야 할 요인이 총 금액만 있는 것이 아니라는 것을 알아두어야 합니다. 예를 들어, 나중에 소득이 더 많아질 대출자라면 초반에는 적은 액수를 나중에 더 많이 내고 싶어 할지도 모릅니다.

이것을 통해 한 개의 숫자를 보는 것이 아니라 기간에 걸친 상환액을 보아야 한다는 것을 알 수 있습니다. 결국 프로그램은 대출이 기간에 따라서 어떻게 변하는지를 그래프로 나타낼 수 있어야 한다는 것입니다. 이것은 11.2절에서 해볼 것입니다.

CHAPTER 09

알고리즘 복잡도(Complexity)에 대한 간단한 소개

프로그램을 설계하고 구현할 때 가장 중요하게 생각할 것은 신뢰할만한 결과물을 산출해야 한다는 것입니다. 우리는 은행 프로그램이 은행계좌의 잔액을 정확하게 계산하고, 자동차에 주유를 할 때에도 당연히 정확한 양의 기름이 주유되기를 바랍니다. 비행기가 추락crash하지 않길 바라는 것처럼 운영체제 또한 갑자기 망가지지crash 않기를 바랍니다.

때때로 성능performance 자체가 정확성correctness의 중요한 한 부분입니다. 특히 실시간real time으로 프로그램을 실행해야 할 때는 더욱 그렇습니다. 비행기에게 잠재적인 장애물을 경고해주는 프로그램이라면, 비행기가 장애물에 부딪히기 전에 경고를 해야 합니다. 성능은 실시간이 아닌 프로그램에도 많은 영향을 줍니다. 데이터베이스 시스템 관련 프로그램을 평가할 때 1분 당 몇 개의 트랜잭션transaction이 완료되는지가 매우 중요한 평가 기준metric이기도 합니다. 스마트폰 사용자들은 앱의 속도를 중요하게 생각합니다. 생물학자들은 계통발생 추론을 계산할 때 소요되는 시간을 중요하게 생각합니다.

효율적인 프로그램을 작성하는 것은 쉬운 일이 아닙니다. 머릿속에서 바로 나오는 쉬운 해결책들은 많은 경우 대부분 효율적이지 않습니다. 반대로 계산을 효율적으로 하는 알고리즘들은 많은 경우 프로그램을 이해하기 어렵게 만드는 미묘한 비법들을 사용하곤 합니다. 따라서 프로그래머들은 종종 프로그램의 **계산 복잡도**computational complexity를 줄이기 위해서 **개념 복잡도**conceptual complexity를 늘리기도 합니다. 이것을 잘 하려면 프로그램의 계산 복잡도를 어떻게 추정하는지 알아야 합니다. 이것이 이 장의 주제입니다.

9.1 계산 복잡도에 대해서

만약 누군가가 “아래에 있는 함수를 실행할 때 얼마나 걸릴까요?”라고 묻는다면 뭐라고 대답해야 할까요?

```
def f(i):
    """Assumes i is an int and i>= 0"""
    answer = 1
    while i>= 1:
        answer *= i
        i -= 1
    return answer
```

프로그램을 실행해서 몇 개의 값들을 입력해보고 시간을 잴 수도 있습니다. 하지만 이렇게 해서 얻은 값은 그다지 유용하지가 않을 것입니다. 그 이유는 결과가 다음 세 가지에 따라서 달라지기 때문입니다.

- 프로그램을 실행하는 컴퓨터의 속도
- 컴퓨터에서 실행하고 있는 파이썬 자체의 효율성
- 입력 값

처음 두 문제에 대해서는 시간을 더 추상적으로 측정하여 해결할 수가 있습니다. 시간을 천분의 일초 단위로 측정하기보다는 프로그램에서 실행하는 기본적 단계step의 수로 측정하는 것입니다.

단순화하기 위해서 계산 모델로 **랜덤액세스 기계**random access machine을 사용할 것입니다. 이 기계는 단계들을 하나씩 순차적으로 실행합니다.[59] **단계**step란 고정된 시간이 걸리는 작업을 말합니다. 예를 들어 변수를 객체에 바인딩한다던가 비교를 하는 것, 산술 연산을 실행하는 것, 혹은 메모리에 있는 객체를 접근하는 것 등이 있습니다.

자, 이제 시간에 대해서 추상적으로 생각하는 방법을 알았으니 세 번째 문제인 입력 값에 대해서 생각해봅시다. 이것은 시간 복잡도를 한 개의 수로 표현하는 것이 아니라 입력 값의 개수에 연관하여 표현하면 됩니다. 이것을 통해서 입력 값의 개수에 따라 실행 시간이 어떻게 바뀌는지 알 수 있기 때문에 두 개의 알고리즘의 효율을 비교할 수 있습니다.

59. 현대 컴퓨터에 더 적합한 모델은 PRAMparallel random access machine(병렬컴퓨터)일 것입니다. 하지만 이 모델을 사용한다면 알고리즘 분석이 상당히 복잡해지는데 답은 크게 달라지지 않습니다.

당연히 물론, 알고리즘의 실제 실행 시간은 입력 값들의 개수 뿐만 아니라 입력 값에 따라서 달라집니다. 예를 들어 선형[linear] 탐색 알고리즘을 이렇게 구현하였다고 해봅시다.

```
def linearSearch(L, x):
    for e in L:
        if e == x:
            return True
    return False
```

만약 L에 백만 개의 요소들이 있는데, linearSearch(L, 3)를 호출하였다고 합시다. 만약 L의 첫 번째 요소가 3이라면 linearSearch는 실행과 동시에 True를 반환할 것입니다. 반면에 만약 L에 3이 없다면 linearSearch 함수는 백만 개의 요소들을 모두 검사한 후에야 False를 반환할 것입니다.

일반적으로, 나타날 수 있는 경우를 크게 세 가지로 분류합니다.

- 최선의 실행 시간은 제일 유리한 입력 값을 가졌을 때의 알고리즘의 실행 시간입니다. 즉, 최선의 경우[best-case] 실행 시간은 입력 가능한 모든 값 중에서 가장 빠른 최소 실행 시간입니다. linearSearch의 경우 **최선의** 실행 시간은 L의 크기와 상관이 없습니다.
- 마찬가지로 **최악의 경우**[worst-case] 실행 시간은 입력 가능한 모든 값 중에서 가장 느린 최대 실행 시간입니다. linearSearch에서 최악 실행 시간은 리스트의 크기이므로 선형적[linear]입니다.
- 이제 최선의 경우와 최악의 경우의 정의로 유추해본다면 **평균적 경우**[average-case](expected-case라고 부르기도 합니다) 실행 시간은 입력 가능한 모든 값 중에서 평균의 실행 시간입니다. 혹은 만약 누군가가 선험적으로[a priori] 입력 값들의 분포에 대한 정보를 가지고 있었다면(예를 들어 90%의 경우 x는 L에 존재한다) 이것 또한 고려할 수 있습니다.

대개는 최악의 경우에 주목합니다. 모든 공학자들이 공통적으로 갖고 있는 신념이 하나 있는데 이것은 바로 머피의 법칙입니다. "잘못될 수도 있는 일은 반드시 잘못될 것이다"는 것입니다.[60] 최악의 경우가 실행 시간의 **상한선**[upper bound]입니다. 계산 시간이 치명적인 제약조건인 상황에서 상한선은 매우 절대적으로 중요한 것입니다. 어떤 항공 관제 시스템이 충돌이 일어나기 전에 "대부분의 경우" 경고를 한다고 해서 충분히 좋은 것이라 할 수 없습니다.

반복문으로 구현한 계승[factorial] 함수의 최악의 경우 실행 시간을 살펴봅시다.

60. [역자 주] Murphy's Law; If something can go wrong, it will go wrong.

```
def fact(n):
    """Assumes n is a natural number
       Returns n!"""
    answer = 1
    while n > 1:
        answer *= n
        n -= 1
    return answer
```

이 프로그램을 실행하기 위해 필요한 단계의 개수는 2(초기화하는 대입문을 실행할 때 1단계, 반환문을 실행할 때 1단계) +5n(`while`문에서 검사할 때 1, `while`문의 첫 번째 대입문을 실행할 때 2, `while`문에서 두 번째 대입문을 실행할 때 2)과 비슷한 값일 것입니다. 그러니까 만약 n이 1000이라면 위 함수는 대략적으로 5002단계를 실행할 것입니다.

n이 점점 커질수록, 5n과 5n+2의 차이는 별로 없을 것이 분명합니다. 이 이유 때문에 보통 실행시간을 계산할 때는 추가적인 상수들을 무시합니다. 문제가 될 만한 것은 곱셈 상수입니다. 그런데, 계산을 하는데 있어서, 1000단계 혹은 5000단계가 얼마나 걸리는지가 과연 중요할까요? 지금은 크게 문제되지 않을 수 있지만 많은 상황에서 곱셈 상수는 매우 중요합니다. 검색 엔진에서 질의[query] 당 0.5초가 걸리는 것과 2.5초가 걸리는 것의 차이가 사람들로 하여금 그 검색 엔진을 사용하거나 다른 경쟁 검색 엔진을 사용하도록 하는 요인이 되게 할 수도 있습니다.

반면에 두 개의 알고리즘을 비교할 때에는 곱셈 상수도 의미 없어질 때가 많습니다. 3장에서 부동소수점 숫자의 제곱근의 근사치를 구하기 위해 살펴본 두 가지 알고리즘, 전수 나열과 이분 검색을 다시 기억해봅시다. 이 두 개의 알고리즘을 바탕으로 구현한 함수들이 **그림 9.1**과 **그림 9.2**에 각각 기술되어 있습니다.

```
def squareRootExhaustive(x, epsilon):
    """Assumes x and epsilon are positive floats & epsilon < 1
       Returns a y such that y*y is within epsilon of x"""
    step = epsilon**2
    ans = 0.0
    while abs(ans**2 - x) >= epsilon and ans*ans <= x:
        ans += step
    if ans*ans > x:
        raise ValueError
    return ans
```

그림 9.1 제곱근의 근사치를 구하기 위해 전수 나열 사용하기

```
def squareRootBi(x, epsilon):
    """Assumes x and epsilon are positive floats & epsilon < 1
       Returns a y such that y*y is within epsilon of x"""
    low = 0.0
    high = max(1.0, x)
    ans = (high + low)/2.0
    while abs(ans**2 - x) >= epsilon:
       if ans**2 < x:
          low = ans
       else:
          high = ans
       ans = (high + low)/2.0
    return ans
```

그림 9.2 제곱근의 근사치를 구하기 위해 이분 검색 사용하기

앞서 살펴보았듯이 전수 나열은 `x`와 `epsilon`의 수많은 조합 때문에 매우 느려서 실용적이지 않았습니다. 예를 들어 `squareRootExhaustive(100, 0.0001)`는 대략적으로 십억 번 루프를 반복해야 합니다. 이에 반해서 `squareRootBi(100, 0.0001)`는 약간 더 복잡해 진 `while`문이지만 대략 스무 번 정도 루프를 반복합니다. 이렇게 반복문 실행 횟수의 차이가 클 때에는 루프 안에 몇 개의 명령어가 있는지는 별로 중요하지 않습니다. 즉, 곱셈 상수는 별로 상관이 없습니다.

9.2 점근(漸近, Asymptotic) 표기법

알고리즘의 실행 시간과 입력 규모의 관계를 말할 때에는 **점근 표기법**asymptotic notation이라는 것을 공식적으로 사용합니다. 여기에 근본적으로 깔려있는 생각은 거의 모든 알고리즘들이 적은 수의 입력 값들로 실행할 때는 충분히 효율적이라는 것입니다. 우리가 고려하고 걱정해야 할 것은 알고리즘을 매우 많은 입력 값들로 실행할 때의 효율성입니다. “매우 많은”이라고 했듯이, 점근 표기법은 입력 규모가 무한대로 갈 때의 알고리즘의 복잡도를 의미합니다.

다음의 예제를 봅시다.

```
def f(x):
    """Assume x is an int > 0"""
    ans = 0
    #Loop that takes constant time
    for i in range(1000):
        ans += 1
    print('Number of additions so far', ans)
    #Loop that takes time x
    for i in range(x):
        ans += 1
    print('Number of additions so far', ans)
    #Nested loops take time x**2
    for i in range(x):
        for j in range(x):
            ans += 1
            ans += 1
    print('Number of additions so far', ans)
    return ans
```

그림 9.3 점근적 복잡도(Asymptotic complexity)

만약 각 줄의 코드를 실행할 때 한 단위의 시간이 걸린다고 가정한다면 이 함수의 실행 시간은 $1000 + x + 2x^2$로 표현할 수 있습니다. 상수 1000은 첫 번째 반복문이 실행되는 횟수에 해당합니다. x는 두 번째 반복문이 실행되는 횟수에 해당합니다. 마지막으로 $2x^2$는 중첩된 반복문에 있는 두 개의 문장을 실행한 것에 해당합니다. 결과적으로 `f(10)`을 호출하면 다음과 같이 출력할 것이며,

```
Number of additions so far 1000
Number of additions so far 1010
Number of additions so far 1210
```

`f(100)`을 호출한다면 다음과 같이 출력할 것입니다.

```
Number of additions so far 1000
Number of additions so far 2000
Number of additions so far 2002000
```

`x`가 작은 값일 때는 상수 항의 영향이 제일 큽니다. 만약 `x`가 10이면 1210 중 1000단계는 첫 번

째 반복문에서 실행된 것입니다. 하지만 만약 x가 1000이라면 첫 번째와 두 번째 반복문은 전체 단계의 0.05%밖에 차지하지 않습니다. x가 1,000,000일 때는 첫 번째 루프는 전체 시간의 0.00000005% 밖에 차지하지 않고 두 번째 루프는 0.00005%를 차지합니다. 2,000,001,001,000 단계 중 2,000,000,000,000 단계가 중첩된 `for` 반복문의 본체에 있는 것입니다.

매우 많은 입력 값들로 실행하는 중첩 반복문(즉 2차항으로 된 컴포넌트)만 고려해도 프로그램 실행 시간에 대해서 아주 명확하게 의미있는 정보를 얻을 수 있습니다. 이 반복문이 x^2이 아니라 $2x^2$이라는 사실이 중요할까요? 만약 컴퓨터가 1초당 대략 1억 개의 단계를 실행한다고 하면 `f` 함수를 실행하는데 5.5시간 정도가 걸릴 것입니다. 만약 복잡도를 x^2으로 한다면 2.25시간 정도가 걸 립니다. 어찌 되었든 이 값들이 의미하는 바는 같습니다: 즉 우리는 더 효율적인 알고리즘을 찾아야 한다는 것입니다.

점근 표기법을 표현할 때 이러한 분석을 통해 다음과 같은 경험 법칙rules of thumb을 발견할 수 있습니다.

- 실행 시간이 다항식의 합일 경우 가장 증가율growth rate이 큰 항을 제외하고는 무시하십시오.
- 남아있는 항이 곱이라면 상수를 무시하십시오.

가장 흔히 사용하는 점근 표기법은 "Big O" 표기법입니다.[61] Big O 표기법은 함수의 점근적 증가 혹은 **증가도**Order of growth의 **상한선**upper bound을 나타냅니다. 예를 들어 다음의 수식 $f(x) \in O(x^2)$은 점근적으로 함수 f가 2차 다항식 x^2보다 빨리 증가할 수 없다는 것을 의미합니다.

다른 많은 컴퓨터 과학자들처럼 우리도 Big O 표기법을 종종 남용할 것입니다. 예를 들어 "f(x)의 복잡도는 $O(x^2)$이다."와 같은 표현을 할 것입니다. 이것에 대해서 설명하자면 최악의 경우 f는 실행할 때 $O(x^2)$번의 단계만큼 걸릴 것이라는 의미입니다. "복잡도가$O(x^2)$ 안에 있다"와 "복잡도가 $O(x^2)$ 이다"라고 할 때, 둘 사이에는 미묘하지만 중요한 차이가 있습니다. "$f(x) \in O(x^2)$, 안에 있다"는 최악의 경우 f의 실행 시간이 $O(x^2)$보다 상당히 적을 수도 있다는 것을 포함하고 있습니다.

우리가 "f(x)는 $O(x^2)$이다"라고 할 때, x^2이 동시에 점근적으로 최악의 경우 실행시간의 상한선과 하한선lower bound이라는 것입니다. 이것을 **tight bound**라고 부릅니다.[62]

61. "Big O"라는 명칭은 컴퓨터 공학자 도널드 크누스Donald Knuth가 1970년 처음 사용하였습니다. 그리스 문자 오미크론을 사용한 이유는 19세기말부터 많은 학자들이 이와 관련된 개념을 설명하기 위해 이 문자를 사용했기 때문입니다. [역자 주] "빅 오"라고 읽습니다.
62. 더 원칙을 따지는 학자들은 이런 경우에 Big O보다 Big Theta, Θ를 사용합니다.

9.3 중요한 복잡도의 분류들

가장 흔히 사용하는 Big O 사례들이 다음에 있습니다. 각각의 경우, n은 그 함수 입력의 크기를 나타냅니다.

- O(1)은 **상수**Constant 실행 시간을 나타냅니다.
- O(log n)은 **대수**Logarithmic 실행 시간을 나타냅니다.
- O(n)은 **선형**Linear 실행 시간을 나타냅니다.
- O(n log n)은 **로그 선형**Log-linear 실행 시간을 나타냅니다.
- $O(n^k)$는 **다항**Polynomial 실행 시간을 나타냅니다. k는 상수입니다.
- $O(c^n)$)은 **지수**Exponential 실행 시간을 나타냅니다. 여기서는 입력 크기에 따라 상수를 제곱합니다.

9.3.1 상수 복잡도

이것은 점근적 복잡도가 입력 크기와 상관이 없다는 것을 나타냅니다. 이 분류에 속하는 흥미로운 프로그램들이 몇 가지가 있지만, 모든 프로그램들 안에는 이 분류에 속하는 일부분이 포함되어 있습니다. 예를 들어 파이썬 리스트의 길이를 알아낸다든가 두 개의 부동소수점을 곱하는 것이 모두 상수 복잡도를 갖고 있는 부분입니다. 상수 실행 시간은 코드에 반복문 혹은 재귀문이 없다는 것을 의미하지 않습니다. 하지만 반복하는 횟수나 재귀를 호출하는 횟수가 입력 크기와 상관 없다는 것을 의미합니다.

9.3.2 대수 복잡도

이 분류에 속하는 함수들은 입력들 중에 최소한 하나가 로그 값으로 증가하는 복잡도를 갖고 있습니다. 이분 검색을 예로 들면 리스트의 길이를 찾을 때가 로그 값으로 증가하는 부분 입니다(다음 장에서 이분 검색의 복잡도를 분석해 볼 것입니다). 그런데, 로그의 밑수base의 차이는 곱셈 상수처럼 크게 차이가 없기 때문에 무시해도 좋습니다. 예를 들어 $O(\log_2(x))$는 $O(\log_2(10)*\log_{10}(x))$와 같습니다. 대수 복잡도에 관해서는 매우 흥미로운 함수들이 많습니다. 다음 함수를 봅시다.

```
def intToStr(i):
    """Assumes i is a nonnegative int
       Returns a decimal string representation of i"""
    digits = '0123456789'
    if i == 0:
```

```
        return '0'
    result = ''
    while i > 0:
        result = digits[i%10] + result
        i = i//10
    return result
```

이 코드에는 아무런 함수나 메소드 호출이 없기 때문에 복잡도가 어느 분류에 들어가는지 알기 위해서는 반복문만 보면 됩니다. 반복문이 하나밖에 없기 때문에 반복 횟수를 살펴봅시다. 내부적으로 살펴본다면 `i`를 10으로 몇 번 나눌 수 있는지로 좁혀집니다. 그러므로 `intToStr`의 복잡도는 O(log(i))입니다.

그렇다면 다음 함수의 복잡도는 무엇일까요?

```
def addDigits(n):
    """Assumes n is a nonnegative int
       Returns the sum of the digits in n"""
    stringRep = intToStr(n)
    val = 0
    for c in stringRep:
        val += int(c)
    return val
```

`n`을 문자열로 변환하는 것의 복잡도는 O(log(n))이며 `intToStr`은 O(log(n))의 길이를 가진 문자열을 반환합니다. `for`문이 반복하는 횟수는 O(len(stringRep)), 즉 O(log(n))번 입니다. 숫자를 나타내는 문자를 int 자료형으로 바꾸는 것이 상수 시간이라고 가정했을 때 종합해보면 프로그램은 O(log(n)) + O(log(n))에 비례하여 실행될 것이므로 복잡도는 O(log(n))이 됩니다.

9.3.3 선형 복잡도

리스트 혹은 다른 종류의 시퀀스 형을 다루는 많은 알고리즘은 선형 복잡도를 가지고 있습니다. 그 이유는 시퀀스의 각 요소들을 상수(0보다 큰) 횟수만큼 접근하기 때문입니다.

예를 들어, 다음 예제를 봅시다.

```
def addDigits(s):
    """Assumes s is a str each character of which is a
           decimal digit.
       Returns an int that is the sum of the digits in s"""
    val = 0
```

```
    for c in s:
        val += int(c)
    return val
```

앞에서 언급했듯이 숫자를 나타내는 문자를 int형으로 바꾸는 것이 상수 시간이라고 가정했을 때 이 함수는 s 길이의 선형 복잡도를 가지고 있습니다. 즉 O(len(s))입니다.

물론, 당연히 선형 복잡도를 갖기 위해서 꼭 반복문이 있어야 할 필요는 없습니다. 다음 코드를 봅시다.

```
def factorial(x):
    """Assumes that x is a positive int
        Returns x!"""
    if x == 1:
        return 1
    else:
        return x*factorial(x-1)
```

이 코드에는 반복문이 없기 때문에 복잡도를 분석하기 위해서는 재귀 호출이 몇 번이나 이루어지는지 알아내야 합니다. 코드는 다음과 같이 재귀문을 호출할 것입니다.

```
factorial(x), factorial(x-1), factorial(x-2), ... , factorial(1),
```

이렇게 재귀문을 x번만큼 호출하게 되므로 이 함수의 복잡도는 O(x)입니다.

이전까지 우리는 코드를 통해서 시간의 복잡도를 조사해왔습니다. 이것은 일정한 공간을 사용하는 알고리즘이라면 문제될 게 없지만 위의 코드의 경우는 그렇지가 않습니다. 각 재귀문은 호출될 때마다 새로운 스택 프레임을 메모리에 할당하며, 호출한 함수가 반환할 때까지 그 프레임은 계속해서 메모리 공간을 차지하고 있습니다. 재귀의 최고 깊이에 도달했을 때, 이 코드는 x개의 스택 프레임stack frame을 할당하였을 것이기 때문에 공간space 복잡도는 O(x)입니다.

공간 복잡도의 영향력은 시간 복잡도의 영향력보다 알아보기가 더 힘듭니다. 프로그램을 실행했을 때 1분이 걸리는지 2분이 걸리는지는 사용자가 쉽게 알 수 있지만 1메가바이트를 사용하는지 2메가바이트를 사용하는지는 사용자가 쉽게 볼 수가 없습니다. 그렇기 때문에 사람들은 공간 복잡도보다는 시간 복잡도에 더 관심을 기울입니다. 하지만 실행되고 있는 컴퓨터에서 사용 가능한 메모리 공간보다 프로그램이 더 많은 공간을 요구할 때는 예외가 발생합니다.

9.3.4 로그 선형 복잡도

이 종류의 복잡도는 이제까지 우리가 다뤘던 복잡도들보다 약간 더 복잡합니다. 그 이유는, 두 항의 곱이 있고, 또한 두 항 모두 입력 크기에 따라 결정됩니다. 이 분류가 특히 더 중요한 이유는 실제 사용되고 있는 많은 알고리즘이 로그 선형이기 때문입니다. 아마 가장 흔하게 사용하는 로그 선형 알고리즘은 O(n log(n))의 복잡도를 나타내는 합병정렬[merge sort]일 것입니다. 여기서 n은 정렬하려고 하는 리스트의 길이입니다. 이 알고리즘의 복잡도에 대해서는 다음 장에서 분석하고 다뤄보겠습니다.

9.3.5 다항 복잡도

가장 흔히 사용하는 다항 알고리즘은 **2차**[quadratic]입니다. 즉 복잡도가 입력 크기의 제곱으로 증가하는 알고리즘입니다. 예를 들어 **그림 9.4**에 있는 부분집합[subset]을 시험하는 함수를 살펴봅시다.

```
def isSubset(L1, L2):
    """Assumes L1 and L2 are lists.
       Returns True if each element in L1 is also in L2
       and False otherwise."""
    for e1 in L1:
       matched = False
       for e2 in L2:
           if e1 == e2:
               matched = True
                  break
           if not matched:
               return False
       return True
```

그림 9.4 subset test의 구현

함수는 외부 for 루프를 O(len(L1))번 실행하므로, O(len(L1))번만큼 내부 for 루프에 도달하게 됩니다. 그리고 내부 루프에 도달할 때마다 내부 루프 자체는 O(len(L2))번 실행됩니다. 그러므로 isSubset의 복잡도는 O(len(L1)*len(L2))입니다.

그러면, 이제 **그림 9.5**에 있는 `intersect` 함수를 봅시다. 리스트를 만드는 부분의 실행 시간은 O(len(L1)*len(L2))이며 이 리스트에는 중복된 값이 있을 수도 있습니다. 언뜻 봐서는 리스트에 중복된 값이 없게 하는 코드 부분이 `tmp`의 길이로 선형적인 것 같지만 그렇지 않습니다. `e not in result`라고 하는 검사는 잠재적으로 `result`의 모든 요소들을 하나씩 확인하는 작업이기 때문에 O(len(result))의 복잡도를 가집니다. 따라서 코드의 두 번째 부분의 복잡도는

O(len(tmp)*len(result))가 됩니다. `result`와 `tmp`의 길이가 `L1`과 `L2` 중에서 더 작은 길이를 가진 값에 달려있고 덧셈 항들은 무시하기 때문에 `intersect`의 복잡도는 O(len(L1)*len(L2))입니다. 그러나, `result`와 `tmp`의 길이는 L1 과 L2 중에 더 작은 길이에 의해 제한됩니다. 우리가 더하기 항목들은 무시하므로, `intersect`의 복잡도는 O(len(L1)*len(L2))입니다.

```
def intersect(L1, L2):
    """Assumes: L1 and L2 are lists
       Returns a list without duplicates that is the intersection of
       L1 and L2"""
    #Build a list containing common elements
    tmp = []
    for e1 in L1:
        for e2 in L2:
            if e1 == e2:
                tmp.append(e1)
                break
    #Build a list without duplicates
    result = []
    for e in tmp:
        if e not in result:
            result.append(e)
    return result
```

그림 9.5 교차 리스트의 구현

9.3.6 지수 복잡도

이 책의 후반부에서도 다루게 되겠지만, 많은 중요한 문제들은 지수 복잡도를 갖고 있습니다. 즉 문제를 풀어나가려고 할 때 입력 크기에 따라 지수로 증가하는 시간이 필요하다는 것입니다. 하지만 실행할 때 지수 시간을 가질 확률이 높은 프로그램을 작성하는 것은 많은 경우 도움이 되지 않습니다. 예를 들어 **그림 9.6**의 예제를 살펴봅시다.

```
def getBinaryRep(n, numDigits):
    """Assumes n and numDigits are non-negative ints
       Returns a str of length numDigits that is a binary
       representation of n"""
    result = ''
    while n > 0:
       result = str(n%2) + result
       n = n//2
    if len(result) > numDigits:
       raise ValueError('not enough digits')
    for i in range(numDigits - len(result)):
       result = '0' + result
    return result

def genPowerset(L):
    """Assumes L is a list
       Returns a list of lists that contains all possible
       combinations of the elements of L. E.g., if
       L is [1, 2] it will return a list with elements
       [], [1], [2], and [1,2]."""
    powerset = []
    for i in range(0, 2**len(L)):
       binStr = getBinaryRep(i, len(L))
       subset = []
       for j in range(len(L)):
          if binStr[j] == '1':
             subset.append(L[j])
       powerset.append(subset)
    return powerset
```

그림 9.6 멱집합(power set) 생성하기

함수 genPowerSet(L)는 L에 있는 요소들의 모든 가능한 조합들을 담은 리스트들로 된 하나의 리스트를 반환합니다. 예를 들어, L이 ['x', 'y']일 때, L의 멱집합powerset은 다음 [], ['x'], ['y'], ['x', 'y']와 같은 리스트를 포함하는 리스트가 됩니다.

이 알고리즘은 약간 미묘합니다. n개의 요소들이 있는 리스트를 생각해봅시다. 요소의 모든 가능한 조합은 n의 문자열에 0과 1로 나타낼 수 있습니다. 여기서 1은 그 요소가 리스트에 있는 것을 나타내고 0은 없는 것을 나타냅니다. 아무 요소도 담고 있지 않은 조합은 0만으로 이루어진 문자

열로 표현될 것이며 모든 요소를 갖고 있는 조합은 모두 1로 된 문자열로 표현될 것입니다. 또한 첫 번째와 마지막 요소를 가지고 있는 요소는 100...001 이런 식으로 표현될 것입니다.

그러므로 길이가 n인 리스트 L의 부분리스트sublist를 모두 생성하는 것은 다음과 같이 할 수 있습니다.

- n-bit의 이진수를 모두 생성하십시오. 이것은 0부터 2^n까지 숫자들입니다.
- 2^n+1의 모든 이진수 b에 대해, 1로 된 인덱스를 갖는 요소들을 선택하여 리스트를 생성하십시오. 예를 들어 L이 `['x', 'y']`이고 이진수 b가 `01`이면 리스트 `['y']`를 생성하십시오.

알파벳의 처음 10개 문자를 담고 있는 리스트에 `genPowerset`를 실행하십시오. 꽤 빠르게 계산이 끝날 것이고 1024개의 요소를 갖고 있는 리스트가 만들어질 것입니다. 그 다음에는 알파벳의 처음 20개 문자를 가지고 `genPowerset`을 실행해보십시오. 시간이 조금 더 걸리고 약 100만개의 요소를 갖고 있는 리스트를 반환할 것입니다. 만약 알파벳 26자 모두를 `genPowerset`으로 실행한다면 기다리다 지칠 만큼 오래 걸릴 수도 있습니다. 아니면 컴퓨터가 몇 천만 개의 요소를 가진 리스트를 만들다가 메모리가 부족해서 실행을 멈출 수도 있습니다. 그러니 알파벳의 모든 대소문자를 담고 있는 리스트를 `genPowerset`으로 돌리려는 생각은 추호도 하지 않아야겠습니다. 이 알고리즘의 첫 번째 단계에서는 $O(2^{len(L)})$ 이진수를 생성하므로 알고리즘은 len(L)의 지수로 증가합니다.

그렇다면 지수적으로 증가하는 계산을 필요로 하는 어려운 문제들은 다룰 수 없다는 뜻일까요? 절대로 그렇지 않습니다. 이것은 이러한 지수 복잡도를 갖고 있는 문제들에 대해 근사해approximate solution를 구하든지 혹은 어떤 경우에는 완벽한 해답을 구하는 알고리즘을 찾아야 한다는 뜻입니다. 하지만 이 주제는 뒷장에서 다룰 것입니다.

9.3.7 복잡도 분류의 비교

여기에 나와있는 그래프들은 복잡도 분류의 알고리즘의 차이들이 무엇을 의미하는지 나타내고자 합니다.

그림 9.7의 왼쪽의 그래프는 상수 시간의 알고리즘과 대수Logarithmic 알고리즘의 증가를 비교하고 있습니다. 그래프에서 나와있듯이 상수가 매우 작은 값 20이라도 두 선이 교차하려면 입력 크기가 약 100만이 되어야 한다는데 유의하십시오. 만약 입력 크기가 500만이어도 대수 알고리즘은 그다지 느리지 않습니다. 여기서 알 수 있는 것은 대수 알고리즘이 상수 시간만큼이나 빠르다는 것입니다.

그림 9.7의 오른쪽의 그래프는 대수 알고리즘과 선형 알고리즘의 극적인 차이를 보여주고 있습니다. 그래프에서 볼 수 있듯이 y축은 1000까지만 나와있습니다. 상수 시간과 대수 시간의 차이를 보

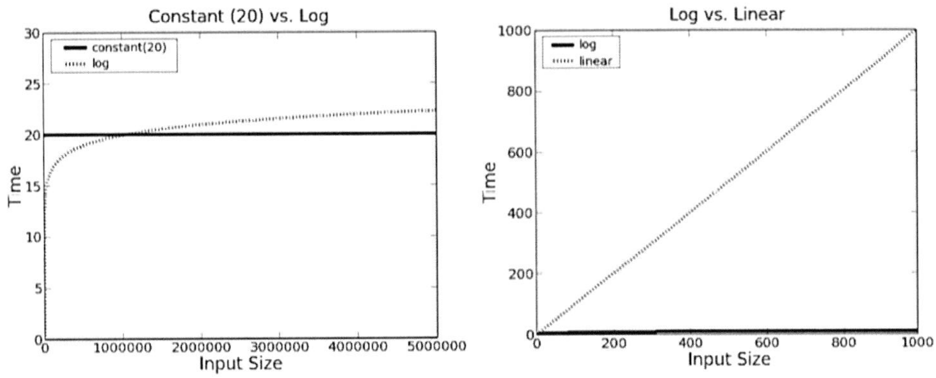

그림 9.7 상수, 대수, 선형의 증가율

기 위해 입력 크기가 매우 커야 했던 것과는 달리 대수 시간과 선형 시간 알고리즘의 차이는 입력 크기가 작아도 분명하게 볼 수 있습니다. 대수 알고리즘과 선형 알고리즘 사이에 극적인 차이가 있다고 해서 선형 알고리즘이 나쁘다는 것은 아닙니다. 사실 선형 알고리즘은 대부분 충분히 효율적입니다.

그림 9.8의 왼쪽에 있는 그래프는 O(n)과 O(n log(n))의 차이를 나타냅니다. log(n)의 증가 속도가 매우 느리게 증가하는데, O(n log(n))는 조금 놀랄 수도 있겠지만 여기에는 승인자multiplicative factor가 있다는 것을 기억하십시오. 또한 현실적으로 대부분 O(n log(n))은 사용하기에 충분히 빠르다는 것도 기억하십시오.

반면에 아래 오른쪽에 있는 그래프는 많은 경우 이차quadratic 속도로 증가하는 알고리즘을 사용하

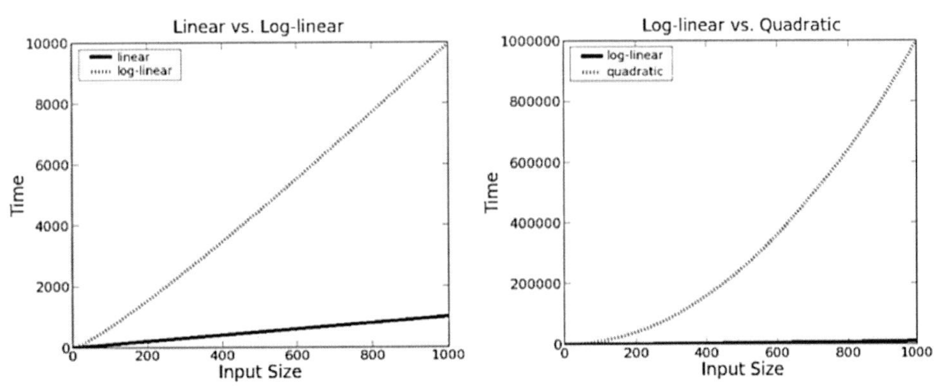

그림 9.8 선형, 로그 선형, 2차식의 증가율

면 안 되는 이유를 보여주고 있습니다. 이차 곡선은 너무나 급격히 증가하므로, 로그 선형 복잡도를 그래프에서 보는 것조차 힘들 정도입니다.

그림 9.9의 두 그래프는 지수 복잡도에 관한 것입니다. **그림 9.9**의 왼쪽에 있는 그래프를 봅시다. y축은 왼쪽에 0.0에서 1.2라고 쓰여져 있지만 왼쪽 상단에 쓰여져 있는 `x1e301`이 의미하는 것은 y축 옆에 있는 모든 눈금에 10^{301}을 곱해야 한다는 것입니다. 그러므로 y축의 범위는 0에서 약 $1.1*10^{301}$까지 입니다. 하지만 그래프를 보면 왼쪽에는 아무런 선도 그려져 있지 않은 것 같아 보입니다. 그 이유는 지수 복잡도를 갖는 함수가 y축의 최대 눈금에 비해 너무 빠르게 증가했기 때문에 이차 곡선과 지수 곡선의 앞부분 y 값이 0과 거의 구분이 되지 않는 것입니다.

오른 쪽에 있는 그래프는 y축에 로그자logarithmic scale를 사용하여 왼쪽 그래프의 문제를 보안하고 있습니다. 그래프를 보시다시피 입력 크기가 매우 작을 때를 제외하고는 지수 알고리즘이 매우 실용적이지 않다는 것을 알 수 있습니다.

그런데, 로그자를 사용하여 그래프를 그리면 지수 곡선이 마치 직선처럼 나타나게 되는 것을 유의하기 바랍니다. 이것은 뒤에 나오는 장들에서 더 알아보도록 하겠습니다.

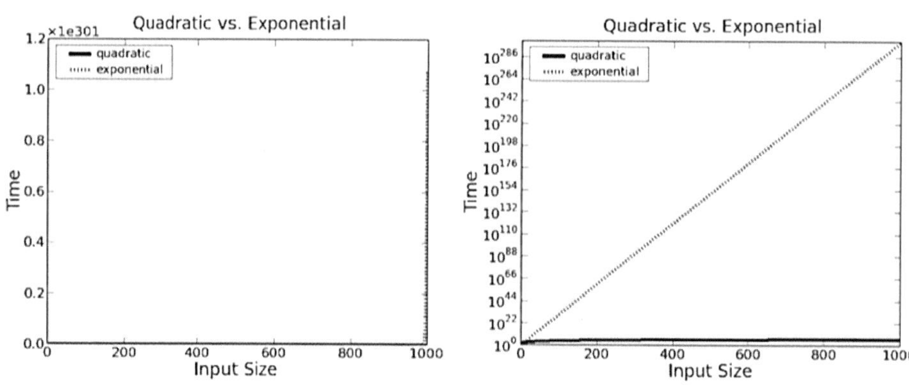

그림 9.9 2차식과 지수 증가율

CHAPTER **10**

간단한 알고리즘과 데이터 구조

효율성에 대해서 꽤 많은 페이지 수를 할당하긴 했지만 우리의 최종 목표는 효율적인 프로그램을 설계하는 전문가가 되는 것은 아닙니다. 이 주제만 다루는 매우 긴(길면서도 매우 훌륭한) 책들이 많이 있습니다.[63] 9장에서 복잡성 분석에 대한 기본 개념들을 소개했습니다. 그리고 이 장에서는 이러한 개념들을 사용하여 몇 가지 매우 고전적인 알고리즘의 복잡도에 대해서 살펴볼 것입니다. 이 장의 목표는 복잡도에 대해 어떤 접근을 할지에 대한 직관을 키우는 것입니다. 이 장을 마치고 나면 왜 어떤 프로그램은 눈 깜박할 사이에 끝나고 어떤 프로그램은 밤새도록 돌려도 끝나지 않는지 이해하게 될 것입니다.

이 책에서 우리가 처음 살펴본 알고리즘들은 무차별적인brute-force 전수 나열을 사용했습니다. 현대 컴퓨터들이 정말 빠르기 때문에 굳이 좋은 알고리즘을 사용하는 것이 시간 낭비일 때가 종종 있다는 것도 논의했습니다. 간단하면서도 의심할 여지 없이 정확한 프로그램을 작성하십시오. 그리고 마음껏 돌리면 됩니다.

그 다음에 몇 가지 문제들을 살펴보았습니다. 예를 들어 다항식 제곱근의 근사치를 구하는 문제를 살펴보았는데, 무차별적인brute-force 대입 방법을 사용하는 것은 검색해야 하는 공간이 너무 크기 때문에 실제로 사용할 수가 없었습니다. 그래서 이분 검색이나 뉴턴-랩슨과 같은 조금 더 효율적인 알고리즘을 살펴보게 되었습니다. 그런데, 여기서 효율적인 프로그램을 작성하는 핵심은 교묘한 코딩 요령trick아니라 좋은 알고리즘이라는 것을 알아야 합니다.

과학에서(자연과학, 생명과학, 사회과학) 프로그래머들은 보통 간단한 알고리즘을 작성하여 데이터 세트에 대한 가설의 타당성을 검사한 후 작은 양의 데이터로 프로그램을 실행합니다. 만약 긍

63. 수학에 겁먹지 않는 분들에게는 Cormen, Leiserson, Rivest, 그리고 Stein이 쓴 Introduction to Algorithm이란 책을 추천합니다.
[역자 주] 이 유명한 책은 저자들 이름의 첫 글자를 모아서 "CLRS"이란 이름으로 잘 알려져 있으며, 그 내용의 난이도가 높습니다.

정적인 결과가 나타난다면 큰 데이터 세트에도 계속해서 돌아갈 수 있는 프로그램을 구현하기 시작합니다. 이때 효율적인 알고리즘을 바탕으로 프로그램을 구현할 필요가 있습니다.

효율적인 알고리즘은 개발하기가 매우 어렵습니다. 성공했다고하는 컴퓨터 과학자 전문가들이라도 전 생애를 통틀어 하나의 알고리즘을 만들까 말까 합니다. 그것도 운이 좋으면 말이죠. 우리 중 대부분은 새로운 알고리즘을 절대로 개발하지 못할 것입니다. 대신 우리는 이전에 해결된 문제들의 해답을 통해, 주어진 문제에서 가장 복잡한 부분들을 최소화하는 법을 배웁니다. 구체적으로 말하면 우리는

- 우리가 해결해야 할 문제의 고유한 복잡성에 대해 이해하고
- 그 문제를 어떻게 작은 부분 문제들로 나눌지 생각하며
- 나눈 부분 문제들을 기존의 개발된 효율적인 알고리즘과 연관시킵니다.

이 장에서는 알고리즘 디자인에 대해서 감intuition을 가질 수 있도록 도와주는 몇 가지 예제들을 살펴볼 것입니다. 다른 곳에서도 더 많은 알고리즘을 볼 수 있습니다.

가장 효율적인 알고리즘이 반드시 우리가 선택해야 할 알고리즘이 아닐 수도 있다는 것을 명심하길 바랍니다. 대개 모든 면에서 효율성을 최대화한 프로그램은 필요 이상으로 이해하기 힘듭니다. 그러므로 처음 주어진 문제를 접근할 때에는 가장 간단하고 쉬운 방법으로 푼 후에 계산적으로 병목bottlenecks현상을 일으키는 부분을 찾아내고, 그 병목을 일으키는 부분의 계산 복잡도를 향상시키는 방법을 찾는 것이 좋습니다.

10.1 검색 알고리즘

검색 알고리즘search algorithms은 어떤 항목의 집합 속에서 특정 속성을 가진 항목들을 찾아내는 방법을 의미합니다. 여기서 항목들의 집합을 **검색 공간**search space이라고 부릅니다. 검색 공간은 의사의 진료 기록처럼 구체적일 수 있고, 모든 정수의 집합처럼 추상적일 수도 있습니다. 실생활에서 일어나는 많은 문제들이 검색 문제로 귀결될 수 있습니다.

이 책에서 본 많은 알고리즘들도 검색 알고리즘들이라고 볼 수가 있습니다. 3장에서 본 다항식의 제곱근의 근사치를 찾는 것 또한 검색 문제로 나타내어 풀었습니다. 기억을 되살려보면 검색 공간에서 답이 될 만한 것을 찾을 때에 세 가지 알고리즘들—전수 나열, 이분 검색, 뉴턴-랩슨—을 살펴보았습니다.

이 절에서는 리스트를 검색하는 두 가지 알고리즘을 살펴볼 것인데 각 알고리즘은 다음과 같은

사양을 충족합니다.

```
def search(L, e):
    """Assumes L is a list.
       Returns True if e is in L and False otherwise"""
```

아마도 눈치 빠른 독자들은 이 함수가 파이썬에서 흔히 표현하는 `e in L`과 같은 것이 아닌지 생각했을지도 모르겠습니다. 그렇죠, 사실 이것은 `e in L`과 같습니다. 만약 여러분이 e가 리스트 L에 있는지 알아내는 알고리즘 효율성에 대해 별로 상관이 없다면, 여러분은 `e in L`을 있는 그대로 사용하면 됩니다.

10.1.1 선형 검색과 요소를 접근할 때 간접 참조(Indirection)하기

파이썬은 하나의 요소element가 리스트 안에 있는지 알아내기 위해서 다음과 같은 알고리즘을 사용합니다.

```
for i in range(len(L)):
    if L[i] == e:
        return True
return False
```

만약 e라는 요소가 리스트에 없다면 위의 알고리즘은 O(len(L)) 검사를 실행하므로, 최선의 경우 복잡도는 L 길이에 따른 선형입니다. 왜 복잡도가 "최선의 경우" 선형일까요? 그 이유는 루프 안의 작업이 상수 시간 안에 이루어질 때에만 선형이기 때문입니다. 그렇다면 과연 파이썬은 리스트의 i번째 요소를 상수 시간에 불러 올 수 있느냐fetch에 대해 질문을 하게 될 것입니다. 우리의 계산 모델은 어떤 주소에 저장되어 있는 값을 가져오는 것retrieve은 상수 시간이 걸린다고 가정하고 있기 때문에 과연 리스트의 i번째 요소의 주소를 상수 시간에 계산할 수 있느냐 없느냐가 관건이 됩니다.

우선 리스트의 모든 요소가 정수라고 가정해봅시다. 이것은 리스트의 모든 요소가 같은 크기, 즉 메모리의 4단위(4개의 8 bit 바이트[64])씩을 차지한다는 것을 의미합니다. 이 경우 리스트의 i번째 요소의 메모리 주소는 start + 4i가 됩니다. 여기서 start는 리스트의 시작 주소를 가리킵니다. 그러므로 정수의 경우라면 파이썬이 리스트의 i번째 요소의 주소를 상수 시간 안에 계산할 수 있다고 가정할 수 있습니다.

64. 정수형을 저장할 때 사용되는 비트 수(단어 크기, word size라고 불리기도 합니다)는 컴퓨터의 하드웨어에 보통 명시되어 있습니다.

당연히 파이썬의 리스트는 정수 이외의 다른 자료형도 담을 수가 있습니다. 그리고 한 리스트에 다양한 크기를 가진 자료형들을 담을 수도 있습니다. 이것이 문제가 될 것같이 보이지만 사실은 그렇지 않습니다.

파이썬에서 리스트는 길이(리스트의 들어있는 객체의 수)와 그 객체들을 가리키는 고정된 크기의 포인터[65] 시퀀스로 표시합니다. **그림 10.1**은 이러한 포인터가 어떻게 사용되는지를 보여 주고 있습니다. 그림에서 회색으로 채워진 공간들은 네 개의 요소들을 담고 있는 리스트를 나타냅니다. 회색으로 채워진 공간의 가장 왼쪽 상자는 리스트의 길이를 나타내는 정수 값을 가리키고 있는 포인터를 담고 있습니다. 그 외의 나머지 회색으로 채워진 각 공간들은 리스트의 객체들을 가리키는 포인터들을 담고 있습니다.

만약 길이를 나타내는 공간이 메모리의 4단위이며 각 포인터가 메모리의 4단위씩 차지한다면 리스트의 i번째 요소의 주소는 start + 4 + 4i에 저장됩니다. 이 주소는 상수 시간에 구할 수가 있으며 그 주소에 저장된 값으로 i번째 요소를 접근할 수가 있습니다. 이 접근하는 작업 또한 상수 시간이 걸립니다.

이 예제는 계산에 사용되는 가장 중요한 구현 기법들 중 하나인 **간접 참조**indrection[66]를 보여주는 것입니다. 일반적으로 간접 참조는 무언가를 접근하려고 할 때, 접근하려고 하는 것을 참조하고 있는 또 다른 것을 먼저 접근하는 것을 의미합니다. 변수를 사용하여 변수에 바인딩된 객체에 접근하는 것과 같은 원리입니다. 변수를 사용하여 리스트에 접근하고 그 리스트에 저장되어 있는 레퍼

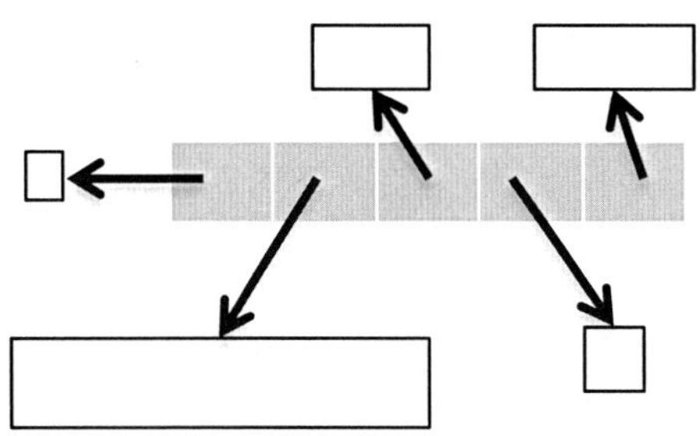

그림 10.1 리스트 구현하기

65. 32비트일 때도 있고 64비트일 때도 있습니다.
66. 제 사전은 간접 참조에 대해서 "솔직하지 못한 것: 속이는 것"이라고 정의하고 있습니다. 1950년경에 컴퓨터 공학자들이 간접 참조가 많은 문제의 해결법이라는 것을 알아내기 전까지 실제로 이 단어는 경멸적인 의미를 가지고 있었습니다.

런스를 가지고 또 다른 객체에 접근하는 것은 두 단계로 간접 참조를 한 것입니다.[67]

10.1.2 이분 검색과 가정(Assumptions)에 대한 고찰

`Search(L, e)`를 구현하는 문제로 돌아가 봅시다. 정말 O(len(L))이 최선일까요? 리스트의 요소들의 값과 저장된 순서의 연관성에 대해서 모르고 있다면 그게 최선일 것입니다. 최악의 경우 `e`가 `L`안에 있는지 알기 위해 `L`의 요소들을 모두 비교해야 할 수도 있습니다.

하지만 만약 우리가 요소들이 저장된 그 순서에 대해서 안다고 합시다. 예를 들어 정수 리스트가 있는데 오름차순으로 값이 저장되어 있다는 것을 안다고 가정해봅시다. 그렇다면 찾으려고 하는 값보다 큰 값이 나올 때 검색 작업을 멈추게 하도록 **그림 10.2**처럼 코드를 수정할 수가 있습니다.

```
def search(L, e):
    """Assumes L is a list, the elements of which are in
          ascending order.
       Returns True if e is in L and False otherwise"""
    for i in range(len(L)):
        if L[i] == e:
            return True
        if L[i] > e:
            return False
    return False
```

그림 10.2 정렬된 리스트의 선형 검색(linear search)

이렇게 한다면 평균 실행 시간이 향상될 것입니다. 하지만 알고리즘의 최악의 경우 복잡도는 달라지지 않습니다. 그 이유는 최악의 경우에 `L`의 모든 요소들과 비교해야 하기 때문입니다.

하지만 **이진 검색**binary search을 사용하면 최악의 경우에 해당하는 복잡도를 크게 향상시킬 수 있습니다. 이것은 3장에서 부동 소수점의 제곱근의 근사치를 찾을 때 사용했던 이분 검색과 매우 비슷합니다. 그 때 우리는 모든 부동 소수점 자체의 고유한 순서(크기)를 활용했습니다. 여기서는 리스트가 정렬되어 있다는 가정을 이용할 것입니다.

67. 이런 말이 있습니다. "모든 계산적 문제들은 또 다른 간접 단계를 추가하면 해결할 수 있다." 이것은 데이빗 윌러David J. Wheeler가 발견한 것입니다. 버틀러 램슨Butler Lampson 외 다른 저자들이 쓴 "Authentication in Distributed Systems: Theory and Practice,"에서도 이와 같은 내용을 담고 있습니다. 이 책의 각주에는 이런 말이 있습니다. "로저 니드햄Roger Needham은 이 발견을 캠브리지 대학의 데이빗 윌러(David Wheeler)의 공으로 돌립니다."

아이디어는 다음과 같이 간단합니다.

1. 리스트 `L`을 대략적으로 반으로 나누는 인덱스 `i`를 고릅니다.
2. `L[i] == e`인지 묻습니다.
3. 만약 아니라면 `L[i]`가 `e`보다 작은지 큰지 묻습니다.
4. 그 답에 따라 `e`의 왼쪽을 검색하거나 오른쪽을 검색합니다.

주어진 알고리즘의 구조를 볼 때, 이진 검색의 가장 간단한 구현은 **그림 10.3**에 나오는 것처럼 재귀를 사용한다는 것을 놀랄만한 일이 아닙니다.

그림 10.3의 외부 함수outer function, `search(L, e)`는 **그림 10.2**에서 정의한 함수와 인자의 사양이

```
def search(L, e):
    """Assumes L is a list, the elements of which are in
           ascending order.
       Returns True if e is in L and False otherwise"""

    def bSearch(L, e, low, high):
        #Decrements high - low
        if high == low:
            return L[low] == e
        mid = (low + high)//2
        if L[mid] == e:
            return True
        elif L[mid] > e:
            if low == mid: #nothing left to search
                return False
            else:
                return bSearch(L, e, low, mid - 1)
        else:
            return bSearch(L, e, mid + 1, high)

    if len(L) == 0:
        return False
    else:
        return bSearch(L, e, 0, len(L) - 1)
```

그림 10.3 재귀 이진 검색

같습니다. **그림 10.3**의 함수의 사양은 L이 오름차순으로 정렬되어 있다고 가정하고 있음을 언급하고 있습니다. 리스트가 이 조건을 만족하도록 하는 것은 `search` 함수를 호출하는 사람의 책임입니다. 이러한 가정(조건)이 충족되지 않으면, 함수가 바르게 작동할 것이라는 것이 보장되지 않습니다. 어떤 경우에는 잘 작동할 수도 있겠지만, 어떤 경우에는 오답을 반환하거나 프로그램이 갑자기 멈출 수도 있습니다. 그렇다면 `search`를 수정하여 오름차순으로 정렬되어 있다는 조건을 만족하는지 검사해야 할까요? 그렇게 한다면 오류의 여지는 제거할 수 있으나 이진 검색을 사용하는 목적을 달성하지 못하게 됩니다. 그 이유는 조건을 만족하는지 검사하는 작업만 해도 O(len(L))의 시간이 걸리기 때문입니다.

`search`와 같은 함수들을 흔히 **래퍼 함수**wrapper function이라고 부릅니다. 이러한 함수는 클라이언트 코드에게 좋은 인터페이스를 제공합니다. 다만 어떤 중요한 계산을 하는 것은 아니지만, 거쳐가야 할 중요한 단계에 해당합니다. 중요한 계산 대신에, 적절한 인자들로 보조 함수helper function인 `bSearch`를 호출합니다. 그렇다면 왜 `search`를 제거하고 클라이언트 코드로 하여금 직접 `bSearch`를 호출하게 하지 않을까 하는 질문이 떠오를 것입니다. 그 이유는 매개변수 `low`와 `high`는 리스트의 요소를 검색하는 추상화와 아무런 관련이 없기 때문입니다. 이러한 매개변수들은 `search`를 호출하는 프로그램을 작성하는 사람들에게 감추어야 하는 구현 세부사항들입니다.

그렇다면 이제는 `bSearch`의 복잡도를 분석해봅시다. 지난 절에서 리스트를 접근할 때에 상수 시간이 걸린다는 것을 배웠습니다. 그러므로 재귀 호출을 제외하고는 `bSearch`의 각 인스턴스는 O(1)임을 알 수 있습니다. 그러므로 `bSearch`의 복잡도는 재귀 호출의 값에만 달려 있습니다.

만약 이 책이 알고리즘에 대한 책이라면 재귀식recurrence relation에 대한 분석을 주의 깊게 해야 합니다. 하지만 이 책은 알고리즘에 관한 책이 아니기 때문에 이 문제에 대해 다음과 같은 간단한 질문으로 접근해볼까 합니다. "프로그램이 종료하는지 어떻게 알 수 있는가?" 3장의 기억을 되살려보면 `while` 루프에서도 비슷한 질문을 하였습니다. 그리고 루프의 감소decrementing 함수를 제공하여서 이 문제를 해결하였습니다. 지금도 같은 방법으로 문제를 풀 것입니다. 여기에서 감소 함수는 다음과 같은 속성을 가지고 있습니다.

- 매개변수formal parameter들이 음수가 아닌 정수와 바인딩 된 값들을 매핑합니다.
- 만약 그 값이 0이면 재귀는 종료됩니다.
- 각 재귀 호출마다 감소 함수의 값은 함수 호출을 하고 있는 인스턴스에 들어오는 감소 함수의 값보다 작습니다.

`bSearch`의 감소 함수는 `high-low`입니다. `search`의 `if`문은 감소 함수의 값이 `bSearch`가 처음 호출될 때 최소 한 번은 0이라는 것을 보장해줍니다(감소 함수 속성 1번).

bSearch가 시작할 때 만약 high-low 값이 정확하게 0이라면 함수는 아무 재귀 호출도 하지 않고 값 L[low] == e를 반환합니다(감소 함수 속성 2번을 만족시킵니다).

bSearch 함수를 보면 두 개의 재귀 호출이 있습니다. 첫 번째 호출은 mid의 왼쪽에 있는 모든 요소들을 다루고 두 번째 호출은 mid의 오른쪽에 있는 모든 요소들을 다룹니다. 두 경우 모두 high-low의 값은 반으로 줄어듭니다(감소 함수 속성의 3번을 만족시킵니다).

이제는 왜 재귀가 종료되는지 이해할 수 있겠죠? 다음 질문은 high-low의 값이 몇 번이나 반씩 줄어들어야 high-low가 0이 되느냐는 것입니다. logy(x)는 y가 x가 되기 위해서 자기 자신을 곱하는 횟수임을 기억하시죠?[68] 따라서 정반대로 x를 y로 logy(x)번 나누면, 결과 값은 1이 됩니다.[69] 이것은 high-low가 0이 되기까지 최대 log2(high-low)번 반으로 나눌 수 있음을 뜻합니다.[70]

마지막으로 다음 질문을 답할 수 있을 것입니다. 이진 검색의 알고리즘 복잡도는 어떻게 될까요? search가 bSearch를 호출할 때 high-low의 값이 len(L)-1와 같기 때문에 search의 복잡도는 O(log(len(L)))입니다.[71]

손가락 풀기

왜 위 코드의 두 번째 재귀 호출에서 mid가 아닌 mid+1을 사용할까요?

10.2 정렬 알고리즘

우리는 만약 리스트가 정렬되어 있다면 그 정보를 사용하여 리스트를 검색하는 시간을 크게 줄일 수 있다는 것을 조금 전에 배웠습니다. 그렇다면 리스트를 검색하라고 요청을 받았을 때, 우리가 우선 리스트를 정렬한 다음에 검색을 해야 한다는 의미일까요?

O(sortComplexity(L))이 리스트를 정렬하는 것의 복잡도라고 합시다. 리스트를 검색하는 것은

68. [역자 주] $y^{logy(x)} = x$

69. [역자 주] $x/y^{logy(x)} = 1$

70. [역자 주] "logy(x) = ?"의 의미는 "x를 y로 몇 번 나누어야 1이 되는가?"입니다. 예를 들어, 의 경우라면, 8을 2(다른 말로 반half씩)로 몇 번 나누면 1이 되느냐 입니다. 8개의 요소를 가지고 있는 리스트는 최대(최악의 경우) 3번이면 검색할 수 있다는 것입니다. 만약 7이라면, 3보다 약간 작은 2.x일 것입니다. 그러므로 이 경우도 3번이면 검색할 수 있고, 만약 8이라면, 3보다 약간 큰 3.x일 것이므로, 4번이면 검색할 수 있습니다. 만약 100개 요소가 있는 리스트라면, 몇 번이면 검색할 수 있을까요? $\log_2(100) = 6.x = 7$

71. 증가율(order of growth)을 따질 때, 로그의 밑수는 무관하다는 것을 기억하십시오.

O(len(L))이 걸린다는 것을 안다면 먼저 리스트를 정렬하고 검색하느냐에 대한 질문은 다음과 같이 표현할 수가 있습니다. (sortComplexity(L) + log(len(L))) < len(L). 즉 리스트를 정렬하고 검색을 하는 것이 정렬이 안된 리스트를 검색하는 것보다 빠르냐는 것입니다. 이에 대한 답은 안타깝게도 "no"입니다. 리스트의 모든 요소를 최소 한 번이라도 접근하지 않으면 리스트를 검색하는 것은 불가능하므로 선형 시간 내에 리스트를 정렬하는 것 또한 불가능 합니다.

그렇다면 이분 검색은 실질적으로 사용하지 않는 순전히 지적인 호기심에서 비롯된 알고리즘일까요? 다행히도 "no"입니다. 같은 리스트를 여러 번 검색해야 한다고 한다면 한 번 리스트를 정렬하는 오버헤드를 감수하고 여러 번 검색하는 것의 비용을 **상각**(償却)amortize하는 것이 타당한 것입니다. 만약 리스트를 k번 검색해야 한다면 이에 대해 물어야 할 질문은 (sortComplexity(L) + k*log(len(L)))가 k*len(L)보다 작냐는 것입니다. 즉 리스트를 한 번 정렬 하고 k번의 로그 복잡도로 검색하는 것이 정렬을 하지 않은 리스트를 k번 선형 복잡도로 검색하는 것보다 빠르냐는 것입니다.

k가 커질수록 리스트를 정렬해야 하는 시간이 점점 더 무관해집니다. k가 얼마나 커야 하는가는 리스트를 정렬하는 데에 얼마나 걸리는가에 달려있습니다. 만약 예를 들어 정렬을 하는 것이 리스트 크기의 지수exponential 복잡도를 가진다면 k는 매우 큰 값이어야 할 것입니다.

다행히 정렬은 꽤 효율적으로 할 수가 있습니다. 예를 들어 대부분의 파이썬에서 표준으로 사용하고 있는 정렬 알고리즘은 n이 리스트의 길이일 때 대략적으로 O(n*log(n))에 실행됩니다. 실제 상황에서는 직접 정렬 함수를 작성해야 할 일이 거의 없습니다. 대부분의 경우 파이썬의 내장 `sort` 메소드를 사용하거나(`L.sort()`는 리스트 L을 정렬해줍니다) 내장 함수 `sorted`을 사용하는 것입니다(`sorted(L)`을 하면 L과 똑 같은 요소의 리스트를 반환하지만 L을 변형하지는 않습니다). 여기에 나오는 정렬 알고리즘들은 우리가 주로 알고리즘의 디자인과 복잡도 분석에 대해서 생각하는 연습을 하기 위한 것입니다.

우선 간단하지만 비효율적인 알고리즘인 **선택 정렬**selection sort에 대해서 시작해봅시다. **그림 10.4**의 선택 정렬은 리스트를 `prefix (L[0:i])`와 `suffix (L[i+1:len(L)])`로 분할하면서, `prefix` 부분이 정렬되고 `prefix`의 모든 요소들은 `suffix`의 가장 작은 요소보다 작거나 같다라는 **루프 불변자**loop invariant를 유지하면서 작동합니다.

루프 불변자에 대해서는 귀납적 추론을 사용합니다.

- 기저 조건Base Case: 첫 반복문을 처음 실행할 때 `prefix`는 비어 있습니다. 즉 `suffix`는 전체의 리스트입니다. 그러므로, 불변자는 당연히 참true입니다.
- 귀납 단계Induction Step: 알고리즘의 각 단계마다 `suffix`에서 한 개의 요소를 `prefix`로 이동합니다. 이동할 때에는 `suffix`의 최소 요소를 `prefix`의 끝에 추가합니다. 요소를 이동하

```
def selSort(L):
    """Assumes that L is a list of elements that can be
         compared using >.
       Sorts L in ascending order"""
    suffixStart = 0
    while suffixStart != len(L):
        #look at each element in suffix
        for i in range(suffixStart, len(L)):
            if L[i] < L[suffixStart]:
                #swap position of elements
                L[suffixStart], L[i] = L[i], L[suffixStart]
        suffixStart += 1
```

그림 10.4 선택 정렬

기 전에 불변자가 성립되기 때문에, 요소를 추가한 후에도 `prefix`는 정렬되어 있을 것입니다. 또한 `suffix`에서 가장 작은 값의 요소를 제거하였기 때문에 `prefix`의 모든 요소들이 `suffix`의 요소들보다 작거나 같다는 것을 알 수 있습니다.

- 종료: 루프를 빠져나오면 `prefix`는 전체 리스트가 되며 `suffix`가 비게 됩니다. 그러므로 전체 리스트는 오름차순으로 정렬됩니다.

이러한 코드보다 더 간단하거나 더 분명한 알고리즘을 생각해내기란 쉽지 않을 것입니다. 하지만 불행히도 위 알고리즘은 상당히 비효율적입니다.[72] 안쪽inner 루프의 복잡도가 O(len(L))이며, 바깥outer 루프의 복잡도 또한 O(len(L))입니다. 따라서, 전체 함수의 복잡도는 O(len(L)2)입니다. 즉 L의 길이에 따른 이차quadratic 복잡도입니다.

10.2.1 합병 정렬(Merge Sort)

다행히 **분할정복**divide-and-conquer 알고리즘을 사용하면 이차quadratic 복잡도의 시간보다 훨씬 더 빨리 정렬을 할 수가 있습니다. 분할정복이란 본래 문제를 작은 부분들을 나누어 해결하고 이것을 합치는 것입니다. 보통 분할정복 알고리즘은 다음과 같은 특징들이 있습니다.

- 문제를 더 이상 나눌 수 없는 임계threshold 입력 크기,

72. 하지만 어느 성공적인 미국 대통령 후보가 말했듯이 정렬 알고리즘 중 제일 비효율적이지는 않습니다. 이 영상을 한 번 보시죠. `http://www.youtube.com/watch?v=k4RRi_ntQc8`

- 부분 문제들의 크기와 개수 그리고
- 부분 문제들의 부분 해답들을 합치는 알고리즘.

임계 값은 종종 재귀적 기저recursive base라고도 불립니다. 2번 사항에서 개수를 구할 때 초기 문제의 크기와 나누어진 부분들의 크기의 비율을 고려할 때가 많습니다. 우리가 지금까지 살펴본 내부분의 예제들의 비율은 2였습니다.

합병 정렬은 전형적인 분할정복 알고리즘으로 볼 수 있으며 1945년에 존 폰 노이만John von Neumann이 개발하였고 아직까지도 많이 사용되고 있습니다. 다른 많은 분할정복 알고리즘처럼 재귀적으로 가장 쉽게 설명할 수 있습니다.

1. 리스트의 길이가 0이나 1일 때, 리스트는 이미 정렬된 상태입니다.
2. 리스트에 한 개 이상의 요소가 들어있으면 리스트를 두 개의 리스트로 나눈 후에 합병정렬을 사용하여 나뉘어진 리스트를 정렬합니다.
3. 결과를 합병합니다.

여기서 폰 노이만이 찾아낸 중요한 발견은 두 개의 정렬된 리스트를 효율적으로 한 개의 정렬 된 리스트로 합병할 수 있다는 것입니다. 우선 각 리스트의 첫 번째 요소를 보고 둘 중 작은 요소를 결과 리스트의 끝으로 옮기는 것입니다. 만약 둘 중 하나의 리스트가 비게 되면, 남아 있는 리스트의 요소들을 모두 결과 리스트에 옮기면 됩니다. 예를 들어 두 개의 리스트 `[1, 5, 12, 18, 19, 20]`과 `[2, 3, 4, 17]`을 합병한다고 합시다.

Left in list 1	Left in list 2	Result
[1,5,12,18,19,20]	[2,3,4,17]	[]
[5,12,18,19,20]	[2,3,4,17]	[1]
[5,12,18,19,20]	[3,4,17]	[1,2]
[5,12,18,19,20]	[4,17]	[1,2,3]
[5,12,18,19,20]	[17]	[1,2,3,4]
[12,18,19,20]	[17]	[1,2,3,4,5]
[18,19,20]	[17]	[1,2,3,4,5,12]
[18,19,20]	[]	[1,2,3,4,5,12,17]
[]	[]	[1,2,3,4,5,12,17,18,19,20]

그렇다면 합병하는 작업의 복잡도는 무엇일까요? 두 개의 상수 시간을 갖는 작업들, 즉 요소들의 값들을 비교하는 것과 한 리스트에서 다른 리스트로 복사해서 옮기는 작업들 관련되어 있습니다. 요소들을 비교를 하는 횟수는 O(len(L))이며 여기서 L은 둘 중 더 긴 리스트를 나타냅니다. 복사하

는 작업의 횟수는 각 요소들이 단 한 번씩만 이동하기 때문에 O(len(L1) + len(L2))입니다. 그러므로 두 개의 정렬된 리스트를 합병하는 것은 리스트의 길이에 선형적입니다.

```
def merge(left, right, compare):
    """Assumes left and right are sorted lists and
         compare defines an ordering on the elements.
       Returns a new sorted (by compare) list containing the
         same elements as (left + right) would contain."""

    result = []
    i,j = 0, 0
    while i < len(left) and j < len(right):
        if compare(left[i], right[j]):
            result.append(left[i])
            i += 1
        else:
            result.append(right[j])
            j += 1
    while (i < len(left)):
        result.append(left[i])
        i += 1
    while (j < len(right)):
        result.append(right[j])
        j += 1
    return result

def mergeSort(L, compare = lambda x, y: x < y):
    """Assumes L is a list, compare defines an ordering
         on elements of L
       Returns a new sorted list with the same elements as L"""
    if len(L) < 2:
        return L[:]
    else:
        middle = len(L)//2
        left = mergeSort(L[:middle], compare)
        right = mergeSort(L[middle:], compare)
        return merge(left, right, compare)
```

그림 10.5 합병 정렬

그림 10.5는 합병정렬 알고리즘을 구현하고 있습니다.

비교 연산자를 `mergeSort` 함수의 매개변수로 만들은 것에 유의하십시오. 람다식lambda expression을 사용하여 매개변수의 디폴트 값으로 코드를 작성했습니다. 그래서, 예를 들면, 다음의 코드는

```
L = [2, 1, 4, 5, 3]
print(mergeSort(L), mergeSort(L, lambda x, y: x > y))
```

다음과 같이 출력합니다.

```
[1, 2, 3, 4, 5] [5, 4, 3, 2, 1]
```

`mergeSort` 함수의 복잡도를 분석해봅시다. `merge`의 시간 복잡도가 O(len(L))인 것은 이미 알고 있는 사실입니다. 재귀의 각 단계마다 합병하는 요소의 총 개수는 `len(L)`입니다. 그러므로 `mergeSort`의 시간 복잡도는 O(len(L))에 재귀하는 단계의 개수를 곱한 것입니다. `mergeSort`가 계속해서 반으로 나뉘어지기 때문에 재귀의 단계는 O(log(len(L))이 되겠죠? 그러므로 `mergeSort`의 시간 복잡도는 n이 `len(L)`일 때 O(n*log(n))입니다.

이 복잡도는 선택정렬의 $O(len(L)^2)$보다 훨씬 빠릅니다. 만약 `L`이 10,000개의 요소를 가지고 있다면 $len(L)^2$는 1억이지만 $len(L)*log_2(len(L))$은 약 13만입니다.

하지만 이렇게 시간 복잡도가 향상된 부분에 대해 대가price도 따르게 마련입니다. 선택정렬은 **공간절약**in-place 정렬 알고리즘입니다. 그 이유는 리스트 내에서 요소들의 자리를 바꾸어서 정렬을 하기 때문에 상수 양만큼의 추가(여기 구현된 코드에서는 단지 한 요소) 저장소를 사용합니다. 하지만 그에 반해서 합병 정렬 알고리즘은 리스트의 복사본들을 만들어야 합니다. 즉 공간 복잡도가 O(len(L))입니다. 만약 리스트가 커지면 이것은 문제가 될 수도 있습니다.[73]

10.2.2 함수를 매개변수로 활용하기

성과 이름이 적힌 리스트를 정렬한다고 가정해봅시다. 예를 들어 정렬하려는 리스트가 다음과 같다고 합시다 `['Chris Terman', 'Tom Brady', 'Eric Grimson', 'Gisele Bundchen']`. **그림 10.6**는 두 개의 정렬 함수를 정의하고 있으며, 이 두 함수를 이용하여 두 가지 방법으로 리스트를 정렬하고 있습니다. 각 함수는 `str` 자료형의 `split` 함수를 사용합니다.

73. C.A.R Hoare(호어)가 1960년에 고안해낸 quick sort(퀵소트)는 합병정렬과 개념적으로는 비슷하나 상당히 더 복잡합니다. log(n)의 추가적인 공간만 더 필요하다는 장점이 있습니다. 합병정렬과 달리 리스트에 있는 요소들이 서로 어떻게 배치되어 있는지에 따라 실행 시간이 달라집니다. 최악의 경우 실행 시간은 $O(n^2)$이지만 보통 예상된 실행 시간은 O(n*log(n))입니다.

```
def lastNameFirstName(name1, name2):
    arg1 = name1.split(' ')
    arg2 = name2.split(' ')
    if arg1[1] != arg2[1]:
        return arg1[1] < arg2[1]
    else: #last names the same, sort by first name
        return arg1[0] < arg2[0]

def firstNameLastName(name1, name2):
    arg1 = name1.split(' ')
    arg2 = name2.split(' ')
    if arg1[0] != arg2[0]:
        return arg1[0] < arg2[0]
    else: #first names the same, sort by last name
        return arg1[1] < arg2[1]

L = ['Tom Brady', 'Eric Grimson', 'Gisele Bundchen']
newL = mergeSort(L, lastNameFirstName)
print('Sorted by last name =', newL)
newL = mergeSort(L, firstNameLastName)
print('Sorted by first name =', newL)
```

그림 10.6 이름 리스트 정렬하기

그림 10.6의 코드를 실행하면, 다음과 같이 출력합니다.

```
Sorted by last name = ['Tom Brady', 'Gisele Bundchen', 'Eric Grimson']
Sorted by first name = ['Eric Grimson', 'Gisele Bundchen', 'Tom Brady']
```

10.2.3 파이썬에서 정렬하기

대부분 파이썬 내에서 구현되어 사용되고 있는 정렬 알고리즘은 **팀소트**Timsort입니다.[74] 핵심 아이디어는 많은 데이터 집합에서 많은 데이터들이 부분적으로 이미 정렬되어 있다는 점을 이용하는 것입니다. 팀소트의 최악의 경우의 성능은 병합정렬과 같지만 평균적으로는 병합정렬보다 상당히

74. 팀소트는 팀 피터Tim Peter가 2002년도에 파이썬에서 사용하는 알고리즘이 마음에 들지 않아 생각해낸 알고리즘입니다.

빠릅니다.

이전에 언급했다시피 파이썬 메소드 `list.sort`는 첫 번째 인자로 리스트를 받아서 그 리스트를 수정합니다. 이에 반해 파이썬 함수 `sorted`은 리스트나 딕셔너리처럼 반복 가능한[iterable] 객체를 (예, list 혹은 view) 첫 번째 인자로 받아서 정렬된 새로운 리스트를 반환합니다. 예를 들어, 다음 코드를 실행하면,

```
L = [3,5,2]
D = {'a':12, 'c':5, 'b':'dog'}
print(sorted(L))
print(L)
L.sort()
print(L)
print(sorted(D))
D.sort()
```

다음과 같이 출력합니다.

```
[2, 3, 5]
[3, 5, 2]
[2, 3, 5]
['a', 'b', 'c']
AttributeError: 'dict' object has no attribute 'sort'
```

딕셔너리에 `sorted` 함수를 적용하면, 딕셔너리의 키 값으로 정렬한 리스트를 반환하는 것에 유의하세요. 이에 반해, 딕셔너리에 `sort` 메소드를 적용하면, `dict.sort`라는 메소드가 없기 때문에 예외를 발생시킵니다.

`list.sort` 메소드와 `sorted` 함수 모두 두 개의 추가 매개변수를 사용할 수 있습니다. `key` 매개변수는 합병정렬에서 `compare`와 같은 역할을 하는 것으로, 비교 함수를 제공하기 위한 것입니다. `reverse` 매개변수는 리스트가 오름차순인지 내림차순인지를 지정해줍니다. 예를 들어,

```
L = [[1,2,3], (3,2,1,0), 'abc']
print(sorted(L, key = len, reverse = True))
```

위의 코드는 `L`의 요소들을 내림차순으로 정렬하여 이렇게 출력합니다.

```
[(3, 2, 1, 0), [1, 2, 3], 'abc']
```

`list.sort` 메소드와 `sorted` 함수는 **안전 정렬**[stable sort] 함수입니다. 즉 비교할 때 두 개의 리스트의 길이가 같다면 원래 리스트의 순서가 상대적으로 적용되어 최종 리스트에도 원래 순서로 유

지가 됩니다. (딕셔너리에는 같은 키가 존재하지 않으므로, `sorted`가 `dict` 자료형에 적용될 때, `sorted`가 안전stable인지 아닌지는 따질 가치가 없습니다.)

10.3 해시 테이블 (Hash Tables)

합병정렬을 이진 검색과 함께 사용한다면 리스트를 검색하는 좋은 방법이 될 것입니다. 합병정렬을 사용하여 리스트를 O(n*log(n))의 시간으로 전처리한 후에 이진 검색을 사용하여 O(log(n))의 시간으로 특정 요소가 그 리스트에 있는지 검사할 수 있습니다. 만약 리스트를 k번 검색한다면 총 시간 복잡도는 O(n*log(n) + k*log(n))이 됩니다.

이것으로도 충분히 좋지만, 우리는 전처리를 한 후 검색을 할 때 과연 대수logarithmic 복잡도가 최선인지 생각해봅시다.

5장에서 `dict` 자료형을 소개할 때 딕셔너리는 그의 크기와 상관 없이 검색하기 위하여 해싱 기법을 사용한다고 했습니다. **해시 테이블**의 원리는 간단합니다. 키를 정수로 변환하고 그 정수를 리스트의 인덱스로 사용하는 것입니다. 그러면 상수 시간이 걸립니다. 원칙상 변형 불가능한immutable 자료형은 쉽게 정수로 변환할 수가 있습니다. 결국엔 각 객체는 모두 내부적으로 비트로 표시되어 있기 때문에 모든 비트는 숫자를 나타낸다고 할 수 있습니다. 예를 들어서 내부적으로 `'abc'`는 011000010110001001100011로 되어 있으며 이것은 십진수로 6,382,179입니다. 당연히 내부적으로 문자열을 리스트의 인덱스로 사용한다면 리스트는 매우 길어질 것입니다.

키key가 이미 정수인 경우라면 어떨까요? 우선은 모든 키가 사회보장번호[75]인 딕셔너리를 구현한다고 상상해봅시다. 만약 딕셔너리를 10^9개의 요소로 된 리스트로 나타내고 사회보장번호를 인덱스로 하여 리스트를 접근한다고 하면 모든 검색 작업은 상수 시간 내에 이루어질 수 있습니다. 그런데, 딕셔너리에 일만 명(10^4)의 정보만 들어간다면, 물론 꽤나 많은 공간을 낭비하게 되겠지만 말입니다.

이렇기 때문에 해시 함수가 필요한 것입니다. **해시 함수**hash function는 매우 많은 입력 공간(예를 들어 모든 자연수)을 작은 출력 공간(예를 들어 0에서 5000사이의 자연수)으로 매핑합니다. 해시 함수를 사용하여 매우 많은 큰 키key의 공간을 작은 공간의 정수 인덱스로 변환할 수 있습니다. 가능한 출력 공간이 가능한 입력 공간보다 작기 때문에 해시 함수는 **다대일**many-to-one **매핑**을 합니다. 즉, 한 개의 출력에 여러 개의 다양한 입력이 매핑될 수 있습니다. 만약 두 입력이 같은 출력에 매

75. [역자 주] 한국의 주민등록번호에 상응하는 미국의 사회보장번호Social Security Number는 9개의 정수로 구성되어 있습니다.

핑되면 이것을 **충돌**collision이라고 부릅니다. 좋은 해시 함수는 **균등 분포**uniform distribution가 되도록 출력합니다 다른 말로, 범위 안의 모든 출력이 균등하게 사용되도록 하여 충돌의 가능성을 최소화하는 것이 좋은 해시 함수입니다.

좋은 해시 함수를 생각해 내는 것은 매우 어려운 일입니다. 여기서 문제는 주어진 입력의 분포를 가지고 출력이 어떻게 균등하게 분포되도록 하느냐입니다. 예를 들어 성의 첫 세 글자를 가지고 어떤 계산 절차를 거쳐 해시를 하였다고 가정해봅시다. 네덜란드에서 5%의 성이 "van" 으로 시작하며 또 다른 5%는 "de"로 시작한다고 하면 출력 분포는 균등하지 않을 것입니다.

그림 10.7은 간단한 해시 함수를 사용하여 정수가 키인 딕셔너리를 구현하고 있습니다(`i%j`는 `i`를 `j`로 나눈 것의 나머지를 반환한다는 것을 기억하시죠?).

여기에서 기본적인 아이디어는 `intDict` 클래스의 인스턴스를 **해시 버킷**bucket 리스트로 나타내는 것이며, 각 버킷은 키/값의 쌍들로 이루어진 리스트입니다. 각 버킷을 리스트로 구현함으로 버킷에 해시되는 값들을 리스트에 저장하여 충돌을 해결할 수 있습니다.

해시 테이블은 다음과 같이 동작합니다. 인스턴스 변수 `buckets`는 `numBuckets`의 개수만큼의 빈bin 리스트로 초기화합니다. `dictKey`키로 엔트리를 검색하거나 저장하려고 할 때, 해시 함수 `%`를 사용하여 `dictKey`를 정수로 변환하고 그 정수를 사용하여 `buckets`를 인덱스하여 해당하는 `dictKey`와 연관된 해시 버킷을 찾아냅니다. 그 다음엔 그 버킷(리스트로 되어 있습니다)을 선형적으로 검색하여 `dictKey`키로 된 엔트리가 있는지 확인합니다. 우리가 만약 키로 검색을 하는 경우라면, 그 키로 된 엔트리를 찾으면, 그 키에 저장되어 있는 값을 반환하고, 만약 그 키로 된 엔트리가 없다면 `None`을 반환합니다. 우리가 만약 값을 저장을 하려고 하는 경우라면, 우리는 먼저 해시 버킷에 같은 키로 엔트리가 존재하는지 체크합니다. 만약, 존재한다면, 그 엔트리를 새로운 튜플로 대체하고, 존재하지 않으면 새로운 엔트리를 버킷에 추가합니다.

충돌collision을 다루는 방법은 이것 말고도 다양한 방법들이 있으며 그 중 몇 가지는 리스트를 사용하는 것보다 훨씬 더 효율적입니다. 하지만 여기서 구현한 것은 아마도 가장 단순한 구조이며, 그리고 해시 테이블이 충분히 크며 해시 함수가 어느 정도 균등 분포로 출력한다면 문제없이 사용할 수 있습니다.

`__str__` 메소드에서 보면 요소들이 추가된 순서에 관계없이, 키가 해시하려는 값의 순서로 딕셔너리를 만들고 있다는 것을 알 수가 있습니다. 이것이 `dict` 자료형의 키의 순서를 왜 예측할 수 없는지를 설명해줍니다.

아래의 코드는 먼저 20개의 엔트리로 `intDict`를 만듭니다. 엔트리의 값은 정수 0에서 19입니다. 키는 0과 10^5-1 사이의 정수 중 하나를 임의로 선택합니다(`random` 모듈은 12장에서 다룰 것입니

```
class intDict(object):
    """A dictionary with integer keys"""

    def __init__(self, numBuckets):
        """Create an empty dictionary"""
        self.buckets = []
        self.numBuckets = numBuckets
        for i in range(numBuckets):
            self.buckets.append([])

    def addEntry(self, key, dictVal):
        """Assumes key an int. Adds an entry."""
        hashBucket = self.buckets[key%self.numBuckets]
        for i in range(len(hashBucket)):
            if hashBucket[i][0] == key:
                hashBucket[i] = (key, dictVal)
                return
        hashBucket.append((key, dictVal))

    def getValue(self, key):
        """Assumes key an int.
           Returns value associated with key"""
        hashBucket = self.buckets[key%self.numBuckets]
        for e in hashBucket:
            if e[0] == key:
                return e[1]
        return None

    def __str__(self):
        result = '{'
        for b in self.buckets:
            for e in b:
                result = result + str(e[0]) + ':' + str(e[1]) + ','
        return result[:-1] + '}' #result[:-1] omits the last comma
```

그림 10.7 해싱을 사용하여 딕셔너리 구현하기

다). 그 다음에는 클래스에 정의된 `__str__` 메소드를 사용하여 `intDict`를 출력 합니다. 마지막으로 `D.bucket`을 반복하여서 각 해시 버킷을 출력합니다(정보 은닉이라는 원칙을 최악으로 어기고 있지만 교육적으로는 유용합니다).

```
import random
D = intDict(29)
for i in range(20):
    #choose a random int between 0 and 10**5
    key = random.randint(0, 10**5)
    D.addEntry(key, i)
print('The value of the intDict is:')
print(D)
print('\n', 'The buckets are:')
for hashBucket in D.buckets: #violates abstraction barrier
    print(' ', hashBucket)
```

위 코드를 실행하면 제 컴퓨터의 경우 이렇게 출력하였습니다.[76]

```
The value of the intDict is:
{99740:6,61898:8,15455:4,99913:18,276:19,63944:13,79618:17,51093:15,827
1:2,3715:14,74606:1,33432:3,58915:7,12302:12,56723:16,27519:11,64937:5,
85405:9,49756:10,17611:0}

The buckets are:
  []
  [(99740, 6), (61898, 8)]
  [(15455, 4)]
  []
  [(99913, 18), (276, 19)]
  []
  []
  [(63944, 13), (79618, 17)]
  [(51093, 15)]
  [(8271, 2), (3715, 14)]
  [(74606, 1), (33432, 3), (58915, 7)]
  [(12302, 12), (56723, 16)]
  []
  [(27519, 11)]
  [(64937, 5), (85405, 9), (49756, 10)]
  []
  [(17611, 0)]
```

76. 임의로 정수를 선택하였기 때문에, 여러분이 실제로 실행하면, 여러분은 아마도 다른 결과를 얻게 될 것입니다.

우리가 추상화 장벽abstraction barrier을 어기고 `intDict`의 내부구조를 직접 살펴보면, 많은 해시 버킷이 비어있는 것을 확인할 수 있습니다. 비어있지 않은 버킷은 충돌 횟수에 따라 하나에서 세 개의 튜플을 갖고 있습니다.

자 그러면, `getValue`의 복잡도는 무엇일까요? 만약 충돌이 없다면 O(1)일 것입니다. 그 이유는 각 해시 버킷은 길이가 0 혹은 1이기 때문입니다. 그러나, 물론 충돌이 일어날 수가 있습니다. 만약 모든 것이 같은 버킷으로 해시된다면, n이 딕셔너리의 엔트리 개수라고 할 때, 복잡도는 O(n)일 것입니다. 그 이유는 코드는 그 해시 버킷에서 선형 검색을 해야 하기 때문입니다. 하지만 해시테이블을 충분히 크게 만들면 충돌 횟수를 감소시켜 복잡도가 O(1)에 가깝도록 할 수가 있습니다. 즉 시간을 위해 공간을 맞바꾸는 것입니다. 공간과 시간 사이의 균형에 대해서 알려면 확률에 대한 지식이 아주 조금 필요하므로 뒤로 미루어 12장에서 다루도록 하겠습니다.

CHAPTER 11

그래프와 클래스에 대해서

흔히 정보를 전달하거나 소통하려고 할 때 글자를 사용합니다. 하지만 중국 속담에 이런 말에 있습니다. "圖片的意義可以表達近萬字"(하나의 그림이 만개의 단어를 표현할 수 있다) 가끔씩 이 중국 속담처럼 여러 단어보다 하나의 그림이 더 효과적으로 의사를 전달할 수가 있습니다. 하지만 많은 프로그램들은 사용자들과 대화할 때 텍스트에 많이 의존합니다. 왜 그럴까요? 그 이유는 많은 프로그래밍 언어에서 시각적으로 데이터를 나타내는 것은 매우 어렵기 때문입니다. 하지만 다행스럽게도 파이썬에서는 그것을 매우 쉽게 할 수 있습니다.

11.1 PyLab의 그래프 그리기(Plotting)[77]

PyLab은 MATLAB의 많은 기능들을 제공해주는 파이썬 표준 모듈입니다. MATLAB은 알고리즘 개발, 데이터 시각화, 데이터 분석, 그리고 수치 계산을 위하여 대화형interactive 환경을 제공해주는 고급 컴퓨팅 언어입니다.[78] 이 책의 후반부에서 PyLab의 고급 기능들에 대해서도 살펴 볼 것이지만 이 장에서는 데이터를 그래프plot로 나타내는 기능에 대해서 집중하여 다룰 것입니다. 완전한 PyLab의 모든 기능에 대한 완전한 사용자 설명서는 다음 웹사이트에서 확인할 수 있습니다.

```
matplotlib.sourceforge.net/users/index. html
```

또한 훌륭한 튜토리얼을 제공하는 웹사이트들도 많이 있습니다. 이 책은 PyLab의 완전한 사용자 설명서나 튜토리얼이 아닙니다. 대신에, 이 장에서는 그래프를 그리는 단순히 몇 개의 예제들과 그것을 생성하는 코드를 설명할 뿐입니다. 다른 예제들은 책의 후반부에 나올 것입니다.

77. [역자 주] 영어권에서 plot은 대개 컴퓨터가 그림(사진, 설계도면, 그래프 등)을 프린트할 때 주로 사용됩니다. 그에 상응하는 적절한 한글을 찾지 못하여, 이 책에서는 "그래프"를 사용했습니다.

78. http://www.mathworks.com/products/matlab/description1.html?s_cid=ML_b1008_desintro

pylab.plot으로 두 개의 그래프를 만드는 간단한 예제로 시작해봅시다.

```
import pylab

pylab.figure(1)                       #create figure  1
pylab.plot([1,2,3,4], [1,7,3,5])      #draw on figure 1
pylab.show()                          #show figure on screen
```

위 코드를 실행하면 컴퓨터 운영체제에 따라서 조금씩 달라지겠지만, **그림 11.1**(아나콘다Anaconda로 출력된 것임)과 비슷하게 생긴 윈도우가 컴퓨터 모니터에 뜰 것입니다. 여러분이 PyLab이 설치된 그대로 디폴트 인자로 이 코드를 실행하면, 선의 굵기가 **그림 11.1**에 보이는 만큼 굵지는 않을 것입니다. 여기 그림에 있는 선의 굵기와 폰트의 크기는 디폴트를 사용하지 않고, 흑백으로 처리하여 좀더 잘 보이도록 했습니다. 이러한 자세한 것은 다음 절에서 논의하겠습니다.

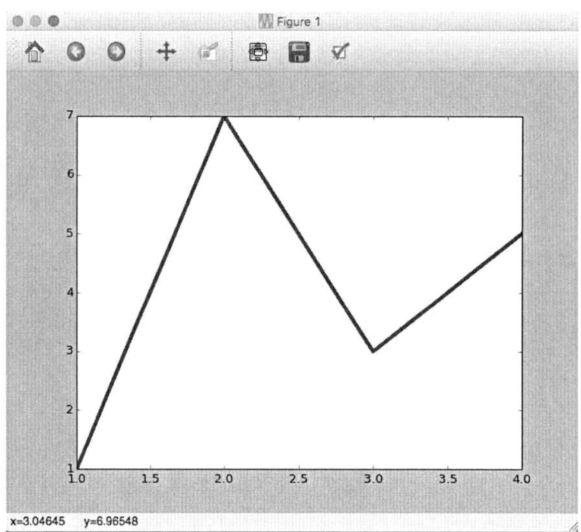

그림 11.1 간단한 그래프(plot)

맨 위에 막대bar에는 창window의 이름이 표시하는데, 지금의 경우에는 "Figure 1"입니다.

창 가운데에는 pylab.plot을 실행해서 생성된 그래프가 있습니다. pylab.plot는 두 개의 매개변수를 갖는데 첫 번째 매개변수는 그래프에 표시하려는 점들의 x 좌표를 나타내며 두 번 째 매개변수는 y좌표를 나타냅니다. 이 두 매개변수는 같은 개수의 시퀀스이어야만 합니다. 위의 코드에서 두 매개변수는 네 개의 <x, y> 좌표 쌍 [(1,1), (2,7), (3,3), (4,5)]를 생성하며 순서대로 그래프에 표시됩니다. 각 점이 찍히면서 이 전의 점과 연결하는 선이 그려집니다.

마지막 줄의 pylab.show()는 컴퓨터 스크린에 창이 뜨도록 만듭니다.[79] 일부 파이썬 환경에서는 만약 이 코드가 없다면 그래프가 생성은 되지만 보이지 않을 수도 있습니다. 보이지 않는 그래프를 만드는 것이 이상하게 들릴지 모르나 스크린에 표시하지 않고 파일로 직접 그래프를 쓸 때에는 그래프를 스크린에 띄울 필요가 없습니다.

윈도우의 맨 위에 일련의 버튼들이 있습니다. 맨 오른쪽 버튼은 그래프의 크기를 비례적으로 조정할 때 사용합니다.[80] 그 왼쪽에는 그래프를 파일로 저장할 때 사용됩니다. 그 다음 버튼은 창의 그래프가 어떻게 표시되는지 조절할 수 있도록 도와줍니다. 그 다음 네 개의 버튼들은 움직이거나panning 혹은 확대/축소zooming를 할 때에 사용됩니다. 맨 왼쪽에 있는 버튼은 움직였거나 확대/축소를 한 후 원래대로 돌아오고 싶을 때 사용합니다.

여러 가지의 그래프를 생성한 후 파일로 저장하는 것도 가능합니다. 파일 이름은 사용자가 원하는 대로 지정 가능하지만 확장자는 .png입니다. 확장자 .png는 파일이 Portable Networks Graphic 포맷이라는 것을 나타냅니다. 이것은 이미지를 나타낼 때 흔히 사용되는 공용 표준public domain standard입니다.

다음 코드를 살펴봅시다.

```
pylab.figure(1)                      #create figure 1
pylab.plot([1,2,3,4], [1,2,3,4])     #draw on figure 1
pylab.figure(2)                      #create figure 2
pylab.plot([1,4,2,3], [5,6,7,8])     #draw on figure 2
pylab.savefig('Figure-Addie')        #save figure 2
pylab.figure(1)                      #go back to working on figure 1
pylab.plot([5,6,10,3])               #draw again on figure 1
pylab.savefig('Figure-Jane')         #save figure 1
```

이 코드는 **그림 11.12**와 같이 그래프를 생성하고, Figure-Jane.png와 Figure-Addie.png 파일에 저장합니다.

79. 어떤 파이썬 환경에서는 pylab.show()가 그림을 닫을 때까지(창의 왼쪽 위에 있는 빨간 버튼을 클릭 하는 것) 파이썬 실행을 중지합니다. 이것은 운이 없는 경우입니다. 하나의 해결책은 pylab.show()가 실행할 코드의 제일 마지막에 위치 하게 하는 것입니다.

80. 많은 독자들이 나이가 어려 잘 모르겠지만, 이 아이콘은 "플로피 디스크"를 뜻합니다. 플로피 디스크는 1971년에 IBM에 서 처음 소개한 것입니다. 플로피 디스크는 지름이 8인치이며, 약 80K바이트를 저장할 수 있었습니다. 그 후에 나온 플로피 디스크와는 달리, 실제로 딱딱하지는 않았습니다. 원래의 IBM 컴퓨터는 160K바이트의 5.5인치 플로피 디스크 드라이브를 포함하고 있었습니다. 대부분의 1970년대와 1980년대에는 플로피 디스크는 개인 컴퓨터의 주요 저장 장치였습니다. 딱딱한 저장 장치로의 변화(이 변화를 시작했던 아이콘에 표시되어 있는 것처럼)는 1980년대 중반부터 시작되었습니다. 변화된 이후에도 사람들은 그것을 플로피 디스크라고 불렀죠.
[역자 주] "플로피floppy"는 "헐렁한", "딱딱하지 않은"이란 뜻입니다.

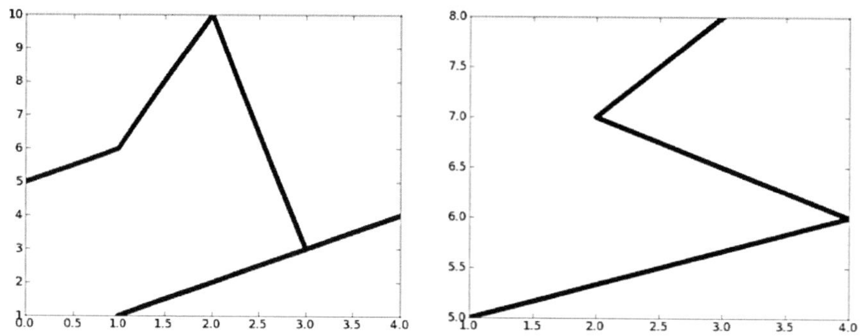

그림 11.2 Figure–Jane.png의 그래프(왼쪽)와Figure–Addie.png의 그래프(오른쪽)

잘 살펴보면 맨 마지막에 `pylab.plot`은 하나의 인자를 넘깁니다. 이 인자는 y값을 제공합니다. 그리고 x값은 디폴트로 `range(len([5, 6, 10, 3]))`가 되어서 0부터 3까지가 x의 범위로 된 것입니다.

PyLab에는 "**현재 그래프**current figure"라는 개념이 있습니다. `pylab.figure(x)`을 실행하면 x라는 번호가 매겨서 "현재 그래프"로 설정하게 됩니다. "현재 그래프"가 설정된 뒤에 호출되는 모든 그래프 관련 함수들은 `pylab.figure`가 다시 호출되기 전까지는 설정된 "현재 그래프"에 적용됩니다. 그렇기 때문에 두 번째로 생성된 그래프가 `Figure-Addie.png` 파일에 저장된 것입니다.

또 다른 예제를 봅시다.

다음 코드는

```
principal = 10000        #initial investment
interestRate = 0.05
years = 20
values = []
for i in range(years + 1):
    values.append(principal)
    principal += principal*interestRate
pylab.plot(values)
```

그림 11.3에서 왼쪽의 그래프를 생성합니다.

여러분이 코드를 살펴보면 그래프가 연간 5%의 이자율인 초기 투자금액 $10,000의 성장률을 나타내고 있음을 알 수 있습니다. 그러나 왼쪽의 그래프만을 보고 이러한 사실을 유추해내기란 쉽지

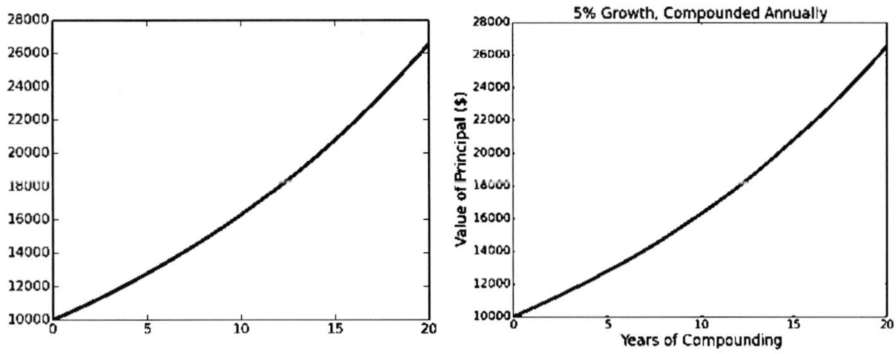

그림 11.3 누적 성장률 그패프

않습니다. 그 이유는 모든 그래프는 무엇에 대한 그래프인지 알려주는 그래프의 제목이 있어야 하며 모든 각 축들이 무엇을 의미하는지 표시되어 있어야 하는데 왼쪽의 그래프는 그렇지 않기 때문입니다.

그러므로 다음의 코드를 추가하면 **그림 11.3**의 오른쪽 그래프가 생성됩니다.

```
pylab.title('5% Growth, Compounded Annually')
pylab.xlabel('Years of Compounding')
pylab.ylabel('Value of Principal ($)')
```

모든 선마다 선의 색깔과 종류를 지정하는 포맷 문자열 자료형의 인자를 추가할 수 있습니다.[81] 포맷 문자열의 문자와 기호들은 MATLAB에서 가져온 것으로 색과 선 종류 지정자indicator로 이루어져 있습니다. 디폴트 포맷 문자열은 `'b-'`이며 파란색 실선을 생성합니다. 앞의 그래프의 선을 빨간색 동그라미들로 바꾸고 싶으면 `pylab.plot(values)`를 `pylab.plot(values, 'ro')`로 바꾸면 됩니다. 수정하고 프로그램을 다시 실행하면 **그림 11.4**의 그래프가 생성됩니다. 모든 색깔과 선 종류를 보고 싶으면 다음 사이트를 참조하세요.

`http://matplotlib.sourceforge.net/api/pyplot_api.html#matplotlib.pyplot.plot.`

또한, 그래프의 글자 크기와 선의 굵기 또한 조절이 가능합니다. 조절을 할 때에는 아래 예제와 같이 함수를 호출할 때에 키워드 인자들을 사용합니다.

81. 책 가격을 낮추기 위해 책을 흑백으로 출판하기로 했습니다. 그래서 그래프를 그릴 때 색깔을 어떻게 사용하는지에 대한 내용을 추가해야 하나 말아야 하나에 대한 고민이 생겼습니다. 하지만 책에서 이것을 무시하기에는 색깔이 너무 중요하다고 결론을 내렸습니다. 만약 그래프가 어떤 색으로 보일지 궁금하다면 코드를 실행해보세요.

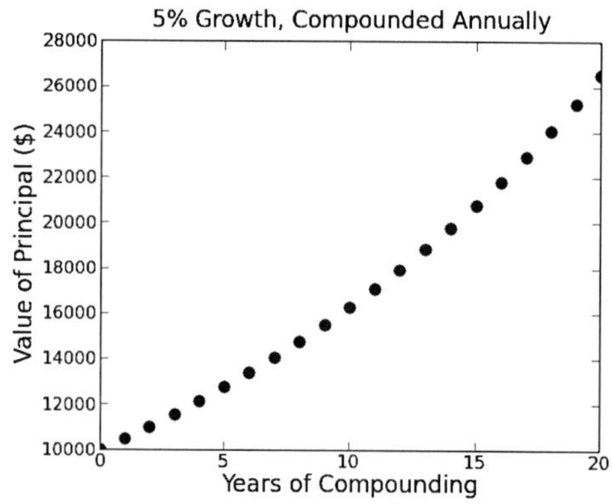

그림 11.4 또 다른 누적 성장률 그래프

다음의 코드는 **그림 11.5**와 같은 "의도적이긴 하지만 그래도" 희한한 그래프를 생성합니다.

```
principal = 10000 #initial investment
interestRate = 0.05
years = 20
values = []
for i in range(years + 1):
    values.append(principal)
    principal += principal*interestRate
pylab.plot(values, linewidth = 30)
pylab.title('5% Growth, Compounded Annually', fontsize = 'xx-large')
pylab.xlabel('Years of Compounding', fontsize = 'x-small')
pylab.ylabel('Value of Principal ($)')
```

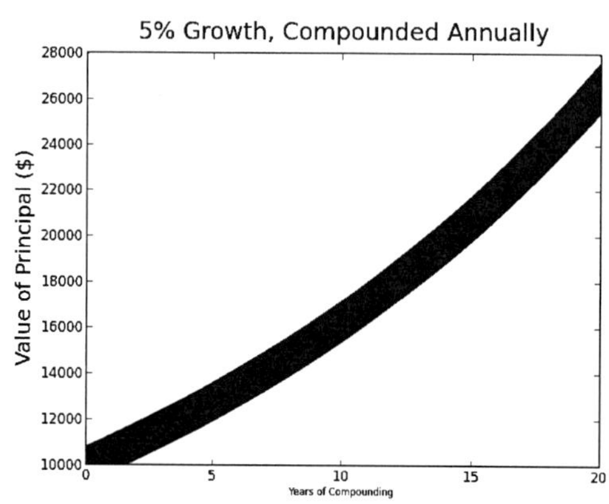

그림 11.5 희한한 그래프

디폴트 값을 바꾸는 것 또한 가능합니다. 이것을 "rc settings(설정)"이라고 합니다("rc"라는 이름은 유닉스의 run-time configuration 환경 설정 파일의 확장자인 `.rc`에서 나온 말입니다). 이 값들은 `pylab.rcParams`라는 이름을 통해 접근 가능한 딕셔너리처럼 생긴 변수들에 저장되어 있습니다. 그러므로 예를 들어서 디폴트로 선의 굵기를 6포인트[82]로 설정하려면 다음 코드를 실행합니다.

```
pylab.rcParams['lines.linewidth'] = 6
```

엄청나게 많은 수의 값들을 `rcParams`에서 정할 수 있습니다. 완전한 리스트를 다음을 참고하십시오.

`http://matplotlib.org/users/customizing.html`

이러한 많은 매개변수(인자)들을 조작하는 것을 원하지 않는 사람들은 미리 정해놓은 스타일들을 사용할 수 있습니다. 그럴 경우 다음을 참고하십시오.

`http://matplotlib.org/users/style_sheets.html#style-sheets`

이 책에서 사용하는 대부분의 디폴트 값들은 다음처럼 설정되어 있습니다.

```
#set line width
pylab.rcParams['lines.linewidth'] = 4
#set font size for titles
pylab.rcParams['axes.titlesize'] = 20
#set font size for labels on axes
pylab.rcParams['axes.labelsize'] = 20
#set size of numbers on x-axis
pylab.rcParams['xtick.labelsize'] = 16
#set size of numbers on y-axis
pylab.rcParams['ytick.labelsize'] = 16
#set size of ticks on x-axis
pylab.rcParams['xtick.major.size'] = 7
#set size of ticks on y-axis
pylab.rcParams['ytick.major.size'] = 7
#set size of markers, e.g., circles representing points
pylab.rcParams['lines.markersize'] = 10
#set number of times marker is shown when displaying legend
pylab.rcParams['legend.numpoints'] = 1
```

만약 컬러 디스플레이 환경에서 그래프를 본다면 이러한 설정을 수정할 필요가 별로 없을 것입니

82. 포인트는 타이포그래피typography(조판)에서 사용하는 단위입니다. 한 포인트는 1/72인치 혹은 0.3527 mm와 같습니다.

다. 하지만 여러분이 이 책에서처럼 그래프를 축소시키고 흑백으로 변환하는 경우라면 더 쉽게 읽을 수 있도록 설정을 바꾸는 것도 좋은 방법입니다.

11.2 추가 예제: 대출 그래프 그려보기

8장에서 하위 클래스에 대한 이해를 돕기 위해 대출Mortgage 예제를 살펴보았을 때 마지막에 결론이 "결국 프로그램은 대출이 시간에 따라서 어떻게 변하는지를 나타내도록 해야 한다는 것입니다"라는 것을 기억할 것입니다. **그림 11.6**의 `Mortgage` 클래스는 기존 클래스에서 몇가지 메소드를 추가하여 위 문장에서 요구하는 것을 만족하는 그래프를 만들기 쉽도록 하였습니다(8.4절에서 다루고 있는 `Mortgage`에서 사용하고 있는 `findPayment` 함수는 **그림 8.9**에 정의되어 있습니다).

```
class Mortgage(object):
    """Abstract class for building different kinds of mortgages"""
    def __init__(self, loan, annRate, months):
        self.loan = loan
        self.rate = annRate/12.0
        self.months = months
        self.paid = [0.0]
        self.outstanding = [loan]
        self.payment = findPayment(loan, self.rate, months)
        self.legend = None #description of mortgage

    def makePayment(self):
        self.paid.append(self.payment)
        reduction = self.payment - self.outstanding[-1]*self.rate
        self.outstanding.append(self.outstanding[-1] - reduction)

    def getTotalPaid(self):
        return sum(self.paid)
    def __str__(self):
        return self.legend

    def plotPayments(self, style):
        pylab.plot(self.paid[1:], style, label = self.legend)
```

그림 11.6 그래프를 그리는 메소드를 추가한 Mortgage 클래스(계속)

```
    def plotBalance(self, style):
        pylab.plot(self.outstanding, style, label = self.legend)

    def plotTotPd(self, style):
        totPd = [self.paid[0]]
        for i in range(1, len(self.paid)):
            totPd.append(totPd[-1] + self.paid[i])
        pylab.plot(totPd, style, label = self.legend)

    def plotNet(self, style):
        totPd = [self.paid[0]]
        for i in range(1, len(self.paid)):
            totPd.append(totPd[-1] + self.paid[i])
        equityAcquired = pylab.array([self.loan] * \
                         len(self.outstanding))
        equityAcquired = equityAcquired - \
                         pylab.array(self.outstanding)
        net = pylab.array(totPd) - equityAcquired
        pylab.plot(net, style, label = self.legend)
```

그림 11.6 그래프를 그리는 메소드를 추가한 Mortgage 클래스

Mortgage 클래스에서 눈여겨보아야 할 중요한 메소드 두 개가 있는데, 바로 plotTotPd와 plotNet입니다. plotTotPd 메소드는 누적되는 총 상환액을 단순히 그린 것입니다. plotNet는 대출 금액 중 일부를 상환함으로 얻는 자산을 지불한 금액에서 빼서 시간이 흐르면서 바뀌는 총 대출 금액의 근사치를 그립니다.[83]

plotNet에서 pylab.array(self.owed)라는 수식은 형식 변환을 실행합니다. 지금까지는 PyLab의 그래프 함수들을 list 자료형의 인자들로 호출해왔었습니다. 아무도 모르게 PyLab은 이 리스트를 PyLab이 NumPy[84]로부터 상속받은 배열array 자료형으로 변환하고 있었습니다. pylab.array를 호출함으로써 이러한 형식 변환을 명시적으로 할 수 있습니다. 리스트에선 할 수 없는데 배열이라서 가능한 몇 가지 작업들이 있습니다. 특히 배열과 산수 연산자를 조합하여 수식을 만들 수 있다는 것이 큰 특징입니다. 예를 들어 다음 코드를 봅시다.

83. 이것이 근사치인 이유는 현재 순net가치 계산을 하지 않아 현금의 시간적 가치를 고려하지 않았기 때문입니다.
84. NumPy는 과학 연산에 필요한 도구들을 제공해주는 파이썬 모듈입니다. 다차원 배열을 제공해줄 뿐 아니라 다양한 선형 대수 도구들 또한 제공하고 있습니다.

```
a1 = pylab.array([1, 2, 4])
print('a1 =', a1)
a2 = a1*2
print('a2 =', a2)
print('a1 + 3 =', a1 + 3)
print('3 - a1 =', 3 - a1)
print('a1 - a2 =', a1 - a2)
print('a1*a2 =', a1*a2)
```

a1*2라는 수식은 각 a1의 각 요소들에게 상수 2를 곱한다는 것을 의미합니다. a1+3이라는 수식은 a1의 각 요소들에게 정수 3을 더한다는 것을 의미합니다. a1-a2라는 수식은 a2의 각 요소들을 a1의 해당하는 요소로부터 뺀다는 것을 의미합니다(만약 배열의 길이가 다르다면 오류가 발생할 것입니다). a1*a2는 a1의 각 요소들을 a2의 해당하는 요소와 곱하는 것을 의미합니다. 만약 위의 코드를 실행하면 이렇게 출력합니다.

```
a1 = [1 2 4]
a2 = [2 4 8]
a1 + 3 = [4 5 7]
3 - a1 = [ 2 1 -1]
a1 - a2 = [-1 -2 -4]
a1*a2 = [ 2 8 32]
```

그림 11.7는 8장에서의 Mortgage 클래스의 하위 클래스 3개를 다시 보여주고 있습니다. 각 클래스들은 Mortgage의 __init__ 함수를 오버라이드해서 각각 구별된 __init__ 함수를 갖고 있습니다. TwoRate 클래스는 Mortgage 클래스의 makePayment 메소드 또한 오버라이드하고 있습니다.

그림 11.8과 **그림 11.9**의 함수들은 다양한 종류의 대출에 대해서 깊이 있게 파악할 수 있도록 도와주는 그래프를 생성합니다.

```
class Fixed(Mortgage):
    def __init__(self, loan, r, months):
        Mortgage.__init__(self, loan, r, months)
        self.legend = 'Fixed, ' + str(r*100) + '%'

class FixedWithPts(Mortgage):
```

그림 11.7 Mortgage의 하위 클래스(계속)

```
    def __init__(self, loan, r, months, pts):
        Mortgage.__init__(self, loan, r, months)
        self.pts = pts
        self.paid = [loan*(pts/100.0)]
        self.legend = 'Fixed, ' + str(r*100) + '%, '\
                    + str(pts) + ' points'

class TwoRate(Mortgage):
    def __init__(self, loan, r, months, teaserRate, teaserMonths):
        Mortgage.__init__(self, loan, teaserRate, months)
        self.teaserMonths = teaserMonths
        self.teaserRate = teaserRate
        self.nextRate = r/12.0
        self.legend = str(teaserRate*100)\
                    + '% for ' + str(self.teaserMonths)\
                    + ' months, then ' + str(r*100) + '%'

    def makePayment(self):
        if len(self.paid) == self.teaserMonths + 1:
            self.rate = self.nextRate
            self.payment = findPayment(self.outstanding[-1],
                                       self.rate,
                                       self.months - self.teaserMonths)
        Mortgage.makePayment(self)
```

그림 11.7 Mortgage의 하위 클래스

```
def compareMortgages(amt, years, fixedRate, pts, ptsRate,
                     varRate1, varRate2, varMonths):
    totMonths = years*12
    fixed1 = Fixed(amt, fixedRate, totMonths)
    fixed2 = FixedWithPts(amt, ptsRate, totMonths, pts)
    twoRate = TwoRate(amt, varRate2, totMonths, varRate1, varMonths)
    morts = [fixed1, fixed2, twoRate]
    for m in range(totMonths):
        for mort in morts:
            mort.makePayment()
    plotMortgages(morts, amt)
```

그림 11.8 Mortgage 비교하기

그림 11.8에 있는 `compareMortgage` 함수는 여러 종류의 mortgages를 만들고, **그림 8.11**에서 한 것처럼 매달 상환액을 시뮬레이션을 합니다. 그리고 난 후, **그림 11.9**에 있는 것처럼 `plotMortgages`를 호출하면, 그래프를 그리게 됩니다.

그림 11.9에 있는 `plotMortgages`는 세 가지 종류의 대출Mortgage에 대해 각각에 대한 정보를 담고있는 그래프를 그립니다. `plotMortgages`에 있는 루프는 인덱스 `i`를 사용하여, `morts` 리스트로부터 각 요소들을 선택하고 있고, 또한 같은 방법으로 `styles`는 각각 다른 대출Mortgage별로 일정한 그래프의 스타일을 유지하도록 합니다. 예를 들면, `morts`에 세 번째 요소는 변동금리

```python
def plotMortgages(morts, amt):
    def labelPlot(figure, title, xLabel, yLabel):
        pylab.figure(figure)
        pylab.title(title)
        pylab.xlabel(xLabel)
        pylab.ylabel(yLabel)
        pylab.legend(loc = 'best')
    styles = ['k-', 'k-.', 'k:']
    #Give names to figure numbers
    payments, cost, balance, netCost = 0, 1, 2, 3
    for i in range(len(morts)):
        pylab.figure(payments)
        morts[i].plotPayments(styles[i])
        pylab.figure(cost)
        morts[i].plotTotPd(styles[i])
        pylab.figure(balance)
        morts[i].plotBalance(styles[i])
        pylab.figure(netCost)
        morts[i].plotNet(styles[i])
    labelPlot(payments, 'Monthly Payments of $' + str(amt) +
              ' Mortgages', 'Months', 'Monthly Payments')
    labelPlot(cost, 'Cash Outlay of $' + str(amt) +
              ' Mortgages', 'Months', 'Total Payments')
    labelPlot(balance, 'Balance Remaining of $' + str(amt) +
              ' Mortgages', 'Months', 'Remaining Loan Balance of $')
    labelPlot(netCost, 'Net Cost of $' + str(amt) + ' Mortgages',
              'Months', 'Payments - Equity $')
```

그림 11.9 Mortgage 그래프 생성하기

variable-rate 대출이며, `styles`의 세 번째 요소입니다. 그래서, 변동금리 대출은 항상 검은색 점선으로 그래프에 그려집니다. 지역함수인 `labelPlot`은 각 그래프에 적절한 제목titles과 축의 라벨labels을 생성하는데 사용합니다. 함수 `pylab.figure`를 호출하는 것은 주어진 그래프에 제목들과 라벨들이 해당하는 그래프에 일관되게 나타나도록 합니다.

만약 다음을 코드를 호출하면, **그림 11.10 - 그림 11.12**를 생성하는데, 이것으로 우리가 8장에서 다루었던 대출들에 대해 명확하게 볼 수 있습니다.

```
compareMortgages(amt=200000, years=30, fixedRate=0.07,
                 pts = 3.25, ptsRate=0.05,
                 varRate1 = 0.045, varRate2=0.095, varMonths=48)
```

그림 11.10은 첫 번째 `plotPayments`를 호출하여 생성되는 그래프는 각각의 대출에 대한 각각의 상환액을 단순히 시간에 따라 나타낸 것입니다. 범례 상자의 위치를 정하는 것은 `pylab.legend`를 호출할 때 사용한 키워드 인자 `loc`에 전달한 값 때문입니다. 만약 `loc`이 `'best'`에 바인딩된다 면 상자의 위치는 자동으로 설정됩니다. 이 그래프는 시간에 따라 매달 지불하는 월상환액이 어떻게 달라지는지 (혹은 달라지지 않는지) 보여주지만 각 대출 종류의 상대 비용은 잘 보여주지 않습니다.

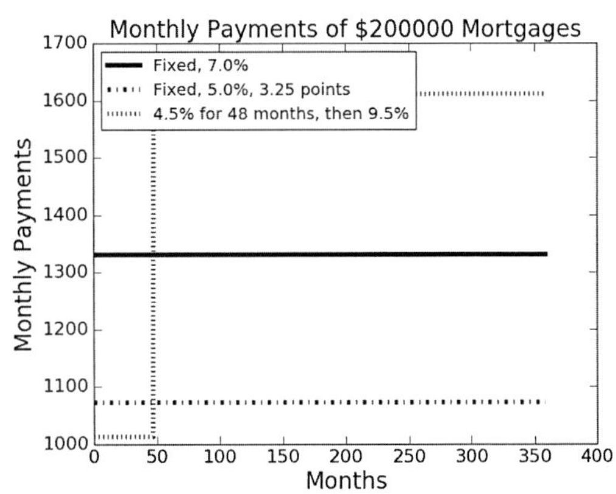

그림 11.10 세 종류의 대출에 따른 월 상환액

그림 11.11은 `plotTotPd`를 호출해서 생성한 것입니다. 이 그래프는 매달 초에 부가되는 누적된 비용을 그리기 때문에 각 대출 종류의 상대 비용을 알 수 있게 도와줍니다. 왼쪽에 있는 그래프는 전체를 나타내고, 오른쪽 그래프는 왼쪽 그래프의 앞부분을 확대한 것입니다.

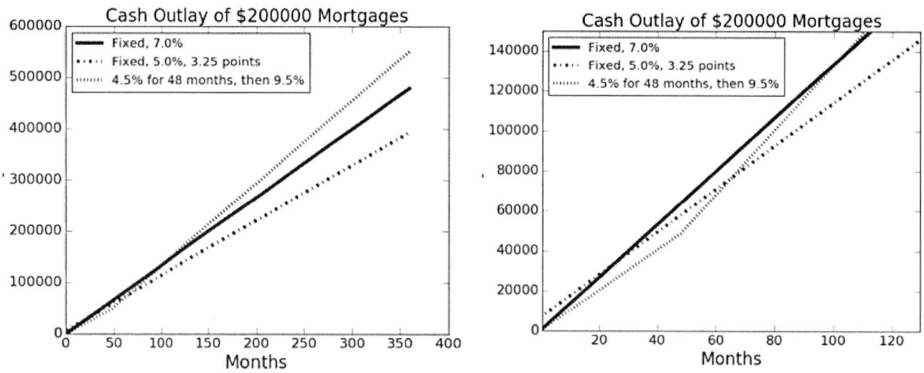

그림 11.11 시간에 따른 여러 대출들의 비용

그림 11.12에 있는 두 개의 그래프는 남아있는 대출 잔액(왼쪽)과 대출의 총 순 비용(오른쪽)을 나타냅니다.

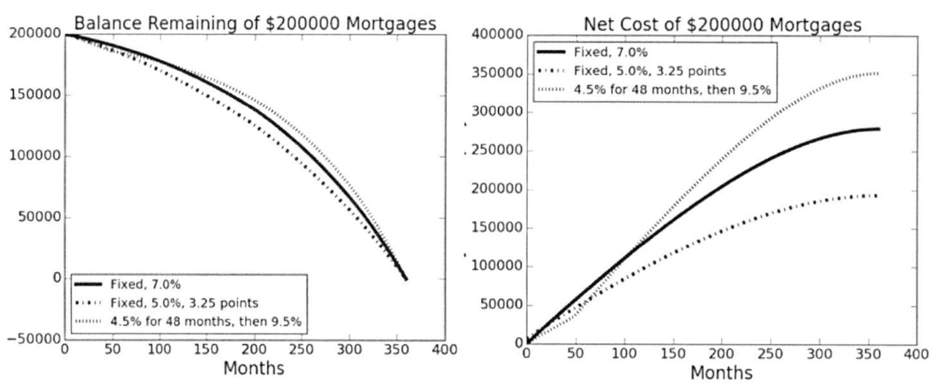

그림 11.12 여러 대출들의 대출 잔액과 순 비용(net cost)

CHAPTER 12

배낭(Knapsack)과 그래프(Graph) 최적화 문제

최적화optimization 개념은 우리가 많은 계산적인 문제 해결을 생각할 때 구조적인 방법으로 할 수 있도록 합니다. 가장 큰 값, 가장 작은 값, 가장 빈도수가 큰 값, 가장 빈도수가 작은 값, 가장 빠르게 계산할 수 있는 방법, 또는 가장 메모리를 적게 차지하는 방법 등을 찾는 문제가 있다고 가정합시다. 많은 경우에 이러한 문제들은 이미 답이 알려진 기존의 최적화 문제들에 매핑함으로 해결할 수 있는 기회를 엿볼 수 있습니다.

일반적으로 **최적화 문제**optimization problem에는 두 가지 측면이 있습니다.

- **목적 함수**objective function가 최대 혹은 최소가 되도록 디자인해야 합니다. 보스톤에서 이스탄불까지의 항공료를 계산하는 경우를 예로 들 수 있습니다.
- **제약 조건**set of constraints(없을 수도 있습니다)이 지켜져야 합니다. 예를 들어 여행 시간을 상한 값으로 제한할 수 있습니다.

이번 장에서 우리는 최적화 문제의 개념을 소개하며 몇 가지 예제를 살펴보도록 하겠습니다. 또한 그 예제를 해결할 수 있는 몇 가지 간단한 알고리즘을 제공할 것입니다. 그리고 13장에서는 최적화 문제를 해결하는 더 효과적인 방법에 대해서 다루겠습니다.

이번 장에서 학습할 내용은 다음과 같습니다.

- 실질적으로 중요한 많은 문제들은 계산해서 해답을 구할 수 있도록 공식을 만들어formulate 낼 수 있습니다.
- 새로운 문제로 보이는 것을 잘 알려진 문제의 사례instance로 바꾸면, 현존하는 해답을 사용할 수 있습니다.
- 배낭knapsack 문제와 그래프 문제는 종종 좀 더 작은 다른 문제들로 전환할 수 있는 종류의 문제들입니다.

- 전수 나열exhaustive enumeration 알고리즘은, 종종 아주 다루기 힘든 계산을 필요로 문제에 대하여 단순하게 최적화된 답을 찾는 방법입니다.
- 그리디 알고리즘greedy algorithm은 항상 최적화 문제의 답은 아니지만 많은 경우 꽤 괜찮은 최적화 문제의 답을 찾는 실용적인 방법입니다.

여기서도 마찬가지로 파이썬 코드와 프로그래밍을 하는데 필요한 정보와 함께 계산적 사고에 대한 자료를 제공하겠습니다.

12.1 배낭 문제(Knapsack Problems)

도둑이 되는 것은 쉽지 않습니다. 명백한 문제들(집이 비었는지 확인해야 하고, 자물쇠를 열고, 경보음이 나지 않도록 해야 하고, 도덕적 문제를 처리해야 하는 등)외에도 도둑은 어떤 물품 들을 훔칠지 결정해야 합니다. 대부분의 집에는 도둑이 훔칠 수 있는 양보다 더 많은 물품들이 있습니다. 이 불쌍한 도둑은 무엇을 해야 할까요? 그는 가방 용량을 초과하지 않는 한도 내에서 가장 값비싼 물품들을 찾아야 합니다.

가령 도둑이 최대 20파운드의 물품을 넣을 수 있는 배낭[85]을 가지고 집에 침입해 **그림 12.1**에 있는 물품들을 찾았다고 합시다. 분명히 모든 물품을 그의 가방에 넣을 수는 없습니다. 따라서 그는 가져갈 물품과 남겨 두어야 할 물품을 결정해야 합니다.

	Value	Weight	Value/Weight
Clock	175	10	17.5
Painting	90	9	10
Radio	20	4	5
Vase	50	2	25
Book	10	1	10
Computer	200	20	10

그림 12.1 물품들의 테이블

85. 너무 어려서 "배낭knapsack"을 모르는 젊은 친구들이 있을 것 같네요. 배낭은 "가방backpacks"이 유행하기 전에 사람들이 등에 메고 다니던 간단한 포대 자루입니다. 만약 스카우트 활동을 했었다면, "행복한 방랑자.", "나는 방랑하는 것을 좋아합니다. 산기슭을 따라서. 또한 나는 걸으며 노래하는 것을 좋아합니다. 내 배낭knapsack을 등에 메고."라는 말이 기억날 것 같네요.

12.1.1 그리디 알고리즘(Greedy Algorithms)

이 문제에서 거의 정확한 답을 찾기 위해 **그리디 알고리즘**greedy algorithm을 사용하면 됩니다. 도둑은 가방이 수용할 수 있는 한도 내에서 최고의 물품을 고른 후에, 계속해서 그 다음으로 좋은 물품들을 고르면 됩니다. 물론 가방에 넣기 전에 도둑은 "최고의 물품"의 의미를 정해야 합니다. 최고의 물품이 가장 값비싼 물품일까요, 가장 가벼운 물품일까요, 아니면 무게 대비 가치로 환산한 비 율이 가장 높은 물품일까요? 만약 도둑이 최고의 물품으로 가장 값비싼 물품을 고른다면 그는 가방에 $200의 값어치를 하는 컴퓨터 한 대만을 넣고 갈 것입니다. 만약 최고의 물품으로 가장 가벼운 물품을 고른다면 순서대로 책, 라디오, 꽃병, 그림을 가방에 넣을 것입니다. 이 물품들의 가치를 더하면 $170이 되는군요. 마지막으로, 만약 최고의 물품으로 무게 대비 가치로 환산한 비율이 가장 높은 물품을 고른다면, 도둑은 꽃병과 시계를 먼저 배낭에 넣을 것입니다. 세 번째로 배낭에 넣을 물품의 후보는 무게 대비 가치로 환산한 비율이 10인 세 가지 물품이 있군요. 하지만 이 중에 책만 배낭에 넣을 수 있습니다. 책을 넣은 후에 가방에 여유공간이 조금 있기 때문에 라디오를 넣을 수 있겠네요. 도둑이 훔친 물품의 가치의 총합은 $255가 될 것입니다.

여기 제시된 데이터 세트의 경우에 밀도의 그리디greedy-by-density(무게 대비 가치로 환산한 비율)가 최선의 결과를 가져왔지만, 밀도의 그리디 알고리즘이 항상 무게 혹은 가치의 그리디로 구한 답보다 더 좋은 결과를 가져다 준다는 보장은 없습니다. 더욱 일반적으로 그리디 알고리즘을 이용해 찾은 배낭 문제의 답이 최적의 값이라는 것도 보장할 수 없습니다.[86] 이 문제는 뒤에서 더 자세하게 다루도록 하죠.

다음 그림 세 개에 있는 코드는 세 가지 그리디 알고리즘을 구현한 것입니다. **그림 12.2**는 우선 클래스 `Item`을 정의합니다. 각각의 `Item`은 `name, value, weight`라는 속성들을 가지고 있습니다. **그림 12.3**에서 보듯이, `greedy`를 구현하는데 인자로 `keyFunction`를 사용하는 세 개의 함수들을 정의했습니다.

매개변수 `keyFunction`을 도입함으로 인해, 우리는 `greedy` 함수를 리스트에 있는 요소들의 순서와 독립적이 되도록 만들었습니다. 다만, 이를 위해 필요한 것은 `keyFunction`이 `items` 안에 있는 요소들의 순서를 정의해야 한다는 것입니다. 나중에 우리는 이것으로 `items` 안에 있는 요소들을 동일하게 가지고 있는 정렬된 리스트를 만듭니다. 우리는 파이썬의 내장함수 `sorted`를 사용합니다(우리가 `sorted`를 사용하는 이유는 새 로운 리스트를 생성하기 위해서 입니다. `sort`를 사용한다면 함수에 인자로 넘어온 리스트가 수정되기 때문이죠). 우리는 `reverse` 매개변수를 사용해서 리스트를 (`keyFunction`에 따라) 큰 수에서 작은 수로 정렬합니다.

86. 여기에는 우리가 얻을 수 있는 깊은 도덕적 교훈이 있을 것 같습니다. "욕심greed은 좋은 것입니다."는 아니겠죠.

```
class Item(object):
    def __init__(self, n, v, w):
        self.name = n
        self.value = v
        self.weight = w
    def getName(self):
        return self.name
    def getValue(self):
        return self.value
    def getWeight(self):
        return self.weight
    def __str__(self):
        result = '<' + self.name + ', ' + str(self.value)\
                 + ', ' + str(self.weight) + '>'
        return result
def value(item):
    return item.getValue()
def weightInverse(item):
    return 1.0/item.getWeight()
def density(item):
    return item.getValue()/item.getWeight()
```

그림 12.2 Item 클래스

```
def greedy(items, maxWeight, keyFunction):
    """Assumes Items a list, maxWeight >= 0,
       keyFunction maps elements of Items to numbers"""
    itemsCopy = sorted(items, key=keyFunction, reverse = True)
    result = []
    totalValue, totalWeight = 0.0, 0.0
    for i in range(len(itemsCopy)):
        if (totalWeight + itemsCopy[i].getWeight()) <= maxWeight:
            result.append(itemsCopy[i])
            totalWeight += itemsCopy[i].getWeight()
            totalValue += itemsCopy[i].getValue()
    return (result, totalValue)
```

그림 12.3 그리디 알고리즘의 구현

그리디 알고리즘의 효율성은 어떻게 될까요? 고려할 사항이 두 가지 있습니다. 내장함수 `sorted`의 복잡도와 `greedy` 안의 `for` 루프가 몇 번 실행되는지를 알아야 합니다. 루프가 몇 번 실행되는지는 `items`의 수와 관련이 있습니다. 예를 들어 `items`의 크기가 n이라면 O(n)이 될 것입니다. 하지만 파이썬의 내장함수 `sorted`는 최악의 경우 O(n log n)의 복잡도를 가집니다. 여기서 n은 정렬될 리스트의 길이입니다.[87] 따라서 그리디 알고리즘의 실행 시간은 O(n log n)이 됩니다.

그림 12.4 코드는 물품들의 목록을 만들고, 목록의 순서를 달리하는 방법으로 `greedy` 함수를 시험합니다.

```
def buildItems():
    names = ['clock','painting','radio','vase','book','computer']
    values = [175,90,20,50,10,200]
    weights = [10,9,4,2,1,20]
    Items = []
    for i in range(len(values)):
        Items.append(Item(names[i], values[i], weights[i]))
    return Items

def testGreedy(items, maxWeight, keyFunction):
    taken, val = greedy(items, maxWeight, keyFunction)
    print('Total value of items taken is', val)
    for item in taken:
        print(' ', item)

def testGreedys(maxWeight = 20):
    items = buildItems()
    print('Use greedy by value to fill knapsack of size', maxWeight)
    testGreedy(items, maxWeight, value)
    print('\nUse greedy by weight to fill knapsack of size',
          maxWeight)
    testGreedy(items, maxWeight, weightInverse)
    print('\nUse greedy by density to fill knapsack of size',
          maxWeight)
    testGreedy(items, maxWeight, density)
```

그림 12.4 그리디 알고리즘을 사용해서 물품 고르기

87. 10장에서 다루었듯이, 파이썬에서 대부분 사용하고 있는 팀소트[TimSort] 알고리즘의 시간 복잡도는 입니다.

`testGreedys()` 함수를 실행하면, 다음과 같이 출력합니다.

```
Use greedy by value to fill knapsack of size 20
Total value of items taken is 200
    <computer, 200, 20>

Use greedy by weight to fill knapsack of size 20
Total value of items taken is 170
    <book, 10, 1>
    <vase, 50, 2>
    <radio, 20, 4>
    <painting, 90, 9>

Use greedy by density to fill knapsack of size 20
Total value of items taken is 255
    <vase, 50, 2>
    <clock, 175, 10>
    <book, 10, 1>
    <radio, 20, 4>
```

12.1.2 0/1 배낭 문제의 최적해(Optimal Solution)

근사치로는 충분히 만족하지 않기 때문에 우리가 이 문제에 대한 가능한 가장 좋은 답을 찾기로 결정했다고 가정합시다. 이러한 해답을 **최적해**(最適解)optimal solution라고 합니다. 우리가 최적화 문제를 풀고 있기 때문에 별로 놀라운 일은 아닙니다. 지금 우리가 다루고 있듯이 도둑이 당면한 문제가 바로 **0/1 배낭 문제**knapsack problem라 불리는 하나의 고전적인 최적화 문제의 사례입니다.

0/1 배낭 문제를 다음과 같이 공식화할 수 있습니다.

- 각 물품을 <*value, weight*> 쌍으로 나타냅니다.
- 배낭은 총 무게 w 이상을 수용할 수 없습니다.
- 길이가 n인 벡터 I는 가능한 물품의 집합을 나타냅니다. 이 벡터의 각 요소는 물품입니다.
- 길이가 n인 벡터 V는 도둑이 각 물품을 배낭에 넣은 여부를 나타낼 때 사용합니다. 만약 $V[i] = 1$이면 물품 $I[i]$을 배낭에 넣은 것이고 $V[i] = 0$이면 물품 $I[i]$은 넣지 않은 것입니다.
- 다음의 제약 조건을 만족하며,

$$\sum_{i=0}^{n-1} V[i] * I[i].weight \leq w$$

다음 값을 최대화하는 V를 찾는다.

$$\sum_{i=0}^{n-1} V[i] * I[i].value$$

이 문제의 공식을 있는 그대로 구현하려고 할 때 어떻게 되는지 살펴 봅시다.

1. 물품의 모든 조합combinations을 나열합니다. 다시 말해, 물품 집합의 모든 부분 집합[88]을 만듭니다. 이것을 멱집합(冪集合)power set이라고 하며 9장에서 이미 다루었습니다.
2. 조합의 무게가 배낭에 넣을 수 있는 최대 무게를 초과하면 제거합니다.
3. 남아있는 조합 중 가치value가 제일 큰 조합을 선택합니다.

이렇게 접근하면 최적해를 틀림없이 찾을 것입니다. 하지만 원래의 물품이 많다면 실행하는데 굉장히 오랜 시간이 걸릴 것입니다. 그 이유는 9.3.6절에서 살펴본 것처럼 물품의 수가 증가할수록 그 부분 집합의 개수는 매우 빠르게 증가하기 때문입니다.

그림 12.5은 0/1 배낭 문제를 해결하는데 이렇게 무차별적brute-force 방법, 즉 전수 나열을 사용하여 구현한 것입니다. 이 코드에서는 **그림 12.2**와 **그림 12.4**에서 정의된 클래스와 함수, 그리고 **그림 9.5**에서 정의된 함수 genPowerset을 사용합니다.

이렇게 전수 나열로 구현한 코드의 복잡도는 $O(n*2^n)$입니다. 여기서 n은 items의 길이입니다. 함수 genPowerset은 Items 리스트들의 리스트a list of lists를 반환합니다. 이 리스트의 길이는 2^n이며 리스트의 요소 중 가장 긴 리스트의 길이는 n입니다. 그러므로 chooseBest의 외부 반복문은 $O(2^n)$번 실행되고 내부 반복문은 최대 n번 실행됩니다.

작은 최적화를 여러 번 실행하는 방법을 적용해서 이 프로그램의 속도를 높일 수 있습니다. 예를 들어 genPowerset 함수를 다음과 같이 구현할 수 있었다면,

```
def genPowerset(items, constraint, getVal, getWeight)
```

무게에 대한 조건을 만족하는 물품의 조합을 반환했을 것입니다. 또 다른 방법으로, chooseBest은 허용 무게를 초과하는 즉시 내부 반복문을 빠져나오는 것입니다. 이러한 종류의 최적화는 시도해 볼만 하지만, 근본적인 문제를 다루는 것이 아닙니다. 그 이유는, chooseBest의 복잡도는 n이 items의 길이일 때 똑같이 $O(n*2^n)$이며, items가 많을 때 아직도 굉장히 오랜 시간이 걸리기 때문입니다.

88. 모든 집합은 그 자신의 부분 집합이며 공집합은 모든 집합의 부분 집합입니다.

```
def chooseBest(pset, maxWeight, getVal, getWeight):
    bestVal = 0.0
    bestSet = None
    for items in pset:
        itemsVal = 0.0
        itemsWeight = 0.0
        for item in items:
            itemsVal += getVal(item)
            itemsWeight += getWeight(item)
        if itemsWeight <= maxWeight and itemsVal > bestVal:
            bestVal = itemsVal
            bestSet = items
    return (bestSet, bestVal)

def testBest(maxWeight = 20):
    items = buildItems()
    pset = genPowerset(items)
    taken, val = chooseBest(pset, maxWeight, Item.getValue,
                            Item.getWeight)
    print('Total value of items taken is', val)
    for item in taken:
        print(item)
```

그림 12.5 전수 나열을 사용한 0/1 배낭 문제의 최적해

이론적으로 보면 이 문제는 가망이 없습니다. 0/1 배낭 문제는 본질적으로 물품 개수의 지수형태이기 때문입니다. 하지만 실질적으로 이 문제가 가망이 없지는 않습니다. 이것에 대해서는 13.2절에서 다루겠습니다.

`testBest`를 실행하면 다음을 출력합니다.

```
Total value of items taken = 275.0
<clock, 175.0, 10.0>
<painting, 90.0, 9.0>
<book, 10.0, 1.0>
```

이 답은 그리디 알고리즘으로 찾은 어떤 답보다 더 낫다는 것에 주목하기 바랍니다. 그리디 알고리즘의 핵심은 각 단계에 있어서 최상의(측정 기준에 따른) 선택을 한다는 것입니다. 이것은 다른

말로 **지역적 최적해**locally optimal를 구하는 것입니다. 하지만, 이 예시에서 보여준 바와 같이, 일련의 지역적으로 최적인 선택은 항상 **전역적 최적해**globally optimal가 되지는 않습니다.

그리디 알고리즘이 항상 최선의 해답을 제공하지는 못할지라도 실제로 많이 사용됩니다. 그리디 알고리즘은 최적해를 찾는 것이 보장되어 있는 알고리즘보다 구현하기 쉬우며 효율적으로 실행할 수 있습니다. 이반 보스키Ivan Boesky는 한번은 이렇게 말한 적이 있습니다. "욕심greed은 건강한 것이라고 생각합니다. 여러분은 욕심부릴 수 있고greedy, 그래도 스스로를 괜찮다고 느끼십시오."[89]

배낭 문제의 한 변형 중에 **분할**fractional(혹은 **연속**continuous) **배낭 문제**라는 것도 있는데, 이러한 경우는 그리디 알고리즘으로 최적해를 찾을 수 있다는 사실이 보장됩니다. 물품을 무한하게 분할할 수 있기 때문에 무게 대비 가치가 가장 높은 물품부터 가능한 많이 넣을 수 있습니다. 가령, 도둑이 집안에서 단지 세 가지의 값이 나가는 물품을 찾았다고 합시다. 이 세 물품은 금가루 한 포대, 은가루 한 포대, 그리고 건포도 한 포대입니다. 이 경우에 밀도의 그리디greedy-by-density 알고리즘으로 최적해를 항상 구할 수 있습니다.

12.2 그래프 최적화 문제

이제 다른 종류의 최적화 문제를 생각해 봅시다. 여러분이 미국에 있는 각 도시를 이동할 수 있는 항공편의 모든 가격이 적힌 리스트를 가지고 있다고 가정해 봅시다. 또, 모든 도시 A, B, C에 대해 B를 경유해서 A부터 C로 가는 항공편의 가격은 A에서 B로 가는 항공편의 가격과 B에서 C로 가는 항공편의 가격을 합한 것과 같다고 가정해봅시다. 여러분이 하게 될 질문은 다음과 같습니다.

- 두 도시 사이를 이동할 때 , 가장 적게 경유하는 횟수는 몇 번인가요?
- 두 도시 사이를 이동할 때, 가장 저렴한 항공편은 무엇인가요?
- 두 도시 사이를 이동할 때, 두 개 이하의 경유지를 지나면서 가장 저렴한 항공편은 무엇인가요?
- 어떤 몇 도시들을 방문할 수 있는 가장 저렴한 방법은 무엇인가요?

이와 같은 모든 문제들(그리고 다른 문제들)은 그래프 문제로 쉽게 공식화할 수 있습니다. **그래프**

89. Ivan Boesky는 1986년에 캘리포니아 대학교University of California 버클리 경영 대학원Berkeley Business School 졸업식 연설에서 이렇게 말하였고 열렬한 박수를 받았습니다. 몇 달 후에 그는 부당 내부 거래로 기소되었고 2년 징역형과 $100,000,000 벌금형을 받았습니다.

graph[90]는 **변**edges(또는 **호**arcs)들로 연결된 **노드**nodes(또는 **꼭지점**vertices)들로 이루어진 일련의 객체들입니다. 변이 단일 방향이면 그래프는 **방향 그래프**directed graph or digraph라고 부릅니다. 방향 그래프에서 *n*1부터 *n*2까지 변이 연결되어 있으면 *n*1은 **원시**source 또는 **부모 노드**parent node라고 하며, *n*2는 **목적지**destination 또는 **자식 노드**child node라고 합니다.

전형적으로 그래프는 구성원들the parts 사이에 의미 있는 관계가 있을 경우 그 관계를 나타내기 위해 사용 합니다. 수학 분야에서 그래프가 처음으로 기록된 것은 1735년 스위스 수학자인 레온하르트 오일러Leonhard Euler가 **쾨니히스베르크의 다리 문제**Konigsberg bridges problem를 공식화하여 풀기 위해 사용했으며, **그래프 이론**graph theory으로 발전하게 되었습니다.

동 페르시아의 수도인 쾨니히스베르크는 여러 개의 섬이 있는 두 강의 교차 지점에 세워졌습니다. 아래의 지도처럼 섬들은 서로 이어져 있었고 일곱 개의 다리에 의해 본토와 연결되었습니다. 어떤 이유에서인지 그 도시의 주민들은 '각 다리를 한 번씩만 건널 수 있는 방법이 있을까'라는 질문에 집착하게 되었습니다.

오일러는 각각의 지역을 하나의 지점("노드"라고 생각하세요)으로, 각 다리를 두 개의 지점을 이어주는 선("변"이라고 생각하세요)으로 생각하면 이 문제가 엄청나게 간단해 질 수 있다고 생각했습니다. 도시의 지도는 지도의 오른쪽에 그려진 것처럼 하나의 그래프로 나타낼 수 있을 것입니다. 오일러는 각 변을 한 번씩 건너야 한다면 중간에 있는 각각의 노드(처음과 마지막에 거치는 노드를 제외한 것)는 연결된 변의 개수가 짝수여야 한다고 판단했습니다. 이 그래프에서 짝수 변이

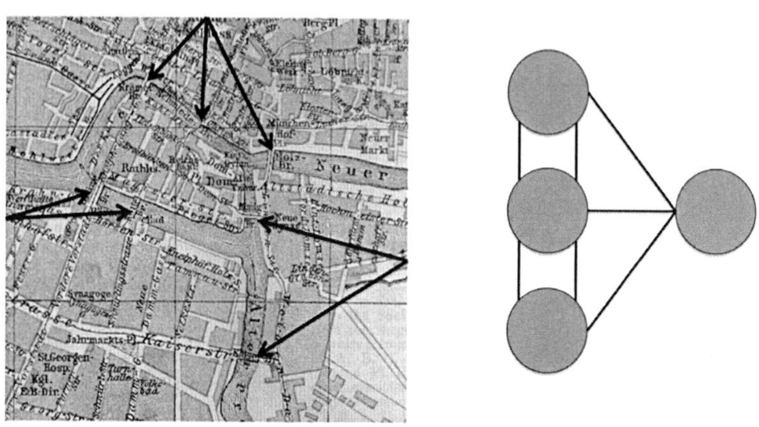

그림 12.6 쾨니히스베르크의 지도(왼쪽)와 오일러가 간소화한 지도(화살표는 다리를 가리킵니다.)

90. 이 책에서도 컴퓨터 과학자들과 수학자들이 말하는 "graph" 의미로 사용합니다. 그들은 보통 "plot"을 우리가 11–16장에서 보았던 종류의 그래프를 나타내는데 사용합니다.

연결된 노드는 없기 때문에 오일러는 각 다리를 한 번씩만 건널 방법은 없다고 결론지었습니다.

쾨니히스베르크의 다리 문제나 혹은 오일러의 정리(쾨니히스베르크의 다리 문제에 자신의 해답을 일반화 한 것)보다 더 큰 관심은 문제들을 이해하기 위해 그래프 이론을 활용한다는 그 전체적인 발상idea입니다.

예를 들어, 오일러가 사용한 그래프를 단지 조금만 확장할지라도 한 국가의 도로망을 모델링할 수 있다는 것입니다. 그래프의 각 변에 가중치를 부여한 그래프(혹은 방향 그래프digraph)를 **가중 그래프**weighted graph라고 합니다. 가중 그래프로 도로망을 나타내면 각 도시는 노드로, 도시를 이어주는 도로는 변으로 표현할 수 있을 것입니다. 여기서 각 변에는 두 노드 사이의 거리가 표시 됩니다. 일반적으로, 모든 도로 지도(일방통행 거리를 포함한 것)를 가중 그래프로 나타낼 수 있습니다.

이와 비슷하게 월드 와이드 웹World Wide Web에서 웹 페이지를 노드로 나타내고, 웹 페이지 *A*에 서 웹 페이지 *B*가 연결되어 있으면 노드 *A*에서 노드 *B*까지 변을 이어줄 수 있습니다. 교통 패턴은 그 변을 자주 사용하는 정도에 따라 변에 가중치를 부여할 수 있습니다.

그래프를 사용할 것 같아 잘 보이지 않지만 그래프를 사용하는 경우도 많습니다. 생물학자들은 단백질이 서로 상호작용하는 방법부터 유전자 발현 네트워크까지 다양한 방법에 걸쳐 그래프를 사용합니다. 물리학자들은 위상 전이phase transition를 설명하기 위해 그래프를 사용합니다. 전염병학자들은 질병 경로를 모델링하기 위해 그래프를 사용합니다.

그림 12.7의 클래스는 각각 노드, 가중 변, 변과 상응하는 추상형abstract types을 구현합니다.

노드를 구현하는 클래스를 만든 것은 지나치다고 생각할 수도 있습니다. 결국, 클래스 Node의 어떤 메소드도 의미 있는 계산을 실행하지 않습니다. 그러나 이 클래스를 미리 구현해 놓은 것은 나중에 몇 가지 속성이 더해진 Node의 하위 클래스를 도입할 것을 결정할 때 좀 더 융통성을 주기 위한 것입니다.

그림 12.8에서는 클래스 `Digraph`와 `Graph`를 구현하였습니다.

여기서 내려야 하는 중요한 결정 하나는 `Digraph`를 나타내기 위하여 어떤 데이터 구조를 선택하느냐는 것입니다. 한 가지 많이 쓰이는 표현 방법은 n × n **인접 행렬**adjacency matrix입니다. 여기서 n은 그래프에서 노드의 개수입니다. 행렬의 각 셀은 노드 $<i, j>$을 연결하는 변에 대한 정보(예를 들어 가중치)를 포함합니다. 변에 가중치가 부여되지 않았을 때, *i*부터 *j*까지 변이 존재하면 행렬 각 항목은 `True`로 합니다.

`Digraph`를 나타내는데 많이 사용하는 또 다른 방법은 우리가 사용하게 될 **인접 리스트**adjacency list입니다. 클래스 `Digraph`에는 두 개의 인스턴스 변수가 있습니다. 변수 `nodes`는 `Digraph`의 노드

```
class Node(object):
    def __init__(self, name):
        """Assumes name is a string"""
        self.name = name
    def getName(self):
        return self.name
    def __str__(self):
        return self.name

class Edge(object):
    def __init__(self, src, dest):
        """Assumes src and dest are nodes"""
        self.src = src
        self.dest = dest
    def getSource(self):
        return self.src
    def getDestination(self):
        return self.dest
    def __str__(self):
        return self.src.getName() + '->' + self.dest.getName()

class WeightedEdge(Edge):
    def __init__(self, src, dest, weight = 1.0):
        """Assumes src and dest are nodes, weight a number"""
        self.src = src
        self.dest = dest
        self.weight = weight
    def getWeight(self):
        return self.weight
    def __str__(self):
        return self.src.getName() + '->(' + str(self.weight) + ')'\
                + self.dest.getName()
```

그림 12.7 노드와 변

의 이름을 포함하고 있는 파이썬 리스트입니다. 노드의 연결은 딕셔너리로 구현한 인접 리스트로 나타낼 수 있습니다. 딕셔너리 형인 변수 edges는 Digraph에 있는 각 Node를 그 Node의 자식의 리스트에 매핑한 딕셔너리입니다.

```
class Digraph(object):
#nodes is a list of the nodes in the graph
#edges is a dict mapping each node to a list of its children
def __init__(self):
self.nodes = []
self.edges = {}
def addNode(self, node):
if node in self.nodes:
raise ValueError('Duplicate node')
else:
self.nodes.append(node)
self.edges[node] = []
def addEdge(self, edge):
src = edge.getSource()
dest = edge.getDestination()
if not (src in self.nodes and dest in self.nodes):
raise ValueError('Node not in graph')
self.edges[src].append(dest)
def childrenOf(self, node):
return self.edges[node]
def hasNode(self, node):
return node in self.nodes
def __str__(self):
result = ''
for src in self.nodes:
for dest in self.edges[src]:
result = result + src.getName() + '->'\
+ dest.getName() + '\n'
return result[:-1] #omit final newline

class Graph(Digraph):
def addEdge(self, edge):
Digraph.addEdge(self, edge)
rev = Edge(edge.getDestination(), edge.getSource())
Digraph.addEdge(self, rev)
```

그림 12.8 클래스 Graph와 Digraph

클래스 Graph는 Digraph의 하위 클래스입니다. 클래스 Graph는 오버라이드override 함수 addEdge를 제외하고 Digraph의 모든 메소드를 상속받습니다(여기서 Graph는 각 변을 두 번씩, Digraph의 각 방향을 한 번씩 저장하기 때문에 공간적으로 효율적이지 않습니다. 그러나 단순화라는 이점이 있습니다).

여러분은 잠시 여기서 왜 Digraph가 Graph의 하위 클래스가 아닌, Graph가 Digraph의 하위 클래스인지 생각해보길 바랍니다. 우리가 살펴보았던 하위 클래스의 많은 예제들에서 하위 클래스의 속성은 상위 클래스의 속성에서 추가적입니다. 예를 들어 클래스 WeightedEdge는 클래스 Edge의 속성 외에 weight이라는 속성을 추가적으로 포함하고 있습니다.

여기서 Digraph와 Graph는 같은 속성을 가지고 있습니다. 유일한 차이점은 addEdge 메소드입니다. Digraph와 Graph는 서로 다른 클래스로부터 메소드를 상속받아 쉽게 구현할 수 있습니다. 하지만 어떤 클래스를 상위클래스로 고를지는 임의적이지 않습니다. 8장에서 대체 원리를 따르는 것이 중요하다는 것을 강조했습니다. 클라이언트 코드가 상위타입supertype의 인스턴스를 사용해서 제대로 작동한다면, 상위타입의 인스턴스가 하위타입subtype의 인스턴스로 대체되었을 때에도 역시 제대로 작동해야 합니다.

그렇기 때문에 클라이언트 코드가 Digraph의 인스턴스를 사용하여 제대로 작동한다면, Digraph의 인스턴스가 Graph의 인스턴스로 대체되어도 제대로 작동할 것입니다. 그 반대로는 적용되지 않습니다. 그래프(변의 대칭성을 이용해서)에서 작동하는 많은 알고리즘이 방향 그래프directed graph or digraph에서는 작동하지 않는 경우가 많습니다.

12.2.1 고전적인 그래프 이론적 문제들

그래프 이론을 이용해 문제를 체계적으로 표현하는formulating 것의 장점은 그래프를 활용한 여러 최적화 문제를 해결할 수 있는 유명한 알고리즘들이 있다는 것입니다. 잘 알려진 그래프 최적화 문제들 중 몇 개는 다음과 같습니다.

- **최단 경로**shortest path: 노드 쌍 *N*1과 *N*2에 대해서 다음을 만족하는 가장 짧은 변 <*s*, *d*> (원시source 노드와 목적지destination 노드)의 시퀀스를 찾으십시오.
    - 처음 지나는 변의 원시 노드는 *N*1입니다.
    - 마지막 지나는 변의 목적지 노드는 *N*2입니다.
    - 시퀀스에 있는 모든 변 *e*1과 *e*2에 대해서 *e*2가 *e*1 다음에 지나게 될 변일 때, *e*2의 원시 노드는 *e*1의 목적지 노드입니다.
- **최단 가중치 경로**shortest weighted path: 이 문제는 최단 경로와 같은 문제이지만 두 개의 노드를

연결하는 가장 짧은 변의 시퀀스를 구하는 것이 아니라 각 변의 가중치에 대한 함수를 정의하고 (예를 들어 가중치의 합계) 그 값을 최소화하는 것입니다. 이러한 종류의 문제는 웹 지도 서버인 맵퀘스트Mapquest와 구글맵Google Maps에서 두 지점 사이의 주행 방향을 계산할 때 사용되었습니다.

- **최대 클리크**clique: 그래프에서 각 노드 쌍 사이에 경로(혹은 최대 길이를 넘지않는 경로)가 존재하는 노드의 집합을 찾습니다.[91]
- **최소 절단**Min cut: 그래프의 두 집합의 노드에 대해서, 특정 변들을 제거했을 때 한 집합의 각 노드와 다른 집합의 각 노드를 연결하는 모든 경로가 끊어지면 그 변의 집합을 절단이라고 합니다. 그 변들의 집합을 최소로 하는 절단을 최소 절단이라고 합니다.

12.2.2 최단 경로: 깊이우선 탐색(Depth-First Search)과 너비우선 탐색(Breadth-First Search)

사회 연결망은 개인과 개인 간의 관계로 이루어져 있습니다. 대부분 사회 연결망은 개인을 노드로, 관계를 변으로 나타낸 그래프로 모델링할 수 있습니다. 관계가 대칭적이라면, 변은 무방향성undirected이며, 관계가 비대칭적이라면 변은 방향성이 있습니다. 어떤 사회 연결망들은 여러 종류의 관계를 모델링하므로 변에 여러 관계의 종류를 명시하기도 합니다.

1990년[92]에 극작가 존 구아르John Guare는 "*Six Degrees of Separation*"(여섯 단계의 분리)를 썼습니다. 그 연극의 조금 의심스러운 전제는 "이 행성의 모든 사람은 단지 여섯 사람만큼 떨어져 있다."였습니다. 이 전제로부터 존 구아르는 "안다"는 관계를 이용해서 지구의 모든 사람들을 사회 연결망으로 구성한다면, 모든 두 사람 간의 최단 경로는 기껏해야 여섯 개의 노드들이면 도달하게 될 것이라는 뜻이었습니다.

조금 구체적인 질문은 페이스북Facebook에서 사람들 사이의 "친구" 관계를 이용해 거리를 구하는 것입니다. 예를 들어 여러분의 친구의 친구의 친구의 친구가 믹 재거Mick Jagger[93]가 될 지 궁금할 것입니다. 이 질문에 답을 하기 위한 프로그램을 작성해 봅시다.

친구 관계는 (적어도 페이스북에서는)대칭적입니다. 예를 들어 스테파니가 안드레아의 친구라면,

91. 이 개념은 사회적 클리크의 개념과 상당히 비슷합니다. 서로 친근하게 느껴지는 사람들은 서로 뭉치게 되며, 그 클리크 안 에 속하지 않는 사람들은 제외하려고 합니다. 예를 들어 영화헤더스Heathers를 참고하세요.

92. 마크 주커버그Mark Zuckerberg가 여섯 살이었을 때입니다.

93. [역자주] Mick Jagger은 The Rolling Stones 밴드의 창립 멤버이면서 리드 보컬로 영국의 가수이면서, 작곡가, 배우도 겸하고 있습니다.

안드레아도 스테파니의 친구입니다. 그러므로 우리는 Graph 형을 사용해서 사회 연결망을 구현할 것입니다. 그리고 다음과 같이 여러분과 믹 재거 사이의 최단 경로를 찾는 문제를 정의해 봅시다.

- 그래프 G는 친구 관계를 나타내는 그래프라고 합시다.
- 그래프 G에 대해서, 노드의 최단 시퀀스 path = [You, …, MickJagger]를 찾습니다.
- 만약, path에서 n_i와 n_{i+1}이 연속적인 노드라면, G에는 n_i와 n_{i+1}을 연결하는 변이 존재한다.

그림 12.9에는 Digraph에서 두 개의 노드 start와 end 사이의 최단 경로를 찾는 재귀 함수가 정의되어 있습니다. Graph는 Digraph의 하위 클래스이기 때문에 페이스북 문제에서도 잘 작동할 것입니다.

그림 12.9에 있는 함수 DFS에서 구현한 알고리즘은 재귀적 **깊이우선 탐색 알고리즘**depth-first-search, DFS의 예시입니다. 보통 깊이우선 탐색 알고리즘은 시작 노드의 자식 노드를 선택하면서 시작합니다. 그 다음 목적지 노드에 도달하거나 자식 노드가 없는 노드에 도달할 때까지 더 깊이 들어가면서 해당 노드의 자식을 선택합니다. 탐색을 하면서 가장 최근 노드의 자식 노드를 아직 방문하지 않았다면 최근 노드로 **되돌아갑니다**backtrack. 모든 경로를 다 지나가 본 후에, 시작부터 목적까지 최단 경로(한 가지만 있다고 가정합니다)를 선택합니다.

실제 코드는 우리가 방금 설명했던 알고리즘보다 조금 더 복잡합니다. 그 이유는 코드는 그래프가 순환cycle하는 경우를 다루어야 하기 때문입니다. 또한 이미 찾은 최단 경로보다 더 긴 경로를 찾지 않게 해야 합니다.

- 함수 shortestPath가 DFS를 호출할 때 path == [] (현재 찾은 경로가 비었다는 것을 알려주기 위해)와 shortest = None (start부터 end까지 경로는 아직 찾지 못했다는 것을 알려주기 위해) 인자를 사용합니다.
- DFS는 start의 자식 노드 하나를 선택하면서 시작합니다. 그 다음, 그 노드의 다음 자식을 선택하는 것을 반복하는데, end 노드 혹은 방문하지 않은 자식이 있는 노드를 찾을 때까지 반복합니다.
  - if node not in path는 프로그램이 순환적으로 계속 돌아가는 경우를 방지합니다.
  - if shortest == None or len(path) < len(shortest):는 지금 경로를 탐색하는 것이 현재까지 찾은 최적경로보다 더 짧은 경로를 찾을 수 있는지 결정할 때 쓰입니다.
  - 만일 그렇다면, DFS는 재귀적으로 호출됩니다. 만일 현재까지 찾은 경로보다 더 길지않은 end까지의 경로를 찾게 되면, shortest는 업데이트됩니다.

```
def printPath(path):
    """Assumes path is a list of nodes"""
    result = ''
    for i in range(len(path)):
        result = result + str(path[i])
        if i != len(path) - 1:
            result = result + '->'
    return result

def DFS(graph, start, end, path, shortest, toPrint = False):
    """Assumes graph is a Digraph; start and end are nodes;
          path and shortest are lists of nodes
       Returns a shortest path from start to end in graph"""
    path = path + [start]
    if toPrint:
        print('Current DFS path:', printPath(path))
    if start == end:
        return path
    for node in graph.childrenOf(start):
        if node not in path: #avoid cycles
            if shortest == None or len(path) < len(shortest):
                newPath = DFS(graph, node, end, path, shortest,
                              toPrint)
                if newPath != None:
                    shortest = newPath
    return shortest

def shortestPath(graph, start, end, toPrint = False):
    """Assumes graph is a Digraph; start and end are nodes
       Returns a shortest path from start to end in graph"""
    return DFS(graph, start, end, [], None, toPrint)
```

그림 12.9 깊이우선 탐색 최단경로 알고리즘

   ◦ path의 마지막 노드가 더 이상 방문할 자식이 없을 때, 프로그램은 이전에 방문한 노드로 되돌아 가고, 그 다음 노드의 자식을 방문합니다.

- 이 함수는 start부터 end까지의 가능한 모든 최단 경로들을 모두 거쳤을 때에 끝나게 됩니다.

그림 12.10에는 **그림 12.9**에 있는 코드를 실행하는 코드가 있습니다. **그림 12.10**의 함수 `testSP`는 처음에 그림에 있는 방향 그래프를 만들고, 그리고 노드 0와 노드 5 사이의 최단 경로를 찾습니다.

`testSP`를 실행하면 다음과 같이 출력합니다.

```
Current DFS path: 0
Current DFS path: 0->1
Current DFS path: 0->1->2
Current DFS path: 0->1->2->3
Current DFS path: 0->1->2->3->4
Current DFS path: 0->1->2->3->5
Current DFS path: 0->1->2->4
Current DFS path: 0->2
Current DFS path: 0->2->3
Current DFS path: 0->2->3->4
Current DFS path: 0->2->3->5
Current DFS path: 0->2->3->1
Current DFS path: 0->2->4
Shortest path found by DFS: 0->2->3->5
```

```
def testSP():
    nodes = []
    for name in range(6):  #create 6 nodes
        nodes.append(Node(str(name)))
    g = Digraph()
    for n in nodes:
        g.addNode(n)
    g.addEdge(Edge(node[0], nodes[1]))
    g.addEdge(Edge(node[1], nodes[2]))
    g.addEdge(Edge(node[2], nodes[3]))
    g.addEdge(Edge(node[2], nodes[4]))
    g.addEdge(Edge(node[3], nodes[4]))
    g.addEdge(Edge(node[3], nodes[5]))
    g.addEdge(Edge(node[0], nodes[2]))
    g.addEdge(Edge(node[1], nodes[0]))
    g.addEdge(Edge(node[3], nodes[1]))
    g.addEdge(Edge(node[4], nodes[0]))
    sp = shortestPath(g, nodes[0], nodes[5], toPrint = True)
    print('Shortest path is', printPath(sp))
```

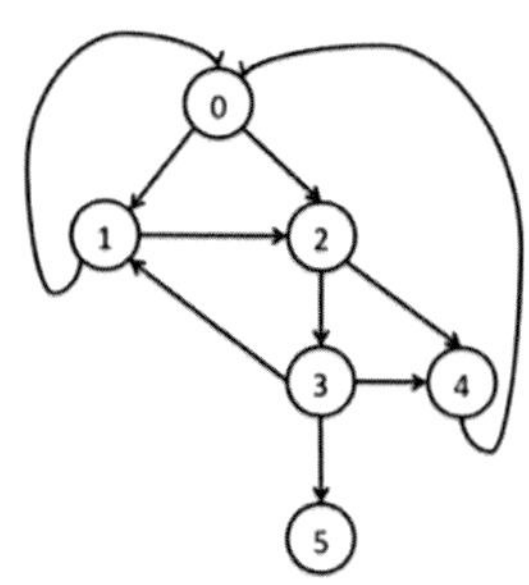

그림 12.10 깊이-우선-탐색 코드를 시험하기

경로 0->1->2->3->4를 탐색한 다음에 다시 노드 3으로 되돌아오고 경로 0->1->2->3->5를 탐색하는 것에 주목하십시오. 이 경로를 현재까지 성공적인 최단 경로로 저장한 다음에 다시 노드 2로 되돌아 간 후 경로 0->1->2->4를 거치게 됩니다. 그 경로의 마지막 노드 (노드 4)에 도달했을 때에는 노드 0까지 계속 되돌아 간 후에 0에서 2까지 이어진 변으로 시작하는 경로를 살핍니다. 이와 같은 과정을 실행합니다.

그림 12.9에서 구현한 DFS 알고리즘은 가장 적은 개수의 변을 거치는 경로를 찾습니다. 만일 변에 가중치가 부여되어 있으면 변의 가중치 합을 최소화하는 경로를 찾지 않습니다. 하지만 그러한 최단 경로를 찾도록 수정하는 것은 쉽습니다.

물론 깊이-우선-탐색 DFS 이외에도 그래프를 탐색하는 방법이 있습니다. 또 다른 널리 쓰이는 방법은 **너비우선 탐색**breadth-first search, BFS입니다. 너비우선 탐색에서는 시작 노드의 모든 자식을 방문합니다. 그 자식 노드 중 마지막 노드가 없으면 그 노드의 모든 자식들을 방문합니다. 이와 같은 방문을 계속 반복 합니다. 보통 재귀적으로 구현하는 깊이우선 탐색과 다르게 BFS는 반복적으로 실행을 하는 코드로 구현합니다. 너비우선 탐색BFS는 반복해서 각 경로에 하나의 노드를 추가하면서 동시에 많은 경로를 탐색합니다. BFS는 길이의 오름차순으로 경로를 찾아내므로, 마지막 노드가 목적지 노드가 되는 첫 경로는 최소 변의 개수를 가지고 있다고 보장할 수 있습니다.

그림 12.11의 코드는 너비우선 탐색 BFS을 사용하여 방향 그래프의 최단 경로를 찾습니다. 변수 pathQueue는 현재 탐색한 모든 경로를 저장합니다. 각각 반복문에서는 처음에 pathQueue에 있던 경로를 삭제하고 그 경로를 tmpPath에 저장합니다. tmpPath의 마지막 노드가 end이면 tmpPath를 반환합니다. 그렇지 않으면, tmpPath에서 그 자식 노드를 추가한 새로운 경로의 집합이 생성됩니다. 그 다음 각각의 새로운 경로는 pathQueue에 더해 집니다.

다음의 두 줄을 testSP 끝에 추가하고 실행하면,

```
sp = BFS(g, nodes[0], nodes[5])
print 'Shortest path found by BFS:', printPath(sp)
```

다음과 같이 출력하게 됩니다.

```
Current DFS path: 0
Current DFS path: 0->1
Current DFS path: 0->1->2
Current DFS path: 0->1->2->3
Current DFS path: 0->1->2->3->4
Current DFS path: 0->1->2->3->5
Current DFS path: 0->1->2->4
Current DFS path: 0->2
```

```
def BFS(graph, start, end, toPrint = False):
    """Assumes graph is a Digraph; start and end are nodes
      Returns a shortest path from start to end in graph"""
    initPath = [start]
    pathQueue = [initPath]
    if toPrint:
        print('Current BFS path:', printPath(path))
    while len(pathQueue) != 0:
        #Get and remove oldest element in pathQueue
        tmpPath = pathQueue.pop(0)
        print('Current BFS path:', printPath(tmpPath))
        lastNode = tmpPath[-1]
        if lastNode == end:
            return tmpPath
        for nextNode in graph.childrenOf(lastNode):
            if nextNode not in tmpPath:
                newPath = tmpPath + [nextNode]
                pathQueue.append(newPath)
    return None
```

그림 12.11 너비우선-탐색 최단 경로

```
Current DFS path: 0->2->3
Current DFS path: 0->2->3->4
Current DFS path: 0->2->3->5
Current DFS path: 0->2->3->1
Current DFS path: 0->2->4
Shortest path found by DFS: 0->2->3->5
Current BFS path: 0
Current BFS path: 0->1
Current BFS path: 0->2
Current BFS path: 0->1->2
Current BFS path: 0->2->3
Current BFS path: 0->2->4
Current BFS path: 0->1->2->3
Current BFS path: 0->1->2->4
Current BFS path: 0->2->3->4
Current BFS path: 0->2->3->5
Shortest path found by BFS: 0->2->3->5
```

다행히도 두 알고리즘(DFS, BFS)은 같은 길이의 경로를 최단경로로 찾았습니다. 이 경우에 각 알고리즘은 같은 경로를 찾은 것입니다. 하지만 그래프에서 노드 사이의 최단 경로가 하나 이상이라면 DFS와 BFS가 항상 똑같은 최단 경로를 찾는다고 볼 수는 없습니다.

앞에서 언급한 것처럼, BFS는 가장 적은 변으로 경로를 찾는 데 편리한 방법입니다. 그 이유는 경로를 처음 찾았을 때, 그 경로가 바로 최단 경로라는 것이 보장되기 때문입니다.

손가락 풀기

가중치가 부여된 방향 그래프를 생각해 보십시오. BFS로 찾은 첫 경로가 변의 가중치의 합을 최소화한다는 것을 보장할 수 있나요?

CHAPTER **13**

동적 프로그래밍(Dynamic Programming)

리처드 벨먼Richard Bellman은 1950년대 초에 **동적 프로그래밍**dynamic programming을 고안했습니다. 이름만 보고 이 방법에 대해 추론하려고 하지 마십시오. 벨먼은 이 방법의 이름을 "동적 프로그래밍"이라고 지었는데, 이것은 정부의 지원자들로부터 "사실 그가 수학을 하고 있었다..."는 사실을 숨기기 위한 것이었습니다." 동적 프로그래밍의 각 단계는 국회의원으로써도 반대할 수 없는 것이었습니다."[94]

동적 프로그래밍은 중복되는 하위문제subproblem(부분문제)와 최적 부분구조optimal substructure의 특징을 가진 문제를 효율적으로 해결하는 방법입니다. 다행히도 많은 최적화 문제들은 이러한 특징을 보입니다.

만약 어떤 문제에 대한 전역적인 **최적해**optimal solution를 지역적인 하위문제들의 최적해 조합으로 만들 수 있다면 최적 부분구조를 갖는다고 정의합니다. 이러한 문제는 앞에서 많이 다루었습니다. 예를 들어 합병정렬merge sort은 우선 하위리스트sublist를 정렬하고 그 해답들을 조합하는 방법으로 리스트를 정렬할 수 있다는 사실을 이용합니다.

만약 최적해를 구하기 위해 같은 문제를 여러 번 풀어야 하는 구조를 갖는다면 중복되는 **하위 문제**overlapping subproblems를 갖는다고 정의합니다. 합병정렬은 이 특성을 보이지 않습니다. 우리가 합병을 여러 번 한다고 해도 우리는 매번 서로 다른 리스트를 합병하는 것입니다.

이런 것이 지금은 명백한 것 같지 않지만, 0/1 배낭문제는 이러한 특징들을 모두 보여줍니다. 하지만 배낭문제로 돌아가기 전에 잠시 주제에서 벗어나 최적 부분구조substructure와 중복되는 하위문제subproblems를 더 확실히 보여주는 문제를 살펴보도록 합시다.

94. "Richard Bellman on the Birth of Dynamic Programming," Operations Research, vol. 50, no. 1 (2002)에서 스튜어트 드레퓌스Stuart Dreyfus가 인용한 것입니다.

13.1 피보나치 시퀀스, 다시 등장

우리는 4장에서 다음과 같은 재귀적으로 간단히 구현한 피보나치 함수를 살펴 보았습니다.

```
def fib(n):
    """Assumes n is an int >= 0
       Returns Fibonacci of n"""
    if n == 0 or n == 1:
        return 1
    else:
        return fib(n-1) + fib(n-2)
```

이 재귀적인 구현은 매우 정확하긴 하지만, 굉장히 비효율적입니다. 가령 실행이 끝날 것을 기대하지 말고 `fib(120)`을 실행해보십시오. 이런 구현의 복잡도는 계산이 어렵지만 대략적으로 O(fib(n))이 될 겁니다. 이것은 피보나치 시퀀스 결과 값이 증가하는 것에 비례하여 복잡도가 증가한다는 것인데, 피보나치 시퀀스 복잡도의 증가 속도는 엄청나다는 것입니다. 예를 들어 `fib(120)`의 결과값은 8,670,007,398,507,948,658,051,921입니다. 만약 각각의 재귀 호출이 1 나노초만큼 걸린다면, `fib(120)`을 계산하기 위해 250,000년이 걸린다는 것입니다.

이렇게 구현한 것을 계산하는데 왜 이렇게 오래 걸리는지 알아봅시다. `fib` 내부의 코드 중 극히 적은 일부만을 보더라도, `fib` 스스로를 너무 많이 호출하는 것이 문제인 것이 분명합니다. 가령 `fib(6)`의 호출에 상응하는 트리 모양의 호출을 보십시오.

우리가 같은 값을 반복해서 계산하는 것에 주목하기 바랍니다. 예를 들어 `3`을 인자로 하는 `fib`는 세 번 호출되고 각각의 함수 호출은 `fib`를 네 번 추가로 호출합니다. 첫 번째 호출에서 반환한 값

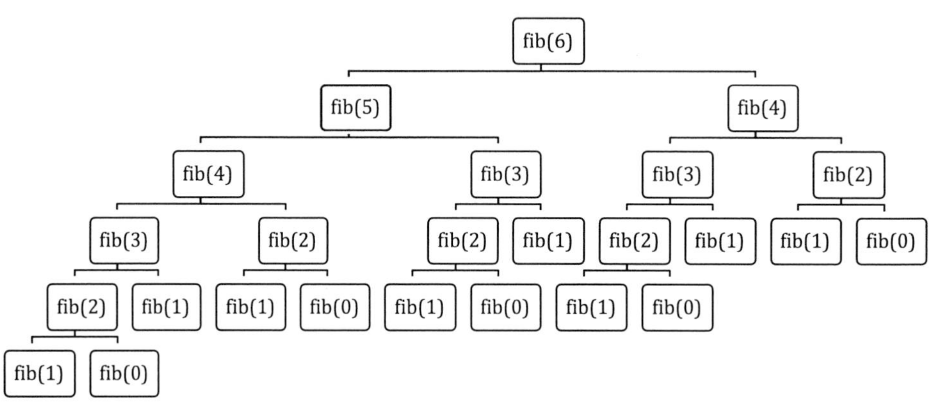

그림 13.1 재구 피보나치의 트리 모양 호출

```
def fastFib(n, memo = {}):
    """Assumes n is an int >= 0, memo used only by recursive calls
       Returns Fibonacci of n"""
    if memo == None:
        memo = {}
    if n == 0 or n == 1:
        return 1
    try:
        return memo[n]
    except KeyError:
        result = fastFib(n-1, memo) + fastFib(n-2, memo)
        memo[n] = result
        return result
```

그림 13.2 memo를 사용해서 피보나치 구현하기

을 기록해놓은 후에 그 값을 다시 계산하지 않고 찾아볼 수 있다면 더 좋겠다는 생각은 누구나 할 수 있습니다. 이런 것을 **메모이제이션**memorization이라고 부르며 동적 프로그래밍에 있어 핵심 아이디어입니다.

그림 13.2은 이 아이디어에 기초해서 피보나치를 구현한 것입니다. 함수 `fastFib`는 매개변수로 memo를 받아 이미 계산된 숫자를 기록합니다. 매개변수의 기본값은 비어있는 딕셔너리이기 때문에 `fastFib`의 클라이언트는 `memo`에 초기값을 할당하는 것에 대해 걱정할 필요가 없습니다. `fastFib`가 1보다 큰 n의 값으로 호출이 되면, `memo`에서 n을 찾으려고 시도합니다. `memo`에 해당 값이 없다면(해당 값을 이용해서 `fastFib`가 처음 사용되었기 때문이죠), 예외가 발생합니다. 예외가 발생하면, `fastFib`는 기존의 피보나치 재귀를 이용하고, 그리고 `memo`에 그 결과값을 저장합니다.

만일 여러분이 `fastFib`를 실행해보면, 프로그램이 상당히 빠르다고 분명히 느낄 수 있을 것입니다. `fib(120)`의 값을 거의 즉시 계산해 줍니다. 그렇다면 `fastFib`의 복잡도는 어떻게 될까요? `fastFib`는 정확하게 0에서 n까지의 값만큼 `fib` 함수를 호출합니다. 따라서 딕셔너리 검색을 상수 시간에 할 수 있다는 가정 하에, `fastFib(n)`의 시간 복잡도는 `O(n)`이 됩니다.[95]

95. 비록 멋지고 교육학적으로 흥미롭지만, 이 방법이 피보나치를 구현하는데 최선은 아닙니다. 더 간단하게 선형 시간 O(n)에 계산하도록 반복문으로 구현하는 방법도 있습니다.

13.2 동적 프로그래밍과 0/1 배낭 문제

12장에서 다뤘던 최적화 문제 중에 0/1 배낭 문제가 있었습니다. 우리가 n log n 시간에 동작하는 그리디 알고리즘을 사용했었지만, 최적해를 찾아준다는 보장이 없었다는 사실을 기억하십시오. 또한 우리는 최적해를 찾아주는 무차별적brute-force, 즉 전수 나열 알고리즘을 살펴 보았지만, 실행하는 데에 지수 단위의 시간이 걸린 것을 확인할 수 있었습니다. 결국 문제는 본질적으로 입력 사이즈의 지수 제곱이라고 결론지었습니다. 최악의 경우 모든 실현 가능한 답을 보지 않고서는 최적해를 구할 수 없었습니다.

다행스럽게도 상황은 보이는 것과 같이 나쁘지만은 않습니다. 동적 프로그래밍은 합리적인 시간 안에 0/1 배낭 문제를 해결할 수 있는 실용적인 방법을 제공합니다. 해답을 얻기 위한 첫 걸음으로 전수 나열에 기초한 지수적 방법을 사용해보기로 하겠습니다. 핵심 아이디어로 무게 제한조건을 만족하는 모든 상태를 루트를 가진 이진 트리rooted binary tree를 사용해 나열한 후에, 그것을 탐색하는 데 필요한 공간을 생각해볼 수 있습니다.

루트를 가진 이진 트리는 비순환acyclic 방향 그래프directed graph이며. 다음의 특징을 가집니다.

- 루트root는 부모가 없으며, 하나만 존재합니다.
- 각 루트가 아닌 노드에는 부모가 하나만 있습니다.
- 각 노드는 자식이 최대 둘이 있습니다. 자식이 없는 노드는 **잎**leaf이라고 합니다.

0/1 배낭 문제에 사용되는 검색 트리의 각 노드는 배낭 문제의 부분해partial solution를 의미하는 네 부분으로 레이블label되어 있습니다. 네 부분의 요소는 다음과 같습니다.

- 배낭에 넣을 물품들의 세트
- 아직 결정 내리지 못한 물품의 리스트
- 배낭에 넣을 물품의 총 가치(이 물품들의 가치를 계산할 수 없기 때문에 이것은 단지 최적화 중의 하나 입니다)
- 배낭의 남은 공간(마찬가지로, 배낭에 허용되는 무게와 지금까지 넣은 물품의 무게 차이이기 때문에 이것도 단순한 최적화 중의 하나입니다)

트리는 루트에서 시작해서 하향식top-down으로 만들어집니다.[96] 아직 고려해야 할 물품 중에 하나

96. 나무의 뿌리를 위에 놓는다는 사실이 이상할 수 있겠지만, 수학자들과 컴퓨터 공학자들은 보통 이 방법으로 트리를 그립니다. 아마도 이것은 바로 이 사람들이 자연을 묵상하는데 충분한 시간을 보내지 않는다는 증거입니다.

의 물품을 선택합니다. 만약 배낭 안에 그 물품이 들어갈 자리가 있으면, 이 물품을 넣었을 때의 결과를 반영하는 새로운 노드가 만들어집니다. 관습적으로 이 노드는 왼쪽 자식이 됩니다. 오른쪽 자식은 그 물품을 넣지 않았을 때의 결과를 보여줍니다. 이 과정은 배낭이 꽉 차거나 더 이상 고려할 물품이 없을 때까지 반복적으로 이뤄집니다. 각 변이 결정(물품을 넣을 것 인지 말 것인지)을 나타내기 때문에, 이러한 트리는 **결정 트리**decision tree라고 부릅니다.[97]

그림 13.3는 물품의 세트를 보여주는 테이블입니다.

이름	값	무게
a	6	3
b	7	3
c	8	2
d	9	5

그림 13.3 물품의 가치와 무게

그림 13.4는 배낭의 수용 한계가 최대 무게 5일 때, 어떠한 물품을 선택할 것인지를 보여주는 결정 트리입니다.

트리의 루트(node 0)는 레이블 <{ }, [a, b, c, d], 0, 5>입니다. 레이블의 각 값은 다음을 의미합니

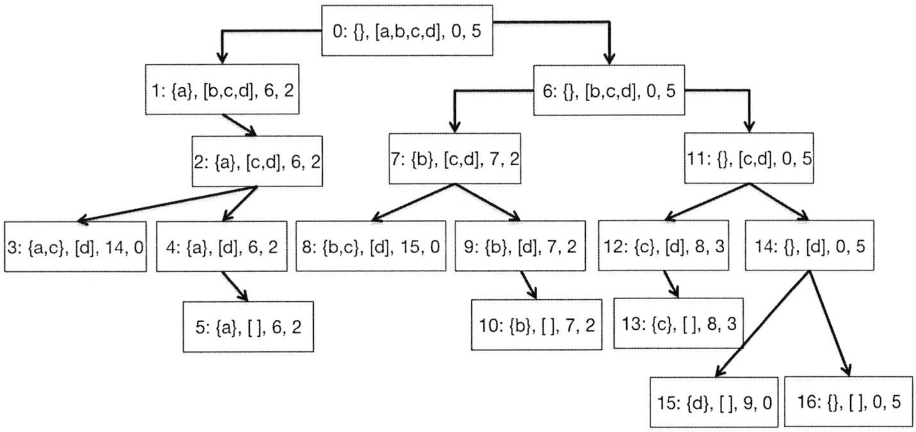

그림 13.4 배낭 문제에서의 결정 트리

97. 결정 트리는 두 부분으로 이뤄져 있어야 할 필요는 없으며, 연속적인 결정을 할 때에 결과를 탐색할 수 있는 구조화된 방법을 제공합니다.

다: { }: 배낭에 넣은 물품이 없음, [a, b, c, d]: 모든 물품이 고려대상으로 남아 있음, 0: 선택한 물품의 총 가치는 0, 5: 무게 5만큼 아직 배낭에 넣을 수 있음. 노드 1은 a를 배낭에 넣었으며, [b, c, d]는 아직 고려대상으로 남아있고, 선택한 물품의 총 가치는 6이며, 배낭에 추가로 2파운드만큼 넣을 수 있다는 것을 보여줍니다. 물품 b는 3파운드이고 배낭에 넣을 수 없기 때문에 노드 1의 왼쪽에는 노드가 존재하지 않습니다.

그림 13.4에서 콜론 앞의 숫자는 노드가 생성되는 순서를 나타냅니다. 이러한 순서는 왼쪽 우선 깊이 우선left-first depth-first 탐색입니다. 각 노드에서 우리는 왼쪽 노드를 생성하려고 시도합니다. 만일 그것이 불가능하다면 오른쪽 노드를 생성을 시도합니다. 만일 이것 또한 불가능하다면, 한 노드 뒤로(부모로) 가서 이 과정을 반복합니다. 결국에 우리는 루트에서부터 모든 자손descendant들을 다 생성하고 난 후에, 이 과정을 멈춥니다. 이 과정이 멈추게 되면, 배낭에 적합하게 들어갈 수 있는 각 물품들의 모든 조합들이 생성되어 있고, 여기서 최대의 총 가치를 갖는 잎 노드가 최적해를 나타내는 것입니다. 각각의 잎 노드에서 두 번째 요소가 비어있는 리스트`[]`(선택할 지 고려할 물품이 더 이상 없다는 것을 의미합니다)이거나 네 번째 요소가 0(배낭에 더 이상 빈 공간이 없다는 것을 의미합니다)인 사실에 주목하십시오.

일반적으로 깊이 우선 탐색 DFS 트리의 구현이 재귀적이라는 사실은 놀랍지 않습니다(만약 이전 장을 읽었더라면 더욱 그러합니다). **그림 13.5**은 이렇게 구현한 코드를 보여줍니다.

이 코드는 **그림 12.2**에 있는 클래스 `Item`을 사용합니다. 함수 `maxVal`은 선택한 물품의 세트와 그 물품의 총 가치를 반환합니다. `maxVal`은 트리에 있는 노드의 각 레이블에 있는 두 번째, 네 번째 요소에 상응하는 매개변수 두 개로 호출됩니다.

- `toConsider` - 트리의 더 위쪽에 있는 노드들(재귀 호출로 이미 호출되어 스텍에 있는 노드들)이 아직 고려하지 않은 물품들
- `avail` - 아직 사용 가능한 남은 공간

그림 13.6에 구현된 `maxVal` 함수는 결정 트리를 만들지 않고, 최적 노드를 찾고 있다는 것에 유의하십시오. 대신에 `maxVal` 함수는 현재까지 찾은 최적해를 기록하기 위하여 지역변수 `result`를 사용합니다.

`smallTest`(**그림 13.3**에 있는 값들을 사용해서)를 실행하면 **그림 13.4**의 노드 8이 최적해라는 결과를 출력합니다.

```
<c, 8, 2>
<b, 7, 3>
Total value of items taken = 15
```

```
def maxVal(toConsider, avail):
    """Assumes toConsider a list of items, avail a weight
       Returns a tuple of the total value of a solution to the
         0/1 knapsack problem and the items of that solution"""
    if toConsider == [] or avail == 0:
        result = (0, ())
    elif toConsider[0].getWeight() > avail:
        #Explore right branch only
        result = maxVal(toConsider[1:], avail)
    else:
        nextItem = toConsider[0]
        #Explore left branch
        withVal, withToTake = maxVal(toConsider[1:],
                                     avail - nextItem.getWeight())
        withVal += nextItem.getValue()
        #Explore right branch
        withoutVal, withoutToTake = maxVal(toConsider[1:], avail)
        #Choose better branch
        if withVal > withoutVal:
            result = (withVal, withToTake + (nextItem,))
        else:
            result = (withoutVal, withoutToTake)
    return result
```

그림 13.5 결정 트리를 사용해서 배낭 문제 풀기

함수 `buildManyItems`와 `bigTest`는 무작위로 생성된 물품의 세트에 대해 `maxVal`을 테스트 사용될 수 있습니다. `bigTest(10)`을 실행해 보십시오. 이제 `bigTest(40)`을 실행해 보십시오. 반환값을 기다리기에 지쳤다면, 멈추고 무슨 일이 일어나고 있을지 스스로 생각 해보기 바랍니다.

우리가 탐색하고 있는 트리의 크기를 생각해봅시다. 트리의 각 깊이에서 우리는 물품 하나를 넣을 것인지 넣지 않을 것인지 결정하기 때문에, 트리의 최대 깊이는 `len(items)`입니다. 깊이 0에는 노드 1개, 깊이 1에는 노드 2개, 깊이 2에는 노드 4개, 깊이 3에는 노드 8개가 있습니다. 깊이 39에는 노드 2^{39}개가 있게 됩니다. 실행하는데 매우 오랜 시간이 걸린다는 것에 의심의 여지가 없습니다!

```
def smallTest():
    names = ['a', 'b', 'c', 'd']
    vals = [6, 7, 8, 9]
    weights = [3, 3, 2, 5]
    Items = []
    for i in range(len(vals)):
        Items.append(Item(names[i], vals[i], weights[i]))
    val, taken = maxVal(Items, 5)
    for item in taken:
        print(item)
    print('Total value of items taken =', val)

def buildManyItems(numItems, maxVal, maxWeight):
    items = []
    for i in range(numItems):
        items.append(Item(str(i),
                          random.randint(1, maxVal),
                          random.randint(1, maxWeight)))
    return items

def bigTest(numItems):
    items = buildManyItems(numItems, 10, 10)
    val, taken = maxVal(items, 40)
    print('Items Taken')
    for item in taken:
        print(item)
    print('Total value of items taken =', val)
```

그림 13.6 결정 트리 기반 구현을 테스트하기

이 상황을 어떻게 해야 할까요? 이 프로그램이 우리가 처음에 구현한 피보나치와 유사한 점이 있는지 확인해봅시다. 특히 이 프로그램에 최적 부분구조substructure 혹은 중복되는 하위문제subproblems가 있나요?

최적 부분구조는 **그림 13.4**와 **그림 13.5**에서 모두 볼 수 있습니다. 각 부모 노드는 자식들로부터 얻은 해답을 통합해서 그 하위 트리의 루트인 부모 노드의 최적해를 이끌어냅니다. **그림 13.5**에서 주석 `#Choose better branch` 뒤에 있는 코드에 반영이 되어 있습니다.

또한, 중복되는 하위문제가 있나요? 얼핏 보면, 답은 "아니요"인 것 같습니다. 트리의 각 깊이[level]에는 우리가 고려해야 할 서로 다른 물품의 세트가 있습니다. 만약 중복되는 하위문제가 존재할 경우, 그들은 트리의 동일한 깊이에 있어야 한다는 사실을 암시합니다. 또한 트리의 각 깊이에 따라 각 노드가 선택 여부를 고려해야 할 물품들이 동일합니다. 하지만 **그림 13.4**의 레이블들을 살펴보면, 어떤 한 깊이에 있는 각각의 노드들은 트리의 위쪽 부분에서 선택 여부를 고려할 물품들이 다르게 표시되어 있습니다.

각 노드에서 어떤 문제를 해결하고 있는지 생각해봅시다. 해결하고 있는 문제는 남아있는 물품 중에서 남은 수용 능력 한해서 최적의 물품들을 선택하는 것입니다. 배낭을 더 채울 수 있는 남은 무게는 지금까지 선택한 물품의 총 무게에 달려있지만, 그 남은 무게는 이미 선택한 물품들의 종류와 그것들의 총 가치와는 관련이 없습니다. 가령 **그림 13.4**에서 노드 2와 노드 7은 같은 문제를 풀고 있습니다. 배낭의 남은 무게가 2인 상황에서 요소 [c, d]에서 어느 요소를 선택해야 할지 결정하면서 말입니다.

그림 13.7의 코드는 최적 부분구조와 중복되는 하위문제를 이용하여 0/1 배낭 문제를 동적 프로그래밍으로 해답을 찾아본 것입니다. 여기서 새로 추가한 매개변수 memo는 이미 해결한 하위문제의 해답을 저장합니다. `toConsider`의 길이와 배낭의 남은 무게를 키로 하는 딕셔너리를 사용해서 구현했습니다. `len(toConsider)`은 아직 고려해야 할 물품들을 나타내는 간결한 방법입니다. 리스트 `toConsider`의 끝에서(앞) 물품들이 항상 제거되기 때문에 이 방법이 사용 가능합니다.

그림 13.8는 우리가 다양한 크기에 대해서 코드를 실행했을 때 호출 수를 보여줍니다. 함수 호출이 얼마나 증가하는지는 수량화하기 어렵지만, 확실하게 지수적 증가보다는 적어 보입니다.[98] 0/1 배낭 문제가 근본적으로 물품 수의 지수적 형태로 증가하는데 어떻게 이러한 결 과가 가능할까요? 우주의 근본적인 법칙을 전환시키는 어떠한 방법을 찾은 걸까요? 아닙니다. 하지만 우리는 계산의 복잡도라는 것이 참 미묘한 개념일 수 있다는 사실을 발견한 것이지요.[99]

`fastMaxVal`의 실행 시간은 서로 다른 `<toConsider, avail>` 쌍이 얼마나 생성되느냐에 따라 좌우됩니다. 그 이유는 다음에 무엇을 할지에 대한 결정이 아직 남은 물품들과 이미 선택된 물품들의 총 무게에만 영향을 받기 때문입니다.

98. 2^{128} = 340,282,366,920,938,463,463,374,607,431,768,211,456이기 때문이지요.

99. "발견"이 너무 강력한 단어일지 모르겠네요. 사람들은 오래 전부터 이 사실을 알고 있었습니다. 여러분도 9장 주변에서 알아 냈을 것 같군요.

```
def fastMaxVal(toConsider, avail, memo = {}):
    """Assumes toConsider a list of items, avail a weight
         memo supplied by recursive calls
       Returns a tuple of the total value of a solution to the
         0/1 knapsack problem and the items of that solution"""
    if memo == None:
        memo = {}
    if (len(toConsider), avail) in memo:
        result = memo[(len(toConsider), avail)]
    elif toConsider == [] or avail == 0:
        result = (0, ())
    elif toConsider[0].getWeight() > avail:
        #Explore right branch only
        result = fastMaxVal(toConsider[1:], avail, memo)
    else:
        nextItem = toConsider[0]
        #Explore left branch
        withVal, withToTake =\
                 fastMaxVal(toConsider[1:],
                            avail - nextItem.getWeight(), memo)
        withVal += nextItem.getValue()
        #Explore right branch
        withoutVal, withoutToTake = fastMaxVal(toConsider[1:],
                                               avail, memo)
        #Choose better branch
        if withVal > withoutVal:
            result = (withVal, withToTake + (nextItem,))
        else:
            result = (withoutVal, withoutToTake)
    memo[(len(toConsider), avail)] = result
    return result
```

그림 13.7 배낭문제에 대한 동적 프로그래밍의 해답

len(Items)	선택한 물품의 개수	호출의 수
4	4	31
8	6	337
16	9	1,493
32	12	3,650
64	19	8,707
128	27	18,306
256	40	36,675

그림 13.8 동적 프로그래밍 해답의 성능(Performance)

toConsider의 가능한 값들의 수는 len(items)에 바운딩되어 있습니다. avail의 가능한 값들의 개수는 더욱 특정 짓기 어렵습니다. 그 개수는 배낭이 수용할 수 있 는 물품들의 개별 총 무게 합보다 더 큰 수에 바운드되어 있습니다. 배낭이 최대 n개의 물품을 담을 수 있다면(배낭의 수용 능력과 가능한 물품들의 무게에 기초했을 때), avail은 최대 2^n 만큼의 값을 가질 수 있습니다. 원칙적으로 이 숫자는 매우 큰 값입니다. 히지만, 실질적으로 그다지 크지 않습니다. 배낭의 수용능력이 매우 크다고 할지라도 만약 선택한 물품들의 총 무게의 수가 많지 않다면, 다양한 물품 세트의 총 무게가 동일하게 되며, 실행 시간을 크게 줄어들게 됩니다.

이 알고리즘은 **유사 다항**pseudo polynomial이라고 불리는 복잡도에 해당합니다. 이 개념의 자세한 설명은 이 책의 범위를 벗어납니다. 대략적으로 말하자면, fastMaxVal은 avail의 가능한 값들을 표현하는데 필요한 비트 수에 지수적입니다.

avail의 값들을 상당히 큰 수용 공간에서 선택했을 때 어떻게 되는지 보기 위해 그림 13.6의 fastMaxVal 호출을 다음과 같이 바꿔봅시다.

```
val, taken = fastMaxVal(items, 1000)
```

물품이 256개 일 때, 해답을 찾기 위해 fastMaxVal을 1,802,817번 호출합니다.

상당히 큰 공간에서 무게들을 선택할 때 무슨 일이 일어나는지 보기 위해, 우리는 양의 정수 대신 양의 실수를 사용해서 무게를 고를 수 있습니다. 이것을 하기 위해 buildManyItems의 코드를

```
items.append(Item(str(i),
                  random.randint(1, maxVal),
                  random.randint(1, maxWeight)))
```

다음과 같이 바꾸십시오.

```
items.append(Item(str(i),
                  random.randint(1, maxVal),
                  random.randint(1, maxWeight)*random.random()))
```

매번 이것이 호출될 때마다, random.random()은 0과 1.0 사이의 부동소수를 무작위로 반환합니다. 이것이 우리가 의도한 바대로 무한대로 무게들을 만들어 내는 것입니다. 이 마지막 시행이 끝날 때까지 숨을 참고 있지는 마십시오. 동적 프로그래밍이 보통은 마법과 같은 기술일지 몰라도[100], 어떤 예배 절차를 따르듯이 해서 기적을 만들어낼 수는 없는 것입니다.

---

100. 놀랍고 환영할 만한 결과를 가져옵니다.

13.3 동적 프로그래밍과 분할정복(Divide-and-Conquer)

분할정복divide-and-conquer 알고리즘과 동일하게 동적 프로그래밍은 각각 독립적인 하위문제들의 해답을 구하고, 그 해답들을 결합시키는 것을 근거로 합니다. 하지만 몇몇 중요한 차이가 있습니다.

분할정복 알고리즘은 기존의 문제보다 훨씬 작은 하위문제들을 찾아내는 것을 근거로 합니다. 예를 들어 합병 정렬merge sort은 각 단계마다 문제의 크기를 반으로 줄이면서 실행됩니다. 반면에 동적 프로그래밍은 기존의 문제보다 단지 약간 작은 하위문제들을 푸는 것을 수반합니다. 예를 들어 19번째 피보나치 숫자를 계산하는 것은 20번째 피보나치 숫자를 계산하는 것과 비교했을 때, 실질적인 차이가 없습니다.

또 하나의 중요한 차이는 분할정복 알고리즘의 효율성은 알고리즘을 구조화하는 것에 의존하지 않습니다. 같은 문제를 반복해서 풀게 되는 것입니다. 반면에, 동적 프로그래밍은 서로 다른 하위문제들의 수가 전체 하위문제의 수보다 훨씬 적을 때에만 효율적입니다.

CHAPTER **14**

랜덤 워크(Random Walks)와 데이터 시각화

이 책은 문제를 해결하는데 계산을 사용하자는 것입니다. 지금까지 우리는 하나의 **결정론적인 프로그램**deterministic program에 의해 해결할 수 있는 문제들에 집중적으로 초점을 맞추어 왔습니다. 같은 입력에 대해 항상 같은 출력을 산출하는 프로그램은 결정론적deterministic이라고 합니다. 그러한 계산은 상당히 유용합니다만 어떤 문제들은 그것으로 해결하기에는 확실히 충분하지 않을 때가 있습니다. 우리가 살고 있는 세상의 많은 분야가 **확률적 과정**stochastic process[101] 으로만 정확하게 모델링을 할 수 있습니다. 어떤 과정의 다음 상태가 그 이전 상태들과 어떤 무작위 요소에 달려 있다면 그 과정은 확률적stochastic이라고 합니다. 그러므로 확률적 과정의 결과는 대개 불분명합니다. 그러므로, 우리는 그 결과가 일어날 것에 대해 확정적으로 거의 서술하지 않습니다. 대신에 그 결과가 일어날 수도 있다는 개연론적으로 서술합니다. 이 책의 나머지는 이러한 불확실한 상황을 이해하는데 도움이 될만한 프로그램들을 작성할 것입니다. 이러한 프로그램들은 주로 시뮬레이션 모델들이 될 것입니다.

시뮬레이션은 실제 시스템의 움직임을 모의해보는 것입니다. 예를 들면, **그림 8.11**에 있는 코드는 어떤 사람이 대출 상환하는 과정을 모의해본 것입니다. 그 코드를 **시뮬레이션 모델**simulation model이라고 부르는 실험 도구이며, 이것은 모델링한 시스템에서 일어날 만한 움직임에 대한 유용한 정보를 제공한다고 생각하십시오. 다른 것도 많겠지만, 시뮬레이션은 물리적 시스템의 미래 상태(예를 들면, 지금부터 50년 후에 지구의 온도)를 예측하는데 많이 사용됩니다. 왜냐하면, 실제 물리적으로 실험을 하면 비용도 많이 들고, 시간도 오래 걸리면, (예를 들면, 세금 코드 변경에 따른 충격 같은 것은) 위험하기까지 한 것도 있기 때문입니다.

다른 모델도 마찬가지지만 시뮬레이션 모델도 역시 실제에 대한 근사값이란 것을 기억하는 것이 중요합니다. 실제 시스템이 모델을 통해 예측한 대로 작동할 것이라고 확신할 수는 없습니다. 사

101. '예언할 수 있는'이란 뜻이 담긴 헬라어 stokhastikos라는 단에서 유래되었습니다. 이제 우리가 알게 되겠지만, 확률적 프로그램은 정확한 결과를 보장하는 것이 아니라 좋은 결과를 얻는 것을 목표로 합니다.

실상 우리는 실제 시스템이 모델을 통해 예측한대로 정확하게 작동하지 않을 것이라는 것에 대해서는 대개 자신할 수 있습니다. 예를 들면, 모든 대출자가 대출금을 매달 항상 정해진 날까지 상환하지 않는다는 것은 자신할 수 있습니다. 그래서 흔히 인용되는 불변의 진리는 "모든 모델들은 틀렸지만, 그러나 일부 모델은 유용하다"라는 말이 있습니다.[102]

14.1 랜덤 워크(Random Walks)

1827년 스코틀랜드 식물학자인 로버트 브라운Robert Brown은 물 위에 떠 있는 꽃가루 입자가 무작위로 떠다니는 것을 관측했습니다. 그는 나중에 브라운 운동Brownian motion이라고 알려진 이 현상에 대하여 납득할만한 설명을 할 수 없었고, 그 현상을 수학적으로 모델링할 시도를 하지 않았습니다.[103] 이 현상에 대한 수학적 모델은 1900년 루이스 바슐리에Louis Bachelier의 박사학위 논문에서 "투자의 이론The Theory of Speculation"이라는 이름으로 처음 소개되었습니다. 그러나 이 논문은 당시에 평판이 좋지 않은 금융 시장의 문제를 다루었기 때문에 이름있는 학계에서는 대개 무시되었습니다. 5년 후에 젊은 알버트 아인슈타인Albert Einstein은 이러한 종류의 확률적인 접근을 바슐리에Bachilier의 모델과 거의 유사한 수학적 모델로 물리의 영역에 도입하여, 이것으로 원자의 존재를 어떻게 입증할 수 있는지에 대하여 설명하게 되었습니다.[104, 105] 어떤 이유로든지, 사람들은 물리를 이해하는 것이 돈을 버는 것보다 중요하다고 생각하게 되었고, 세상 사람들은 그 이론에 대해 관심을 갖기 시작했습니다. 이전과 비교해서 시대가 확실히 달라졌던 것입니다.

브라운 운동은 **랜덤 워크**random walk의 한 예입니다. 랜덤 워크는 물리적 과정(예를 들어, 확산diffusion)과 생물학적 과정(예를 들어, DNA에 의하여 이형접합heteroduplexes이 RNA로 전이displacement되는 과정의 동력학), 및 사회 과정(예를 들어, 주식 시장의 움직임)등을 모델링하는 것처럼 다양한 방면으로 사용됩니다.

102 "All models are wrong, but some are useful", 통계학자 George E. P. Box가 말한 것으로 전해지고 있습니다.

103 그가 그 현상을 처음으로 관찰한 것도 아니었습니다. 기원전 60년에 이미 로마인 티투스 루크레티우스Titus Lucretius의 시poem에는 "On the Nature of Things,"이라는 표현이 있는데, 이러한 현상이 원자가 무작위로 움직이기 때문에 나타난 것이라는 의미의 말을 했습니다.

104 "On the movement of small particles suspended in a stationary liquid demanded by the molecular-kinetic theory of heat,"

105. 1905년 5월 Annalen der Physik. 아인슈타인은 1905년을 그의 "경이적인 해annus mirabilis"라고 부릅니다. 그 해에 브라운 운동에 대한 논문 말고도 그는 빛의 생성과 변형(양자 역학 발전의 중심점), 움직이는 물체의 전기 역학(특수 상대성원리), 물질과 에너지의 등가성($E = mc^2$)에 대한 논문을 발간했습니다. 이제 막 박사학위를 받은 그에게 꽤 괜찮은 해였습니다.

이번 장에서 우리는 다음의 세 가지 이유로 랜덤 워크를 살펴볼 것입니다.

- 랜덤 워크는 본질적으로 흥미롭습니다.
- 랜덤 워크는 추상 자료형abstract data types과 상속을 사용해서, 어떻게 프로그램을 구조화 하는지, 특히 어떻게 시뮬레이션을 돌려야 하는지에 대해 좋은 예시를 제공합니다.
- 랜덤 워크는 파이썬의 다양한 특성을 소개할 수 있으며, 그래프를 그리는 기술을 추가적으로 보여줄 수 있습니다.

14.2 주정뱅이의 산책

실제로 걷는 것과 관련된 랜덤 워크를 살펴봅시다. 술 취한 농부는 들판의 한가운데 서있고 일 초마다 무작위로 방향을 선택해서 한 걸음을 걷습니다. 1000초가 지난 후에 원점으로부터 그녀(혹은 그)의 예상 거리는 얼마나 될까요? 더 많은 걸음을 걸을수록 그녀가 원점으로부터 멀어질까요, 아니면 그녀가 다시금 원점으로 돌아오는 것을 반복하며 처음 그녀가 서 있던 곳으로부터 별로 멀어지지 않을까요? 시뮬레이션을 돌려서 확인해봅시다.

프로그램을 디자인하기에 앞서 우리가 모델링할 프로그램에 대한 직관을 가져보는 것이 좋습니다. 상황에 대한 간단한 모델을 데카르트 좌표Cartesian coordinates를 이용해 그려봅시다. 모눈 종이처럼 표현하기 위해 농부가 서있는 들판의 풀이 신비롭게도 모두 베어졌다고 가정해봅시다. 또한 농부가 딛는 걸음마다 x축 혹은 y축과 평행하고 그 거리는 한 눈금만큼이라고 가정 합시다.

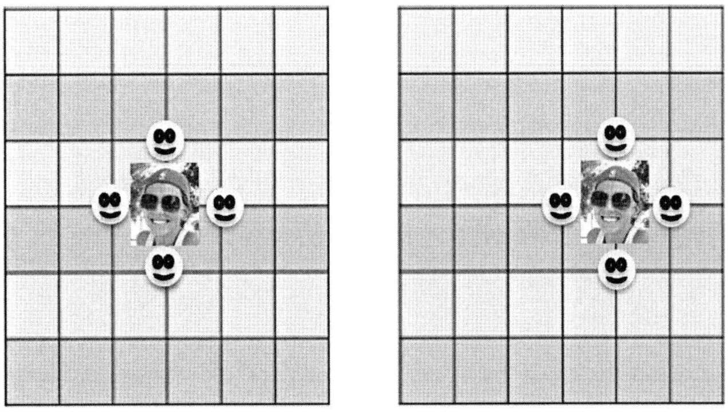

그림 14.1 특이한 한 농부

그림 14.1의 왼쪽에 있는 그림은 농부[106]가 들판 한가운데에 있는 것을 묘사합니다. 웃는 얼굴들은 (J)은 농부가 한걸음 갔을 때의 위치를 보여줍니다. 한 걸음을 갔을 때 농부의 위치는 처음 시작점으로부터 정확하게 한 단위 멀어진 것에 주목하십시오. 농부가 있었던 처음 위치에서부터 동쪽으로 첫 한걸음을 걷는다고 가정합시다. 그녀가 두 번째 걸음을 갔을 때 그녀는 시작점으로부터 얼마나 멀어졌을까요? 오른쪽 그림의 J을 봤을 때, 우리는 0.25의 확률로 그녀가 원점에 있을 수도 있고, 또 0.25의 확률로 2단위만큼 멀어질 수도 있고 아니면 0.5의 확률로 $\sqrt{2}$ 단위만큼 멀어질 수도 있음을 확인할 수 있습니다.[107] 따라서 그녀는 평균적으로 두 번째 걸음을 갔을 때가 첫 번째 걸음을 갔을 때보다 멀어진다는 것을 확인할 수 있습니다. 그렇다면 세 번째 걸음을 가면 어떻게 될까요? 만약 두 번째 걸음이 위 혹은 아래에 있는 J로 갔다면 세 번째 걸음 은 0.5의 확률로 원점과 가까이 가거나 0.5의 확률로 원점으로부터 멀리 갈 것입니다. 만약 두 번째 걸음이 왼쪽에 있는 J로 갔다면(원점) 세 번째 걸음은 원점으로부터 멀어질 것입니다. 만약 두 번째 걸음이 오른쪽에 있는 J로 갔다면 0.25의 확률로 세 번째 걸음이 원점과 가까이 갈 수도 있고, 0.75의 확률로 원점으로부터 멀리 갈 수도 있습니다.

술주정뱅이가 한 걸음씩 더 갈수록 원점으로부터의 예상 거리가 멀어지는 것 같습니다. 우리는 이런 식으로 가능한 걸음들을 모두 나열하는 방법(전수 나열exhaustive enumeration)으로 한걸음씩 갈 때마다의 거리가 증가하는 현상에 대한 꽤 괜찮은 직관을 얻을 수 있을지 모릅니다. 하지만 이것은 상당히 지루한 일이므로 이 일을 대신 해줄 프로그램을 작성하는 것이 더 나을 것입니다.

이 시뮬레이션이나 다른 종류의 랜덤 워크를 만드는데 유용한 몇 가지의 데이터 추상화를 생각해 보면서 디자인 프로세스를 시작해봅시다. 평소대로 우리가 모델링 하고자 하는 상황에 상응하는 자료형을 만들어야 합니다. 세 가지 명백한 자료형은 `Location`, `Field`, `Drunk`입니다. 이러한 자료형을 제공하는 클래스를 보면서, 우리가 만들어야 할 시뮬레이션 모델의 종류에 대해 무엇을 암시하는지 생각해 보는 것이 좋습니다.

`Location`부터 시작해 봅시다. 이것은 간단한 클래스이지만 두 가지 중요한 결정을 내리고 있습니다. 시뮬레이션이 최대 이차원을 사용한다는 것을 알 수 있습니다. 예를 들어 시뮬레이션은 고도의 차이에 대해서는 모델링하지 않습니다. 이것은 앞의 그림과 상응합니다. 게다가 `deltaX`와 `deltaY`의 값이 정수가 아니라 실수이기 때문에, 이 클래스에는 술주정뱅이가 어느 방향으로 움직일지에 대한 몇 개의 방향을 가정하지 않고 있습니다. 이것은 각각의 걸음의 길이가 1이고 x축 혹은 y축에 평행하다는 비공식적인 모델의 일반화입니다.

클래스 `Field` 또한 간단하지만 우리는 이것으로부터 주목할 만한 결정을 내릴 수 있습니다.

106. 역사실, 그림에 있는 사람은 농부인 척하고 있는 전문적인 배우입니다.
107. 왜 $\sqrt{2}$일까요? 우리는 피타고라스의 정리를 사용했습니다.

`Field` 클래스는 간단하게 술주정뱅이를 해당 장소에 연결시킵니다. `Field` 클래스가 해당 장소에 대한 제한조건을 두지 않기 때문에 아마도 `Field`는 무한히 클 것입니다. `Field` 클래스는 여러 명의 술주정뱅이들을 무작위로 `Field`에 배치하는 것을 가능하게 합니다. `Field` 클래스는 술주정뱅이가 움직이는 패턴에 대해서는 무관하며 여러 술주정뱅이들이 같은 자리에 있거나 이미 다른 술주정뱅이들이 있는 곳으로 움직이는 것을 제한하지 않습니다.

```
class Location(object):
    def __init__(self, x, y):
        """x and y are numbers"""
        self.x, self.y = x, y

    def move(self, deltaX, deltaY):
        """deltaX and deltaY are numbers"""
        return Location(self.x + deltaX, self.y + deltaY)

    def getX(self):
        return self.x

    def getY(self):
        return self.y

    def distFrom(self, other):
        ox, oy = other.x, other.y
        xDist, yDist = self.x - ox, self.y - oy
        return (xDist**2 + yDist**2)**0.5

    def __str__(self):
        return '<' + str(self.x) + ', ' + str(self.y) + '>'

class Field(object):
    def __init__(self):
        self.drunks = {}

    def addDrunk(self, drunk, loc):
        if drunk in self.drunks:
            raise ValueError('Duplicate drunk')
        else:
```

그림 14.2 Location 클래스(계속)

```
            self.drunks[drunk] = loc

    def moveDrunk(self, drunk):
        if drunk not in self.drunks:
            raise ValueError('Drunk not in field')
        xDist, yDist = drunk.takeStep()
        currentLocation = self.drunks[drunk]
        #use move method of Location to get new location
        self.drunks[drunk] = currentLocation.move(xDist, yDist)

    def getLoc(self, drunk):
        if drunk not in self.drunks:
            raise ValueError('Drunk not in field')
        return self.drunks[drunk]
```

그림 14.2 Location 클래스

그림 14.3에 있는 Drunk 클래스와 `UsualDrunk` 클래스는 술주정뱅이가 들판에서 돌아다닐 방법들을 정의해 줍니다. 특히 `UsualDrunk`의 `stepChoices` 값은 각 걸음의 길이가 1인 것과 걸음이 x축 또는 y축에 평행하도록 제한합니다. 또한 `stepChoices`의 값은 각 걸음이 이전의 걸음의 영향을 받지 않는다는 가정을 보여줍니다. 잠시 후에 우리는 다양한 행동 양식을 보이는 `Drunk`의 하위 클래스를 살펴볼 것입니다.

다음 단계는 이러한 클래스들을 사용해서 원래의 문제를 해결할 시뮬레이션을 만드는 것입니다. **그림 14.4**에는 이 시뮬레이션에 사용될 세 가지 함수들이 있습니다. 함수 `walk`는 `numSteps` 만큼의 걸음 중 한 걸음을 시뮬레이션합니다. 함수 `simWalks`는 각각 `numSteps` 만큼의 걸음을 `numTrials`번 시뮬레이션하기 위해 `walk`를 호출합니다. 함수 `drunkTest`는 다양한 길이의 랜덤 워크를 시뮬레이션하기 위해 `simWalks`를 호출합니다.

`simWalks`의 매개변수 `dClass`는 `class` 자료형이며, `Drunk`의 적절한 하위 클래스를 생성하기 위해 코드의 첫 줄에 사용합니다. 후에 `Field.moveDrunk`로부터 `drunk.takeStep`을 호출하면 해당 하위 클래스에 상응하는 메소드를 자동으로 선택합니다.

함수 `drunkTest`에도 `class` 자료형인 매개변수 `dClass`가 있습니다. `dClass`는 `simWalks`를 호출할 때 한 번, `print`문을 호출할 때 한 번, 총 두 번 호출됩니다. `print`문 안에서는 클래스의 이름이 포함된 문자열을 얻기 위해 `class`에 내장된 속성 `__name__`을 사용합니다.

```python
import random

class Drunk(object):
    def __init__(self, name = None):
        """Assumes name is a str"""
        self.name = name

    def __str__(self):
        if self != None:
            return self.name
        return 'Anonymous'

class UsualDrunk(Drunk):
    def takeStep(self):
        stepChoices = [(0,1), (0,-1), (1, 0), (-1, 0)]
        return random.choice(stepChoices)
        return random.choice(stepChoices)
```

그림 14.3 Drunk를 정의하는 클래스들

함수 `drunkTest((10, 100, 1000, 10000), 100, UsualDrunk)`를 실행하면 다음과 같이 출력합니다.

```
UsualDrunk random walk of 10 steps
 Mean = 8.634
 Max = 21.6 Min = 1.4
UsualDrunk random walk of 100 steps
 Mean = 8.57
 Max = 22.0 Min = 0.0
UsualDrunk random walk of 1000 steps
 Mean = 9.206
 Max = 21.6 Min = 1.4
UsualDrunk random walk of 10000 steps
 Mean = 8.727
 Max = 23.5 Min = 1.4
```

결과가 놀랍지 않습니까? 걸음의 수가 증가할수록 평균 거리가 증가할 것이라고 생각했던 직관에 비춰본다면 이것은 놀라운 결과입니다. 이는 우리의 직관이 틀렸거나 우리의 시뮬레이션에 버그

```
def walk(f, d, numSteps):
    """Assumes: f a Field, d a Drunk in f, and numSteps an int >= 0.
       Moves d numSteps times; returns the distance between the
       final location and the location at the start of the walk."""
    start = f.getLoc(d)
    for s in range(numSteps):
        f.moveDrunk(d)
    return start.distFrom(f.getLoc(d))

def simWalks(numSteps, numTrials, dClass):
    """Assumes numSteps an int >= 0, numTrials an int > 0,
         dClass a subclass of Drunk
       Simulates numTrials walks of numSteps steps each.
       Returns a list of the final distances for each trial"""
    Homer = dClass()
    origin = Location(0, 0)
    distances = []
    for t in range(numTrials):
        f = Field()
        f.addDrunk(Homer, origin)
        distances.append(round(walk(f, Homer, numTrials), 1))
return distances

def drunkTest(walkLengths, numTrials, dClass):
    """Assumes walkLengths a sequence of ints >= 0
         numTrials an int > 0, dClass a subclass of Drunk
       For each number of steps in walkLengths, runs simWalks with
         numTrials walks and prints results"""
    for numSteps in walkLengths:
        distances = simWalks(numSteps, numTrials, dClass)
        print(dClass.__name__, 'random walk of', numSteps, 'steps')
        print(' Mean =', round(sum(distances)/len(distances), 4))
        print(' Max =', max(distances), 'Min =', min(distances))
```

그림 14.4 술주정뱅이의 산책(버그가 있음)

가 있거나, 혹은 둘 다 일수도 있다는 것을 의미합니다.

지금 시점에서 우리는 답을 알고 있는 값에 한해서 시뮬레이션을 돌려보는 것이 좋습니다. 그렇게 함으로써 시뮬레이션이 우리가 예상한 결과와 일치하는지 확인해야 합니다. 한 걸음도 걷지 않는 것(원점으로부터의 평균 거리, 최소 거리, 최대거리가 모두 0이어야 합니다)과 한 걸음을 걷는 것(원점으로부터의 평균 거리, 최소 거리, 최대거리가 모두 1이어야 합니다)을 시행해봅시다.

함수 `drunkTest((0,1), 100, UsualDrunk)`를 실행했을 때 상당히 의심스러운 결과가 나왔습니다.

```
UsualDrunk random walk of 0 steps
  Mean = 8.634
  Max = 21.6 Min = 1.4
UsualDrunk random walk of 1 steps
  Mean = 8.57
  Max = 22.0 Min = 0.0
```

어떻게 한걸음도 걷지 않았을 때의 원점으로부터의 평균 거리가 9가 된다는 말인가요? 우리의 시뮬레이션에 적어도 하나 이상의 버그가 있는 게 틀림없습니다. 코드를 조금 연구 해보니 문제가 명확해졌습니다. `simWalks` 안에서 `walk(f, homer, numTrials)`는 `walk(f, homer, numSteps)`이었어야 합니다. 여기서 중요한 규칙 하나를 알 수 있습니다. 시뮬레이션의 결과를 볼 때에 항상 어느 정도 회의적인 태도를 가지고 보기 바랍니다. 결과가 그럴듯한지 물어보고 결과가 어떻게 나와야 할지에 대해 강한 직관을 갖고 있는 매개변수에 대한 시뮬레이션을 돌리는 "연기 시험smoke test"[108]을 하십시오.

수정된 버전의 시뮬레이션으로 위의 두 가지 간단한 케이스를 돌려본다면 우리가 예측한 값을 보여줍니다.

```
UsualDrunk random walk of 0 steps
  Mean = 0.0
  Max = 0.0 Min = 0.0
UsualDrunk random walk of 1 steps
  Mean = 1.0
  Max = 1.0 Min = 1.0
```

걸음을 늘려가며 실행하면 다음과 같이 출력합니다.

```
UsualDrunk random walk of 10 steps
  Mean = 2.863
  Max = 7.2 Min = 0.0
```

108. 19세기에 배관공들은 파이프가 닫힌 시스템에 연기를 가득 채워서 발생하는 연기로 시스템의 누수를 시험하는 것이 표준 관행이었습니다. 후에 전기 기술자들은 전자의 첫 실험을 증명하는 데에 전원을 켜고 연기를 찾는 방식으로 이 개념을 적용했습니다. 그 후에도 여전히 소프트웨어 개발자들은 해당 프로그램이 효과가 있었는지 빠르게 시험해보기 위해 이 개념을 사용했습니다.

```
UsualDrunk random walk of 100 steps
 Mean = 8.296
 Max = 21.6 Min = 1.4
UsualDrunk random walk of 1000 steps
 Mean = 27.297
 Max = 66.3 Min = 4.2
UsualDrunk random walk of 10000 steps
 Mean = 89.241
 Max = 226.5 Min = 10.0
```

예상했듯이 걸음의 수가 증가할수록 원점으로부터의 평균 거리가 증가함을 확인할 수 있습니다.

이제 원점에서부터의 평균 거리를 보여주는 **그림 14.5**의 그래프를 봅시다. 거리가 얼마나 빠르게 증가하는지 더 잘 보기 위해서 걸음의 수의 제곱근을 보여주는 선을 넣었습니다(그리고 걸음의 수를 1,000,000까지 증가시켰습니다). 걸음 수의 제곱근과 원점으로부터 거리를 보여주는 그래프가 직선인 이유는 우리가 양 축 모두에 로그 척도를 사용하였기 때문입니다.

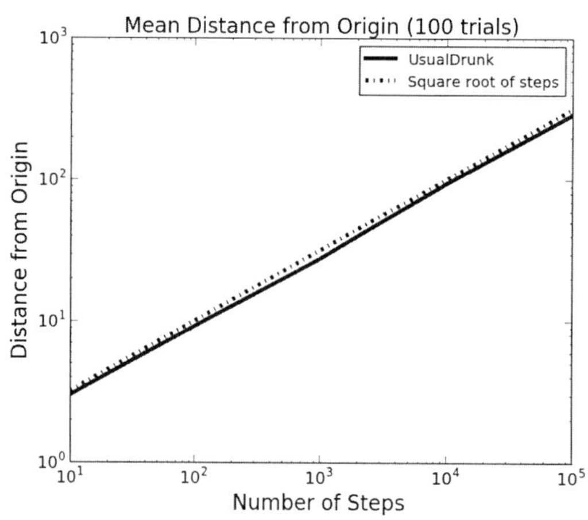

그림 14.5 걸음 수의 제곱근과 원점으로부터의 거리

이 그래프가 술주정뱅이의 최종 위치에 대해 어떠한 정보를 주나요? 이 그래프는 술주정뱅이가 평균적으로 원점에서부터의 예상된 거리만큼의 반지름으로 그려진 원 안 어딘가에 있다는 것을 보여줍니다. 하지만 이 그래프는 우리로 하여금 어느 위치에서 술주정뱅이를 찾을 수 있는지에 대한 정보가 미미합니다. 이 주제에 대해서는 이번 장 후반에서 다뤄봅시다.

14.3 특정 방향에 치중된(Biased) 랜덤 워크

앞에서 우리가 작동하는 시뮬레이션을 만들었으므로, 이제 다른 종류의 랜덤 워크를 분석해봅시다. 가령 북반구에 살면서 추위를 싫어하며 그가 인사불성인 상태로 무작위로 움직인 것이 남쪽 방향일 때, 두 배로 빠르게 이동하는 술주정뱅이의 행동을 고려해 봅시다. 혹은 오직 태양을 따라서만 움직이며 빛을 향해가는phototropic 술주정뱅이도 고려해 봅시다(오전에는 동쪽으로 움직이고 오후에는 서쪽으로 움직입니다). 이러한 술주정뱅이들의 움직임은 **특정 방향에 치중된**biased **랜덤 워크**의 예라고 볼 수 있습니다. 움직임은 여전히 확률적이지만stochastic 결과에는 특정한 치우침bias이 있습니다.

그림 14.6는 `Drunk`의 두 하위 클래스를 정의합니다. 각각의 경우 `stepChoices`에 할당되는 적절한 값은 서로 다릅니다. 함수 `simAll`은 각 술주정뱅이들이 어떤 행동을 보이는지에 대한 정보를 얻기 위해 `Drunk`의 하위 클래스의 시퀀스들을 실행합니다.

함수 `simAll((UsualDrunk, ColdDrunk, EWDrunk), (100, 1000), 10)`을 실행하면 다음과 같이 출력합니다.

```
UsualDrunk random walk of 100 steps
 Mean = 9.64
 Max = 17.2 Min = 4.2
```

```
class ColdDrunk(Drunk):
    def takeStep(self):
        stepChoices = [(0.0,1.0), (0.0,-2.0), (1.0, 0.0),\
                       (-1.0, 0.0)]
        return random.choice(stepChoices)

class EWDrunk(Drunk):
    def takeStep(self):
        stepChoices = [(1.0, 0.0), (-1.0, 0.0)]
        return random.choice(stepChoices)

def simAll(drunkKinds, walkLengths, numTrials):
    for dClass in drunkKinds:
        drunkTest(walkLengths, numTrials, dClass)
```

그림 14.6 Drunk 기본 클래스의 하위 클래스들

```
UsualDrunk random walk of 1000 steps
 Mean = 22.37
 Max = 45.5 Min = 4.5
ColdDrunk random walk of 100 steps
 Mean = 27.96
 Max = 51.2 Min = 4.1
ColdDrunk random walk of 1000 steps
 Mean = 259.49
 Max = 320.7 Min = 215.1
EWDrunk random walk of 100 steps
 Mean = 7.8
 Max = 16.0 Min = 0.0
EWDrunk random walk of 1000 steps
 Mean = 20.2
 Max = 48.0 Min = 4.0
```

위의 출력문은 소화하기 조금 많은 양입니다. 열을 추적하는heat-seeking 술주정뱅이는 다른 두 술주정뱅이들보다 원점에서 더욱 빠르게 멀어지는 것으로 보입니다. 그러나 이 결과에 담겨있는 정보를 소화하기에는 쉽지 않습니다. 다시 한 번 글로 적힌 결과보다는 그래프를 이용해 봅시다.

우리가 하나의 그래프에 여러 술주정뱅이들을 그려야 하기 때문에, 그들을 쉽게 구분하기 위해 각각의 술주정뱅이들에게 서로 다른 종류의 스타일을 적용할 것입니다. 스타일에는 다음과 같은 세 가지 특징이 있습니다.

- 선의 색과 지점들,

```
class styleIterator(object):
    def __init__(self, styles):
        self.index = 0
        self.styles = styles

    def nextStyle(self):
        result = self.styles[self.index]
        if self.index == len(self.styles) - 1:
            self.index = 0
        else:
            self.index += 1
        return result
```

그림 14.7 스타일을 반복하기

- 한 지점을 표시하기 위해 사용된 표식의 종류,
- 선의 스타일, 예를 들어 실선 혹은 점선입니다.

그림 14.7에 있는 클래스 `styleIterator`는 매개변수 `styleIterator.__init__`에서 정의한 여러 종류의 스타일을 교대로 사용합니다.

그림 14.8에 있는 코드는 **그림 14.4**에 있는 코드의 구조와 유사합니다. `simDrunk`와 `simAll`에 있는 `print`문은 시뮬레이션의 결과에 영향을 주지 않습니다. `print`문들이 있는 이유는 이 시뮬레

```
def simDrunk(numTrials, dClass, walkLengths):
    meanDistances = []
    for numSteps in walkLengths:
        print('Starting simulation of', numSteps, 'steps')
        trials = simWalks(numSteps, numTrials, dClass)
        mean = sum(trials)/len(trials)
        meanDistances.append(mean)
    return meanDistances

def simAll1(drunkKinds, walkLengths, numTrials):
    styleChoice = styleIterator(('m-', 'r:', 'k-.'))
    for dClass in drunkKinds:
        curStyle = styleChoice.nextStyle()
        print('Starting simulation of', dClass.__name__)
        means = simDrunk(numTrials, dClass, walkLengths)
        pylab.plot(walkLengths, means, curStyle,
                   label = dClass.__name__)
    pylab.title('Mean Distance from Origin ('
                + str(numTrials) + ' trials)')
    pylab.xlabel('Number of Steps')
    pylab.ylabel('Distance from Origin')
    pylab.legend(loc = 'best')
    pylab.semilogx()
    pylab.semilogy()

simAll1((UsualDrunk, ColdDrunk, EWDrunk),
        (10,100,1000,10000,100000), 100)
```

그림 14.8 서로 다른 술주정뱅이들의 걸음을 그래프로 그리기

이션이 생각보다 오랜 시간이 걸리기 때문에 이 프로그램이 어떤 진전을 보이고 있는지 궁금해하는 사용자에게 진전이 되고 있다는 사실을 알리기 위해서 입니다.

그림 14.8에 있는 코드는 **그림 14.9**의 그래프를 그립니다. x축과 y축 모두 **로그 척도**logarithmic scale인 것에 주의하십시오. 로그 척도는 `pylab.semilogx`와 `pylab.semilogy` 함수를 호출하면 됩니다. 그러면, 이러한 함수들은 현재 그래프에 적용됩니다.

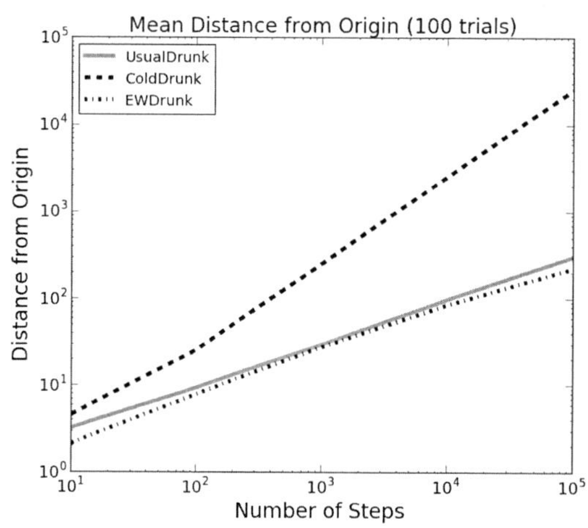

그림 14.9 서로 다른 술주정뱅이들의 평균 거리

보통 술주정뱅이와 빛을 향해가는 술주정뱅이(`EWDrunk`)는 같은 속도로 원점으로부터 멀어집니다. 하지만 열을 추적하는 술주정뱅이(`ColdDrunk`)는 열 배 단위orders of magnitude만큼 빠르게 원점에서 멀어집니다. 그가 다른 술주정뱅이들보다 평균적으로 25%만큼만 빠르게 움직인다는 점을 고려했을 때, 놀라운 결과가 아닐 수 없습니다(그는 평균적으로 다른 술주정뱅이들이 네 걸음을 갈 때에 다섯 걸음을 갑니다). 변동계수 또한 상당히 퍼져 있음을 알 수 있지만 이 그래프로는 이유를 알 수 없습니다.

이제 이 세 가지 클래스의 행동 양식에 더 많은 통찰력을 줄 수 있는 다른 그래프를 그려봅시다. 걸음 수를 늘려가면서 나타나는 거리의 변화를 그래프로 그리는 대신에 **그림 14.10**의 코 드는 각각의 걸음 수마다 이르게 되는 최종 위치를 그래프로 그립니다.

함수 `plotLocs`이 제일 먼저 하는 것은 서로 다른 세 가지 스타일의 표식을 가진 `styleIterator` 인스턴스를 생성하는 것입니다. 그 후에, `pylab.plot`은 그것을 이용하여 각각의 시행 끝에 표식을 표시합니다. `pylab.plot`을 호출하면 반복자 `styleIterator`에서 반환된 값을 이용해 표식의 색과 모양을 넣습니다.

```python
def getFinalLocs(numSteps, numTrials, dClass):
    locs = []
    d = dClass()
    for t in range(numTrials):
        f = Field()
        f.addDrunk(d, Location(0, 0))
        for s in range(numSteps):
            f.moveDrunk(d)
        locs.append(f.getLoc(d))
    return locs

def plotLocs(drunkKinds, numSteps, numTrials):
    styleChoice = styleIterator(('k+', 'r^', 'mo'))
    for dClass in drunkKinds:
        locs = getFinalLocs(numSteps, numTrials, dClass)
        xVals, yVals = [], []
        for loc in locs:
            xVals.append(loc.getX())
            yVals.append(loc.getY())
        meanX = sum(xVals)/len(xVals)
        meanY = sum(yVals)/len(yVals)
        curStyle = styleChoice.nextStyle()
        pylab.plot(xVals, yVals, curStyle,
                        label = dClass.__name__ + ' mean loc. = <'
                        + str(meanX) + ', ' + str(meanY) + '>')
    pylab.title('Location at End of Walks ('
                + str(numSteps) + ' steps)')
    pylab.xlabel('Steps East/West of Origin')
    pylab.ylabel('Steps North/South of Origin')
    pylab.legend(loc = 'lower left')

plotLocs((UsualDrunk, ColdDrunk, EWDrunk), 100, 200)
```

그림 14.10 최종 위치를 그래프로 그리기

함수 `plotLocs((UsualDrunk, ColdDrunk, EWDrunk), 100, 200)`를 호출하면, **그림 14.11**과 같은 그래프를 생성합니다.

우선 우리의 술주정뱅이들이 알려진 대로 행동하는 것을 확인할 수 있습니다. EWDrunk는 x축에

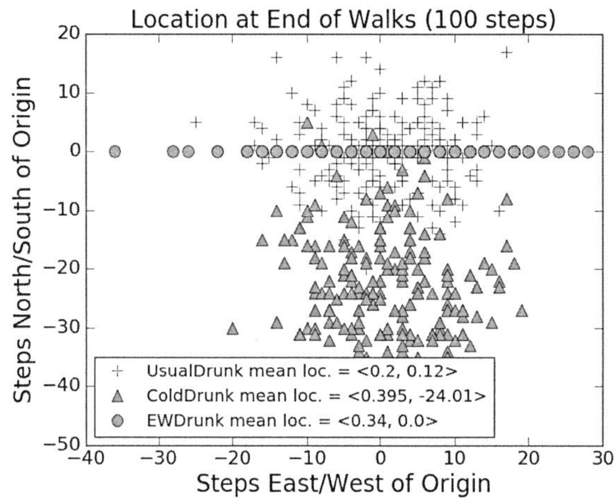

그림 14.11 술주정뱅이들이 멈추어 서는 위치

머물게 되고 ColdDrunk는 남쪽으로 진행하며 UsualDrunk는 목적 없이 떠도는 것을 확인할 수 있습니다.

그런데, 원형 표식이 삼각형 표식과 +자 표식보다 적어 보입니다. 왜 그럴까요? 여러 EWDrunk의 걸음이 같은 장소에서 끝나는 경우가 있기 때문입니다. EWDrunk의 종점endpoint의 수(200)가 적기 때문에 이는 놀라운 결과는 아닙니다. 또한 원형 표식은 x축에 걸쳐 균등하게 분포되어 있음을 볼 수 있는데, 이는 우리가 앞서 언급했던 높은 변동계수 때문입니다.

그러나, 아직도 ColdDrunk가 평균적으로 다른 종류의 술주정뱅이와 비교해서 훨씬 멀리 가는지에 대해서는 확실하지 않습니다. 아마도 이제는 많은 걸음들의 종점을 볼 것이 아니라 한 걸음을 추적해봐야 할 것 같습니다. **그림 14.12**의 코드는 **그림 14.3**의 그래프를 생성합니다.

총 걸음수가 200이고 EWDrunk의 걸음이 30군데 이하로 표시되었기 때문에 그가 계속 왔던 길을 되돌아간다고 볼 수 있습니다. UsualDrunk에도 위와 같은 관측을 할 수 있습니다. 반면에 ColdDrunk가 비록 플로리다[109]로 가는 최단코스로 가고 있진 않았지만 그는 상대적으로 왔던 길을 되돌아가는 횟수가 적었습니다.

이러한 시뮬레이션은 모두 그 자체로는 흥미롭지 않습니다(다음 16장에서 우리는 더 복잡하고 흥미로운 시뮬레이션을 다루겠습니다). 그러나 알고 가야 할만한 점들이 있습니다.

109. [역자 주] 플로리다는 미국에서 가장 남단에 위치하는 주state입니다.

```
def traceWalk(drunkKinds, numSteps):
    styleChoice = styleIterator(('k+', 'r^', 'mo'))
    f = Field()
    for dClass in drunkKinds:
        d = dClass()
        f.addDrunk(d, Location(0, 0))
        locs = []
        for s in range(numSteps):
            f.moveDrunk(d)
            locs.append(f.getLoc(d))
        xVals, yVals = [], []
        for loc in locs:
            xVals.append(loc.getX())
            yVals.append(loc.getY())
        curStyle = styleChoice.nextStyle()
        pylab.plot(xVals, yVals, curStyle,
                   label = dClass.__name__)
    pylab.title('Spots Visited on Walk ('
                + str(numSteps) + ' steps)')
    pylab.xlabel('Steps East/West of Origin')
    pylab.ylabel('Steps North/South of Origin')
    pylab.legend(loc = 'best')

traceWalk((UsualDrunk, ColdDrunk, EWDrunk), 200)
```

그림 14.12 걸음 추적하기

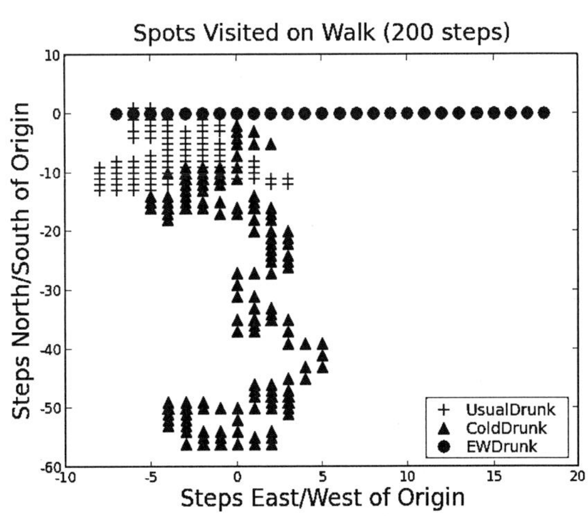

그림 14.13 걸음 추적 궤도

- 처음에 우리는 시뮬레이션 코드를 네 덩어리로 나눴습니다. 그 중 세 덩어리는 문제에 대한 비공식적인 접근에 사용된 추상 자료형과 일치한 클래스들(`Location, Field, Drunk`)입니다. 네 번째 덩어리는 이 클래스들을 사용해 간단한 시뮬레이션을 수행한 함수들입니다.
- 후에 우리는 다양한 종류의 특정 방향에 치중된 랜덤 워크들을 관찰하기 위해 `Drunk`를 여러 클래스로 나누어 더욱 자세히 설명했습니다. `Location`과 `Field`와 관련된 코드는 수정하지 않았지만, `Drunk`의 여러 하위 클래스를 반복 시행하기 위해 시뮬레이션 코드는 수정했습니다. 이렇게 함으로써 우리는 클래스 자체가 객체라는 이점을 사용했고, 따라서 전달인자로 사용하였습니다.
- 마지막으로 우리는 추상 자료형을 표현하는 클래스에 어떠한 변화를 주지 않는 범위 안에서 시뮬레이션을 단계적으로 변화시켰습니다. 서로 다른 걸음에 대한 통찰력을 주기 위해 그래프를 그렸습니다. 이것은 시뮬레이션이 어떻게 발전해왔는지 보여주는 전형적인 방법입니다. 우선 기본 시뮬레이션이 동작하게 만들고 하나 둘씩 새로운 특징을 더하는 것입니다.

14.4 신뢰할 수 없는(Treacherous) 들판

미국에서는 슈츠 앤 래더즈Chutes and Ladders[110]라고 불리고 영국에서는 뱀과 사다리Snakes and Ladders라고 불리는 보드 게임을 해보셨나요? 어린 아이들이 하는 이 게임은 인도(아마 기원전 2세기경)에서 만들어졌으며 목샤 파타무Moksha-patamu라고 불렸습니다. 선(善, 예를 들어, 너그러움)을 의미하는 네모 위에 멈추게 되면 플레이어player는 높은 삶의 단계tier of life로 사다리를 타고 올라갑니다. 악(惡, 예를 들어, 욕정)을 의미하는 네모 위에 멈추게 되면 플레이어는 낮은 삶의 단계로 떨어집니다.

우리는 `Field`에 웜홀[111]을 생성함으로써 이러한 특징을 우리의 랜덤 워크에 쉽게 추가할 수 있습니다. **그림 14.14**에서는 이 특징을 반영하였으며, 함수 `traceWalk`의 두 번째 줄을 다음으로 대체합니다.

```
f = oddField(1000, 100, 200)
```

`oddField` 안에서 술주정뱅이가 웜홀의 위치를 밟게 되면, 그는 웜홀의 다른 끝의 위치로 이동합니다.

110. [역자 주] 활강로와 사다리가 그려져 있는 보드 게임으로 미국 아이들이 하는 보드 게임입니다.
111. 이러한 종류의 웜홀은 이론 물리학자들이 생각해낸 가상적인 개념입니다. 이것은 시공 연속체time/space continuum를 통과하는 지름길을 제공합니다.

함수 traceWalk((UsualDrunk, ColdDrunk, EWDrunk), 500)를 실행하면, **그림 14.15**와 같이 이상한 모습의 그래프를 볼 수 있습니다.

```
class oddField(Field):
    def __init__(self, numHoles, xRange, yRange):
        Field.__init__(self)
        self.wormholes = {}
        for w in range(numHoles):
            x = random.randint(-xRange, xRange)
            y = random.randint(-yRange, yRange)
            newX = random.randint(-xRange, xRange)
            newY = random.randint(-yRange, yRange)
            newLoc = Location(newX, newY)
            self.wormholes[(x, y)] = newLoc

    def moveDrunk(self, drunk):
        Field.moveDrunk(self, drunk)
        x = self.drunks[drunk].getX()
        y = self.drunks[drunk].getY()
        if (x, y) in self.wormholes:
            self.drunks[drunk] = self.wormholes[(x, y)]
```

그림 14.14 특이한 속성이 있는 들판

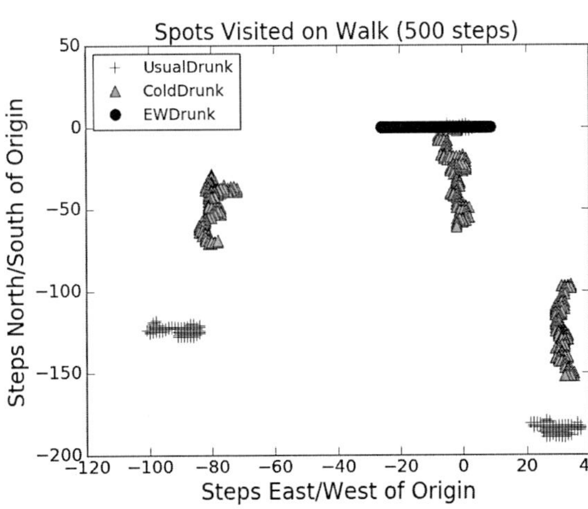

그림 14.15 특이한 걸음

확실히 들판의 속성을 바꾸는 것은 극적인 효과를 가져옵니다. 하지만, 이러한 효과를 가져오는 것이 이번 예제의 요점은 아닙니다. 요점은 다음과 같습니다.

- 우리가 코드를 적절히 구조화 했기 때문에, 모델링된 상황에 상당한 변화를 주는 것도 쉬웠습니다. `Field`를 수정하지 않고서도 다양한 부류의 술주정뱅이들을 `Field`에 추가한 것과 같이, 우리는 `Drunk`와 그 하위 클래스를 수정하지 않고서도 새로운 종류의 Field를 추가할 수 있습니다(우리가 `traceWalk`에 매개변수를 추가한다는 선견지명이 있었다면, 우리는 `traceWalk` 또한 수정할 필요가 없었을 것입니다).
- 간단한 랜덤 워크의 예상된 행동 양식과 나아가 특정 방향에 치중된 랜덤 워크에 대한 다양한 정보를 분석적으로 찾아내는 것이 가능할지는 몰라도, 웜홀을 추가한 상태에서 이러한 정보를 찾아내는 것은 상당히 어려울 것입니다. 그러나 시뮬레이션을 사용한다면 새로운 상황이 주어졌을 때, 시뮬레이션을 수정하는 것은 간단합니다. 이는 분석적인 모델과 비교했을 때 흔히 나타나는 시뮬레이션 모델의 장점입니다.

CHAPTER **15**

확률적 프로그램, 확률과 분배

뉴턴 역학을 이야기할 때는 마음에 부담이 없습니다. 예를 들어 이런 것이죠. 시소에서 한 쪽이 내려가면 다른 쪽은 올라가기 마련입니다. 공을 던지면 포물선을 그리며 날아가다가 결국 땅에 떨어집니다. $\vec{F} = m\vec{a}$ 공식이 적용된 것입니다. 간단히 말해, 모든 일event에는 그 원인cause이 있습니다. 이런 물리적 세계는 완전히 예측 가능한 곳이며, 뉴턴 역학에서 물질계의 모든 미래 상태는 그의 현재 상태를 알면 추론해낼 수 있다는 것입니다.

수 백년 동안 이런 뉴턴 역학이 과학적인 지혜로 간주되었습니다. 그런데 양자 역학과 코펜하겐 해석Copenhagen Doctrine이 등장한 것입니다. 하이젠베르그Heisenberg와 보어Bohr가 주도하는 양자 역학과 그 해석을 지지하는 사람들은 물질의 가장 근본적인 수준에서 물질계의 현상behavior은 예측될 수 없는 것이라고 주장했습니다. "어떤 일이 일어나는 것이 확실하다"가 아니라 "어떤 일이 거의 일어날 것 같다"라는 식으로 확률적으로 서술해야 한다는 것입니다. 그러나 아인슈타인Einstein과 슈뢰딩거Schrodinger, 또 다른 유명한 물리학자들은 이러한 해석에 결코 동의하지 않았습니다.

이러한 논쟁은 물리학, 철학 심지어는 종교계까지도 영향을 미칠 정도로 대단하였습니다. 그 논쟁의 핵심은 **인과적 비결정론**casual non-determinism의 유효성 여부였습니다. 인과적 비결정론이란 "모든 일이 전에 있던 일들로 인한 것은 아니다"라는 입장입니다. 아인슈타인과 슈뢰딩거는 이런 관점을 철학적으로 받아드릴 수 없을 뿐만 아니라, 아인슈타인은 "하나님은 주사위 놀이를 하지 않는다"라고 반복적으로 말했습니다. 그들이 받아들일 수 있었던 주장은 **예측적 비결정론**predictive non-determinism이었습니다. 즉 우리가 미래를 정확히 예측할 수 없는 것은 우리가 물질계를 정확하게 측정할 수 능력이 없기 때문이라는 개념입니다.[112] 아인슈타인은 이러한 차별성을 다음과 같이 요약했습니다.

112. [역자주] 인과적 결정론casual determinism은 미래의 모든 사건은 현재까지의 모든 사건들에 의해 결정된다는 이론입니다. 즉 모든 사건을 인과cause and effect로 해석할 수 있다는 것입니다.

"핵심적으로 중요한 통계적 특성을 가지고 있는 현대적 이론은 그 이론이 불완전하게 기술된 물질계와도 작동한다는 사실을 전적으로 받아들여야 한다는 것이다."("The essentially statistically character of contemporary theory is solely to be ascribed to the fact that this theory operates with an incomplete description of physical systems.")

인과적 비결정론에 대한 의문은 아직도 해결되지 않았습니다. 그러나 우리가 일들을 예측할 수 없는 이유가 우리가 그 일들을 정말로 예측할 수 없기 때문인지, 혹은 우리가 예측할 만한 충분한 정보가 없어서인지는 실제적으로 중요하지 않습니다.

보어와 아인슈타인의 논쟁은 물질계의 가장 미세한 차원을 이해하는 방법에 대한 것이었지만, 육안으로 보이는 즉 거시적 세계에서도 똑같이 적용됩니다. 예를 들어 경마, 룰렛휠roulette wheel 돌리기, 주식 투자 같은 결과들도 인과적으로 결정론적입니다. 그러나 이런 것들을 예측적인 결정론적으로 다루는 것은 위험하다는 증거들은 충분합니다.[113]

15.1 확률적인 프로그램(Stochastic Programs)

같은 입력에 대해 항상 같은 출력을 산출하는 프로그램은 **결정론적**deterministic이라고 합니다. 이 말은 "산출물output은 문제의 사양에 의해 완전히 정의된다"라고 말하는 것과 다르다는 것을 유의하세요. 예를 들어 squareRoot의 정의를 살펴봅시다.

```
def squareRoot(x, epsilon):
    """Assumes x and epsilon are of type float; x >= 0 and epsilon > 0
       Returns float y such that x-epsilon <= y*y <= x+epsilon"""
```

이 함수의 사양에 의하면, 함수 호출 squareRoot(2, 0.001)은 다양한 값들을 반환하는 것이 가능합니다. 그러나 우리가 3장에서 살펴본 연속 근사법successive approximation 알고리즘을 여기에 적용하면, 이 함수는 항상 같은 값을 반환합니다. 즉 결정론적입니다. 구현이 결정론적이어야 한다는 것을 함수의 사양에서 요구하고 있지 않지만, 그러나 결정론적인 구현들이 허용되는 것입니다.

우리가 관심이 있는 모든 사양들이 이러한 결정론적 구현을 충족시킬 수 있는 것은 아닙니다. 예를 들어 우리가 백가몬[114]이나 크랩스[115]같은 주사위 놀이를 하는 프로그램을 구현한다고 생각해봅

113. 물론, 사람들이 이런 이론들을 믿고, 그 믿음에 따라 행동함으로 많은 돈을 잃는 것을 막지는 못합니다.
114. [역자 주] 백가몬Backgammon(http://en.wikipedia.org/wiki/Backgammon)은 한국 윷놀이와 비슷한 전통적 보드경기입니다.
115. [역자 주] 크랩스Craps(http://en.wikipedia.org/wiki/Craps)는 주사위 2개를 던져서 나올 수 있는 숫자의 확률에 의하여 이루어지는 게임입니다.

시다. 그러면, 프로그램 어딘가에 여섯 면이 있는 주사위를 던지는 것이 공정fair roll[116] 하도록 주사위 던지기를 구현하는 함수가 있어야 합니다. 그 함수의 사양이 다음과 같다고 가정합시다.

```
def rollDice():
    """Returns an int between 1 and 6"""
```

이것은 문제가 있습니다. 그 이유는, 이 사양은 매번 같은 숫자를 반환하여 게임이 매우 지루해지도록 구현하는 것을 허락하기 때문입니다. 다음과 같이 정의하는 것이 더 나을 것입니다.

```
def rollDice():
    ""Returns a randomly chosen int between 1 and 6."""
```

파이썬을 포함한 대부분 프로그래밍 언어들은 임의성(무작위성)을 사용하는 프로그램을 간단히 작성할 수 있는 방법들을 제공해줍니다. **그림 15.1** 코드는 파이썬 표준 라이브러리 random 모듈을 import하여 그 안에 있는 유용한 함수들 중에 하나를 사용하고 있습니다. 함수 random.choice는 적어도 한 개의 요소member를 포함한 시퀀스를 인자로 받아 그 시퀀스에서 무작위로 한 개의 요소를 선택하여 반환합니다. random 모듈에 있는 거의 모든 함수들은 random.random 함수를 이용해서 구현이 되었는데, 이 함수는 0.0과 1.0 사이에 있는 부동소수를 반환합니다.[117]

```
import random

def rollDie():
    """Returns a random int between 1 and 6"""
    return random.choice([1,2,3,4,5,6])

def rollN(n):
    result = ''
    for i in range(n):
        result = result + str(rollDie())
    print(result)
```

그림 15.1 주사위 던지기

116. 주사위를 던져서 각 면의 빈도수가 모두 같게 나올 것 같을 때 공정fair하다고 합니다.
117. 사실상, 이 함수는 완전한truly 무작위無作爲가 아니라 수학적으로는, 의사무작위擬似無作爲, pseudorandom라고 합니다. 암호해독법과 같은 분야를 제외하고, 사실상 모든 일상적인 목적으로 이 함수를 사용할 때는 이런 구별을 할 필요가 없습니다. 여기서는 생략하기로 합니다.

자 이제, `rollN(10)`을 실행한다고 상상해보십시오. 그래서, 그 결과로 1111111111 혹은 5442462412이 출력 되었다면 여러분은 어느 결과에 더 놀랄 것 같습니까? 질문을 조금 다르게 한다면, 어느 것이 더 무작위 시퀀스인가요? 이것은 조금 까다로운 질문입니다. 이런 시퀀스들은 각각 일어날 확률은 같습니다. 그 이유는, 주사위를 한 번 던질 때마다 그 결과는 그 전에 나왔던 결과와 전혀 관계없이 독립적이기 때문입니다. 한 사건의 결과가 다른 사건의 결과에 아무런 영향을 미치지 않으면 확률적 과정에서 이 두 사건은 **독립적**independent입니다.

두 면만 있어서 0와 1로 표시하는 주사위, 즉 동전으로 이 상황을 설명하면 좀 더 쉽게 이해할 수 있습니다. 그러면, `rollN`을 호출할 때 나오는 값은 이진수입니다. 이진수만을 산출하는 동전을 사용하면, `rollN(n)`이 반환할 수 있는 모든 시퀀스는 2^n개가 있습니다. 각 시퀀스가 나올 확률은 모두 같으므로, 각 시퀀스가 나올 확률은 $(1/2)^n$입니다.

자 이제, 다시 주사위에 여섯 면이 있다고 합시다. 그러면, 시퀀스의 길이가 10이라고 하면, 서로 다른 시퀀스는 몇 개까지 나올 수 있습니까? 6^{10}입니다. 열 개의 1로 구성된 시퀀스가 나올 확률은 $1/6^{10}$입니다. 6천만분의 1보다도 작습니다. 상당히 낮은 확률인데, 이것은 다른 어떤 특정 시퀀스, 가령 5442462412이 나올 확률보다 더 낮은 것도 아닙니다.

15.2 간단한 확률 계산하기

일반적으로, 어떤 특정한 속성(예를 들어, 모두 1인 시퀀스)을 가진 결과에 대한 확률을 말할 때는 모든 가능한 결과들 중에서 그러한 속성을 가진 것이 얼마만한 부분을 차지하는가를 묻는 것입니다. 이것이 바로 모든 확률이 0에서부터 1사이 값으로 표시되는 이유입니다. 그러면, 주사위를 던져서 모두 1인 시퀀스가 아닌 다른 것이 나올 확률은 무엇입니까? 간단히 $1-(1/6^{10})$입니다. 그 이유는, 어떤 일이 일어날 확률과 일어나지 않을 확률을 더하면 1이 되어야 하기 때문입니다.

주사위를 열 번 던져서 단 한 개의 1도 없는 다른 시퀀스가 나올 확률을 계산하기 원한다고 합시다. 이 질문에 답할 수 있는 방법 중에 하나는 질문을 "6^{10}개의 시퀀스 중에서 1을 포함하지 않은 시퀀스가 몇 개가 있는가?"로 바꾸어보는 것입니다. 이것은 다음과 같이 계산할 수 있습니다.

1. 주사위를 한 번 던질 때 1일 나오지 않을 확률은 5/6.
2. 첫 번째나 두 번째 던지기에서 1이 나오지 않을 확률은 (5/6)*(5/6), 즉 $(5/6)^2$
3. 그러므로, 열 번을 던져서 1이 나오지 않을 확률은 $(5/6)^{10}$, 즉 0.16보다 약간 크다.

두 번째 단계는 독립적인 사건의 확률일 경우에 **곱셈법칙**multiplicative law을 적용한 것입니다. 예를 들어, 각각 독립적인 사건인 A와 B를 생각해봅시다. 만약 A가 1/3(세 번 중에 한 번) 일어나고, B는 1/4 일어난다면, A와 B가 함께 일어날 확률은 1/3 중에 1/4입니다. 즉 (1/2)/4 혹은 (1/3)*(1/4)입니다.

최소한 한 번 1이 나올 확률은 무엇입니까? 그것은 최소한 한 번도 1이 나오지 않을 확률을 1에서 빼면 되므로, 1 – $(5/6)^{10}$입니다. 한 번 던질 때마다 1이 나올 확률은 1/6이므로, 열 번 던져서 최소한 한 번 1이 나올 확률은 10 – (1/6), 즉 10/6이라고 계산하는 것은 정확한 것이 아닙니다. 어떠한 경우든지 확률은 1보다 클 수 없으므로, 이것은 분명히 틀린 것입니다.

그러면, 열 번 던져서 정확하게 두 번 1이 나오는 확률은 무엇입니까? 이것은 이렇게 묻는 것과 같습니다. 처음(1)부터 시작한 모든 6^{10}개의 정수들을 6진법으로 나타냈을 때, 그 중에서 정확하게 두 개의 1이 있는 정수는 얼마나 있느냐라고 묻는 것과 같습니다. 우리는 쉽게 이러한 시퀀스를 만들어 정확하게 1이 들어 있는 정수들을 세어 볼 수 있습니다. 확률을 분석적으로 계산해내는 것은 약간 까다로운데, 15.4.4절에 다루도록 하겠습니다.

15.3 추론적(inferential) 통계

바로 앞 절에서 경험했듯이, 우리는 1회 이상의 간단한 사건들events의 확률을 구하는 것을 바탕으로 좀 더 복잡한 사건의 확률을 정확하게 유추해내기 위해 체계적인 과정을 사용할 수 있습니다. 예를 들면 동전을 한 번 던져서 앞면이 나오는 확률을 알고 있을 때, 연속적으로 열 번 앞면이 나오는 확률을 쉽게 계산할 수 있습니다. 그러나, 예를 들면, 간단한 사건이라도 그 실제적인 확률을 모른다고 가정해 봅시다. 예를 들면, 동전이 fair(즉 앞면과 뒷면이 각각 나올 확률이 똑 같다)한 것인지 아닌지 우리가 알지 못한다고 가정해 봅시다.

그렇다고 해서 맨 땅에 헤딩할 필요는 없습니다. 만약 우리가 동전 움직임에 대한 자료가 있다면, 참 확률을 예측할 수 있도록 그 자료와 우리의 확률 지식을 합쳐서 시도해 볼 수 있습니다. 한 번 던져서 동전의 앞면이 나올 확률을 예측하기 위해 **추론적**inferential 통계를 사용할 수 있고, 그 후에 연속적으로 열 번의 앞면이 나올 동전의 확률을 계산하기 위해 전통적인 확률을 사용할 수 있습니다.

간단히 말하면(그 이유는, 이 책은 통계학에 관한 책이 아니므로), 추론적 통계학을 이끌어가는 원칙은 모집단에서 무작위로 추출한 표본은 모집단과 같은 속성을 나타내는 경향이 있다는데 있습니다.

두 얼굴Two-Face이라고 알려진 하비 덴트(Harvey "Two-Face" Dent, http://en.wikipedia.org/wiki/Two-Face)가 동전을 던져서, 앞면이 나왔다고 합시다. 여러분은 다음 번에도 앞면이 나올 것이라고 추론하지 않을 것입니다. 하비 덴트가 동전을 두 번 던져서 두 번 모두 앞면이 나왔다고 합시다. 그러면, 여러분은 공정한 동전a fair coin이므로 동전의 앞면과 뒷면이 나올 확률이 같아서, 이런 일이 일어날 확률은 0.25라고 판단할 것입니다. 그렇다고 해서 다음 던지기에서 앞면이 나올 것이라고 추정할 이유도 없습니다. 그러나 100번을 던져서 100번 모두 앞면이 나왔다고 합시다. 그런 경우의 확률 $1/2^{100}$은 상당히 작은 숫자이므로, 동전 양면이 모두 앞면일 것이라고 여러분이 추론하는 것은 타당합니다.

여러분이 동전이 공정하다fair고 믿는 것은 동전 던지기를 백 번만 실행하여 나온 단 한 번의 특성이 모든 동전 던지기의 모집단에서 나오는 특성과 비슷하다는 직감을 전제로 한 것입니다. 동전을 백 번을 던져서 55번 앞면이 나오고 45번 뒷면이 나왔다고 가정합시다. 그러면, 다음에 백 번 던질 경우에도 동전의 앞면과 뒷면이 같은 비율로 나올 것이 예상해도 괜찮을까요? 같은 맥락으로, 다음 번에는 동전의 앞면이 뒷면보다 더 많이 나올 것이라 예상하면 좀 더 괜찮을까요? 이 문제를 잠시 생각해 보십시오. 그리고, 만약 여러분이 지금 동전을 가지고 있지 않다면, **그림 15.2**에 있는 코드로 실험을 해보십시오.

그림 15.2에 있는 `flip` 함수는 공정한 동전을 `numFlips` 횟수만큼 던지는 것을 시뮬레이션을 하며, 전체에서 앞면이 나온 경우를 분수 값으로 반환합니다. 각각의 동전 던지기는, `random.choice(('H', 'T'))`를 호출할 때마다 무작위로 둘 중에 하나 즉 `'H'` 혹은 `'T'`를 반환합니다.

여러분이 함수 `flipSim(10, 1)`를 두 번 정도 실행해보세요. 다음에 보이는 것은 우리가 `print`

```
def flip(numFlips):
    """Assumes numFlips a positive int"""
    heads = 0
    for i in range(numFlips):
        if random.choice(('H', 'T')) == 'H':
            heads += 1
    return heads/numFlips

def flipSim(numFlipsPerTrial, numTrials):
    """Assumes numFlipsPerTrial and numTrials positive ints"""
    fracHeads = []
    for i in range(numTrials):
        fracHeads.append(flip(numFlipsPerTrial))
    mean = sum(fracHeads)/len(fracHeads)
    return mean
```

그림 15.2 동전 던지기

('Mean = ', flipSim(10, 1)):을 두 번 실행한 경우입니다.

```
Mean = 0.2
Mean = 0.6
```

동전 던지기 열 번을 1회 실행한 것으로(동전에 앞면과 뒷면이 있다는 것 정도를 제외하고) 다른 어떤 것을 판단하는 것은 적절하지 않을 것입니다. 그래서 대개의 경우 우리는 실험을 여러 차례 반복하고 비교할 수 있도록 시뮬레이션 구조를 만드는 이유가 여기에 있습니다. 이번에는 동전 던지기 열 번을 백회 실행하는 **flipSim(10, 100)**을 두 번 시도해봅시다.

```
Mean = 0.5029999999999999
Mean = 0.496
```

직관적으로 이런 결과들이 좀 더 낫다는 생각이 듭니다. **flipSim(100, 100000)**을 시도 해봅시다.

```
Mean = 0.5005000000000038
Mean = 0.5003139999999954
```

이 결과는 상당히 좋아 보입니다(부정행위이기는 하지만, 우리는 정답이 0.5라는 것을 알고 있기 때문입니다). 이제는 마침내 우리는 다음 동전 던지기에서 앞면과 뒷면이 나올 확률이 같다고 결론을 내려도 안전한 것 같습니다. 왜 우리가 그렇게 결론을 내릴 수 있다고 생각합니까?

이것은 **베르누이 정리**Bernoulli's theorem[118]라고 알려진 **큰 수의 법칙**(**대수의 법칙**law of large numbers)을 신뢰하기 때문 입니다. 매번 같은 기대값(동전 던지기는 0.5)을 가진(예를 들어 공정한 동전 던지기를 백 번 하여 앞면을 세는 것처럼) 독립적이고 반복적인 실험으로 얻은 평균값은 그 실험을 무한대로 진행할 때 나오는 기대값에 근접하게 된다는 것이 큰 수의 법칙입니다.

어떤 기대하고 있는 사건이 일어나지 않았다고 해서 그 나중에는 그 기대하는 사건이 그 만큼 평균적으로 일어날 것이라고 너무 많은 사람들이 생각하는데, 큰 수의 법칙은 그런 의미가 아니라는 것을 유의해야 합니다. 이렇게 큰 수의 법칙을 잘못 적용하는 것을 **도박사의 오류**gambler's fallacy[119]라고 부릅니다.

---

118. 대수의 법칙(베르누이 정리)은 16세기에 카르다노Gerolamo Cardano(이탈리아 수학자)가 처음 다루었지만, 18세기에 베르누이Jacob Bernoulli가 처음으로 증명하였습니다. 이것은 제이콥 베르누이의 조카인 다니엘 베르누이가 증명한 유체역학의 베르누이 정리와 관계가 없는 것입니다.

119. "1913년 8월 18일, 몬테칼로에 있는 카지노에서 블랙black이 연속적으로 26회 나타났습니다. 경이적으로 블랙이 계속적으로 15번이나 나오기 시작할 때에는 사람들은 거의 공황상태에 빠지면서 레드red에 돈을 걸었습니다. 우연론(the maturity of doctrine or the chance of doctrine)을 적용하면서, 사람들은 도박에 거는 돈을 두 배, 세 배로 늘려 나갑니다. 우연론은 사람들이 20번의 블랙이 나온 다음에 또 블랙이 나올 기회chance는 백 만분의 일도 없다라고 믿도록 만들어 버립니다. 결과적으로 이렇게 계속해서 나온 블랙으로 말미암아 카지노는 수백만 프랑의 돈을 벌게 되었습니다."(Huff and Geis, *How to Take a Chance*, pp.28–29)

도박사의 오류와 평균으로의 회귀regression과 혼돈하는 경우가 흔히 있습니다. **평균으로의 회귀**[120]란 극단적인 무작위 사건이 일어난 다음에는 좀 덜 극단적인 사건이 일어난다는 것입니다. 여러분이 공정한 동전을 6번 던져서 모두 앞면이 나왔다면, "평균으로의 회귀"는 다음 6번 던질 때에는 3번의 앞면이 나올 기대치가 높다는 것입니다. 그러나 이것이, 도박사의 오류에서 이미 언급했듯이, 동전 던지기의 다음 뒷면보다 앞면이 더 적게 나올 것이란 이야기는 아닙니다.

모든 노력 가운데서도 성공은 기량skill과 행운luck이 결합되어 이루어집니다. 기량 부분은 수단을 결정하고, 행운이란 부분은 가변성에 대해 설명합니다. 행운의 무작위성randomness이 평균으로의 회귀를 이루게 합니다.

그림 15.3 코드가 평균으로의 회귀를 설명하는 **그림 15.4**을 출력합니다. 함수 `regressToMean` 우선 먼저 `numFlips`번의 동전 던지기를 `mTrials` 만큼 일어나도록 합니다. 그런 다음, heads가 1/3보다 적든지 혹은 2/3보다 더 많은 극단적인 값을 보인 경우들을 찾아내서 원을 표시합니다. 그런 후, 바로 그 다음 경우의 값을 삼각형으로 극단적인 값을 나타내는 원과 같은 컬럼에 표시합니다.

기대값 0.5을 표시하는 수평선은 `axline` 함수로 만들어졌습니다. 함수 `pylab.xlim`은 x축을 조절합니다. 함수 `pylab.xlim(xmin, xmax)`를 호출하면 현재 그림의 x축의 최소값과 최대값을 설정합니다. 함수 `pylab.xlim()`는 현재 그림의 최소값과 최대값으로 구성된 튜플을 반환합니다. 함수 `pylab.ylim`도 같은 방법으로 사용할 수 있습니다.

극단적인 결과를 나타난 바로 다음의 경우에는 전형적으로 평균에 더 가까운 값을 대부분 나타냈지만, 네모 상자로 표시된 부분에서 볼 수 있듯이 항상 그런 것만은 아니라는 점에 유의하십시오.

```
def regressToMean(numFlips, numTrials):
    #Get fraction of heads for each trial of numFlips
    fracHeads = []
    for t in range(numTrials):
        fracHeads.append(flip(numFlips))
    #Find trials with extreme results and for each the next trial
    extremes, nextTrials = [], []
    for i in range(len(fracHeads) - 1):
        if fracHeads[i] < 0.33 or fracHeads[i] > 0.66:
            extremes.append(fracHeads[i])
```

그림 15.3 평균으로의 회귀(계속)

120. "평균으로의 회귀regression to the mean"이란 말은 1885년 프란시스 갈톤Francis Galton이 "Regression Toward Mediocrity in Hereditary Stature."라는 제목의 논문에서 처음 사용하였습니다. 그의 연구에서, 그는 예외적으로 키가 큰 부모의 자녀들은 자기 부모보다 작다는 것을 관찰하였습니다.

```
            nextTrials.append(fracHeads[i+1])
    #Plot results
    pylab.plot(range(len(extremes)), extremes, 'ko',
               label = 'Extreme')
    pylab.plot(range(len(nextTrials)), nextTrials, 'k^',
               label = 'Next Trial')
    pylab.axhline(0.5)
    pylab.ylim(0, 1)
    pylab.xlim(-1, len(extremes) + 1)
    pylab.xlabel('Extreme Example and Next Trial')
    pylab.ylabel('Fraction Heads')
    pylab.title('Regression to the Mean')
    pylab.legend(loc = 'best')

regressToMean(15, 40)
```

그림 15.3 평균으로의 회귀

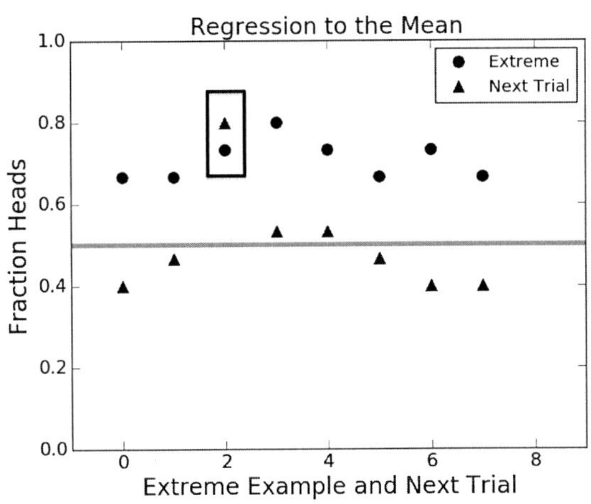

그림 15.4 평균으로의 회귀에 대한 도해(illustration)

손가락 풀기

샐리는 골프를 할 때 한 홀에 평균 5타를 칩니다. 어느 날, 샐리는 첫 9홀을 도는데 40타를 쳤습니다. 샐리의 골프 동반자는 샐리가 아마도 "평균으로의 회귀"로 인하여 다음 9홀은 50타를 칠 것이라고 추측했습니다. 여러분은 샐리의 골프 동반자의 의견에 동의하나요?

그림 15.5의 `flipPlot` 함수는 큰 수의 법칙이 실제로 적용된 사례를 보여주려는 **그림 15.6**에 있는 두 도표를 산출합니다. 첫 도표는 앞면의 수와 뒷면 수의 차이의 절대값이 동전던지기의 수에 따라 어떻게 변화하는지를 보여줍니다. 두 번째 도표는 동전 던지기의 회수에 따른 앞면과 뒷면의 비율을 비교합니다. 프로그램 끝부분에 있는 `random.seed(0)`를 호출하는 것은 `random.random` 함수가 의사난수(擬似亂數)pseudo-random를 발생할 때마다 일정한 순서의 의사난수를 발생

```
def flipPlot(minExp, maxExp):
    """Assumes minExp and maxExp positive integers; minExp < maxExp
       Plots results of 2**minExp to 2**maxExp coin flips"""
    ratios, diffs, xAxis = [], [], []
    for exp in range(minExp, maxExp + 1):
        xAxis.append(2**exp)
    for numFlips in xAxis:
        numHeads = 0
        for n in range(numFlips):
            if random.choice(('H', 'T')) == 'H':
                numHeads += 1
        numTails = numFlips - numHeads
        try:
            ratios.append(numHeads/numTails)
            diffs.append(abs(numHeads - numTails))
        except ZeroDivisionError:
            continue
    pylab.title('Difference Between Heads and Tails')
    pylab.xlabel('Number of Flips')
    pylab.ylabel('Abs(#Heads - #Tails)')
    pylab.plot(xAxis, diffs, 'k')
    pylab.figure()
    pylab.title('Heads/Tails Ratios')
    pylab.xlabel('Number of Flips')
    pylab.ylabel('#Heads/#Tails')
    pylab.plot(xAxis, ratios, 'k')

random.seed(0)
flipPlot(4, 20)
```

그림 15.5 동전 던지기의 결과 그리기

할 수 있도록 하기 위한 것입니다.[121] 이것은 디버깅할 때 유용합니다.[122] **random.seed** 함수를 호출할 때 어떤 수이든지 인자로 사용할 수 있습니다. 만약 인자없이 호출한다면, 씨드seed는 무작위로 정해집니다.

그림 15.6의 왼쪽 도표는 동전의 앞면과 뒷면이 나온 횟수의 절대적 차이 값이 초반에는 등락을 거듭하다가 갈수록 변동폭이 커졌다가 갑자기 작아지는 것으로 보입니다. 그러나 우리는 x = 300,000의 오른쪽에는 단 2개의 데이터 값(x = 524288, x = 1048576)만 있다는 것을 명심해야 합니다. `pylab.plot`은 멀리 떨어진 두 값을 선으로 연결함으로써 우리로 하여금 잘못 해석할 수 있는 여지를 남기고 있습니다. 이런 것은 드문 현상이 아니므로, 어떤 도표를 관찰하고 어떤 의미 있는 결론을 내리기 전에 그 도표에 얼마나 많은 점들을 실제로 표시한 것인지 항상 확인해야 합니다.

그림 15.6의 오른쪽 도표는 대부분 일직선이라서 어떤 것을 관찰하기가 어렵습니다. 이것 역시 속아 넘어가기 쉽습니다. 그 도표에는 16개의 데이터 포인트가 있지만, 대부분 도표의 왼쪽 좁은 구간에 몰려있습니다. 이런 일은 x축 값의 범위가 2^4, 2^5, 2^6, …, 2^{20}(즉 16부터 1,048,576)까지인데, 특별한 조치가 없는 한, PyLab이 x축의 범위를 균등하게 나누기 때문에 일어납니다. 이러한 것을 **선형척도**linear scaling라고 합니다. 왜냐하면, 대부분의 포인트들은 2^{20}에 비해 상대적으로 작은 x값들이기 때문에, 상대적으로 원점 가까이에 나타납니다.

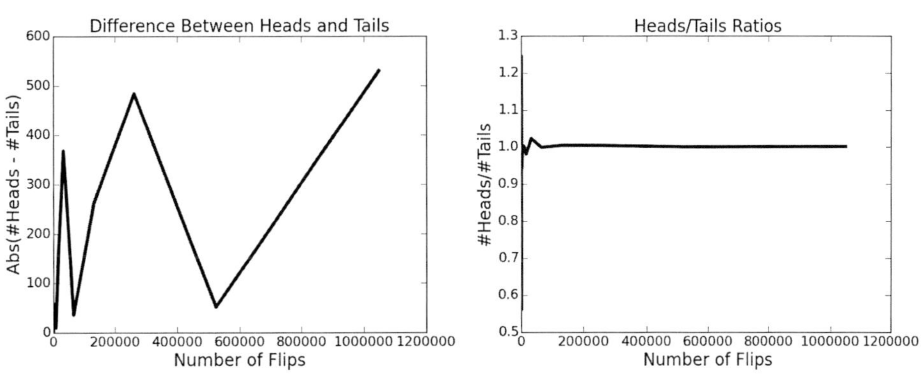

그림 15.6 큰 수의 법칙이 실제로 적용된 사례

121. 파이썬2와 파이썬3의 난수 발생기가 서로 다르다는 사실을 알고 있어야 합니다. 비록 씨드seed를 정해서 난수를 발생한다고 할지라도 다른 버전의 언어를 실행할 때 프로그램이 똑같이 실행될 것이라고 가정해서는 안됩니다.

122. [역자주] 매번 서로 다른 난수를 발생시키려면, `random.seed()` 함수의 인자를 생략하면 됩니다. 그러면, 파이썬은 현재 시간을 디폴트 인자로 하여 함수를 호출합니다.

다행히도, 이러한 시각화 문제는 PyLab에서 쉽게 해결할 수 있습니다. 11장에서 보았듯이, 도표를 그릴 때 데이터들을 선으로 연결하지 않는 것은 `pylab.plot(xAxis, diffs, 'ko')`로 호출하면 쉽게 할 수 있습니다.

그림 15.7에 있는 두 도표는 x축에 로그척도를 사용한 것입니다. `flipPlot`에 의해 만들어진 x축의 값들은 2^{minExp}, $2^{minExp+1}$, …, 2^{maxExp}인데, 이러한 값들을 최대한 분리할 수 있는 것은 로그척도를 이용했기 때문입니다. 왼쪽 도표는 y축도 로그척도를 적용한 것입니다. 여기서 y의 값의 범위는 0부터 1000에 가깝습니다. 만약에 선형척도를 적용한다면 도표의 왼편에 있는 데이터는 상대적으로 작은 차이 밖에 없으므로 그 차이를 관찰하기가 어려워집니다. 반면에 오른쪽 도표에서는 y값들이 어느 정도 잘 모여 있기 때문에, y축은 선형척도를 사용한 것입니다.

손가락 풀기

그림 15.5에 있는 코드를 수정하여 그림 15.7에 있는 도표를 그려 보세요.

이러한 도표들은 앞서 나왔던 도표보다 해석하기가 훨씬 더 쉽습니다. 동전 앞면과 뒷면이 나오는 비율은 던지기 횟수가 증가할수록 1에 수렴한다는 것을 오른쪽 도표는 매우 확실히 뒷받침하고 있습니다. 왼쪽 도표의 경우에는 그 의미가 매우 명확하게 다가오지는 않습니다. 던지기 횟수가 증가할수록 절대 차이 값이 증가하는 것처럼 보이긴 하지만, 완전히 확신하지는 못할 것 같습니다.

모집단의 모든 개체 수를 전부 추출하지 않고, 일부 추출만으로 완벽한 정확도를 달성할 수는 없습니다. 얼마나 많은 개체를 표본으로 추출하느냐에 관계없이, 모든 개체를 대상으로 하지 않는

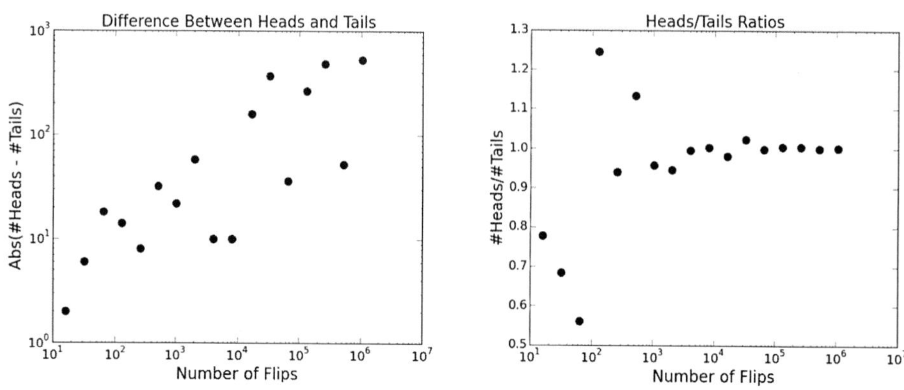

그림 15.7 동전 던지기 횟수에 따른 영향

한, 표본 추출은 대표적일 수 밖에 없습니다(그 이유는 특히 동전 던지기 같이 무한한 모집단을 다루고 있기 때문입니다. 이러한 경우 모든 개체를 대상으로 포함하는 것은 사실상 불가능합니다). 물론, 그렇다고 해서, 어떤 추측이 매우 정확할 수는 없다고 말하는 것은 아닙니다. 우리가 동전 던지기를 두 번해서 한 번은 앞면, 또 한 번은 뒷면이 나왔으므로, 각각의 확률은 0.5라고 결론을 내릴 수도 있습니다. 그러나 우리는 비록 정확한 결론에 도달하긴 했지만, 그런 추론에는 잘못이 있다는 것입니다.

자, 그러면 우리가 얻은 답에 대하여 그 신뢰도confidence를 정당화하려면, 먼저 얼마나 많은 개체를 표본으로 추출할 필요가 있을까요? 이 문제는 개체들 분포에 대한 **분산**(分散)variance에 달려있습니다. 개략적으로 말하면, 분산은 어떤 가능한 결과 값들이 얼마나 흩어져 있는지 그 정도를 가름하는 척도입니다. 좀 더 공식적으로 어떤 값들(X)의 분산은 다음과 같이 정의합니다.

$$variance(X) = \frac{\sum_{x \epsilon X}(x-\mu)^2}{|X|}$$

여기서 $|X|$는 전체 값들의 개수이며, μ(mu, 뮤)는 전체 값들의 평균입니다. 비공식적으로, 분포는 얼만큼의 값들의 평균값에 가까운지 알려주는 말해줍니다. 만약 많은 값들이 상대적으로 평균에 가깝다면, 분산은 상대적으로 작습니다. 반면에 많은 값들의 상대적으로 평균과 멀리 떨어져 있다면, 분산은 상대적으로 커집니다. 만약, 모든 값들이 같다면, 분산은 0입니다.

어떤 집단의 **표준편차**standard deviation는 분산의 제곱근입니다. 표준편차는 분산과 똑같은 정보를 포함하고 있지만, 좀더 쉽게 해석할 수 있습니다. 왜냐하면, 원 자료와 같은 단위로 계산된 것이기 때문입니다. 예를 들면, "국민의 평균 키는 170 cm이며, 분산은 36 cm입니다"라는 문장보다는 "국민의 평균 키는 170 cm이며 표준편차는 6 cm입니다"이라는 문장이 이해하기 쉽습니다.

그림 15.8은 분산과 표준편차를 구현한 코드입니다.[123]

우리가 지금까지 살펴본 표본 수와 직접 계산한 값에 대하여 신뢰도와의 관계를 보기 위하여 표준 편차 개념을 사용할 수 있습니다. **그림 15.9**는 `flopPlot` 프로그램을 수정하여 구현한 것입니다. 각각 동전 던지기를 여러 번 반복적으로 실행하고, `abs(heads - tails)`에 대한 평균값과 앞 면/뒷면의 비율을 그립니다. 각 동전 던지기의 표준편차도 그립니다. 보조 함수 `makePlot`은 도표들을 그리는 코드입니다. 함수 `runTrial`는 `numFlips` 만큼 동전 던지기를 한 번 실행하는 코드입니다.

123. 표준편차를 여러분 자신이 구현할 필요가 전혀 없을 것입니다. 이런 함수뿐만 아니라 많은 통계 관련 함수들이 이미 표준 라이브러리에 구현되어 있습니다. 다만, 수학 공식을 보기보다 코드 보기를 더 선호하는 분들이 혹시 있을 것 같아서 제공한 것입니다.

```
def variance(X):
    """Assumes that X is a list of numbers.
       Returns the standard deviation of X"""
    mean = sum(X)/len(X)
    tot = 0.0
    for x in X:
        tot += (x - mean)**2
    return tot/len(X)

def stdDev(X):
    """Assumes that X is a list of numbers.
       Returns the standard deviation of X"""
    return variance(X)**0.5
```

그림 15.8 분산과 표준편차

```
def makePlot(xVals, yVals, title, xLabel, yLabel, style,
             logX = False, logY = False):
    pylab.figure()
    pylab.title(title)
    pylab.xlabel(xLabel)
    pylab.ylabel(yLabel)
    pylab.plot(xVals, yVals, style)
    if logX:
        pylab.semilogx()
    if logY:
        pylab.semilogy()

def runTrial(numFlips):
    numHeads = 0
    for n in range(numFlips):
        if random.choice(('H', 'T')) == 'H':
            numHeads += 1
    numTails = numFlips - numHeads
    return (numHeads, numTails)

def flipPlot1(minExp, maxExp, numTrials):
```

그림 15.9 동전던지기 시뮬레이션

```
    """Assumes minExp, maxExp, numTrials ints >0; minExp < maxExp
       Plots summaries of results of numTrials trials of
       2**minExp to 2**maxExp coin flips"""
    ratiosMeans, diffsMeans, ratiosSDs, diffsSDs = [], [], [], []
    xAxis = []
    for exp in range(minExp, maxExp + 1):
        xAxis.append(2**exp)
    for numFlips in xAxis:
        ratios, diffs = [], []
        for t in range(numTrials):
            numHeads, numTails = runTrial(numFlips)
            ratios.append(numHeads/numTails)
            diffs.append(abs(numHeads - numTails))
        ratiosMeans.append(sum(ratios)/numTrials)
        diffsMeans.append(sum(diffs)/numTrials)
        ratiosSDs.append(stdDev(ratios))
        diffsSDs.append(stdDev(diffs))
    numTrialsString = ' (' + str(numTrials) + ' Trials)'
    title = 'Mean Heads/Tails Ratios' + numTrialsString
    makePlot(xAxis, ratiosMeans, title, 'Number of flips',
             'Mean Heads/Tails', 'ko', logX = True)
    title = 'SD Heads/Tails Ratios' + numTrialsString
    makePlot(xAxis, ratiosSDs, title, 'Number of Flips',
            'Standard Deviation', 'ko', logX = True, logY = True)
```

그림 15.9 동전던지기 시뮬레이션

`flipPlot1(4, 20, 20)`을 실행하면, **그림 15.10** 같은 도표가 그려집니다.

이 결과는 고무적입니다. 동전의 앞면/뒷면의 비율은 1로 수렴하고 있고, 표준편차는 던지기의 횟수의 log값에 비례하여 선형적으로linearly 줄어들고 있습니다. 한 번에 10^6번 정도의 동전 던지기를 하게 되면, 표준편차(10^{-3})는 대략적으로 평균(약 1)보다 대략적으로 소수 셋째자리 정도로 작아지는데, 이 정도면 각 던지기 사이에 분산이 작았다는 것을 의미합니다. 그러므로 이 정도가 되면 동전의 앞면/뒷면의 비율이 거의 1.0에 가까우므로 상당한 신뢰도confidence가 있다고 할만합니다. 동전 던지기 횟수를 증가함에 따라 더 정확한 값을 구할 수 있을 뿐만 아니라 더 중요한 것은 그것이 정답이 가깝다는 사실을 더 신뢰할 만한 근거가 있다는 것입니다.

동전의 앞면과 뒷면이 나오는 횟수의 차이의 절대값은 어떻게 될까요? **그림 15.11**에 있는 코드를

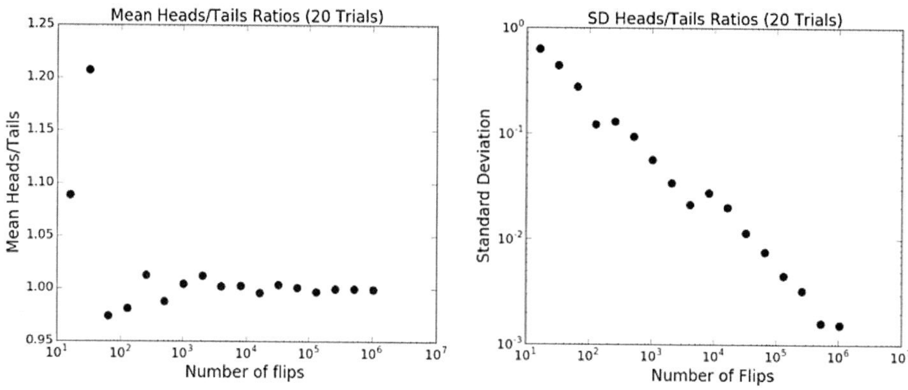

그림 15.10 앞면/뒷면 비율들의 수렴

flipPlot1 코드 마지막 부분에 추가해서 이것을 조사해볼 수 있습니다. 이렇게 하면, **그림 15.12**에 있는 도표 두 개가 출력이 됩니다.

우리가 기대한 대로, 동전의 앞면과 뒷면이 나오는 횟수의 차이의 절대값은 예상한대로 던지기 횟수가 증가하면 함께 증가합니다. 더욱이 20회 시도한 결과를 평균을 내었기 때문에 1회 시도한 결과를 **그림 15.7**에서 그렸을 때보다 갑작스런 변화가 거의 없습니다. 그러나 **그림 15.12**의 오른쪽 도표는 어떻게 된 것일까요? 동전 던지기 횟수가 증가함에 따라 표준편차가 함께 증가하고 있습니다. 이것은 동전 던지기 횟수가 증가함에 따라, 신뢰도가 증가하기 보다는 감소한다는 것을 의미할까요?

아닙니다. 그렇지 않습니다. 표준편차는 언제나 평균에 대한 전후 맥락을 살펴보고 해석해야 합니다. 만약 평균이 10억이고, 표준편차가 100이라면, 데이터에 대한 산포도dispersion는 작은 것입니다.

```
title = 'Mean abs(#Heads - #Tails)' + numTrialsString
makePlot(xAxis, diffsMeans, title,
    'Number of Flips', 'Mean abs(#Heads - #Tails)', 'ko',
    logX = True, logY = True)
title = 'SD abs(#Heads - #Tails)' + numTrialsString
makePlot(xAxis, diffsSDs, title,
    'Number of Flips', 'Standard Deviation', 'ko',
    logX = True, logY = True)
```

그림 15.11 절대값 차이

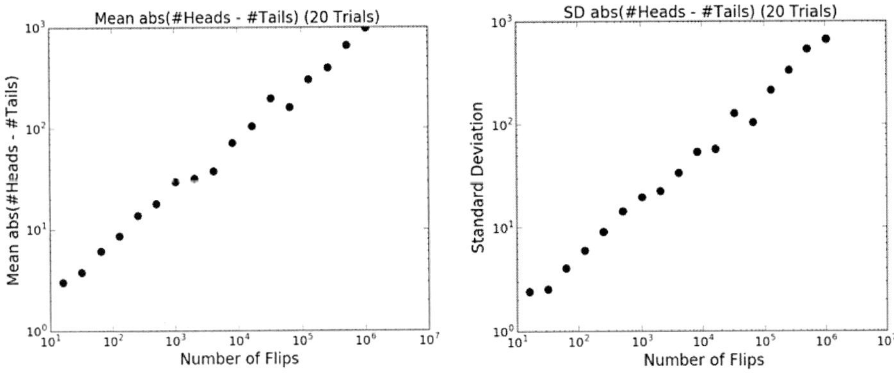

그림 15.12 (heads – tails)의 평균과 표준편차

```
def CV(X):
    mean = sum(X)/len(X)
    try:
        return stdDev(X)/mean
    except ZeroDivisionError:
        return float('nan')
```

그림 15.13 변동 계수

그러나 만약 평균이 100이고, 표준편차가 100이면, 산포도는 상당히 넓다고 보는 것입니다.

변동계수coefficient of variation는 표준편차를 평균으로 나눈 값입니다. 이 문제처럼 평균이 심하게 변하는 데이터들을 비교할 때는 변동계수가 표준편차보다 더 유익한 정보를 알려줍니다. **그림 15.13**에 변동계수를 구현한 것을 보듯이, 평균이 0일 때에는 변동계수를 정의하지 않습니다.

그림 15.14은 변동계수들을 도표로 그려내는 함수를 담고 있습니다. 함수 `flipPlot1`이 산출하는 도표 뿐만 아니라 **그림 15.15**와 같은 도표들을 산출합니다.

```
def flipPlot2(minExp, maxExp, numTrials):
    """Assumes minExp and maxExp positive ints; minExp < maxExp
        numTrials a positive integer
```

그림 15.14 `flipPlot1` 최종 버전(계속)

```
        Plots summaries of results of numTrials trials of
          2**minExp to 2**maxExp coin flips"""
    ratiosMeans, diffsMeans, ratiosSDs, diffsSDs = [], [], [], []
    ratiosCVs, diffsCVs, xAxis = [], [], []
    for exp in range(minExp, maxExp + 1):
        xAxis.append(2**exp)
    for numFlips in xAxis:
        ratios, diffs = [], []
        for t in range(numTrials):
            numHeads, numTails = runTrial(numFlips)
            ratios.append(numHeads/float(numTails))
            diffs.append(abs(numHeads - numTails))
        ratiosMeans.append(sum(ratios)/numTrials)
        diffsMeans.append(sum(diffs)/numTrials)
        ratiosSDs.append(stdDev(ratios))
        diffsSDs.append(stdDev(diffs))
        ratiosCVs.append(CV(ratios))
        diffsCVs.append(CV(diffs))
    numTrialsString = ' (' + str(numTrials) + ' Trials)'
    title = 'Mean Heads/Tails Ratios' + numTrialsString
    makePlot(xAxis, ratiosMeans, title, 'Number of flips',
             'Mean Heads/Tails', 'ko', logX = True)
    title = 'SD Heads/Tails Ratios' + numTrialsString
    makePlot(xAxis, ratiosSDs, title, 'Number of flips',
             'Standard Deviation', 'ko', logX = True, logY = True)
    title = 'Mean abs(#Heads - #Tails)' + numTrialsString
    makePlot(xAxis, diffsMeans, title,'Number of Flips',
             'Mean abs(#Heads - #Tails)', 'ko',
             logX = True, logY = True)
    title = 'SD abs(#Heads - #Tails)' + numTrialsString
    makePlot(xAxis, diffsSDs, title, 'Number of Flips',
             'Standard Deviation', 'ko', logX = True, logY = True)
    title = 'Coeff. of Var. abs(#Heads - #Tails)' + numTrialsString
    makePlot(xAxis, diffsCVs, title, 'Number of Flips',
             'Coeff. of Var.', 'ko', logX = True)
    title = 'Coeff. of Var. Heads/Tails Ratio' + numTrialsString
    makePlot(xAxis, ratiosCVs, title, 'Number of Flips',
             'Coeff. of Var.', 'ko', logX = True, logY = True)
```

그림 15.14 flipPlot1 최종 버전

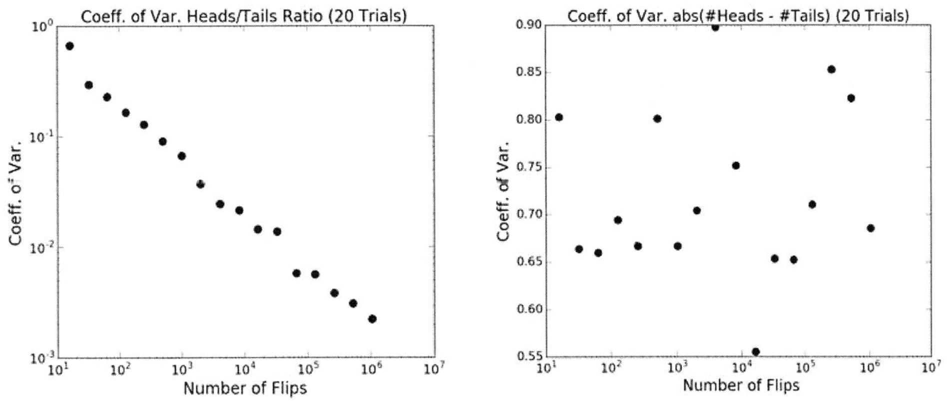

그림 15.15 heads/tails과 abs(heads-tails)의 변동 계수

이런 경우에, 우리는 동전의 앞면과 뒷면에 대한 비율의 변동계수 도표는 표준편차의 경우와 별로 차이가 없다는 것을 볼 수 있습니다. 이 둘의 유일한 차이는 평균으로 나눈다는 것인데, 평균이 거의 1에 가까우니 차이가 나지 않는 것은 당연한 것입니다.

반면에 앞면과 뒷면이 나오는 차이의 절대값에 대한 변동계수의 도표는 또 다른 이야기입니다. 표준편차는 **그림 15.12**와 같이 분명한 방향성을 보여주는 반면에, 이 도표의 값들이 어떤 방향성이 있다고 말하기는 참 어려울 것입니다. 상당히 폭 넓게 변동하는 것 같습니다. 이것은 `abs(heads - tails)`값들의 산포도(散布度)dispersion는 동전 던지기 횟수에 관계없이 독립적이라는 것을 보여줍니다. `abs(heads - tails)`값들의 산 포도가 증가하지도 감소하지도 않으므로, 표준편차처럼 오해를 불러일으키지 않습니다. 한 번의 시험에 20번이 아니라 1000번을 던져보면 혹시 어떤 추세가 나타날지도 모릅니다. 그러면, `flipPlot1(4, 20, 1000)`을 시도해보기로 합시다.

그림 15.16에서, 변동계수는 약 0.74~0.78 근처에서 일정하게 유지 되는 것으로 보입니다. 일반적으로 변동계수가 1보다 작은 분포distribution는 분산이 작은 것으로 간주됩니다.

표준편차에 비하여 변동계수의 주요한 장점은 다른 평균값들과 분산 집단들에 대해 비교해볼 수 있다는 것입니다. 예를 들면, **그림 15.17**에 표시된 대로 호주의 여러 지역들의 주급weekly income에 대한 분포를 고려해봅시다.

소득의 불평등에 잣대로 표준편차를 사용하면, ACTAustralian Capital Territory(호주의 수도권) 지역보다 타스마니아Tasmania 지역의 소득불평등이 상당히 적은 것으로 보입니다. 그러나, 우리가 만약 변동계수(수도권이 약 0.32, 타스마니아가 0.42)를 보면, 좀 다른 결론에 도달하게 됩니다.

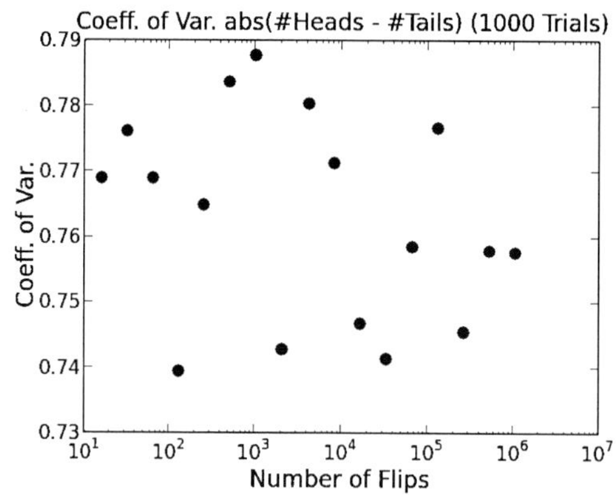

그림 15.16 많은 횟수의 시도

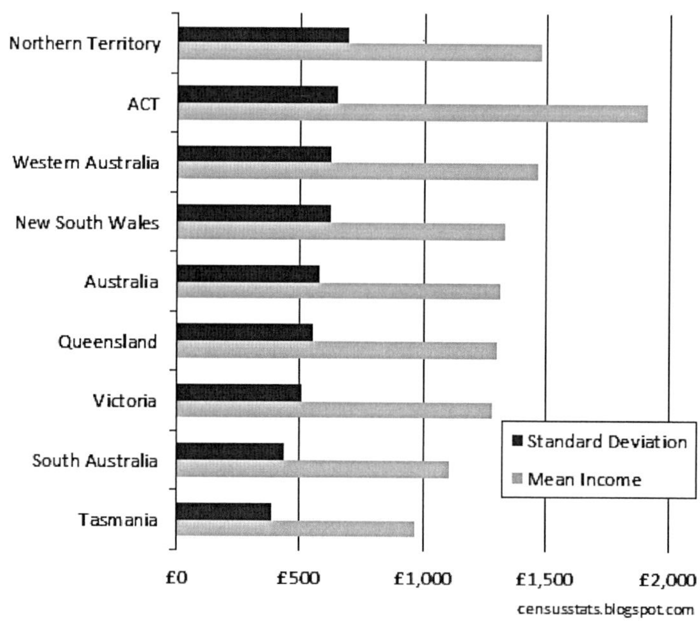

그림 15.17 호주 주급(weekly income)의 분포

그렇다고 해서 변동계수가 표준편차보다 항상 더 유용한 것은 아닙니다. 만약 평균이 0에 가깝다면, 평균이 조금만 변하여도 (의미가 크지는 않겠지만) 변동 계수는 크게 변한다는 것에 주의해야 합니다. 또한 평균이 0일 때, 변동계수는 정의할 수 없습니다. 변동계수로는 할 수 없지만, 표준편차는 신뢰구간을 설정하는데 사용할 수 있으며, 앞으로 이에 대해 다룰 것입니다.

15.4 분포

히스토그램histogram은 데이터의 분포를 직사각형의 도표로 보여주도록 고안되었습니다. 먼저 데이터의 값들을 정렬하고, 일정한 숫자의 같은 넓이의 칸bin 안에 나누어 넣습니다. 각 칸에 각 요소들의 개수를 나타낼 수 있도록 직사각형을 그립니다. **그림 15.18**의 왼쪽에 있는 코드가 오른쪽에 있는 도표를 생성한 것입니다.

```
vals = []
for i in range(1000):
    num1 = random.choice(range(0, 101))
    num2 = random.choice(range(0, 101))
    vals.append(num1+num2)
pylab.hist(vals, bins = 10)
pylab.xlabel('Number of Occurrences')
```

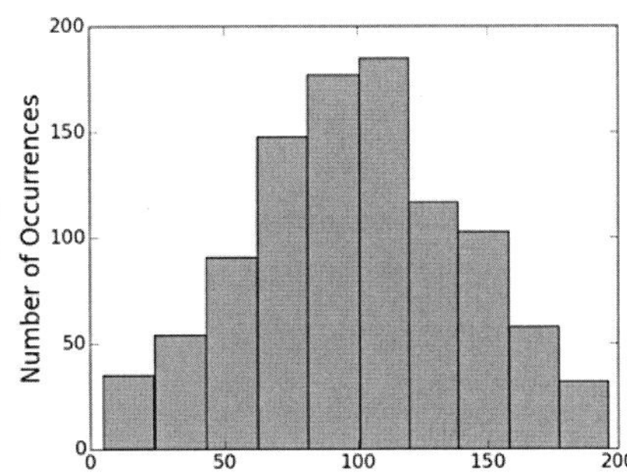

그림 15.18 코드와 코드가 생성한 히스토그램

함수 호출을 `pylab.hist(vals, bins = 10)`으로 하면 10개의 칸에 히스토그램을 산출합니다. PyLab이 자동적으로 칸의 넓이를 결정합니다. 코드를 살펴보면, `vals`의 가장 작은 수는 0이며, 가장 큰 수는 200인 것을 알 수 있습니다. 그러므로, x축에서 가능한 값의 범위는 0에서부터 200까지입니다. 각 칸은 x축에서 각각 같은 크기의 부분을 감당하므로, 첫째 칸은 0-19 요소들을 표시하고, 그 다음 칸은 20-39 요소들을 표시합니다.

손가락 풀기

그림 15.18에서, 왜 히스토그램의 가운데 있는 칸들은 가장자리에 있는 칸들보다 그 높이가 더 높은가?
[힌트] 주사위 두 개를 던질 때 왜 7 이 가장 많이 나오는 값인가를 생각 해보십시오.

지금쯤이면, 여러분은 동전 던지기가 무척이나 지겨워 지기 시작했을 것입니다. 그럼에도 불구하고 한 번 더 동전 던지기 시뮬레이션을 해보길 원합니다. **그림 15.19**에 있는 시뮬레이션은 PyLab의 도표를 그리는 기능과 표준편차의 의미를 시각적인 개념으로 보여줍니다. 이 코드는 두 개의

```
def flip(numFlips):
    """Assumes numFlips a positive int"""
    heads = 0
    for i in range(numFlips):
        if random.choice(('H', 'T')) == 'H':
            heads += 1
    return heads/float(numFlips)

def flipSim(numFlipsPerTrial, numTrials):
    fracHeads = []
    for i in range(numTrials):
        fracHeads.append(flip(numFlipsPerTrial))
    mean = sum(fracHeads)/len(fracHeads)
    sd = stdDev(fracHeads)
    return (fracHeads, mean, sd)

def labelPlot(numFlips, numTrials, mean, sd):
    pylab.title(str(numTrials) + ' trials of '
                + str(numFlips) + ' flips each')
    pylab.xlabel('Fraction of Heads')
    pylab.ylabel('Number of Trials')
    pylab.annotate('Mean = ' + str(round(mean, 4))\
                   + '\nSD = ' + str(round(sd, 4)), size='x-large',
                   xycoords = 'axes fraction', xy = (0.67, 0.5))

def makePlots(numFlips1, numFlips2, numTrials):
    val1, mean1, sd1 = flipSim(numFlips1, numTrials)
    pylab.hist(val1, bins = 20)
    xmin,xmax = pylab.xlim()
    labelPlot(numFlips1, numTrials, mean1, sd1)
    pylab.figure()
    val2, mean2, sd2 = flipSim(numFlips2, numTrials)
    pylab.hist(val2, bins = 20)
    pylab.xlim(xmin, xmax)
    labelPlot(numFlips2, numTrials, mean2, sd2)

makePlots(100, 1000, 100000)
```

그림 15.19 동전 던지기의 히스토그램 그리기

히스토그램을 출력합니다. 처음 것은 공정한 동전 100번 던지기를 100,000회 시도한 시뮬레이션 결과를 보여줍니다. 두 번째 그림은 공정한 동전 1,000번 던지기를 100,000회 시도한 시뮬레이션 결과를 보여줍니다.

메소드 `pylab.annotate`는 히스토그램 그림에 나타나는 통계 자료를 표시하기 위한 것입니다. 첫 번째 인자는 그림에 보여줄 문자열입니다. 두 번째 인자는 문자열을 표시할 위치를 제어합니다. 인자 `xycoords = 'axes fraction'`은 문자가 위치할 곳은 그림의 넓이와 높이의 분수fraction로 표시할 것이라는 것을 뜻합니다. 인자 `xy = (0.67, 0.5)`는 문자가 그림의 왼쪽 가장자리로부터 2/3지점에서 그리고 그림 밑변으로부터 중간 지점에서 시작해야 한다는 것을 의미합니다.

두 그림을 서로 비교할 수 있도록 하기 위해, pylab이 자동으로 경계 값bound을 정하도록 하지 않고, `pylab.xlim`을 사용하여 강제로 두 번째 그림의 x축의 경계 값을 첫 번째 그림의 것과 일치하도록 하였습니다.

그림 15.19의 코드를 실행하면, **그림 15.20**의 도표를 출력합니다. 두 도표 모두 평균값은 같지만, 표준편차는 다르다는 것에 주목하십시오. 동전 던지기를 1회에 100번 던질 때보다 1,000번 던지는 경우에 결과값의 분산이 훨씬 더 조밀하게 나타납니다.

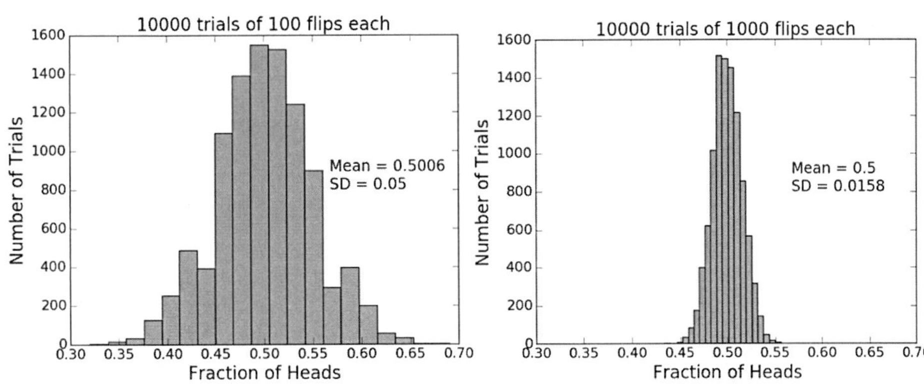

그림 15.20 동전 던지기의 히스토그램

15.4.1 확률 분포

히스토그램은 **빈도수 분포**frequency distribution를 그림으로 묘사합니다. 어떤 무작위 변수가 특정한 범위에서 어떤 특정한 값을 얼마나 가질 것인지, 예를 들어, 동전의 앞면이 나타난 것은 0.4와 0.5 사이에서 얼마나 자주 있었는지 알려줍니다. 예를 들어, 앞면에 대한 값이 0.3과 0.4사이 보다는

0.4와 0.5 사이에 더 자주 나타난다는 것을 쉽게 볼 수 있습니다. **확률분포**probability distribution는 어떤 범위 내에서 무작위 값이 특정한 값을 가질 확률로 나타냄으로 상대적 빈도 수를 보여주는 개념입니다.

확률분포는 두 그룹으로 나눕니다. 확률변수가 이산형인가 아니면 연속형인가에 따라 하나는 이산형 확률분포와 또 하나는 연속형 확률분포로 나뉘게 됩니다. **이산확률변수**discrete random variable은 주사위를 던져 나타나는 값과 같이 유한한 값들 중에 하나를 가질 수 있습니다. **연속확률변수**continuous random variable은 예를 들어 시속 0부터 최대 속력으로 달리는 자동차의 속도와 같이, 두 실수 사이에 있는 무한한 값들 중에 하나를 가질 수 있습니다.

이산확률분포는 표현하기가 쉽습니다. 변수가 가질 수 있는 값이 유한하므로, 분포도 각 값이 가질 수 있는 확률을 나열함으로 간단히 표현할 수 있습니다.

연속확률분포는 표현하기가 좀 더 까다롭습니다. 가능한 값이 무한히 많으므로, 연속확률변수는 어떤 특정한 값을 가질 확률은 0입니다. 예를 들면, 어떤 한 자동차가 정확하게 시속 81.3457283 마일로 갈 확률은 0입니다. 수학자들은 연속확률분포를 **확률밀도함수**probability density function(PDF)으로 사용하여 표현하기를 좋아합니다. PDF는 확률변수random variable 두 값 사이에 있을 확률을 나타냅니다. 확률변수의 최소값과 최대값 사이에 있는 x축의 값들은 구성된 하나의 커브curve를 정의하는 것이 확률밀도함수PDF라고 생각하십시오. (어떤 경우에는 x축이 무한대로 길기도 합니다) `x1`과 `x2`가 확률변수의 영역안에 있다고 가정하면, `x1`과 `x2` 사이에 있는 한 값을 가질 변수의 확률은 `x1`과 `x2` 사이에 있는 커브curve 밑에 있는 면적입니다. **그림 15.21**은 `random.random()`과 `random.random() + random.random()`에 대한 확률밀도함수들을 보여줍니다.

함수 `random.random()`에서, 0부터 1까지 커브 아래의 면적은 1입니다. 0과 1사이의 한 값을 반

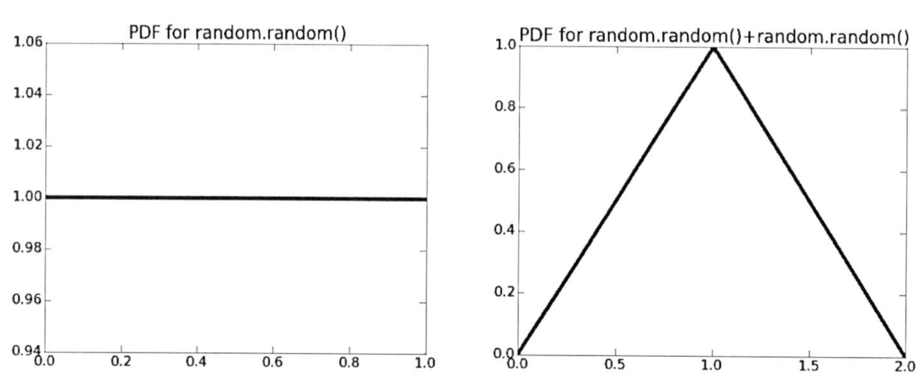

그림 15.21 random.random에 대한 PDF(확률밀도함수)

환하는 함수 `random.random()`의 확률이 1이라는 것을 안다면, 이것은 당연한 것입니다. 반면에, 0.2부터 0.4 사이에 `random.random()`에 대한 커브 밑부분의 면적은 0.2입니다. 이것은 곧 02와 0.4 사이에 한 값을 반환할 `random.random()`의 확률이 0.2라는 것입니다. 비슷한 논리로, 0부터 2까지 `random.random() + random.random()` 커브 밑의 면적은 1이고, 0부터 1까지 면적은 0.5입니다. 그런데, `random.random()`에 대한 PDF는 모든 구간에서 확률이 모두 같은데 반해, `random.random() + random.random()`에 대한 PDF는 어떤 구간에서는 다른 구간보다 더 확률이 높다는 것을 나타낸다는 것에 유의하십시오.

15.4.2 정규분포(Normal Distributions)

정규분포(正規分布)normal or Gaussian distribution은 확률밀도함수로 정의합니다.

$$P(x) = \frac{1}{\sigma\sqrt{2\pi}} * e^{-\frac{(x-\mu)^2}{2\sigma^2}}$$

여기서 μ(mu, 뮤)는 평균이며, σ(sigma, 시그마)는 표준편차, *e*는 오일러Euler 수(약 2.718)입니다.[124]

여러분 이 공식에 대해 공부할 마음이 없어도 괜찮습니다. 다만 정규분포의 가장 높은 점은 평균에 있고, 정규분포는 대칭적으로 평균의 위 또는 아래로 감소한다는 것은 알아두기 바랍니다. 점근적(漸近的)asymptotic으로 0에 가깝게 됩니다. 정규분포는 또한 평균과 표준편차라는 두 매개변수로 완전히 정의할 수 있는 명확한 수학적 속성을 가지고 있습니다. 따라서 이 두 개의 변수를 안다는 것은 그 분포에 대해 전부 아는 것과 같습니다. 정규분포의 모양은 어떤 사람들의 눈에는 종(鍾)bell같이 보이기 때문에서 **종형곡선**bell curve이라고 부르기도 합니다.

그림 15.22는 평균이 0이며, 표준편차가 1인 정규분포를 대한 PDF를 보여주고 있습니다. 우리가 단지 PDF의 한 부분만 볼 수 있습니다. 왜냐하면, 0으로 정규분포의 꼬리부분이 0으로 수렴하지만 도달하지는 않기 때문입니다. 원칙적으로는 어떤 값도 일어날 확률이 0인 것은 없습니다.

파이썬에서 `random.gauss()` 함수를 호출하면, 쉽게 정규분포를 만들 수 있습니다. 함수 `random.gauss(mu, sigma)`는 평균값 `mu`과 표준편차 `sigma`인 정규분포로부터 무작위로 선택한 부동소수를 반환합니다.

정규분포는 명확한nice 수학적 특성들을 가지고 있기 때문에 확률적 모델을 만드는데 자주 사용

124. *e*는 수학을 할 때 많은 곳에서 나타나는 특별한 무리수들, 원주율(π)와 같이, 중에 하나입니다. 가장 흔하게는 소위 "자연대수natural logarithms"의 밑수로 사용합니다. *e*를 정의하는 다양한 방법이 있는데, 그 중에 하나는 *x*가 접근할 때, $(1+\frac{1}{x})^x$의 값으로 정의할 수 있다.

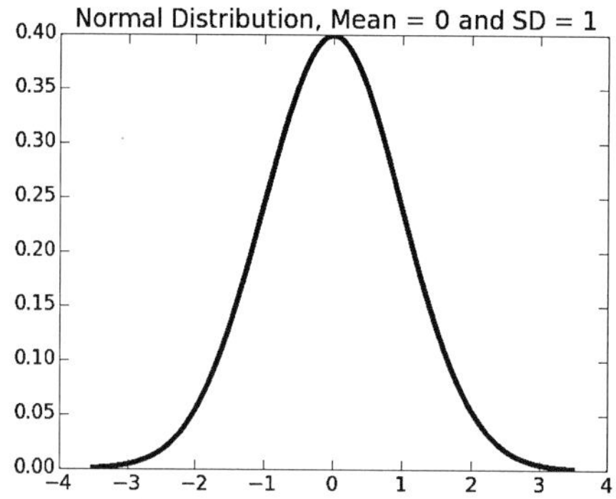

그림 15.22 정규 분포

됩니다. 물론, 아무리 수학적으로 명확한 모델이라도 그것이 실제적인 데이터에 대해 모델링을 잘 해내지 못한다면 아무 소용이 없는 것입니다. 다행스럽게도 많은 무작위 데이터들이 대략적으로 정규분포의 속성을 가지고 있습니다. 또한 중요한 것은, 많은 실험을 설정할 때에도 측정오류가 정규분포를 나타낸다는 사실입니다. 이러한 가정은 1800년대 초 독일 수학자이자 물리학자인 칼 가우스Karl Gauss가 사용했는데, 그는 천문학적인 자료들을 분석하는데 측정오류들이 정규분포를 나타낼 것이라고 전제하였습니다. 그리고 결국에 훗날에 과학계에서는 정규분포를 **가우스 분포**Gaussian distribution라고 부르게 되었습니다.

정규분포의 좋은 특성들 중에 하나는 자료의 일정 부분을 포함하는 표준편차의 배수가 상수라는 것입니다. 예를 들면, 자료의 ~68.27%는 항상 평균의 1(일) 표준편차 내에 항상 속하고, 자료의 ~95.45%는 평균의 2(이) 표준편차 내에 있고, 그리고 자료의 ~99.73%는 평균의 3(삼) 표준편차 내에 속한다는 것이다. 이것이 소위 **68-95-99.7**이라고 불리는 법칙이며, 더 흔히는 **경험칙**empirical rule이라고 불립니다.

이러한 규칙은 커브 아래의 면적을 구하기 위해 정규분포를 정의하는 공식을 적분함으로 유도할 수 있습니다. **그림 15.22**를 보면, 전체 면적의 2/3 가량이 -1과 1 사이에 있고, 약 95%가 -2와 2 사이에 있고, 거의 모든 것이 -3과 3 사이에 있습니다. 그러나, 이것은 단 하나의 사례이며, 이런 한 가지 예를 가지고 일반화하는 것은 항상 위험한 일입니다. 우리가 나무랄 데 없는 권위자인 위키피디아를 근거로 경험칙을 받아 드릴 수 있습니다. 그러나, 좀 확실하게 하기 위해, 파이썬 라이브러리를 소개하는 것을 핑계로 우리 자신이 직접 검토해봅시다.

사이파이SciPy 라이브러리는 과학자와 엔지니어가 많이 사용하는 수학 함수들을 포함하고 있습니다. SciPy는 여러 다른 영역의 과학 문제를 다루는 모듈들로 조직되어 있습니다. 예를 들면, 신호

처리와 영상처리가 있습니다. 우리는 이 책 후반부에서 SciPy의 많은 함수들을 사용할 것입니다. 여기서는 scipy.integrate.quad를 사용할 것인데, 이것은 두 점 사이에 함수의 적분 값을 구하는 사용합니다.

함수 scipy.integrate.quad는 세 개의 필수 인자가 있어야 하고, 한 개의 인자는 옵션입니다:

- 적분해야 할 함수 혹은 메소드(함수가 하나 이상의 인자를 있어야 한다면, 첫 번째 인자에 해당하는 축을 따라 적분합니다.)
- 적분의 최소 범위를 정하는 수
- 적분의 최고 범위를 정하는 수
- 선택적으로 적분할 함수의, 첫 번째 인자를 제외한, 모든 인자에 대해 값들을 제공하는 튜플

함수 quad는 두 개의 부동 소수로 된 튜플을 반환합니다. 첫째는 적분의 근사값이며, 둘째는 적분 결과에 있는 절대오류 예측 값입니다.

예를 들어, 0와 5사이에 있는 abs 단항unary 함수의 적분을 계산한다고 합시다. 이러한 커브의 아래의 면적을 계산하는데 복잡한 수학은 필요 없습니다. 이것은 밑변과 높이가 5이 직각 삼각형의 면적을 계산하는 것이니 12.5입니다. 아래와 같은 구문이 12.5를 출력하는 것은 놀랄 일이 아닙니다.

```
print(scipy.integrate.quad(gaussian, -2, 2, (0, 1))[0])
```

quad가 반환하는 튜플의 두 번째 요소의 값은 약 10^{-13}인데, 이것은 곧 결과가 아주 좋은 근사값이란 것을 의미합니다.

그림 15.23에 있는 코드는 무작위로 선택한 평균과 표준편차에 대하여 정규분포의 면적을 계산합니다. 함수 gaussian은 3항ternary 함수인 것에 유의하면, 다음과 같은 코드는 평균이 0이고, 표준편차가 1인 정규분포에서 -2부터 2까지 적분을 출력합니다.

```
print(scipy.integrate.quad(gaussian, -2, 2, (0, 1))[0])
```

그림 15.23에 있는 코드를 실행했을 때, 경험칙empirical rule이 예측한 것을 출력했습니다.

```
For mu = -1 and sigma = 6
  Fraction within 1 std = 0.6827
  Fraction within 2 std = 0.9545
  Fraction within 3 std = 0.9973
For mu = 9 and sigma = 9
  Fraction within 1 std = 0.6827
```

```
import scipy.integrate

def gaussian(x, mu, sigma):
    factor1 = (1.0/(sigma*((2*pylab.pi)**0.5)))
    factor2 = pylab.e**-(((x-mu)**2)/(2*sigma**2))
    return factor1*factor2

def checkEmpirical(numTrials):
    for t in range(numTrials):
        mu = random.randint(-10, 10)
        sigma = random.randint(1, 10)
        print('For mu =', mu, 'and sigma =', sigma)
        for numStd in (1, 2, 3):
            area = scipy.integrate.quad(gaussian, mu-numStd*sigma,
                                        mu+numStd*sigma,
                                        (mu, sigma))[0]
            print(' Fraction within', numStd, 'std =',
                  round(area, 4))

checkEmpirical(3)
```

그림 15.23 경험칙을 체크하기

```
 Fraction within 2 std = 0.9545
 Fraction within 3 std = 0.9973
For mu = 1 and sigma = 5
 Fraction within 1 std = 0.6827
 Fraction within 2 std = 0.9545
 Fraction within 3 std = 0.9973
```

신뢰구간confidence intervals을 추론하는데 경험칙을 자주 사용합니다. 예를 들면 동전의 앞면이 나올 기대값 같은 하나의 미지의 모수를 예측하는 것 대신에, 신뢰구간은 미지의 모수를 포함할 것 같은 범위와 미지의 모수가 그 구간에 속할 신뢰의 정도를 제공하는 것입니다. 예를 들어 정치관련 여론조사에서 어떤 후보가 52% ±4%(즉, 신뢰구간은 8입니다)의 득표할 것을 예상하며, 오차범위는 95%의 **신뢰수준**confidence level이라고 합니다. 여론조사원에게 이것은 후보의 득표가 48%에서 56% 사이가 될 것이며 이런 일이 95%는 일어날 것이라는 뜻입니다. 신뢰구간과 신뢰수준은 둘이 함께 추정에 대한 신뢰성을 표시하기 위한 것입니다. 거의 언제나 신뢰수준을 높이면 신뢰구간은

넓어질 수 밖에 없습니다.[125]

매회 100번의 동전 던지기를 100회 시험한다고 가정합시다. 또한 앞면이 나오는 평균이 0.4999이며, 표준편차는 0.0497이라고 추가적으로 가정합시다. 나중에 17.2절에서 논의할 것이지만, 동전 던지기 평균의 분포는 정규분포라고 가정할 수 있습니다. 그러므로 우리가 각 회마다 100번보다 더 많이 던진다면, 다음과 같은 결론을 내릴 수 있습니다.

- ~95% 경우에, 동전 앞면이 나올 확률은 0.49999 ± 0.0994이 될 것입니다, 그리고
- >99% 경우에, 동전 앞면이 나올 확률은 0.4999 ± 0.1491이 될 것입니다.

오차 막대를 사용하여 신뢰구간을 시각적으로 보여주는 것이 종종 유용합니다. **그림 15.24**에 있는 함수 `showErrorBars`는 **그림 15.19**에 있는 `flipSim`을 호출하고, 다음과 같이 오차 막대 함수를 호출합니다.

```
pylab.errorbar(xVals, means, yerr = 1.96*pylab.array(sds))
```

```
def showErrorBars(minExp, maxExp, numTrials):
    """Assumes minExp and maxExp positive ints; minExp < maxExp
         numTrials a positive integer
       Plots mean fraction of heads with error bars"""
    means, sds, xVals = [], [], []
    for exp in range(minExp, maxExp + 1):
        xVals.append(2**exp)
        fracHeads, mean, sd = flipSim(2**exp, numTrials)
        means.append(mean)
        sds.append(sd)
    pylab.errorbar(xVals, means, yerr=1.96*pylab.array(sds))
    pylab.semilogx()
    pylab.title('Mean Fraction of Heads ('
                + str(numTrials) + ' trials)')
    pylab.xlabel('Number of flips per trial')
    pylab.ylabel('Fraction of heads & 95% confidence')
```

그림 15.24 오차 막대를 이용하여 도표 그리기

125. [역자 주] 그러면, 신뢰구간을 좁히고 동시에 신뢰수준도 높이려면 어떻게 해야 할까요? 더 큰 모집단으로 더 많은 실험을 해야 합니다. 동전 던지기는 시간이 더 걸릴 것이고, 여론조사는 비용이 더 많이 들겠죠

처음에 나오는 두 인자가 오차 막대 도표의 x와 y값을 결정합니다. 세 번째 인자는 `sds`에 있는 값들을 1.96으로 곱하고, 수직 모양의 오차 막대를 그리는데 사용합니다. 1.96을 곱하는 이유는 정규분포에 있는 자료의 95%가 평균의 1.96 표준편차 내에 속해 있기 때문이다.

함수 `showErrorBars(3, 10, 100)` 호출하면 **그림 15.25**에 있는 오차 막대 도표를 출력합니다. 동전 던지기 횟수가 매회 증가함에 따라 오차 막대는 줄어드는 것은 당연합니다(표준편차가 점점 작아집니다).

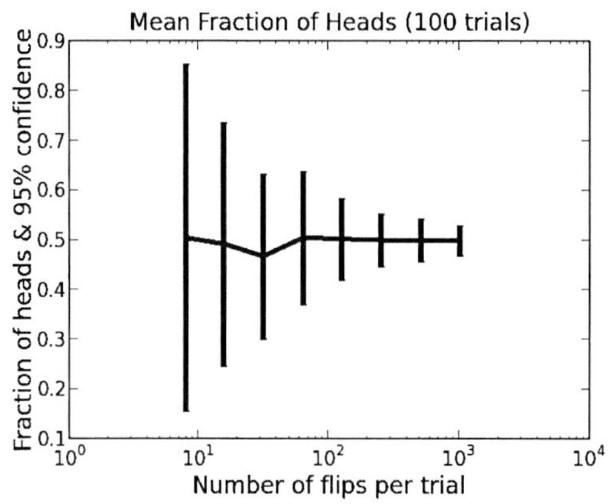

그림 15.25 오류막대로 추정하기

15.4.3 연속형과 이산형 균등분포

여러분이 버스 정거장에서 15분마다 도착하는 버스를 탄다고 상상해 봅시다. 여러분이 기다리는 정거장의 버스 스케줄을 조사하여 기다리는 시간을 알아보는 데 아무런 노력을 하지 않는다면, 여러분이 기대하는 기다리는 시간은 0에서 15분까지 사이에 균등하게 분포되어 있습니다.

균등분포는 **이산형**discrete이거나 **연속형**continuous일 수 있습니다. 연속균등분포는 **직사각형분포**rectangular distribution라고 부르기도 하며, 모든 구간에서 동일한 확률을 갖는다는 속성이 있습니다. `random.random` 함수를 고려해 봅시다. 15.4.1절에서 살펴보았듯이, 같은 길이로 주어진 구간에 PDF 커브 밑의 면적은 동일합니다. 예를 들어 0.23과 0.33사이에 있는 커브 밑의 면적은 0.53과 0.63 사이에 있는 커브 밑의 면적과 같습니다.

연속균등분포는 단 하나의 매개 변수로, 즉 범위(예를 들어 최소값과 최대값)로 특성을 모두 나타낼 수 있습니다. 가능한 값의 범위가 *min*부터 *max*까지라면, 한 값이 범위 *x*부터 *y*까지에 속할 확률은 다음과 같이 주어집니다.

$$P(x,y) = \begin{cases} \frac{y-x}{max - min} & if\ x \geq min\ and\ y \leq max \\ 0 & otherwise \end{cases}$$

연속균등분포는 `random.uniform(min, max)`를 호출해서 만들어 낼 수 있고, 이 함수는 `min`과 `max` 사이에서 무작위로 선택된 부동소수를 반환합니다.

이산균등분포discrete uniform distribution는 각각의 가능한 값이 동일한 횟수로 일어날 때 발생하지만, 가능한 값들은 연속적이지 않습니다. 예를 들어, 공정한 주사위를 던질 때, 6개의 가능한 값들이 각각 똑같이 나올 수 있지만, 그 결과는 1과 6사이의 실수 real numbers로 균등하게 분포되어 있지 않습니다. 즉 2.5가 나올 확률은 0이며, 몇 개의 값들만은, 예를 들어 3, 나올 확률이 1/6입니다. 이산균등분포는 다음과 같이 그 특성을 완전히 표현할 수 있습니다.

$$P(x) = \begin{cases} \frac{1}{|S|} & if\ x \in S \\ 0 & otherwise \end{cases}$$

여기서 S는 가능한 값들의 집합이며, $|S|$는 S 안에 있는 요소들의 수입니다.

15.4.4 이항분포와 다항분포(Binomial and Multinomial Distributions)

단 하나의 이산 집합의 값들만 취할 수 있는 확률변수를 **범주형**categorical(혹은 **이산형**discrete, **명목형**nominal)변수라고 합니다. 범주형 변수가 단지 두 개의 가능한 값(예를 들어, 성공/실패)만 가질 때, 그 확률분포를 이항분포라고 부릅니다. 이항분포를 생각하는 한 방법은 n번의 독립된 시행trials 중에서 정확하게 k번 성공할 확률로 생각하는 것입니다. 단 한번 시행해서 한 번 성공하는 확률이 p라고 한다면, n번의 독립된 시행에서 정확하게 k번 성공할 확률은 다음과 같은 공식으로 나타냅니다.

$$\binom{n}{k} * p^k * (1-p)^{n-k}$$

여기서

$$\binom{n}{k} = \frac{n!}{k! * (n-k)!}$$

공식 $\binom{n}{k}$은 **이항계수**binomial coefficient라고 합니다. 이것을 읽는 한 방법은 "n choose k"(n에서 k선택하기)인데, 이는 크기가 n인 집합에서 크기가 k인 부분집합을 만들어내는 경우의 수와 동등하기 때문입니다. 예를 들면, 다음은 [1, 2, 3, 4] 집합에서 크기가 2인 부분집합의 경우의 수입니다.

$$\binom{4}{2} = \frac{4!}{2! * 2!} = \frac{24}{4} = 6$$

15.2절에서, 하나의 주사위를 10번 던져서, 정확하게 두 번의 1이 나올 확률에 대해 질문한 적이 있습니다. 우리는 이제 이런 확률을 계산하는 도구를 생겼습니다. 10번의 주사위 던지는 것을 10번의 독립된 시행이라고 생각하고, 여기서 1이 나오는 경우를 성공이라고 간주하고, 다른 것은 실패라고 간주합니다. 10번을 시행해서 정확하게 두 번의 성공이 있을 확률을 다음과 같이 이항분포로 계산할 수 있습니다.

$$\binom{10}{2} * \left(\frac{1}{6}\right)^2 * \left(\frac{5}{6}\right)^8 = 45 * \frac{1}{36} * \frac{390625}{1679616} \approx 0.291$$

손가락 풀기

공정한 주사위를 k번 던져서 정확하게 두 번의 3이 나올 확률을 계산하는 함수를 구현하십시오. 또한 이 함수를 사용하여 k가 2에서부터 100으로 변화하면서 일어나는 확률을 도표로 그려보세요.

다항분포는 두 개의 이상의 가능한 값을 가진 범주형 자료를 다룰 수 있도록 이항분포를 일반화한 것입니다. n번의 독립된 시행과 각 시행에서 상호 배타적인 결과값을 내며, 각 결과값이 일어날 확률이 고정적으로 정해져 있을 때 다항분포를 적용할 수 있습니다. 다항분포는 여러 범주의 사건들의 조합이 일어날 확률을 계산해 줍니다.

15.4.5 지수(Exponential)와 기하(Geometric) 분포

균등 분포와는 달리 **지수 분포**는 매우 흔히 볼 수 있습니다. 고속도로에 들어온 차들의 도착시간 간격들이나 웹 페이지 요청들을 모델링하는데 흔히 사용합니다.

예를 들어 사람의 몸 안에 있는 약의 농도를 생각해봅시다. 각 단계에서 각 분자가 몸에서 사라질(즉, 몸에 있지 않을) 확률이 P라고 합시다. 시스템이 무기억memoryless이라는 것은 시간적으로 각 단계에서 분자가 사라질 확률이 그 전에 일어난 일과 관계가 없다는 것입니다. 시간 t = 0에서, 하나의 분자가 아직 몸 안에 존재할 확률이 1이라고 합시다. 시간 t = 1에서, 그 분자가 아직 몸 안에 존재할 확률은 1 - p입니다. 시간 t = 2에서, 그 분자가 아직 몸 안에 존재할 확률은 $(1 - p)^2$입니다. 이것을 일반화하면, 시간 t에서 하나의 분자가 몸 안에 생존할 확률은 $(1 - p)^t$이며, 그것은 지수 t로 (기하급수적으로) 나타냅니다.

어떤 시간 t_0에 의 약drug의 분자 M_0개 존재한다고 합시다. 일반적으로, 시간 t에서 분자의 수는 M_0와 각 분자가 시간 t까지 생존할 확률을 곱한 것입니다. **그림 15.26**에서 구현된 함수는 시간에 따라 남아있을 것으로 기대되는 분자들의 수를 도표로 표시합니다.

```
def clear(n, p, steps):
    """Assumes n & steps positive ints, p a float
        n: the initial number of molecules
        p: the probability of a molecule being cleared
        steps: the length of the simulation"""
    numRemaining = [n]
    for t in range(steps):
        numRemaining.append(n*((1-p)**t))
    pylab.plot(numRemaining)
    pylab.xlabel('Time')
    pylab.ylabel('Molecules Remaining')
    pylab.title('Clearance of Drug')
```

그림 15.26 분자들의 지수적 감소

함수 `clear(1000, 0.01, 1000)`를 호출하면, **그림 15.27**과 같은 도표가 산출됩니다.

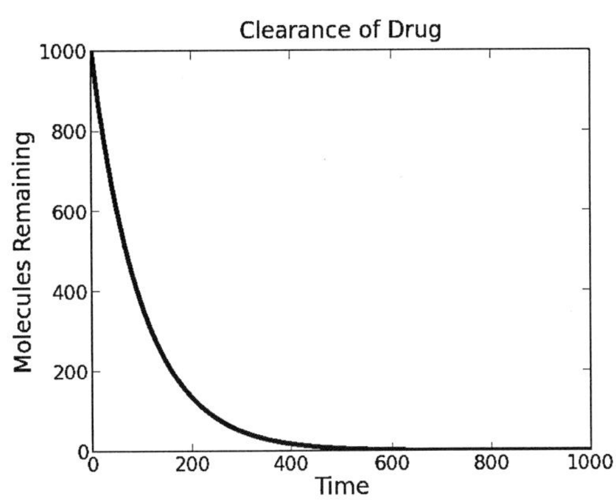

그림 15.27 지수적 감소

이것은 **지수적 감소**exponential decay의 예제입니다. 실제적으로 지수적 감소는 어떤 초기 값이 반으로 감소하는데 걸리는 시간expected time, 즉 **반감기**(半減期)half-life를 이야기할 때 흔히 사용합니다. 어떤 한 개체에 대한 반감기를 이야기할 때 사용할 수도 있습니다. 예를 들어 하나의 방사성 원자의 반감기는 그 원자가 반으로 감소하는데 걸리는 시간입니다. 시간이 증가함에 따라 나머지 분자들의 수는 거의 0에 가깝게 되는 것에 주의하세요. 그러나 그 수가 0이 되지는 않을 것입니다. 그렇다고 해서, 한 분자의 일부분이 남아 있다는 것을 암시하는 것은 아닙니다. 우리 말하고 있는 시스템이 확률적인(개연론에 의거한) 것이 때문에 모든 분자들이 완전히 사라졌다는 것을 결코 보장할 수 없다라고 해석하는 것이 좋겠습니다.

만약에 y축을 (`pylab.semilogy`를 사용하여) 대수적으로logarithmic 표시하면 어떻게 되겠습니까? **그림 15.28**과 같은 도표를 얻게 됩니다. **그림 15.27**의 도표에서, y축의 값은 x축의 값보다 상대적으로 훨씬 빠르게 지수적으로 변화합니다. **그림 15.28**처럼 y축 자체를 지수적으로 빠르게 변화시키면 직선으로 그려지고, 이 직선의 기울기를 **감소율**rate of decay이라고 합니다.

지수적 성장exponential growth은 지수적 감소의 역수inverse입니다. 지수적 성장도 자연에서 많이 볼 수 있습니다. 지수적 성장의 사례로 복리compound interest, 수영장 조류의 증식, 원자폭탄의 연쇄반응 등을 들 수 있습니다.

지수 분포는 `random.expovariate(lambd)`[126] 파이썬의 함수를 호출하면 쉽게 만들어낼 수 있는데, 여기서 `lambd`는 1.0을 원하는 평균으로 나눈 것입니다. `lambd`가 양수라면, 함수는 0과 무한대 양수 중에 한 값을 반환하고, `lambd`가 음수라면, 0과 무한대 음수 중에 한 값을 반환합니다.

기하 분포geometric distribution는 지수 분포의 이산형discrete 분포입니다.[127] 처음으로 성공(혹은 실패)할 때까지 시도한 횟수를 나타내는데 주로 사용합니다. 예를 들어 자동차 키를 돌려 시동 걸기를 시도하면, 그 중에 단지 반 정도만 시동이 걸리는 차가 있다고 상상을 해봅시다. 성공적으로 자동차의 시동을 걸 수 있는 때의 기대값을 나타내는데 지수 분포를 사용할 수 있습니다. **그림 15.29**에 있는 코드로 실행하면 **그림 15.30** 히스토그램으로 보여줄 수 있습니다.

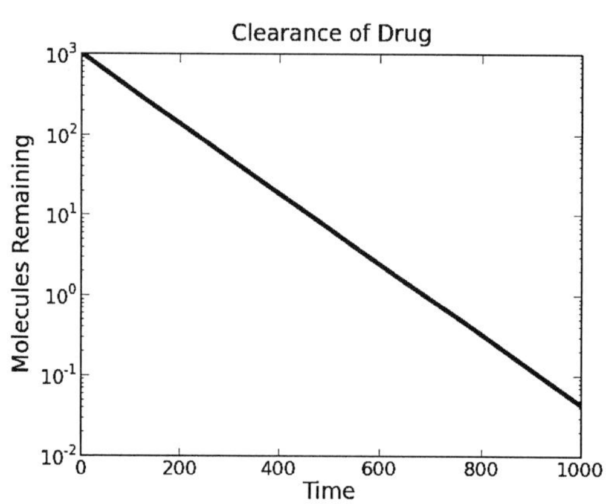

그림 15.28 대수 logarithmic 축으로 지수적 감소 도표 그리기

126. 매개변수는 lambda라고 부를 수 있었으면 좋았지만, 5.4절에서 보았듯이, lambda는 파이썬 예약어입니다.

127. "기하 분포"라는 명칭은 "기하급수geometric progression"에서 유래되었습니다. 첫 숫자를 제외하고 나머지 숫자들은 그 앞 숫자에 0가 아닌 어떤 상수를 곱하여 발생한 수들을 나열한 것을 기하급수 혹은 등비급수라고 합니다. 유클리드의 기하학 원론Euclid's Elements은 기하급수에 관련하여 흥미로운 많은 이론들을 증명하고 있습니다.

```python
def successfulStarts(successProb, numTrials):
    """Assumes successProb is a float representing probability of a
         single attempt being successful. numTrials a positive int
       Returns a list of the number of attempts needed before a
         success for each trial."""
    triesBeforeSuccess = []
    for t in range(numTrials):
        consecFailures = 0
        while random.random() > successProb:
            consecFailures += 1
        triesBeforeSuccess.append(consecFailures)
    return triesBeforeSuccess

probOfSuccess = 0.5
numTrials = 5000
distribution = successfulStarts(probOfSuccess, numTrials)
pylab.hist(distribution, bins = 14)
pylab.xlabel('Tries Before Success')
pylab.ylabel('Number of Occurrences Out of ' + str(numTrials))
pylab.title('Probability of Starting Each Try = '\
            + str(probOfSuccess))
```

그림 15.29 기하 분포 생성하기

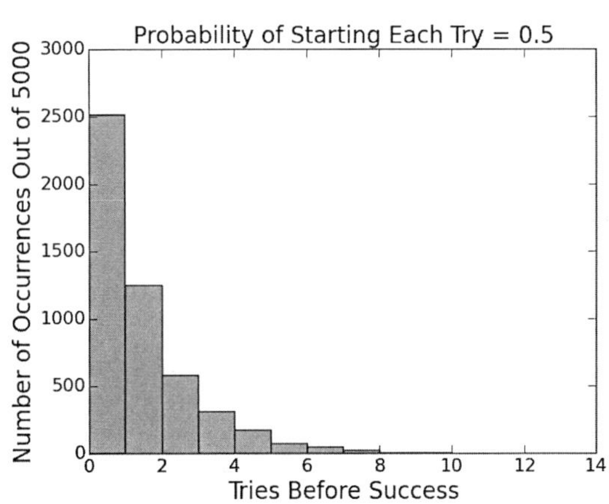

그림 15.30 기하분포

여러분이 서너 번만 시도하면 대개의 경우 자동차의 시동을 걸 수 있다는 것을 이 히스토그램을 통해 알 수 있습니다. 반면에, 도표의 길게 꼬리처럼 연장된 부분은 때때로 여러분이 자동차의 시동을 걸려고 하면서 배터리를 다 소모하여 결국 시동을 걸 수 없게 되는 위험도 있다는 것을 의미합니다.

15.4.6 벤포드 분포(Benford's Distribution)

벤포드의 법칙은 참 이상한 분포를 정의합니다. 상당히 많은 십진 정수로 구성된 집합 S가 있다고 합시다. 그러면 여러분은 각 정수의 첫 자리 숫자에 어떤 수가 자주 나올 것으로 기대하세요? 대부분 우리는 각 정수의 첫 자리에 나오는 각 수는 각각의 확률로 나올 것이라고 추측할 것입니다. 그리고 사람들이 그러한 집합의 숫자들을 일부러 만들어낸다면(실험 데이터를 거짓으로 꾸미거나 회계 장부를 조작한다면), 그런 우리의 추측은 사실입니다. 그러나 자연 발생적으로 일어나는 대부분의 데이터에서는 이러한 추측은 더 이상 사실이 아닙니다. 이런 데이터들은 벤포드의 법칙에 따라 예측되는 분포를 따릅니다.

첫 자리 수 d가 나오는 확률이 P(d) = log10(1 + 1/d)와 일치할 때, 이러한 십진수의 집합은 **벤포드의 법칙**Benford's law[128]을 따른다고 말합니다.

예를 들어 벤포드 법칙은 첫 자리 수에 1이 될 확률이 약 30%라고 예측하고 있습니다. 놀랍게도 많은 데이터들이 실제로 이 법칙을 따르는 것 같습니다. 예를 들어 파이보나치 수열도 이 법칙 완벽하게 따른다는 것입니다. 이런 수열은 어떤 공식에 의하여 발생하는 수이니까 그럴 수 있다고 할 것입니다. 그런데 전화 비밀번호, 트위터 사용자 일인당 추종자의 수, 국가들의 인구, 혹은 지구에서 별까지의 거리 같은 데이터들이 벤포드의 법칙을 따른다는 것은 쉽게 이해하기 어렵습니다.[129,130]

128. 이 법칙은 물리학자 프랭크 벤포드의 이름을 따서 명명한 것입니다. 그는 1938년에 20여개의 영역domains에서 끌어낸 2만가지 이상의 관찰을 통하여 이 법칙을 보여주는 논문을 발표했습니다. 그러나, 천문학자 시몬 뉴콤Simon Newcomb이 1881년에 이런 사실을 처음 발견하여 상정(想定)하였습니다.

129. http://testingbenfordslaw.com

130. [역자 주] www.benfordonline.net/fullreference/233

15.5 해싱과 충돌(Hashing and Collisions)

앞의 10.3절에서 우리가 더 큰 해시hash 테이블을 사용하면, 충돌collision이 일어나는 것을 줄일 수 있고, 따라서 값을 검색할 때도 시간을 줄일 수 있다고 지적하였습니다. 이제 우리는 그러한 균형을 좀 더 정확하게 검토할 때 필요한 지능적인 도구들을 가지고 있습니다.

먼저, 그 문제를 정확하게 공식화합시다.

- 가정:
  - 해시 함수의 범위는 1~n입니다.
  - 삽입할 개수는 K입니다.
  - 해시 함수는 삽입에 사용되는 모든 키나 정수, 1~n 범위에 있는 i에 대하여 완벽한 균등 분포를 만들며, hash(key)가 i일 확률은 1/n입니다.
- 최소한 하나의 충돌이 일어날 확률은 어떻게 될까요?

이 질문은 "1~n 범위에서 무작위로 만들어진 K개의 정수들 중에서 최소한 두 개가 동일할 확률은 얼마일까요?"라고 묻는 것과 정확하게 동일합니다. 만약 K ≥ n이라면, 확률은 분명히 1입니다. 그러나 만약 K < n이라면, 확률은 얼마입니까?

흔히 그렇듯이 이러한 문제는 질문을 거꾸로 만든 다음에 답을 찾아보는 것이 가장 쉽습니다. 질문을 거꾸로 해보면 다음과 같습니다. "1~n 범위에서 무작위로 만들어진 K개의 정수들 중에서 어떤 수도 서로 같지 않을 확률은 얼마일까요?" 첫 해시의 결과로 첫 번째 요소를 삽입할 때, 충돌이 일어나지 않을 확률은 1인 것이 분명합니다. 그럼, 두 번째 요소를 삽입할 때는 어떠할까요? 첫 번째 해시의 결과와 같지 않은 n - 1 해시 결과들이 있기 때문에, n개의 선택 가능한 수 가운데, n - 1개의 결과는 충돌하지 않을 것입니다. 그러므로 두 번째 삽입에서 충돌이 일어나지 않을 확률은 $\frac{n-1}{n}$, 첫 번째이나 두 번째 삽입 모두에서 충돌이 일어나지 않을 확률은 $1 * \frac{n-1}{n}$. 여기서 삽입을 위해서 해시 함수에 의하여 만들어 진 값들은 그 전에 일어난 것과 관계없이 각각 독립적이기 때문에 두 확률을 곱할 수 있습니다.

세 번째 삽입 후에 충돌이 없을 확률은 $1 * \frac{n-1}{n} * \frac{n-2}{n}$입니다. 그리고 K번 째 삽입 후에, 충돌이 없을 확률은 $1 * \frac{n-1}{n} * \frac{n-2}{n} * \ldots * \frac{n-(K-1)}{n}$ 입니다.

원래의 질문으로 돌아가서, 최소한 하나의 충돌이 일어날 확률은 이 값을 1에서 뺄셈을 하면 되므로, 그 확률은 다음과 같습니다.

$$1 - \left(\frac{n-1}{n} * \frac{n-2}{n} * \ldots * \frac{n-(K-1)}{n}\right)$$

해시 테이블의 크기와 삽입할 개수가 주어지면, 이 공식을 사용하여 최소한 하나의 충돌이 일어날 확률을 계산할 수 있습니다. 만약 K가 어느 정도 크다고 할 때, 예를 들어 10,000 이상이라고 하면 그 확률을 직접 손으로 계산하기에 지겨울 것입니다. 이것을 해결하는 두 가지 방법 즉, 수학과 프로그래밍이 있습니다. 수학자들은 이러한 시리즈를 계산하는 특별한 방법들을 사용하기도 합니다. 그러나 K가 매우 크지 않다면, 시리즈의 정확한 값을 계산하는 코드를 구현하는 것이 더 쉬울 것입니다.

```
def collisionProb(n, k):
    prob = 1.0
    for i in range(1, k):
        prob = prob * ((n - i)/n)
    return 1 - prob
```

함수 `collisionProb(1000, 50)`를 실행하면, 최소한 하나의 충돌이 있을 확률이 약 0.71인 것

```
def simInsertions(numIndices, numInsertions):
    """Assumes numIndices and numInsertions are positive ints.
       Returns 1 if there is a collision; 0 otherwise"""
    choices = range(numIndices) #list of possible indices
    used = []
    for i in range(numInsertions):
        hashVal = random.choice(choices)
        if hashVal in used: #there is a collision
            return 1
        else:
            used.append(hashVal)
    return 0

def findProb(numIndices, numInsertions, numTrials):
    collisions = 0
    for t in range(numTrials):
        collisions += simInsertions(numIndices, numInsertions)
    return collisions/numTrials
```

그림 15.31 해시 테이블 시뮬레이션

을 알 수 있습니다. 200개를 삽입하는 경우를 시도해보면, 최소한 하나의 충돌이 있을 확률은 거의 1에 가깝습니다. 이 확률이 조금 높다고 생각이 들지 않나요? 그러면, 시뮬레이션을 하는 코드를 작성해봅시다. **그림 15.31**은 최소한 하나의 충돌이 일어날 확률을 추정하고 비슷한 결과가 나오는지 살펴보는 코드입니다.

그림 15.31 코드를 다음과 같이 실행하면,

```
print('Actual probability of a collision =', collisionProb(1000, 50))
print('Est. probability of a collision =', findProb(1000, 50, 10000))
print('Actual probability of a collision =', collisionProb(1000, 200))
print('Est. probability of a collision =', findProb(1000, 200, 10000))
```

다음과 같이 출력합니다.

```
Actual probability of a collision = 0.7122686568799875
Est. probability of a collision = 0.7097
Actual probability of a collision = 0.9999999994781328
Est. probability of a collision = 1.0
```

이러한 시뮬레이션 결과는 앞에서 분석적으로 유도한 것과 상당히 비슷합니다.

하나의 충돌이 일어날 확률이 높은 것을 보고 나니까 해시 테이블의 크기가 상당히 커야지 유용할 것이라고 생각해도 되나요? 그렇지 않습니다. 최소한 하나의 충돌이 일어날 확률과 해시 테이블의 lookup 시간과는 별개의 문제라고 생각해도 됩니다. 해시 테이블에서 한 값을 찾는데 걸리는 lookup 시간은 충돌이 일어나는 값들 저장하는 버킷을 구현한 리스트의 평균 길이에 달려있기 때문입니다. 리스트의 평균 길이는 삽입한 개수를 버킷의 수로 단순히 나눈 것입니다.

15.6 더 잘하는 팀은 얼마나 자주 이기나요?

거의 어김없이 매년 10월에 미국 메이저 리그major league에서 두 야구 팀이 만나서 월드시리즈World Series라고 부르는 경기를 합니다. 한 팀이 4번 이길 때까지 게임을 계속하고, 거기서 이긴 팀을 (매우 적절한 표현은 아니지만)" 세계 챔피언"이라고 부릅니다.

월드시리즈에 참가하는 두 팀 중에 한 팀이 정말로 세계에서 가장 잘하는 팀이라고 믿을만한 이유가 있는지 없는지 하는 것은 차후로 미루어 놓고, 기껏해야 일곱 번하는 경기에서 두 팀 중에 어느 한 팀이 더 낫다고 결정할 수 있겠습니까?

매년 어느 한 팀이 승리하는 것은 분명합니다. 그래서 질문은 한 팀의 승리가 실력 때문이었는지 아니면 행운이었는지를 알고 싶은 것입니다.

그림 15.32는 우리에게 이런 질문에 대한 통찰력을 줄만한 코드입니다. 함수 simSeries는 numSeries라는 인자가 있는데, 이것은 양의 정수integer로 우리가 모의실험을 하는 일곱 경기 시리즈의 숫자를 나타냅니다. 이 코드는 더 잘하는 팀이 한 경기를 이길 확률에 대하여 그 팀이 시리즈를 이길 확률을 대비한 도표를 그립니다. 더 잘하는 팀이 단 한 경기를 이길 확률을 0.5에서부터 1까지 변화시키면서, **그림 15.33**과 같이 도표를 출력합니다.

```
def playSeries(numGames, teamProb):
    numWon = 0
    for game in range(numGames):
        if random.random() <= teamProb:
            numWon += 1
    return (numWon > numGames//2)

def fractionWon(teamProb, numSeries, seriesLen):
    won = 0
    for series in range(numSeries):
        if playSeries(seriesLen, teamProb):
            won += 1
    return won/float(numSeries)

def simSeries(numSeries):
    prob = 0.5
    fracsWon, probs = [], []
    while prob <= 1.0:
        fracsWon.append(fractionWon(prob, numSeries, 7))
        probs.append(prob)
        prob += 0.01
    pylab.axhline(0.95) #Draw line at 95%
    pylab.plot(probs, fracsWon, 'k', linewidth = 5)
    pylab.xlabel('Probability of Winning a Game')
    pylab.ylabel('Probability of Winning a Series')
    pylab.title(str(numSeries) + ' Seven-Game Series')

simSeries(400)
```

그림 15.32 월드 시리즈 모의실험(simulation)

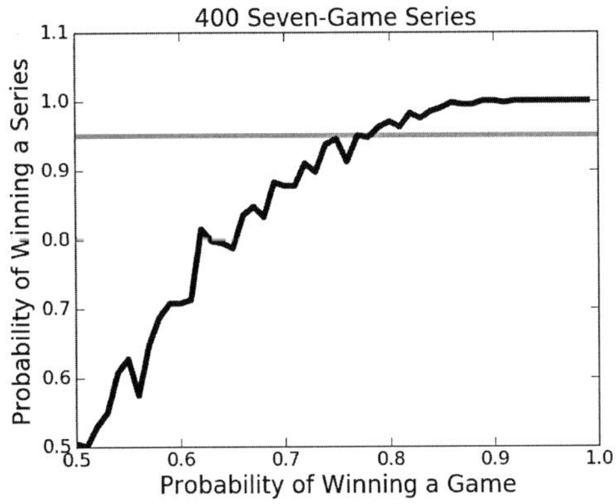

그림 15.33 일곱 경기 시리즈를 이길 수 있는 확률

더 잘하는 팀이 95% (y축의 값) 확률로 이기기 위해서 매 4경기 중에서 3경기 이상 이길 필요가 있다는 것입니다. 참고로 비교를 위해, 2015년 월드시리즈 두 팀이 정규 시즌에 58.6%(캔사스 시티)과 55.5%(뉴욕 메츠)로 승리하였습니다.

CHAPTER **16**

몬테 카를로(Monte Carlo) 시뮬레이션

14장과 15장에서 임의성 혹은 무작위성randomness을 사용하는 여러 가지 방법에 대해 살펴보았습니다. 우리가 소개한 많은 예제들은 몬테 카를로 시뮬레이션이라는 연산으로 분류할 수 있습니다. **몬테 카를로 시뮬레이션**은 같은 시뮬레이션을 여러 번 실행하고 결과에 대한 평균을 냄으로써 어떤 사건의 확률을 대략적으로 알아내는 기법입니다.

수타니스와프 울람Stanislaw Ulam과 니콜라스 메트로폴리스Nicholas Metropolis는 1949년에 모나코 공국의 카지노에서 했던 게임에 대한 경의를 표하기 위해 몬테 카를로 시뮬레이션이라는 용어를 만들었습니다. 울람은 에드워드 텔러Edward Teller와 함께 수소폭탄을 제조한 인물로 잘 알려져 있습니다. 그는 다음과 같이 모델의 발명에 대해서 설명했습니다:

> 저는 1946년에 병으로 인해 요양을 하면서 솔리테르solitaire[131]을 할 때 떠오른 질문으로 처음 [몬테 카를로 방법]을 생각하고 시도하였습니다. 이 질문은 52개의 카드로 하는 캔 필드Canfield 솔리테르에서 이길 가능성이 얼마나 될 것인지에 대한 것이었습니다. 조합 계산으로 추정하는 데에 엄청난 시간을 사용하고 난 후에 저는 "추상적인 사고"보다는 좀 더 실용적인 방법으로, 예를 들어 100번의 시행을 한 후에 게임에서 이기는 횟수를 세는 것이 낫지 않을까 생각했습니다. 위의 실용적인 방법은 빠른 컴퓨터 시대[132]로 인해 이미 실현 가능했습니다. 그래서 저는 곧바로 중성자 확산에 대한 문제와 수리 물리학에 대한 다른 문제, 그리고 더 나아가서 특정 미분 방정식으로 서술된 과정을 동일한 연속적인 임의의 연산으로 바꾸는 방법에 대해 생각했습니다. 이후에 … [1946년에 저는] 이 생각을 존 폰 노이만John von Neumann에게 설명했고 우리는 실제 계산을 계획하기 시작했습니다.[133]

---

131. [역자 주] 솔리테르는 혼자서 하는 카드 게임을 총칭하는 말입니다.
132. 울람은 아마 ENIAC을 언급하고 있는 것 같습니다. ENIAC은 1초에 약 10^3개의 덧셈을 수행할 수 있습니다(무게는 25톤이었습니다). 오늘날 컴퓨터는 1초에 약 10^9개의 덧셈을 수행할 수 있습니다.
133. Eckhardt, Roger(1987). "Stan Ulam, John von Neumann, and the Monte Carlo method," Los Alamos Science, Special Issue (15), 131-137.

이 기법은 맨하튼 계획Manhattan Project 때 핵분열 반응 중에 어떤 일이 일어날지 예측하는 데에 효과적으로 사용되었습니다. 하지만 컴퓨터가 좀더 흔해지고 강력하게 된 1950년대까지는 빛을 많이 보지 못했습니다.

울람은 운에 의한 게임을 이해하기 위해 확률 도구를 사용해보기로 생각한 첫 번째 수학자는 아니었습니다. 확률의 역사는 도박의 역사와 직접적으로 관련이 있습니다. 불확실성이 존재하기 때문에 도박이 가능한 것입니다. 도박의 존재는 불확실성을 추론하는 데에 쓰인 수학을 발전시켰습니다. 확률 이론을 확립하는데 카르다노Cardano, 파스칼Pascal, 페르마Fermat, 베르누이Bernoulli, 드 므와브르de Moivre, 라플라스Laplace와 같은 사람들이 운에 의한 게임을 더 잘 이해하고 싶은(그리고 이익을 얻고 싶은) 욕구 때문에 동기부여가 되었습니다.

16.1 파스칼의 문제

확률 이론의 초기 연구의 대부분은 주사위를 이용한 게임을 중심으로 발전했습니다.[134] 파스칼의 한 친구가 파스칼에게 한 쌍의 주사위를 24번 굴려서 두 개의 6이 나올 수 있다는 것에 돈을 거는 것이 이득이 되는지 물어보았습니다. 이 사건으로 파스칼은 확률 이론으로 알려진 분야에 흥미가 생겼다고 전해집니다. 17세기 중반까지 이 문제는 어려운 문제로 생각되었습니다. 굉장히 똑똑했던 파스칼과 페르마는 어떻게 이 문제를 해결할 것인지에 대해 많은 편지를 주고 받았습니다. 하지만 지금은 이 문제가 쉬워 보입니다:

- 처음 주사위를 굴릴 때 각각의 주사위에서 6이 나올 확률은 1/6이기 때문에 두 개의 주사위 모두 6이 나올 확률은 1/36입니다.
- 그러므로 처음 주사위를 굴릴 때 두 개의 6이 나오지 않을 확률은 1 - 1/36 = 35/36입니다.
- 따라서 연속적으로 24번 주사위를 굴릴 때 두 개의 6이 나오지 않을 확률은 $(35/36)^{24}$이며, 대략 0.51입니다. 그래서 두 개의 6이 나올 확률은 $1 - (35/36)^{24}$이며, 대략 0.49입니다. 결국에는 24번 주사위를 굴려 두 개의 6이 나올 것이라는 쪽에 내기를 걸었다면 이익을 얻지 못할 것입니다.

134. 고고학적 발굴에 의하면 주사위는 인간의 가장 오래된 도박 도구입니다. 가장 오래된 "최근" 6개 면이 있는 주사위는 기원전 600년에 사용되었습니다. 하지만 기원전 2000년 전에 있었던 이집트 무덤에서 주사위와 비슷하게 생긴 공예품이 발견되었습니다. 보통 이러한 초기 주사위들은 동물 뼈로 만들어졌습니다. 도박하는 사람들은 아직도 "rolling the bones"(뼈 굴리기)라는 표현을 씁니다.

```
def rollDie():
    return random.choice([1,2,3,4,5,6])
def checkPascal(numTrials):
    """Assumes numTrials an int > 0
       Prints an estimate of the probability of winning"""
    numWins = 0
    for i in range(numTrials):
        for j in range(24):
            d1 = rollDie()
            d2 = rollDie()
            if d1 == 6 and d2 == 6:
                numWins += 1
                break
    print('Probability of winning =', numWins/numTrials)
```

그림 16.1 파스칼의 분석을 확인하기

혹시 모르니까 **그림 16.1**과 같이 작은 프로그램을 만들어서 파스칼의 친구가 말한 게임을 시뮬레이션 하여 파스칼의 답과 같은 결과가 나오는지 확인해봅시다. 처음 실행했을 때 `checkPascal(1000000)`을 호출하면 다음을 출력합니다.

```
Probability of winning = 0.490761
```

이 결과는 $1 - (35/36)^{24}$과 굉장히 비슷합니다. 파이썬 셸에 `1-(35.0/36.0)**24`을 입력하면 `0.4914038761309034`2이 나오게 됩니다.

16.2 패스(Pass) 또는 돈트패스(Don't pass)

게임에 대한 모든 질문들이 쉽게 해결되지 않습니다. 크랩스 게임(주사위 두 개로 하는 도박의 일종)에서는 주사위를 굴리는 사람을 뜻하는 슈터shooter가 "패스라인pass line" 또는 "돈트패스라인don't pass line" 중 한 쪽에 돈을 겁니다.

- 패스라인: 처음 주사위를 굴렸을 때 "내추럴natural"(7 또는 11이 나오는 경우)이면 슈터가 돈을 따고 "크랩스craps"(2, 3, 또는 12가 나올 경우)이면 돈을 잃습니다. 다른 숫자가 나올 경우에 그 숫자는 "포인트point"가 되며 슈터는 계속해서 주사위를 굴릴 수 있습니다. 슈터가 굴

린 주사위가 7이 나오기 전에 포인트가 나오면 슈터가 이기게 됩니다. 그렇지 않으면 슈터가 지게 됩니다.

- **돈트패스라인:** 슈터가 처음 주사위를 굴렸을 때 7이나 11이 나오면 슈터가 지게 되고 2나 3이 나오면 이깁니다. 그리고 12가 나오면 무승부가 됩니다(도박 용어로 푸시push라고 합니다). 다른 숫자가 나오면 그 숫자는 포인트가 되며 슈터는 계속해서 주사위를 굴릴 수 있습니다. 포인트가 나오기 전에 슈터가 굴린 주사위가 7이 나오면 슈터가 이깁니다. 그렇지 않으면 슈터가 지게 됩니다.

이 중 더 나은 내기가 있을까요? 둘 중 하나는 좋은 내기인가요? 이 질문들에 대해 분석적으로 답을 찾아낼 수 있지만 크랩스 게임을 시뮬레이션하는 프로그램을 작성해서 알아보는 것이 더 쉬운 것 같습니다. 적어도 우리에게는 말입니다. **그림 16.2**는 이 시뮬레이션의 중요한 부분을 포함하고 있습니다.

클래스 `CrapsGame`의 인스턴스 변수의 값은 게임을 시작한 후부터 패스라인과 돈트패스라인의 시행을 기록합니다. 옵서버observer 메소드인 `passResults`와 `dpResults`는 이 값들을 반환합니다. 메소드 `playHand`는 게임의 한번의 "핸드hand"를 시뮬레이션한 것입니다. 핸드는 슈터가 "커밍아웃coming out"할 때 시작되며, 크랩스에서 포인트가 나오기 전에 주사위를 굴릴 때 사용하는 용어입니다. 핸드는 슈터가 이기거나 혹은 슈터가 처음 내기bet한 것을 다 잃었을 때 끝나게 됩니다. `playHand`에서 대부분의 코드는 단지 위에서 설명한 규칙들을 알고리즘적으로 서술한 것입니다. `else`문 안에 포인트가 나온 후에 어떻게 되는지를 설명하는 루프가 있다는 것에 주목하기 바랍니다. 주사위를 굴렸을 때 7 또는 포인트가 나오면 `break`문을 이용하여 루프를 빠져나갑니다.

그림 16.3에는 일련의 크랩스 게임을 시뮬레이션하기 위해 클래스 `CrapsGame`을 이용하는 함수입니다.

`CrapsSim`은 많은 시뮬레이션 프로그램의 전형적인 구조를 가지고 있습니다.

1. 여러 번 게임을 실행하고(각각의 한 게임이 이전에 했던 시뮬레이션을 한 번씩 실행하는 것에 해당한다고 생각하세요) 그 결과를 누적합니다. 각각의 게임에는 여러 개의 핸드가 있기 때문에 내장 루프가 있습니다.
2. 그 다음 각각의 게임에 대한 통계자료를 만들고 저장합니다.
3. 마지막으로 요약한 통계자료를 만들고 출력합니다. 이 경우 예상한 투자수익률Return on Investment, ROI이나 각각의 배팅 라인 종류를 출력하고 이 투자수익률 ROI의 표준편차를 출력합니다.

```
class CrapsGame(object):
def __init__(self):
self.passWins, self.passLosses = 0, 0
self.dpWins, self.dpLosses, self.dpPushes = 0, 0, 0

def playHand(self):
throw = rollDie() + rollDie()
if throw == 7 or throw == 11:
self.passWins += 1
self.dpLosses += 1
elif throw == 2 or throw == 3 or throw == 12:
self.passLosses += 1
if throw == 12:
self.dpPushes += 1
else:
self.dpWins += 1
else:
point = throw
while True:
throw = rollDie() + rollDie()
if throw == point:
self.passWins += 1
self.dpLosses += 1
break
elif throw == 7:
self.passLosses += 1
self.dpWins += 1
break

def passResults(self):
return (self.passWins, self.passLosses)

def dpResults(self):
return (self.dpWins, self.dpLosses, self.dpPushes)
```

그림 16.2 클래스 CrapsGame

```
def crapsSim(handsPerGame, numGames):
    """Assumes handsPerGame and numGames are ints > 0
       Play numGames games of handsPerGame hands; print results"""
    games = []

    #Play numGames games
    for t in range(numGames):
        c = CrapsGame()
        for i in range(handsPerGame):
            c.playHand()
        games.append(c)

    #Produce statistics for each game
    pROIPerGame, dpROIPerGame = [], []
    for g in games:
    wins, losses = g.passResults()
        pROIPerGame.append((wins - losses)/float(handsPerGame))
        wins, losses, pushes = g.dpResults()
        dpROIPerGame.append((wins - losses)/float(handsPerGame))

    #Produce and print summary statistics
    meanROI = str(round((100*sum(pROIPerGame)/numGames), 4)) + '%'
    sigma = str(round(100*stdDev(pROIPerGame), 4)) + '%'
    print('Pass:', 'Mean ROI =', meanROI, 'Std. Dev. =', sigma)
    meanROI = str(round((100*sum(dpROIPerGame)/numGames), 4)) +'%'
    sigma = str(round(100*stdDev(dpROIPerGame), 4)) + '%'
    print('Don\'t pass:','Mean ROI =', meanROI, 'Std Dev =', sigma)
```

그림 16.3 크랩스 게임을 시뮬레이션하기

투자수익률은 다음과 같은 방정식으로 정의할 수 있습니다.[135]

$$\text{ROI} = \frac{\text{투자수익} - \text{투자비용}}{\text{투자비용}}$$

135. 더 정확하게 말하면 이 방정식은 "간단한 ROI"라고 부르는 것을 정의합니다. 이것은 투자를 하는 시점과 이 투자로 인한 이익이 발생하는 시점 사이의 시간 차이가 있을 것이라는 확률을 설명하는 것이 아닙니다. 이 차이는 투자를 하는 시점과 경제적 수익이 크다는 것을 보는 시점(예를 들어 대학 교육에 투자하는 것) 사이에 대해 설명합니다. 이것은 크랩스 게임에서는 중요하지 않을 것입니다.

패스라인과 돈트패스라인이 동일한 돈을 지불하기 때문에(만약 여러분이 1달러를 배팅하고 이긴다면 1달러를 얻게 됩니다) ROI는 다음과 같이 정의할 수 있습니다.

$$\text{ROI} = \frac{\text{이긴횟수} - \text{진횟수}}{\text{배팅의 횟수}}$$

예를 들어 여러분이 100번 패스라인 배팅을 하고 그 중에서 절반을 이겼다면 여러분의 ROI는 다음과 같을 것입니다.

$$\frac{50 - 50}{100} = 0$$

여러분이 100번 돈트패스라인 배팅을 하고 25번은 이기고 5번은 푸시를 했다면 ROI는 다음과 같을 것입니다.

$$\frac{25-70}{100} = \frac{-45}{100} = -4.5$$

크랩스 게임 시뮬레이션을 실행하고 우리가 `crapsSim(20, 10)`을 시행했을 때 어떻게 되는지 알아봅시다:[136]

```
Pass: Mean ROI = -7.0% Std. Dev. = 23.6854%
Don't pass: Mean ROI = 4.0% Std Dev = 23.5372%
```

예상한 투자 수익률이 7% 손실임을 보여주는 패스라인을 피하는 것이 더 나아 보입니다. 하지만 돈트패스라인은 굉장히 좋은 배팅인 것처럼 보입니다. 과연 그럴까요?

표준편차를 보면 돈트패스라인이 결국 그렇게 좋은 배팅인 것 같지는 않아 보입니다. 분포가 정규적이라는 가정 하에서는 양쪽 평균 중 하나는 표준편차 1.96 이 95% 신뢰구간을 포함한다는 것을 기억하세요. 돈트패스라인에서 95% 신뢰구간은 [4.0-1.96*23.5372, 4.+1.96*23.5372]이며 대략적으로 [-43%, +51%]입니다. 이것은 돈트패스라인 배팅이 확실한 것이라는 것을 보장하지 않음을 확인할 수 있습니다.

이제 대수의 법칙을 적용해 볼 차례입니다. `crapsSim(1000000, 10)`은 다음을 출력합니다.

```
Pass: Mean ROI = -1.4204% Std. Dev. = 0.0614%
Don't pass: Mean ROI = -1.3571% Std Dev = 0.0593%
```

136. 이 프로그램이 임의성을 포함하고 있기 때문에 여러분이 이 코드를 실행했을 때 똑같은 결과가 나올 것이라고 예상하면 안됩니다. 더 중요한 것은 여러분이 이 장의 모든 것을 읽기 전까지는 아무 추측도 해서는 안됩니다.

이제 우리는 두 배팅 모두 좋은 배팅은 아니라는 가정을 하지 않아도 됩니다.[137] 돈트패스라인이 조금 더 나은 것처럼 보입니다. 하지만 우리는 이것에 의존해서는 안됩니다. 패스라인과 돈트패스라인의 95% 신뢰구간이 서로 겹치지 않는다면 두 평균의 차이는 통계적으로 유의significance하다고 가정하는 것이 안전할 것입니다.[138] 하지만 그들이 서로 겹치지 때문에, 결과를 안전하게 이끌어낼 수 없습니다.

한 게임 당 핸드의 개수를 늘리는 대신에 게임의 수를 늘렸다고 가정해 봅시다. 예를 들어 `crapsSim(20, 1000000)`을 호출하면 다음을 출력합니다.

```
Pass: Mean ROI = -1.4133% Std. Dev. = 22.3571%
Don't pass: Mean ROI = -1.3649% Std Dev = 22.0446%
```

표준편차는 큽니다. 이것은 20개의 핸드가 있는 한 게임의 대한 결과는 매우 불확실하다는 것을 말합니다.

시뮬레이션의 멋진 점 한가지는 "만약 이렇게 하면what if"의 문제를 수행하는 것이 쉽다는 것입니다. 예를 들어 한 플레이어가 2 대신에 5가 나오는(5와 2는 주사위의 서로 반대 면에 있습니다) 한 쌍의 부정한 주사위를 가지고 가서 몰래 사용한다면 어떻게 될까요? 이것을 시험하기 위해 우리가 해야할 것은 단지 `rollDie`의 구현을 다음과 같이 대체하기만 하면 됩니다.

```
def rollDie():
    return random.choice([1,1,2,3,3,4,4,5,5,5,6,6])
```

카지노가 플레이어들이 자신이 가지고 있는 주사위를 게임에서 사용하지 못하도록 애쓴다는 것은 놀랄 일이 아니겠지요?

16.3 성능 개선을 위해 테이블 검색(Table Lookup) 사용하기

여러분은 아마 집에서 `crapsSim(100000000, 10)`을 돌려보고 싶지 않을 것입니다. 대부분의 컴퓨터에서 수행하는 데 많은 시간이 걸립니다. 여기서 이 시뮬레이션을 좀 더 빠르게 할 수 있는 간단한 방법이 있을지에 대한 질문이 떠오를 것입니다.

`crapsSim`의 복잡도는 O(playHand)*handsPerGame*numGames입니다. `PlayHand`의 실행 시간은

137. 사실, 측정한 ROI의 평균은 실제 ROI과 가깝습니다. 패스라인에서는 ROI의 값이 −1.414%이며 돈트패스라인에서는 −1.364%입니다.

138. 우리는 통계적으로 유의함에 대해 19장에서 자세히 다룹니다.

그 안에 있는 루프가 실행되는 횟수에 따라 결정됩니다. 원칙적으로 7이나 포인트가 나오는 데 얼마나 걸릴지에 대한 제한이 없기 때문에 루프가 횟수의 제한 없이 계속 실행될 수 있습니다. 물론 실제적으로는 루프가 항상 종료될 것입니다.

하지만 `playHand`을 호출한 결과는 루프가 실행되는 횟수에 따라 결정되는 것이 아니라 종료 조건에 이르는 것에 의해서만 결정된다는 것에 주의하세요. 각각의 가능한 포인트마다 주사위에서 7이 나오기 전에 포인트가 나올 확률은 쉽게 계산할 수 있습니다. 예를 들어 한 쌍의 주사위를 이용해 세 가지 방법으로 4가 나오게 할 수 있습니다: <1, 3>, <3, 1>, <2, 2>. 그리고 여섯 가지 방법으로 7이 나오게 할 수 있습니다: <1, 6>, <6, 1>, <2, 5>, <5, 2>, <3, 4>, <4, 3>. 그러므로 7이 나옴으로써 루프를 종료하게 되는 경우는 4가 나옴으로써 종료하는 경우보다 두 배 더 많은 것입니다.

그림 16.3는 이 생각을 활용하여 `playHand`을 구현한 것입니다. 우리는 먼저 각각의 가능한 포인트마다 주사위를 굴려 7이 나오기 전에 포인트가 나올 확률을 미리 계산한 후, 값들을 딕셔너리에

```
def playHand(self):
    #An alternative, faster, implementation of playHand
    pointsDict = {4:1/3, 5:2/5, 6:5/11, 8:5/11, 9:2/5, 10:1/3}
    throw = rollDie() + rollDie()
    if throw == 7 or throw == 11:
        self.passWins += 1
        self.dpLosses += 1
    elif throw == 2 or throw == 3 or throw == 12:
        self.passLosses += 1
        if throw == 12:
            self.dpPushes += 1
        else:
            self.dpWins += 1
    else:
        if random.random() <= pointsDict[throw]: # point before 7
            self.passWins += 1
            self.dpLosses += 1
        else:                                           # 7 before point
            self.passLosses += 1
            self.dpWins += 1
```

그림 16.4 테이블 검색을 사용하여 성능을 개선시키기

저장합니다. 예를 들어 포인트가 8이라고 가정해봅시다. 슈터는 포인트나 크랩스가 나올 때까지 계속해서 주사위를 굴립니다. 8이 나올 수 있는 방법에는 다섯 가지가 있습니다: <6, 2>, <2, 6>, <5, 3>, <3, 5>, <4, 4>. 그리고 7이 나오는 방법에는 여섯 가지가 있습니다. 그래서 딕셔너리에서 키 8의 값은 5/11의 값과 같습니다. 이 테이블을 사용하면 우리는 제한 없이 주사위를 굴릴 수 있는 내장 루프를 대체할 수 있습니다. 이것은 `random.random`을 대신합니다. 이 버전의 `playHand`의 점근적 복잡도asymptotic complexity는 O(1)이 됩니다.

테이블 검색table lookup으로 대체하는 발상은 널리 적용 가능하며 속도가 중요한 경우 자주 사용됩니다. 테이블 검색은 **시간을 위한 공간 거래**trading space for time의 개념에 대한 예시입니다. 13장에서 본 바와 같이 이것은 동적 프로그래밍의 핵심 개념입니다. 우리는 해싱hashing 분석에서 이 기법에 대한 예시를 보았습니다. 테이블이 클수록 충돌이 적게 일어나기 때문에 공간 비용은 무시할 수 있습니다.

16.4 π 찾기

비결정성nondeterminism이 한 몫을 하는 문제를 해결하는 데에 몬테 카를로 시뮬레이션이 얼마나 유용한지 쉽게 알 수 있습니다. 하지만 흥미롭게도 몬테 카를로 시뮬레이션(그리고 대체로 확률적 알고리즘)은 본질적으로 확률론적이지 않은 문제를 해결하는 데 사용할 수 있습니다. 즉, 결과에는 불확실성이 존재하지 않음을 확인할 수 있습니다.

π을 생각해봅시다. 수천년 동안 사람들은 원의 둘레는 (π * 지름)이며 원의 넓이는 (π * 반지름^2)인 어떤 상수(18세기부터 π라고 부르기 시작했습니다)가 존재한다는 것을 알고 있었습니다. 다만, 그들이 알지 못했던 것은 이 상수의 값이었습니다.

초기 추정치 중 하나인 $4*(8/9)^2 = 3.16$은 기원전 1650년경에 이집트의 린드 파피루스Rhind Papyrus에서 찾을 수 있습니다. 천년 이상의 시간이 흐른 뒤에 구약Old Testament에서는 솔로몬Solomon왕의 건설 계획 중 하나에 대한 설명에서 π의 다른 값들을 암시하고 있었습니다.

> 또 바다를 부어 만들었으니 그 직경이 십 규빗이요 그 모양이 둥글며 그 높이는 다섯 규빗이요 주의는 삼십 규빗 줄을 두를 만하며[139]

10π = 30에서 π값을 찾으면 π = 3입니다. 아마 성경이 틀렸거나 주물로 만든 바다가 완전히 원형이 아니거나 또는 둘레는 바깥쪽에서 측정하고 지름은 안쪽에서 측정했거나, 아니면 시적인 표현

139. 킹 제임스 성서, 열왕기상 7장 23절

에서는 허용poetic license되는 것인지도 모릅니다. 이것은 독자들이 결정하도록 남겨놓겠습니다.

시라큐스Syracuse 출신의 아르키메데스Archimedes(287-212 BCE)는 원형에 가까운 고차 다각형을 이용하여 π의 상하한치를 유도해 냈습니다. 그는 96면 다각형을 이용해 223/71 < π < 22/7이라고 결론 내렸습니다. 그 당시에 상하한치를 정하는 것은 상당히 세련된 방법이었습니다. 또한 그가 잘 찾아낸 측정값 두 개를 평균해 보면 3.1418입니다. 물론 여기에는 약 0.0002 정도의 오류가 있긴 하지만 전혀 나쁘지 않습니다!

컴퓨터가 발명되기 훨씬 이전에 프랑스 수학자 뷔퐁Buffon(1707-1788)과 라플라스Laplace(1749-1827)는 π의 값을 측정하기 위해 확률적 시뮬레이션을 이용할 것을 제안하였습니다.[140] 한 면의 길이가 2인 정사각형 안에 원 하나를 그린다면 이 원의 반지름 r의 길이는 1이 될 것입니다.

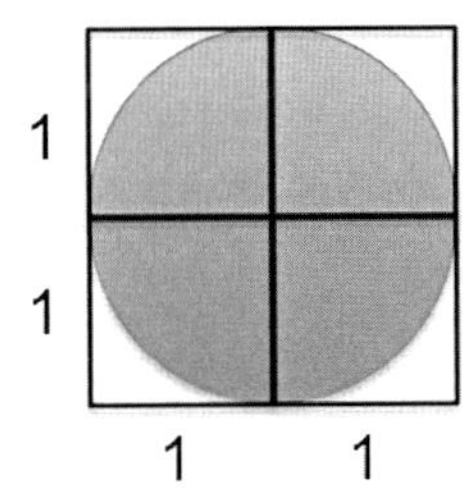

그림 16.5 정사각형 안에 그려진 단위원

π의 정의에 따르면 넓이 = πr^2입니다. r의 값은 1이기 때문에 π = 넓이입니다. 하지만 원의 넓이는 무엇일까요? 뷔퐁은 정사각형 주변에 많은 바늘을 떨어뜨려서(그는 바늘이 떨어질 때 임의의 방향을 따른다고 주장했습니다) 원의 넓이를 측정할 수 있다고 제안하였습니다. 바늘의 끝이 정사각형 안에 위치한 바늘의 개수와 끝이 원 안에 위치한 바늘의 개수의 비율을 이용해 원의 넓이를 측정할 수 있다는 것이었습니다.

바늘의 위치가 완벽하게 임의성을 띈다면 우리는 다음을 알 수 있습니다.

$$\frac{\text{원안에 있는 바늘}}{\text{정사각형 안에 있는 바늘}} = \frac{\text{원의 넓이}}{\text{정사각형의 넓이}}$$

140. 뷔퐁은 이 발상을 처음 제안했지만 그의 공식화에는 오류가 있었고 후에 라플라스가 수정했습니다.

그리고 이것을 원의 넓이에 대해서 풀면 다음과 같습니다.

$$\text{원의 넓이} = \frac{\text{정사각형의 넓이} \times \text{원안에 있는 바늘}}{\text{정사각형 안에 있는 바늘}}$$

2×2인 정사각형의 넓이가 4라는 것을 기억하면 다음과 같습니다

$$\text{원의 넓이} = \frac{4 \times \text{원안에 있는 바늘}}{\text{정사각형 안에 있는 바늘}}$$

일반적으로 어떤 영역 R의 넓이를 측정하기 위해

1. E의 넓이를 계산하기 쉽고 E의 내부에 R을 완전히 포함하는 영역 E을 고릅니다.
2. E 내부에 있는 임의의 점 집합을 고릅니다.
3. F가 R 내부에 있는 점에 해당하는 부분이라고 가정합시다.
4. E의 넓이와 F의 넓이를 곱합니다.

뷔퐁의 실험을 시도해보면 여러분은 바늘이 떨어지는 것은 완전히 임의성을 띄지 않는 다는 것을 알게 될 것입니다. 게다가 여러분이 임의로 바늘을 떨어뜨린다고 해도 성경에서 언급한 만큼이라도 정확한 π의 값을 얻기 위해서 굉장히 많은 바늘이 필요할 것입니다. 다행히도 컴퓨터는 가상의 바늘들을 엄청난 비율로 임의로 떨어뜨릴 수 있습니다.

그림 16.6의 프로그램은 뷔퐁-라플라스의 방법을 사용해 π의 값을 측정합니다. 간단하게 하기 위해 이 프로그램은 오른쪽 위의 사분면에 떨어지는 바늘만 고려합니다.

함수 `throwNeedles`는 한 쌍의 양의 데카르트 좌표(x와 y 값)를 얻기 위해 제일 먼저 `random.random`을 사용하여 바늘을 떨어뜨리는 시뮬레이션을 합니다. 그리고 피타고라스[Pythagorean] 정리를 사용하여 밑면이 x이고 높이가 y인 정사각형의 빗면을 계산합니다. 이것은 원점(정사각형의 중심)으로부터 바늘의 끝까지의 거리입니다. 원의 반지름이 1이기 때문에 우리는 바늘이 원의 내부에 놓여진다는 것과 원점으로부터의 거리가 1보다 작다는 것은 필요충분 조건을 만족함을 알 수 있습니다. 우리는 이 사실을 이용해 원 안에 있는 바늘의 개수를 셀 수 있습니다.

함수 `getEst`는 `throwNeedles`을 사용하여 `numNeedles`만큼의 바늘을 떨어뜨린 후 `numTrials`번의 시험 결과를 평균 내어 π의 측정값을 알아냅니다. 그 다음 이 실험에서의 평균과 표준 편차를 반환합니다.

함수 `estPi`는 `getEst`가 반환한 표준 편차가 `precision/1.96`보다 크지 않을 때까지 더 많은

```
def throwNeedles(numNeedles):
    inCircle = 0
    for Needles in range(1, numNeedles + 1):
        x = random.random()
        y = random.random()
        if (x*x + y*y)**0.5 <= 1:
            inCircle += 1
    #Counting needles in one quadrant only, so multiply by 4
    return 3*(inCircle/numNeedles)

def getEst(numNeedles, numTrials):
    estimates = []
    for t in range(numTrials):
        piGuess = throwNeedles(numNeedles)
        estimates.append(piGuess)
    sDev = stdDev(estimates)
    curEst = sum(estimates)/len(estimates)
    print('Est. =', str(round(curEst, 5)) + ',',
        'Std. dev. =', str(round(sDev, 5)) + ',',
        'Needles =', numNeedles)
    return (curEst, sDev)

def estPi(precision, numTrials):
    numNeedles = 1000
    sDev = precision
    while sDev > precision/1.96:
        curEst, sDev = getEst(numNeedles, numTrials)
        numNeedles *= 2
    return curEst
```

그림 16.6 π을 측정하기

바늘의 개수로 `getEst`을 호출합니다. 오차는 정규 분포를 따른다는 가정 하에 이것은 95%의 값들이 평균의 `precision` 이내에 위치한다는 것을 함축합니다.

우리가 `estPi(0.01, 100)`을 실행하면 다음을 출력합니다.

```
Est. = 3.14844, Std. dev. = 0.04789, Needles = 1000
Est. = 3.13918, Std. dev. = 0.0355, Needles = 2000
```

```
Est. = 3.14108, Std. dev. = 0.02713, Needles = 4000
Est. = 3.14143, Std. dev. = 0.0168, Needles = 8000
Est. = 3.14135, Std. dev. = 0.0137, Needles = 16000
Est. = 3.14131, Std. dev. = 0.00848, Needles = 32000
Est. = 3.14117, Std. dev. = 0.00703, Needles = 64000
Est. = 3.14159, Std. dev. = 0.00403, Needles = 128000
```

예상했듯이 샘플의 개수가 많아지면 표준편차는 단순하게monotonically 감소합니다. 처음에는 π의 값의 측정값도 꾸준하게 증가했습니다. 몇개는 실제 값보다 위에 있고 몇 개는 아래에 있었지만 numNeedles가 많아지면서 발전된 측정값을 얻을 수 있었습니다. 한 번의 실험 당 1000개의 표본으로 시뮬레이션의 측정값은 성경이나 린드 파피루스보다 더 좋았습니다.

신기하게도 3.14135는 3.14143보다 실제 π값에서 더 떨어져 있다는 것으로 미루어 보아 바늘의 개수가 8,000개와 16,000개 사이에 있을 때 측정값은 더 악화되었습니다. 하지만 각각의 평균에 근접한 하나의 표준편차로부터 정의한 범위를 살펴보면 두 범위 모두 실제 π값을 포함하고 있으며 더 큰 표본의 크기와 연관된 범위는 더 작습니다. 16,000개의 표본으로부터 나온 측정값을 실제 π의 값으로부터 멀리 떨어져 있음에도 불구하고 우리는 이것의 정확성을 더 신뢰해야 합니다. 이것은 굉장히 중요한 개념입니다. 이것은 좋은 답을 이끌어내기에 충분하지 않습니다. 우리는 이것이 더 좋은 답이라는 것을 확신할 수 있는 타당한 이유가 필요합니다. 그리고 우리가 많은 양의 바늘을 떨어뜨렸을 때, 작은 표준편차는 우리가 정확한 답을 알아냈다는 것을 확신할 수 있도록 이유를 제공합니다. 맞습니까?

꼭 그렇지는 않습니다. 작은 표준편차는 결과의 타당성을 확신하기 위해 필요한 조건입니다. 이것은 충분 조건이 아닙니다. 통계적으로 타당한 결론의 개념을 정확한 결론의 개념과 헷갈리지 않아야 합니다.

각각의 통계적 분석은 가정으로부터 시작됩니다. 여기서 중요한 가정은 우리의 시뮬레이션이 현실에서 정확한 모델이라는 것입니다. 뷔퐁-라플라스 시뮬레이션의 설계는 우리가 π의 값을 찾기 위해서 어떻게 두 넓이의 비율을 사용했는지 설명할 수 있는 단순한 산수로 시작했다는 것을 기억하세요. 우리는 그 다음 이 발상을 약간의 기하학과 random.random의 임의성에 의존한 코드로 변환했습니다.

우리가 이 중 하나라도 실수한다면 어떤 일이 일어나는지 봅시다. 예를 들어 우리가 throwNeedles의 마지막 줄에 있는 4을 2로 대체한다고 가정해봅시다. 그리고 estPi(0.01, 100)을 다시 실행하면 다음을 출력합니다.

```
Est. = 1.57422, Std. dev. = 0.02394, Needles = 1000
Est. = 1.56959, Std. dev. = 0.01775, Needles = 2000
```

```
Est. = 1.57054, Std. dev. = 0.01356, Needles = 4000
Est. = 1.57072, Std. dev. = 0.0084, Needles = 8000
Est. = 1.57068, Std. dev. = 0.00685, Needles = 16000
Est. = 1.57066, Std. dev. = 0.00424, Needles = 32000
```

32,000개의 바늘에 대한 표준편차로부터 우리는 측정값에 일정한 신뢰도를 적용해야 한다는 것을 알 수 있습니다. 하지만 이것이 실제로 의미하는 것은 무엇일까요? 우리가 같은 분포의 더 많은 표본을 적용한다면 우리는 비슷한 값을 얻었다고 확신할 수 있다는 것을 의미합니다. 이 값이 실제 π의 값과 가까운지 아닌지는 알 수 없습니다. 여러분이 통계학에서 한 가지만 기억한다면 이것을 기억하세요: 통계적으로 타당한valid 결론을 정확한correct 결론과 혼동하지 마세요!

어떠한 시뮬레이션의 결과를 믿기 전에, 우리의 개념적 모델이 정확하다는 것과 우리가 이 모델을 정확하게 구현했다는 것을 확신해야 합니다. 가능하기만 하다면 언제든지 현실과 비교하면서 결과를 입증하려고 해야 합니다. 이번 경우에는 원의 넓이의 측정값을 계산하기 위해 다른 방법(예를 들어 물리적 측정)을 사용한 다음 계산한 π값이 근접한지 확인할 수 있습니다.

16.5 시뮬레이션 모델에 대한 맺음말

대부분의 과학 역사 속에서 이론가들은 일련의 매개변수와 초기 조건들로부터 시스템을 작동을 예측하기 위해 수학적 기법을 사용하여 분석적인 모델을 만들었습니다. 이것은 미적분학에서 확률 이론까지 이르는 중요한 수학적 도구의 발전을 이끌어 냈습니다. 이러한 도구들은 과학자들이 거시적으로 물질계를 상당히 정확하게 이해하는데 도움이 되었습니다.

20세기가 지나면서 이러한 접근에 대한 한계는 점점 분명해졌습니다. 그 이유는 다음과 같습니다:

- 사회과학(예를 들어 경제학)에 대한 흥미가 높아지면서, 수학적으로 다루기 아주 어려운 시스템들에 대하여 좋은 모델을 구성하길 원했습니다.
- 모델링하고자 하는 시스템이 점점 복잡해지면서 정확한 분석적 모델을 구성하는 것보다 연속적으로 일련의 시뮬레이션을 개선하는 것이 더 쉬운 것처럼 여겨졌습니다.
- 분석적 모델보다 시뮬레이션으로부터 유용한 중간 결과를 추출하는 것이 종종 더 쉽습니다(예를 들어 "만약what if"의 게임을 하는 것).
- 컴퓨터의 상용화로 대규모의 시뮬레이션을 실행하는 것도 가능하게 되었습니다. 20세기 중반에 근대의 컴퓨터가 출현하기 전까지는 시뮬레이션은 직접 계산을 실행하는 데 필요한 시간 때문에 제한적이었습니다.

시뮬레이션 모델은 **규범적**prescriptive이지 않고 **서술적**descriptive입니다. 시뮬레이션은 (시스템이 최상적으로 작동하기 위해 조건들을 조정하는 것이 아닌) 주어진 조건에서 시스템이 어떻게 작동하는지 알려줍니다. 시뮬레이션은 최적화하는 것이 아니라 단지 서술할 뿐입니다. 여기서 시뮬레이션을 최적화 과정의 일부분으로 사용할 수 없다고 말하려는 것이 아닙니다. 예를 들어 시뮬레이션은 검색 과정에서 최적화된 매개변수의 설정을 찾아내기 위해 사용됩니다.

시뮬레이션 모델은 세 관점으로 분류할 수 있습니다:

- 결정론적deterministic 대 확률적stochastic
- 정적static 대 동적dynamic
- 이산적discrete 대 연속적continuous

결정론적 시뮬레이션deterministic simulations은 완전히 모델에 의해 정의됩니다. 시뮬레이션을 반복 실행해도 결과는 바뀌지 않습니다. 결정론적 시뮬레이션은 모델링된 시스템이 분석적으로 분석하기에 너무 복잡할 때 사용합니다. **확률적 시뮬레이션**stochastic simulations은 모델에서 임의성을 포함합니다. 같음 모델을 여러 번 실행하면 서로 다른 값을 생성할 수 있습니다. 이 임의의 요소들은 우리가 가능한 범위를 보기 위해 여러 번 실행한 결과들을 생성해야 합니다. 이전에 다룬 것과 같이 10이나 100, 또는 100,000개의 결과를 생성할 것인지에 대한 질문은 통계적 질문입니다.

정적 모델static model에서 시간은 중요한 역할을 하지 않습니다. 이 장chapter에서 보았던 π을 측정하기 위해 바늘을 떨어뜨리는 시뮬레이션은 정적 시뮬레이션의 한 예입니다. **동적 모델**dynamic model에서는 시간이 중요한 역할을 합니다. 14장에서 다루었던 일련의 랜덤 워크에서 걸음의 수는 시간 대신에 사용된 것입니다.

이산적 모델discrete model에서는 관련된 변수의 값들을 정수와 같이 나열enumerable할 수 있습니다. **연속적 모델**continuous model에서는 관련된 변수의 값들은 실수와 같이 나열할 수 없는non-enumerable 범위에 걸쳐 있습니다. 고속도로에 있는 교통의 흐름을 분석한다고 상상해 보세요. 우리는 아마 이산적 모델을 얻을 수 있는 각 차들의 모델을 선택할 것입니다. 대안으로 우리는 교통량을 흐름의 변화로 볼 수 있습니다. 이 때 미분 방정식으로 그 흐름의 변화를 다루게 됩니다. 그리고 이것은 연속적 모델이 됩니다. 이 예시에서 이산적 모델은 물리적 상황과 더 비슷합니다(어떤 차는 다른 차보다 크기가 반 정도 된다고 하더라도 반 개의 차를 운전하는 사람은 없을 것입니다). 하지만 이것은 연속적 모델보다 계산하기 더 복잡합니다. 실제적으로 모델들은 이산적인 요소와 연속적인 요소를 모두 포함하고 있습니다. 예를 들어 사람 몸 속 피의 흐름을 모델링하고자 할 때, 피의 흐름을 모델링 하는 데에는 이산적 모델을 사용(예를 들어 각각의 혈구를 모델링하는 것)하고 혈압을 모델링 하는 데는 연속적 모델을 사용할 수 있습니다.

CHAPTER **17**

표본 추출과 신뢰구간

추론 통계학inferential statistics이란 임의로 선택한 **모집단**population의 부분 집합을 분석하여 모집단에 대해 추론하는 것을 말합니다. 여기서 말한 부분 집합을 **표본**sample이라고 부릅니다.

표본 추출sampling이 중요한 이유는 종종 찾고자 하는 전체 모집단을 관찰하는 것이 불가능하기 때문입니다. 의사는 환자의 핏줄 안에 있는 박테리아 종류의 개수를 셀 수 없지만 환자의 피로 구성된 작은 표본 안에 있는 개수를 측정하고, 이를 통해 전체 모집단의 특징을 추정할 수 있습니다. 만일 여러분이 18세 미국인들의 평균 몸무게를 알고 싶다면, 그들의 몸무게를 모두 모은 것을 합한 다음, 사람 수로 나누면 됩니다. 다른 방법으로는, 임의로 50명의 18세 미국인들을 선택하여 그들의 평균 몸무게를 계산하고 그 평균 몸무게를 전체 18세 미국인들의 평균 몸무게라고 가정할 수 있습니다.

표본과 모집단의 일치성은 아주 중요합니다. 표본이 모집단을 대표하지 못한다면, 추론을 유효하게 할 수 없게 됩니다. 50명의 여성 표본이나 50명의 아시아계 미국인, 또는 50명의 미식축구 선수들은 18세 미국인 모집단의 평균 몸무게를 추론하는 데에 유효하지 않습니다.

이 책에서 우리는 **확률 표본 추출**probability sampling에 초점을 맞출 것입니다. 확률 추출을 이용해 모집단에 포함된 각각의 구성원들은 0이 아닌 확률로 표본에 포함될 수 있습니다. **단순 무작위 표본**simple random sample에서는 모집단에 포함된 각 구성원이 표본으로 선택될 확률은 같습니다. **층별 표본 추출**stratified sampling에서는 먼저 모집단을 여러 하위집단으로 나눈 다음 각각의 하위집단에서 임의로 추출한 것을 표본으로 만들어냅니다. 층별 추출법은 표본이 전체 모집단을 대표할 수 있는 확률을 높이기 위해 사용할 수 있습니다. 예를 들어 하나의 표본에서 남성과 여성의 비율이 모집단에서 남성과 여성의 비율과 같다는 것을 보장하는 것은 **표본 평균**sample mean이라 할 수 있는 표본의 평균 몸무게가 전체 모집단의 평균 몸무게, 즉 **모평균**population mean에 대한 좋은 추정치estimate가 될 수 있다는 것입니다.

17.1 보스턴 마라톤에 대한 표본 추출

1897년 이후부터 매년 운동 선수들(대부분 달리기 선수이지만 1975년부터는 휠체어 선수단도 생겨났습니다.)이 매사추세츠에 모여 보스턴 마라톤에 참가했습니다. 최근 몇 년 동안 약 2만명의 열정적인 선수들이 42.195 km(26마일 385야드) 코스를 완주했습니다.

2012년 마라톤부터 이에 관련된 자료 파일들을 이 책의 웹 사이트에서 이용할 수 있습니다. 이 파일(`bm_results2012.txt`)은 콤마로 나눠어진 형식이며 각 선수의 이름, 성별, 나이, 팀, 나라, 시간 정보가 포함되어 있습니다. 파일의 처음 몇 줄을 **그림 17.1**에서 보여주고 있습니다.

```
"Gebremariam Gebregziabher",M,27,14,ETH,142.93
"Matebo Levy",M,22,2,KEN,133.10
"Cherop Sharon",F,28,1,KEN,151.83
"Chebet Wilson",M,26,5,KEN,134.93
"Dado Firehiwot",F,28,4,ETH,154.93
"Korir Laban",M,26,6,KEN,135.48
"Jeptoo Rita",F,31,6,KEN,155.88
"Korir Wesley",M,29,1,KEN,132.67
"Kipyego Bernard",M,25,3,KEN,133.22
```

그림 17.1 `bm_results2012.txt` 파일의 처음 몇 줄

각 경주의 결과에 대한 모든 데이터를 쉽게 얻을 수 있기 때문에 경주에 대한 통계 값을 얻어내기 위해 표본을 사용할 필요는 없습니다. 하지만 교육학적으로 볼 때, 표본으로부터 이끌어낸 통계 값과 실제로 추정된 값을 비교해보는 것은 유용합니다.

그림 17.2의 코드는 **그림 17.3**에서 보여진 그래프를 그려냅니다. 함수 `getBMData`는 경주에 참가한 선수들에 관한 각각의 정보를 파일로부터 읽습니다. 그리고 6개의 요소로 이루어진 딕셔너리에 데이터를 담아 반환합니다. 각 키는 키와 관련된 리스트 요소에 포함된 데이터의 유형(예를 들어 이름 또는 성별)을 설명합니다. 예를 들어 `data['time']`은 각 선수의 완주 시간을 포함하는 `float`형의 리스트이며, `data['name'][i]`는 `i`번째 선수의 이름이고 `data['time'][i]`은 `i`번째 선수의 완주 시간입니다. 함수 `makeHist`는 완주 시간을 시각적으로 보여줍니다.

```
def getBMData(filename):
    """Read the contents of the given file. Assumes the file
    in a comma-separated format, with 6 elements in each entry:
    0. Name (string), 1. Gender (string), 2. Age (int)
    3. Division (int), 4. Country (string), 5. Overall time (float)
    Returns: dict containing a list for each of the 6 variables."""

    data = {}
    f = open(filename)
    line = f.readline()
    data['name'], data['gender'], data['age'] = [], [], []
    data['division'], data['country'], data['time'] = [], [], []
    while line != '':
        split = line.split(',')
        data['name'].append(split[0])
        data['gender'].append(split[1])
        data['age'].append(int(split[2]))
        data['division'].append(int(split[3]))
        data['country'].append(split[4])
        data['time'].append(float(split[5][:-1])) #remove \n
        line = f.readline()
    f.close()
    return data

def makeHist(data, bins, title, xLabel, yLabel):
    pylab.hist(data, bins)
    pylab.title(title)
    pylab.xlabel(xLabel)
    pylab.ylabel(yLabel)
    mean = sum(data)/len(data)
    std = stdDev(data)
    pylab.annotate('Mean = ' + str(round(mean, 2)) +\
              '\nSD = ' + str(round(std, 2)), fontsize = 20,
              xy = (0.65, 0.75), xycoords = 'axes fraction')

times = getBMData('bm_results2012.txt')['time']
makeHist(times, 20, '2012 Boston Marathon',
             'Minutes to Complete Race', 'Number of Runners')
```

그림 17.2 데이터를 읽고 보스턴 마라톤의 그래프를 그리기

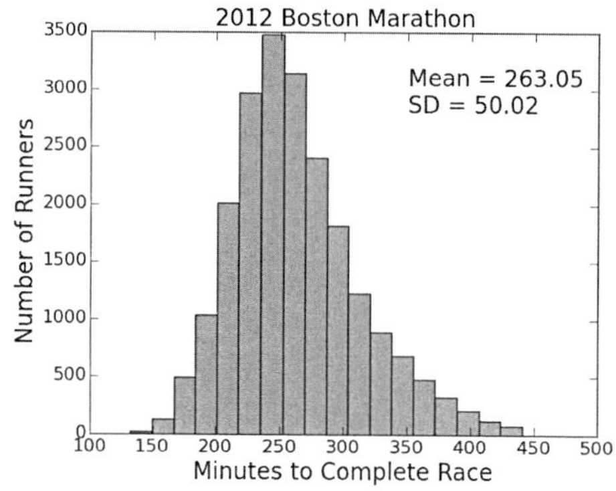

그림 17.3 보스턴 마라톤에서 완주 시간

완주 시간의 분포는 정규 분포와 유사하지만 오른쪽으로 꼬리가 길게 있기 때문에 정확하게 정규 분포라고 말할 수는 없습니다.

이제 우리는 모든 선수들에 대한 데이터에 접근할 수 없지만 임의로 선택한 몇 명의 선수를 추출하여 전체 선수들의 완주 시간에 대한 통계 값을 측정한다고 가정해 봅시다.

그림 17.4의 코드는 시간에 대한 데이터에서 임의로 추출한 표본을 만들어냅니다. 그리고 이 표본을 이용해 완주 시간의 평균과 표준 편차를 추정합니다. 함수 `sampleTimes`는 `random.sample(times, numExamples)`을 사용하여 표본을 추출합니다. `random.sample`은 `times` 리스트에서 `numExample` 크기만큼 임의로 선택한 요소로 이루어진 리스트를 반환합니다. 표본을 추

```
def sampleTimes(times, numExamples):
    """Assumes times a list of floats representing finishing
       times of all runners. numExamples an int
       Generates a random sample of size numExamples, and produces
       a histogram showing the distribution along with its mean and
       standard deviation"""
    sample = random.sample(times, numExamples)
    makeHist(sample, 10, 'Sample of Size ' + str(numExamples),
             'Minutes to Complete Race', 'Number of Runners')

sampleSize = 40
sampleTimes(times, sampleSize)
```

그림 17.4 완주 시간 표본 추출

출한 후에 `sampleTimes`는 표본 값의 분포를 보여주는 히스토그램을 만들어냅니다.

그림 17.5에서와 같이 표본의 분포는 기존의 것보다도 정규분포와 거리가 먼 것을 알 수 있습니다. 이것은 놀라운 일은 아닙니다. 왜냐하면 표본의 크기가 작았기 때문입니다. 더 놀라운 것은 작은 표본 크기(21000개 중에서 40개)임에도 불구하고 추정한 평균과 모집단의 평균의 차이가 2%보다 작다는 것입니다. 우리가 운이 좋았던 것일까요, 아니면 추정한 평균 값이 꽤 좋았던 이유가 있는 것일까요? 다시 말해서, 우리가 추정치를 계산할 때의 신뢰도를 양적으로 나타낼 수 있을까요?

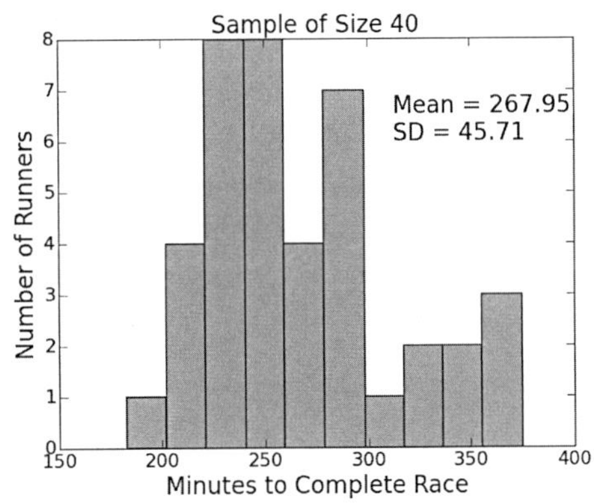

그림 17.5 작은 표본을 분석하기

15장과 16장에서 언급했던 것과 같이 추정치가 얼마나 믿을 만한지 보여주기 위해서는 신뢰 구간과 신뢰 수준을 제공하는 것이 유용합니다. 커다란 모집단으로부터 이끌어 낸 하나의 표본(어떤 크기이든지)에서는 모집단의 최적의 평균은 표본의 평균입니다. 원하는 신뢰 수준을 얻기 위해 신뢰 구간의 길이를 추정하는 것은 어렵습니다. 부분적으로는 표본의 크기에 달려있습니다.

표본의 크기가 왜 중요한지 이해하는 것이 중요합니다. 대수의 법칙에 따르면 표본의 크기가 커질수록 표본 값의 분포는 원래의 모집단의 분포와 점점 더 닮아갑니다. 따라서 표본의 크기가 더 커질수록 표본의 평균과 표준 편차는 모집단의 평균과 표준 편차와 더 가까워 질 것입니다.

그렇기 때문에 표본이 클수록 좋기는 하지만, 얼마나 커야 할까요? 이것은 모집단의 분산variance에 달려있습니다. 분산이 클수록 더 많은 표본이 필요합니다. 두개의 정규 분포를 생각해 보세요. 하나는 평균이 0이고 표준 편차가 1이며, 다른 것은 평균이 0이고 표준 편차가 100입니다. 이 두 분포 중 하나에서 임의로 하나의 요소를 선택하여 그 분포의 평균값을 추정하기 위해 사용한다면 이 추정치가 실제 평균(0)에서 원하는 정확도 ε을 만족할 확률은 확률 밀도 함수에서 -ε와 ε(15.4.1절을 보세요) 사이의 넓이가 될 것입니다. **그림 17.6**의 코드는 ε = 3분일 때 이 확률을 계산하고 출력합니다.

```
import scipy.integrate

def gaussian(x, mu, sigma):
    factor1 = (1/(sigma*((2*pylab.pi)**0.5)))
    factor2 = pylab.e**-(((x-mu)**2)/(2*sigma**2))
    return factor1*factor2

area = round(scipy.integrate.quad(gaussian, -3, 3, (0, 1))[0], 4)
print('Probability of being within 3',
      'of true mean of tight dist. =', area)
area = round(scipy.integrate.quad(gaussian, -3, 3, (0, 100))[0], 4)
print('Probability of being within 3',
      'of true mean of wide dist. =', area)
```

그림 17.6 평균값 추정에 분산이 주는 영향

그림 17.6의 코드를 실행하면 다음을 출력합니다.

```
Probability of being within 3 of true mean of tight dist. = 0.9973
Probability of being within 3 of true mean of wide dist. = 0.0239
```

그림 17.7의 코드는 두 표준 편차에서 크기가 40인 각각의 1000개의 표본에 대한 평균 값을 그래프로 보여줍니다. 다시 말해서, 각 분포는 모두 평균이 0이지만 하나는 표준 편차가 1이고 다른 것은 표준 편차가 100입니다.

그림 17.8의 왼쪽 그래프는 각각의 표본에 대한 평균 값을 보여줍니다. 예상한 대로 모집단의 표준 편차가 1일 때 표본의 평균은 모두 모집단의 평균인 0과 가까우며, 이것이 그래프에서 원circle 표시들이 보이지 않는 이유입니다. 원은 굉장히 빽빽하게 그려져 있어 막대처럼 보이게 됩니다. 반면에, 모집단의 표준 편차가 100일 때 표본 평균이 구별하기 어려운 패턴으로 별star표시들이 흩어지게 됩니다.

하지만, **그림 17.8**와 같이 우리가 표준 편차의 값이 100일 때 평균 값의 히스토그램을 보게 되면 중요한 점을 발견하게 됩니다. 평균 값들이 대략 0을 중심으로 정규 분포와 가까운 분포를 보이게 됩니다. **그림 17.8**의 오른쪽을 보았을 때 나타나는 것이 우연은 아닌 것 같아 보입니다. 이것은 확률과 통계학에서 가장 중요한 정리인 **중심 극한 정리**Central Limit Theorem에 의한 결과입니다.

```
def testSamples(numTrials, sampleSize):
tightMeans, wideMeans = [], []
for t in range(numTrials):
sampleTight, sampleWide = [], []
for i in range(sampleSize):
sampleTight.append(random.gauss(0, 1))
sampleWide.append(random.gauss(0, 100))
tightMeans.append(sum(sampleTight)/len(sampleTight))
wideMeans.append(sum(sampleWide)/len(sampleWide))
return tightMeans, wideMeans

tightMeans, wideMeans = testSamples(1000, 40)
pylab.plot(wideMeans, 'y*', label = ' SD = 100')
pylab.plot(tightMeans, 'bo', label = 'SD = 1')
pylab.xlabel('Sample Number')
pylab.ylabel('Sample Mean')
pylab.title('Means of Samples of Size ' + str(40))
pylab.legend()

pylab.figure()
pylab.hist(wideMeans, bins = 20, label = 'SD = 100')
pylab.title('Distribution of Sample Means')
pylab.xlabel('Sample Mean')
pylab.ylabel('Frequency of Occurrence')
pylab.legend()
```

그림 17.7 표본 평균 값을 계산하고 그래프로 그리기

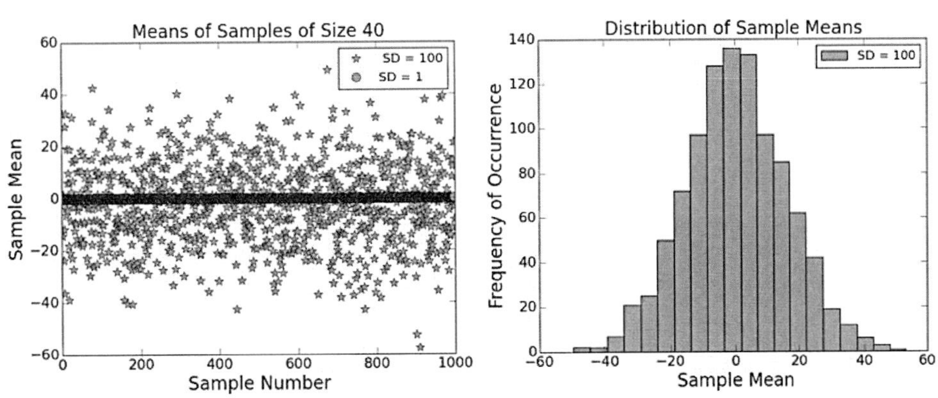

그림 17.8 표본 평균

17.2 중심 극한 정리(The Central Limit Theorem)

중심 극한 정리는 모집단으로부터 얻어낸 가상의 표본의 평균 값에 대한 가변성을 추정하기 위해 같은 모집단에서 추출한 표본 하나만 사용하는 것이 왜 가능한지 설명합니다.

중심 극한 정리(CLT라고도 부릅니다)의 하나의 형태는 1810년 라플라스Laplace가 발표하였고 1820년대에 프아송Poisson이 다듬었습니다. 하지만 오늘날 우리가 알고 있는 CLT는 몇 명의 저명한 수학자들이 20세기 전반부에 완성한 결과입니다.

중심 극한 정리를 연구한 수학자들이 훌륭했음에도 불구하고(또는 훌륭했기 때문에) CLT는 굉장히 간단합니다. CLT의 내용은 다음과 같습니다.

- 같은 모집단으로부터 추출한 표본이 충분히 크기가 클 때, 이 표본들의 평균 값(표본 평균)은 거의 정규 분포입니다.
- 이 정규 분포는 모집단의 평균과 가까운 평균을 가집니다.
- 표본 평균의 분산(15.3절에서 정의한 것과 같이)은 표본의 크기로 모집단의 분산을 나눈 것과 같습니다.

이제 CLT의 예시를 실제로 살펴봅시다. 임의의 0에서 5 사이의 실수가 나오는 주사위가 있다고 상상해봅시다. **그림 17.9**의 코드는 이 주사위를 여러 번 던져 평균 값과 분산 값(함수 variance는 **그림 15.8**에 정의되어 있습니다)을 출력하고, 나타난 숫자의 범위에 대한 확률을 보여주는 히스토그램을 그립니다. 또한 100개의 주사위를 여러 번 던진 다음 이 100개의 주사위의 평균 값을 히스토그램으로 그립니다. 키워드 인수 `hatch`는 히스토그램을 시각적으로 서로 구별하기 위해 사용됩니다.

키워드 `weight`는 `hist`의 첫번째 인수와 같은 길이를 가지는 배열에 해당되며 첫번째 인수에 포함된 각각의 요소에 가중치를 부여하기 위해 사용됩니다. 결과적으로 나오는 히스토그램에서 하나의 빈bin에 포함된 각각의 값은 빈bin의 개수(보통의 경우 사용하는 1 대신에)에 대한 가중치에 기여합니다. 이 예시에서는 `weights`을 사용해서 y 값의 크기를 각각의 빈의 절대적인 크기 대신에 상대적인 크기로 조정합니다. 그러므로 각각의 빈에서 y축의 값은 해당하는 빈의 범위에 들어가는 평균값에 대한 확률을 나타냅니다.

코드를 실행했을 때 **그림 17.10**와 같은 그래프를 그리고 다음을 출력합니다.

```
Mean of rolling 1 die = 2.4974 Variance = 2.0904
Mean of rolling 100 dice = 2.4981 Variance = 0.02
```

```
def plotMeans(numDicePerTrial, numDiceThrown, numBins, legend,
              color, style):
    means = []
    numTrials = numDiceThrown//numDicePerTrial
    for i in range(numTrials):
        vals = 0
        for j in range(numDicePerTrial):
            vals += 5*random.random()
        means.append(vals/numDicePerTrial)
    pylab.hist(means, numBins, color = color, label = legend,
               weights = pylab.array(len(means)*[1])/len(means),
               hatch = style)
    return sum(means)/len(means), variance(means)

mean, var = plotMeans(1, 100000, 11, '1 die', 'w', '*')
print('Mean of rolling 1 die =', round(mean,4),
      'Variance =', round(var,4))
mean, var = plotMeans(100, 100000, 11,
                      'Mean of 100 dice', 'w', '//')
print('Mean of rolling 100 dice =', round(mean, 4),
      'Variance =', round(var, 4))
pylab.title('Rolling Continuous Dice')
pylab.xlabel('Value')
pylab.ylabel('Probability')
pylab.legend()
```

그림 17.9 연속적인 주사위의 평균 값을 추정하기

각각의 경우에 평균 값은 예측한 평균 값인 2.5와 매우 가깝습니다. 주사위는 공정하기 때문에 하나의 주사위에 대한 확률 분포는 거의 균일하며[141] 다시 말해, 전혀 정규 분포가 아닙니다. 하지만 100개의 주사위의 평균 값을 보았을 때 분포는 기대하는 평균 값을 정점으로 하는 정규 분포에 아주 가깝습니다. 게다가 100개의 주사위의 평균 값에 대한 분산은 한번 주사위를 굴렸을 때 나오는 값의 분산을 100으로 나눈 것과 가깝습니다. 이 모든 것을 CLT로 예측할 수 있습니다.

CLT가 작동을 하는 것처럼 보여서 좋긴 하지만, 과연 CLT의 좋은 점은 무엇일까요? 친구들과 게임을 하면서 몇 번 더 이길 수도 있긴 하겠지만, CLT의 가장 중요한 가치는 모집단의 분포가 정규

141. "거의 균일"한 이유는 주사위를 유한한 횟수만큼 굴렸기 때문입니다.

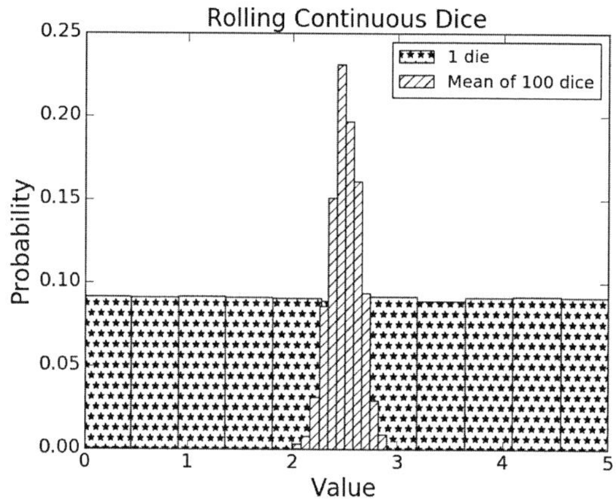

그림 17.10 CLT의 실례

분포가 아닐 때에도 신뢰 수준과 신뢰 구간을 계산할 수 있다는데 있습니다. 15.4.2절에서 신뢰 구간을 살펴보았을 때 경험칙empirical rule은 추출된 공간의 특성에 대한 가정에 기반한 것이라는 것에 주목했습니다. 우리는 다음과 같이 가정했습니다.

- 예측 오차의 평균이 0입니다.
- 예측 오차는 정규 분포입니다.

이 가정이 성립할 때 정규 분포에 대한 경험칙은 주어진 평균과 표준 편차에 대한 신뢰 구간과 신뢰 수준을 추정할 수 있는 쉬운 방법을 제공해줍니다.

보스턴 마라톤 예시로 돌아가 봅시다. **그림 17.11**의 코드는 **그림 17.12**의 그래프를 그려주며 다양한 표본의 크기에 대해 각각 20개의 임의 표본을 추출합니다. 각 표본의 크기는 이 20개의 표본에 대한 평균을 계산합니다. 그리고 이 평균에 대한 평균값과 표준 편차를 계산합니다. CLT로부터 표준 평균이 정규 분포를 나타낼 것이라는 것을 알 수 있기 때문에 우리는 표준 편차와 경험칙을 사용하여 각각의 표준 크기에 대하여 95%의 신뢰 구간을 계산할 수 있습니다.

그림 17.12에서 보여주는 그래프처럼 모든 추정치는 실제 모집단의 평균과 상당히 가깝습니다. 하지만 추정한 평균의 오차는 표본의 크기에 따라 단조롭게monotonically 감소하지 않는다는 것에 주의하세요. 250개의 예시를 사용한 추정치는 50개의 예시를 사용했을 때보다 더 나쁜 결과를 가져옵니다. 표본 크기와 함께 단조롭게monotonically 변하는 것은 평균 추정치에 대한 신뢰도입니다. 표본 크기가 50에서 1850까지 증가함에 따라, 신뢰 구간은 약 ±15에서 ±2로 감소하게 됩니다. 이것이 중요한 것입니다. 운이 좋아서 좋은 추정치를 얻게 되었다고 해도, 그것은 운이 충분히 좋은

```
times = getBMData('bm_results2012.txt')['time']
meanOfMeans, stdOfMeans = [], []
sampleSizes = range(50, 2000, 200)
for sampleSize in sampleSizes:
    sampleMeans = []
    for t in range(20):
        sample = random.sample(times, sampleSize)
        sampleMeans.append(sum(sample)/sampleSize)
    meanOfMeans.append(sum(sampleMeans)/len(sampleMeans))
    stdOfMeans.append(stdDev(sampleMeans))
pylab.errorbar(sampleSizes, meanOfMeans,
               yerr = 1.96*pylab.array(stdOfMeans),
               label = 'Estimated mean and 95% confidence interval')
pylab.xlim(0, max(sampleSizes) + 50)
pylab.axhline(sum(times)/len(times), linestyle = '--',
              label = 'Population mean')
pylab.title('Estimates of Mean Finishing Time')
pylab.xlabel('Sample Size')
pylab.ylabel('Finshing Time (minutes)')
pylab.legend(loc = 'best')
```

그림 17.11 오차 막대 그래프 그리기

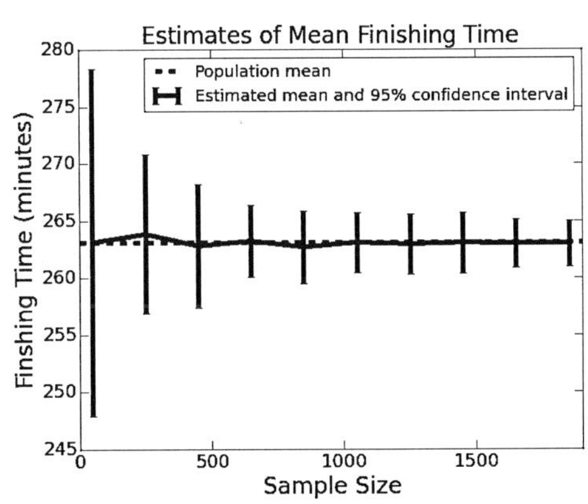

그림 17.12 오차 막대를 사용한 완주 시간 추정치

것이 아닙니다. 우리가 얻은 추정치에 대한 신뢰도가 어느 정도인지 알아야 할 필요가 있기 때문입니다.

17.3 평균의 표준오차(Standard Error of Mean)

우리는 1,850명의 선수 중에서 20개의 임의의 표본을 선택했을 때, 95%의 신뢰도로 4분 범위 이내의 완주 시간 평균을 측정할 수 있다는 것을 확인했습니다. 우리는 표본 평균의 표준 편차를 사용하였습니다. 불행히도 우리는 실제 선수들보다 더 많은 표본(20 × 1,850 = 37,000)들을 사용했기 때문에 아주 유용한 결과인 것 같아 보이지는 않습니다. 전체 모집단을 사용하여 실제 평균을 직접 계산하는 것이 더 나을 것입니다. 우리에게 필요한 것은 하나의 예시를 이용하여 신뢰 구간을 측정할 방법을 찾는 것입니다. 평균의 **표준 오차**(SE; standard error 또는 SEM; standard error of the mean)의 개념에 접근해 봅시다.

표본 크기 n에 대해 SE는 모집단에서 추출한 유한한 n 크기 표본의 평균에 대한 표준 편차입니다. 당연히 SE는 n과 표준편차 σ에 비례합니다:

$$SE = \frac{\sigma}{\sqrt{n}}$$

그림 17.13은 **그림 17.12**에서 사용한 표본 크기의 SE를 각각의 표본 크기마다 만들어낸 20개의 표본의 평균에 대한 표준 편차를 비교합니다.

20개의 표본의 평균에 대한 실제 표준 편차는 SE를 비슷하게 따라갑니다. 두 가지 경우에서 표준 편차는 처음에 급격하게 감소하고 표본의 크기가 커질수록 점차 느리게 감소합니다. 이렇게 되는 이유는 표준 편차의 감소가 표본 크기의 제곱근과 비례하기 때문입니다. 예를 들어, 표준 편차를 반으로 줄이기 위해서는 표본의 크기를 네 배로 늘려야 합니다.

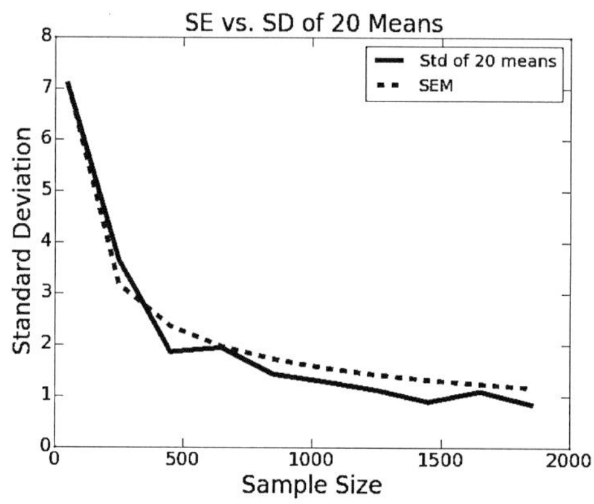

그림 17.13 평균의 표준 오차

그런데, 하나의 표본 밖에 없을 경우에는 모집단의 표준 편차를 알 수 없습니다. 보편적으로 우리는 표본의 표준 편차, 다시 말해서 표본 표준 편차는 모집단의 표준 편차를 합리적으로 대용할 수 있다고 가정합니다. 이것은 모집단의 분포가 아주 치우쳐 있지 않을 경우일 것입니다.

그림 17.14의 코드는 보스턴 마라톤 데이터로부터 다양한 크기를 가진 100개의 표본을 만들어 낸 다음 각각의 크기에 대한 표본의 평균 표준 편차를 모집단의 표준 편차와 비교합니다. **그림 17.15**의 그래프와 같은 결과를 나타냅니다.

```
times = getBMData('bm_results2012.txt')['time']
popStd = stdDev(times)
sampleSizes = range(2, 200, 2)
diffsMeans = []
for sampleSize in sampleSizes:
    diffs = []
    for t in range(100):
        diffs.append(abs(popStd - stdDev(random.sample(times,
                                                        sampleSize))))
    diffsMeans.append(sum(diffs)/len(diffs))
pylab.plot(sampleSizes, diffsMeans)
pylab.xlabel('Sample Size')
pylab.ylabel('Abs(Pop. Std - Sample Std)')
pylab.title('Sample SD vs Population SD')
```

그림 17.4 표본 표준 편차 vs. 모집단의 표준 편차

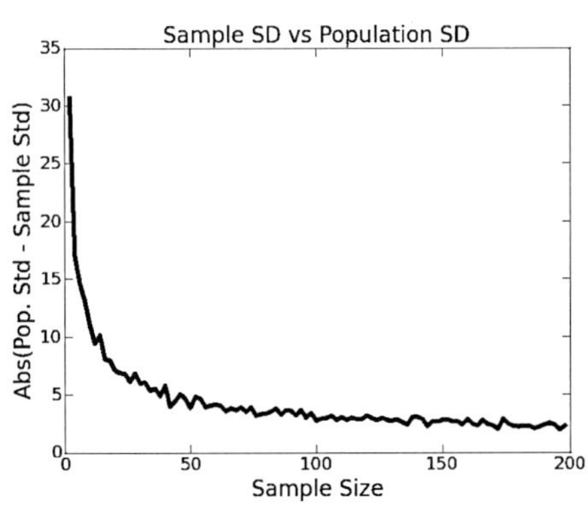

그림 17.15 표본 표준 편차

시간과 표본의 크기가 100에 이를 때 표본 표준 편차와 모집단 표준 편차의 차이는 상대적으로 적게 나타납니다.

실제로는 사람들이 보통 SE를 측정하기 위해서 (보통 알 수 없는) 모집단의 표준 편차 대신에 표본 표준 편차를 사용합니다. 표본의 크기가 충분히 크다면,[142] 그리고 모집단의 분포가 정규 분포와 아주 다르지 않다면, 경험칙을 사용하여 신뢰 구간을 계산하기 위해 이 추정치를 사용하는 것이 안전한 방법입니다.

이것이 암시하는 것은 무엇일까요? 200명의 선수들 중에서 하나의 표본을 추출한다고 한다면, 우리는 다음을 실행할 수 있습니다.

- 이 표본의 평균과 표준 편차를 계산합니다.
- SE를 측정하기 위해서 이 표본의 표준 편차를 사용합니다.
- 측정한 SE을 사용하여 표본 평균과 가까운 신뢰 구간을 만듭니다.

그림 17.16의 코드는 이와 같은 행동을 10,000번 실행하고 표본 평균이 모집단 평균에서 이끌어낸 1.96의 측정된 SE보다 더 컸던 횟수의 비율을 출력 합니다. (정규 분포에서 95%의 데이터는 1.96의 평균의 표준 편차 내외가 된다는 것을 기억하세요)

```
times = getBMData('bm_results2012.txt')['time']
popMean = sum(times)/len(times)
sampleSize = 200
numBad = 0
for t in range(10000):
    sample = random.sample(times, sampleSize)
    sampleMean = sum(sample)/sampleSize
    se = stdDev(sample)/sampleSize**0.5
    if abs(popMean - sampleMean) > 1.96*se:
        numBad += 1
print('Fraction outside 95% confidence interval =', numBad/10000)
```

그림 17.16 모집단의 평균을 10,000번 측정하기

142. "충분히 큰 표본을 선택하세요"와 같은 문구에 따르기를 좋아하지 않나요? 불행히도, 모집단에 대해 아는 것이 적을 때에는 충분한 표본 크기를 선택하기 위한 간단한 방법은 없습니다. 많은 통계학자들이 모집단의 분포가 대충 정규 분포일 때에 표본의 크기가 30~40이면 충분히 크다고 말합니다. 더 작은 표본 크기일 때는 구간의 크기를 계산하기 위해서 T분포라는 것을 사용하는 것이 더 낫습니다. T분포는 정규 분포와 비슷하지만 꼬리부분에 분포가 더 많습니다. 그렇기 때문에 신뢰 구간이 조금 더 클 수 밖에 없습니다.

코드를 실행시키면 다음을 출력합니다.

```
Fraction outside 95% confidence interval = 0.0533
```

즉, 이론을 통해 예측했던 것과 아주 비슷한 결과가 나왔으니 CLT에 승점을 하나 더 해야겠네요!

CHAPTER **18**

실험 데이터 이해하기

이번 장에서는 실험 데이터를 이해하는 것에 대해 다루겠습니다. 우리는 데이터를 시각화하기 위해 그래프를 많이 사용할 것이며, 실험 데이터 모델을 만들기 위한 선형 회귀regression를 어떻게 사용할 것인지 보여드리겠습니다. 또한 물리적 실험과 계산적 실험 간의 상호작용을 다루겠습니다. 유효한 통계적 결론을 어떻게 이끌어 낼 것인지에 대한 내용은 19장에서 다루겠습니다.

18.1 스프링 운동

스프링은 대단히 유용합니다. 스프링은 어떤 힘에 의해 압축되거나 늘어날 때 에너지를 저장 합니다. 더 이상 그 힘이 스프링에 적용되지 않을 때 스프링은 저장된 에너지를 방출합니다. 이 특성을 이용해서 차량의 승차감 향상, 매트리스로 인한 편안함, 차량의 안전띠, 미사일 발사와 같은 것들을 가능하게 합니다.

1676년 영국 물리학자 로버트 훅Robert Hooke은 탄성에 관한 **훅의 법칙**Hook's law을 확립했습니다. 즉 *Ut tension, sic vis*, 영어로 하면 $F = -kx$입니다. 다른 말로 스프링에 저장된 힘(F)은 압축되거나 늘어난 거리와 선형적인 관계가 있다는 것을 의미하고, 마이너스 기호는 스프링에 의해 가해진 힘이 이동 방향과 반대 방향임을 의미합니다. 훅의 법칙은 많은 생물학 시스템을 포함하여 다양한 물질 및 시스템에 적용됩니다. 물론, 스프링이 매우 큰 힘을 버티지는 못합니다. 모든 스프링은 **탄성 한계**elastic limit가 있어서, 이 한계를 넘어서면 훅의 법칙을 적용할 수 없습니다. 슬링키Slinky[143]를 너무 많이 늘려본 경험이 있다면 이 사실을 잘 아실 겁니다.

비례 상수 k는 **스프링 상수**spring constant라고 불립니다. 강경한 스프링이라면(자동차에 있는 서스펜

143. [역자 주] 슬링키는 1940년대 초에 리처드 제임스Richard James가 발명한 미리 압축된 나선형 스프링으로 만든 장난감입니다.

션[144]이나 활의 림[145]과 같은) *k*값은 큽니다. 볼펜 내부에 있는 스프링과 같이 지탱하는 힘이 약한 스프링이라면 *k*값은 작습니다.

특정한 스프링의 스프링 상수를 아는 건 중요합니다. 간단한 저울눈이나 원자력 현미경의 눈금은 부품의 스프링 계수에 비례합니다. DNA 가닥의 기계적 움직임은 그것을 압축하는데 필요로 하는 힘과 관련이 있습니다. 활이 화살을 발사하는 힘은 림limb의 스프링 상수와 관련이 있습니다.

물리학을 공부하는 학생들은 아래 그림과 같은 실험적인 방법으로 스프링 상수를 계산하는 방법을 배웠습니다.

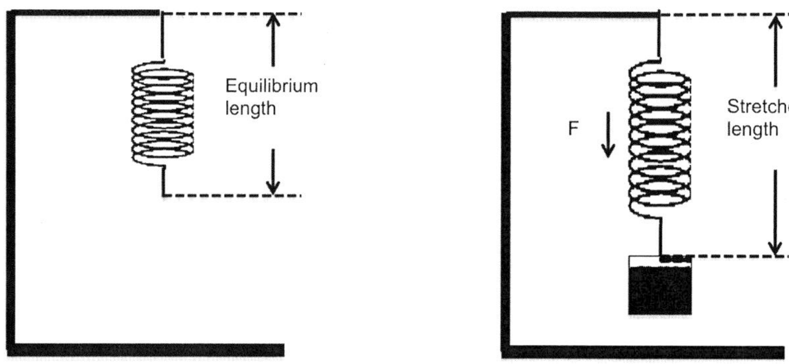

그림 18.1 전형적인 실험

우선 스프링에 아무 물체도 매달지 않고 스탠드 윗부분에서부터의 스프링의 길이를 측정합니다. 다음으로 질량을 알고 있는 물체를 스프링에 매단 다음, 움직이지 않을 때까지 기다립니다. 이 때, 스프링에 저장된 힘은 매달린 물체의 무게에 의해 가해진 힘입니다. 이것이 훅의 법칙에서 *F*의 값입니다. 이제 스프링의 아래쪽부터 스탠드의 윗부분까지의 길이를 측정합니다. 이 길이와 물체를 매달기 전 길이의 차이는 훅의 법칙에서 *x*의 값이 됩니다.

스프링에 가한 힘 *F*는 물체의 질량 *m*과 중력 가속도 *g*(9.81 m/s^2은 지구에서 *g*의 근사값입니다)를 곱한 값입니다. 즉 *F*를 $m*g$로 대체할 수 있습니다. 간단한 계산을 하면 $k = -(m*g)/x$임을 알 수 있습니다.

가령 $m = 1$ kg이고 $x = 0.1$ m라고 합시다. *k* 값을 구해보면 다음과 같습니다.

$$k = -\frac{1kg * 9.81m/s^2}{0.1m} = -\frac{9.81N}{0.1m} = -98.1N/m$$

144. [역자 주] 자동차에서 차체의 무게를 받쳐 주는 장치입니다.
145. [역자 주] 림limbs은 활의 손잡이에서 팁까지 양쪽 끝부분을 가리킵니다.

위의 계산에 따르면 스프링을 1미터 늘리는데 필요한 힘은 98.1 **뉴턴**[146]임을 알 수 있습니다.

다음의 조건을 만족한다면 이것은 매우 적합한 방법입니다.

- 위의 실험을 완벽하게 수행할 수 있는 경우입니다. 이 경우, 우리는 한번의 측정을 하고 계산을 해서 *k*값을 찾을 것입니다. 불행히도 대부분의 경우, 실험 과학에서는 이 방법으로 실험할 수 없습니다.
- 스프링의 탄성 계수 범위 내에서 실험을 해야 합니다.

위 실험을 더욱 확실하게 하고 싶다면 조금씩 매다는 물체의 질량을 증가시키며 스프링이 늘어난 길이를 측정하여 결과를 그래프로 그리는 방법이 있습니다. 우리는 이러한 실험을 하였고, 결과를 `springData.txt`에 기록했습니다:

```
Distance (m) Mass (kg)
0.0865 0.1
0.1015 0.15
…
0.4416 0.9
0.4304 0.95
0.437 1.0
```

그림 18.2의 함수는 파일(예를 들어 우리가 앞서 데이터를 저장한 파일)에서 데이터를 읽어오며

```
def getData(fileName):
    dataFile = open(fileName, 'r')
    distances = []
    masses = []
    dataFile.readline() #ignore header
    for line in dataFile:
        d, m = line.split(' ')
        distances.append(float(d))
        masses.append(float(m))
    dataFile.close()
    return (masses, distances)
```

그림 18.2 파일에서 데이터를 추출하기

146. N이라고 표기하는 뉴턴은 힘을 측정하는 국제 표준 단위입니다. 뉴턴은 1 kg의 질량을 가진 물체를 1 m/s로 가속시키는데 필요한 힘의 양입니다. 참고로 슬링키Slinky의 스프링상수는 대략적으로 1 N/m입니다.

거리distances와 질량masses 리스트를 반환합니다.

그림 18.3의 함수는 `getData` 함수를 사용해서 실험 데이터를 파일에서 읽어오고 **그림 18.4**와 같이 그래프를 그립니다.

이 결과는 훅의 법칙이 예측한 결과와 다릅니다. 훅의 법칙은 질량에 따라 거리가 선형적으로 증가해야 한다고 말합니다. 이것은 점들이 스프링 상수에 의해 결정된 일정한 기울기를 갖는 직선 위에 놓여있어야 한다는 의미입니다. 물론 우리는 실험 데이터를 사용해서 측정한 결과가 이론에 완벽하게 일치하는 결과가 거의 나오지 않는다는 사실을 알고 있습니다. 측정에 오류가 있기 때문에 우리는 점들이 선 위에 있는 것이 아니라 선 주변에 있을 것이라고 예측해야 합니다.

```
def plotData(inputFile):
    masses, distances = getData(inputFile)
    distances = pylab.array(distances)
    masses = pylab.array(masses)
    forces = masses*9.81
    pylab.plot(forces, distances, 'bo',
               label = 'Measured displacements')
    pylab.title('Measured Displacement of Spring')
    pylab.xlabel('|Force| (Newtons)')
    pylab.ylabel('Distance (meters)')

plotData('springData.txt')
```

그림 18.3 데이터로 그래프 그리기

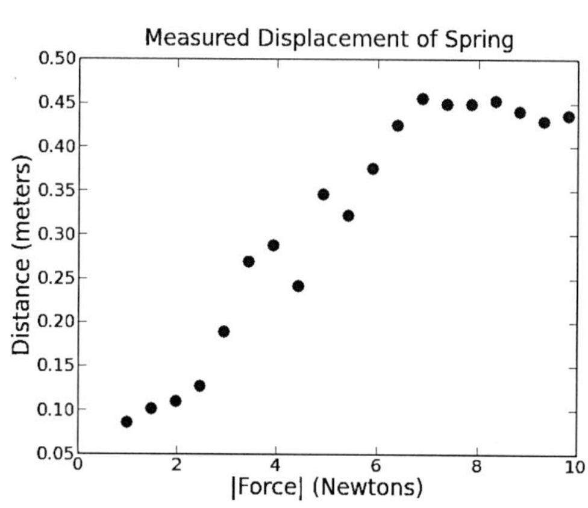

그림 18.4 스프링의 이동

그래도 측정 오류가 없어서, 점들이 위치하게 될 곳을 따라 가장 적합한 선을 볼 수 있다면 좋을 것입니다. 이것을 할 수 있는 일반적인 방법은 우리가 관측한 데이터에 선을 적절하게 맞추는 것입니다.

18.1.1 선형 회귀를 사용하여 적합 곡선(fit)을 찾기

우리가 데이터에 적합 곡선(또는 선)을 찾을 때마다 어떤 곡선이 데이터에 가장 **적합**한지 결정하는 방법이 필요합니다. 즉 우리가 곡선이 얼마나 데이터에 잘 맞는지에 대한 정량평가(定量評價) quantitative assessment를 제공하는 **목적 함수**objective function를 정의해야 할 필요가 있다는 말입니다. 이러한 기능을 하는 함수가 우리에게 있다면, 가장 좋은 적합 곡선을 찾기 위해서 그 함수의 값을 최소화하거나 최대화하는 곡선을 찾으면 됩니다. 예를 들어 12장과 13장에서 소개한 최적화 문제와 같습니다.

아마도 가장 일반적으로 사용하는 목적 함수는 **최소 제곱법**least squares입니다. 관측 벡터observed와 예측 벡터predicted를 동일한 크기의 벡터라고 합시다. 관측 벡터는 측정된 점들을 포함하고, 예측 벡터는 적합 곡선 위에 상응하는 점들을 포함합니다.

목적함수는 다음과 같이 정의할 수 있습니다.

$$\sum_{i=0}^{len(observed)-1} (observed[i] - predicted[i])^2$$

관측 벡터와 예측 벡터의 점들의 차이를 제곱하기 때문에 두 벡터 간의 차이가 클수록 그 값은 더욱 커집니다. 차이를 제곱했기 때문에 그 차이 값의 부호에 대한 정보는 무시해버립니다.

그렇다면 어떻게 최소 제곱법을 사용하여 적합 곡선을 찾을 수 있을까요? 한 가지 방법으로 3장에서 소개된 뉴턴-랩슨 알고리즘과 비슷한 역할을 하는 연속적 접근 알고리즘이 있습니다. 반면에 대부분의 경우 사용할 수 있는 분석적 해답이 있습니다. 그러나 우리는 두 방법 모두 사용하지 않아도 됩니다. 그 이유는, PyLab은 최소 제곱법을 사용하여 적합 곡선을 찾아주는 내장 함수 `polyfit`을 제공하기 때문입니다. 다음 코드는 `observedXVals`와 `observedYVals` 배열에 정의된 점들의 집합에 최소 제곱법을 사용하여 적합 곡선 n차 다항식의 계수를 찾아줍니다.

```
pylab.polyfit(observedXVals, observedYVals, n)
```

예를 들어 다음 코드는 다항식 $y = ax + b$(a는 선의 기울기이며 b는 y 절편입니다)로 설명되는 선을 찾아줍니다.

```
pylab.polyfit(observedXVals, observedYVals, 1)
```

이 경우 위의 코드는 두 개의 부동소수값으로 구성된 배열을 반환합니다. 마찬가지로 포물선은 $y = ax^2 + bx + c$와 같이 이차식으로 그려집니다. 따라서 다음의 코드는 세 개의 부동소수값으로 구성된 배열을 반환합니다.

```
pylab.polyfit(observedXVals, observedYVals, 2)
```

polyfit을 사용한 알고리즘을 **선형 회귀**linear regression라고 합니다. 약간 혼란스러울지 모르지만 우리는 직선이 아닌 적합 곡선을 찾는데 사용할 수도 있습니다. 몇 저자들은 선형 회귀(모델이 선일 때)와 **다항 회귀**polynomial regression(모델이 1 이상의 차수를 가진 다항식일 때)를 구별하지만 대부분은 구별하지 않습니다.[147]

그림 18.5의 fitData 함수는 **그림 18.3**의 plotData 함수에 그 데이터를 가장 잘 표현하는 적합 곡선을 추가합니다. ployfit을 사용해서 계수 a, b를 구하고, 각각의 힘에 상응하는 스프링 길이의 변화를 계산할 수 있습니다. forces와 distance를 사용하는 방식에 불균형이 있는 것에 주목하십시오. Forces(스프링에 연결한 물체의 질량으로부터 얻은 값)의 값들을 독립적으로 사용

```
def fitData(inputFile):
    masses, distances = getData(inputFile)
    distances = pylab.array(distances)
    forces = pylab.array(masses)*9.81
    pylab.plot(forces, distances, 'ko',
               label = 'Measured displacements')
    pylab.title('Measured Displacement of Spring')
    pylab.xlabel('|Force| (Newtons)')
    pylab.ylabel('Distance (meters)')
    #find linear fit
    a,b = pylab.polyfit(forces, distances, 1)
    predictedDistances = a*pylab.array(forces) + b
    k = 1.0/a #see explanation in text
    pylab.plot(forces, predictedDistances,
               label = 'Displacements predicted by\nlinear fit, k = '
               + str(round(k, 5)))
    pylab.legend(loc = 'best')
```

그림 18.5 데이터에 적합한 곡선 찾기

147. 구별하지 않는 이유는 다항 회귀가 데이터에 대한 비선형 모델에 적합하지 않는다 해도 모델은 알지 못하는 매개변수에 선형이기 때문입니다.

해서 종속 변수 `predictedDistances` (스프링의 변화된 길이를 예측한 값)의 값을 구합니다.

위 함수는 스프링 상수 k도 계산합니다. 선의 기울기 a는 Δdistance / Δforce입니다. 반면에 스프링 상수는 Δforce / Δdistance입니다. 결론적으로 k는 a의 역수inverse입니다.

`fitData('springData.txt')`을 호출하면 **그림 18.6**의 그래프를 그리게 됩니다.

매우 적은 수의 점들만 실제로 최소 제곱법으로 찾은 적합 곡선 위에 있다는 사실이 흥미롭습니다. 우리가 가장 많은 점을 포함하는 선을 찾지 않고, 편차 제곱의 합을 최소화하는 선을 찾으려고 했기 때문에 이것은 납득할 만한 결과입니다. 여전히 이 선은 최적의 적합 곡선으로 보이지 않습니다. 아래의 코드를 `fitData`에 추가해서 3차 적합 곡선을 찾아봅시다.

```
#find cubic fit
Fit = pylab.polyfit(forces, distances, 3)
predictedDistances = pylab.polyval(fit, forces)
pylab.plot(forces, predictedDistances, 'k:', label = 'cubic fit')
```

이 코드에서 우리는 함수 `polyval`을 사용하여 3차 적합 곡선과 연관된 점들을 만들어냈습니다. 이 함수는 두개의 인수, 즉 다항식 계수들과 다항식이 평가되어야 할 값들을 받습니다. 다음과 같은 코드의 일부분과

```
fit = pylab.polyfit(forces, distances, 3)
predictedDistances = pylab.polyval(fit, forces)
```

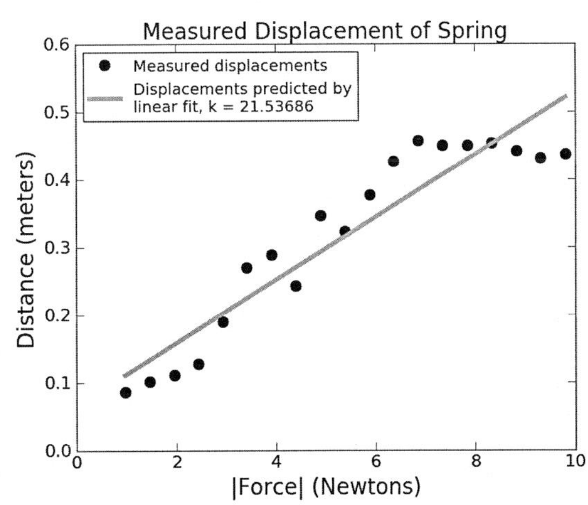

그림 18.6 측정한 점과 선형 모델

다음의 코드는 서로 같습니다.

```
a,b,c,d = pylab.polyfit(forces, distances, 3)
predictedDistances = a*(forces**3) + b*forces**2 + c*forces + d
```

이 코드는 **그림 18.7**의 그래프를 그립니다. 3차cubic 적합 곡선이 선형 적합 곡선보다 데이터를 설명하는데 더 좋은 모델처럼 보입니다. 과연 그럴까요? 아마도 그렇지 않을 것입니다.

데이터를 다루는 분야에서, 우리는 실측 데이터raw data와 그 데이터의 적합 곡선을 포함한 그래프를 종종 볼 수 있습니다. 그러나 너무나 자주 많은 저자들이 접합 곡선이 실제 현상에 잘 맞는 것이며, 실측 데이터는 단지 실험(측정) 오류를 나타내는 것이라고 가정해 버립니다. 이런 생각은 상당히 위험할 수 있습니다.

우리가 처음에 x 값과 y 값 사이에 3차cubic 관계가 아니라 선형 관계라는 이론을 가지고 시작했던 것을 기억하십시오. 그리고, 이제 1.5 kg의 물체가 매달렸을 때 스프링이 얼마나 늘어나는지 예측하기 위하여 3차 적합 곡선을 사용한다고 가정하고 실험해봅시다. 결과는 **그림 18.8**의 그래프와 같습니다.

이제 3차 적합 곡선이 바람직하지 않아 보입니다. 특히 매우 무거운 물체를 매달았다고 가정하면 스프링이 줄어들어 위로 올라간다고(y값이 음수입니다) 해석할 수 있습니다. 이 현상은 **과다 적합**overfitting의 한 예입니다. 과다 적합은 데이터의 수에 비해 너무 많은 변수를 사용하는 것과 같이 모델이 지나치게 복잡할 때 발생합니다. 과다 적합이 일어났다는 것은 곧 적합 곡선이 데이터 안

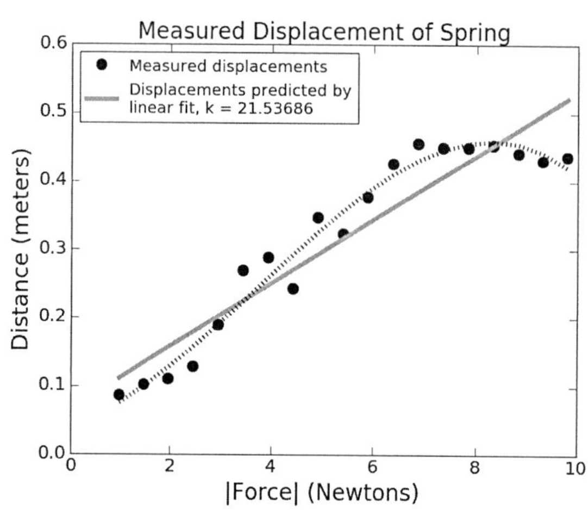

그림 18.7 선형 적합 곡선과 3차 적합 곡선

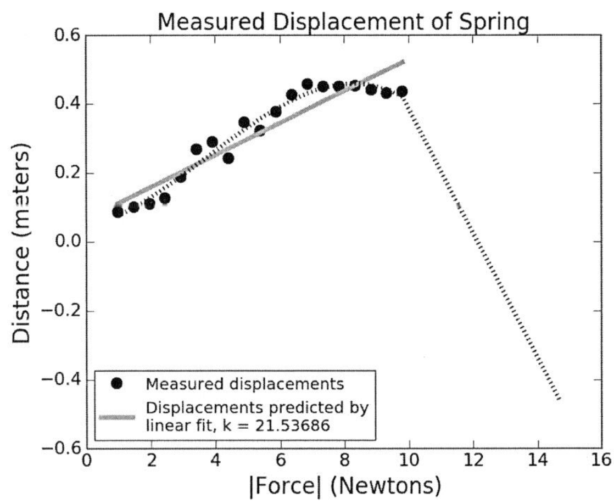

그림 18.8 모델을 사용하여 예측하기

에 있는 의미 없는 **노이즈**noise까지 포함하게 되었다는 것입니다. 과다 적합한 모델은 이 예제처럼 일반적으로 예측 능력이 떨어집니다.

> 손가락 풀기
>
> 그림 18.5를 수정해서 그림 18.8의 그래프를 출력하세요.

다시 선형 적합 곡선으로 돌아갑시다. 우선 선에 대해서는 잊고 실측 데이터raw data를 살펴 봅시다. 이상하게 보이는 것이 있나요? 가장 오른쪽에 있는 여섯 점들에 해당하는 적합 곡선을 찾는다면 x 축에 거의 평행할 것입니다. 이 현상은 훅의 법칙에 위배되어 보입니다. 훅의 법칙이 스프링의 탄성 계수 범위 내에서만 적용됨을 기억하기 바랍니다. 아마도 이 스프링은 7 N 근방에서 탄성 한계에 다다른 것으로 보입니다(대략적으로 0.7 kg입니다).

마지막 6개의 점들을 제거한다면 어떻게 되는지 봅시다. `fitData`의 두 번째 그리고 세 번째 줄을 다음과 같이 바꾸고 코드를 실행하십시오.

```
distances = pylab.array(distances[:-6])
masses = pylab.array(masses[:-6])
```

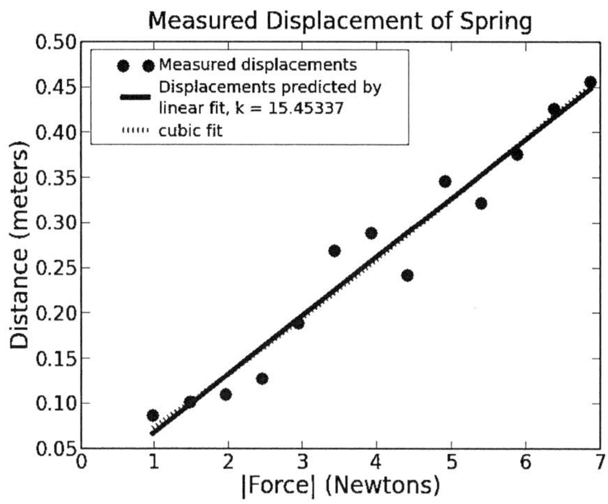

그림 18.9 탄성 한계까지의 모델

그림 18.9에서 보여주는 것과 같이 6개의 점들을 제거하니 확실히 차이가 있습니다. *k* 값이 극적으로 감소했고 선형 적합 곡선과 3차 적합 곡선을 구별할 수 없게 되었습니다. 하지만 두 선형 적합 곡선 중에 어떤 선이 탄성계수까지의 현상을 더 잘 설명할까요? 우리는 통계적 실험을 통해 어떤 선이 데이터에 더 적합한지 구분할 수 있지만, 그건 논점을 벗어납니다. 이것은 통계학적으로 답할 수 있는 질문이 아닙니다. 결국에는 우리가 모든 데이터 중에 두 점 만을 남기고 모두 버린 다음, `polyfit`으로 이 두 점을 지나는 완벽한 적합 곡선을 찾겠다는 말이 됩니다. 단지 더 나은 적합 곡선을 얻겠다고 실험결과를 버려선 안됩니다.[148] 여기서는, 우리가 스프링 탄성 계수에 한계가 있다는 혹의 법칙의 전제를 토대로 우측에 있는 6개의 점들을 제거한 것이 정당하다는 것입니다. 그러나 6개의 점들을 제거한 정당성을 다른 점들을 제거하는 데 적용할 수는 없습니다.

18.2 발사체(Projectiles) 운동

스프링들을 늘리는 것이 지겨워지니까, 스프링 중 하나로 발사체를 발사할 수 있는 장치를 만들기로 합시다.[149] 발사체를 20야드(1080인치)[150] 범위에 있는 목표물에 발사하는데 총 4번의 발사를 하

148. 사람들이 절대 이렇게 하지 않는다고 말하는 건 아닙니다.
149. 발사체는 발사체가 발사되었을 때 작용한 힘을 이용해서 공간으로 나아가는 물체입니다. 공공 안전을 위해 이 실험에 사용 한 발사 장치에 대한 설명은 하지 않겠습니다. 굉장한 실험이었다고만 말해 두겠습니다.
150. [역자 주] 약 18.288 m입니다. 1야드는 36인치입니다.

Distance	trial1	trial2	trial3	trial4
1080	0.0	0.0	0.0	0.0
1044	2.25	3.25	4.5	6.5
1008	5.25	6.5	6.5	8.75
972	7.5	7.75	8.25	9.25
936	8.75	9.25	9.5	10.5
900	12.0	12.25	12.5	14.75
864	13.75	16.0	16.0	16.5
828	14.75	15.25	15.5	17.5
792	15.5	16.0	16.6	16.75
756	17.0	17.0	17.5	19.25
720	17.5	18.5	18.5	19.0
540	19.5	20.0	20.25	20.5
360	18.5	18.5	19.0	19.0
180	13.0	13.0	13.0	13.0
0	0.0	0.0	0.0	0.0

그림 18.10 발사체 실험의 데이터

였습니다. 실험을 할 때마다 우리는 발사 지점으로부터 거리에 따라 발사체의 높이를 측정했습니다. 발사 지점과 목표물은 동일한 높이에 있었으며 우리는 그 높이를 0.0으로 간주했습니다.

데이터는 **그림 18.10**과 같은 내용이며, 파일에 저장되어 있습니다. 첫 번째 열은 발사체와 목표물 사이의 거리입니다. 나머지 열은 각 네 번의 발사 중에서 특정 거리에 해당하는 발사체의 높이입니다. 모든 측정값의 단위는 인치[151]입니다.

그림 18.11의 코드는 네 번의 실험에서 거리에 따른 발사체의 평균 높이를 그래프로 만드는데 사용합니다. 또한 최상의 선형 적합 곡선과 이차 적합 곡선을 그립니다(리스트에 정수를 곱하는 것의 의미를 잊었을 수도 있겠죠? 수식 `[0]*len(distances)`는 `len(distances)`크기의 리스트를 만들고 그 요소들을 0으로 초기화합니다).

151. [역자 주] 1인치는 약 2.54 cm입니다.

```
def getTrajectoryData(fileName):
    dataFile = open(fileName, 'r')
    distances = []
    heights1, heights2, heights3, heights4 = [],[],[],[]
    dataFile.readline()
    for line in dataFile:
        d, h1, h2, h3, h4 = line.split()
        distances.append(float(d))
        heights1.append(float(h1))
        heights2.append(float(h2))
        heights3.append(float(h3))
        heights4.append(float(h4))
    dataFile.close()
    return (distances, [heights1, heights2, heights3, heights4])

def processTrajectories(fileName):
    distances, heights = getTrajectoryData(fileName)
    numTrials = len(heights)
    distances = pylab.array(distances)
    #Get array containing mean height at each distance
    totHeights = pylab.array([0]*len(distances))
    for h in heights:
        totHeights = totHeights + pylab.array(h)
    meanHeights = totHeights/len(heights)
    pylab.title('Trajectory of Projectile (Mean of '\
                + str(numTrials) + ' Trials)')
    pylab.xlabel('Inches from Launch Point')
    pylab.ylabel('Inches Above Launch Point')
    pylab.plot(distances, meanHeights, 'ko')
    fit = pylab.polyfit(distances, meanHeights, 1)
    altitudes = pylab.polyval(fit, distances)
    pylab.plot(distances, altitudes, 'b', label = 'Linear Fit')
    fit = pylab.polyfit(distances, meanHeights, 2)
    altitudes = pylab.polyval(fit, distances)
    pylab.plot(distances, altitudes, 'k:', label = 'Quadratic Fit')
    pylab.legend()

processTrajectories('launcherData.txt')
```

그림 18.11 발사체의 궤도를 그래프에 그리기

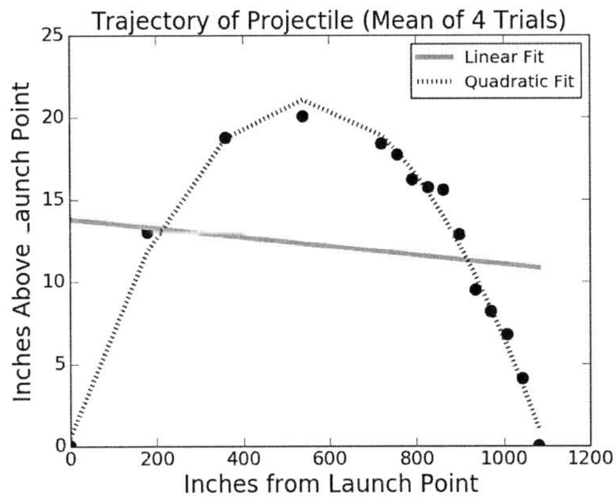

그림 18.12 궤도 그래프

그림 18.12의 그래프를 언뜻 보면, 이차 적합 곡선이 선형 적합 곡선보다 훨씬 낫다는 것을 알 수 있습니다[152] (이차 적합 곡선이 울퉁불퉁해 보이는 이유는 우리가 계산한 높이에 상응하는 예측 높이만을 그래프로 나타냈고 600까지는 점의 개수가 아주 적기 때문입니다.) 그러나 직선으로 예측한 것이 얼마나 나쁘며 이차 적합 곡선은 얼마나 좋은 걸까요?

18.2.1 결정 계수(coefficient of determination)

우리는 데이터 세트data set에 적합한 곡선을 찾을 때에 독립변수(이 예제에서는 발사지점으로부터의 수평 거리)에 따라 종속 변수(이 예제에서는 발사지점으로부터 위 방향으로의 거리)의 예측 값을 계산해 주는 함수를 찾습니다. **적합 곡선의 우수함**goodness of a fit을 물어보는 것은 이 예측의 정확도를 물어보는 것과 동일합니다. 평균 제곱오차mean square error를 최소로 하는 방법으로 적합 곡선을 구한 것을 기억하기 바랍니다. 이는 평균 제곱오차를 통해 적합 곡선의 우수함을 평가할 수 있다는 것을 짐작할 수 있습니다. 그런데 이런 접근방법에는 평균 제곱오차에 0zero라는 하한값은 있지만 상한값이 없다는 문제가 있군요. 이는 평균 제곱오차가 동일한 데이터의 두 적합 함수에 대한 상대적인 적합도를 비교하기에는 유용하지만, 적합 곡선의 절대적인 우수함에 대한 개념을 얻기에는 그다지 유용하지 않겠습니다.

우리는 적합 곡선의 절대적인 우수함을 흔히 R^2으로 표기하는 **결정 계수**를 사용하여 계산할 수 있

152. 발사체가 가파른 각도로 쏘아졌다고 오해하지 마세요. 가로축과 세로축의 척도에 차이가 있기 때문에 그렇게 보일 따름입니다.

습니다.[153] y_i는 i번째 관측 값, p_i는 모델에 의해 예측된 값, μ는 관측 값의 평균이라고 합시다.

$$R^2 = 1 - \frac{\sum_i (y_i - p_i)^2}{\sum_i (y_i - \mu)^2}$$

원래 값(분모)의 가변성과 추정 오차(분자)를 비교함으로써 R^2은 적합 곡선이 제공한 통계적 모델로 나타난 데이터 세트의 가변 비율(평균에 대해 상대적으로)을 포착하려는 것입니다. 이러한 선형 회귀식을모델에 적용하여 계산한 결정 계수 R^2은 항상 0과 1사이에 있습니다. 만약 $R^2 = 1$이면 모델은 데이터에 완벽한 적합 곡선입니다. 만약 $R^2 = 0$이면 모델이 예측한 값과 데이터가 평균 값 주변에 분포하게 된 것과는 아무런 관계도 없습니다.

그림 18.13의 코드는 이 통계적 방법을 수식대로 구현한 것입니다. 이러한 코드의 간단명료함 compactness은 배열 연산의 풍부한 표현력에서 나옵니다. `(predicted - measured)**2`는 두 배열의 상응하는 값들의 차이를 구해 제곱합니다. `(measured - meanOfMeasured)**2`는 배열 `measured`의 각 요소와 상수 값 `meanOfMeasured`과의 차이를 구해 그 값을 제곱합니다.

```
def rSquared(measured, predicted):
    """Assumes measured a one-dimensional array of measured values
           predicted a one-dimensional array of predicted values
       Returns coefficient of determination"""
    estimateError = ((predicted - measured)**2).sum()
    meanOfMeasured = measured.sum()/len(measured)
    variability = ((measured - meanOfMeasured)**2).sum()
    return 1 - estimateError/variability
```

그림 18.13 R^2 계산하기

다음 두 줄의 코드를 `processTrajectories`(**그림 18.11**) 안에 있는 `pylab.plot` 함수 호출들 다음 적절한 곳에 각각 삽입하면

```
print('RSquare of linear fit =', rSquared(meanHeights, altitudes))
print('RSquare of quadratic fit =', rSquared(meanHeights, altitudes))
```

다음의 결과를 출력합니다.

153. 결정계수는 다양하게 정의할 수 있습니다. 여기서 논하는 결정계수는 선형 회귀로부터 얻은 적합곡선의 질을 평가하는데 사용합니다.

```
RSquare of linear fit = 0.0177433205441
RSquare of quadratic fit = 0.985765369287
```

개략적으로 말하자면, 이 결과를 보면, 선형 모델은 측정된 데이터 변화에 대해 2% 미만을 설명할 수 있으며, 이차 모델은 데이터 변화에 대해 98% 이상을 설명할 수 있습니다.[154]

18.2.2 계산 모델(Computational Model) 사용하기

이제 우리 데이터에 적합한 모델을 찾은 것 같습니다. 이 모델을 사용해 우리의 원 자료original data에 대한 질문에 답을 해봅시다. 한가지 흥미로운 질문은 발사체가 목표물에 충돌할 때의 수평 속도가 얼마나 되느냐는 것입니다. 이 질문에 답하기 위해 다음과 같은 연산의 흐름을 생각해 볼 수 있습니다.

1. 우리는 발사체의 궤적이 포물선 $y = ax^2 + bx + c$를 따른다는 사실을 알고 있습니다. 모든 포물선이 꼭지점을 기준으로 대칭이기 때문에 우리는 발사체의 정점이 발사 지점과 목표물 중간에 있다는 것을 알고 있습니다. 이 값을 *xMid*라고 부릅시다. 정점의 높이를 *yPeak*라고 부르면, 정점의 높이 $yPeak = a \times xMid^2 + b \times xMid + c$입니다.
2. 공기 저항을 무시한다면(어떠한 모델도 완벽하지 않다는 사실을 기억하세요) 발사체가 *yPeak*에서부터 목표물 높이까지 하강하는데 걸리는 시간을 계산할 수 있습니다. 순수하게 중력의 영향만 받기 때문이죠. 식으로 표현하면, $t = \sqrt{((2 \times yPeak)/g)}$[155]입니다. 이 시간은 발사체가 *xMid*로부터 목표물까지의 수평 거리를 이동하는데 걸리는 시간과 동일합니다. 발사체가 목표물에 도달하게 되면 더 이상 움직이지 않기 때문입니다.
3. *xMid*로부터 목표물까지의 시간이 주어졌으니, 우리는 그 시간 동안 목표물의 평균 수평방향 속도를 쉽게 계산할 수 있습니다. 발사체가 수평방향으로 가속하거나 감속하지 않았다고 가정할 때, 이 평균 수평방향 속도는 발사체가 목표물에 충동했을 때의 수평방향 속도와 같다고 할 수 있습니다.

그림 18.14는 이 방법을 사용하여 발사체의 수평방향 속도를 계산합니다.[156]

---

154. [역자 주] 통계학에는 회귀식을 찾을 때, R^2 값이 큰 식을 사용합니다. 위의 경우 이차식을 사용하는 것이 바람직하겠습니다.
155. 이 공식은 첫 번째 원리로부터 유도해낼 수 있지만, 찾아보는 것이 더 이해하기 쉽습니다. `http://en.wikipedia.org/wiki/Equations_for_a_falling_body`에서 찾아볼 수 있습니다.
156. 수직방향 속도 또한 쉽게 계산할 수 있습니다. 그림 18.14에서의 `g`와 `t`의 곱이기 때문이죠.

```
def getHorizontalSpeed(quadFit, minX, maxX):
    """Assumes quadFit has coefficients of a quadratic polynomial
               minX and maxX are distances in inches
       Returns horizontal speed in feet per second"""
    inchesPerFoot = 12
    xMid = (maxX - minX)/2
    a,b,c = quadFit[0], quadFit[1], quadFit[2]
    yPeak = a*xMid**2 + b*xMid + c
    g = 32.16*inchesPerFoot #accel. of gravity in inches/sec/sec
    t = (2*yPeak/g)**0.5 #time in seconds from peak to target
    print('Horizontal speed =',
        int(xMid/(t*inchesPerFoot)), 'feet/sec')
```

그림 18.14 발사체의 수평방향 속도 계산하기

ProcessTrajectories 끝에(**그림 18.11**) getHorizontalSpeed(fit, distances[-1], distances[0])을 추가하면 다음과 같이 출력합니다.

```
Horizontal speed = 136 feet/sec
```

지금까지 우리가 밟은 과정은 다음과 같은 일반적인 패턴을 따른 것입니다.

1. 실험을 통해 물리적 시스템physical system의 운동behavior에 대한 데이터를 구했습니다.
2. 계산을 통해 시스템의 운동을 나타내는 모델을 찾고, 그 모델의 질을 평가했습니다.
3. 우리는 몇몇 이론과 분석을 통해 모델에서 흥미로운 결과를 이끌어냈습니다.

18.3 지수적으로 분포된 데이터의 적합 곡선 찾기

polyfit은 데이터에 대해 최소 제곱법으로 계산하여 주어진 차수에 맞는 가장 적합한 다항식을 선형 회귀를 사용하여 찾아냅니다. 데이터가 다항식에 근접한다면 적합 곡선을 잘 찾아낼 것입니다. 하지만 이런 일이 언제나 가능한 것은 아닙니다. 가령 단순히 지수적으로exponentially 증가하는 함수 $y = 3^x$를 생각해봅시다. **그림 18.15**의 코드는 처음 10개의 점에 대한 5차 적합 곡선을 찾고 **그림 18.16**에서 볼 수 있는 것처럼 결과를 그래프로 그립니다. 여기서 0-9까지의 정수로 이루어진 array를 반환하는 함수 pylab.arange(10)을 사용합니다. 표시로 사용한 선들의 너비를 인자

```
vals = []
for i in range(10):
    vals.append(3**i)
pylab.plot(vals,'ko', label = 'Actual points')
xVals = pylab.arange(10)
fit = pylab.polyfit(xVals, vals, 5)
yVals = pylab.polyval(fit, xVals)
pylab.plot(yVals, 'kx', label = 'Predicted points',
           markeredgewidth = 2, markersize = 25)
pylab.title('Fitting y = 3**x')
pylab.legend(loc = 'upper left')
```

그림 18.15 지수 분포에 다항식 곡선을 찾는 것

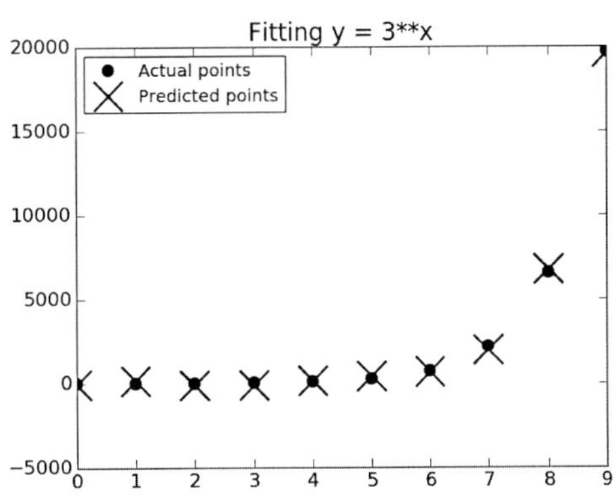

그림 18.16 지수 함수의 적합 곡선을 찾기

`markeredgewidth = 2`로 설정합니다.

이 데이터들에 한해서는 적합 곡선이 훌륭합니다. 하지만, 위 모델이 3^{20}에 대해 어떻게 예측하는지 봅시다. **그림 18.15** 끝에 다음의 코드를 더하면

```
print('Model predicts that 3**20 is roughly',
      pylab.polyval(fit, [3**20])[0])
print('Actual value of 3**20 is', 3**20)
```

다음과 같이 출력합니다.

```
Model predicts that 3**20 is roughly 2.45478276372e+48
Actual value of 3**20 is 3486784401
```

맙소사! 데이터의 적합 곡선을 사용했는데도 불구하고, polyfit이 제공한 모델은 좋아 보이지 않다는 것이 확실합니다. 5차 함수가 적절하지 않는 선택이었을까요? 아닙니다. 지수 분포에 적합한 다항식 곡선은 없기 때문입니다. polyfit을 사용해서 지수 분포에 적합한 모델을 찾을 수 없다는 의미인가요? 다행히도 그렇지는 않습니다. 우리는 polyfit을 사용해서 원래의 독립 변수 값과 종속 변수의 로그 값에 대한 적합 곡선을 찾을 수 있습니다.

시퀀스 [1, 2, 4, 8, 16, 32, 64, 128, 256, 512]를 고려해봅시다. 각각의 값에 밑수를 2로 하는 로그 값을 찾으면 시퀀스 [0, 1, 2, 3, 4, 5, 6, 7, 8, 9]입니다. 즉 선형으로 증가하는 시퀀스입니다. 사실, $y = f(x)$라는 함수가 지수 증가 형태를 보인다면, 그에 맞는 로그를 취할 경우 $f(x)$는 선형으로 증가합니다. 우리는 지수함수의 y축에 로그 척도를 그래프로 표현할 수 있습니다. 다음의 코드는 **그림 18.17**의 그래프를 만듭니다.

```
xVals, yVals = [], []
for i in range(10):
    xVals.append(i)
    yVals.append(3**i)
pylab.plot(xVals, yVals, 'k')
pylab.semilogy()
```

지수 함수에 로그를 취하면 선형 함수를 만들 수 있다는 사실을 통해 **그림 18.18**과 같이 지수적으로 분포된 데이터 세트의 모델을 만들 수 있습니다. x값과 그에 해당하는 로그 y값에 적합한 곡선

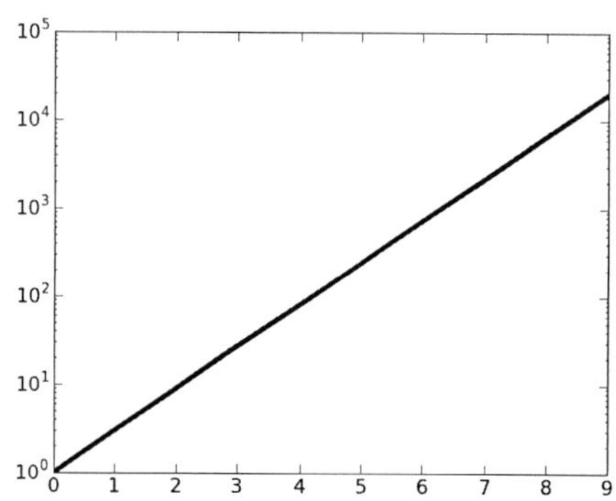

그림 18.17 반지수 그래프의 지수 함수

```
import math

def createData(f, xVals):
    """Asssumes f is afunction of one argument
                xVals is an array of suitable arguments for f
      Returns array containing results of applying f to the
                elements of xVals"""
    yVals = []
    for i in xVals:
        yVals.append(f(xVals[i]))
    return pylab.array(yVals)

def fitExpData(xVals, yVals):
    """Assumes xVals and yVals arrays of numbers such that
          yVals[i] == f(xVals[i]), where f is an exponential function
      Returns a, b, base such that log(f(x), base) == ax + b"""
    logVals = []
    for y in yVals:
        logVals.append(math.log(y, 2.0)) #get log base 2
    fit = pylab.polyfit(xVals, logVals, 1)
    return fit, 2.0

xVals = range(10)
f = lambda x: 3**x
yVals = createData(f, xVals)
pylab.plot(xVals, yVals, 'ko', label = 'Actual values')
fit, base = fitExpData(xVals, yVals)
predictedYVals = []
for x in xVals:
    predictedYVals.append(base**pylab.polyval(fit, x))
pylab.plot(xVals, predictedYVals, label = 'Predicted values')
pylab.title('Fitting an Exponential Function')
pylab.legend(loc = 'upper left')
#Look at a value for x not in original data
print('f(20) =', f(20))
print('Predicted value =', int(base**(pylab.polyval(fit, [20]))))
```

그림 18.18 polyfit을 사용하여 지수 함수의 적합 곡선을 찾기

을 찾는데 polyfit을 사용했습니다. log 함수를 제공하는 파이썬 표준 라이브러리 모듈 math를 사용한 것에 주목하기 바랍니다. 또한 5.4절에서 언급한 람다식을 사용하였습니다.

앞의 코드를 실행하면, **그림 18.9**과 같은 그래프를 만듭니다. 여기서 실제 값과 예측 값이 일치합니다. 더 나아가 모델을 만드는데 사용되지 않은 *x*값 20에 대한 *y*값을 예측한다면 다음과 같이 출력합니다.

```
f(20) = 3486784401
Predicted value = 3486784401
```

데이터에 맞는 모델을 찾는데 polyfit을 사용한 이 방법은 y = base^{ax+b}과 같은 형태로 관계가 형성되어 있을 때에도 적용할 수 있습니다. 이와 같은 형식으로 표현할 수 없는 데이터에 polyfit을 사용하면 잘못된 결과를 야기할 것입니다.

이것을 확인해 보기 위해 yVals을 다음 함수 정의를 사용하여 만들어봅시다.

```
f = lambda x: 3**x + x
```

이 모델은 다음과 같이 출력하며 좋지 않은 예측을 합니다.

```
f(20) = 3486784421
Predicted value = 2734037145
```

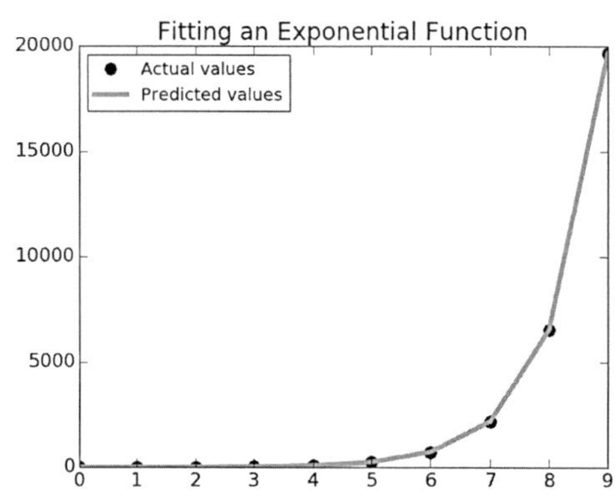

그림 18.19 지수 함수에 대한 적합 곡선

18.4 이론(theory)이 없는 경우

이번 장에서 우리는 이론적, 실험적, 계산적 과학의 상호 작용을 강조했습니다. 하지만 때때로 우리는 이론이 적거나 이론이 없는 흥미로운 데이터를 보게 됩니다. 이러한 경우 우리는 종종 계산적 방법에 의존해서 이론을 세우고 데이터에 적합해 보이는 모델을 만들게 됩니다.

이상적인 세계라면, 우리는 잘 통제된 환경에서 실험(예를 들어 스프링에 물체를 매다는 것)을 하고, 결과를 분석해 그와 일치하는 모델을 만들어 낼 것입니다. 우리는 곧 스프링에 다양한 무게의 추들을 매다는 것과 같이 새로운 실험들을 한 후 예측한 모델과의 결과를 비교할 것입니다.

불행히도 많은 경우 단 한 번의 실험조차 하기가 불가능하기도 합니다. 예를 들면, 이자율이 주식 가격에 얼마나 영향을 미치는지를 알기 위해 모델을 디자인한다고 상상해보십시오. 우리 중 극히 소수의 사람만이 이자율을 바꾼 뒤 어떤 변화가 있는지 확인할 수 있을 겁니다. 반면에 그와 관련된 과거 데이터는 매우 많습니다.

그러한 상황에서 우리는 현존하는 데이터를 **학습셋**training set과 검증으로 사용하기 위한 **홀드아웃셋**holdout set으로 나눠서 시뮬레이션을 돌려볼 수 있습니다. 홀드아웃셋을 고려하지 않고, 학습셋을 다룰 수 있는 모델을 만듭니다. 예를 들어, 우리가 학습셋에 합리적인 R^2 값을 갖는 곡선을 찾는 것입니다. 그리고 난 후 홀드아웃셋을 가지고 그 모델을 시험해 보는 것입니다. 대부분의 경우 모델은 홀드아웃셋보다 학습셋에 좀 더 적합할 겁니다. 만약 그 모델이 좋다면, 홀드아웃셋에도 어느 정도는 잘 맞아야 합니다. 그렇지 않다면, 그 모델은 아마도 버리는 게 맞습니다.

학습셋을 어떻게 골라야 할까요? 데이터 세트 전체를 대표할 수 있는 학습셋을 찾아야 합니다. 한 가지 방법으로는 무작위로 학습셋을 선택하는 것입니다. 데이터 세트가 충분히 큰 경우 좋은 방법일 겁니다.

이와 비슷하지만 약간 다르게 모델을 확인하는 방법은 원original 자료로부터 무작위로 선택한 여러 개의 부분집합들을 가지고 모델들을 만들고 난 후, 각각의 모델이 서로 얼마나 비슷한지 확인하는 겁니다. 만약 그들이 상당히 비슷하다면 매우 좋은 결과입니다. 이 접근 방법을 **교차 검증**cross validation이라고 합니다.

교차 검증에 대한 자세한 내용은 19장과 22장에서 다루겠습니다.

CHAPTER 19

무작위 시험과 가설 검증

X 박사는 프로 사이클 선수가 자전거 속도를 더 낼 수 있도록 돕는 PED-X라는 약물을 만들었습니다. X박사는 이 약물을 마케팅할 때, 선수들은 이 약물의 성능이 PED-Y(몇 해 동안 선수들이 사용하였지만 금지된)보다 월등하다고 주장했습니다. X박사는 몇 명의 투자자들로부터 돈을 모아 **무작위 시험**randomized trial을 시작하였습니다.

X 박사는 200명의 전문 사이클 선수들이 그의 시험에 참가하도록 설득했습니다. 그리고 선수들을 임의의 두 집단 즉 **처치 집단**treatment group과 **통제 집단**control group으로 나누었습니다. 처치 집단의 각 구성원에게는 PED-X 1회분을 주었습니다. 통제 집단이 각 구성원에게는 PED-X를 주었다고 말했지만 실제로는 PED-Y 1회분을 주었습니다.

사이클 선수들은 가능한 빠른 속도로 자전거를 타고 50마일을 달렸습니다. 각 집단의 완주 시간은 정규 분포를 나타냈습니다. 처치 집단의 평균 완주 시간은 118.79분이었으며, 통제 집단의 평균 완주 시간은 120.17분이었습니다. **그림 19.1**은 각 사이클 선수들의 완주 시간을 보여줍니다.

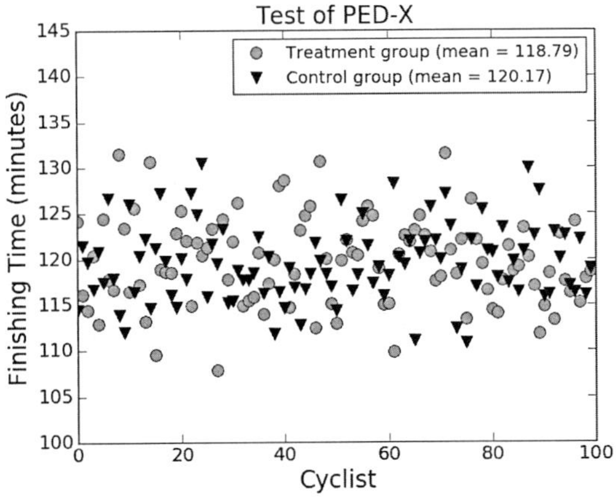

그림 19.1 사이클 선수들의 완주 시간

X 박사는 한 통계학자를 찾아가기 전까지는 의기양양 하였습니다. 통계학자는 두 집단 중 하나의 평균이 더 작을 수 밖에 없으며, 그 평균의 차이는 거의 무작위적으로 발생한 것이라고 말했습니다. 통계학자는 풀이 죽은 X 박사의 얼굴을 보며, 이런 연구를 할 때 어떻게 **통계적 유의성**statistical significance을 확인하는지 보여주었습니다

19.1 유의성 확인하기

모집단으로부터 임의의 표본을 추출하는 모든 실험에서는 관찰된 결과가 우연히 일어났을 가능성이 항상 존재합니다. **그림 19.2**는 2014년 1월의 기온이 1951년~1980년 1월의 평균 기온과 얼마나 차이가 있는지 보여줍니다. 이제 여러분이 지구 상에 있는 20개의 임의의 장소를 선택하여 하나의 표본을 만들었다고 상상해보세요. 그리고 여러분은 이 표본에서 평균 기온의 변화가 +1°C라는 것을 발견했습니다. 관찰된 평균 온도의 변화가 지구가 전체적으로 따뜻해졌다는 것을 설명하는 것이 아니라 여러분이 우연히 선택한 장소들 때문에 생긴 인위적인 현상일 확률은 얼마나 될까요? 이러한 질문에 답하는 것이 **통계적 유의성**에 대한 것입니다.

20세기 초반에 로날드 피셔Ronald Fisher가 통계적 **가설 검증**hypothesis testing의 접근 방법을 개발하였는데, 이 통계적 가설 검증은 순수하게 우연히 발생한 관찰 결과에 대한 확률을 평가하기 위해 가장 널리 쓰이는 접근 방법입니다. 뮤리엘 브리스톨-로치Muriel Bristol-Roach 박사가 차와 우유를 섞은 것을 마셨을 때 그녀는 차와 우유 중 무엇이 찻잔에 먼저 부어졌는지 알아챌 수 있었던 것으로부

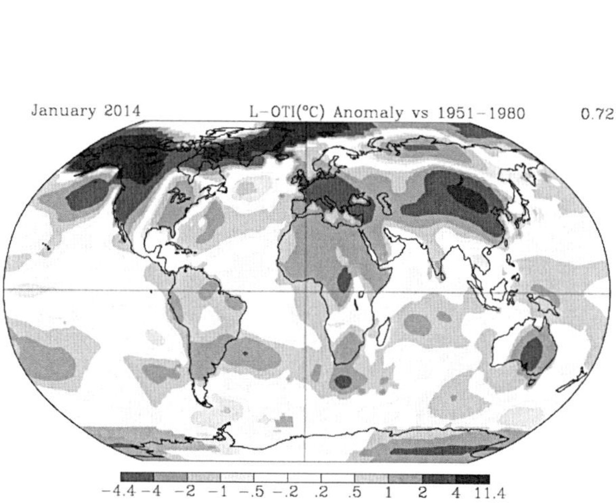

그림 19.2 1951년–1980년 평균 기온과 1월 기온의 차이를 섭씨로 나타낸 것[157]

157. 이것은 NASA U.S National Aeronautics and Space Administration에서 가져온 회색 톤의 색으로 표시된 그림입니다.

터 나온 이론에 대응하여 피셔는 이 접근 방법을 발명하였습니다. 피셔는 그녀에게 8개의 차가 담긴 찻잔을 주고(4개는 차를 먼저 넣은 것이고 4개는 우유를 먼저 넣은 것) 우유보다 차를 더 먼저 부은 컵을 찾아보라고 하면서 "차 테스트"를 해보았습니다. 그녀는 완벽하게 맞추었습니다. 피셔는 순수하게 우연히 맞추었을 확률을 계산하였습니다. 15.4.4절에서 보았던 것처럼, $\binom{8}{4}=70$입니다. 즉, 8개의 컵 중에서 4개의 컵을 선택할 수 있는 방법은 70가지입니다. 70개의 조합 중 오직 한 개만 차가 먼저 부어진 4개의 컵을 포함하고 있기 때문에 피셔는 브리스톨-로치 박사가 순수하게 정답을 맞추었을 확률은 $\frac{1}{70} \approx 0.014$이라고 계산하였습니다. 이로부터 그는 그녀가 정답을 맞춘 것이 우연이었다고 말하기는 어렵다고 결론을 내렸습니다.

피셔가 시도한 유의성 검증은 다음과 같이 요약할 수 있습니다.

1. **영가설**null hypothesis(零假說 혹은 귀무가설, 歸無假說)과 **대립가설**alternative hypothesis을 명시합니다. 영가설은 "처치treatment"가 아무런 효과가 없다는 것입니다. "차 테스트"의 경우, 영가설은 브리스톨-로치 박사가 맛의 차이를 구별하지 못한다는 것입니다. 대립가설은 영가설이 거짓일 때에 성립할 수 있는 가설입니다. 즉, 브리스톨-로치 박사가 맛의 차이를 구별할 수 있다는 것이겠지요.[158]
2. 평가할 표본에 대한 통계적 가정을 이해합니다. "차 테스트"에서 피셔는 브리스톨-로치 박사가 각각의 찻잔에 대해서 독립적인 결정을 한다고 가정했습니다.
3. 관련된 **검증 통계량**test statistic을 계산합니다. 이 경우에서 검증 통계량은 브리스톨-로치 박사가 정답을 맞추게 될 비율입니다.
4. 영가설이 참일 때 검증 통계량의 확률을 이끌어냅니다. 이 경우에 모든 찻잔에 대해 정답을 우연히 맞출 확률이 될 것입니다. 즉, 0.014가 되겠지요.
5. 영가설이 거짓이라고 가정할 수 있을 만큼, 즉 영가설을 **기각**reject할 만큼 확률이 충분히 작은지 결정합니다. 사전에 미리 선택해야 하는 기각 수준rejection level의 보편적인 값들은 0.05 내지는 0.01입니다.

사이클 선수 이야기로 돌아가서, 처치 집단과 통제 집단 즉 PED-X을 복용한 사람과 PED-Y을 복용한 사람의 완주 시간 표본들을 무수히 많은 모집단으로부터 추출했다고 상상해봅시다. 이 실험에 대한 영가설은 두 개의 큰 모집단의 평균은 같다는 것입니다. 즉, 처치 집단의 모평균과 통제 집단의 모평균의 차이는 0이라는 것입니다. 대립가설은 두 평균이 같지 않다는 것입니다. 즉, 평균의 차이는 0이 아닙니다.

158. 피셔의 공식화에서는 영가설만 존재했습니다. 대립가설에 대한 개념은 예지 네이만Jerzy Neyman과 이곤 피어슨Egon Pearson에 의해 나중에 발표되었습니다.

다음으로 영가설을 기각reject하도록 노력을 시도하는 것입니다. 우리는 통계적 유의 수준을 위한 한계점 α을 선택하여 영가설과 일치하는 분포로부터 데이터가 추출될 확률은 α보다 작다는 것을 보여야 합니다. 그리고 그 때 우리는 신뢰도 α 확률로 영가설을 기각할 수 있으며, 1-α의 확률로 영가설의 부정negation을 채택할 수 있다고 말할 수 있습니다.

α를 선택하는 것은 우리가 낼 수 있는 오류의 종류에 영향을 끼칩니다. α의 값이 클수록 실제로 참인 영가설을 기각할 가능성이 커집니다. 이것을 **타입 I 오류**type I errors라고 합니다. α의 값이 작을수록 실제로 거짓인 영가설을 채택할 가능성이 커집니다. 이것을 **타입 II 오류**type II errors라고 합니다.

사람들은 보편적으로 α = 0.05로 선택합니다. 하지만 틀린 결과에 따라 더 크거나 작은 α를 선택하는 것이 더 좋을 수도 있습니다. 예를 들어 PED-X을 복용하는 사람과 PED-Y를 복용하는 사람들의 조기 사망률에는 차이가 없다는 것이 영가설이라고 생각해보세요. 이럴 경우 더 작은 α, 예를 들면 0.01을 선택하길 원할 것입니다. 반면에 영가설이 PED-X의 맛과 PED-Y의 맛에는 차이가 없다는 것이라면 훨씬 큰 α을 선택하길 원할 것입니다.[159]

다음으로 해야 할 것은 검증 통계량을 계산하는 것입니다. 가장 널리 쓰이는 검증 통계량은 **t-통계량**t-statistic입니다. t-통계량은 표준 오차 단위에서 추정하여 데이터로부터 알아낸 추정값이 영가설로부터 알아낸 추정값과 비교해 얼마나 다른지 알려줍니다. t-통계량이 클수록 영가설이 기각될 가능성이 커집니다. 우리 예제에서 t-통계량으로부터 두 평균값의 차이인 표준 오차가 0으로부터 얼마나 떨어져 있는지 알려줍니다. PED-X 예제에서 t-통계량은 -2.13165598142입니다. 이것이 무슨 뜻일까요? 이 값을 어떻게 사용할 수 있을까요?

우리가 t-통계량을 사용하는 방법은 신뢰 구간을 계산하기 위해서 평균으로부터 표준 편차의 개수를 사용하는 방법과 비슷합니다. (15.4.2절을 보세요) 모든 정규 분포에 대해서 표본이 고정된 개수의 평균의 표준 편차 이내에 놓여질 확률은 일정합니다. 조금 더 복잡하게 표준 오차를 계산하기 위해 사용한 표본의 개수를 고려해 봅시다. 정규 분포를 가정하는 대신에 **t-분포**t-distribution를 가정해봅시다.

t-분포는 1908년에 아서 기네스Arthur Guinness와 손Son 맥주공장에서 일하던 통계학자인 윌리엄 고셋William Gosset에 의해 처음 설명되었습니다.[160] t-분포의 모양은 표본의 자유도degrees of freedom에 영향을 받기 때문에 분포의 일종이라고 할 수 있습니다.

---

159. 이 책의 저자를 포함한 많은 연구자들이 "기각하는 사람들"의 통계 발표는 운이 없다고 굳게 믿습니다. "영가설이 5% 수준에서 기각되었습니다"라고 주장하는 것보다 실제 유의 수준을 발표하는 것이 더 좋은 방법인 경우가 많습니다.

160. 기네스는 고셋이 그의 이름으로 논문을 발표하는 것을 금지했습니다. 그는 t-분포에 대해 다룬 중요한 1908년 논문인 "Probable Error of a Mean"을 발표할 때 가명 "스튜던트Student"을 사용하였습니다. 그 결과 이 분포는 흔히 "스튜던트의 t-분포"라고 부릅니다.

자유도degree of freedom는 t-통계량을 이끌어내기 위해 사용하는 독립적인 정보의 양을 묘사해줍니다. 일반적으로 우리는 자유도를 표본을 추출한 모집단에 대한 통계량을 추정하기 위해 이용할 수 있는 표본의 독립적인 관측의 개수라고 생각할 수 있습니다.

t-분포는 정규 분포와 매우 비슷하게 생겼으며, 자유도가 클수록 정규 분포에 가까워집니다. 자유도가 작을 경우, t-분포는 정규분포에 비해 현저히 꼬리부분으로 분포가 치우쳐 있게 됩니다.

이제 표본 분산을 사용하여 모집단의 분산을 추정하기 위해 표본의 분산을 사용해봅시다. 다음 수식을 기억하면,

$$variance(X) = \frac{\sum_{x \epsilon X}(x - \mu)^2}{|X|}$$

여기 표본의 분산은 다음과 같습니다.

$$\frac{(100 - 200)^2 + (200 - 200)^2 + (300 - 200)^2}{3}$$

세 개의 표본(100, 200, 300)을 가지고 있는 경우를 생각해보기로 합시다.

우리가 세 개의 독립적인 정보를 사용하고 있다고 보일지도 모르지만, 그렇지 않습니다. 분자의 세 항은 서로 독립적이지 않습니다. 왜냐하면 세 개 모두 다 관측 값은 200명의 선수로 이루어진 표본에 대한 평균을 계산한 것이기 때문입니다. 우리가 평균과 세 개의 관측 값 중 어떤 두 개의 값을 알게 된 이상 세 번째 관측 값은 고정되었기 때문에 자유도는 2입니다.

자유도가 클수록 표본 통계량이 모집단을 대표할 확률은 커집니다. 하나의 표본으로부터 계산된 t-통계량의 자유도가 표본의 크기보다 1이 작습니다. 왜냐하면 표본의 평균은 t-통계량을 계산하기 위해 사용되기 때문입니다. 만약 두개의 표본이 사용되었다면, 자유도는 표본의 크기의 합보다 2가 적었을 것입니다. 왜냐하면 각 표본의 평균은 t-통계량을 계산하는 데에 사용되었기 때문입니다. 예를 들어 PED-X / PED-Y 실험에서 자유도는 198입니다.

자유도가 주어졌을 때, 우리는 알맞은 t-분포를 보여주는 그래프를 그릴 수 있으며, 그래서, PED-X에 대해 계산한 t-통계량이 분포 상에서 어디에 놓이는지 알 수 있게 됩니다. **그림 19.3**의 코드는 바로 이것을 실행하는 것이며, **그림 19.4**와 같은 그래프를 그립니다. 이 코드에서 처음에 함수 `scipy.random.standard_t`를 사용하여 198의 자유도에서 t-분포로부터 추출한 많은 표본을 만들어냅니다. 그리고 PED-X 표본의 t-통계량과 그 t-통계량의 음수값negative에 흰 선을 그립니다.

히스토그램에서 흰 선 왼쪽 부분과 오른쪽 부분의 넓이의 비율의 합은 다음을 만족한다면, 적어도 관측한 값처럼 극단적인 값을 얻을 확률과 같게 됩니다.

```
tStat = -2.13165598142 #t-statistic for PED-X example
tDist = []
numBins = 1000
for i in range(10000000):
tDist.append(scipy.random.standard_t(198))

pylab.hist(tDist, bins = numBins,
           weights = pylab.array(len(tDist)*[1.0])/len(tDist))
pylab.axvline(tStat, color = 'w')
pylab.axvline(-tStat, color = 'w')
pylab.title('T-distribution with 198 Degrees of Freedom')
pylab.xlabel('T-statistic')
pylab.ylabel('Probability')
```

그림 19.3 t-분포를 그래프로 그리기

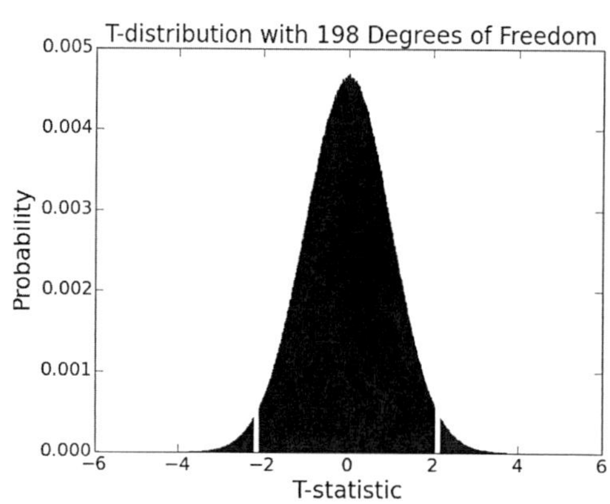

그림 19.4 t-분포를 시각화하기

- 표본이 모집단을 대표할 수 있습니다.
- 영가설이 참입니다.

우리는 양쪽 꼬리 부분을 살펴보아야 합니다. 왜냐하면 우리가 세운 영가설은 모집단의 평균이 서로 같다는 것이기 때문입니다. 그렇기 때문에 처치 집단의 평균이 통제 집단의 평균보다 상당히 크거나 작다면 이 시험은 실패하게 됩니다.

영가설이 참이라는 가정 하에서 적어도 관측 값 정도의 극단적인 값을 가질 확률을 **p–값**[p-value]이라고 부릅니다.[161] 우리가 다루었던 PED-X 예제에서 p-값은 처치 집단과 통제 집단의 실제 모평균이 서로 같다는 가정 하에서 적어도 관찰한 차이만큼 큰 평균의 차이를 가질 확률을 말합니다.

우리는 보통 영가설이 성립하지 않을 경우를 바랍니다. 그렇기 때문에 p-값이 영가설이 성립하지 않는 경우에 어떠한 사건이 발생할 확률을 말해준다는 것이 조금 이상하게 보일 것입니다. 하지만 이것은 가설을 반박할 잠재성을 가지는 실험을 구상하는 것에 기초한 정통적인 "과학적 방법"과 크게 다르지 않습니다. **그림 19.5**의 코드는 t-통계량과 우리가 사용하는 두개의 표본에 대한 p-값을 계산하고 출력합니다. 라이브러리 함수 `stats.ttest_ind`는 꼬리가 양측 두 표본에 대한 **t–검증**[t-test]을 시험하며 t-통계량과 p-값을 반환합니다. 매개변수 `equal_var`을 `False`로 설정하면 두개의 모집단이 같은 분포를 가지고 있는지 알 수 없다는 것을 의미하게 됩니다.

이 코드를 실행하면 다음을 출력합니다.

```
Treatment mean - control mean = -1.3766016405102306 minutes
The t-statistic from two-sample test is -2.13165598142
The p-value from two-sample test is 0.0343720799815
```

"그렇습니다." X박사가 자랑했습니다. "PED-X가 PED-Y보다 낫지 않을 확률은 3.5%보다 적어 보입니다. 그렇기 때문에 PED-X가 더 좋은 효과를 가질 확률은 96.5%가 되겠지요. 이제 돈을 좀 벌어볼까요." 아아, 잠깐, 그의 기쁨은 다음 장을 읽은 후부터는 지속될 수 없었습니다.

```python
from scipy import stats
controlMean = sum(controlTimes)/len(controlTimes)
treatmentMean = sum(treatmentTimes)/len(treatmentTimes)
print('Treatment mean - control mean =',
    treatmentMean - controlMean, 'minutes')
twoSampleTest = stats.ttest_ind(treatmentTimes, controlTimes,
                                equal_var = False)
print('The t-statistic from two-sample test is', twoSampleTest[0])
print('The p-value from two-sample test is', twoSampleTest[1])
```

그림 19.5 t–통계량과 p–값을 계산하고 출력하기

161. [역자 주] p–(그림 19.3)에서 흰색으로 분리된 꼬리부분)값이란 '영가설이 참이라고 가정할 때, 관찰된(또는 그보다 더 극단적인) 결과가 일어날 확률'을 말한다.

19.2 P-값을 조심하세요

원래 p-값이 뜻하지 않았던 의미로 p-값을 읽기가 너무 쉽습니다. 즉 p-값을 영가설이 참일 확률이라고 생각하도록 유혹한다는 것입니다. 하지만 실제로 그런 뜻이 아닙니다.

영가설은 영국계 미국인들의 형사사법제도에서 피고와 유사합니다. 이 제도는 "무죄의 추정"이라고 부르는 원칙에 기반합니다. 즉, 유죄라고 입증되기 전까지 무죄라는 것입니다. 이와 유사하게, 우리가 영가설이 거짓이라는 충분한 증거를 찾기 전까지 영가설을 참이라고 가정합니다. 재판에서 배심원들은 피고가 "유죄" 또는 "무죄"라고 결정할 수 있습니다. "유죄가 아닌" 판결은 피고가 "타당한 의혹을 넘어서" 유죄라는 것을 배심원들을 확신시킬 수 있을 만한 증거가 충분하지 않다는 것을 함축합니다.[162] 이것을 "유죄라는 것이 증명되지 않았다"라는 것과 같다고 생각하세요. "무죄" 판결은 피고가 무죄라는 것을 확신할 만한 충분한 증거가 있다는 것을 의미하는 것이 아닙니다. p-값을 "타당한 의혹을 넘어선" 기준이 아주 작은 α을 선택하는것과 같은 배심원의 판결이라고 생각하세요. 그리고 그 증거는 t-통계량을 구성한 데이터가 됩니다.

영가설이 참일 경우 p-값이 작다는 것은 특정 표본이 바람직하지 않다는 것을 알려줍니다. 이것은 피고가 무죄라면 일련의 증거가 보여지지 않았을 것이라고 결론을 내리고 이로 인해 유죄 선고로 이어지는 것과 유사합니다. 물론 이것이 피고가 실제로 유죄라는 뜻은 아닙니다. 아마 배심원에게 허위 증거를 보여주었을 것입니다. 유사하게 작은 p-값은 실제로 거짓인 영가설에 기인할 것입니다. 또는 이 표본이 모집단을 대표하지 않는다는 것 일수도 있습니다. 즉, 증거가 허위라는 것입니다.

여러분도 예상했겠지만, X 박사는 그의 실험이 영가설은 거짓이라는 것을 보여주었다고 확고하게 주장했습니다. Y 박사는 p-값이 작은 것은 모집단을 대표하지 못하는 표본에 기인할 것이라는 것을 주장하였고 자기가 했던 실험과 비슷한 규모의 다른 실험을 하는 비용을 지원했습니다. 그녀의 실험 표본을 사용해서 통계량을 계산했을 때 코드는 다음을 출력합니다.

```
Treatment mean - control mean = 0.1760912816 minutes
The t-statistic from two-sample test is -0.274609731618
The p-value from two-sample test is 0.783908632676
```

162. "타당한 의혹을 넘어서"의 기준은 사회가 형사사건 재판에서 타입 I 오류 (무죄인 사람을 유죄로 선고하는 것)가 타입 II 오류(유죄인 사람을 무죄로 선고하는 것)보다 덜 바람직하다고 생각한다는 것을 의미합니다. 민사사건 재판에서 기준은 "증거의 우세함"인데, 이것은 사회가 두 종류의 오류를 동일한 수준으로 바람직하지 못하다고 생각하는 것을 의미합니다.

이 p-값은 X박사의 실험에서 얻은 것보다 약 24배 더 큽니다. 그리고 p-값이 0.5보다 훨씬 크기 때문에 영가설이 참인 것을 의심할 이유는 없습니다. 완전히 혼란스러운 거죠. 하지만 분명히 잘 밝혀낼 수 있을 것입니다!

여러분은 아마 이 이야기가 실화가 아니라는 것을 알게 되었을 때 놀라지 않을 것입니다. 어쨌든 사이클 선수가 경기력을 향상시키는 약물을 먹었다는 것은 믿기 어렵습니다. 사실 이 실험의 표본은 **그림 19.6**의 코드로부터 생성한 것입니다.

이 실험은 순전히 계산하기 위한 자료를 사용했기 때문에 우리는 여러 개의 다른 표본을 얻기 위해서 여러 번 실행해볼 수 있습니다. 10,000개의 표본을 생성하고(각 분포마다 한 개씩) p-값의 확률을 그래프로 그렸을 때 우리는 **그림 19.7**의 그래프를 얻을 수 있습니다.

```
treatmentDist = (119.5, 5.0)
controlDist = (120, 4.0)
sampleSize = 100
treatmentTimes, controlTimes = [], []
for s in range(sampleSize):
    treatmentTimes.append(random.gauss(treatmentDist[0], treatmentDist[1]))
    controlTimes.append(random.gauss(controlDist[0], controlDist[1]))
```

그림 19.6 경기 표본을 생성하는 코드

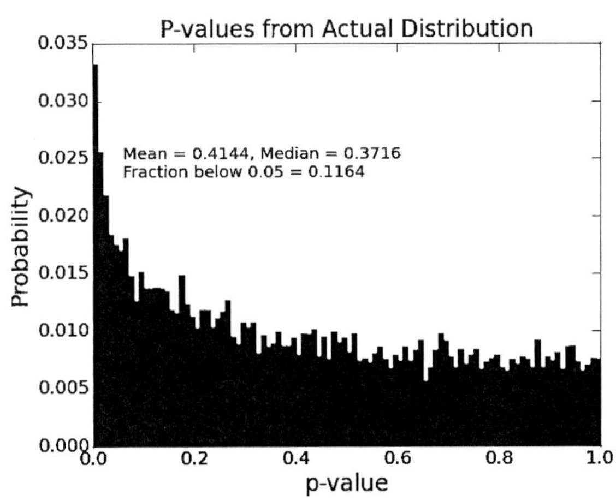

그림 19.7 p-값의 확률

p-값의 11.6% 이상이 0.05 이하이기 때문에 우리가 실행한 첫 번째 실험이 5%의 유의 수준을 보였다는 것이 그렇게 놀랍지 않습니다. 반면에 완전히 다른 결과를 이끌어낸 두 번째 실험도 놀랍지 않습니다. 놀라운 것은 우리가 두 분포의 평균이 실제로 다르다는 것을 안다고 했을 때 우리는 11.6%만큼만 5%의 유의수준을 얻었다는 것입니다. 88% 이상은 5% 수준에서 틀린 영가설을 기각하지 못했습니다. (우리가 표본의 크기를 2000으로 증가시켰을 때 6% 횟수만큼만 틀린 영가설을 기각할 수 없게 됩니다.)

p-값이 영가설을 기각할 것인지 아닌지를 결정하는 지표로 믿을 만하지 못하다는 것은 과학 논문에 나오는 많은 결과들을 다른 과학자들이 재현할 수 없다는 것도 그 이유들을 설명하는 것 중에 하나입니다. 문제 중에 하나는 **연구 노력**(표본을 크게 하려고 할 때)과 통계적 발견 사이에 큰 연관성이 있다는 것입니다.[163]

왜 많은 연구들에서 그 노력이 부족할까요? 우리가 만약 실제 사람들로 실험을 진행한다면(시뮬레이션 대신에) 표본의 크기가 100개일 때보다 표본을 2000개 추출하는 것이 20배 더 비쌀 것입니다.

표본의 크기에 대한 문제는 통계학의 빈도학파frequentist 접근법이라고 부르는 본질적인 속성입니다. 20장에서 우리는 이 문제를 완화시키기 위한 다른 접근법에 대해 이야기해보겠습니다.

19.3 단측 단일 표본 검증

지금까지 이 장에서 우리는 양측 두 표본two-tailed two sample 검증만 살펴보았습니다. **단측**one-tailed(혹은 단방향) 그리고/또는 **단일 표본**one-sample t-검증을 사용하는 것이 더 적절한 경우도 있습니다.

먼저 단측 두 표본one-tailed two-sample 검증을 생각해봅시다. PED-X와 PED-Y의 상대적인 효능을 위한 양측 검증에서 우리는 세 가지 경우를 고려했습니다. 1) PED-X와 PED-Y의 효능이 동등할 경우, 2) PED-X의 효능이 PED-Y보다 더 좋을 경우, 3) PED-Y의 효능이 PED-X보다 좋을 경우. 우리의 목표는 영가설이 참이라면 PED-X와 PED-Y 표본의 평균에서 관측한 것처럼 큰 차이를 볼 수 없을 것이라고 주장하면서 영가설을 기각하는 것입니다.

하지만 PED-X가 PED-Y보다 가격이 매우 싸다고 생각해보세요. X박사의 상품을 잘 팔기 위해서는 PED-X가 적어도 PED-Y만큼의 효능이 있다는 것을 보여야 합니다. 이것을 생각할 수 있는 한

163. Katherine S. Button, John P. A. Ioannidis, Claire Mokrysz, Brian A. Nosek, Jonathan Flint, Emma S. J. Robinson, and Marcus R. Munafò (2013) "Power failure: why small sample size undermines the reliability of neuroscience," Nature Reviews Neuroscience, 14: 365–376.

가지 방법은 평균이 서로 같다는 영가설이나 PED-X의 평균이 더 크다는 영가설을 기각하는 것입니다. 이 가설은 평균이 서로 같다는 가설보다 더 설득력이 없다는 것을 주의하세요. (가설 A는 가설 B보다 설득력이 없습니다. B가 참일 경우에는 항상 A도 참이지만 반대는 성립하지 않습니다.)

이것을 시험하기 위해서 **그림 19.5**의 코드로부터 계산된 원래 영가설을 사용하여 두 표본 검증을 시작합니다. 이 코드는 다음을 출력합니다.

```
Treatment mean - control mean = -1.37660164051 minutes
The t-statistic from two-sample test is -2.13165598142
The p-value from two-sample test is 0.0343720799815
```

우리는 3.5% 수준에서 영가설을 기각할 수 있습니다.

설득력이 부족한 가설은 어떨까요? **그림 19.4**를 다시 생각해보세요. 우리는 영가설이 참이라는 가정 하에 히스토그램에서 흰 선 왼쪽과 오른쪽 넓이의 비율의 합은 적어도 관측한 값만큼의 극단적인 값을 얻을 확률과 같다는 것을 발견했습니다. 하지만 설득력이 부족한 이 가설을 기각하기 위해서 우리는 왼쪽 꼬리 부분의 넓이는 고려하지 않아도 됩니다. 왜냐하면 이 부분은 PED-X가 PED-Y보다 더 효능이 좋을 경우와 상응하기 때문입니다. 그리고 우리는 PED-X의 효능이 좋지 않다는 가설을 기각하는 것에만 초점을 두고 있습니다. 즉, 우리는 단측 검증을 시험할 수 있습니다.

t-분포가 대칭 구조를 이루기 때문에 단측 검증의 값을 얻기 위해서 양측 검증으로부터 p-값을 반으로 나눕니다. 그래서 단측 검증의 p-값은 0.01718603999075입니다. 우리는 1.7% 수준에서 설득력 부족한 이 가설을 기각할 수 있게 됩니다. 이것은 양측 검증을 사용해서는 할 수 없는 것입니다.

단측 검증이 효능을 알아내기에 더 강력하기 때문에 효능에 관련된 가설이 주어졌을 때 단측 검증을 시도하게 됩니다. 하지만 이것은 좋은 방법이 아닙니다. 단측 검증은 검증되지 않은 방향에서 효능을 상실했을 때의 결과가 무시해도 될 정도일 때에만 적절한 방법입니다.

이제 단일 표본 검증을 살펴봅시다. PED-Y을 사용하는 사람에 대해 몇 년에 걸친 실험이 끝나고 나서 50마일 코스에서 PED-Y을 복용한 선수의 평균 완주 시간이 120분이라는 것을 알아냈습니다. PED-X가 PED-Y보다 다른 효능을 보였는지 알아내기 위해서 하나의 PED-X 표본의 평균 완주 시간은 120이라는 영가설을 검증해보면 됩니다. 이것은 하나의 표본과 비교되어야 할 모평균을 인자로 받는 함수 `scipy.stats.ttest_1samp`을 사용하여 해결할 수 있습니다. 그러면 t-통계량과 p-값을 포함하는 터플을 반환합니다. 예를 들어 우리가 **그림 19.5**의 코드 끝에 다음 코드를 더하면,

```
oneSampleTest = stats.ttest_1samp(treatmentTimes, 120)
print('The t-statistic from one-sample test is', oneSampleTest[0])
print('The p-value from one-sample test is', oneSampleTest[1])
```

다음과 같이 출력합니다.

```
The t-statistic from one-sample test is -2.32665745939
The p-value from one-sample test is 0.0220215196873
```

여기서 p-값이 양측 두 표본 검증을 사용해서 얻은 것보다 작다는 사실은 놀랍지 않습니다. 두 평균 중 하나를 우리가 안다고 가정함으로써 우리는 불확실한 자료를 제거했습니다.

모든 과정이 끝난 후에 PED-X와 PED-Y에 대한 통계적 분석을 통해 우리는 무엇을 배웠나요? PED-X와 PED-Y 사용자에 대해 예상했던 것과 다른 결과가 있었지만 PED-X와 PED-Y 사용자의 표본이 모두 이 차이를 밝힌다고 보장할 수는 없습니다. 게다가 예상 평균값의 차이가 작기 때문에(50%보다 작습니다) X박사가 실행했던 크기에 대한 실험(한 집단에 100명의 선수들)이 95%의 신뢰 수준에서 평균의 차이가 있다고 결론을 내릴 수 있는 증거라고 보기는 어렵습니다. 우리는 단측one-tailed 검증을 함으로써 95%의 수준에서 통계적으로 유의한 결과를 얻을 가능성을 높일 수 있습니다. 하지만 PED-X이 PED-Y보다 효능이 떨어지지 않다고 가정할 수 있는 근거가 없기 때문에 틀릴 수 있습니다.

19.4 유의한가 유의하지 않는가?

린세이와 존은 지난 몇 년 동안 "Words with Friends"라는 게임을 하면서 과도한 시간을 낭비했습니다. 그들은 1,273번 게임을 했으며 린세이는 666번 게임을 이겼기 때문에 "나는 너보다 훨씬 이 게임을 잘해"라고 자랑했습니다. 존은 린세이의 주장은 말도 안되며, 린세이가 게임을 이긴 것은 (아마도) 순전히 운이 좋았던 것이라고 주장했습니다.

최근에 통계학에 관한 책을 읽은 존은 린세이가 상대적으로 많이 이긴 것이 운이 아닌 기술이 좋았다고 말할 수 있는지 알아내기 위해 다음과 같은 방법을 제안하였습니다:

- 각각의 1,273번의 게임을 린세이가 우승자일 경우 1을 반환하고 우승자가 아닐 경우 0을 반환하는 실험이라고 생각합니다.
- 이 실험의 평균 값은 0.5라는 영가설을 선택합니다.
- 영가설에 양측 단일 표본 검증을 시험합니다.

다음 코드를 실행하면,

```
numGames = 1273
```

```
lyndsayWins = 666
outcomes = [1.0]*lyndsayWins + [0.0]*(numGames-lyndsayWins)
print('The p-value from a one-sample test is',
      stats.ttest_1samp(outcomes, 0.5)[1])
```

다음과 같이 출력합니다.

```
The p-value from a one-sample test is 0.0982205871244
```

존은 차이가 5% 수준에서 조차도 신뢰할 수 없다고 주장할 수 있게 되었습니다.

통계학을 공부하지 않았지만 이 책의 16장을 읽은 린세이는 인정할 수 없었습니다. 그녀는 "몬테카를로 시뮬레이션을 시험해보자"라고 제안했고 **그림 19.8**의 코드를 적용했습니다.

```
numGames = 1273
lyndsayWins = 666
numTrials = 10000
atLeast = 0
for t in range(numTrials):
    LWins = 0
    for g in range(numGames):
        if random.random() < 0.5:
            LWins += 1
    if LWins >= lyndsayWins:
        atLeast += 1
print('Probability of result at least this',
      'extreme by accident =', atLeast/numTrials)
```

그림 19.8 린세이의 게임 시뮬레이션

린세이의 코드를 실행했을 때 다음을 출력합니다.

```
Probability of result at least this extreme by accident = 0.0491
```

린세이는 존의 통계적 검증이 완전히 가짜였으며 우승 횟수의 차이는 5% 수준에서 통계적으로 유의하고 주장할 수 있습니다.

존은 참으면서 말하였습니다. "아니야. 너의 시뮬레이션이 가짜야. 여기서 네가 더 잘하는 게임 참가자라고 가정했고 단측 검증과 같은 방식으로 실행했기 때문이야. 너의 시뮬레이션에서 내부 루

```
numGames = 1273
lyndsayWins = 666
numTrials = 10000
atLeast = 0
for t in range(numTrials):
    LWins, JWins = 0, 0
    for g in range(numGames):
        if random.random() < 0.5:
            LWins += 1
        else:
            JWins += 1
    if LWins >= lyndsayWins or JWins >= lyndsayWins:
        atLeast += 1
print('Probability of result at least this',
      'extreme by accident =', atLeast/numTrials)
```

그림 19.9 옳은 게임 시뮬레이션

프는 틀렸어. 너는 시뮬레이션에서 실제 게임에서 이긴 666번의 게임보다 참가자가 더 많이 이겼는지 검증해서 양측 검증을 실시했어야 해." 존은 **그림 19.9**의 시뮬레이션을 실행했습니다.

존의 시뮬레이션에서 다음을 출력합니다.

```
Probability of result at least this extreme by accident = 0.0986
```

"내가 실시한 양측 검증에서 예상했던 것과 아주 가깝네" 존이 외쳤습니다. 이에 대해 린세이가 말한 숙녀 답지 않은 상스러운 대답을 여기 남기는 것은 가족 지향적인 이 책에 적절하지 않습니다.

19.5 어떤 N?

한 교수는 강의에 참석하는 것이 그의 학부에서 성적과 상관관계가 있는지 궁금했습니다. 그는 40명의 신입생들을 모아서 그들의 행방을 추적하기 위한 팔찌를 주었습니다. 학생들 중 절반은 어떤 강의도 듣는 것이 허락되지 않았고,[164] 절반은 모든 강의에 참석해야 했습니다.[165] 다음 4년동안, 각

164. 그들은 등록금 환불 받아야 마땅하지만 그러지 않았습니다.
165. 그들은 위험 특별 수당을 받아야하지만 그러지 않았습니다.

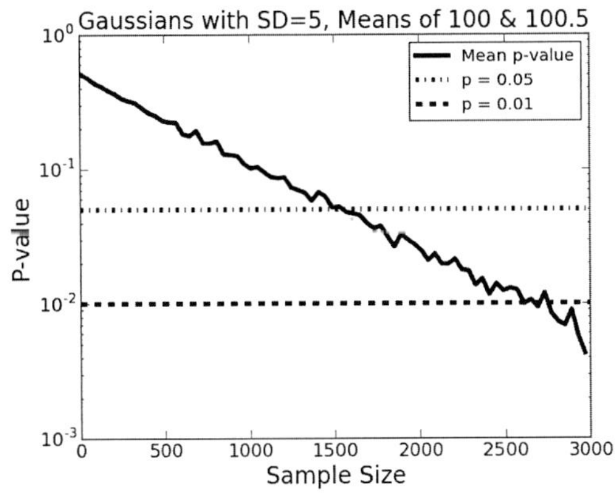

그림 19.10 표본의 크기가 p-값에 주는 영향

학생은 40개의 다른 수업에 참여했고 각 학생 집단마다 800개의 학점을 취득하였습니다.

교수가 크기 800인 두개의 표본의 평균에 대해 양측 t-검증을 실시했을 때, p-값은 약 0.01이었습니다. 교수는 이 결과를 보고 실망했습니다. 왜냐하면 교수는 휴강을 하고 해변에 가는 것에 죄책감을 덜 느낄 수 있도록 통계적으로 유의한 효과가 없길 바라고 있었기 때문입니다. 그는 절망하여 두 집단의 평균 GPA을 살펴보았는데, 그 차이가 아주 작다는 것을 발견했습니다. 그는 평균의 차이가 이토록 작은데도, 왜 이러한 수준으로 유의한 것인지 궁금했습니다.

표본의 크기가 충분히 클 때, 작은 효과조차도 통계적으로 유의할 수 있습니다. 즉, N이 큰 영향을 미칩니다. **그림 19.10**은 각 시도마다 사용한 표본의 크기에 따른 1000번의 시도의 평균 p-값을 그래프로 그립니다. 각각은 표준 편차가 5인 가우스 분포에서 뽑은 것입니다. 하나는 평균이 100이었고 다른 하나는 평균이 100.5였습니다. 평균 p-값은 표본의 크기에 따라서 선형으로 감소합니다. 평균에 대해 0.5% 차이는 표본의 크기가 약 1500이 될 때 5%의 수준에서 일정하게 통계적으로 유의하며, 표본의 크기가 약 2600을 넘을 때 1%의 수준에서 일정하게 통계적으로 유의합니다.

예제로 다시 돌아가서, 교수는 그의 연구를 위해 N을 800으로 정한 것이 타당했을까요? 다른 말로 하면, 실제로 20명의 학생으로 이루어진 각각의 집단에 대해서 800개의 독립적인 표본이었을까요? 아마 아니었을 것입니다. 한 개의 표본마다 800개의 성적이 있었지만 단지 20명의 학생들이 있었고, 각각의 학생들과 연관된 40개의 성적들은 아마 독립적인 표본이라고 볼 수 없었을 것입니다. 어쨌든, 어떤 학생들은 일관적으로 좋은 성적을 받았으며, 어떤 학생들은 일관적으로 실망적인 성적을 얻었습니다.

교수는 다른 방법으로 이 데이터에 접근해보기로 했습니다. 그는 각각의 학생의 GPA을 계산했습니다. 그가 두 표본에 대해서 양측 t-검증을 실행했을 때, p-값은 약 0.3이었습니다. 그는 조금 기분이 나아졌습니다.

19.6 다수의 가설

17장에서 우리는 보스턴 마라톤 데이터를 사용한 표본을 살펴보았습니다. **그림 19.11**의 코드는 2012년 경주에 대한 데이터를 읽어온 다음 몇 개의 국가에 대한 여성의 평균 완주 시간의 통계적으로 유의한 차이를 살펴봅니다. 이 코드는 **그림 17.2**에서 정의한 함수 `getBMData`을 사용합니다.

```
data = getBMData('bm_results2012.txt')
countriesToCompare = ['BEL', 'BRA', 'FRA', 'JPN', 'ITA']
#Build mapping from country to list of female finishing times
countryTimes = {}
for i in range(len(data['name'])): #for each racer
    if data['country'][i] in countriesToCompare and\
       data['gender'][i] == 'F':
        try:
            countryTimes[data['country'][i]].append(data['time'][i])
        except KeyError:
            countryTimes[data['country'][i]] = [data['time'][i]]

#Compare finishing times of countries
for c1 in countriesToCompare:
    for c2 in countriesToCompare:
        if c1 < c2: # < rather than != so each pair examined once
            pVal = stats.ttest_ind(countryTimes[c1],
                                   countryTimes[c2],
                                   equal_var = False)[1]
            if pVal < 0.05:
                print(c1, 'and', c2,
                      'have significantly different means,',
                      'p-value =', round(pVal, 4))
```

그림 19.11 선택한 국가에 대해 평균 완주 시간을 비교하기

이 코드를 실행했을 때, 다음을 출력합니다.

```
ITA and JPN have significantly different means, p-value = 0.025
```

이탈리아 또는 일본의 여성 선수가 다른 국가들보다 빠르다고 말할 수 있는 것 같이 보입니다.[166] 하지만 이런 결론은 매우 미약합니다. 하나의 선수 세트가 다른 선수들보다 더 빠른 평균 완주 시간을 보이지만, 표본의 크기(20과 32)가 작기 때문에 각 나라의 여성 마라톤 선수들의 능력을 대표할 수 없을지도 모릅니다.

더 중요한 것은, 우리가 실험을 설계한 방법에 결함이 있습니다. 우리는 10개의 영가설을 확인했으며(각 국가의 쌍에 대해서 하나씩), 그 중 하나는 5%의 수준에서 기각될 수 있다는 것을 발견했습니다. 이것에 대해 생각할 방법은 우리가 사실은 영가설을 확인하고 있었다는 것입니다: "모든 국가 쌍에 대해서 여성 마라톤 선수들의 평균 완주 시간은 같습니다." 이 영가설을 기각하는 것이 괜찮아 보일지 모르지만 이탈리아와 일본의 여성 마라톤 선수들이 똑같이 빠르다는 영가설을 기각하는것과 같지 않습니다.

그림 19.12의 예제에서 요점을 말하고 있습니다. 이 예제에서 우리는 같은 모집단으로부터 표본의

```
numHyps = 20
sampleSize = 30
population = []
for i in range(5000): #Create large population
    population.append(random.gauss(0, 1))
sample1s, sample2s = [], []
for i in range(numHyps): #Generate many pairs of small sanples
    sample1s.append(random.sample(population, sampleSize))
    sample2s.append(random.sample(population, sampleSize))
#Check pairs for statistically significant difference
numSig = 0
for i in range(numHyps):
    if scipy.stats.ttest_ind(sample1s[i], sample2s[i])[1] < 0.05:
        numSig += 1
print('Number of statistically significant (p < 0.05) results =',
        numSig)
```

그림 19.12 다수의 가설을 확인하기

166. 우리는 t-통계량의 부호만 보고도 쉽게 찾아낼 수 있지만 이 책의 잠재적 구매자들의 기분을 상하지 않게 하기 위해서 그렇게 하지 않을 것입니다.

크기가 200인 20개의 쌍을 추출했으며, 각각에 대해 우리는 표본의 평균이 통계적으로 다른지 검증합니다.

표본이 모두 같은 모집단으로부터 추출되었기 때문에 우리는 영가설이 참이라는 것을 알 수 있습니다. 하지만 우리가 이 코드를 실행했을 때 다음과 같이 출력합니다.

```
Number of statistically significant (p < 0.05) results = 1
```

이는 영가설이 하나의 쌍에 대해서 기각될 수 있다는 것을 보여줍니다.

이것은 특별히 놀라운 일은 아닙니다. p-값이 0.05이라는 것은 영가설이 참일 경우 적어도 두 표본의 차이만큼 큰 평균의 차이를 가질 확률이 0.05임을 보여준다는 사실을 기억하세요. 그렇기 때문에 우리가 20쌍의 표본을 관측한다면 적어도 하나는 평균이 다른 표본과 통계적으로 유의한 차이를 보일 것이라는 것이 매우 놀랄 일은 아닙니다. 관련된 실험의 큰 표본을 실행한 다음 마음에 드는 결과를 선별한다면 좋게 말해서 엉성하다고 할 수 있습니다. 불친절한 사람은 다른 말로 부를 수도 있겠지요.

보스턴 마라톤 실험으로 돌아가서, 우리는 10쌍의 표본에 대해서 영가설(평균에 차이가 없다)을 기각할 수 있는지 확인했습니다. 다수의 가설을 포함하는 실험을 진행할 때, 가장 간결하고 전통적인 방법은 **본페로니 교정**Bonferroni correction이라는 것입니다. 이것에 대한 직관은 간단합니다: m개 집단family의 가설을 확인할 때, 적절한 **FWER**Family-wise error rate을 유지하는 방법은 각 가설을 $\frac{1}{m} * \alpha$의 수준에서 검증하는 것입니다. 본페로니 교정을 사용하여 이탈리아와 일본의 차이가 $\alpha = 0.05$의 수준에서 유의한지 알아보기 위해서는 p-값이 0.05/10, 즉 0.005보다 작은지 확인해야 합니다. 그렇지 않다는 것을 알 수 있습니다.

본페로니 교정은 검증의 수가 크거나 검증 통계량이 양의 상관 관계라면 보수적입니다. (즉, 필요 이상으로 영가설을 기각하는 것에 실패합니다.) 또 한 가지 문제는 일반적으로 통용되는 "가설의 집단family"에 대한 정의가 없다는 것입니다. **그림 19.12**의 코드로 생성한 가설은 관련이 있다는 것은 분명하기 때문에 교정이 필요합니다. 하지만 이런 상황이 항상 간단 명료한 것은 아닙니다.

CHAPTER **20**

조건부 확률과 베이시안 통계

지금까지 우리는 **빈도학파**frequentist 접근법이라는 방법을 통계학에 적용했습니다. 우리는 빈도나 데이터의 비율에만 의존해서 표본으로부터 결론을 이끌어 냈습니다. 이것은 가장 흔히 사용되는 추론 체계이며 통계학적 가설 검증의 안정된 방법론과 이 책에서 이미 다루었던 신뢰 구간으로 이끌어 줍니다. 이론상으로, 이것은 편파적이지 않다는 장점이 있습니다. 결론은 오직 관측된 데이터를 토대로 이끌어내게 됩니다.

하지만 종종 통계학의 또 다른 접근법인 **베이시안 통계**Bayesian statistics가 더 적합할 때도 있습니다. **그림 20.1**의 만화를 생각해보세요.[167]

무슨 일이 일어나고 있나요? 빈도학파는 오직 두 가지 가능성만이 존재한다는 것을 알고 있기에, 주사위를 굴려 한 쌍의 6이 나왔는데 기계가 거짓말을 하고 있거나 한 쌍의 6이 나오지 않았고 기계가 진실을 말하고 있다는 가능성입니다. 주사위를 굴려 한 쌍의 6이 나오지 않을 확률은 35/36 (97.22%)이기 때문에, 빈도학파는 기계가 아마 진실을 말하고 있으며 태양이 아마 폭발했을 것이라고 결론을 내렸습니다.[168]

베이시안은 확률 모델을 세우는데 추가적인 정보를 사용합니다. 그는 기계가 주사위를 굴려 한 쌍의 6이 나오지 않았을 것이라는 사실에는 동의하지만 이 사건에 대한 확률은 태양이 폭발하지 않을 것이라는 연역적인a priori 확률과 비교할 필요에 대해 논해보자고 주장합니다. 그는 태양이 폭발하지 않을 경우가 97.22%보다 더 높다고 결론을 내렸으며, "태양이 내일 뜰 것이다"는 것이 틀림없다고 결정했습니다.

167. http://imgs.xkcd.com/comics/frequentists_vs_bayesians.png

168. 만약 여러분이 빈도학파의 설득에 동의하신다면, 이 만화는 패러디라는 것을 명심하세요-여러분의 종교적 신념에 대한 심각한 비판이 아닙니다.

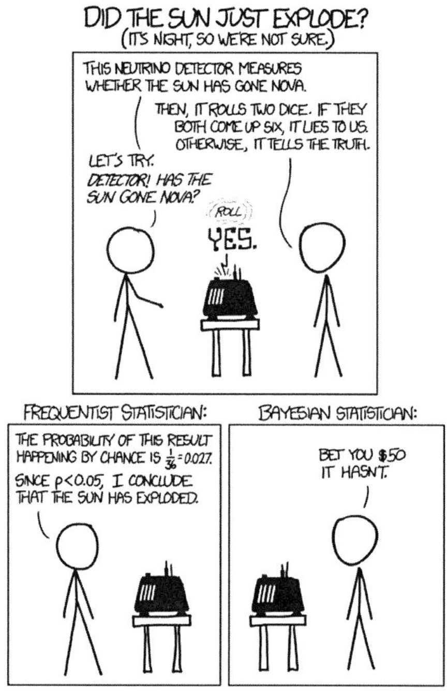

그림 20.1 태양이 폭발했을까요?

20.1 유의성 확인하기

베이시안의 추론에 깔려 있는 핵심 개념은 **조건부 확률**conditional probability입니다.

전에 확률에 대해 다루었을 때, 우리는 사건이 독립적이라는 가정에 의존했습니다. 예를 들어 우리는 동전을 던져 앞면 또는 뒷면이 나오는 것은 이전 동전이 앞면 또는 뒷면이 나온 것과 관련이 없다고 가정했습니다. 이것은 수학적으로는 편리하지만, 삶이 항상 이렇게 풀리지는 않습니다. 많은 실제적인 상황에서 독립성은 나쁜 가정입니다.

임의로 선택한 성인 미국인이 남성이고 몸무게가 180파운드 이상일 확률을 생각해보세요. 남성일 확률은 약 0.5이며 몸무게가 180파운드(미국의 평균 몸무게[169]) 이상일 확률은 역시 약 0.5입니다.[170] 그래서 이것이 독립적인 사건이라면 선택한 사람이 남성이고 몸무게가 180파운드보다 클

169. 이 숫자는 아마 여러분이 너무 큰 것 같다고 생각할 것입니다. 그렇습니다. 성인 미국인들의 평균 몸무게는 일본인들의 평균 몸무게보다 40파운드가 더 나갑니다. 지구상에서 오직 세 국가(나우루Nauru, 통가Tonga, 미크로네시아Micronesia)의 성인 평균 몸무게가 미국보다 더 나갑니다.

170. 중간값보다 더 몸무게가 클 확률은 0.5입니다. 하지만 이것이 평균보다 더 몸무게가 클 확률이 0.5라는 것을 뜻하지는 않습니다. 그렇지만 이 문제의 목표를 생각해 그렇다고 가정합시다.

확률은 0.25가 될 것입니다. 하지만 이 사건들은 독립적이지 않습니다. 왜냐하면 미국 남성의 평균 몸무게는 여성의 평균 몸무게보다 30파운드 더 크기 때문입니다. 그렇기 때문에 더 좋은 질문은 다음과 같습니다. 1) 선택한 사람이 남성일 확률은 무엇인가요? 2) 이 선택한 사람이 남성이라면 몸무게가 180파운드 이상일 확률은 무엇인가요? 조건부 확률의 표기법은 이것을 쉽게 표현할 수 있습니다.

$P(A|B)$는 B가 참일 가정 하에 A가 참일 확률을 뜻합니다. 이것은 "B가 일어났을 때 A가 일어날 확률"이라고 읽을 수도 있습니다. 그러므로 다음 공식

$$P(male) * P(weight > 180 \mid male)$$

은 정확히 우리가 구하려는 확률을 표현합니다. $P(A)$와 $P(B)$가 독립적일 때, $P(A|B) = P(A)$입니다. 위의 예시에서 B는 남성이며 A는 몸무게는 180 이상이 됩니다.

보통 $P(B) \neq 0$이라면, 다음을 만족합니다.

$$P(A|B) = \frac{P(A\ and\ B)}{P(B)}$$

정통적인 확률과 마찬가지로 조건부 확률은 항상 0과 1 사이가 됩니다. 뿐만 아니라 만약 $\overline{A}$이 A가 아닌 경우 (*not A*)를 의미한다면, $P(A|B) + P(\overline{A}|B) = 1$이 됩니다. 사람들은 흔히 $P(A|B)$가 $P(B|A)$와 동일하다고 부적절하게 가정합니다. 예를 들어 $P(male|Maltese)$의 값은 약 0.5이지만 $P(Maltese|male)$은 약 0.000064입니다.[171]

손가락 풀기

임의로 선택한 한 명의 미국인이 남성이고 몸무게가 180파운드 이상일 확률을 측정하세요. 인구의 50%는 남성이며, 남성 인구의 몸무게는 평균이 210파운드이고 표준편차가 30파운드인 정규분포를 나타낸다고 가정하세요.
[힌트] 경험칙을 사용하는 것에 대해 생각해보세요

공식 $P(A|B, C)$는 B와 C가 발생할 때 A가 발생할 확률을 뜻합니다. B와 C가 서로 독립적이라고 가정했을 때, 독립적인 확률에 대한 조건부 확률과 곱셈의 정의는 다음을 암시합니다.

171. "Maltese"는 몰타 나라에서 온 사람을 뜻합니다. 우리는 남성인 귀엽고 작은 강아지의 비율을 찾을 생각은 없습니다.

$$P(A|B,C) = \frac{P(A,B,C)}{P(B,C)}$$

이 때, $P(A, B, C)$는 A, B, C 모두가 참일 확률을 뜻합니다.

유사하게, $P(A, B|C)$는 C가 발생할 때 A와 B가 발생할 확률을 뜻합니다. A와 B는 서로 독립적이라고 가정할 때, 다음이 성립합니다.

$$P(A,B|C) = P(A|C) * P(B|C)$$

20.2 베이스의 정리

증상을 보이지 않는 40대 여성이 유방조영상(유방암 검진용 X선 촬영)을 하고 나쁜 소식을 접하게 되었습니다: 유방조영상에서 "양성"인 결과가 나온 것입니다.[172]

유방암을 앓고 있는 여성이 유방조영상에서 **참 양성**true positive의 결과를 얻을 확률은 0.9입니다. 유방암을 앓고 있지 않은 여성이 유방조영상에서 **거짓 양성**false positive의 결과를 얻을 확률은 0.07입니다.[173]

우리는 이 사실들을 표현하기 위해 조건부 확률을 사용할 수 있습니다. 다음과 같이 정의합시다.

```
Canc = has breast cancer
TP = true positive
FP = false positive
```

이 변수들을 사용하여 우리는 다음과 같이 조건부 확률을 쓸 수 있습니다.

```
P(TP | Canc) = 0.9
P(FP | not Canc) = 0.07
```

이 조건부 확률이 주어졌을 때, 유방조영상에서 양성을 나타내는 40대 여성이 얼마나 걱정을 해야 할까요? 그녀가 실제로 유방암을 앓고 있을 확률은 얼마나 되나요? 거짓 오류false positive의 비율이 7%이기 때문에 0.93이 될까요? 더 많을까요? 아니면 더 적을까요?

이것은 어려운 질문입니다: 우리는 이 질문에 합리적인 방법으로 대답을 할 수 있을 만큼 충분

172. 의학 용어로 "양성" 반응은 보통 안 좋은 소식이 됩니다. 이것은 질병의 표지가 발견되었다는 것을 함축합니다.
173. [역자 주] false positive 긍정 오류, false negative 부정 오류로 번역하기도 한다.

한 정보를 제공하지 않았습니다. 대답을 하기 위해서는 40대 여성의 유방암에 대한 **사전 확률**prior probability을 알아야 합니다. 40대 여성이 유방암을 앓고 있을 확률은 0.008(1000명 중에 8명)입니다. 그러므로 유방암을 앓고 있지 않을 확률은 1 - 0.008 - 0.992입니다. 즉, 다음을 만족합니다.

```
P(Canc | 40대 여성)=0.008
P(not Canc | 40대 여성)=0.992
```

우리는 이제 이 40대 여성이 얼마나 걱정해야 하는지에 대한 질문에 대답을 하기 위해 필요한 모든 정보를 갖게 되었습니다. 그녀가 유방암을 앓고 있을 확률을 계산하기 위해 우리는 **베이스의 정리**Bayes' Theorem라는 것을 사용합니다.[174](베이스의 법칙 또는 베이스의 규칙이라고도 부릅니다):

$$P(A|B) = \frac{P(A) * P(B|A)}{P(B)}$$

베이시안을 사용할 때, 확률은 **확신도**degree of belief을 측정합니다. 베이스의 정리는 문제에서 근거를 설명하기 전과 후의 확신도를 연관 짓습니다. 등호의 왼쪽에 있는 공식인 $P(A|B)$는 **사후**posterior 확률이며, B을 설명할 때 A의 확신도 입니다. 사후확률은 **사전**prior 확률인 $P(A)$와 B가 A을 허용할 **서포트**support에 관련하여 정의됩니다. 서포트는 A를 만족하고 B를 만족할 확률이 A와 독립적일 때, 즉 $\frac{P(B|A)}{P(BA)}$일 때, B를 만족할 확률의 비입니다.

만약 우리가 베이스의 정리를 이용하여 이 여성이 실제로 유방암을 앓고 있을 확률을 측정한다면 우리는 다음을 얻게 됩니다. (베이스의 정리에서 Canc가 A의 역할을 하며, Pos가 B의 역할을 합니다.)

$$P(Canc|Pos) = \frac{P(Canc) * P(Pos|Canc)}{P(Pos)}$$

양성 반응이 나올 확률은 다음과 같습니다.

$$P(Pos) = P(Pos|Canc) * P(Canc) + P(Pos|\, not\ Canc) * (1 - P(Canc))$$

따라서

$$P(Canc|Pos) = \frac{0.008 * 0.9}{0.9 * 0.008 + 0.07 * 0.992} = \frac{0.0072}{0.07664} \approx 0.094$$

174. 베이스의 정리는 토마스 베이즈Thomas Bayes 목사(1701–1761)의 이름을 딴 것이며, 그가 죽고 2년 뒤에 처음 발표되었습니다. 이것은 (1812년에 Théorie analytique des probabilités에서 정리의 근대 공식을 발표한) 라플라스Laplace에 의해 유명해 졌습니다.

입니다. 즉, 양성 유방조영상에서 대략 90%이 거짓 양성을 나타냅니다![175] 베이스의 정리로부터 우리는 도움을 받을 수 있습니다. 왜냐하면 우리가 40대 여성이 유방암을 앓을 정확한 사전 확률을 얻었기 때문입니다.

우리가 만약 부정확한 사전 확률로 시작했다면, 이 사전확률을 우리의 확률 측정값에 포함하 것은 측정값을 악화시킬 것이라는 것을 기억해야 합니다. 예를 들어 우리가 다음의 사전 확률로 시작했다면,

```
P(Canc|40대 여성)=0.6
```

우리는 거짓 양성 오류의 비율이 약 5%라고 결론을 내렸을 것입니다. 즉, 유방조영상에서 양성을 보인 40대 여성이 유방암을 앓고 있을 확률은 대략 0.95가 된다는 것입니다.

손가락 풀기

여러분은 숲 속을 돌아다니다가 맛있어 보이는 버섯 밭을 보게 됩니다. 여러분은 버섯으로 바구니를 채우고 집에서 요리를 해 남편에게 대접합니다. 하지만 버섯을 요리하기 전에 남편은 그 버섯이 독성을 띠고 있는지 확인하기 위해 현지 버섯의 종류에 대한 책을 찾아보기를 요구합니다. 책에서는 현지 숲에서 80%의 버섯이 독성을 띠고 있다고 합니다. 하지만 여러분은 책에 그려진 버섯과 여러분이 가져온 버섯을 비교하고 난 뒤, 이 버섯이 안전할 것이라고 95% 확신합니다. 남편에게 버섯을 주었을 때 얼마나 안전할까요? (과부가 되지 않기를 원한다고 가정했을 때)

20.3 베이시안 갱신

베이스 추론은 베이스의 정리를 적용하여 새로운 근거를 사전 믿음prior belief과 결합하는 원칙에 입각한 방법을 제공합니다. 베이스의 정리는 반복적으로 적용될 수 있습니다: 몇 개의 근거를 관찰한 후, 결과로 나타나는 사후 확률은 사전 확률로 취급할 수 있으며, 새로운 사후 확률은 새 근거로부터 계산할 수 있습니다. 이것은 베이스 원칙이 동시에 보여지거나 시간에 걸쳐 보여지는 다양한 종류의 근거에 적용될 수 있도록 합니다. 이 과정을 **베이시안 갱신**Bayesian updating이라고 부릅니다.

예시를 살펴봅시다. 여러분이 같은 개수의 서로 다른 세 가지 종류의 (굴렸을 때 6이 나올 확률이

175. 이것은 일부 지지자들에 의한 유방조영상의 정기 검사 도구로써의 가치에 대해 의학계에서 상당한 논쟁이 벌어지는 이유 중 하나입니다.

서로 다른)주사위를 담고 있는 가방을 갖고 있다고 가정해봅시다. 타입 A 주사위는 6이 나올 확률이 5분의 1이고, 타입 B 주사위는 6분의 1이며 타입 C는 7분의 1입니다. 가방에 손을 넣어 한 개의 주사위를 꺼내고 이것이 타입 A일 확률을 측정합니다. 여러분은 최선의 측정값이 1/3이라는 것을 확률에 대해 많이 알고 있지 않아도 알 수 있습니다. 이제 이 주사위를 두 번 굴려서 나오는 결과에 따라 측정값을 수정합니다. 두 번 모두 6이 나왔다면, 이 주사위가 타입 A일 것 같다고 확신할 수 있을 것 같아 보입니다. 얼마나 확신할 수 있을까요? 우리는 베이시안 갱신을 사용하여 이 문제에 답을 할 수 있습니다.

베이스의 정리에 의하면, 첫 번째로 6이 나왔을 때 이 주사위가 타입 A일 확률은 다음과 같습니다.

$$P(A|6) = \frac{P(A) * P(6|A)}{P(6)}$$

이 때, 다음을 만족합니다.

$$P(A) = \frac{1}{3},\ \ P(6|A) = \frac{1}{5},\ \ P(6) = \frac{\frac{1}{5}+\frac{1}{6}+\frac{1}{7}}{3}$$

그림 20.2의 코드는 베이스의 정리를 구현하고 이것을 이용하여 주사위가 타입 A일 확률을 계산합니다. 두 번째 calcBayes을 호출할 때에는 A의 사전 값과 같은 첫 번째 호출에 대한 결과를 사용합니다.

```
def calcBayes(priorA, probBifA, probB):
    """priorA: initial estimate of probability of A independent of B
       priorBifA: est. of probability of B assuming A is true
       priorBifNotA: est. of probability of B
       returns probability of A given B"""
    return priorA*probBifA/probB

priorA = 1/3
prob6ifA = 1/5
prob6 = (1/5 + 1/6 + 1/7)/3

postA = calcBayes(priorA, prob6ifA, prob6)
print('Probability of type A =', round(postA, 4))
postA = calcBayes(postA, prob6ifA, prob6)
print('Probability of type A =', round(postA, 4))
```

그림 20.2 베이시안 갱신

이 코드를 실행하면 다음을 출력합니다.

```
Probability of type A = 0.3925
Probability of type A = 0.4622
```

이것은 우리가 계산한 확률 값을 증가시키도록 수정해야 한다는 것을 뜻합니다.

우리가 만약 주사위를 두 번 굴릴 때 모두 6 이외의 다른 것이 나왔다면 어떨까요? **그림 20.2**의 코드에서 마지막 네 줄을 다음으로 대체하면

```
postA = calcBayes(priorA, 1 - prob6ifA, 1 - prob6)
print('Probability of type A =', round(postA, 4))
postA = calcBayes(postA, 1 - prob6ifA, 1 - prob6)
print('Probability of type A =', round(postA, 4))
```

프로그램이 다음을 출력하게 됩니다.

```
Probability of type A = 0.3212
Probability of type A = 0.3096
```

이것은 우리가 계산한 확률 값을 감소시키도록 수정해야 한다는 것을 뜻합니다.

우리가 가방 안에 있는 주사위 중 90%가 타입 A라고 믿을 만한 근거가 있다고 가정해봅시다. 우리가 해야 할 것은 코드에서 기존의 사전 확률인 priorA을 0.9로 바꾸어야 합니다. 이제 두 번 주사위를 굴렸을 때 6 이외에 다른 것이 나오도록 시뮬레이션을 한다면 다음을 출력합니다.

```
Probability of type A = 0.8673
Probability of type A = 0.8358
```

사전 확률이 많이 달라졌습니다!

priorA = 0.9라고 고정해 놓고 주사위가 실제로 타입 C라면 어떤 일이 발생하는지 지켜보겠습니다. **그림 20.3**의 코드는 200번 타입 C 주사위(6이 나올 확률이 1/7입니다)를 굴리는 것을 시뮬레이션하고 매 20번마다 주사위를 굴린 후에 주사위가 타입 A일 수정된 확률 값을 출력합니다.

이 코드를 실행하면 다음을 출력합니다.

```
After 0 rolls. Probability of type A = 0.9
After 20 rolls. Probability of type A = 0.4294
After 40 rolls. Probability of type A = 0.3059
After 60 rolls. Probability of type A = 0.2662
After 80 rolls. Probability of type A = 0.1552
```

```
numRolls = 200
postA = priorA
for i in range(numRolls+1):
    if i%(numRolls//10) == 0:
        print('After', i, 'rolls. Probability of type A =',
              round(postA, 4))
    isSix = random.random() <= 1/7 #because die of type C
    if isSix:
        postA = calcBayes(postA, prob6ifA, prob6)
    else:
        postA = calcBayes(postA, 1 - prob6ifA, 1 - prob6)
```

그림 20.3 나쁜 사전 확률을 이용한 베이시안 갱신

```
After 100 rolls. Probability of type A = 0.0905
After 120 rolls. Probability of type A = 0.0962
After 140 rolls. Probability of type A = 0.1251
After 160 rolls. Probability of type A = 0.1089
After 180 rolls. Probability of type A = 0.0776
After 200 rolls. Probability of type A = 0.0553
```

좋은 소식은 잘못된 사전확률이 주어지더라도 확률은 표본의 개수가 커질수록 진실에 수렴한다는 것입니다. 그런데 이것이 단조적으로 수렴하지는 않는다는 것에 주의하세요. 120번 주사위를 굴린 후의 확률은 100번 굴린 후보다 더 큽니다. 이것은 이 20번 굴리는 것이 타입 B나 C보다는 타입 A가 일정하게 나온다는 것을 뜻합니다.

우리는 더 나은 사전 확률로 시작했기 때문에 더 빠르게 수렴할 것입니다. 우리가 만약 처음 사전 확률인 1/3으로 돌아간다면, 주사위를 100번 굴린 후에 확률은 0.0335가 되며, 200번 굴린 후에는 0.0205가 됩니다.

CHAPTER **21**

거짓말, 망할 거짓말, 통계학

"당신이 증명하고 싶은 것을 증명하지 못한다면 다른 것으로 시연을 한 뒤, 그것이 마치 똑같은 것인 척 하십시오. 통계학과 인간의 마음 사이의 충돌로 인해 혼란스러울 때 대부분의 사람들은 그 차이를 알아채지 못할 것입니다."[176]

통계적인 생각은 상대적으로 새로운 발명입니다. 기록된 역사 속에서 대부분의 많은 것들이 양적이 아닌 질적으로 평가되었습니다. 사람들에게 통계적 사실에 대한 직관이 있다는 것은 분명합니다(예를 들어 여성들은 대부분 남성들보다 키가 작습니다). 하지만 그들은 입증되지 않은 증거에서 통계적인 결과를 이끌어낼 수 있는 수학적 도구가 없었습니다. 이러한 상황은 17세기 중반에 존 그랜트John Graunt의 사망자 통계표에 근거한 '자연적이고 정치적인 관찰Natural and Political Observations Made Upon the Bills of Mortality'이 출판됨으로 인해 많은 것이 바뀌기 시작했습니다. 이 선구자적인 업적에서는 통계적 분석을 사용해 사망자 명부로부터 런던의 인구를 예측했고, 전염병의 확산을 예측하는 데에 사용할 수 있는 모델을 제공하고자 했습니다.

그 때부터 사람들은 통계를 정보를 제공하는 만큼이나 다른 사람들을 오도(誤導)mislead하는 데에도 사용했습니다. 어떤 사람들은 의도적으로 다른 사람들을 오도하기 위해 통계학을 사용하였고, 어떤 사람들은 통계에 단지 무능할 뿐이었습니다. 이 장에서 우리는 통계적 데이터로부터 부적절한 추론을 이끌어내어 사람들을 오도하는 몇 가지의 경우들에 대해 다루겠습니다. 여러분은 이 정보를 좋은 곳에 사용할 줄로 믿습니다. (다른 말로 여러분은 통계적 정보를 잘 사용하는 소비자가 되고 또한 더욱 정직한 공급자가 되라는 부탁입니다).

176. Darrel Huff, How to Lie with Statistics, 1954.

21.1 쓰레기를 넣으면 쓰레기가 나옵니다(Garbage In Garbage Out, GIGO)[177]

"(국회의원들이) 나에게 '배비지씨, 당신이 기계에 수치를 잘못 넣었을 때 정확한 답이 나올까요?'라고 두 번 질문을 했을 때, 나는 무엇이 그들을 혼란스럽게 해서 그런 질문을 했는지에 대해 이해할 수 없었습니다." - 찰스 배비지(Charles Babbage)[178]

이 메시지의 의미는 간단합니다. 만약 입력 데이터에 결함이 많다면, 아무리 통계적 조작을 잘해도 의미 있는 결과를 만들어 내지 못할 것입니다.

1840년 미국 인구조사에서는 노예가 아닌 흑인 및 물라토[179]의 정신이상자 수가 흑인 노예 및 물라토 노예보다 열 배 더 많다는 사실을 보였습니다. 결과는 명백해 보였습니다. 미국의 상원의원인(전 부대통령, 그리고 다음 국무장관) 존 C. 칼훈John C. Calhoun은 다음과 같이 말했습니다. "이번 인구조사에서 정신이상자에 대한 데이터는 의심할 여지가 없습니다. 이 결과로부터 우리나라는 노예제도를 폐지하는 것은 아프리카인들에게 저주가 될 것이라는 것을 알아야 할 것입니다." 다행히, 곧 그 인구조사가 오류투성이였다는 것이 밝혀졌습니다. 전해지는 바에 따르면 칼훈이 존 퀸시 애덤스John Quincy Adams 대통령에게 "너무나 많은 오류가 있었지만, 그들이 서로 균형을 맞춰서 마치 모두 정확한 것처럼 되어 그 같은 결론에 도달하게 되었습니다."라고 말했다고 합니다.

칼훈이 (아마 의도적으로) 애덤스 대통령에게 한 거짓말은 고전적인 오류인 **독립성 가정**assumption of independence에 기반한 것이었습니다. 그가 수학적으로 더 정교했다면 "저는 측정 오류가 편파적이지 않으며 서로 독립적이기 때문에 양쪽에 균등하게 분포되었다고 생각합니다."라고 말했을 것입니다. 사실, 차후의 분석을 통해 오류가 심하게 편향되어 있었기 때문에 통계적으로 유효한 결론을 이끌어 낼 수 없었다는 것이 밝혀졌습니다.[180]

177. [역자 주] 선한 사람은 그 쌓은 선에서 선한 것을 내고 악한 사람은 그 쌓은 악에서 악한 것을 내느니라(마태복음 12:35)
178. 찰스 배비지(1791–1871)은 영국 수학자이자 기계 공학자였습니다. 그는 처음 프로그램 작동이 가능한 컴퓨터를 설계함으로써 명성을 얻었습니다. 그는 기계를 만드는 것에는 성공한 적이 없었지만 1991년에 그의 독창적인 계획으로부터 다항식을 평가하는 기계 장치를 만들었습니다.
179. [역자 주] 물라토는 각각 흑인과 백인인 부모 사이에서 태어난 사람입니다.
180. 우리는 칼훈이 150년 전에 재직 중이었다는 것을 기억해야 합니다. 현대의 정치인들이 자신의 그릇된 지위를 유지하기 위해 통계를 남용할 수 있는 방법을 찾는 것이 어렵게 되었다는 것은 두말할 필요도 없습니다.

21.2 검증은 불완전합니다

모든 실험은 잠재적으로 흠이 있는 검증이라고 보아야 합니다. 우리는 화학 물질, 현상, 질병 등을 위해 검증을 시행합니다. 하지만 우리가 검증하는 사건은 검증의 결과와 같아야 할 필요는 없습니다. 교수들은 학생이 얼마나 과목을 잘 이수했는지 이해하기 위해 시험을 출세합니나. 하지만 시험의 결과를 학생이 실제로 이해하고 있는 정도와 혼동해서는 안됩니다. 모든 검증은 내재적인 오류율을 갖고 있습니다. 제 2언어를 배우는 한 학생에게 100개 단어의 뜻을 학습할 것을 요구했지만 80개의 의미만 학습했다고 상상해보세요. 그의 이해율은 80%이지만 그가 20개의 단어에 대한 시험을 보았을 때 80%의 점수를 받을 확률은 1이 아닙니다.

검증은 부정 오류false negative와 긍정 오류false positive을 둘 다 갖고 있습니다. 우리가 20장에서 보았던 것처럼 유방조영상에서 음성이 나온 것은 유방암을 앓고 있지 않다고 보장할 수 없으며 양성이 나온 것은 유방암이 있다고 보장할 수 없습니다. 뿐만 아니라 검증 확률과 사건 확률은 같지 않습니다. 이것은 희귀병과 같은 드문 사건에 대해 검증을 시행할 때에 특히 더 관련이 있습니다. 부정오류의 비용이 높다면 (예를 들어 심각하지만 치료할 수 있는 병을 알아내지 못한 것) 긍정 오류false positive의 개수가 많게 되더라도 검증은 굉장히 민감해야 합니다.

21.3 그래프가 우리를 속일 수 있습니다

그래프graph가 정보를 빠르게 전달할 수 있다는 것은 의심할 여지가 없습니다. 하지만 그래프를 부주의하게(또는 악의적으로) 사용한다면 사람들을 속일 수도 있습니다. 예를 들어 **그림 21.1**의 그래

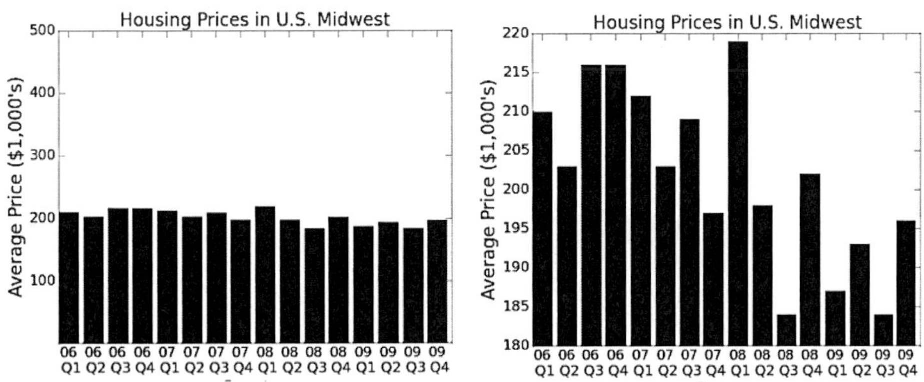

그림 21.1 미국 중서부의 주택 가격

프는 미국 중서부 주들의states 주택 가격을 보여줍니다.

그림 21.1의 왼쪽 그래프를 보면 2006년-2009년의 주택 가격이 굉장히 안정적인 것처럼 보입니다. 잠깐 만요. 2008년 말에 국제 경제 위기 때문에 미국 주거용 부동산이 폭락하지 않았나요? 오른쪽

```
def plotHousing(impression):
    """Assumes impression a str. Must be one of 'flat',
        'volatile,' and 'fair'
       Produce bar chart of housing prices over time"""
    f = open('midWestHousingPrices.txt', 'r')
    #Each line of file contains year quarter price
    #for Midwest region of U.S.
    labels, prices = ([], [])
    for line in f:
        year, quarter, price = line.split()
        label = year[2:4] + '\n Q' + quarter[1]
        labels.append(label)
        prices.append(int(price)/1000)
    quarters = pylab.arange(len(labels)) #x coords of bars
    width = 0.8 #Width of bars
    pylab.bar(quarters, prices, width)
    pylab.xticks(quarters+width/2, labels)
    pylab.title('Housing Prices in U.S. Midwest')
    pylab.xlabel('Quarter')
    pylab.ylabel('Average Price ($1,000\'s)')
    if impression == 'flat':
        pylab.ylim(1, 500)
    elif impression == 'volatile':
        pylab.ylim(180, 220)
    elif impression == 'fair':
        pylab.ylim(150, 250)
    else:
        raise ValueError

plotHousing('flat')
pylab.figure()
plotHousing('volatile')
```

그림 21.2 주택 가격을 그래프로 그리기

그래프에서 보여주는 것처럼 실제로 그랬습니다.

이 두 그래프는 같은 데이터를 보여주지만 굉장히 다른 느낌을 줍니다. 왼쪽 그래프는 주택 가격이 안정적이라는 느낌을 줍니다. y축에 $10,000라는 터무니없이 낮은 평균 주택 가격부터 $500,000라는 가능하지 않은 높은 평균 주택 가격을 사용했습니다. 이 그래프는 가격의 차이에 따른 막대의 변화를 최소화하여 차이가 상대적으로 적다는 느낌을 줍니다. 오른쪽 그래프는 주택 가격이 불규칙하게 변동하다가 폭락했다는 느낌을 줍니다. 그래프를 그릴 때 좁은 범위 내의 가격을 사용해 변화의 정도가 과장되었습니다.

그림 21.2의 코드는 위에서 보았던 두 개의 그래프와 더 정확한 주택 가격의 변동을 보여주는 다른 그래프를 그려줍니다. 이 코드는 우리가 지금까지 보지 못했던 그래프를 그리는 두 가지의 기능을 사용합니다. `pylab.bar(quarters, prices, width)`를 호출하면 주어진 너비의 막대로 이루어진 **막대 그래프**bar chart를 그립니다. 막대의 왼쪽 끝은 리스트 `quarters`의 요소 값이며 막대의 높이는 리스트 `prices`의 요소 값과 상응합니다. 함수 `pylab.xticks(quarters+width/2, labels)`을 호출하면 막대와 관련된 정보를 제공하는 라벨을 적습니다. 이 코드의 첫 번째 전달인자는 각각의 라벨이 어디에 놓여야 하는지 명시해주며 두 번째 전달인자는 라벨의 내용을 명시합니다. 함수 `yticks`도 비슷한 역할을 합니다. `plotHousing('fair')`을 호출하면 다음과 같이 **그림 21.3**의 그래프를 그립니다.

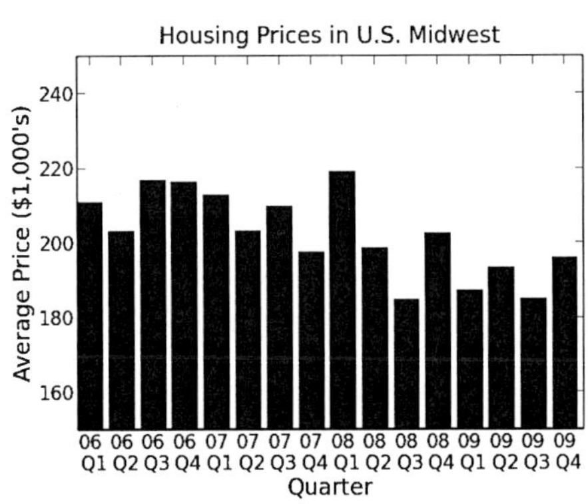

그림 21.3 주택 가격에 대한 다른 관점

21.4 인과의 오류(Cum Hoc Ergo Propter Hoc)[181]

수업에 규칙적으로 출석하는 대학생들은 가끔 출석하는 학생들보다 평균 성적이 더 높다는 것이 증명되었습니다. 학생들을 가르치는 사람들은 학생들이 강의에서 무엇이든 배우기 때문이라고 생각할 것입니다. 당연히 수업에 더 많이 출석하는 학생들은 공부를 더 열심히 할 것이므로 더 높은 성적을 받을 것입니다.

상관관계correlation는 두 변수가 같은 방향으로 움직이는 정도의 척도입니다. 만약 x가 y와 같은 방향으로 움직인다면, 이 두 변수는 양의 상관관계에 있습니다. 만약 두 변수가 반대 방향으로 움직인다면 둘은 음의 상관관계에 있습니다. 만약 관계가 없다면, 상관관계는 0입니다. 사람들의 키는 부모의 키와 높은 상관관계에 있습니다. 비디오 게임을 하는 시간과 평균 성적은 음의 상관관계에 있을 것입니다.

두 가지가 상관관계에 있을 때, 한 가지가 다른 것의 원인이 된다고 가정하려고 할 지도 모릅니다. 북미에서 독감이 발생했을 때를 생각해보십시오. 독감이 발생한 사례는 예측 가능한 패턴으로 증가하고 감소합니다. 여름에는 거의 발생하지 않으며, 초가을에는 증가하기 시작합니다. 그리고 여름이 다가오면서 독감은 다시 감소하기 시작하죠. 이제 학교에 출석하는 아이들을 생각해봅시다. 여름에는 대부분의 아이들이 학교에 출석하지 않으며 초가을에 학교에 입학하는 학생이 증가하기 시작합니다. 그리고 여름이 되면서 그 수는 다시 감소합니다.

학교에 출석하는 것과 독감의 발생 수 사이의 상관관계는 논란의 여지가 없습니다. 이것은 많은 사람들이 학교에 출석하는 것은 독감을 확산시키는 주요 원인이라는 결론에 도달하도록 유도합니다. 이 결론은 사실일 수도 있지만, 단순하게 상관관계를 근거로 결론을 내릴 수는 없습니다. 상관관계는 인과관계를 의미하는 것이 아닙니다! 잘못하면, 독감이 발생하는 것이 학교에서 학기를 시작하는 원인이 된다는 논리 마저도 정당화하는데 상관관계를 이용할 수도 있을 것입니다. 아니면 아마 모든 방향에서 인과관계가 존재하지 않고 우리가 원인이 될 것이라고 생각하지 못했던 **숨어 있는 변수**lurking variable가 존재할지도 모릅니다. 사실 독감 바이러스는 따뜻하고 습기 많은 공기보다 차갑고 건조한 공기에서 상당히 오래 생존합니다. 그러므로 북미에서는 독감이 유행하는 기간과 학기 기간은 날씨와 상관관계가 있습니다.

충분한 과거의 데이터가 주어졌을 때, **그림 21.4**의 도표에서 보여주는 것처럼 상관관계에 있는 두

181. 변호사나 의사들이 그러하듯이, 통계학자들도 특별한 이유도 없이 가끔 박식해 보이려고 라틴어를 씁니다. 이 문구는 "이것과 함께, 그러므로 이것 때문에(with this, therefore because of this)"라는 의미입니다.
[역자 주] 인과의 오류, 혹은 post hoc fallacy라고도 하며, 잘못된 인과 관계를 나타내는 말. "까마귀 날자 배 떨어진다"라는 속담과 어울리는 말입니다.

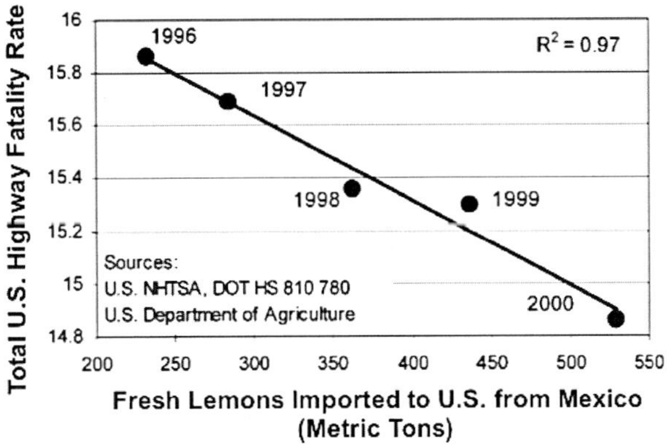

그림 21.4 멕시코 레몬이 사람들의 목숨을 살릴까요?

변수를 항상 찾아낼 수 있습니다.[182]

이러한 상관관계를 찾게 되면, 우선 상관관계를 설명할 수 있는 타당한 이론이 있는지 알아야 합니다.

Cum hoc ergo propter hoc("그것과 함께, 그리고 그러므로") 즉 인과의 오류로 인해 희생자가 되는 것은 위험합니다. 2002년 초반에, 대략 6백만명의 미국 여성들이 심장 혈관 질병의 위험성을 상당히 낮출 수 있다고 알려진 호르몬 치환 요법HRT; hormone replacement therapy를 처방을 받고 있었습니다. 이러한 믿음은 평판이 굉장히 좋았던 연구로부터 HRT를 사용해 여성의 심장 혈관 질병으로 인한 사망률을 낮출 수 있다는 것이 입증되었기 때문이었습니다.

많은 여성들과 의사들은 미국 의학계의 저명한 학술저널 JAMA("Journal of the American Medical Society")에서 HRT가 심장 혈관 질병의 위험성을 증가시킨다는 기사를 출간하였을 때 충격을 받았습니다.[183] 어떻게 이러한 일이 일어날 수 있었을까요?

초창기의 연구를 재분석한 결과에 따르면 HRT를 실시한 여성들은 평균보다 더 나은 식습관과 운동법을 갖고 있었다는 것을 알 수 있었습니다. 아마 HRT를 실시한 여성들은 평균적으로 다른 여성들보다 건강에 대해 더 관심이 많았기 때문에 HRT를 실시하였고, 따라서 그들의 심장 건강이 좋아진 것은 당연한 결과였습니다.

182. Stephen R. Johnson, "The Trouble with QSAR (or How I Learned to Stop Worrying and Embrace Fallacy)," J. Chem. Inf. Model., 2008.

183. Nelson HD, Humphrey LL, Nygren P, Teutsch SM, Allan JD. Postmenopausal hormone replacement therapy: scientific review. JAMA. 2002;288:872–881.

21.5 통계적 측정은 모든 것을 말해주지 않습니다

하나의 데이터 세트로부터 굉장히 많은 통계량을 얻어낼 수 있습니다. 그 가운데에서 신중하게 하나를 선택하면 같은 데이터로부터 서로 다른 느낌을 주게 하는 것이 가능합니다. 가장 좋은 방법은 데이터 세트 그 자체를 살펴보는 것입니다.

1973년에 통계학자 앤스콤F. J. Anscombe는 **그림 21.5**와 같은 표가 그려진 논문을 출간했습니다. 이 표는 각 4개의 데이터 세트로부터 점의 <x, y> 좌표를 포함합니다. 각 네 개의 데이터 세트는 *x*에 대해 평균값이 서로 같으며(9.0), *y*에 대해서도 평균이 같습니다(7.5). 또, *x*의 분산이 같고(10.0), *y*의 분산도 같으며(3.75), *x*와 *y*간의 상관관계도 같습니다(0.816). 그리고 각각의 데이터 세트에 선형 회귀를 사용해 적합 곡선을 찾으면 $y = 0.5x + 3$이라는 모두 같은 결과가 나옵니다.

x	y	x	y	x	y	x	y
10.0	8.04	10.0	9.14	10.0	7.46	8.0	6.58
8.0	6.95	8.0	8.14	8.0	6.77	8.0	5.76
13.0	7.58	13.0	8.74	13.0	12.74	8.0	7.71
9.0	8.81	9.0	8.77	9.0	7.11	8.0	8.84
11.0	8.33	11.0	9.26	11.0	7.81	8.0	8.47
14.0	9.96	14.0	8.10	14.0	8.84	8.0	7.04
6.0	7.24	6.0	6.13	6.0	6.08	8.0	5.25
4.0	4.26	4.0	3.10	4.0	5.39	19.0	12.50
12.0	10.84	12.0	9.13	12.0	8.15	8.0	5.56
7.0	4.82	7.0	7.26	7.0	6.42	8.0	7.91
5.0	5.68	5.0	4.74	5.0	5.73	8.0	6.89

그림 21.5 앤스콤의 네 개의 데이터에 대한 통계량

이렇다고 해서 네 개의 데이터 세트를 서로 구별할 방법은 없는 것일까요? 아닙니다. 데이터 세트들이 서로 같지 않다는 것을 확인하기 위해 그래프를 그려보면 됩니다(**그림 21.6**).

여기서 우리가 얻을 수 있는 교훈은 간단합니다. 가능하다면, 항상 가공하지 않은 원 데이터를 나타낸 것을 살펴보기 바랍니다.

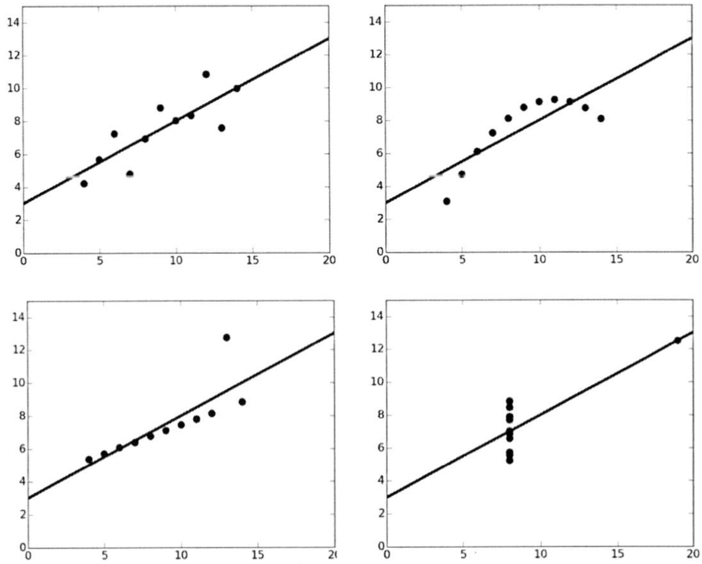

그림 21.6 앤스콤의 네 개의 데이터

21.6 표본 편향(Sampling Bias)

제2차 세계 대전 중에 연합국 비행기가 유럽에서 미션을 수행하고 돌아올 때면 비행기의 어느 부분이 대공포대로부터 타격을 받았는지 검사를 합니다. 이 데이터를 토대로 정비공은 타격을 입을 것으로 보이는 부분을 보강했습니다.

여기서 무엇이 잘못 되었을까요? 정비공들은 미션을 수행하러 갔다가 돌아오지 못한 비행기는 점검하지 않았습니다. 그 이유는 그 비행기들은 대공포로 인해 격추되었기 때문입니다. 아마 이 검사되지 않은 비행기들은 정확하게 말하면 대공포가 비행기를 가장 치명적인 손상을 주는 곳에 타격을 받았을 것입니다. 이 특정한 오류를 **무응답 편향**non-response bias이라고 합니다. 이 오류는 설문조사에서 상당히 자주 일어납니다. 예를 들어 많은 대학에서 학기 말이 되면 학생들에게 교수의 강의에 대한 질을 평가하도록 설문을 합니다. 이러한 설문에서는 대부분 솔직한 결과가 나오긴 하지만 더 엉망일 수도 있습니다. 강의의 질이 굉장히 나빠서 출석하지 않는 학생들의 응답은 설문에 포함되지 않기 때문입니다.[184]

184. 수업에 출석하지 않는 학생들도 설문에 참여할 수 있게 하는 온라인 설문조사로 대체됨에 따라 교수들의 자존심을 상하게 할 수도 있습니다.

17장에서 말했듯이, 모든 통계적 기법은 모집단의 부분집합에서 표본을 추출하면 전체 모집단에 대한 것을 추론할 수 있다는 가정에 기반을 두고 있습니다. 무작위의 표본을 사용했을 때, 우리는 표본과 전체 모집단의 정확하고 수학적인 관계를 알아낼 수 있습니다. 불행히도, 특히 사회 과학에 대한 많은 연구는 **편의 표본**convenience sampling or accidental sampling이라는 것에 기반한 것입니다. 편의 표본은 구하기 쉬운 표본을 고르는 것입니다. 왜 많은 심리 연구에서 대학생을 모집단으로 사용할까요? 대학생은 대학교 캠퍼스에 가면 쉽게 찾을 수 있기 때문입니다. 편의 표본은 대표성을 띌 수도 있지만, 실제적으로 대표성을 띠는지 알 수 있는 방법은 없습니다.

21.7 맥락이 중요합니다

데이터가 실제로 의미하는 것보다 더 많은 것을 읽기 쉽습니다. 특히 데이터를 전후 관계를 무시하고 본다면 얼마든지 가능한 일입니다. 2009년 4월 29일에 CNN은 "멕시코 검역관에서는 신종플루의 발생으로 인해 159명 이상의 사망자와 대략 2,500명이 병을 앓고 있을 것이라고 추측합니다."라고 보도했습니다. 굉장히 무서운 보도입니다. 그런데, 미국에서 매년 계절 독감으로 인해 36,000명의 사망자가 나온다는 것과 이 보도를 비교하기 전까지는 굉장히 무섭다고 생각할 것입니다.

많이 인용되고 정확한 통계 중 하나는 대부분의 자동차 사고는 집으로부터 10마일 내의 거리에서 발생한다는 것입니다. 무슨 의미입니까? 대부분 사람들이 집으로부터 10마일 내에서 운전을 한다는 것입니다. 게다가 "집"이라는 것은 이 문맥에서 무엇을 의미하는 것일까 요? 통계는 자동차가 등록된 주소를 "집"이라 간주하여 통계를 낸 것입니다. 그렇다면, 사람들이 자신이 사는 집과 멀리 떨어진 주소지에 자동차 등록을 한다면 사고가 날 확률이 줄어들까요?

미국의 총기소지를 축소하자는 정부의 계획을 반대하는 사람들은 미국에서 매년 대략 99.8% 의 총기 발사는 범죄를 저지르는데 사용되지 않는다는 통계를 인용하곤 합니다. 하지만 맥락을 알지 않고는 이것이 암시하는 것이 무엇인지 알기 힘듭니다. 이 통계가 미국의 총기 난사 사건이 많이 발생하지 않는다는 것을 의미할까요? 미국 총기 협회The National Rifle Association에서는 미국에서 대략 3억명이 총기를 소지하고 있다고 발표했습니다. 3억명의 0.2%는 600,000명이지요.

21.8 외삽(Extrapolation)[185]에 주의하세요

데이터로부터 외삽(外揷)을 하는 것은 너무나 쉽습니다. 우리는 18.1.1절에서 회귀가 실시된 데이터로부터 선형 회귀로 적합 곡선을 찾아낼 때 외삽을 하였습니다. 외삽은 이론적으로 정당성이 있을 때에만 이루어져야 합니다. 직선에서 외삽을 할 때 특히 조심해야 합니다.

그림 21.7의 왼쪽에 있는 그래프를 살펴보십시오. 1994년부터 2000년까지 미국에서 인터넷을 사용하는 사람들이 증가하는 것을 보여 주고 있습니다. 여러분도 알다시피 직선은 굉장히 좋은 적합 곡선을 그리고 있습니다.

그림 21.7의 오른쪽 그래프는 이 적합곡선을 사용해 그 다음 해마다 인터넷을 사용할 미국의 인구 분포를 예상하여 보여주고 있습니다. 이 예상은 조금 믿기 어렵습니다. 2009년에 모든 미국인들이 인터넷을 사용하고 있었다고 말할 수는 없습니다. 그리고 2015년까지 140% 이상의 미국인들이 인터넷을 사용하고 있었다고 볼 수는 더욱 없습니다.

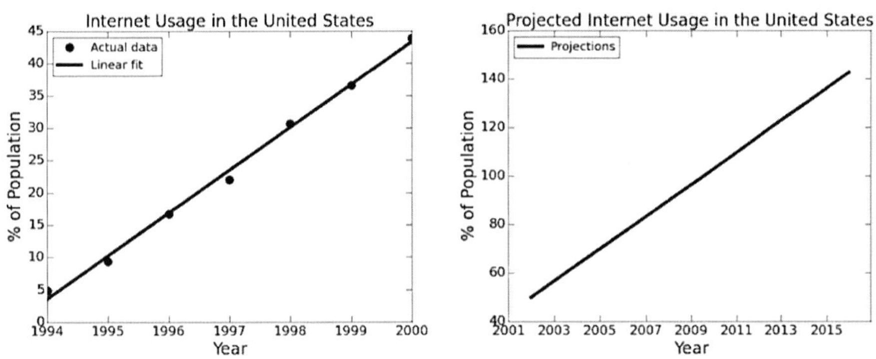

그림 21.7 미국에서 인터넷 사용량의 증가

185. [역자 주] x_1과 x_n의 바깥쪽에 있는 임의의 x에 대한 f(x)의 근삿값을 구하는 방법을 extrapolation, 외삽법(外揷法) 또는 보외 법(補外法)이라 합니다. 반면에, interpolation은 보간법 혹은 내삽법이라 합니다.

21.9 텍사스 저격수의 오류

여러분이 텍사스의 도로를 주행하고 있다고 상상해보십시오. 여섯 개의 표적이 그려진 헛간이 보이고 각각의 표적의 중앙에는 총알 구멍이 있습니다. "네, 저의 저격은 절대 빗나가는 일이 없습니다." 헛간의 주인이 말합니다. "네 맞아요. 텍사스에서 더 정밀하게 페인트를 칠할 수 있는 남자는 없을 거예요." 그의 아내가 말합니다. 무슨 뜻인지 알겠나요? 헛간 주인이 여섯 번 총탄을 쏜 뒤 그 주변에 표적을 그린 것입니다.

그림 21.8 학생들의 분필 던지기 능력에 교수가 어리둥절하고 있습니다.

이러한 오류의 대표라고 할 수 있는 사건이 2001년에 발생했습니다.[186] 스코틀랜드Scotland의 항구 도시인 애버딘Aberdeen에 있는 로얄 콜힐Royal Cornhill 병원은 "거식증에 걸린 여성들은 봄이나 초여름에 태어났을 가능성이 높습니다… 거식증에 걸린 사람들은 3월과 6월 사이에 평균보다 13% 더 많이 태어나며 6월에만 30% 더 태어납니다."라는 것을 밝혀냈습니다.

6월에 태어난 여성들에 대한 통계를 살펴봅시다. 연구 팀은 446명의 거식증에 걸린 여성들을 대상으로 조사를 했고, 평균적으로 매달 약 37명 정도 태어났습니다. 이 결과는 6월에 태어난 사람은 48명(37×1.3)이었다는 것을 보여줍니다. 이제 간단한 프로그램(**그림 21.9**)을 작성해서 이러한 현상이 단지 우연히 일어났을 확률을 계산해 봅시다.

`juneProb(10000)`을 실행하면 다음과 같이 출력됩니다.

```
Probability of at least 48 births in June = 0.0427
```

186. Eagles, John, et al., "Season of birth in females with anorexia nervosa in Northeast Scotland," International Journal of Eating Disorders, 30, 2, September 2001.

```
def juneProb(numTrials):
    june48 = 0
    for trial in range(numTrials):
        june = 0
        for i in range(446):
            if random.randint(1,12) == 6:
                june += 1
        if june >= 48:
            june48 += 1
    jProb = round(june48/numTrials, 4)
    print('Probability of at least 48 births in June =', jProb)
```

그림 21.9 48명의 거식증 환자가 6월에 태어났을 확률

우연히 6월에 태어난 아기의 수가 48명일 확률은 대략 4.5%으로 보입니다. 그렇기 때문에 애버딘의 연구자들은 아마 무언가 알고 있었을 것입니다. 글쎄요. 연구자들은 거식증에 걸릴 아기들은 6월에 많이 태어났다는 가설을 세운 후, 그 가설을 증명하기 위해 연구를 시행했을지도 모릅니다.

하지만 그들은 실제로 그렇지 않았습니다. 대신 데이터를 살펴보고 텍사스의 저격수와 같이 6월 주변에 원을 그렸습니다. 마땅히 했어야 할 통계적 질문은 최소한 48명의 아기가 태어난 달(12달 중에)이 적어도 하나는 있었는지에 대한 것입니다. **그림 21.10**의 프로그램은 이 질문에 대한 답을 해줍니다.

```
def anyProb(numTrials):
    anyMonth48 = 0
    for trial in range(numTrials):
        months = [0]*12
        for i in range(446):
            months[random.randint(0,11)] += 1
        if max(months) >= 48:
            anyMonth48 += 1
    aProb = round(anyMonth48/numTrials, 4)
    print('Probability of at least 48 births in some month =',aProb)
```

그림 21.10 48명의 거식증 환자가 어떤 달에 태어났을 확률

anyProb(10000)을 호출하면 다음과 같이 출력됩니다.

```
Probability of at least 48 births in some month = 0.4357
```

이제 우리는 이 연구에서 발표했던 결과가 태어난 달과 거식증의 실제 관계가 아니라 그 확률을 보여준 것임을 알 수 있습니다. 텍사스 저격수의 오류를 범한다고 해서 텍사스 출신일 필요는 없습니다.

우리가 여기서 결과의 통계적 의미는 실험을 실행한 방법에 의존한다는 것을 알 수 있습니다. 애버딘의 연구팀이 6월에 거식증 환자가 더 많다는 가설을 세웠다면 그 결과는 더 생각해 볼 만했을 것입니다. 하지만 연구팀이 상대적으로 많은 거식증 환자가 태어난 달이 있다는 가설을 세웠다면 결과는 그다지 주목받을 만하지 않은 것입니다. 실제로는, 그들은 여러 개의 가설을 검증하고 있었으며, 확률은 본페로니 교정Bonferroni correction(19.6절을 보세요)을 적용했어야 합니다.

애버딘 연구팀이 새로 세운 가설을 증명하기 위해 무엇을 해야 할까요? 한 가지 방법은 **전향적 연구**(轉向的 硏究)prospective study를 실행하는 것입니다. 전향적 연구에서는 한 세트의 가설을 세운 뒤 알고자 하는 것의 결과를 발전시키기 전에 대상을 모으고(이 경우 거식증 환자), 대상을 일정 기간 동안 추적합니다. 만약 특정 가설로 전향적 연구를 시행하였을 때 비슷한 결과가 나온다면 확신할 수 있게 되는 것입니다.

전향적 연구는 비용이 많이 들고 시간이 많이 소비될 수 있습니다. **후향적 연구**(後向的 硏究)retrospective study에서는 잘못된 결과가 나올 가능성을 줄이면서 이미 존재하는 데이터로 조사를 하는 것입니다. 널리 쓰이는 방법은 18.4절에서 살펴보았던 것처럼 데이터를 학습셋과 홀드아웃 검증셋으로 나누는 것입니다. 예를 들어 학습셋에서 446/2명의 여성을 무작위로 고른 후에, 각 달마다 태어난 수를 기록하고, 그 다음, 이것을 홀드아웃 검증셋에 있는 여성들이 각 달마다 태어난 수와 비교했어야 했습니다.

21.10 백분율은 헷갈릴 수 있습니다

투자상담사가 고객에게 소유 주식이 지난 달 동안 16% 올랐다고 말해 주었습니다. 그리고 그는 한 해 동안 기복이 있었지만 평균 매달 변화는 +0.5%였다고 기뻐하며 알려 주었습니다. 그런데 나중에 고객이 한 해 동안의 명세서를 받아서 관찰해 보니 1년 동안 그의 소유 주식의 값이 감소한 것을 보았을 때 얼마나 놀랐을지 상상해 보십시오.

고객은 그의 투자상담사에게 전화를 해서 거짓말쟁이라고 비난하였습니다. 고객은 이렇게 말했습니다. "내 주식이 약 8% 감소했는데 당신은 한 달에 0.5%씩 올랐다고 말했어요." 투자 상담사는 이렇게 대답했습니다. "저는 그런 적이 없습니다. 저는 매달 평균 변화가 +0.5%라고 말했습니다." 고객이 매달 변화를 살펴본 후에 그는 상담사가 거짓말을 한 것이 아니라, 그가 자기를 오도해왔다[mislead]다는 것을 알았습니다. 고객의 주식은 처음 반년 동안은 매달 15% 감소했지만 다음 반년 동안은 매달 16%씩 증가했습니다.

백분율에 대해 생각해볼 때 우리는 백분율이 계산된 기준에 집중을 해야 합니다. 이 경우에 15%의 감소는 16%의 증가보다 더 높은 주식 가격부터 계산되기 시작한 것입니다.

백분율은 작은 기준에 적용되면 오해를 일으키기 쉽습니다. 여러분은 질병에 걸릴 확률을 200% 높이는 부작용이 있는 약에 대해 읽어 보았을 것입니다. 하지만 병에 걸릴 확률이 굉장히 낮다면(1,000,000분의 1이라고 합시다), 여러분은 약을 복용하는 위험성이 약의 긍정적 효과로 인해 충분히 상쇄될 것임을 알고 잘 결정할 수 있을 것입니다.

21.11 통계적으로 유의한 차이는 유의하지 않을 수 있습니다

Maui Institute of Technology(MIT)의 어떤 입학 사정관이 MIT의 입학 절차가 성차별을 하지 않는다고 설득하고 싶어서 "MIT에서는 남성과 여성의 평균 점수에 큰 차이가 없습니다"라고 알렸습니다. 같은 날에, 열렬한 여성 우월주의자가 "MIT에서는 여성의 평균 점수가 남성보다 상당히 높습니다."라고 주장했습니다. 학생 신문사에서 일하는 기자는 당황해 데이터를 살펴보고 거짓말쟁이를 알아내기로 했습니다. 하지만 그녀가 마침내 대학교의 데이터를 탐색했을 때, 그녀는 둘 다 사실을 말하고 있다는 결론을 내렸습니다.

"MIT에서는 남성과 여성의 평균 점수에 큰 차이가 없습니다."는 문장은 실제로 어떤 뜻일까요? 통계학을 공부하지 않은 사람들(대부분의 사람들)은 아마 MIT에 다니는 여성과 남성의 GPA에는 "의미있는" 차이가 없다고 결론을 내릴 것입니다. 반대로, 최근에 통계학을 공부한 사람들은 다음과 같은 결론을 내릴 것입니다. 1) 여성의 평균 GPA는 남성보다 더 높습니다. 2) GPA의 차이가 무작위성에 기여한다는 귀무가설이 5% 수준에서 기각될 수 있습니다.

예를 들어 2500명의 여성과 2500명의 남성이 MIT에서 공부하고 있다고 가정해봅시다. 또, 남성의 평균 GPA는 3.5이고, 여성의 평균 GPA는 3.51이며, 남성과 여성의 GPA의 표준 편차는 둘 다 0.25라고 가정해봅시다. 분별력 있는 대부분의 사람들은 GPA의 차이가 "유의하지 않다"고 생각할 것입니다. 하지만, 통계적 관점에서는 이 차이는 2% 수준에서 "유의합니다". 이 이상한 이분법의 근원은 무엇일까요? 19.5장에서 본 것처럼, 연구가 충분한 능력이 있을 때—즉, 충분한 표본이 있을 때—사소한 차이 조차도 통계적으로는 유의할 수 있습니다.

연구가 굉장히 소규모일 때 관련된 문제가 발생합니다. 여러분이 동전을 두 번 던져 둘 다 앞면이 나왔다고 가정해 보세요. 이제 19.3장에서 본 것처럼 양측 단일 표본 t검증을 사용해서 동전이 공평하다는 귀무가설을 검증해 봅시다. 우리가 만약 앞면의 값을 1, 뒷면의 값을 0이라고 가정한다면, 다음 코드를 사용해 p값을 얻을 수 있습니다.

```
stats.ttest_1samp([1, 1], 0.5)[1]
```

동전이 공평하다면 연속적으로 두 번 앞면이 나올 확률은 없다는 것을 표시하도록 p값을 0으로 반환합니다.

21.12 회귀 오류

회귀 오류regressive fallacy는 사람들이 사건의 자연적인 변동을 고려하지 않을 때 발생합니다.

모든 운동선수들은 컨디션이 좋은 날도 있고 좋지 않은 날도 있습니다. 그들이 컨디션이 좋을 때, 아무 변화도 주지 않으려고 합니다. 하지만 평소와 달리 컨디션이 좋지 않은 날이 지속될 때는 그들은 변화를 주려고 합니다. 변화가 건설적이든, 건설적이지 않든 평균으로의 회귀(15.3절)는 다음 몇 일간 운동선수의 경기가 변화를 주기 전의 보잘것없는 경기보다 더 나을 것 같이 만들어줍니다. 하지만 이것은 운동선수가 **처리효과**treatment effect(향상된 경기가 그/그녀가 만든 변화의 결과로 보는 것)가 있을 것이라고 가정하는 것을 막을 수는 없을 것입니다.

노벨상을 수상한 심리학자 대니얼 카너먼Daniel Kahneman은 그가 "향상된 결과에 대한 보상은 실수에 대한 처벌보다 효과가 좋다"라고 주장한 것을 반대한 이스라엘 공군 비행 교관에 대한 이야기를 하였습니다. 이 교관의 주장은 다음과 같았습니다. "많은 경우에 나는 비행 간부들이 곡예 비행 조종을 잘 해낼 때 칭찬을 했습니다. 다음에 그들이 같은 조종을 할 때에는 보통 더 못합니다. 하지만, 종종 형편없는 조종을 할 때 간부에게 소리를 질렀을 때에는 보통 다음 시도에서 더 잘하게 되었습니다."[187] 사람들이 처리효과를 상상하는 것은 자연적인 것입니다. 왜냐하면 우리는 인과 관계라고 생각하는 것을 좋아하기 때문입니다. 하지만 가끔 이것은 단지 운에 의한 것입니다.

처리 효과가 없는 경우에 처리 효과에 대해 생각하는 것은 위험할 수 있습니다. 이것은 예방 접종이 해롭고 뱀기름이 모든 고통과 상처를 치료해준다고 믿거나, 작년에 시장을 앞서는 계약형 투자 신탁에 독점적으로 투자한 것은 좋은 전략이었다고 믿게 만듭니다.

187. Thinking, Fast and Slow, Daniel Kahneman, Farrar, Straus and Giroux, 2011, p.175.

21.13 조심하세요

역사 속에서 통계를 오용한 사례로 몇 백장은 쉽게 채울 수 있을 것입니다. 하지만 여러분은 이제 이것으로 충분히 교훈을 얻었을 것입니다: 말로 거짓말을 하는 것만큼 숫자로 거짓말을 하는 것은 쉽습니다. 이제 실제 측정하는 것이 무엇인지 제대로 이해하고, 성급하게 결론을 내리기 전에, "통계적 의미"의 결과가 어떻게 계산되었는지도 확실히 하길 바랍니다. 데럴 허프Darrel Huff가 말한 것처럼 "여러분이 데이터를 충분히 고문한다면, 무엇이든지 자백하게 만들 수 있습니다."[188]

188. Darrell Huff, How to Lie with Statistics, 1954, 비슷한 발언은 노벨상 수상자인 경제학자 로날드 코드Ronald Coase의 공으로 돌렸습니다.

CHAPTER 22

기계학습(Machine Learning)의 맛보기

디지털 데이터의 양은 사람의 상상을 초월할 정도로 증가하고 있습니다. 1980년대부터 매 3년마다 데이터 저장 용량은 두 배만큼 증가하고 있습니다. 여러분이 이 장을 읽는 시간 동안에도 10^{18} 비트만큼의 데이터가 세계의 데이터에 추가될 것입니다. 이 숫자를 보고, 그것이 얼마나 큰지 상상하기 어려울 것입니다. 한 가지 방법은 10^{18}개의 캐나다 페니(동전이자 화폐 단위)로 지구의 표면적을 두 번 덮을 수 있다는 것을 생각해보면 됩니다.

물론 더 많은 데이터가 항상 더 실용적인 정보를 주는 것은 아닙니다. 진화는 느린 과정이며 사람이 데이터를 이해하는 능력이 매 3년마다 두 배만큼 상승하지는 않습니다. 그래서, 사람들이 "빅데이터big data"로부터 유용한 정보를 얻어내기 위해 시도하는 한 방법은 **통계적 기계학습**statistical machine learning입니다.

기계학습은 정의하기 어렵습니다. 어떤 의미에서, 모든 유용한 프로그램은 무언가를 학습합니다. 예를 들어 뉴턴 방법Newton's method을 구현하는 것을 다항식의 근을 학습하는 것입니다. 기계학습 초창기의 정의들 중 하나는 미국 전기 기술자이자 컴퓨터 과학자인 아써 사무엘Arthur Samuel[189]이 제안하였습니다. 그는 기계학습을 "컴퓨터가 명시적으로 프로그래밍되지 않아도 컴퓨터에게 스스로 학습할 수 있는 능력을 부여하는 학문"이라고 정의하였습니다.

인간은 암기와 일반화라는 두 가지 방법으로 학습할 수 있습니다. 우리는 암기를 통해 개별적인 사실을 학습합니다. 예를 들어 영국의 초등학교 학생들은 영국의 군주들에 대해 학습합니다. 또한 사람들은 **일반화**generalization를 통해 옛 사실로부터 새로운 사실을 이끌어냅니다. 예를 들어 정치과학 분야의 학생들은 많은 정치인들의 행동을 살펴본 후, 이 관찰에서 모든 정치인들은 선거 유

189. 사무엘Samuel은 체커checkers 게임을 할 수 있는 프로그램을 작성한 사람으로 가장 잘 알려져 있습니다. 그는 1950년도에 이 프로그램을 작성하기 시작하였고 1970년도까지 계속하였습니다. 이 프로그램이 당시에는 인상적이었지만 현대의 기준에서는 특별히 좋은 것은 아닙니다. 하지만 사무엘이 이 프로그램을 작성하는 동안 그는 현재까지도 쓰이고 있는 몇 개의 기술을 고안하였습니다. 다른 것보다 사무엘의 체커 게임 프로그램은 "경험"에 기반하여 발전된 첫 번째 프로그램이라고 할 수 있습니다.

세 운동을 하는 동안에 거짓말을 한다고 결론을 내릴 수 있을 것입니다.

컴퓨터 과학자들이 기계학습에 대해 이야기한다면, 데이터에 내포된 패턴으로부터 유용한 추론을 이끌어낼 수 있도록 자동적으로 학습하는 프로그램을 작성하는 훈련을 대체적으로 의미합니다. 예를 들어 선형 회귀[linear regression](18장을 참고하세요)는 한 모집단의 표본들을 나타내는 곡선을 학습합니다. 이렇게 학습된 결과를 사용하여 예전에 다루지 않았던 사례들에 적용하여 예측할 수 있습니다. 기본적인 흐름은 다음과 같습니다.

1. **학습자료**[training data]라고 부르는 자료를 관찰합니다. 이 자료는 몇 개의 통계적 현상에 대한 불완전한 정보를 보여줍니다.
2. 추론 기법을 사용하여 관찰된 학습자료들을 이해하는 모델을 생성합니다.
3. 이 모델을 사용하여 이전에 보지 않은 자료에 대한 예측을 합니다.

예를 들어 여러분에게 **그림 22.1**와 같이 두 집합의 이름들과 **그림 22.2**와 같이 **특성 벡터**[feature vector]가 주어졌다고 가정해봅시다.

```
A: {Abraham Lincoln, George Washington, Charles de Gaulle}
B: {Benjamin Harrison, James Madison, Louis Napoleon}
```

그림 22.1 두 집합의 이름

```
Abraham Lincoln: [American, President, 193 cm tall]
George Washington: [American, President, 189 cm tall]
Charles de Gaulle: [French, President, 196 cm tall]
Benjamin Harrison: [American, President, 168 cm tall]
James Madison: [American, President, 163 cm tall]
Louis Napoleon: [French, President, 169 cm tall]
```

그림 22.2 특성벡터를 각각의 이름과 연관시키기

벡터의 각 요소는 사람의 양상(예를 들어 특성)을 묘사해 줍니다. 이러한 역사적 인물들에 대한 제한적인 정보에 근거해서 여러분은 레이블 A나 레이블 B을 각각의 표본에 할당하는 과정이 키가 큰 대통령과 키가 작은 대통령을 구별하기 위한 것이었다고 추론할 수 있습니다.

기계학습에는 다양한 접근 방법이 있지만, 모든 방법은 제공된 자료들을 일반화하는 모델을 학습

하기 위한 것입니다. 모든 방법에는 세 가지 구성 요소가 있습니다.

- 모델의 표현
- 모델의 우수성을 평가하는 목적 함수
- 목적 함수의 값을 최대화 또는 최소화하는 모델을 학습하기 위한 최적의 방법

대체적으로 기계학습 알고리즘들은 지도supervised학습 혹은 비지도unsupervised학습 중의 하나로 생각할 수 있습니다.

지도학습supervised learning은 특성 벡터/레이블 쌍으로 시작합니다. 우리의 목표는 이 쌍으로부터 이전에 보지 못한 특성 벡터와 연관된 값을 예측하는 방법을 이끌어내는 것입니다. **회귀 모델**regression model은 실수를 각각의 특성 벡터와 연관 짓습니다. **분류 모델**classification model은 하나의 유한한 숫자로 이루어진 **레이블**label을 각각의 특성 벡터와 연관 짓습니다.[190]

18장에서 우리는 회귀 모델의 한 종류인 선형 회귀에 대해 살펴보았습니다. 각각의 특성 벡터는 x 좌표이며, 이것과 연관된 값은 상응하는 y 좌표였습니다. 특성 벡터/레이블 쌍으로부터 우리는 x 좌표와 연관된 y 좌표를 예측하는 데 사용할 수 있는 모델을 학습하였습니다.

이제, 간단한 분류 모델에 대해서 살펴봅시다. 주어진 대통령 예시에서 우리는 **그림 22.1**와 같이 A와 B로, **그림 22.2**와 같이 특성 벡터로 레이블을 정하였습니다. 이것을 토대로 우리는 **그림 22.3**과 같이 특성 벡터/레이블 쌍을 생성할 수 있습니다.

```
[American, President, 193 cm tall], A
[American, President, 189 cm tall], A
[French, President, 196 cm tall], A
[American, President, 168 cm tall], B
[American, President, 163 cm tall], B
[French, President, 169 cm tall], B
```

그림 22.3 대통령에 대한 특성 벡터/레이블 쌍

이렇게 레이블이 정해진 자료로부터 학습 알고리즘은 키가 큰 모든 대통령들이 레이블 A로 정해지고 키가 작은 모든 대통령들은 레이블 B로 정해질 것이라고 추론할지도 모릅니다. 다음 특성

190. 많은 기계학습 문헌에서는 "label"이라는 단어보다 "class"라는 단어를 사용합니다. 우리는 "class"를 이 책에서 다른 의미로 사용하였기 때문에 이 개념에 대해서는 "label"을 계속해서 사용하겠습니다.

벡터

```
[American, President, 189 cm.]
```
[191]

의 레이블을 정해야 한다면, 학습한 규칙을 사용하여 레이블을 A로 선택할 것입니다.

지도학습은 신용 카드의 도용을 알아내고 사람들에게 영화를 추천하는 등의 실질적인 일에 널리 사용됩니다.

비지도학습unsupervised learning에서는 레이블이 없는 특성 벡터들이 주어집니다. 비지도학습의 목표는 특성 벡터의 잠재적 구조를 찾아내는 것입니다. 예를 들어 대통령에 대한 특성 벡터가 주어졌을 때, 비지도학습 알고리즘은 키가 큰 대통령과 키가 작은 대통령, 또는 미국 대통령과 프랑스 대통령으로 분류할 것입니다. 대체적으로 비지도학습의 접근법은 클러스터링을 하는 방법 또는 잠재 변수 모델을 학습하는 방법으로 나뉠 수 있습니다.

잠재 변수latent variable는 값이 직접적으로 관찰된 것이 아니라 관찰된 다른 변수의 값에서 추정될 수 있는 변수입니다. 예를 들어 대학교의 입학 사정관은 중고등학교에서의 성적과 표준화 시험에서의 성적 같은 관찰된 값을 토대로 지원자가 성공적인 학생이 될 확률(잠재 변수)을 추정하고자 합니다. 잠재 변수 모델을 학습하기 위한 많은 방법이 있지만 이 책에서는 다루지 않을 것입니다.

클러스터링clustering은 입력 자료를 (클러스터라 부르는) 몇 개의 집단으로 나눕니다. 여기서 같은 집단에 속해 있는 입력 자료들은 다른 집단에 속해 있는 자료들에 비해서 서로 비슷하도록 만듭니다. 예를 들어 유전학자들은 연관된 유전자 집단을 찾아내기 위해 클러스터링을 사용합니다. 많은 유명한 클러스터링 방법은 놀라울 정도로 간단합니다.

우리는 23장에서 널리 쓰이는 클러스터링 알고리즘을 배우고, 24장에서 지도학습의 여러 접근법에 대해 다룹니다. 이 장에서는 앞으로 특성 벡터를 만드는 과정과 두 개의 특성 벡터 사이의 유사성을 계산하는 여러 방법에 대해 다룰 것입니다.

22.1 특성 벡터

신호 대 잡음 비signal-to-noise ratio; SNR의 개념은 공학과 과학의 많은 분야에서 사용됩니다. 이 정의는 어디에 적용하느냐에 따라 다양하지만 기본 개념은 간단합니다. 이것을 유용한useful 입력과 무관한irrelevant 입력의 비율이라고 생각해보십시오. 식당에서 신호는 함께 식사하는 상대의 목소리가

191. 여러분이 궁금해 할 경우를 위해, 토머스 제퍼슨Thomas Jefferson은 키가 189 cm였습니다.

될 것이고 잡음은 다른 사람들의 목소리가 될 것입니다.[192] 우리가 프로그래밍 수업에서 어떤 학생들이 잘 할지 예측하려고 한다면, 이전의 프로그래밍 경험과 수학적 소질이 신호의 한 부분이 될 것입니다. 하지만 머리 색깔은 잡음이 됩니다. 신호와 잡음을 구분하는 것이 항상 쉽지는 않습니다. 그리고 이것을 잘못 구분할 때에는 잡음이 참된 신호를 모호하게 만드는 방해물이 될 수 있습니다.

특성 공학feature engineering의 목적은 신호에 기여하는 데이터와 잡음에 기여하는 데이터의 특성을 구분하는 것입니다. 이 일을 적합하게 수행하지 못했을 때 나쁜 모델을 이끌어낼 수 있습니다. 이렇게 될 위험성은 데이터의 **차원성**dimensionality(즉, 서로 다른 특성의 개수)이 표본의 개수보다 상대적으로 많을 때 특히 높아집니다.

성공적인 특성 공학은 입력 자료에 있는 많은 정보를 일반화하기 위해 사용할 만한 생산적인 정보로 줄이는 추출 과정입니다. 예를 들어 여러분의 목적이 사람들이 심장마비가 올 것인지 예측하는 모델을 학습하는 것이라고 상상해 보십시오. 나이와 같은 특성은 관계가 있을 가능성이 높습니다. 또, 왼손잡이인지 여부 등의 특성은 관계가 적을 가능성이 높습니다.

특성 제거feature elimination 기법은 주어진 특성들 중 어떤 특성들이 도움이 될지 자동적으로 구별하기 위해 사용될 수 있습니다. 예를 들어 지도학습의 경우, 어떤 사람은 표본의 레이블과 밀접한 상관관계가 있는 특성들을 선택할 수 있습니다.[193] 하지만 이 기법을 시작할 관련 있는 특성들이 없다면 이러한 특성 제거 기법은 도움이 되지 못합니다. 심장마비 자료에 대한 기존 특성 집합이 키와 몸무게를 포함한다고 가정해 보세요. 이러한 경우에 키와 몸무게는 둘다 심장 마비를 예측하는데 도움이 되지 않지만 신체 용적 지수body mass index; BMI는 도움이 될 것입니다. BMI가 키와 몸무게로부터 계산이 되지만 관계성(몸무게(kg)를 키(m)의 제곱으로 나눈 것)이 너무 복잡해서 현재 기계학습 기술로는 자동적으로 찾아내기 어렵습니다. 성공적인 기계학습은 이러한 분야 전문성으로 특성들을 설계하는 것을 포함합니다.

비지도학습에서는 문제가 더 어려워집니다. 보통 우리는 어떤 특성들이 찾고자 하는 구조와 연관될 것인지를 우리의 직관에 기반해서 선택합니다. 하지만 특성들의 잠재적 연관성에 대해 직관에 의존하는 것은 문제가 있습니다. 어떤 사람의 치과 진료 기록이 미래에 심장 마비에 대한 예측 변수가 될 것인지에 대한 여러분의 직관이 얼마나 훌륭할까요?

특성 벡터와 레이블을 나타내는 표(파충류인지 아닌지)와 각각의 벡터가 서로 연관되어 있는지를 나타내는 **그림 22.4**을 생각해보세요.

192. 물론, 여러분과 함께 식사하는 상대가 굉장히 재미없는 사람이 아닌 이상 이러할 것입니다. 그러나, 어떤 경우에는 여러분의 상대와의 대화가 잡음이 되고 옆 테이블의 대화가 신호가 되기도 하지요.

193. 특성들은 종종 서로 상관관계가 있기 때문에 많은 불필요한 특성에 이를 수 있습니다. 더 섬세한 특성 제거 기법이 있지만 이 책에서는 다루지 않을 것입니다.

이름	알을 낳음	비늘	독성	냉혈	다리 개수	파충류
코브라(Cobra)	True	True	True	True	0	Yes
방울뱀(Rattlesnake)	True	True	True	True	0	Yes
보아뱀(Boa constrictor)	False	True	False	True	0	Yes
악어(Alligator)	True	True	False	True	4	Yes
독개구리(Dart frog)	True	False	True	False	4	No
연어(Salmon)	True	True	False	True	0	No
비단뱀(Python)	True	True	False	True	0	Yes

그림 22.4 여러 동물의 이름, 특성, 그리고 레이블

코브라에 대한 정보만, 즉 표의 첫 번째 행만 주어졌을 때 지도학습 알고리즘(또는 사람)은 코브라가 파충류라는 사실을 기억하는 것 외에는 할 수 있는 것이 없습니다. 이제 방울뱀에 대한 정보를 추가해 봅시다. 우리는 일반화를 시작할 수 있습니다. 우리는 동물이 알을 낳고 독성이 있으며 냉혈 동물이고 다리가 없으면 파충류일 것이라는 규칙을 추론할 수 있습니다.

이제 우리가 보아뱀이 파충류인지 결정해야 한다고 가정해 봅시다. 우리는 "아닙니다"라고 대답할 것입니다. 그 이유는 보아뱀은 독성이 없고 알을 낳지 않기 때문입니다. 하지만 이것은 틀린 답입니다. 물론 두 개의 자료로부터 일반화를 한다면 갈팡질팡하게 될 것이라는 것은 별로 놀랍지 않습니다. 우리가 학습자료에 보아뱀을 포함할 때, 동물이 비늘이 있고 냉혈이며 다리가 없으면 파충류라는 새로운 규칙을 만들어낼 수 있습니다. 이렇게 함으로써 '알을 낳음'과 '독성' 특성들은 분류 문제와 관련성이 없다고 할 수 있습니다.

우리가 악어를 분류하기 위해 새로운 규칙을 사용한다면, 악어는 다리가 있기 때문에 파충류가 아니라고 잘못된 결론을 내릴 수 있습니다. 우리가 악어를 학습자료에 포함하면 파충류는 다리가 없거나 4개의 다리를 가진다고 규칙을 다시 만들 수 있습니다. 독개구리는 냉혈 동물이 아니기 때문에 파충류가 아니라고 옳은 결론에 도달할 수 있습니다. 하지만 현재 규칙을 사용하여 연어를 분류한다면, 연어가 파충류라는 잘못된 결론에 이르게 됩니다. 연어와 악어를 분류하는데 더 복잡한 규칙을 만들 수 있지만 이것은 헛된 노력입니다. 연어와 비단뱀을 제대로 분류할 수 있도록 규칙을 수정할 방법은 없습니다. 그 이유는 이 두 종의 특성 벡터가 서로 동일하기 때문입니다.

이러한 문제는 기계학습 외에도 흔한 문제입니다. 어떤 것을 완벽하게 분류할 수 있는 충분한 정보를 포함하고 있는 특성 벡터를 갖는 것은 드문 일입니다. 이러한 경우에 문제는 우리가 충분한 특성을 갖고 있지 않다는 것입니다.

우리가 만약 파충류의 알에는 양수[194]가 있다는 사실을 포함했다면, 파충류와 어류를 구분하는 규

칙을 만들 수 있었을 것입니다. 불행히도 실용적으로 적용할 수 있는 기계학습에서는 완벽하게 구분할 수 있는 특성 벡터를 구성하는 것은 가능하지 않습니다.

모든 가능한 특성들이 잡음이라고 해서 우리가 포기해야 한다는 뜻일까요? 아닙니다. 이 경우에 특성 '비늘'과 '냉혈'은 파충류의 필수 조건이지만 충분 조건은 아닙니다. 비늘을 가지고 있고 냉혈인 동물은 파충류라는 규칙은 부정 오류false negative을 범하지는 않을 것입니다. 즉, 파충류가 아니라고 분류된 동물은 확실히 파충류는 아닐 것입니다. 하지만 이것은 긍정 오류false positive를 범할 것입니다. 즉, 파충류라고 분류된 어떤 동물은 파충류가 아닐 수도 있습니다.

22.2 거리 지표(Distance Metrics)

그림 22.4에서 네 개의 이분적 특성과 한 개의 정수 특성을 이용해서 동물을 묘사했습니다. 이 특성들을 사용해서 두 동물의 유사성을 평가한다고 가정해봅시다. 예를 들어 보아뱀이 방울뱀과 더 유사할까요, 아니면 독개구리와 더 유사할까요?[195]

이러한 비교를 할 때 첫 번째 단계는 각 동물의 특성들을 일련의 숫자로 변환하는 것입니다. 만약 `True = 1`이고 `False = 0`이라고 한다면 다음과 같은 특성 벡터를 얻게 될 것입니다.

```
Rattlesnake: [1,1,1,1,0]
Boa constrictor: [0,1,0,1,0]
Dart frog: [1,0,1,0,4]
```

숫자 벡터의 유사성을 비교하는 방법에는 여러 가지가 있습니다. 같은 길이의 벡터를 비교하는 지표 중 가장 많이 쓰이는 것은 **민코스키 거리**Minkowski distance에 기반한 것입니다.[196]

$$distance(V, W, p) = (\sum_{i=1}^{len} abs(V_i - W_i)^p)^{1/p}$$

이때, *len*은 벡터의 길이입니다.

매개변수 p는 1보다 크거나 같아야 하며, 벡터 *V*와 *W* 사이의 거리를 횡단할 수 있는 길의 종류를

194. 양수는 알을 물이 아니라 육지에 낳을 수 있도록 해주는 보호 외막입니다.

195. 이 질문은 보이는 것처럼 바보 같은 질문이 아닙니다. 박물학자(동식물학자)와 독물학자(또는 바람총 다트의 효율성을 높이고 싶어하는 누군가)는 이 질문에 다른 답을 할지도 모릅니다.

196. 많이 쓰이는 다른 거리 지표는 코사인 유사도cosine similarity입니다. 이것은 두 벡터의 크기의 차이가 아니라 각의 차이를 사용합니다. 이 방법은 차원이 높은 벡터의 경우 유용합니다.

정의합니다.[197] 벡터의 길이가 2라면 데카르트의 좌표로 표현했을 때 가장 한 눈에 알아보기 쉬울 것입니다. **그림 22.5**의 그림을 보세요.

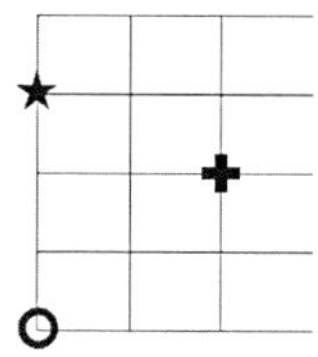

그림 22.5 거리 지표를 시각화하기

왼쪽 아래 모서리에 있는 원은 십자가와 가까울까요 아니면 별과 가까울까요? 상황에 따라 다릅니다. 직선으로 횡단할 수 있다면 십자가가 더 가깝습니다. 피타고라스 정리에 의해 십자가는 원으로부터 8의 제곱근(약 2.8)만큼 떨어져 있지만, 별은 3만큼 떨어져 있다는 것을 쉽게 볼 수 있습니다. 이러한 거리들을 유클리드 거리Euclidean distance라고 하며, p = 2일 때 민코스키 거리를 사용한 것과 같습니다. 하지만 그림의 선들은 도로이고 우리가 한 장소에서 다른 장소로 옮겨갈 때 이 도로를 이용해야 한다고 상상해 보세요. 이 경우 별은 원으로부터 3만큼 떨어져 있지만 십자가는 4만큼 떨어져 있습니다. 이 거리를 **맨해튼 거리**Manhattan distance라고 하며,[198] p = 1일 때 민코스키 거리를 사용하는 것과 같습니다. **그림 22.6**은 민코스키 거리를 구현한 함수입니다.

```
def minkowskiDist(v1, v2, p):
    """Assumes v1 and v2 are equal-length arrays of numbers
       Returns Minkowski distance of order p between v1 and v2"""
    dist = 0.0
    for i in range(len(v1)):
        dist += abs(v1[i] - v2[i])**p
    return dist**(1/p)
```

그림 22.6 민코스키 거리

197. p < 1일 때, 이상한 일이 벌어집니다. 예를 들어 p = 0.5이고 점 A = (0, 0), B = (1, 1), C = (0, 1)이라고 생각해 보세요. 여러분이 이 점들 사이의 거리를 쌍으로 계산한다면 A에서 B사이의 거리는 4이고, A에서 C는 1, 그리고 C에서 B사이의 거리는 1이라는 것을 발견할 것입니다. A에서 C를 거쳐 B로 가는 거리는 A에서 B사이의 거리보다 작을 수 없다는 것은 상식으로도 알 수 있을 것입니다. (수학자들은 이것을 삼각 부등식이라고 합니다. 모든 삼각형에서 어떤 두 변의 길이의 합은 남은 변의 길이보다 작을 수 없다는 것입니다.)

198. 맨해튼 섬은 뉴욕 시에서 가장 인구 밀도가 높은 자치구입니다. 대부분의 섬에서 도로는 격자무늬이기 때문에 p = 1인 민코스키 거리를 사용하는 것은 한 장소에서 다른 장소로 걸어가는 거리의 괜찮은 근사치를 제공합니다. 그러나, 맨해튼에서 차로 주행하는 것은 완전히 다릅니다.

```
class Animal(object):
    def __init__(self, name, features):
        """Assumes name a string; features a list of numbers"""
        self.name = name
        self.features = pylab.array(features)

    def getName(self):
        return self.name

    def getFeatures(self):
        return self.features

    def distance(self, other):
        """Assumes other an Animal
           Returns the Euclidean distance between feature vectors
               of self and other"""
        return minkowskiDist(self.getFeatures(),
                             other.getFeatures(), 2)
```

그림 22.7 클래스 Animal

그림 22.7은 클래스 `Animal`을 포함합니다. 여기서는 동물과 관련된 특성 벡터 사이의 유클리드 거리를 사용해 두 동물 사이의 거리를 정의합니다.

그림 22.8은 동물들을 서로 비교하고 쌍 별로 거리pairwise distance를 보여주는 표를 만듭니다. 이 코드는 PyLab을 이용하여 이전에 사용하지 않았던 기능인 `table`로 그래프를 그립니다.

`Table` 함수는 표 모양의 그래프를 그립니다. (놀랍죠?) 키워드 인자인 `rowLabels`와 `colLabels`는 열과 행의 레이블(이 예제에서는 동물의 이름)을 제공하기 위해 사용합니다. 키워드 인자 `cellText`는 표의 셀에 나타나는 값을 제공하기 위해 사용됩니다. 이 예제에서 `cellText`은 문자열의 리스트를 요소로 갖는 리스트인 `tableVals`에 바인딩되어 있습니다. `TableVals`의 각 요소는 표의 한 열의 셀 값을 포함하는 리스트입니다. 키워드 인자 `cellLoc`은 각 셀의 어느 부분에 텍스트가 나타나야 하는지 명시해주며 키워드 인자 `loc`은 표가 그림에서 어느 부분에 나타나야 하는지 명시해줍니다. 이 예제의 마지막 키워드 인자는 `colWidths`입니다. 이 인자는 표에서 각 열의 너비(인치 단위)를 지정해주는 실수 리스트에 바인딩 됩니다. 코드 `table.scale(1, 2.5)`는 PyLab이 이 셀의 수평 너비는 수정하지 않고 셀의 높이를 2.5만큼 늘리도록(표를 더 예쁘게 그리기 위해) 지시해줍니다.

```
def compareAnimals(animals, precision):
    """Assumes animals is a list of animals, precision an int >= 0
      Builds a table of Euclidean distance between each animal"""
    #Get labels for columns and rows
    columnLabels = []
    for a in animals:
        columnLabels.append(a.getName())
    rowLabels = columnLabels[:]
    tableVals = []
    #Get distances between pairs of animals
    #For each row
    for a1 in animals:
        row = []
        #For each column
        for a2 in animals:
            if a1 == a2:
                row.append('--')
            else:
                distance = a1.distance(a2)
                row.append(str(round(distance, precision)))
        tableVals.append(row)
    #Produce table
    table = pylab.table(rowLabels = rowLabels,
                        colLabels = columnLabels,
                        cellText = tableVals,
                        cellLoc = 'center',
                        loc = 'center',
                        colWidths = [0.2]*len(animals))
    table.scale(1, 2.5)
    pylab.savefig('distances')
```

그림 22.8 동물 쌍 사이의 거리를 표로 만들기

우리가 다음 코드을 실행하면 **그림 22.9**의 표를 만들고 distances라는 이름의 파일에 저장합니다.

```
rattlesnake = Animal(‘rattlesnake’, [1,1,1,1,0])
boa = Animal(‘boa\nconstrictor’, [0,1,0,1,0])
dartFrog = Animal(‘dart frog’, [1,0,1,0,4])
```

```
animals = [rattlesnake, boa, dartFrog]
compareAnimals(animals, 3)
```

여러분도 예상했듯이, 방울뱀과 보아뱀 사이의 거리는 두 뱀 중 하나와 독개구리 사이의 거리보다 작습니다. 그런데, 독개구리는 보아뱀보다 방울뱀에 조금 더 가까워 보인다는 것에 주목하십시오.

	rattlesnake	boa constrictor	dart frog
rattlesnake	--	1.414	4.243
boa constrictor	1.414	--	4.472
dart frog	4.243	4.472	--

그림 22.9 세 동물 사이의 거리

이제 위의 코드의 마지막 줄에 다음을 추가해봅시다.

```
alligator = Animal('alligator', [1,1,0,1,4])
animals.append(alligator)
```

그러면 **그림 22.10**의 표를 만들어냅니다.

	rattlesnake	boa constrictor	dart frog	alligator
rattlesnake	--	1.414	4.243	4.123
boa constrictor	1.414	--	4.472	4.123
dart frog	4.243	4.472	--	1.732
alligator	4.123	4.123	1.732	--

그림 22.10 네 동물 사이의 거리

아마 여러분은 악어가 방울뱀이나 보아뱀보다 독개구리에 상대적으로 더 가깝다는 사실에 놀랐을 것입니다. 그 이유를 잠시 생각해 봅시다.

악어의 특성 벡터는 방울뱀의 특성 벡터와 두 가지 면에서 다릅니다. 독성의 여부와 다리의 개수입니다. 악어의 특성 벡터는 독개구리의 특성 벡터와 세 가지 면에서 다릅니다. 독성의 여부, 비늘의 존재, 냉혈의 여부입니다. 하지만 거리 지표에 따르면 악어는 방울뱀보다는 독개구리와 비슷합니다. 무슨 일이 일어난 것일까요?

이 문제의 근원은 각기 다른 특성들이 서로 다른 범위에 걸친 값들을 가지고 있다는 것입니다. 하나를 제외한 모든 특성들은 0과 1 사이의 범위를 가지고 있지만, 다리의 수는 0부터 4까지의 범위에 걸쳐 있습니다. 이것은 우리가 유클리드 거리를 계산할 때 다리의 개수가 비중의 불균형을 가져온다는 것을 뜻합니다. 우리가 이 특성을 이분적 특성으로 바꾸어 동물의 다리가 없으면 0, 있으면 1이 된다면 어떻게 되는지 알아봅시다.

	rattlesnake	boa constrictor	dart frog	alligator
rattlesnake	--	1.414	1.732	1.414
boa constrictor	1.414	--	2.236	1.414
dart frog	1.732	2.236	--	1.732
alligator	1.414	1.414	1.732	--

그림 22.11 서로 다른 특성 표현을 사용한 거리

이것이 더 타당해 보입니다.

물론 이분적 특성만을 사용하는 것이 항상 편리하지는 않습니다. 23.4절에서는 특성의 단위의 차이를 다루는 더 보편적인 접근에 대해서 다루겠습니다.

CHAPTER 23

클러스터링(Clustering)

비지도학습은 레이블이 정해져 있지 않은 데이터에서 숨겨진 구조를 찾는 것입니다. 가장 흔히 쓰이는 기법은 클러스터링입니다.

클러스터링은 대상을 어떤 면에서 서로 비슷한 요소들끼리 집단으로 조직하는 과정이라고 정의할 수 있습니다. 핵심 쟁점은 "비슷한" 것의 의미를 정의하는 것입니다. **그림 23.1**의 그래프를 살펴보세요. 13명의 사람에 대해서 키, 몸무게, 그리고 셔츠를 입었는지 여부가 표시되어 있습니다.

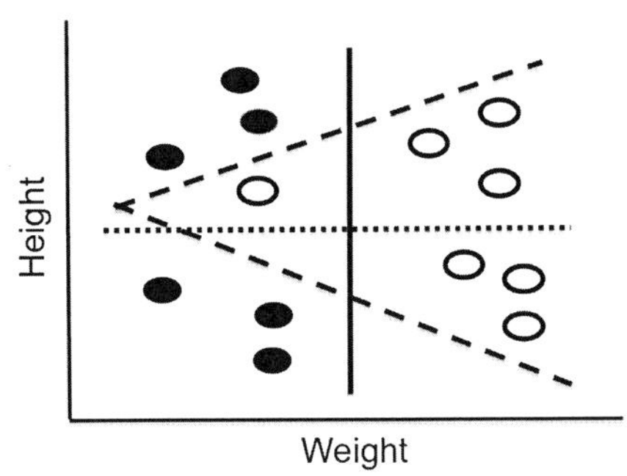

그림 23.1 키, 몸무게, 그리고 셔츠의 종류

사람들을 키로 클러스터링 한다면 두 가지의 군집이 만들어집니다- 가로 점선에 의해 나누어집니다. 사람들을 몸무게로 클러스터링한다면 두 가지의 군집이 만들어집니다 — 세로 실선에 의해 나누어집니다. 사람들을 셔츠로 클러스터링 클러스터링할 수도 있습니다 — 각을 이루는 점선에 의해 나누어집니다. 그런데 마지막으로 한 분할은 선형이 아닙니다. 즉, 하나의 직선으로는 셔츠의 색깔로 사람들을 나눌 수 없습니다.

클러스터링은 최적화 문제입니다. 클러스터링의 목표는 어떤 제약이 있는 목적 함수를 최적화하는 군집을 찾는 것입니다. 두 자료가 서로 얼마나 가까운지 결정하기 위해 사용할 수 있는 주어진 거리 지표에 대해서, 우리는 같은 군집 안의 자료들 사이의 거리를 최소화하는 목적 함수를 정의해야 합니다. 즉, 군집 내의 자료의 부동성(不同性)[dissimilarity]을 최소화해야 합니다.

가변성[variability]이라고 불리는 한 가지 측정법은 하나의 군집 c 내의 자료들이 서로 얼마나 다른지 나타내며 다음과 같습니다.

$$variability(c) = \sum_{e \in c} distance(mean(c), e)^2$$

이 때, *mean(c)*는 이 군집 내의 모든 자료들의 특성 벡터의 평균입니다. 벡터 집합의 평균은 성분끼리 계산을 합니다. 서로 상응하는 요소들이 더해지고 결과를 벡터의 개수로 나눕니다. v1와 v2가 숫자들의 배열이라면, 표현식 (v1+v2)/2는 **유클리드 평균**[Euclidean mean]이 됩니다.

우리가 가변성이라고 부르는 것은 15장에서 언급한 분산의 개념과 매우 유사합니다. 다른 점은 가변성은 군집의 크기에 의해 정규화 되지 않았기 때문에 더 많은 점을 포함한 군집은 덜 일관되어 보입니다. 만약 서로 다른 크기의 두 군집에 대한 일관성을 비교하고자 한다면, 각 군집의 가변성을 군집의 크기로 나누어야 합니다.

하나의 군집 c 안의 가변성에 대한 정의는 군집 집합 C의 부동성 지표를 정의하는 것으로 확장할 수 있습니다.

$$dissimilarity(C) = \sum_{c \in C} variability(c)$$

우리는 가변성을 군집의 크기로 나누지 않기 때문에, 일관성 없는 큰 군집은 일관성 없는 작은 군집보다 *dissimilarity(C)*의 값을 증가시키게 됩니다. 그렇게 설계한 것입니다.

그러면 군집 집합 C을 찾기 위한 최적화 문제에서는 *dissimilarity(C)*가 최소화될까요? 꼭 그렇지는 않습니다. 군집 안의 각 자료를 넣음으로써 쉽게 최소화될 수 있습니다. 예를 들어 우리는 군집 사이의 최소 거리에 제약을 주거나 군집의 최대 개수는 어떤 k이어야 한다고 조건을 줄 수 있습니다.

일반적으로 이러한 최적화 문제를 해결하려고 하는 대부분의 흥미로운 문제들은 계산적으로 비용이 엄청 많이 듭니다. 결과적으로 사람들은 대략적인 해결책을 제공하는 그리디 알고리즘에 의존합니다. 23.2장에서는 이러한 알고리즘 중 하나인 k-평균 알고리즘에 대해서 소개할 것입니다. 하지만 먼저 이 알고리즘을 구현하는 데 유용한 추상적 개념(그리고 다른 클러스터링 알고리즘)을 소개하겠습니다.

23.1 클래스 Cluster

클래스 `Example`은 클러스터링 할 샘플들samples을 만들 때 사용할 것입니다. 각 샘플에는 이름과 특성 벡터가 있으며, 선택적으로 레이블도 있습니다. `distance` 메소드는 두 샘플 사이의 유클리느 거리를 반환합니다.

그림 23.3의 클래스 `Cluster`는 조금 더 복잡합니다. 하나의 군집은 샘플들의 집합입니다. 클래스 `Cluster`에는 두 개의 흥미로운 메소드인 `computeCentroid`와 `variability`가 있습니다. 군집의 **중심**centroid을 물질의 중심이라고 생각하세요. 메소드 `computeCentroid`는 군집 안에 있는

```
class Example(object):

    def __init__(self, name, features, label = None):
        #Assumes features is an array of floats
        self.name = name
        self.features = features
        self.label = label

    def dimensionality(self):
        return len(self.features)

    def getFeatures(self):
        return self.features[:]

    def getLabel(self):
        return self.label

    def getName(self):
        return self.name

    def distance(self, other):
        return minkowskiDist(self.features, other.getFeatures(), 2)

    def __str__(self):
        return self.name +':'+ str(self.features) + ':'\
               + str(self.label)
```

그림 23.2 클래스 `Example`

```
class Cluster(object):

    def __init__(self, examples):
        """Assumes examples a non-empty list of Examples"""
        self.examples = examples
        self.centroid = self.computeCentroid()

    def update(self, examples):
        """Assume examples is a non-empty list of Examples
           Replace examples; return amount centroid has changed"""
        oldCentroid = self.centroid
        self.examples = examples
        self.centroid = self.computeCentroid()
        return oldCentroid.distance(self.centroid)

    def computeCentroid(self):
        vals = pylab.array([0.0]*self.examples[0].dimensionality())
        for e in self.examples: #compute mean
            vals += e.getFeatures()
        centroid = Example('centroid', vals/len(self.examples))
        return centroid

    def getCentroid(self):
        return self.centroid

    def variability(self):
        totDist = 0.0
        for e in self.examples:
            totDist += (e.distance(self.centroid))**2
        return totDist

    def members(self):
        for e in self.examples:
            yield e

    def __str__(self):
        names = []
        for e in self.examples:
            names.append(e.getName())
```

그림 23.3 클래스 Cluster(계속)

```
        names.sort()
        result = 'Cluster with centroid '\
              + str(self.centroid.getFeatures()) + ' contains:\n '
        for e in names:
            result = result + e + ', '
        return result[:-2] #remove trailing comma and space
```

그림 23.3 클래스 `Cluster`

샘플의 특성 벡터의 유클리드 평균과 같은 특성 벡터를 가지고 있는 샘플을 반환합니다. 메소드 `variability`는 군집의 일관성에 대한 측정값을 제공합니다.

23.2 K-평균 클러스터링(K-means Clustering)

K-평균 클러스터링K-means clustering은 가장 많이 쓰이는 클러스터링 방법입니다.[199] 이 클러스터링의 목표는 샘플을 k개의 군집으로 나누는 것입니다. 이 때, 다음 조건들을 만족합니다.

- 군집 안에 있는 각 샘플의 중심은 그 샘플에 가장 가까운 중심입니다.
- 군집들의 부동성dissimilarity은 최소화됩니다.

불행히도 큰 데이터 세트로 이 문제의 최적의 해를 찾는 계산은 매우 어렵습니다. 다행히도 유용한 근사값을 찾는 데 사용할 수 있는 효율적인 그리디 알고리즘[200]이 있습니다. 이 알고리즘은 다음과 같이 의사코드pseudocode로 설명할 수 있습니다.

> 군집의 초기 중심값으로 사용할 k개의 샘플들을 무작위로 선택한다.
> `while true:`
>   1. 각 샘플을 가장 가까운 중심에 배정하여 k군집들을 만든다.

199. K-평균 클러스터링이 가장 많이 쓰이는 클러스터링 방법일지라도, 모든 상황에서 가장 적합한 방법은 아닙니다. 이 책에서는 언급하지 않지만 널리 쓰이는 방법은 계층 클러스터링hierarchical clustering과 EM-클러스터링입니다.
200. 가장 널리 쓰이는 k-평균 알고리즘은 James McQueen에 의해 고안되었고, 1967년에 처음으로 발표되었습니다. 하지만 일찍이는 1950년대에도 k-평균 클러스터링과 같은 방법이 사용되었습니다.

2. 각 군집 내의 샘플들에 대한 평균값으로 중심들을 새로 계산한다.
3. 반복 실행할 때, 더 이상 중심 값들에 변화가 없으면 현재의 군집들을 반환한다.

k가 군집의 개수이고 n이 샘플의 개수이며, d가 한 쌍의 샘플 사이의 거리를 계산하는 데 걸리는 시간이라고 한다면, 1번 단계의 복잡도는 O(k*n*d)입니다. 2번 단계의 복잡도는 O(n)이며, 3번 단계의 복잡도는 O(k)입니다. 그러므로 반복문이 한 번 실행될 때 복잡도는 O(k*n*d)입니다. 샘플들을 민코스키 거리를 사용해서 비교했다면, d는 특성 벡터의 길이에서 선형입니다.[201] 물론 모든 알고리즘의 복잡도는 반복문의 개수가 얼마인가에 달려 있습니다. 특성이라고 말하기는 어렵지만, 반복문의 개수는 대체로 적다고 충분히 말할만 합니다.

k-평균 알고리즘의 한가지 문제점은 반환되는 값이 임의로 처음에 선택한 중심의 값에 의해 결정된다는 것입니다. 만약에 불행히 나쁜 중심을 처음에 선택하게 되면, 알고리즘은 전역적으로 최적인 해가 아니라 지역적으로 최적인 해를 구하게 됩니다. 실질적으로 이 문제는 임의적으로 선택한 처음 중심들로 k-평균을 여러 번 실행함으로써 해결할 수 있습니다. 그리고 우리는 군집들의 부동성이 최소인 해를 선택하면 됩니다.

그림 23.4는 `kmeans`(**그림 23.5**를 참고하세요)을 여러 번 호출하여 부동성이 가장 낮은 결과를 선택하는 함수 `trykmeans`을 구현합니다. 만약에 `kmeans`가 빈 군집을 생성해서 예외가 발생하게 되면, `trykmeans`는 다시 시도합니다. 이 때, `kmeans`는 결국 성공적으로 수렴하는 중심 집합을 선택할 것이라고 가정합니다.

그림 23.5는 k-평균을 설명하는 의사코드를 파이썬으로 번역한 것을 보여줍니다. 한 가지 좋지 않은 것은 반복문에서 빈 군집을 생성하였을 때 예외를 발생시킨다는 것입니다. 빈 군집을 생성하는 것은 드문 일입니다. 처음 반복문에서 발생할 수는 없지만, 다음에 실행되는 반복문에서는 발생할 수 있습니다. 이 예외는 보통 너무 큰 k값을 선택하거나 우연히 처음 선택한 중심을 고르게 되는 경우 발생합니다. 빈 군집을 에러로 다루는 것은 Matlab에서 사용하는 방법 중 하나입니다. 다른 방법은 하나의 점을 포함하는 새로운 군집을 생성하는 것입니다. 이 때, 이 점은 다른 군집의 중심과 가장 멀리 있는 점입니다. 우리는 구현을 상대적으로 간단하게 하기 위해 이것을 에러로 간주하기로 하였습니다.

---

201. 불행히도 많은 경우 우리는 거리 지표를 사용해야 합니다. 예를 들어 불도저 거리[earth-movers distance]나 동적 시간 워핑 거리[dynamic-time-warping distance]와 같이 더 높은 계산 복잡도가 요구되는 경우입니다.

```
def dissimilarity(clusters):
    totDist = 0.0
    for c in clusters:
        totDist += c.variability()
    return totDist

def trykmeans(examples, numClusters, numTrials, verbose = False):
    """Calls kmeans numTrials times and returns the result with the
          lowest dissimilarity"""
    best = kmeans(examples, numClusters, verbose)
    minDissimilarity = dissimilarity(best)
    trial = 1
    while trial < numTrials:
        try:
            clusters = kmeans(examples, numClusters, verbose)
        except ValueError:
            continue #If failed, try again
        currDissimilarity = dissimilarity(clusters)
        if currDissimilarity < minDissimilarity:
            best = clusters
            minDissimilarity = currDissimilarity
        trial += 1
    return best
```

그림 23.4 최적의 k-평균 클러스터링을 찾기

```
def kmeans(examples, k, verbose = False):
    #Get k randomly chosen initial centroids, create cluster for each
    initialCentroids = random.sample(examples, k)
    clusters = []
    for e in initialCentroids:
        clusters.append(Cluster([e]))

    #Iterate until centroids do not change
    converged = False
    numIterations = 0
    while not converged:
        numIterations += 1
```

그림 23.5 K-평균 클러스터링(계속)

```
        #Create a list containing k distinct empty lists
        newClusters = []
        for i in range(k):
            newClusters.append([])

        #Associate each example with closest centroid
        for e in examples:
            #Find the centroid closest to e
            smallestDistance = e.distance(clusters[0].getCentroid())
            index = 0
            for i in range(1, k):
                distance = e.distance(clusters[i].getCentroid())
                if distance < smallestDistance:
                    smallestDistance = distance
                    index = i
            #Add e to the list of examples for appropriate cluster
            newClusters[index].append(e)

        for c in newClusters: #Avoid having empty clusters
            if len(c) == 0:
                raise ValueError('Empty Cluster')

        #Update each cluster; check if a centroid has changed
        converged = True
        for i in range(k):
            if clusters[i].update(newClusters[i]) > 0.0:
                converged = False
        if verbose:
            print('Iteration #' + str(numIterations))
            for c in clusters:
                print(c)
            print('') #add blank line
    return clusters
```

그림 23.5 K-평균 클러스터링

23.3 부자연스러운 예제(A Contrived Example)

그림 23.7의 코드는 두 분포로부터 이끌어낸 샘플들을 만들고, 도표를 그리고, 군집을 만들어 줍니다.

함수 `genDistributions`는 2차원 특성 벡터를 포함하는 n개의 샘플 리스트를 만듭니다. 이 특성 벡터의 요소 값은 정규 분포로부터 이끌어 낸 것입니다.

함수 `plotSamples`는 샘플들의 특성 벡터를 도표로 그려줍니다. 이 함수는 `pylab.annotate`을 사용하여 그래프의 점 옆에 텍스트를 배치합니다. 첫 번째 전달인자는 이 텍스트이고 두 번째 전달 인자는 텍스트와 관련된 점이며, 세 번째 전달 인자는 해당 점과 상대적인 텍스트의 위치입니다.

함수 `contrivedTest`는 `genDistributions`을 사용하여 평균은 다르지만 같은 표준 편차를 가지고 있는 10개의 샘 두 가지 분포를 만들어냅니다. 그리고 `plotSamples`을 사용하여 샘플을 도표로 그리고, `trykmeans`을 사용하여 클러스터링을 합니다.

`contrivedTest(1, 2, True)`을 호출하면 **그림 23.6**의 그래프를 만들어내고 **그림 23.8**과 같이 출력합니다.

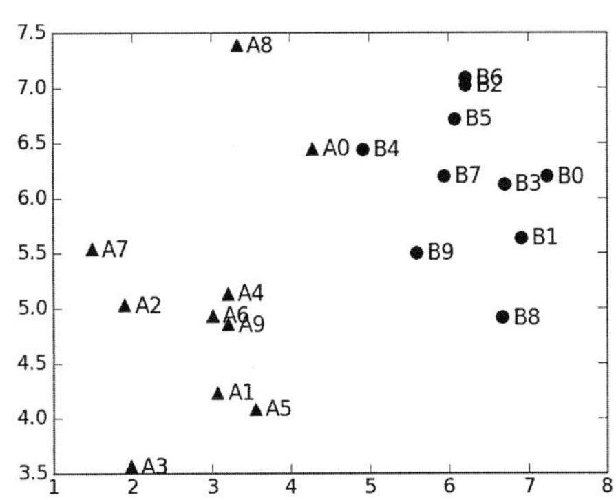

그림 23.6 두 분포의 샘플들

```
def genDistribution(xMean, xSD, yMean, ySD, n, namePrefix):
    samples = []
    for s in range(n):
        x = random.gauss(xMean, xSD)
        y = random.gauss(yMean, ySD)
        samples.append(Example(namePrefix+str(s), [x, y]))
    return samples

def plotSamples(samples, marker):
    xVals, yVals = [], []
    for s in samples:
        x = s.getFeatures()[0]
        y = s.getFeatures()[1]
        pylab.annotate(s.getName(), xy = (x, y),
                       xytext = (x+0.13, y-0.07),
                       fontsize = 'x-large')
        xVals.append(x)
        yVals.append(y)
    pylab.plot(xVals, yVals, marker)

def contrivedTest(numTrials, k, verbose = False):
    xMean = 3
    xSD = 1
    yMean = 5
    ySD = 1
    n = 10
    d1Samples = genDistribution(xMean, xSD, yMean, ySD, n, 'A')
    plotSamples(d1Samples, 'k^')
    d2Samples = genDistribution(xMean+3, xSD, yMean+1, ySD, n, 'B')
    plotSamples(d2Samples, 'ko')
    clusters = trykmeans(d1Samples+d2Samples, k, numTrials, verbose)
    print('Final result')
    for c in clusters:
        print('', c)
```

그림 23.7 k–평균을 시험해보기

```
Iteration #1
Cluster with centroid [ 4.71113345 5.76359152] contains:
  A0, A1, A2, A4, A5, A6, A7, A8, A9, B0, B1, B2, B3, B4, B5, B6,
B7, B8, B9
Cluster with centroid [ 1.97789683 3.56317055] contains:
  A3

Iteration #2
Cluster with centroid [ 5.46369488 6.12015454] contains:
  A0, A4, A8, A9, B0, B1, B2, B3, B4, B5, B6, B7, B8, B9
Cluster with centroid [ 2.49961733 4.56487432] contains:
  A1, A2, A3, A5, A6, A7

Iteration #3
Cluster with centroid [ 5.84078727 6.30779094] contains:
  A0, A8, B0, B1, B2, B3, B4, B5, B6, B7, B8, B9
Cluster with centroid [ 2.67499815 4.67223977] contains:
  A1, A2, A3, A4, A5, A6, A7, A9

Iteration #4
Cluster with centroid [ 5.84078727 6.30779094] contains:
  A0, A8, B0, B1, B2, B3, B4, B5, B6, B7, B8, B9
Cluster with centroid [ 2.67499815 4.67223977] contains:
  A1, A2, A3, A4, A5, A6, A7, A9

Final result
Cluster with centroid [ 5.84078727 6.30779094] contains:
  A0, A8, B0, B1, B2, B3, B4, B5, B6, B7, B8, B9
Cluster with centroid [ 2.67499815 4.67223977] contains:
  A1, A2, A3, A4, A5, A6, A7, A9
```

그림 23.8 contrivedTest(1, 2, True)을 호출하여 출력된 결과

처음에 무작위로 고른 중심들로 인해 한 군집이 하나의 점을 제외한 모든 점을 포함하는 지나치게 치우친 클러스터링을 만들게 되었습니다. 하지만 네 번째 반복문에서 두 분포로부터 나온 점들이 두 개의 군집으로 잘 나누어지는 방향으로 중심들이 움직였습니다. 유일하게 A0와 A8에서 실수가 발생했습니다.

우리가 contrivedTest(50, 2, False)을 호출해 1번이 아니라 50번 시행을 한다면 다음과 같

이 출력합니다.

```
Final result
 Cluster with centroid [ 2.74674403  4.97411447] contains:
   A1, A2, A3, A4, A5, A6, A7, A8, A9
 Cluster with centroid [ 6.0698851   6.20948902] contains:
   A0, B0, B1, B2, B3, B4, B5, B6, B7, B8, B9
```

A0는 여전히 B와 섞여 있지만 A8은 그렇지 않습니다. 우리가 1000번 시행한다면, 같은 결과를 얻게 됩니다. **그림 23.6**을 보았을 때 A0와 B0가 처음 중심으로 선택된다면(1000번은 시행해야 일어날 수 있는 일일 것입니다), 첫 번째 반복문에서 A와 B을 완벽하게 나누는 군집을 얻을 수 있을 것으로 보이기 때문에 이것은 여러분을 놀라게 할지도 모릅니다. 하지만 두 번째 반복문에서 새로운 중심이 계산될 것이고, A0는 B가 있는 군집으로 배치될 것입니다. 이것이 나쁜가요? 클러스터링은 레이블이 없는 데이터의 구조를 찾는 비지도학습이라는 것을 기억하세요. A0을 B과 같은 집단으로 나누는 것은 불합리하지 않습니다.

```
def contrivedTest2(numTrials, k, verbose = False):
    xMean = 3
    xSD = 1
    yMean = 5
    ySD = 1
    n = 8
    d1Samples = genDistribution(xMean,xSD, yMean, ySD, n, 'A')
    plotSamples(d1Samples, 'k^')
    d2Samples = genDistribution(xMean+3,xSD,yMean, ySD, n, 'B')
    plotSamples(d2Samples, 'ko')
    d3Samples = genDistribution(xMean, xSD, yMean+3, ySD, n, 'C')
    plotSamples(d3Samples, 'kx')
    clusters = trykmeans(d1Samples + d2Samples + d3Samples,
                         k, numTrials, verbose)
    pylab.ylim(0,11)
    print('Final result has dissimilarity',
          round(dissimilarity(clusters), 3))
    for c in clusters:
        print('', c)
```

그림 23.9 세 개의 분포로부터 점을 생성하기

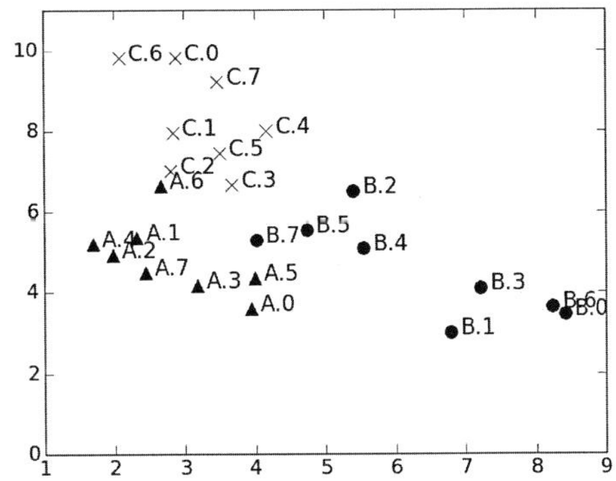

그림 23.10 세 개의 중복되는 가우스로부터 얻은 점

K-평균 클러스터링을 사용함에 있어 주요 쟁점은 k을 선택하는 것입니다. **그림 23.9**의 함수 contrivedTest2는 세 개의 중복되는 가우스 분포의 점들을 만들어내고 그래프를 그린 다음 클러스터링을 합니다. 우리는 이것을 이용하여 여러가지 k값에 대해서 이 데이터를 클러스터링한 결과를 확인해볼 것입니다. 데이터 점들은 **그림 23.10**에서 보여집니다.

contrivedTest2(40, 2)을 호출하면 다음을 출력합니다.

```
Final result has dissimilarity 90.128
 Cluster with centroid [ 5.5884966  4.43260236] contains:
  A.0, A.3, A.5, B.0, B.1, B.2, B.3, B.4, B.5, B.6, B.7
 Cluster with centroid [ 2.80949911  7.11735738] contains:
  A.1, A.2, A.4, A.6, A.7, C.0, C.1, C.2, C.3, C.4, C.5, C.6, C.7
```

contrivedTest2(40, 3)을 호출하면 다음을 출력합니다.

```
Final result has dissimilarity 42.757
 Cluster with centroid [ 7.66239972  3.55222681] contains:
  B.0, B.1, B.3, B.6
 Cluster with centroid [ 3.56907939  4.95707576] contains:
  A.0, A.1, A.2, A.3, A.4, A.5, A.7, B.2, B.4, B.5, B.7
 Cluster with centroid [ 3.12083099  8.06083681] contains:
  A.6, C.0, C.1, C.2, C.3, C.4, C.5, C.6, C.7
```

그리고 contrivedTest2(40, 6)을 호출하면 다음을 출력합니다.

```
Final result has dissimilarity 11.441
```

```
Cluster with centroid [ 2.10900238  4.99452866] contains:
  A.1, A.2, A.4, A.7
Cluster with centroid [ 4.92742554  5.60609442] contains:
  B.2, B.4, B.5, B.7
Cluster with centroid [ 2.80974427  9.60386549] contains:
  C.0, C.6, C.7
Cluster with centroid [ 3.27637435  7.28932247] contains:
  A.6, C.1, C.2, C.3, C.4, C.5
Cluster with centroid [ 3.70472053  4.04178035] contains:
  A.0, A.3, A.5
Cluster with centroid [ 7.66239972  3.55222681] contains:
  B.0, B.1, B.3, B.6
```

마지막 클러스터링은 가장 잘 맞는 경우가 됩니다. 즉, 클러스터링은 가장 낮은 부동성 (11.441)을 갖게 됩니다. 그렇다면 이것이 "최선의" 클러스터링이라는 뜻일까요? 꼭 그렇지는 않습니다. 18.1.1절에서 우리가 선형 회귀를 공부했던 것을 기억하세요. 다항식의 차수를 증가시킴으로써 우리는 데이터에 더 적합하고 정교한 모델을 얻었습니다. 또한 다항식의 차수를 높임으로써 모델이 형편없는 예측값을 보여줄 위험이 있다는 사실을 관찰했습니다. 이것은 데이터에 과도하게 적합한 모델을 찾으려 했기 때문입니다.

적합한 k값을 고르는 것은 선형 회귀에서 올바른 다항식 차수를 고르는 것과 매우 유사합니다. k를 증가시킴으로써 우리는 과도적합overfitting의 위험과 함께 부동성을 줄일 수 있습니다. (k값이 군집으로 만들어야 할 샘플의 개수와 같다면 부동성은 0이 됩니다!) 우리가 군집으로 만들어야 할 샘플이 어떻게 생성되었는지에 대한 정보가 있다면(예를 들어 m개의 분포로부터 선택된다면), 우리는 이 정보를 사용하여 k을 선택할 수 있습니다. 이러한 정보 없이 k를 고르는 데에는 다양한 경험적heuristic 과정이 있습니다. 그 방법들은 이 책의 범위를 벗어나겠습니다.

23.4 덜 부자연스러운 예제(A Less Contrived Example)

서로 다른 포유류 종은 다른 식습관을 가지고 있습니다. 몇몇 종들은(예를 들어 코끼리와 비버) 오직 채소만 먹으며, 다른 종들은(예를 들어 사자와 호랑이) 고기만 먹고, 또 다른 종들은(예를 들어 돼지와 인간) 먹을 수 있는 모든 음식을 먹습니다. 채식주의 종들은 초식동물herbivore이라 부르고 고기를 먹는 동물들은 육식동물carnivore이라고 부르며, 채소와 고기 모두를 먹는 종들은 잡식동물omnivore이라고 부릅니다.

수 천년 동안 각 종들은 그들이 선호하는 음식을 섭취할 수 있도록 치아가 진화하거나 혹은 다른 신비한 과정으로 만들어졌습니다.[202] 그렇다면 치아 상태를 기준으로 포유류를 클러스터링하는 것과 식습관을 기준으로 클러스터링을 한 결과가 같을지 궁금합니다.

그림 23.11은 몇몇 포유류 종, 치아 형태(처음 8개 숫자), 다 자랐을 때의 무게(파운드),[203] 그리고 선호하는 식습관을 의미하는 코드를 포함하는 파일의 내용을 보여줍니다. 맨 위의 주석은 포유류의 각 항목에 대한 설명입니다. 예를 들어 이름 다음에 나오는 숫자는 위쪽 앞니의 개수입니다.

```
#Name
#top incisors
#top canines
#top premolars
#top molars
#bottom incisors
#bottom canines
#bottom premolars
#bottom molars
#weight
#Label: 0=herbivore, 1=carnivore, 2=omnivore
Badger,3,1,3,1,3,1,3,2,10,1
Bear,3,1,4,2,3,1,4,3,278,2
Beaver,1,0,2,3,1,0,1,3,20,0
Brown bat,2,1,1,3,3,1,2,3,0.5,1
Cat,3,1,3,1,3,1,2,1,4,1
Cougar,3,1,3,1,3,1,2,1,63,1
Cow,0,0,3,3,3,1,2,1,400,0
Deer,0,0,3,3,4,0,3,3,200,0
Dog,3,1,4,2,3,1,4,3,20,1
Elk,0,1,3,3,3,1,3,3,500,0
Fox,3,1,4,2,3,1,4,3,5,1
Fur seal,3,1,4,1,2,1,4,1,200,1
Grey seal,3,1,3,2,2,1,3,2,268,1
Guinea pig,1,0,1,3,1,0,1,3,1,0
Human,2,1,2,3,2,1,2,3,150,2
```

그림 23.11 포유류의 치아 상태(계속)

202. 아니면 아마 종들은 치아의 상태에 따라 음식을 선택했을지도 모릅니다. 21.4장에서 배운 것처럼 상관관계는 인과관계를 보장하지 않습니다.

203. 몸무게와 식습관에 상관관계가 있다는 이야기를 저자가 여러 번 언급했기 때문에, 몸무게에 대한 정보를 추가했습니다.

```
Jaguar,3,1,3,1,3,1,2,1,81,1
Kangaroo,3,1,2,4,1,0,2,4,55,0
Lion,3,1,3,1,3,1,2,1,175,1
Mink,3,1,3,1,3,1,3,2,1,1
Mole,3,1,4,3,3,1,4,3,0.75,1
Moose,0,0,3,3,4,0,3,3,900,0
Mouse,1,0,0,3,1,0,0,3,0.3,2
Pig,3,1,4,3,3,1,4,3,50,2
Porcupine,1,0,1,3,1,0,1,3,3,0
Rabbit,2,0,3,3,1,0,2,3,1,0
Raccoon,3,1,4,2,3,1,4,2,40,2
Rat,1,0,0,3,1,0,0,3,.75,2
Red bat,1,1,2,3,3,1,2,3,1,1
Sea lion,3,1,4,1,2,1,4,1,415,1
Skunk,3,1,3,1,3,1,3,2,2,2
Squirrel,1,0,2,3,1,0,1,3,2,2
Wolf,3,1,4,2,3,1,4,3,27,1
Woodchuck,1,0,2,3,1,0,1,3,4,2
```

그림 23.11 포유류의 치아 상태

그림 23.12는 이러한 형식의 파일을 읽고 파일의 정보를 통해 샘플 세트를 제공하는 함수 readMammalData을 포함합니다. 우선 각 샘플에 해당되는 특성의 개수를 세기 위해 파일 뒤에 있는 헤더 정보를 처리합니다. 그리고 각 종들에 상응하는 다음과 같은 세 가지 리스트를 만듭니다.

- speciesNames는 포유류의 이름을 포함하는 리스트입니다.
- labelList는 포유류와 연관된 레이블들을 포함하는 리스트입니다.
- featureVals는 리스트로 구성된 리스트입니다. featureVals의 각 요소는 특성마다 그것과 상응하는 포유류들의 특성을 담고있는 리스트(몸무게의 리스트와 같은)를 포함합니다. featureVals[i][j]의 값은 j번째 포유류의 i번째 특성입니다.

ReadMammalData의 마지막 부분은 featureVals의 값을 사용해서 각 포유류마다 특성 벡터 리스트를 생성합니다. (featureVals을 만들지 않고 바로 각 포유류마다 특성 벡터를 만드는 것으로 코드를 단순화할 수 있습니다. 하지만 이 장 뒷부분에서 readMammalData를 발전시킬 예정이기 때문에 코드를 단순화하지 않았습니다.)

```
def readMammalData(fName):
    dataFile = open(fName, 'r')
    numFeatures = 0
    #Process lines at top of file
    for line in dataFile: #Find number of features
        if line[0:6] == '#Label': #indicates end of features
            break
        if line[0:5] != '#Name':
            numFeatures += 1
    featureVals = []

    #Produce featureVals, speciesNames, and labelList
    featureVals, speciesNames, labelList = [], [], []
    for i in range(numFeatures):
        featureVals.append([])

    #Continue processing lines in file, starting after comments
    for line in dataFile:
        #remove newline, then split
        dataLine = line[:-1].split(',')
        speciesNames.append(dataLine[0])
        classLabel = dataLine[-1]
        labelList.append(classLabel)
        for i in range(numFeatures):
            featureVals[i].append(float(dataLine[i+1]))

    #Use featureVals to build list containing the feature vectors
    #for each mammal
    featureVectorList = []
    for mammal in range(len(speciesNames)):
        featureVector = []
        for feature in range(numFeatures):
            featureVector.append(featureVals[feature][mammal])
        featureVectorList.append(featureVector)
    return featureVectorList, labelList, speciesNames

def buildMammalExamples(featureList, labelList, speciesNames):
    examples = []
    for i in range(len(speciesNames)):
```

그림 23.12 파일을 읽고 실행하기(계속)

```
        features = pylab.array(featureList[i])
        example = Example(speciesNames[i], features, labelList[i])
        examples.append(example)
    return examples
```

그림 23.12 파일을 읽고 실행하기

그림 23.12의 함수 `buildMammalExamples`는 `trykmeans`을 사용해서 `buildMammalExamples`로부터 만든 샘플을 군집으로 만듭니다. 후에 각 군집에 있는 초식동물, 육식동물, 잡식동물의 개수를 보고합니다.

코드 `testTeeth(3, 40)`을 실행하면 다음을 출력합니다.

```
Bear, Cow, Deer, Elk, Fur seal, Grey seal, Lion, Sea lion
3 herbivores, 4 carnivores, 1 omnivores
```

```
def testTeeth(numClusters, numTrials):
    features, labels, species = readMammalData('dentalFormulas.txt')
    examples = buildMammalExamples(features, labels, species)
    bestClustering = trykmeans(examples, numClusters, numTrials)
    for c in bestClustering:
        names = ''
        for p in c.members():
            names += p.getName() + ', '
        print('\n' + names[:-2]) #remove trailing comma and space
        herbivores, carnivores, omnivores = 0, 0, 0
        for p in c.members():
            if p.getLabel() == '0':
                herbivores += 1
            elif p.getLabel() == '1':
                carnivores += 1
            else:
                omnivores += 1
        print(herbivores, 'herbivores,', carnivores, 'carnivores,',
              omnivores, 'omnivores')
```

그림 23.13 동물들을 클러스터링하기

```
Badger, Cougar, Dog, Fox, Guinea pig, Human, Jaguar, Kangaroo, Mink,
Mole, Mouse, Pig, Porcupine, Rabbit, Raccoon, Rat, Red bat, Skunk,
Squirrel, Wolf, Woodchuck
4 herbivores, 9 carnivores, 8 omnivores

Moose
1 herbivores, 0 carnivores, 0 omnivores
```

클러스터링이 다양한 종의 식습관과 연관되어 있을 것이라는 우리의 추측과 매우 근접합니다. 결과를 대충 보면 동물들의 무게가 클러스터링에 온전히 영향을 주었다고 할 수 있습니다. 문제는 무게의 범위가 다른 어떤 특성의 범위보다 매우 크다는 것입니다. 따라서 샘플간의 유클리드 거리를 계산하면 유일하게 영향을 주는 특성이 무게가 되는 것입니다.

22.2장에서 이와 비슷한 문제로 동물들간의 거리를 구할 때 그들의 다리 개수가 지배적인 특성이 있었습니다. 이 때 다리의 개수를 이분적 특성(다리가 있거나 다리가 없음)으로 바꿔서 문제를 해결했습니다. 모든 동물이 다리가 없거나 4개의 다리를 가지고 있기 때문에 이 데이터에서는 잘 동작하였습니다. 하지만 여기서는 많은 양의 정보를 잃어버리지 않고 몸무게를 이분적 특성으로 바꿀 방법이 없습니다.

이는 흔히 일어나는 문제이며, 종종 각 특성의 평균이 0이고 표준편차가 1이 되도록[204] 특성의 규모를 조정해서 해결합니다. **그림 23.14**의 `zScaleFeatures`는 이것을 시행합니다. `result =`

```
def zScaleFeatures(vals):
    """Assumes vals is a sequence of floats"""
    result = pylab.array(vals)
    mean = sum(result)/len(result)
    result = result - mean
    return result/stdDev(result)

def iScaleFeatures(vals):
    """Assumes vals is a sequence of floats"""
    minVal, maxVal = min(vals), max(vals)
    fit = pylab.polyfit([minVal, maxVal], [0, 1], 1)
    return pylab.polyval(fit, vals)
```

그림 23.14 특성을 범위 조정하기

204. 평균이 0이고 표준편차가 1인 정규 분포는 표준정규분포standard normal distribution이라고 부릅니다.

`result - mean`가 반환된 배열의 평균이 항상 0에 근접하는 것을 보장하는 이유는 자명합니다.[205] 하지만 표준편차가 항상 1이라는 사실은 불명확합니다. 길고 지루한 대수적 계산을 통해 증명할 수 있지만, 이 증명으로 여러분을 지루하게 만들지는 않겠습니다. 정규 분포는 가끔 Z-분포로부터 나오기 때문에 이러한 종류의 범위 조정은 종종 **z-스케일링**z-scaling이라고 부릅니다.

흔히 쓰이는 범위 조정의 또 다른 방법은 **그림 23.14**의 함수 `iScaleFeatures`와 같이 최소 특성 값을 0으로, 최대 특성 값을 1로 정하고 그 사이에 선형 내삽법linear interpolation을 사용하는 것입니다.

```
def readMammalData(fName, scale):
  Same code as in Figure 23.11

    #Produce featureVals, speciesNames, and labelList
    Same code as in Figure 23.11

    #Continue processing lines in file, starting after comments
    Same code as in Figure 23.11

    #Use featureVals to build list containing the feature vectors
    #for each mammal, scaling features as indicated
    for i in range(numFeatures):
        featureVals[i] = scale(featureVals[i])
    featureVectorList = []
    for mammal in range(len(speciesNames)):
        featureVector = []
        for feature in range(numFeatures):
            featureVector.append(featureVals[feature][mammal])
        featureVectorList.append(featureVector)
    return featureVectorList, labelList, speciesNames

def testTeeth(numClusters, numTrials, scale = lambda x: x):
    features, labels, species =\
              readMammalData('dentalFormulas.txt', scale)
    examples = buildMammalExamples(features, labels, species)

    ###Remainder of testTeeth is the same as in Figure 23.13###
```

그림 23.15 특성을 범위 조정하는 코드

205. 여기서 "근접하는"이라고 한 이유는 부동소수점 표현 방식이 단지 실수의 근사값이기 때문입니다.

그림 23.15는 매개 변수 scale에 바인딩 된 함수를 사용하여 특성을 범위 조정하는 readMammalData의 다른 형태를 보여줍니다. 이것은 우리가 하나의 특성을 하나의 벡터로 바꾼 모든 값을 갖고 있다는 것에 따라 좌우됩니다. 함수 testTeeth의 다른 형태는 **그림 23.15**에 있으며, readMammalData에서 사용한 범위 조정 함수를 제공합니다. 두 개의 전달인자만 사용하여 TestTeeth을 호출하면 항등 함수identity function로 readMammalData을 호출하기 때문에 범위 조정을 하지 않은 것과 같습니다.

다음 코드

```
random.seed(0) #so two clusterings starts with same seed
print('Clustering without scaling')
testTeeth(3, 40)
random.seed(0) #so two clusterings starts with same seed
print('\nClustering with z-scaling')
testTeeth(3, 40, zScaleFeatures)
print('\nClustering with i-scaling')
testTeeth(3, 40, iScaleFeatures)
```

을 실행하면 다음을 출력합니다.

```
Clustering without scaling

Bear, Cow, Deer, Elk, Fur seal, Grey seal, Lion, Sea lion
3 herbivores, 4 carnivores, 1 omnivores

Badger, Cougar, Dog, Fox, Guinea pig, Human, Jaguar, Kangaroo, Mink,
Mole, Mouse, Pig, Porcupine, Rabbit, Raccoon, Rat, Red bat, Skunk,
Squirrel, Wolf, Woodchuck
4 herbivores, 9 carnivores, 8 omnivores

Moose
1 herbivores, 0 carnivores, 0 omnivores

Clustering with z-scaling

Badger, Bear, Cougar, Dog, Fox, Fur seal, Grey seal, Human, Jaguar,
Lion, Mink, Mole, Pig, Raccoon, Red bat, Sea lion, Skunk, Wolf
0 herbivores, 13 carnivores, 5 omnivores

Guinea pig, Kangaroo, Mouse, Porcupine, Rabbit, Rat, Squirrel,
Woodchuck
```

```
4 herbivores, 0 carnivores, 4 omnivores

Cow, Deer, Elk, Moose
4 herbivores, 0 carnivores, 0 omnivores

Clustering with i-scaling

Cow, Deer, Elk, Moose
4 herbivores, 0 carnivores, 0 omnivores

Badger, Bear, Cougar, Dog, Fox, Fur seal, Grey seal, Human, Jaguar,
Lion, Mink, Mole, Pig, Raccoon, Red bat, Sea lion, Skunk, Wolf
0 herbivores, 13 carnivores, 5 omnivores

Guinea pig, Kangaroo, Mouse, Porcupine, Rabbit, Rat, Squirrel,
Woodchuck
4 herbivores, 0 carnivores, 4 omnivores
```

범위 조정을 한 클러스터링(범위 조정의 두 가지 방법은 같은 군집을 만들어냅니다.)은 동물들을 완벽하게 그들의 식습관에 기초하여 분할하지는 않습니다. 하지만 분명히 동물들의 식습관과 관련이 있습니다. 육식동물과 초식동물은 정확하게 나누지만, 잡식동물에서는 명백한 패턴이 없습니다. 잡식동물을 초식동물과 육식동물로부터 구분하기 위해서는 아마 치아 구조와 몸무게 외에 다른 특성들이 필요할 것으로 보입니다.

CHAPTER 24

분류법(Classification methods)

기계학습의 지도학습 중에서 가장 많이 적용하는 경우는 분류 모델을 만드는 것입니다. **분류 모델** classification model, 또는 분류기classifier는 유한한 범주의 집합 중 하나로 샘플의 레이블을 정하기 위해 사용됩니다. 예를 들어 이메일 메시지가 스팸인지 결정하는 것은 분류 문제입니다. 논문에서는 이러한 범주를 보통 **클래스**class라고 부릅니다. 샘플이 클래스에 속해 있다고 설명할 수도 있고 **레이블**label을 가지고 있다고 설명할 수도 있습니다.

단일 클래스 학습one-class learning에서 학습자료는 한 개의 클래스로부터 가져온 샘플들만 포함합니다. 목표는 샘플이 이 클래스에 속하는지를 예측하는 모델을 학습하는 것입니다. 단일 클래스 학습은 클래스 밖에 놓여 있는 학습자료를 찾는 것이 어려울 때 유용합니다. 단일 클래스 학습은 이전에 발견하지 못했던 컴퓨터 네트워크에 공격을 탐지하는 등의 변칙 탐지기anomaly detector을 만드는데 주로 사용됩니다.

두 클래스 학습two-class learning(**이진 분류**binary classification라고도 부릅니다)에서는 학습자료가 정확히 두 개의 클래스로부터 가져온 샘플을 포함합니다(보통 긍정 또는 부정입니다). 그리고 목표는 두 클래스를 분류하는 경계선을 찾는 것입니다. **다중 클래스 학습**multi-class learning은 두 개 이상의 클래스를 분류하는 경계선을 찾는 것입니다.

이 장에서 우리는 분류 문제를 해결하기 위해 가장 흔히 쓰이는 두 가지 지도 학습 방법인 k-최근접 이웃과 회귀에 대해서 살펴보겠습니다. 그 전에 이러한 방법들을 통해 생성된 분류기를 어떻게 평가할지에 대한 문제에 대해서 다루겠습니다.

24.1 분류기를 평가하기

여러분 중 18장을 읽었다면 회귀의 차수를 선택하는 문제에서 다음을 만족해야 한다는 것을 기억할 것입니다. 1) 데이터에 대해 타당한 적합 선을 찾아야 하며, 2) 아직 보지 못한 데이터에 대해 좋은 예측을 할 상당한 가능성이 있어야 합니다. 지도 기계학습을 사용하여 분류기를 학습할 때에도 같은 문제가 생기게 됩니다.

우리는 먼저 데이터를 **학습자료**training set와 **검증자료**test set로 나눕니다. 학습자료는 모델을 학습할 때 사용되며, 검증자료는 이 모델을 평가할 때 사용됩니다. 분류기를 학습할 때 **학습 오류**training error를 최소화해야 합니다. 즉, 학습자료에 있는 샘플들을 분류할 때 특정한 제약에 의해서 생기는 오류를 최소화해야 합니다. 이 제약은 모델이 아직 보지 못한 데이터에 상당히 잘 수행될 확률을 높이기 위해 만들게 됩니다. 그림으로 살펴봅시다.

그림 24.1의 왼쪽 도표는 60명의 미국 시민들에 대한 투표 패턴을 표현합니다. x축은 메사추세츠주의 보스턴에서 투표자의 집까지의 거리를 나타냅니다. y축은 투표자의 나이를 나타냅니다. 별 표시는 보통 민주당을 뽑는 투표자이며, 세모 표시는 보통 공화당을 뽑는 투표자입니다. **그림 24.1**의 오른쪽 도표는 무작위로 선택한 30명의 투표자 샘플을 포함하고 있습니다. 실선과 점선은 두 모집단 사이의 가능한 두 경계선을 나타냅니다. 실선에 의한 모델에서는 선 아래에 표시된 점들은 민주당 투표자로 분류되고 점선에 의한 모델에서는 선 왼쪽에 표시된 점들이 민주당 투표자로 분류됩니다.

두 경계선 모두 학습자료를 완벽하게 분류하지는 않습니다. 두 모델의 학습 오류는 **그림 24.2**의 **오차 행렬**confusion matrix에서 보여집니다. 각각의 맨 위 왼쪽 모퉁이에는 실제 공화당 사람들 중 공화당으로 분류된 샘플들의 개수를 보여줍니다. 즉, 참 긍정true positive입니다. 왼쪽 아래의 모퉁이에는 실제 공화당 중 민주당으로 분류된 샘플의 개수를 보여줍니다. 즉, 긍정 오류false positive입니다. 오른쪽 열은 위에 부정 오류false negative의 개수를 보여주고 아래에 참 부정true negative의 개수를 보여줍니다.

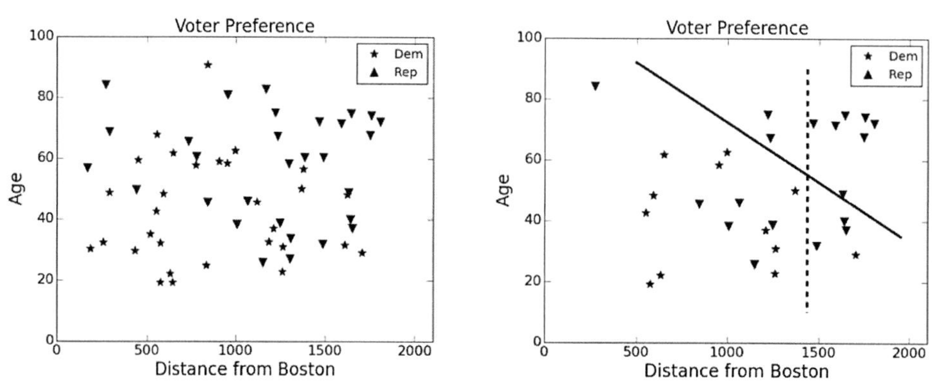

그림 24.1 투표자 선호도를 그래프로 그린 것

Predicted Democratic

Actually Dem.	Pos	Neg		Pos	Neg
Pos	12	0	Pos	11	1
Neg	9	9	Neg	8	10
	Solid Line			Dashed Line	

그림 24.2 오차 행렬

학습자료에서 각 분류기의 **정확도**accuracy는 다음과 같이 계산할 수 있습니다.

$$accuracy = \frac{true\ positive + true\ negative}{true\ positive + true\ negative + false\ positive + false\ negative}$$

이 경우 각 분류기의 정확도는 0.7입니다. 어떻게 하면 학습자료에 대해 더 잘 맞는 분류기를 만들어낼 수 있을까요? 공화당을 민주당으로 잘못 분류하는, 또는 그 반대에 더 신경을 쓸 것인지에 의해 결정됩니다.

더 복잡한 경계선을 이끌어내길 원한다면 학습자료를 분류하는 더 정확한 분류기를 얻을 수 있습니다. 예를 들어 **그림 24.3**에 그려진 분류기는 그림의 왼쪽 그래프에서 그려진 것처럼 학습자료에서 약 0.83의 정확도를 가집니다. 하지만 18장에서 선형 회귀에 대해 언급했을 때처럼 모델이 더 복잡할수록 학습자료에 대해 과도적합을 나타낼 확률이 높아집니다. **그림 24.3**의 오른쪽 그래프에

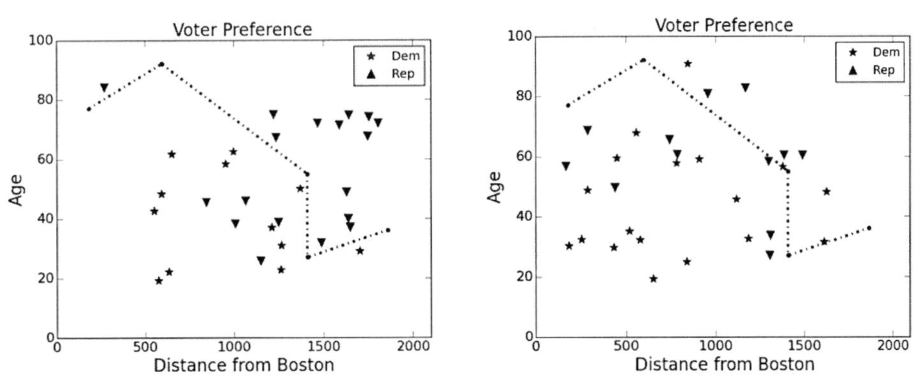

그림 24.3 더 복잡한 모델

서는 우리가 검증자료에 복잡한 모델을 적용한다면 어떻게 될지 묘사합니다. 정확도가 0.6으로 감소하네요.

정확도는 두 개의 클래스가 대략적으로 같은 크기를 가지고 있을 때 분류기를 평가할 수 있는 적합한 방법입니다. **클래스 불균형**class imbalance이 클 때 분류기를 평가하는 끔찍한 방법도 있습니다. 여러분이 실험하는 모집단의 0.1%만이 갖게 되는 치명적인 병을 어떤 사람이 가지고 있을지 예측하는 분류기를 평가해야 한다고 상상해보세요. 모든 환자가 병을 앓고 있지 않다고 한다면 99.9%의 정확도를 갖게 될 수 있기 때문에 정확도는 그다지 유용한 통계량이 아닙니다. 이 분류기는 치료를 위해 돈을 지불해야 하는 사람들에게는 좋아 보일 수 있습니다(아무도 치료를 받지 못하겠지요). 하지만 병을 앓고 있을지도 모른다고 걱정하고 있는 사람들에게는 그다지 좋지 않을 것입니다.

운이 좋게도 클래스가 불균형을 이루고 있을 때 사용하기 좋은 분류기에 대한 통계량이 있습니다:

$$sensitivity = \frac{true\ positive}{true\ positive + false\ negative}$$

$$specificity = \frac{true\ negative}{true\ negative + false\ positive}$$

$$positive\ predictive\ value = \frac{true\ positive}{true\ positive + false\ positive}$$

$$negative\ predictive\ value = \frac{true\ negative}{true\ negative + false\ negative}$$

민감성sensitivity(어떤 분야에서는 **재현율**recall이라고 부릅니다)은 참 긍정true positive의 비율입니다. 즉, 맞게 예측한 샘플 중 긍정인 샘플의 비율입니다. **특수성**specificity(어떤 분야에서는 **정밀도**precision이라고 부릅니다)은 참 부정true negative의 비율입니다. 즉, 맞게 예측한 샘플 중 부정인 샘플의 비율입니다. **긍정 예측**positive predictive 값은 긍정으로 분류된 샘플이 실제로 긍정일 확률입니다. **부정 예측**negative predictive 값은 부정으로 분류된 샘플이 실제로 부정일 확률입니다.

그림 24.4에서는 이러한 통계 측정값을 구현하고 이것을 이용하여 통계량을 생성합니다. 이 함수들은 이 장 뒷부분에서 사용할 것입니다.

```
def accuracy(truePos, falsePos, trueNeg, falseNeg):
    numerator = truePos + trueNeg
    denominator = truePos + trueNeg + falsePos + falseNeg
    return numerator/denominator

def sensitivity(truePos, falseNeg):
    try:
        return truePos/(truePos + falseNeg)
    except ZeroDivisionError:
        return float('nan')

def specificity(trueNeg, falsePos):
    try:
        return trueNeg/(trueNeg + falsePos)
    except ZeroDivisionError:
        return float('nan')

def posPredVal(truePos, falsePos):
    try:
        return truePos/(truePos + falsePos)
    except ZeroDivisionError:
        return float('nan')

def negPredVal(trueNeg, falseNeg):
    try:
        return trueNeg/(trueNeg + falseNeg)
    except ZeroDivisionError:
        return float('nan')

def getStats(truePos, falsePos, trueNeg, falseNeg, toPrint = True):
    accur = accuracy(truePos, falsePos, trueNeg, falseNeg)
    sens = sensitivity(truePos, falseNeg)
    spec = specificity(trueNeg, falsePos)
    ppv = posPredVal(truePos, falsePos)
    if toPrint:
        print(' Accuracy =', round(accur, 3))
        print(' Sensitivity =', round(sens, 3))
        print(' Specificity =', round(spec, 3))
        print(' Pos. Pred. Val. =', round(ppv, 3))
    return (accur, sens, spec, ppv)
```

그림 24.4 분류기를 평가하는 함수

24.2 달리기 선수들의 성별을 예측하기

이 책에서 이전에 보스턴 마라톤 데이터를 사용하여 몇 가지 통계적 개념을 설명했습니다. 이제 같은 데이터를 사용하여 다양한 분류법의 적용에 대해 설명하겠습니다. 우리가 할 일은 달리기 선수의 나이와 완주 시간이 주어졌을 때 달리기 선수의 성별을 예측하는 것입니다.

그림 24.5의 코드는 **그림 17.2**에 정의된 함수 getBMData을 호출하여 파일로부터 데이터를 읽고 샘플 집합을 만들어냅니다. 각 샘플은 클래스 Runner에 해당됩니다. 각 선수들은 레이블인 성별과 특성 벡터인 나이와 완주 시간을 가지고 있습니다. Runner에서 관심을 가져야 할 메소드는 featureDist입니다. 이것은 두 선수의 특성 벡터 사이의 유클리드 거리를 반환합니다.

다음으로 해야 할 것은 샘플을 학습자료와 검증자료로 나누는 것입니다. 흔히 하는 것처럼 우리는 데이터의 80%는 학습자료로 사용하고 나머지 20%는 검증자료로 사용할 것입니다. 이것은 **그림 24.5**의 아래에 있는 함수 divide80_20을 사용하면 됩니다. 우리는 학습자료를 임의로 선택한다는 것에 주의하세요. 데이터의 처음 80%을 선택하면 코드의 길이를 줄일 수는 있지만 이것은 전체를 대표하지 못할 위험이 있습니다. 예를 들어 파일이 완주 시간에 의해 정렬되어 있다면 더 빠른 선수로 편향된 학습자료를 얻게 될 수도 있습니다.

이제 우리는 학습자료를 사용하여 달리기 선수의 성별을 예측하는 분류기를 만들 수 있는 여러 방법에 대해 살펴볼 것입니다. 관찰 결과 학습자료에서 선수의 58%는 남성이라는 것을 알 수 있습니다. 그래서 우리가 항상 남성이라고 예측을 한다면 정확도 58%을 얻게 될 것입니다. 더 정교한 분류 알고리즘의 성능에 대해 살펴볼 때 이것을 기억해두세요.

```
class Runner(object):
    def __init__(self, gender, age, time):
        self.featureVec = (age, time)
        self.label = gender

    def featureDist(self, other):
        dist = 0.0
        for i in range(len(self.featureVec)):
            dist += abs(self.featureVec[i] - other.featureVec[i])**2
```

그림 24.5 샘플을 만들고 학습자료와 검증자료로 나누기(계속)

```
        return dist**0.5

    def getTime(self):
        return self.featureVec[1]
    def getAge(self):
        return self.featureVec[0]
    def getLabel(self):
        return self.label
    def getFeatures(self):
        return self.featureVec

    def __str__(self):
        return str(self.getAge()) + ', ' + str(self.getTime())\
               + ', ' + self.label

def buildMarathonExamples(fileName):
    data = getBMData(fileName)
    examples = []
    for i in range(len(data['age'])):
        a = Runner(data['gender'][i], data['age'][i],
                   data['time'][i])
        examples.append(a)
    return examples

def divide80_20(examples):
    sampleIndices = random.sample(range(len(examples)),
                                  len(examples)//5)
    trainingSet, testSet = [], []
    for i in range(len(examples)):
        if i in sampleIndices:
            testSet.append(examples[i])
        else:
            trainingSet.append(examples[i])
    return trainingSet, testSet
```

그림 24.5 샘플을 만들고 학습자료와 검증자료로 나누기

24.3 K-최근접 이웃(KNN, K-nearest neighbors)

K-최근접 이웃k-nearest neighbors; KNN은 모든 분류 알고리즘 중 가장 간단할 것입니다. "학습된" 모델은 학습자료 그 자체입니다. 새로운 샘플은 학습자료에 있는 샘플들과 얼마나 비슷한가에 따라 레이블이 정해지게 됩니다.

여러분과 친구가 공원을 거닐다가 한 마리의 새를 발견했다고 상상해보세요. 여러분은 이 새가 노란목 딱따구리yellow-throated woodpecker라고 생각하지만 여러분의 친구는 금빛녹색 딱따구리golden-green woodpecker라고 확신합니다. 여러분은 집으로 달려가서 새에 대한 책을 찾아봅니다(아니면 여러분이 35세 이하라면 검색 엔진으로 찾을 수도 있습니다). 그리고 레이블이 적힌 새의 그림을 살펴보기 시작합니다. 레이블이 적힌 그림을 학습자료라고 생각해보세요. 그림이 모두 여러분이 본 새와 똑같지 않기 때문에 여러분이 본 새와 가장 비슷하게 생긴 다섯 가지를 선택합니다(다섯개의 "최근접 이웃"). 이 중 대부분은 노란목 딱따구리라면 여러분이 승리한 것입니다.

KNN 분류의 약점은 클래스 불균형이 클 때 결과가 좋지 않다는 것입니다. 만약 책에서 새 종류의 그림의 빈도가 여러분 주변에 서식하는 종의 빈도와 같다면 KNN은 아마 잘 동작할 것입니다. 하지만 새의 종이 모두 똑같이 흔함에도 불구하고 책에서는 노란목 딱따구리는 30개의 그림만 포함하고 금빛녹색 딱따구리는 하나만 포함한다고 가정해보세요. 최다 득표를 사용하여 분류를 결정하게 된다면 여러분이 본 새와 사진이 비슷하지 않더라도 노란목 딱따구리가 선택될 것입니다. 이러한 문제는 k-최근접 이웃과 분류되는 샘플의 유사성에 기반하여 가중치를 부여하는 등의 더 복잡한 투표 방식을 사용하여 완화될 수 있습니다.

그림 24.6의 함수는 달리기 선수의 나이와 완주시간에 기반하여 선수의 성별을 예측하는 k-최근접 이웃 분류기를 구현합니다. 이 구현은 무차별적인 전수나열brute force을 사용합니다. 함수 `findKNearest`는 `exampleSet`에 있는 샘플의 개수에서 선형입니다. 왜냐하면 `example`과 `exampleSet`의 각 요소들 사이의 특성 거리를 계산하기 때문입니다. 함수 `kNearestClassify`는 최다 득표 방식을 사용하여 분류를 합니다. `KNearestClassify`는 함수 `findNearest`을 총 len(testSet)번 호출하기 때문에 복잡도는 O(len(training)*len(testSet))이 됩니다.

다음 코드

```
examples = buildMarathonExamples('bm_results2012.txt')
training, testSet = divide80_20(examples)
truePos, falsePos, trueNeg, falseNeg =\
        KNearestClassify(training, testSet, 'M', 9)
getStats(truePos, falsePos, trueNeg, falseNeg)
```

```
def findKNearest(example, exampleSet, k):
    kNearest, distances = [], []
    #Build lists containing first k examples and their distances
    for i in range(k):
        kNearest.append(exampleSet[i])
        distances.append(example.featureDist(exampleSet[i]))
    maxDist = max(distances) #Get maximum distance
    #Look at examples not yet considered
    for e in exampleSet[k:]:
        dist = example.featureDist(e)
        if dist < maxDist:
            #replace farther neighbor by this one
            maxIndex = distances.index(maxDist)
            kNearest[maxIndex] = e
            distances[maxIndex] = dist
            maxDist = max(distances)
    return kNearest, distances

def KNearestClassify(training, testSet, label, k):
    """Assumes training and testSet lists of examples, k an int
       Uses a k-nearest neighbor classifier to predict
           whether each example in testSet has the given label
       Returns number of true positives, false positives,
           true negatives, and false negatives"""
    truePos, falsePos, trueNeg, falseNeg = 0, 0, 0, 0
    for e in testSet:
        nearest, distances = findKNearest(e, training, k)
        #conduct vote
        numMatch = 0
        for i in range(len(nearest)):
            if nearest[i].getLabel() == label:
                numMatch += 1
        if numMatch > k//2: #guess label
            if e.getLabel() == label:
                truePos += 1
            else:
                falsePos += 1
        else: #guess not label
            if e.getLabel() != label:
```

그림 24.6 k-최근접 이웃을 찾기(계속)

```
                trueNeg += 1
            else:
                falseNeg += 1
    return truePos, falsePos, trueNeg, falseNeg
```

그림 24.6 k-최근접 이웃을 찾기

을 실행하면 다음을 출력합니다.

```
Accuracy = 0.65
Sensitivity = 0.715
Specificity = 0.563
Pos. Pred. Val. = 0.684
```

나이와 완주 시간이 주어였을 때 우리가 65%의 정확도로 성별을 예측했다는 것에 기뻐해야 할까요? 분류기를 평가하는 한 가지 방법은 나이와 완주시간을 전혀 고려하지 않은 분류기와 비교하는 것입니다. **그림 24.7**의 분류기는 처음에 `training`에 있는 샘플들 사용해서, `testSet`에서 무작위로 선택한 샘플이 클래스 `label`에 해당될 확률을 측정합니다. 이러한 사전확률을 이용해서, `testSet`에서 무작위로 선택한 각 샘플에 레이블을 할당하게 됩니다.

우리가 KNN을 적용한 보스턴 마라톤 데이터에 `prevalenceClassfiy`을 적용하면 다음을 출력합니다.

```
Accuracy = 0.514
Sensitivity = 0.593
Specificity = 0.41
Pos. Pred. Val. = 0.57
```

우리가 나이와 완주 시간을 고려함으로써 상당한 이점이 있다는 것을 알려줍니다.

이 장점은 비용이 소요됩니다. **그림 24.6**의 코드를 실행하면 여러분은 끝나는 데 오랜 시간이 걸린다는 것을 알게 될 것입니다. 17,233개의 학습자료와 4,308개의 검증자료가 있기 때문에 대략 7,500만개의 거리를 계산해야 합니다. 그렇기 때문에 우리가 꼭 모든 학습자료를 사용해야 하는지 의문이 듭니다. 우리가 학습자료를 십분의 일로 **다운 샘플**[down sample]을 적용하면 어떻게 되는지 알아봅시다. 우리가 다음 코드를 실행해보면,

```
reducedTraining = random.sample(training, len(training)//10)
truePos, falsePos, trueNeg, falseNeg =\
```

```
        KNearestClassify(reducedTraining, testSet, 'M', 9)
    getStats(truePos, falsePos, trueNeg, falseNeg)
```

원래 시간의 1/10만큼 걸리며 분류 성능에는 큰 차이가 없습니다:

```
Accuracy = 0.643
Sensitivity = 0.726
Specificity = 0.534
Pos. Pred. Val. = 0.673
```

실제로 사람들이 큰 데이터에 KNN을 적용할 때 학습자료에 다운 샘플을 적용합니다.[206]

```
def prevalenceClassify(training, testSet, label):
    """Assumes training and testSet lists of examples
       Uses a prevalence-based classifier to predict
           whether each example in testSet is of class label
       Returns number of true positives, false positives,
           true negatives, and false negatives"""
    numWithLabel = 0
    for e in training:
        if e.getLabel()== label:
            numWithLabel += 1
    probLabel = numWithLabel/len(training)
    truePos, falsePos, trueNeg, falseNeg = 0, 0, 0, 0
    for e in testSet:
        if random.random() < probLabel: #guess label
            if e.getLabel() == label:
                truePos += 1
            else:
                falsePos += 1
        else: #guess not label
            if e.getLabel() != label:
                trueNeg += 1
            else:
                falseNeg += 1
        return truePos, falsePos, trueNeg, falseNeg
```

그림 24.7 현재 경향에 기반한 분류기

206. 사람들은 종종 샘플을 만들 때 임의로 선택하기보다 더 정교한 방법을 사용합니다.

위의 실험에서 우리는 k을 9로 설정하였습니다. 우리는 이 숫자를 선택할 때 과학적으로나(예를 들어 태양계의 행성의 개수)[207], 종교적으로 중요하거나(힌두교 신 두르가Durga의 형태의 수), 또는 사회학적으로 중요한(야구 라인업에서 타자의 수) 것을 고려하지 않았습니다. 대신 우리는 학습자료로부터 **그림 24.8**에 있는 코드를 사용하여 k값을 학습하였습니다.

외부 루프는 k의 값의 순서를 실험합니다. 우리는 `kNearestClassify`에서 투표를 했을 때 항상 하나의 성별 또는 다른 성별이 최다 득표가 될 수 있도록 하기 위해서 홀수만 실험합니다.

내부 루프는 **n겹 교차 검증**n-fold cross validation을 사용하여 각각의 k값을 실험합니다. 루프에서 `numFolds`번의 반복문에서는 기존의 학습자료가 새로운 학습자료/검증자료 쌍으로 나뉘어집니다. 그 다음에 우리는 k-최근접 이웃 알고리즘을 사용한 새로운 검증자료와 새로운 학습자료를 분류하는 정확도를 계산합니다. 우리가 내부 루프를 빠져나올 때 `numFolds`겹의 평균 정확도를 계산합니다.

```
def findK(training, minK, maxK, numFolds, label):
    #Find average accuracy for range of odd values of k
    accuracies = []
    for k in range(minK, maxK + 1, 2):
        score = 0.0
        for i in range(numFolds):
            #downsample to reduce computation time
            fold = random.sample(training, min(5000, len(training)))
            examples, testSet = divide80_20(fold)
            truePos, falsePos, trueNeg, falseNeg =\
                KNearestClassify(examples, testSet, label, k)
            score += accuracy(truePos, falsePos, trueNeg, falseNeg)
        accuracies.append(score/numFolds)
    pylab.plot(range(minK, maxK + 1, 2), accuracies)
    pylab.title('Average Accuracy vs k (' + str(numFolds)\
                + ' folds)')
    pylab.xlabel('k')
    pylab.ylabel('Accuracy')

findK(training, 1, 21, 1, 'M')
```

그림 24.8 좋은 k을 찾기

207. 여러분 중 누군가는 아직도 명왕성이 행성이라고 믿고 있습니다.

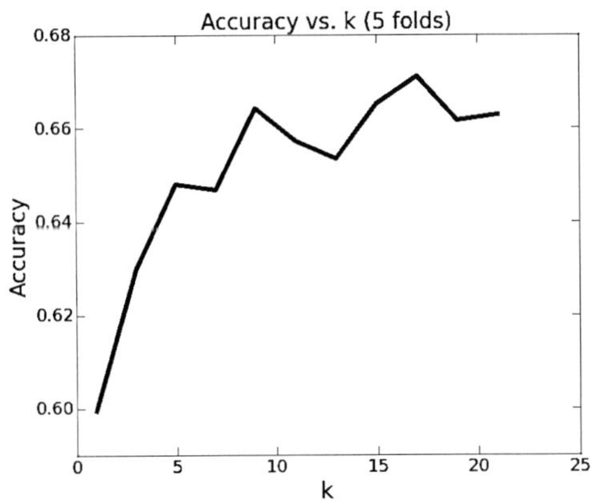

그림 24.9 k의 값을 선택하기

이 코드를 실행하면 **그림 24.9**의 그래프를 만들어냅니다. 우리가 볼 수 있듯이 17은 5겹에서 최고의 정확도를 이끌어낸 k의 값입니다. 물론 21보다 큰 값이 더 나은 결과를 가져오지 않을 것이라고 보장할 수 없습니다. 하지만 k가 9이 된 이후에는 정확도가 좁은 폭으로 변동하였기 때문에 우리는 9을 사용하기로 합니다.

24.4 회귀에 기반한 분류기

18장에서 우리는 선형 회귀를 사용하여 데이터의 모델을 만들었습니다. 우리는 이 장에서 같은 일을 할 것입니다. 학습자료를 사용하여 남성과 여성에 대한 각각의 모델을 만들 것입니다. **그림 24.11**의 그래프는 **그림 24.10**의 코드로부터 만들어집니다.

그림 24.11을 잠깐 보면 선형 회귀 모델이 데이터에서 작은 변화만을 설명한다는 것을 금방 알 수 있습니다.[208] 그럼에도 불구하고 이 모델을 사용하여 분류기를 만들 수 있습니다. 각 모델은 나이와 완주 시간 사이의 관계를 알아내려고 합니다. 이 관계는 남성과 여성이 서로 다르며 분류기를 만들 때 이 사실을 알아낼 수 있습니다. 샘플이 주어졌을 때 우리는 나이와 완주 시간 사이의 관계가 남성 선수의 모델(실선) 또는 여성 선수 모델(점성)에 의해 예측한 관계와 가까운지 질문합니다. 이 개념은 **그림 24.12**에 구현되어 있습니다.

208. 전체 학습자료에 대해 모델을 만들었음에도 불구하고 우리는 학습자료 점들의 일부분만 그래프로 그리기로 했습니다. 우리가 모든 점을 그래프로 그리면 유용한 상세한 부분을 보기 어렵게 될 것입니다.

```
#Build training sets for men and women
ageM, ageW, timeM, timeW = [], [], [], []
for e in training:
    if e.getLabel() == 'M':
        ageM.append(e.getAge())
        timeM.append(e.getTime())
    else:
        ageW.append(e.getAge())
        timeW.append(e.getTime())
#downsample to make plot of examples readable
ages, times = [], []
for i in random.sample(range(len(ageM)), 300):
    ages.append(ageM[i])
    times.append(timeM[i])
#Produce scatter plot of examples
pylab.plot(ages, times, 'yo', markersize = 6, label = 'Men')
ages, times = [], []
for i in random.sample(range(len(ageW)), 300):
    ages.append(ageW[i])
    times.append(timeW[i])
pylab.plot(ages, times, 'k^', markersize = 6, label = 'Women')
#Learn two first-degree linear regression models
mModel = pylab.polyfit(ageM, timeM, 1)
fModel = pylab.polyfit(ageW, timeW, 1)
#Plot lines corresponding to models
xmin, xmax = 15, 85
pylab.plot((xmin, xmax), (pylab.polyval(mModel,(xmin, xmax))),
            'k', label = 'Men')
pylab.plot((xmin, xmax), (pylab.polyval(fModel,(xmin, xmax))),
            'k--', label = 'Women')
pylab.title('Linear Regression Models')
pylab.xlabel('Age')
pylab.ylabel('Finishing time (minutes)')
pylab.legend()
```

그림 24.10 선형 회귀 모델을 만들고 그래프로 그리기

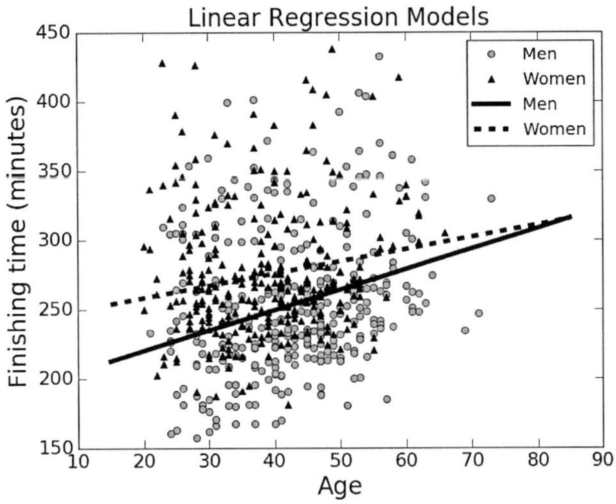

그림 24.11 남성과 여성에 대한 선형 회귀 모델

이 코드를 실행하면 다음을 출력합니다.

```
Accuracy = 0.616
Sensitivity = 0.682
Specificity = 0.529
Pos. Pred. Val. = 0.657
```

무작위로 선택한 것보다 결과가 좋지만 KNN보다는 좋지 않습니다.

여러분은 아마 우리가 왜 나이와 시간을 독립 변수로 사용하고 실수(0은 여성, 1은 남성)를 종속 변수로 사용하여 모델을 만드는 방법 대신에 선형 회귀를 사용하는 간접적인 방법을 사용했는지 궁금할 것입니다.

우리는 나이와 시간 함수를 실수와 연관하는 데에 `polyfit`을 사용하여 이러한 모델을 쉽게 만들 수 있습니다. 하지만 어떤 선수가 남성과 여성 사이에 있다고 예측하는 것은 무엇을 의미할까요? 이 경기에서 양성hermaphrodite인 사람이 있었던 것일까요? 아마 우리는 y축을 선수가 남성일 확률로 해석할 것입니다. 하지만 그렇지 않습니다. 모델에 `polyval`을 적용하는 것이 0과 1 사이의 값을 반환할 것이라는 것을 보장할 수 없습니다.

```
truePos, falsePos, trueNeg, falseNeg = 0, 0, 0, 0
for e in testSet:
    age = e.getAge()
    time = e.getTime()
    if abs(time - pylab.polyval(mModel,age)) <\
       abs(time - pylab.polyval(fModel, age)):
        if e.getLabel() == 'M':
            truePos += 1
        else:
            falsePos += 1
    else:
        if e.getLabel() == 'F':
            trueNeg += 1
        else:
            falseNeg += 1
getStats(truePos, falsePos, trueNeg, falseNeg)
```

그림 24.12 선형 회귀를 사용하여 분류기를 만들기

다행히 회귀의 한 형태인 **로지스틱 회귀**logistic regression는[209] 한 사건의 확률을 예측하기 위해 만들어졌습니다. 파이썬 라이브러리 sklearn[210]는 잘 구현된 로지스틱 회귀와 다른 유용한 함수들, 그리고 기계학습과 관련된 클래스들을 제공합니다.

모듈 sklearn.linear_model은 클래스 LogisticRegression을 포함합니다. 이 클래스의 메소드 __init__은 회귀 방정식을 해결하기 위해 사용하는 최적화 알고리즘과 같은 것을 통제하는 많은 매개변수를 가지고 있습니다. 이 매개변수들은 모두 디폴트 값을 가지고 있으며, 대부분의 경우 이 디폴트 값을 사용해도 괜찮습니다.

클래스 LogisticRegression의 주요 메소드는 fit입니다. 이 메소드는 인자를 같은 길이를 가진 두 개의 시퀀스(튜플, 리스트, 또는 배열)로 받습니다. 첫 번째는 특성 벡터의 시퀀스이며 두 번째는 상응하는 레이블 시퀀스입니다. 논문에서는 이러한 레이블을 보통 **결과**outcome라고 부릅니다.

209. 로지스틱 회귀라고 부르는 이유는 최적화 문제가 오즈비odds ratio의 로그에 기반한 목적 함수를 포함하기 때문입니다. 이러한 함수는 로지트 함수(logit function)이라고 부르며 이것의 역함수는 로지스틱 함수logistic function라고 부릅니다.

210. 이 툴킷toolkit은 Anaconda와 같은 어떤 파이썬 IDE에는 미리 설치되어 있습니다. 이 라이브러리에 대해 더 알고 어떻게 설치하는지 알고 싶다면 http://scikit-learn.org를 참고하세요.

메소드 fit은 특성 벡터의 각 특성을 학습하는 계수인 LogisticRegression형의 객체를 반환합니다. 이 계수들은 보통 **특성 가중치**feature weight라고 부르며, 특성과 결과 사이의 관계를 알아냅니다. 양성 특성 가중치는 특성과 결과 사이에 양의 상관관계가 있다는 것을 알려주며, 음성 특성 가중치는 음의 상관관계가 있다는 것을 알려줍니다. 가중치의 절대 크기absolute magnitude은 상관관계의 정도와 관련이 있습니다.[211] 이 가중치의 값은 LogisticRegression의 속성 coef_을 사용하여 평가할 수 있습니다. LogisticRegression 객체를 여러 결과(패키지에 대한 문서에서는 클래스라고 부릅니다)로 학습시킬 수 있기 때문에 coef_의 값은 각 요소가 하나의 결과와 관련된 가중치의 시퀀스를 포함하는 시퀀스가 됩니다. 그렇기 때문에 예를 들어 model.coef_[1][0]은 두 번째 결과의 첫 번째 특성에 대한 계수 값을 의미하게 됩니다.

계수를 학습한 후에는 클래스 LogisticRegression의 메소드 predict_proba를 사용하여 특성 벡터와 관련된 결과를 예측할 수 있습니다. 메소드 predict_proba는 하나의 특성 벡터의 시퀀스를 하나의 인자 (self 외에)로 받습니다. 이 메소드는 하나의 특성 벡터 당 배열로 이루어진 배열 한 개를 반환합니다. 반환된 배열의 각 요소는 상응하는 특성 벡터의 예측값을 포함합니다. 이 예측값이 배열인 이유는 model을 만들기 위해 사용한 각 레이블에 대한 확률을 포함하기 때문입니다.

그림 24.13의 코드는 이 모든 것이 어떻게 동작하는지 간단하게 설명합니다. 먼저 100,000개의 샘플을 담은 리스트를 생성하며, 여기서 각 샘플은 길이 2의 특성 벡터와 'A', 'B', 'C', 'D' 중 하나를 레이블로 가지고 있습니다. 각 샘플의 처음 두 특성 값은 표준 편차를 0.5로 가지는 가우스 분포에서부터 나온 것이지만 평균은 레이블에 따라 다릅니다. 세 번째 특성 값은 임의로 선택한 것이기 때문에 레이블을 예측하는 데 유용하지는 않을 것입니다. 샘플을 생성한 후에 코드는 로지스틱 회귀 모델을 만들고 특성 가중치를 출력한 다음에 마지막으로 네 개의 샘플에 대한 확률을 출력합니다.

그림 24.13의 코드를 실행하면 다음을 출력합니다.

```
model.classes_ = ['A' 'B' 'C' 'D']
For label A feature weights = [-4.65720783 -4.38351299 -0.00722845]
For label B feature weights = [-5.17036683  5.82391837  0.04706108]
For label C feature weights = [ 3.95940539 -3.97854738 -0.04480206]
For label D feature weights = [ 4.37529465  5.40639909 -0.09434664]
[0, 0] probs = [  9.90019074e-01   4.66294343e-04   9.51434182e-03
```

211. 특성들이 보통 서로 상관관계에 있기 때문에 이 관계는 복잡합니다. 예를 들어 나이와 완주 시간은 양의 상관관계에 있습니다. 특성들이 상관관계에 있으면 가중치의 크기는 서로 독립적이지 않습니다.

```
import sklearn.linear_model

featureVecs, labels = [], []
for i in range(25000): #create 4 examples in each iteration
    featureVecs.append([random.gauss(0, 0.5), random.gauss(0, 0.5),
                        random.random()])
    labels.append('A')
    featureVecs.append([random.gauss(0, 0.5), random.gauss(2, 0.),
                        random.random()])
    labels.append('B')
    featureVecs.append([random.gauss(2, 0.5), random.gauss(0, 0.5),
                        random.random()])
    labels.append('C')
    featureVecs.append([random.gauss(2, 0.5), random.gauss(2, 0.5),
                        random.random()])
    labels.append('D')
model = sklearn.linear_model.LogisticRegression().fit(featureVecs,
                                                       labels)
print('model.classes_ =', model.classes_)
for i in range(len(model.coef_)):
    print('For label', model.classes_[i],
        'feature weights =', model.coef_[i])
print('[0, 0] probs =', model.predict_proba([[0, 0, 1]])[0])
print('[0, 2] probs =', model.predict_proba([[0, 2, 2]])[0])
print('[2, 0] probs =', model.predict_proba([[2, 0, 3]])[0])
print('[2, 2] probs =', model.predict_proba([[2, 2, 4]])[0])
```

그림 24.13 sklearn을 사용하여 다중 클래스 로지스틱 회귀 분석하기

```
2.90294956e-07]
[0, 2] probs = [ 8.72562747e-03  9.78468475e-01  3.18006160e-06
1.28027180e-02]
[2, 0] probs = [ 5.22466887e-03  1.69995686e-08  9.93218655e-01
1.55665885e-03]
[2, 2] probs = [ 7.88542473e-07  1.97601741e-03  7.99527347e-03
9.90027921e-01]
```

먼저 특성 가중치를 살펴봅시다. 첫 번째 줄에서 우리는 처음 두 개의 특성은 가중치가 같으며 샘플이 `'A'`을 레이블로 가질 확률과 음의 상관관계를 가지고 있다는 것을 알 수 있습니다.[212] 즉, 처

음 두 개의 특성 값이 클수록 샘플이 'A'을 레이블로 가질 확률은 적습니다. 우리가 레이블을 예측하는 데 별로 쓸모가 없다고 예상했던 세 번째 특성은 다른 두 개의 값에 비해 값이 작습니다. 이것은 상대적으로 중요하지 않다는 것을 알려줍니다. 두 번째 줄에서는 우리가 'B'을 레이블로 가지는 샘플의 확률은 처음 특성값과 음의 상관관계가 있지만 두 번째 특성과는 양의 상관관계가 있다는 것을 알 수 있습니다. 역시 세 번째 특성은 상대적으로 값이 작습니다. 세 번째 줄과 네 번째 줄은 처음 두 줄과 위아래가 바뀐 모양입니다.

이제 네 개의 샘플과 관련된 확률을 살펴봅시다. 확률의 순서는 특성 model.classes_에 있는 결과의 순서와 상응합니다. 여러분이 원하는 것처럼 우리가 특성 벡터 [0, 0]와 연관된 레이블을 예측할 때 'A'은 아주 높은 확률을 가지고 'D'는 아주 적은 확률을 가지게 됩니다. 비슷하게 [2, 2]는 'D'에서 아주 높은 확률을 가지고 'A'에서 아주 적은 확률을 가집니다. 가운데의 두 샘플과 연관된 확률도 예상할 수 있습니다.

그림 24.14의 예시는 **그림 24.13**의 것과 비슷하지만 두 개의 클래스만을 가지고 샘플을 만들었으며 관련이 없는 세 번째 특성은 포함하지 않았습니다.

```
featureVecs, labels = [], []
for i in range(20000):
    featureVecs.append([random.gauss(0, 0.5), random.gauss(0, 0.5)])
    labels.append('A')
    featureVecs.append([random.gauss(2, 0.5), random.gauss(2, 0.5)])
    labels.append('D')
model = sklearn.linear_model.LogisticRegression().fit(featureVecs,
                                                      labels)

print('model.coef =', model.coef_)
print('[0, 0] probs =', model.predict_proba([[0, 0]])[0])
print('[0, 2] probs =', model.predict_proba([[0, 2]])[0])
print('[2, 0] probs =', model.predict_proba([[2, 0]])[0])
print('[2, 2] probs =', model.predict_proba([[2, 2]])[0])
```

그림 24.14 두 클래스 로지스틱 회귀 예시

212. 가중치의 절대 값이 조금 다른 것은 우리가 사용한 샘플의 크기가 유한하기 때문입니다.

그림 24.14의 코드를 실행하면 다음을 출력합니다.

```
model.coef = [[ 5.79284554  5.68893473]]
[0, 0] probs = [  9.99988836e-01  1.11643397e-05]
[0, 2] probs = [ 0.50622598  0.49377402]
[2, 0] probs = [ 0.45439797  0.54560203]
[2, 2] probs = [  9.53257749e-06  9.99990467e-01]
```

coef_에는 한 개의 가중치 집합만 있다는 것에 주의하세요. fit을 사용하여 이진 분류기의 모델을 만들 때 한 개의 레이블에 대한 가중치만 만들어냅니다. 이것 만으로도 충분한 이유는 proba이 둘 중 하나의 클래스에 속하는 샘플의 확률을 계산할 때 다른 클래스에 속할 확률이 결정되기 때문입니다. 이것은 확률의 합은 1이 되어야 하기 때문에 가능합니다. 두 레이블 중 어떤 것이 coef_의 가중치와 상응할까요? 가중치가 양수이기 때문에 'D'와 상응해야 합니다. 왜냐하면 우리는 특성 벡터의 값이 클수록 샘플이 클래스 'D'에 속할 확률이 높다는 것을 알기 때문입니다. 전통적으로 이진 분류는 레이블로 0과 1을 사용하며 분류기는 가중치로 1을 사용합니다. 이러한 경우에 coef_는 가장 큰 레이블과 연관된 가중치를 포함합니다. 이 경우 타입이 str인 경우는 > 연산자에 의해 정의될 수 있습니다.

보스턴 마라톤 예시로 돌아가봅시다. **그림 24.15**의 코드는 클래스 LogisticRegression을 사용하여 보스턴 마라톤 데이터에 대한 모델을 만들고 테스트합니다. 함수 applyModel은 네 개의 인자를 받습니다:

- model: 적합선이 만들어지는 타입이 LogisticRegression인 객체
- testSet: 샘플의 시퀀스. 이 샘플은 model의 적합선을 찾기 위해 사용되는 같은 종류의 특성과 레이블을 가지고 있습니다.
- label: 양성 클래스의 레이블. applyModel에서 반환되는 오차 행렬 정보는 이 레이블과 관련이 있습니다.
- prob: testSet의 샘플에 어떤 레이블이 지정되는지 결정하기 위해 사용되는 확률 임계probability threshold. 디폴트 값은 0.5입니다. 상수가 아니기 때문에 applyModel은 양성 오류와 음성 오류 사이의 균형을 조사하기 위해 사용됩니다.

applyModel의 구현은 리스트 조건 제시법list comprehension(5.3.2절)을 사용하여 testSet에 있는 샘플의 특성 벡터를 요소로 가지는 리스트를 만듭니다. 그 다음 model.predict_proba을 호출하여 각각의 특성 벡터에 대한 예측과 상응하는 쌍의 배열을 얻게 됩니다. 마지막으로 샘플과 연관된 레이블과 반대되는 예측 값과 이 특성 벡터를 비교하고 참 긍정true positive, 긍정 오류false positive, 참 부정true negative, 부정 오류false negative의 개수를 추적하여 반환합니다.

```
def applyModel(model, testSet, label, prob = 0.5):
    #Create vector containing feature vectors for all test examples
    testFeatureVecs = [e.getFeatures() for e in testSet]
    probs = model.predict_proba(testFeatureVecs)
    truePos, falsePos, trueNeg, falseNeg = 0, 0, 0, 0
    for i in range(len(probs)):
        if probs[i][1] > prob:
            if testSet[i].getLabel() == label:
                truePos += 1
            else:
                falsePos += 1
        else:
            if testSet[i].getLabel() != label:
                trueNeg += 1
            else:
                falseNeg += 1
    return truePos, falsePos, trueNeg, falseNeg

examples = buildMarathonExamples('bm_results2012.txt')
training, test = divide80_20(examples)

featureVecs, labels = [], []
for e in training:
    featureVecs.append([e.getAge(), e.getTime()])
    labels.append(e.getLabel())
model = sklearn.linear_model.LogisticRegression().fit(featureVecs,
                                                      labels)
print('Feature weights for label M:',
      'age =', str(round(model.coef_[0][0], 3)) + ',',
      'time =', round(model.coef_[0][1], 3))
truePos, falsePos, trueNeg, falseNeg = \
                         applyModel(model, test, 'M', 0.5)
getStats(truePos, falsePos, trueNeg, falseNeg)
```

그림 24.15 로지스틱 회귀를 이용하여 성별을 예측하기

코드를 실행하면 다음을 출력합니다.

```
Feature weights for label M: age = 0.055, time = -0.011
 Accuracy = 0.635
 Sensitivity = 0.831
 Specificity = 0.377
 Pos. Pred. Val. = 0.638
```

이 결과와 KNN을 사용했을 때 얻은 것을 비교해봅시다.

```
Accuracy = 0.65
Sensitivity = 0.715
Specificity = 0.563
Pos. Pred. Val. = 0.684
```

정확도와 긍정 예측 값은 비슷하지만 로지스틱 회귀에서 민감성이 훨씬 더 높고 특수성이 훨씬 더 낮습니다. 그렇기 때문에 두 가지 메소드를 비교하기 힘듭니다. 우리는 이 문제를 `applyModel`에서 사용한 확률 임계를 조정하여 대략적으로 KNN과 같은 민감성을 갖게 되도록 하여 설명할 수 있습니다. 이 확률은 우리가 KNN을 사용했을 때 얻은 것과 같은 민감성을 얻을 때까지 `prob`의 값을 반복하여 얻을 수 있습니다.

`prob = 0.578`을 `0.5` 대신 사용하여 `applyModel`을 호출하면 다음과 같은 결과를 얻게 됩니다.

```
Accuracy = 0.659
Sensitivity = 0.714
Specificity = 0.586
Pos. Pred. Val. = 0.695
```

즉, 두 모델은 비슷한 성능을 갖고 있습니다.

선형 회귀 모델의 결정 임계를 바꾼 결과를 찾는 것은 쉽기 때문에 사람들은 종종 **수신자 조작 특성 곡선**receiver operating characteristic curve(ROC curve)[213]라고 부르는 것을 사용하여 민감성과 특수성 사이의 균형을 시각화합니다. 이 곡선은 여러 결정 임계에 대해서 참 긍정true positive의 비율(민감성)과 긍정 오류의 비율(1 – 민감성)을 그래프로 그립니다.

ROC 곡선은 이 곡선 아래의 넓이(AUROC)를 계산함으로써 서로 비교할 수 있습니다. 이 넓이는 모델이 양성인 더 높은 확률을 임의로 선택한 음성 샘플보다는 임의로 선택한 양성 샘플에 부여할 확률과 같습니다. 이것은 이 모델의 **판별**discrimination이라고 알려져 있습니다. 이 판별은 **보정**

213. "수신자 조작 특성"이라고 부르는 데에는 역사적인 이유가 있습니다. 처음에 제 2차 세계대전 때 레이더 신호를 받는 장치의 조작 특성을 평가하는 방법으로 개발되었습니다.

calibration이라고 많이 부르는 확률의 정확도에 대해서는 언급하지 않습니다. 예를 들어 측정된 모든 확률을 판별은 바꾸지 않고 2로 나눌 수 있습니다. 하지만 이것은 측정값의 정확도를 바꿀 것입니다.

```
def buildROC(model, testSet, label, title, plot = True):
    xVals, yVals = [], []
    p = 0.0
    while p <= 1.0:
        truePos, falsePos, trueNeg, falseNeg =\
                                applyModel(model, testSet, label, p)
        xVals.append(1.0 - specificity(trueNeg, falsePos))
        yVals.append(sensitivity(truePos, falseNeg))
        p += 0.01
    auroc = sklearn.metrics.auc(xVals, yVals, True)
    if plot:
        pylab.plot(xVals, yVals)
        pylab.plot([0,1], [0,1,], '--')
        pylab.title(title + ' (AUROC = '\
                    + str(round(auroc, 3)) + ')')
        pylab.xlabel('1 - Specificity')
        pylab.ylabel('Sensitivity')
    return auroc

buildROC(model, test, 'M', 'ROC for Predicting Gender')
```

그림 24.16 ROC 곡선을 그리고 AUROC을 찾기

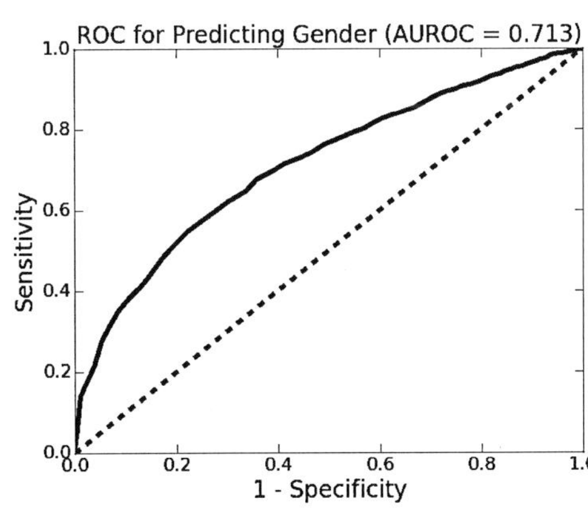

그림 24.17 ROC 곡선과 AUROC

그림 24.16의 코드는 **그림 24.17**와 같이 로지스틱 회귀 분류기에 대한 ROC 곡선을 실선 그래프로 그립니다. 점선은 임의의 분류기(레이블을 임의로 선택한 분류기)에 대한 ROC입니다. 우리는 첫 내삽법으로(점의 개수가 이산형이기 때문에) AUROC을 계산하고 ROC 곡선을 통합할 수 있지만 우리는 게으르기 때문에 함수 `sklearn.metrics.auc`을 호출하였습니다.

손가락 풀기

그림 24.15에서 만든 모델을 임의로 선택된 200명의 선수들로 테스트할 때의 ROC 곡선을 그리고 AUROC을 계산하는 코드를 작성하세요. 이 코드를 사용하여 AUROC에 대한 학습 샘플의 개수(10부터 1010까지 50씩 늘려서 시도해보세요)의 영향을 알아보세요.

24.5 타이타닉에서 살아남기

1912년 4월 15일 아침, RMS 타이타닉이 빙하에 부딪히고 북대서양에서 가라앉았습니다. 약 1,300명의 승객들은 선상에 있었고, 832명은 재앙으로 죽었습니다. 항해 오류, 부적절한 구조선, 주변 배들의 느린 응답 등등, 이 재앙의 요인은 많았습니다. 개개인의 승객들이 살아남거나 그렇지 못했던 것에는 임의의 요소가 있었지만 완전히 임의적이지는 않았습니다. 사실, 승객 명단 정보를 사용하여 생존 여부를 예측하는 상당히 좋은 모델을 만드는 것이 가능합니다.

이 장에서 우리는 1046명의 승객들에 대한 정보를 포함하는 데이터 세트로부터 분류 모델을 만들 것입니다.[214] 파일의 각 라인은 한 명의 승객에 대한 정보를 포함하고 있습니다: 객실 등급(1st, 2nd, 3rd), 나이, 성별, 승객의 생존 여부, 그리고 승객의 이름.

우리는 로지스틱 회귀를 사용하여 모델을 만들 것입니다. 로지스틱 회귀를 선택하는 이유는 다음과 같습니다.

- 가장 흔히 쓰이는 분류 모델입니다.
- 로지스틱 회귀에서 생성하는 가중치를 살펴봄으로써 우리는 왜 어떤 승객들은 다른 승객들보다 살아남을 확률이 높았는지에 대한 통찰을 얻을 수 있습니다.

그림 24.18은 클래스 `Passenger`을 정의합니다. 이 코드에서 흥미로운 점은 객실의 등급을 변환한

214. 이 데이터는 R.J. Dawson이 만든 데이터 세트에서 가져온 것이며 "The 'Unusual Episode' Data Revisted," *Journal of Statistics Education*, v. 3, n. 3, 1995에서 사용되었습니다.

```
class Passenger(object):
    features = ('C1', 'C2', 'C3', 'age', 'male gender')
    def __init__(self, pClass, age, gender, survived, name):
        self.name = name
        self.featureVec = [0, 0, 0, age, gender]
        self.featureVec[pClass - 1] = 1
        self.label = survived
        self.cabinClass = pClass
    def distance(self, other):
        return minkowskiDist(self.veatureVec, other.featureVec, 2)
    def getClass(self):
        return self.cabinClass
    def getAge(self):
        return self.featureVec[3]
    def getGender(self):
        return self.featureVec[4]
    def getName(self):
        return self.name
    def getFeatures(self):
        return self.featureVec[:]
    def getLabel(self):
        return self.label
```

그림 24.18 클래스 Passenger

것입니다. 이 파일이 객실의 등급을 정수로 변환하였지만 범주의 약칭일 뿐입니다. 객실의 등급은 숫자 같은 역할을 하지 않습니다. 예를 들어 1등급 객실과 2등급 객실을 더한 것은 3등급 객실과 같지 않습니다. 우리는 객실 등급을 세 개의 이진 특성을 사용하여 변환합니다(가능한 객실 등급 당 한 개). 각 승객에 대하여 이 변수 중 하나만 값을 1로 가질 수 있으며 다른 두 개의 변수들은 값을 0으로 가지게 됩니다.

이것은 기계학습에서 자주 일어나는 문제입니다. 범주형categorical(명목nominal이라고 부르기도 합니다) 특성은 많은 것들을 설명하기 위한 자연적인 방법입니다. 예를 들어 달리기 선수의 고향이 될 수 있습니다. 이것들을 정수로 대체하는 것은 간단합니다. 예를 들어 우리는 각 나라를 ISO 3166-1 숫자 코드[215]에 기반하여 표현하면 브라질은 076으로, 영국은 826으로, 베네수엘라는 862로 표현

215. ISO 3166-1 숫자는 국제 표준화 기구International Organization for Standardization에서 발표한 ISO 3166 표준의 일부분입니다.

할 수 있습니다. 이렇게 했을 때의 문제점은 회귀가 이 변수들을 수치 변수로 다루게 된다는 것입니다. 그렇기 때문에 각 나라들 사이에 무의미한 순서를 부여하여 베네수엘라가 브라질보다 영국에 더 가깝다고 표현하게 됩니다.

이 문제는 객실 등급에서 했던 것과 같이 범주형 변수를 이진 변수로 변환하여 해결할 수 있습니다. 이렇게 했을 때의 잠재적인 문제는 아주 길고 드문드문한 특성 벡터를 얻게 된다는 것입니다.

```
def getTitanicData(fname):
    data = {}
    data['class'], data['survived'], data['age'] = [], [], []
    data['gender'], data['name'] = [], []
    f = open(fname)
    line = f.readline()
    while line != '':
        split = line.split(',')
        data['class'].append(int(split[0]))
        data['age'].append(float(split[1]))
        if split[2] == 'M':
            data['gender'].append(1)
        else:
            data['gender'].append(0)
        data['survived'].append(int(split[3])) #1 = survived
        data['name'].append(split[4:])
        line = f.readline()
    return data

def buildTitanicExamples(fileName):
    data = getTitanicData(fileName)
    examples = []
    for i in range(len(data['class'])):
        p = Passenger(data['class'][i], data['age'][i],
                      data['gender'][i], data['survived'][i],
                      data['name'][i])
        examples.append(p)
    return examples

examples = buildTitanicExamples('TitanicPassengers.txt')
```

그림 24.19 타이타닉 데이터를 읽고 샘플의 리스트를 만들기

예를 들어 병원에서 2000개의 서로 다른 의약품을 내놓는다면 우리는 하나의 범주형 변수를 각 의약품 당 하나인 2000개의 이진 변수로 변환하게 될 것입니다.

그림 24.19에서는 파일에서 데이터를 읽고 타이타닉에 대한 데이터에서 샘플 집합을 만드는 코드를 포함하고 있습니다.

이제 우리는 데이터를 가지고 있기 때문에 보스턴 마라톤 데이터의 모델을 만들었을 때 사용하였

```
def testModels(examples, numTrials, printStats, printWeights):
    stats, weights = [], [[], [], [], [], []]
    for i in range(numTrials):
        training, testSet = divide80_20(examples)
        xVals, yVals = [], []
        for e in training:
            xVals.append(e.getFeatures())
            yVals.append(e.getLabel())
        xVals = pylab.array(xVals)
        yVals = pylab.array(yVals)
        model = sklearn.linear_model.LogisticRegression().fit(xVals,
                                                              yVals)
        for i in range(len(Passenger.features)):
            weights[i].append(model.coef_[0][i])
        truePos, falsePos, trueNeg, falseNeg =\
                          applyModel(model, testSet, 1, 0.5)
        auroc = buildROC(model, testSet, 1, None, False)
        tmp = getStats(truePos, falsePos, trueNeg, falseNeg, False)
        stats.append(tmp + (auroc,))
    print('Averages for', numTrials, 'trials')
    if printWeights:
        for feature in range(len(weights)):
            featureMean = sum(weights[feature])/numTrials
            featureStd = stdDev(weights[feature])
            print(' Mean weight of', Passenger.features[feature],
                  '=', str(round(featureMean, 3)) + ',',
                  '95% confidence interval =', round(1.96*featureStd, 3))
    if printStats:
        summarizeStats(stats)
```

그림 24.20 타이타닉 생존에 대한 실험 모델

던 같은 코드를 사용하여 로지스틱 회귀 모델을 만들 수 있습니다. 하지만 데이터가 상대적으로 적은 샘플을 갖고 있기 때문에 우리는 이전에 사용했던 평가법을 사용하는 것에 대해 생각해 볼 필요가 있습니다. 대표성을 갖지 않는 데이터의 80-20 분할을 하고 잘못된 결과를 만들어낼 가능성이 충분히 있습니다.

이 위험성을 개선하기 위해서 우리는 **그림 24.20**과 **그림 24.21**의 코드를 사용하여 여러 개의 서로 다른 80-20 분할을 생성하고(각 분할은 **그림 24.5**의 함수 `divide80_20`을 사용하여 생성됩니다) 각각에 대해 분류기를 만들고 평가한 후에 평균 값과 95%의 신뢰 구간을 보고합니다.

`testModels(examples, 100, True, False)`을 호출하면 다음을 출력합니다.

```
Averages for 100 trials
 Mean accuracy = 0.783, 95% confidence interval = 0.046
 Mean sensitivity = 0.699, 95% confidence interval = 0.099
 Mean specificity = 0.783, 95% confidence interval = 0.046
 Mean pos. pred. val. = 0.699, 95% confidence interval = 0.099
 Mean AUROC = 0.839, 95% confidence interval = 0.051
```

```
def summarizeStats(stats):
    """assumes stats a list of 5 floats: accuracy, sensitivity,
       specificity, pos. pred. val, ROC"""
    def printStat(X, name):
        mean = round(sum(X)/len(X), 3)
        std = stdDev(X)
        print(' Mean', name, '=', str(mean) + ',',
            '95% confidence interval =', round(1.96*std, 3))
    accs, sens, specs, ppvs, aurocs = [], [], [], [], []
    for stat in stats:
        accs.append(stat[0])
        sens.append(stat[1])
        specs.append(stat[2])
        ppvs.append(stat[3])
        aurocs.append(stat[4])
printStat(accs, 'accuracy')
printStat(sens, 'sensitivity')
printStat(accs, 'specificity')
printStat(sens, 'pos. pred. val.')
printStat(aurocs, 'AUROC')
```

그림 24.21 분류기의 통계량을 출력하기

이 작은 특성 집합은 생존 여부를 충분히 잘 예측하는 것 같아 보입니다. 왜 그런지 알아보기 위해, 다양한 특성의 가중치를 살펴봅시다. 우리는 다음을 호출하여 알아볼 수 있습니다.

```
testModels(examples, 100, False, True)
```

그러면 다음과 같이 출력하게 됩니다.

```
Averages for 100 trials
 Mean weight of C1 = 1.648, 95% confidence interval = 0.156
 Mean weight of C2 = 0.449, 95% confidence interval = 0.095
 Mean weight of C3 = -0.499, 95% confidence interval = 0.112
 Mean weight of age = -0.031, 95% confidence interval = 0.006
 Mean weight of male gender = -2.367, 95% confidence interval = 0.144
```

난파 사고에서 살아 남으려면, 돈이 많고[216] 젊으며 여성인 것이 도움이 되는 것 같아 보입니다.

24.6 마무리하며

마지막 세 장에서 우리는 가까스로 기계학습의 맛보기를 해 보았다고 할 수 있습니다.

이 책의 후반부에서 다룬 많은 주제들도 그렇다고 할 수 있습니다. 우리는 여러분이 연산을 사용하여 세상을 더 잘 이해하기 위한 생각의 유형을 경험할 수 있도록 하였습니다. 여러분이 이 주제들을 스스로 공부할 수 있는 방법을 찾기를 원합니다. 여러분에게는 아마 다른 주제들에 비해 덜 흥미로운 주제들도 있었을 것입니다. 하지만 우리는 적어도 몇 개의 주제들은 여러분이 더 많이 배우고 싶어하기를 원합니다.

216. 타이타닉의 1등급 객실은 오늘날 미국 달러로 약 $70,000 정도였습니다.

찾아보기

C

E

F

G

T

U

V

W

Y

Z

기타

ㄱ

ㅅ

ㅇ

ㅈ

ㅊ

역자 약력

現) 한동대 전산전자공학부 교수

前) 한동대 학사부총장/교무처장/정보전산원장/GIS연구소장/대학원장

前) 한국OCW협의회(KOCWC) 초대 회장

前) OEC(Open Education Consortium) 이사(Board Member)

前) (미) Intergraph Corporation, GIS and Imaging Software 개발부장

정가 29,000원

파이썬 프로그래밍 2판 데이터과학 및 응용프로그램

2019년 2월 15일 초판 인쇄
2019년 2월 22일 초판 발행
저 자 : John V. Guttag
역 자 : 김영섭
발행자 : 송 준
발행처 : 홍릉과학출판사
주 소 : 서울시 강북구 인수봉로 50길 10
01093
등 록 : 1976년 10월 21일 제5-66호
전 화 : (02) 999-2274~5, 903-7037
팩 스 : (02) 905-6729
e-mail: hongpub@hongpub.co.kr
http://www.hongpub.co.kr
ISBN: 979-11-5600-641-1

역자와의 협의하에 인지생략